Highway Engineering
Test Engineer
Manual

# 公路工程试验工程师手册

孙忠义　编著
王建华
申爱琴　主审

第四版
下册

人民交通出版社股份有限公司
China Communications Press Co.,Ltd.

## 内 容 提 要

本手册共16章,内容包括:工地试验室的设置与管理;水、土、无机结合料、砂石材料、混凝土外加剂、沥青、钢材、土工合成材料等路桥工程用原材料技术性质、试验方法和技术标准;基层混合料、沥青混合料、水泥混凝土和砂浆等混合材料的配合比设计试验方法;道路工程施工试验检测、桥涵工程施工试验检测;试验检测数据的处理;试验设备的检定。

本手册对试验操作过程中容易被忽视或混淆,而又影响试验结果准确性的条款,特辟注意事项一栏,予以提示说明。

本手册为公路工程试验工作人员用书,也可供相关专业技术人员参考。

**图书在版编目(CIP)数据**

公路工程试验工程师手册/孙忠义,王建华编著.—4版.—北京:人民交通出版社股份有限公司,2016.6
ISBN 978-7-114-12738-0

Ⅰ.①公… Ⅱ.①孙… ②王… Ⅲ.①道路工程—试验—技术手册 Ⅳ.①U41-62

中国版本图书馆 CIP 数据核字(2016)第 012779 号

| | |
|---|---|
| 书　　名: | 公路工程试验工程师手册(第四版) |
| 著 作 者: | 孙忠义　王建华 |
| 责任编辑: | 高　培　王　霞 |
| 出版发行: | 人民交通出版社股份有限公司 |
| 地　　址: | (100011)北京市朝阳区安定门外外馆斜街3号 |
| 网　　址: | http://www.ccpress.com.cn |
| 销售电话: | (010)59757973 |
| 总 经 销: | 人民交通出版社股份有限公司发行部 |
| 经　　销: | 各地新华书店 |
| 印　　刷: | 北京盈盛恒通印刷有限公司 |
| 开　　本: | 787×1092　1/16 |
| 印　　张: | 74 |
| 字　　数: | 1880 千 |
| 版　　次: | 2004 年 1 月　第 1 版 |
| | 2006 年 2 月　第 2 版 |
| | 2009 年 10 月　第 3 版 |
| | 2016 年 6 月　第 4 版 |
| 印　　次: | 2016 年 6 月　第 1 次印刷　总第 12 次印刷 |
| 书　　号: | ISBN 978-7-114-12738-0 |
| 定　　价: | 198.00 元(含上、下两册) |

(有印刷、装订质量问题的图书由本公司负责调换)

# 前　言

　　工程试验检测贯穿于工程设计、施工、养护、维修的各个环节，是控制和评定工程质量的重要手段，对保证工程质量、提高投资效率等具有不可替代的作用。工程试验检测具有极强的专业性、技术性，对操作人员操作技能的要求更高。而试验检测人员的操作技能和熟练程度，对规范、规程的正确理解和运用的水平，直接影响试验结果的准确性。

　　2003年应人民交通出版社之约，我们编写了《公路工程试验工程师手册》一书。该手册以公路工程施工为主线，对工程涉及的各种原材料、混合材料的试验和工程结构的检测进行了详细介绍。尤其是对相关的试验方法进行了梳理，依据相关施工技术规范的要求或规定，遴选出工程试验检测中的常用方法、标准方法，并收录于本书中，较好地解决了试验检测人员面对纷繁的规程、标准、规范感到迷茫的问题。另外，在编写过程中我们还力求做到一书在手，便可完成各项常规的试验检测工作。限于篇幅，对一些非常规试验或因内容多不便收录的方法都给出了相关标准的代号，方便读者查找。本书第一版出版发行后受到了广大读者的欢迎，对提高试验检测人员的业务水平，保证试验检测数据的公正、准确、可靠、有效，推动试验检测工作的发展，发挥了一定的作用。

　　随着我国公路建设事业的发展，公路建设标准、施工规范或细则、试验规程体系的不断完善与更新，试验检测技术的不断进步，我们依据新发布实施的标准、施工规范、试验规程，陆续对手册的相关内容进行了及时更新，修订再版。截至目前，已出版三版，11次印刷，印数已达29000册，深得广大读者的厚爱。

　　2015年，第四次应人民交通出版社之约，依据新发布的行业标准和相关国家标准，对手册第三版进行了修订，以满足广大读者的需求。

　　我们衷心感谢广大读者十几年来对我们的支持和鼓励，欢迎广大读者对手册中存在的问题提出宝贵的意见和建议，以便下次修订做得更好。

编　者

2015年10月

# 第四版修订说明

《公路工程试验工程师手册》第一版出版以来，以其内容全面、实用，结构体系合理受到读者的欢迎。由于规范及规程的更新已修订了两次，自第三版出版以来，《公路工程水质分析操作规程》废止；新的《无机结合料试验规程》、《沥青及沥青混合料试验规程》、《公路路面基层施工技术细则》、《混凝土外加剂应用技术规程》、《公路桥涵施工技术规程》相继修订实施。应人民交通出版社股份有限公司之约，我们依据新的规范、规程对第三版《公路工程试验工程师手册》(以下简称《手册》)进行了修订。

本次修订主要对水、无机结合料、混凝土外加剂、沥青、钢材、基层混合料、混凝土及砂浆、沥青混合料、道路工程和桥涵工程现场试验检测等章节的内容进行了全面更新，同时根据读者对《手册》第三版反馈的信息，对部分章节的内容进行了增减，结构上也有所调整。

为了满足各个层次读者的需要，本次修订仍坚持原版"理论联系实际，力求系统全面、内容新、实用性强的风格和特点。以路基、路面、桥涵等工程施工中的原材料试验、混合料配合比设计试验、施工抽检试验、交工验收检测为主线，以现行试验规程、设计和施工技术规范或细则以及其他相关技术标准、资料为主要内容，涵盖公路工程施工试验检测的各个方面。《手册》中所引用的试验方法、技术标准均为最新版本，对部分试验方法，还加注了注意事项。为了补缺，书中还引用了国家或其他行业的一些标准和试验方法，有很强的实用性。

本书在结构安排上仍保持原版的结构，对水、土、无机结合料、砂石材料、水泥混凝土外加剂、沥青、钢材、土工合成材料等章，按材料的分类、技术性质及试验方法、技术标准分节修订；对基层材料、沥青混合料、水泥混凝土及砂浆等章，按混合料的分类、技术性质、技术标准、试验方法、配合比设计等分节修订；对道路工程施工试验检测和桥涵工程试验检测两章，按施工前原材料和混合材料试验项目、采用试验方法、施工过程中材料及施工质量控制的检测频度、方法、质量标准，竣工验收的检测频度、方法、质量标准分节修订。施工试验检测基本上未涉及几何外形测试，主要考虑这部分工作一般由测量人员完成，与实验室工作人员关系不大。

本次修订，修订说明、第四至第七章、第十章、第十一章、第十四章、第十六章由孙忠义修订；第十二章、十三章、十五章由王建华修订；第二章、第八章、第九章由孙妮修订。

全书由申爱琴主审。

由于水平所限，内容欠妥甚至错误之处难免，恳请读者批评指正。

编　者
2015年10月

# 目 录

## 下 册

- **第十一章 道路工程施工试验检测** ································································ 653
  - 第一节 路基 ···································································································· 654
  - 第二节 底基层、基层 ························································································ 656
  - 第三节 沥青路面 ······························································································ 668
  - 第四节 水泥混凝土路面 ····················································································· 685
  - 第五节 路面取样及厚度测试方法 ········································································ 690
  - 第六节 压实度 ································································································· 694
  - 第七节 平整度 ································································································· 707
  - 第八节 模量 ···································································································· 710
  - 第九节 回弹弯沉 ······························································································ 717
  - 第十节 抗滑性能及渗水性 ················································································· 721
  - 第十一节 道路工程附属结构物 ··········································································· 727
- **第十二章 钢材** ····································································································· 729
  - 第一节 概述 ···································································································· 729
  - 第二节 桥梁工程常用钢材的力学性能标准和表面质量要求 ····································· 730
  - 第三节 钢及钢产品力学性能试验取样位置及试样制备 ············································ 754
  - 第四节 金属材料室温拉伸试验方法 ····································································· 761
  - 第五节 金属材料弯曲试验方法（GB/T 232—2010） ············································· 782
  - 第六节 金属线材反复弯曲试验方法（GB/T 238—2013） ······································ 786
  - 第七节 金属应力松弛试验方法（GB/T 10120—2013） ········································· 790
  - 第八节 金属材料洛氏硬度试验方法（GB/T 230.1—2004） ··································· 797
  - 第九节 焊接钢筋的质量验收内容和标准 ······························································ 804
- **第十三章 桥涵工程试验检测** ················································································· 811
  - 第一节 概述 ···································································································· 811
  - 第二节 地基承载力检测 ····················································································· 812
  - 第三节 泥浆原料性能要求和泥浆性能指标检测（JTG/T F50—2011） ···················· 826
  - 第四节 混凝土灌注桩检测 ················································································· 829
  - 第五节 桥梁支座检测 ························································································ 864
  - 第六节 公路桥梁伸缩装置检测 ··········································································· 884
  - 第七节 预应力筋用锚具、夹具和连接器检测（GB/T 14370—2007） ···················· 891

|  |  |  |
|---|---|---|
| 第八节 | 张拉设备校验及张拉力控制 | 899 |
| 第九节 | 混凝土构件检测及质量评定方法 | 904 |
| 第十节 | 大梁静载试验方法 | 941 |

### 第十四章 土工合成材料 ... 948
|  |  |  |
|---|---|---|
| 第一节 | 土工织物 | 948 |
| 第二节 | 土工膜 | 955 |
| 第三节 | 特种土工材料 | 956 |
| 第四节 | 土工复合材料 | 968 |
| 第五节 | 技术性质及试验方法 | 976 |

### 第十五章 试验检测数据的处理方法 ... 1042
|  |  |  |
|---|---|---|
| 第一节 | 概述 | 1042 |
| 第二节 | 测量数据的预处理 | 1047 |
| 第三节 | 测量数据的修约规则与极限数值的表示和判定（GB/T 8170—2008） | 1056 |
| 第四节 | 测量数据的表达方法 | 1062 |

### 第十六章 仪器设备的检定 ... 1067
|  |  |  |
|---|---|---|
| 第一节 | 水泥试验设备的检定 | 1067 |
| 第二节 | 其他试验设备的检定 | 1092 |

**附录 I** 洁净水的密度 ... 1127

**附录 II** 一般取样的随机数 ... 1128

**附录 III** 测区混凝土强度换算 ... 1134

**附录 IV** 公路工程基桩动测报告格式 ... 1160

**参考文献** ... 1166

# 第十一章 道路工程施工试验检测

道路工程施工试验检测是为确保工程施工质量而进行的一系列技术活动,即按照规定的试验项目、频率、方法和质量标准,对道路工程各结构层或构造物所用原材料、混合材料的配合组成进行抽样试验,以保证工程所用原材料、混合材料的质量符合技术标准的要求;同时对完成的道路工程各结构层或构造物的质量进行检测,以评价工程的内在和外在质量是否达到了设计和施工技术规范的要求。这一工作贯穿施工的全过程,包括工序试验检测、中间交验和竣工验收试验检测。

道路工程包括路基和路面工程。路基工程包括路基土石方工程、路基排水工程、小桥及涵洞工程、支挡和防护工程等。其中路基土石方工程和路面工程是道路工程的主要工程结构物,是道路工程的主体,也是本章的讨论对象。为编写方便将小桥及涵洞划归桥涵工程一章。支挡、排水和防护工程是道路工程的附属结构物,因其在施工期间的试验检测项目不多,主要是砂石材料和水泥砂浆或混凝土的技术性质试验,故将其作为本章一节来写。

路基是在天然地表面按道路设计的平面线形和设计横断面开挖或填筑而成的岩土结构物,它是路面结构的基础。按填筑材料路基分为填土路基、填石路基和土石混填路基。

路面是位于路基顶面的结构层。由于车辆荷载和自然因素对路面的影响随深度而减弱,因此对路面材料的性能要求也随深度增加而降低。由于材料不同和压实的需要,路面结构一般分层修筑,按功能要求分为垫层、基层和面层。

垫层是位于土基和基层之间的结构层,其功能主要是改善土基的温湿度状况,保证在路基的温湿度状况发生不利变化时,基层的强度、刚度和稳定性不受影响。在水文条件较差的潮湿路段,多用天然砂砾等透水性材料作垫层,也有用无机结合料稳定土的。

基层是位于土基和面层之间的结构层,主要承受面层传来的车辆荷载的垂直力,并扩散到垫层和土基中去,因此在路面结构中,基层起承重的作用,必须具有足够的强度和刚度。基层多为半刚性材料,以无机结合料稳定土为主,也有用级配碎石、级配砾石和填隙碎石作基层的。基层设计厚度较大时,为保证压实质量应分层铺筑。当基层采用不同材料修筑时,最下层称为底基层。

面层是直接承受车辆荷载和大气因素作用的结构层,按修筑材料面层分为水泥混凝土(刚性)路面和沥青混合料(柔性)路面两类。干线公路以沥青混合料路面为主,一般分两层或三层铺筑,各层沥青混合料类型不同。高等级公路由联结层(沥青碎石)、下面层和上面层(沥青混凝土)组成,二级及以下公路一般只设联结层和面层两个结构层。

尽管道路工程各结构层所用材料不同,施工工艺也有区别,但各结构层试验检测的项目和方法近乎一致,因此,将施工期间的原材料、成品混合料的试验检测分为:路基,基层,沥青路面,水泥混凝土路面来写。因为这部分的内容较繁杂,涉及的技术标准也较多,容易引起混淆,故需要细化处理。对涉及各结构层的、具有共性的项目(如压实度、厚度、平整度、弯沉、回弹模量等)分别单独来写,因为这些项目属于结构检测的内容,这样要清楚一些,也免得重复或累赘。

本章主要介绍道路工程各结构层从铺筑试验路开始到竣工验收的全过程中各个环节的试验检测工作内容,是前面章节有关原材料、配合比设计试验内容的延伸,其包括各单项工程的试验项目、抽检频度、试验方法等。

# 第一节 路 基

## 一、填料质量要求

路堤填料不得使用淤泥、沼泽土、有机土、冻土、含草皮土、生活垃圾、树根和含有腐朽物质的土,液限大于50,塑性指数大于26的土,以及含水率超过规定的土也不能直接作为路堤填料。工业废渣有害物质含量不能超过规定,以避免污染环境。

路基填料应有一定的强度,《公路路基施工技术规范》(JTG F10—2006)对路堤填方材料最小强度(CBR)和最大粒径的要求见表11-1。

路堤填方材料最小强度和最大粒径要求　　　　　表11-1

| 填料应用部位<br>(路面顶面以下深度)(m) | | 填料最小强度(CBR)(%) | | | 最大粒径<br>(mm) |
|---|---|---|---|---|---|
| | | 高速公路、<br>一级公路 | 二级公路 | 三、四级公路 | |
| 填方路堤 | 上路床(0~0.30) | 8 | 6 | 5 | 100 |
| | 下路床(0.30~0.80) | 5 | 4 | 3 | 100 |
| | 上路堤(0.80~1.50) | 4 | 3 | 3 | 150 |
| | 下路堤(>1.50) | 3 | 2 | 2 | 150 |
| 零填及挖方路基 | (0~0.30) | 8 | 6 | 5 | 100 |
| | (0.30~0.80) | 5 | 4 | 3 | 100 |

注:1. 表列强度按《公路土工试验规程》(JTG E40—2007)规定的浸水96h的CBR试验方法测定。
2. 三、四级公路铺筑沥青混凝土或水泥混凝土路面时,应采用二级公路的规定。
3. 表中上、下路堤填料最大粒径150mm的规定,不适用于填石路堤和土石路堤。

## 二、路基压实标准

(一)土质路堤

路堤、路堑和路堤基底必须充分压实,每一压实层均应检查压实度,合格后方可填筑其上一层。检测方法可根据填筑材料选用合适的方法进行。检验频率为每2 000m²检查8个点,不足200m²时,至少检查两个点,测点位置应用随机取样法选定。《公路路基施工技术规范》(JTG F10—2006)规定土质路堤压实质量标准应符合表11-2的要求。在测定压实度的同时,必须检查压实层的厚度,厚度按试验路确定的最大压实层厚度和技术标准规定的最小压实层厚度控制。

土质路堤压实度标准　　　　　　　　　　　　　表 11-2

| 填挖类型 | | 路床顶面以下深度（m） | 压 实 度 （%） | | |
|---|---|---|---|---|---|
| | | | 高速公路、一级公路 | 二级公路 | 三、四级公路 |
| 地表处理 | | 0 | ≥90 | ≥90 | ≥85 |
| 填方路堤 | 上路床 | 0～0.30 | ≥96 | ≥95 | ≥94 |
| | 下路床 | 0.30～0.80 | ≥96 | ≥95 | ≥94 |
| | 上路堤 | 0.80～1.50 | ≥94 | ≥94 | ≥93 |
| | 下路堤 | >1.50 | ≥93 | ≥92 | ≥90 |
| 零填及挖方路基 | | 0～0.30 | ≥96 | ≥95 | ≥94 |
| | | 0.30～0.80 | ≥96 | ≥95 | — |

注：1. 表列压实度以《公路土工试验规程》（JTG E40—2007）重型击实试验法为准。
2. 三、四级公路铺筑水泥混凝土路面或沥青混凝土路面时，其压实度应采用二级公路的规定值。
3. 路堤采用特殊填料或处于特殊气候地区时，压实度标准根据试验路在保证路基强度要求的前提下可适当降低。
4. 特殊干旱地区的压实度标准可降低2%～3%。
5. 用灌砂法、灌水（水袋）法检查压实度时，取土样的底面位置为每一压实层底部；用环刀法试验时，环刀中部处于压实层厚的1/2深度；用核子仪试验时，应根据其类型，按说明书要求办理。

（二）填石路堤

膨胀岩石、易溶性岩石不宜直接用于路堤填筑，强风化石料、崩解性岩石不得直接用于路堤填筑。填料的粒径应不大于500mm，并不超过层厚的2/3，不均匀系数宜为15～20，路床底面以下400mm范围内，填料粒径应小于150mm，路床填料粒径应小于100mm。上、下路堤的压实质量标准见表11-3。

填石路堤上、下路堤的压实质量标准　　　　　　表 11-3

| 分 区 | 路床顶面以下深度（m） | 硬质石料空隙率（%） | 中硬石料空隙率（%） | 软质石料空隙率（%） |
|---|---|---|---|---|
| 上路堤 | 0.80～1.50 | ≤23 | ≤22 | ≤20 |
| 下路堤 | >1.50 | ≤25 | ≤24 | ≤22 |

（三）粉煤灰路基

用于高速公路、一级公路路堤的粉煤灰，烧失量宜小于20%，粒径宜在0.001～1.18mm之间，小于0.075mm的颗粒含量宜大于45%。粉煤灰路堤的压实度标准见表11-4。

粉煤灰路堤压实度标准　　　　　　　　　　　　表 11-4

| 填料应用部位（路床顶面以下深度）（m） | | 压 实 度 （%） | |
|---|---|---|---|
| | | 二级及二级以上公路 | 其他等级公路 |
| 上路床 | 0～0.30 | ≥95 | ≥93 |
| 下路床 | 0.30～0.80 | ≥93 | ≥90 |
| 上路堤 | 0.80～1.50 | ≥92 | ≥87 |
| 下路堤 | >1.50 | ≥90 | ≥87 |

（四）沙漠路基

沙漠路基压实度应符合表11-5的要求。

沙漠路基压实度标准  表11-5

| 填挖类型 | | 路床顶面以下深度(m) | 压实度(%) | |
|---|---|---|---|---|
| | | | 高速公路、一级公路 | 三、四级公路 |
| 路堤 | 上路床 | 0~0.30 | ≥95 | ≥93 |
| | 下路床 | 0.30~0.80 | ≥95 | ≥93 |
| | 上路堤 | 0.80~1.50 | ≥93 | ≥90 |
| | 下路堤 | >1.50 | ≥90 | ≥90 |
| 零填及挖方路基 | | 0~0.30 | ≥95 | ≥93 |
| | | 0.30~0.80 | ≥95 | ≥93 |

### 三、路基施工质量标准

当每一分项、分部工程完工后,应按批准的设计图纸、设计文件、技术规范的要求,对施工质量进行中间检查验收,质量标准如下:

(一)土质路堤

土质路堤填筑至设计高程后,其施工质量应符合表11-6的规定。

土质路堤施工质量标准  表11-6

| 项次 | 检查项目 | 规定值或允许偏差 | | | 检验方法和频率 |
|---|---|---|---|---|---|
| | | 高速公路、一级公路 | 二级公路 | 三、四级公路 | |
| 1 | 压实度(%) | 符合表11-2规定 | | | 施工记录 |
| 2 | 弯沉(0.01mm) | 不大于设计值 | | | |
| 3 | 平整度(mm) | 15 | 20 | | 三米直尺:每200m测2处×10尺 |

(二)填石路堤

填石路堤填筑至设计高程后,其施工质量应符合表11-7的规定。

石方路基允许偏差  表11-7

| 项次 | 检查项目 | 规定值或允许偏差 | | 检验方法和频率 |
|---|---|---|---|---|
| | | 高速公路、一级公路 | 其他等级公路 | |
| 1 | 压实度(%) | 符合试验路确定的施工工艺 | | 施工记录 |
| | | 沉降差≤试验路确定的沉降差 | | 水准仪:每40m检查1个断面,每个断面检测5~9点 |
| 2 | 弯沉(0.01mm) | 不大于设计值 | | |
| 3 | 平整度(mm) | 20 | 30 | 三米直尺:每200m测4处×10尺 |

## 第二节 底基层、基层

### 一、底基层、基层材料试验项目与频度

施工前以及施工过程中,原材料或混合料发生变化时,应检验拟采用材料。

(一)土

用作基层和底基层的土,应按表11-8所列的试验项目和要求检测评定。

基层和底基层用土试验项目和要求(JTG/T F20—2015)　　表11-8

| 项次 | 试验项目 | 目的 | 频度 | 试验方法 |
|---|---|---|---|---|
| 1 | 含水率 | 确定原始含水率 | 每天使用前测2个样品 | T 0801/T 0803 |
| 2 | 液限、塑限 | 求塑性指数,审定是否符合规定 | 每种土使用前测2个样品,使用过程中每2 000m³测2个样品 | T 0118/T 0119 |
| 3 | 颗粒分析 | 确定级配是否符合要求,确定材料配合比 | 每种土使用前测2个样品,使用过程中每2 000m³测2个样品 | T 0115 |
| 4 | 有机质和硫酸盐含量 | 确定土是否适宜于用石灰或水泥稳定 | 对土有怀疑时做此试验 | T 0151/T 0153 |

(二)粗集料

用作基层和底基层的碎石、砾石等粗集料,应按表11-9所列的试验项目和要求检测评定。

基层和底基层用碎石、砾石试验项目和要求(JTG/T F20—2015)　　表11-9

| 项次 | 试验项目 | 目的 | 频度 | 试验方法 |
|---|---|---|---|---|
| 1 | 含水率 | 确定原始含水率 | 每天使用前测2个样品 | T 0801/T 0803 |
| 2 | 级配 | 确定级配是否符合要求,确定材料配合比 | 每档碎石使用前测2个样品,使用过程中每2 000m³测2个样品 | T 0303 |
| 3 | 液限、塑限 | 求塑性指数,审定是否符合规定 | 每种材料使用前测2个样品,使用过程中每2 000m³测2个样品 | T 0118/T 0119 |
| 4 | 相对毛体积密度、吸水率 | 评定粒料质量,计算固体体积率 | 使用前测2个样品,砂砾使用过程中每2 000m³测2个样品,碎石种类变化重做2个样品 | T 0304/T 0308 |
| 5 | 压碎值 | 评定石料的抗压碎能力是否符合要求 | | T 0316 |
| 6 | 粉尘含量 | 评定石料质量 | | T 0310 |
| 7 | 针片状颗粒含量 | 评定石料质量 | | T 0312 |
| 8 | 软石含量 | 评定石料质量 | | T 0320 |

(三)细集料

用作基层和底基层的细集料,应按表11-10所列的试验项目和要求检测评定。

基层和底基层用细集料试验项目和要求(JTG/T F20—2015)　　表11-10

| 项次 | 试验项目 | 目的 | 频度 | 试验方法 |
|---|---|---|---|---|
| 1 | 含水率 | 确定原始含水率 | 每天使用前测2个样品 | T 0801/T 0803 |
| 2 | 级配 | 确定级配是否符合要求,确定材料配合比 | 每档碎石使用前测2个样品,使用过程中每2 000m³测2个样品 | T 0327 |
| 3 | 液限、塑限 | 求塑性指数,审定是否符合规定 | 每种集料使用前测2个样品,使用过程中每2 000m³测2个样品 | T 0118/T 0119 |

续上表

| 项次 | 试验项目 | 目 的 | 频 度 | 试验方法 |
|---|---|---|---|---|
| 4 | 相对毛体积密度、吸水率 | 评定粒料质量,计算固体体积率 | 使用前测2个样品,使用过程中每2 000m³测2个样品 | T 0328/T 0352 |
| 5 | 有机质和硫酸盐含量 | 确定是否适宜石灰或水泥稳定 | 有怀疑时做此试验 | T 0336/T 0341 |

### (四)水泥

用作基层和底基层的水泥,应按表11-11所列的试验项目和要求检测评定。

基层和底基层用水泥试验项目和要求(JTG/T F20—2015)　　　表11-11

| 项次 | 试验项目 | 目 的 | 频 度 | 试验方法 |
|---|---|---|---|---|
| 1 | 水泥强度等级和初、终凝时间 | 确定水泥的质量是否适宜应用 | 做材料组成设计时测1个样品,料源或强度等级变化时重测 | T 0505/T 0506 |

### (五)粉煤灰

用作基层和底基层的粉煤灰,应按表11-12所列的试验项目和要求检测评定。

基层和底基层用粉煤灰试验项目和要求(JTG/T F20—2015)　　　表11-12

| 项次 | 试验项目 | 目 的 | 频 度 | 试验方法 |
|---|---|---|---|---|
| 1 | 含水率 | 确定原始含水率 | 每天使用前测2个样品 | T 0801/T 0803 |
| 2 | 烧失量 | 确定粉煤灰是否适用 | 做材料组成设计时测2个样品 | T 0817 |
| 3 | 细度 | 确定粉煤灰质量 | 做材料组成设计时测2个样品 | T 0818 |
| 4 | 二氧化硅等氧化物含量 | 确定粉煤灰质量 | 每天使用前测2个样品 | T 0816 |

### (六)石灰

用作基层和底基层的石灰,应按表11-13所列的试验项目和要求检测评定。

基层和底基层用石灰试验项目和要求(JTG/T F20—2015)　　　表11-13

| 项次 | 试验项目 | 目 的 | 频 度 | 试验方法 |
|---|---|---|---|---|
| 1 | 含水率 | 确定原始含水率 | 每天使用前测2个样品 | T 0801/T 0803 |
| 2 | 有效氧化钙、镁含量 | 确定石灰质量 | 做材料组成设计和生产使用时分别测2个样品 | T 0811/T 0812/T 0813 |
| 3 | 残渣含量 | 确定石灰质量 | 做材料组成设计和生产使用时分别测2个样品,以后每月测2个样品 | T 0815 |

### (七)混合料

初步确定使用的基层和底基层混合料,包括非整体性材料,应按表11-14所列的试验项目和要求检测评定。

基层和底基层混合料试验项目和要求（JTG/T F20—2015）　　表11-14

| 项次 | 试验项目 | 目的 | 频度 | 试验方法 |
|---|---|---|---|---|
| 1 | 重型击实试验 | 最佳含水率和最大干密度 | 材料发生变化时 | T 0804 |
| 2 | 承载比 | 确定非整体性材料是否适宜做基层和底基层 | 材料发生变化时 | T 0134 |
| 3 | 抗压强度 | 整体性材料配合比试验及施工期间质量评定 | 每次配合比试验 | T 0805 |
| 4 | 延迟时间 | 确定延迟时间对混合料密度和抗压强度的影响，确定施工允许的延迟时间 | 水泥品种变化时 | T 0805 |
| 5 | 绘制EDTA标准曲线 | 对施工过程中水泥、石灰剂量有效控制 | 水泥、石灰品种变化时 | T 0809 |

## 二、施工过程检查

施工过程中的质量控制包括外形尺寸检查和内在质量检验两部分。

（一）外形尺寸

外形尺寸检查的项目、频度和质量标准见表11-15。

外形尺寸检查的项目、频度和质量标准（JTG/T F20—2015）　　表11-15

| 工程类别 | 项目 | | 频度 | 质量标准 | |
|---|---|---|---|---|---|
| | | | | 高速公路和一级公路 | 二级及二级以下公路 |
| 基层 | 纵断高程(mm) | | 二级及二级以下公路每20m 1点；高速公路和一级公路每20m 1个断面，每个断面3~5个点 | -10 ~ +5 | -15 ~ +5 |
| | 厚度(mm) | 均值 | 每1 500 ~ 2 000m² 6个点 | ≥ -8 | ≥ -10 |
| | | 单个值 | | ≥ -10 | ≥ -20 |
| | 宽度(mm) | | 每40m 1处 | >0 | >0 |
| | 横坡度(%) | | 每100m 3处 | ±0.3 | ±0.5 |
| | 平整度(mm) | | 每200m 2处，每处连续10尺（三米直尺） | ≤8 | ≤12 |
| 底基层 | 纵断高程(mm) | | 二级及二级以下公路每20m 1点；高速公路和一级公路每20m 1个断面，每个断面3~5个点 | -15 ~ +5 | -20 ~ +5 |
| | 厚度(mm) | 均值 | ≥ -8 | ≥ -10 | ≥ -12 |
| | | 单个值 | ≥ -10 | ≥ -25 | ≥ -30 |
| | 宽度(mm) | | 每40m 1处 | >0 | >0 |
| | 横坡度(%) | | 每100m 3处 | ±0.3 | ±0.5 |
| | 平整度(mm) | | 每200m 2处，每处连续10尺（三米直尺） | ≤12 | ≤15 |

(二)内在质量检验

施工过程中的内在质量范围:原材料质量控制、拌和质量控制、摊铺和碾压质量控制四部分。对集中厂拌、摊铺机摊铺的施工工艺,应按后场和前场划分。

1. 后场

后场质量控制的项目、内容应符合表11-16的规定,实际检测频率应不低于表中要求,检测结果应满足本细则或具体工程的技术要求。

施工过程中后场质量控制的项目、内容、频度(JTG/T F20—2015)　　表11-16

| 项次 | 项　目 | 项　目 | 频　度 |
|---|---|---|---|
| 1 | 原材料抽检 | 结合料质量 | 每批次 |
| | | 粗、细集料品种 | 异常时,随时试验 |
| | | 级配、规格 | 异常时,随时试验 |
| 2 | 混合料抽检 | 混合料级配 | 每2 000m² 1次 |
| | | 结合料剂量 | 每2 000m² 1次 |
| | | 混合料最大干密度 | 每个工日 |
| | | 含水率 | 每2 000m² 1次 |

2. 前场

前场质量控制的项目、内容应符合表11-17的规定,实际检测频率应不低于表中要求,检测结果应满足本细则或具体工程的技术要求。

施工过程中前场质量控制的项目、内容、频度(JTG/T F20—2015)　　表11-17

| 项次 | 项　目 | 项　目 | 频　度 |
|---|---|---|---|
| 1 | 摊铺目测 | 是否离析 | 随时 |
| | | 粗估含水率状态 | 随时 |
| 2 | 碾压目测 | 压实机械是否满足 | 随时 |
| | | 碾压组合、次数是否合理 | 随时 |
| 3 | 压实度检测 | 含水率 | 每一作业段检查6次以上 |
| | | 压实度 | 每一作业段检查6次以上 |
| 4 | 强度检测 | 在前场取样成型试件 | 每一作业段检查6次以上 |
| 5 | 钻芯检测 | — | 每一作业段不少于9个 |
| 6 | 弯沉检测 | — | 每一评定段(不超过1km)每车道40~50个点 |
| 7 | 承载比 | — | 每2 000m² 1次,异常时随时增加试验 |

## 三、交、竣工验收质量标准

(一)外形尺寸

交、竣工验收包括完工后的外形尺寸和内在质量两部分。外形检查的质量要求见表11-15。

(二)内在质量

内在质量一般以1km长的路段为单位评定路面结构层质量,采用大流水作业施工时,以每天完成的路段为评定单位。检查的项目、频度和质量标准见表11-18规定。

交、竣工工程质量检查项目、频度和质量标准(JTG/T F20—2015)   表11-18

| 工程类别 | 检查项目 | 检查数量[b] | 标 准 值 | 极限低值 |
|---|---|---|---|---|
| 无结合料底基层 | 压实度 | 6~10处 | 96% | 92% |
|  | 弯沉值[a] | 每车道40~50个测点 | 按附录C所得的弯沉标准值 | — |
| 级配碎石(或砾石) | 压实度 | 6~10处 | 基层98% | 94% |
|  |  |  | 底基层96% | 92% |
|  | 颗粒组成 | 2~3 | 规定级配范围 |  |
|  | 弯沉值[a] | 每车道40~50个测点 | 按附录C所得的弯沉标准值 | — |
| 填隙碎石 | 压实度(固体体积率) | 6~10处 | 基层98% | 82% |
|  |  |  | 底基层96% | 80% |
|  | 弯沉值[a] | 每车道40~50个测点 | 按附录C所得的弯沉标准值 | — |
| 水泥土、石灰土、石灰粉煤灰、石灰粉煤灰土 | 压实度 | 6~10处 | 93%(95%) | 89%(91%) |
|  | 水泥或石灰剂量(%) | 3~6处 | 设计值 | 水泥1.0%<br>石灰2.0% |
| 水泥稳定材料、石灰稳定材料、石灰粉煤灰稳定材料、水泥粉煤灰稳定材料 | 压实度 | 6~10处 | 基层98%(97%) | 94%(93%) |
|  |  |  | 底基层96%(95%) | 92%(91%) |
|  | 颗粒组成 | 2~3 | 规定级配范围 |  |
|  | 水泥或石灰剂量(%) | 3~6处 | 设计值 | 设计值−1.0% |

注:a 按本细则附录C计算得的弯沉值即是极限高值。

b 以每天完成段落为评定单位时,检查数量可取低值;以1km为评定单位时,检查数量应取高值。

# 回弹弯沉值的计算
## (JTG/T F20—2015 附录C)

C.0.1 路基顶面的回弹弯沉值应按式(C.0.1)计算:

$$l_0 = 930.8 E_0^{-0.938} \quad (C.0.1)$$

式中:$E_0$——路基回弹模量,MPa;

$l_0$——路基顶面的回弹弯沉计算值,0.01mm。

C.0.2 底基层顶面回弹弯沉计算值应按下列步骤计算:

1 利用路基和底基层材料的回弹弯沉计算值$E_0$和$E_1$以及底基层的厚度$h_1$(cm),计算底基层表面弯沉系数$\alpha_L$。

2 弯沉综合修正系数$F$按式(C.0.2-1)计算:

$$F = 3.643 \alpha_L^{1.8519} \quad (C.0.2-1)$$

3 底基层顶面的回弹弯沉计算值$l_1$,即标准值按式(C.0.2-2)计算:

$$l_1 = \frac{2p\delta}{E_0 K_1}\alpha_L F \tag{C.0.2-2}$$

式中：$p$——后轴重100kN货车轮胎的单位压力，对黄河货车，可取0.7MPa；

$\delta$——荷载圆半径；

$K_1$——季节影响系数，不同地区取值范围为1.2~1.4。

C.0.3 基层顶面弯沉计算应按下列步骤计算：

1 利用路基、底基层和基层材料的回弹模量计算值 $E_0$、$E_1$、$E_2$ 以及底基层和基层厚度 $h_1$ 和 $h_2$(cm)，按弹性层状体系模型，计算基层顶面的弯沉系数 $\alpha'_L$。

2 基层顶面应有的回弹弯沉计算值 $l_2$，即标准值按式(C.0.3)计算：

$$l_2 = \frac{2p\delta}{E_0 K_1}\alpha'_L F \tag{C.0.3}$$

## 四、基层混合料抽检试验方法

（一）无机结合料的取样

取样是试验工作的一个重要环节，尤其是对非均质材料，试样是否有代表性，直接关系到试验结果是否可信，试样不能代表母体，再严谨的试验操作也是毫无意义的。《公路工程无机结合料稳定材料试验规程》(JTG E51—2009)对无机结合料的取样方法作了详细的规定。

## 无机结合料稳定材料取样方法
## (JTG E51—2009 T 0841—2009)

1 适用范围

本规程适用于无机结合料稳定材料室内试验、配合比设计以及施工过程中的质量抽检等。本方法规范了无机结合料稳定材料的现场取样操作。

2 分料

可用下列方法之一将整个样品缩小到每个试验所需要的合适质量。

2.1 四分法

2.1.1 需要时应加清水使主样品变湿。充分拌和主样品：在一块清洁、平整、坚硬的表面上将试料堆成一个圆锥体，用铲翻动此锥体并形成一个新锥体，这样重复进行3次。在形成每一个锥体堆时，铲中的料要放在锥顶，使滑到边部的那部分料尽可能分布均匀，使锥体的中心不移动。

2.1.2 将平头铲反复交错垂直插入最后一个锥体的顶部，使锥体顶变平，每次插入后提起铲时不要带有试料。沿两个垂直的直径，将已变成平顶的锥体料堆分成四部分，尽可能使这四部分料的质量相同。

2.1.3 将对角的一对料(如一、三象限为一对，二、四象限为另一对)铲到一边，将剩余的一对料铲到一块。重复上述拌和以及缩小的过程，直到达到要求的样品质量。

2.2 分料器法

如果集料中含有粒径2.36mm以下的细料，材料应该是表面干燥的。将材料充分拌和后通过分料器，保留一部分，将另一部分再次通过分料器。这样重复进行，直到将原样品缩小到需要的质量。

3 料堆取料

在料堆的上部、中部和下部各取一份试样，混合后按四分法分料取样。

4 试验室分料

4.1 目标配合比阶段各种集料应逐级筛分，然后按设定级配进行配料。

4.2 生产配合比阶段可采用四分法分料,且取料总质量应大于分料取样后每份质量的4~8倍。

5 施工过程中混合料取样

5.1 在进行混合料验证时,宜在摊铺机后取料,且取料应分别来源于3~4台不同的料车,然后混合到一起进行四分法取样,进行无侧限抗压强度成型及试验。

5.2 在评价施工离散性时,宜在施工现场取样,应在施工现场的不同位置按随机取样原则分别取样,对于结合料剂量还需在同一位置的上层和下层分别取样,试样应单独成型。

(二)含水量

路基、路面基层材料只有在试验确定的最佳含水量下才能获得要求的压实度,而且最节省压实功,因此含水量是路基、路面基层施工质量控制的主要指标,无论混合材料的拌和、压实度抽检都必须进行此项试验。《公路工程无机结合料稳定材料试验规程》(JTG E51—2009)对含水率规定了3种试验方法,其中烘干法和酒精法较为常用。

# 含水量试验方法(烘干法)
## (JTG E51—2009  T 0801—2009)

1 适用范围

本法适用于测定水泥、石灰、粉煤灰及无机结合料稳定材料的含水量。

2 仪器设备

2.1 水泥、粉煤灰、消石灰和消石灰粉、稳定细粒土

2.1.1 烘箱:量程不小于110℃,控温精度±2℃。

2.1.2 铝盒:直径约50mm,高25~30mm。

2.1.3 电子天平:量程不小于150g,感量0.01g。

2.1.4 干燥器:直径200~250mm,并用硅胶做干燥剂[①]。

注①:用指示硅胶作干燥剂,而不用氯化钙。因为许多黏土烘干后能从氯化钙中吸收水分。

2.2 稳定中粒土

2.2.1 烘箱:同2.1.1。

2.2.2 铝盒:能放样品500g以上。

2.2.3 电子天平:量程不小于1000g,感量0.1g。

2.2.4 干燥器:同2.1.4。

2.3 稳定粗粒土

2.3.1 烘箱:同2.1.1。

2.3.2 大铝盒:能放样品2000g以上。

2.3.3 电子天平:量程不小于3000g,感量0.1g。

2.3.4 干燥器:同2.1.4。

3 试验步骤

3.1 水泥、粉煤灰、消石灰和消石灰粉、稳定细粒土

3.1.1 取清洁干燥的铝盒,称其质量 $m_1$,并精确至0.01g;取约50g试样(对生石灰粉、消石灰和消石灰粉取100g)经手工木槌粉碎后松放在铝盒中,尽快盖上盒盖,称其质量 $m_2$,并精确至0.01g。

3.1.2 对于水泥稳定混合料,将烘箱温度调到110℃;对于其他材料[①],将烘箱调到105℃。待烘箱温度达到设定温度后,取下盒盖,并将盛有试样的铝盒放在盒盖上,然后一起放入烘箱内进行烘干,需要的烘干时间随试样种类和试样数量而改变。当冷却试样连续两次称量的差(每次间

隔4h)不超过原试样质量的0.1%[2]时,即认为样品已烘干。

3.1.3 烘干后,从烘箱中取出盛有试样的铝盒,并将盒盖盖紧。

3.1.4 将盛有烘干试样的铝盒放入干燥器内冷却[3]。然后称铝盒和烘干试样的质量 $m_3$,精确至0.01g。

注[1]:某些含有石膏的土在烘干时会损失其结晶水,用此方法测定其含水量有影响。每1%石膏对含水量的影响约为0.2%。如果土中有石膏,则试样应该在不超过80℃的温度下烘干,并可能要烘更长的时间。

注[2]:对于大多数土,通常烘干16~24h就足够。但是,某些土或试样数量过多或试样很潮湿,可能需要烘更长的时间。烘干的时间也与烘箱内试样的总质量、烘箱的尺寸及其通风系统的效率有关。

注[3]:如铝盒的盖密闭,而且试样在称量前放置时间较短,可以不需要放在干燥器中冷却。

3.2 稳定中粒土

3.2.1 取清洁干燥的铝盒,称其质量 $m_1$,并精确至0.1g。取500g试样(至少300g)经粉碎后松放在铝盒中,盖上盒盖,称其质量 $m_2$,并精确至0.1g。

3.2.2 对于水泥稳定混合料,将烘箱温度调到110℃;对于其他材料,将烘箱调到105℃。待烘箱温度达到设定温度后,取下盒盖,并将盛有试样的铝盒放在盒盖上,然后一起放入烘箱内进行烘干,需要的烘干时间随试样种类和试样数量而改变。当冷却试样连续两次称量的差(每次间隔4h)不超过原试样质量的0.1%时,即认为样品已烘干。

3.2.3 烘干后,从烘箱中取出盛有试样的铝盒,并将盒盖盖紧,放置冷却。

3.2.4 称铝盒和烘干试样的质量 $m_3$,并精确至0.1g。

3.3 稳定粗粒土

3.3.1 取清洁干燥的铝盒,称其质量 $m_1$,并精确至0.1g。取2 000g试样经粉碎后松放在铝盒中,盖上盒盖,称其质量 $m_2$,并精确至0.1g。

3.3.2 对于水泥稳定混合料,将烘箱温度调到110℃;对于其他材料,将烘箱调到105℃。待烘箱温度达到设定温度后,取下盒盖,并将盛有试样的铝盒放在盒盖上,然后一起放入烘箱内进行烘干,需要的烘干时间随试样种类和试样数量而改变。当冷却试样连续两次称量的差(每次间隔4h)不超过原试样质量的0.1%时,即认为样品已烘干。

3.3.3 烘干后,从烘箱中取出盛有试样的铝盒,并将盒盖盖紧,放置冷却。

3.3.4 称铝盒和烘干试样质量 $m_3$,并精确至0.1g。

4 计算

用式(T 0801-1)计算无机结合料稳定材料的含水量(%)。

$$w = \frac{m_2 - m_3}{m_3 - m_1} \times 100 \qquad (\text{T 0801-1})$$

式中:$w$——无机结合料稳定材料的含水量,%;

$m_1$——铝盒的质量,g;

$m_2$——铝盒和湿稳定材料的合计质量,g;

$m_3$——铝盒和干稳定材料的合计质量,g。

5 结果整理

本试验应进行两次平行测定,取算术平均值,保留至小数点后两位。允许重复性误差应符合表 T 0801-1 的要求。

含水量测定的允许重复性误差　　　　表 T 0801-1

| 含水量(%) | 允许误差(%) | 含水量(%) | 允许误差(%) |
| --- | --- | --- | --- |
| ≤7 | ≤0.5 | >40 | ≤2 |
| >7 且≤40 | ≤1 | | |

# 含水量试验方法(酒精法)
## (JTG E51—2009 T 0803—1994)

1 目的和适用范围

本方法适用于在工地快速测定无机结合料稳定土的含水量。当土中含有大量黏土、石膏、石灰质或有机质,不应使用本方法。

2 仪器设备

2.1 蒸发皿:硅石蒸发皿。对于细粒土,采用直径100mm;对于中粒土,采用直径150mm;对于粗粒土,可用方盘。

2.2 刮土刀:长100mm、宽20mm。

2.3 搅拌棒:长约200~250mm,直径约3mm。

2.4 天平:量程不小于150g,感量0.01g。

2.5 天平:量程不小于1 000g,感量0.1g。

2.6 天平:量程不小于3 000g,感量0.1g。

2.7 酒精:乙醇体积分数大于或等于95%。

3 试验步骤

3.1 将蒸发皿洗净、烘干,称其质量 $m_1$,精确至0.01g。

3.2 对于细粒土,取试样30g左右放在蒸发皿内;对于中粒土,取试样300g左右放在蒸发皿内;对于粗粒土,取试样2 000g左右放在蒸发皿或方盘内。称蒸发皿和试样的合质量 $m_2$,并对细粒土精确至0.01g,对于中粒土、粗粒土精确至0.1g。

3.3 对于细粒土,取25mL左右的酒精;对于中粒土,取200mL的酒精;对于粗粒土,取150 0mL的酒精。将酒精倒在试样上,使其浸没试样。用刮土刀拌和酒精和土样,并将大土块破碎。

3.4 将蒸发皿放在不怕热的表面上,点火燃烧。

3.5 在酒精燃烧过程中,用金属棒经常搅拌试样,但应注意勿使试样损失。对细粒土至少燃烧3遍;对中、粗粒土需烧2~3次。

3.6 酒精烧完后,让蒸发皿冷却。当蒸发皿冷却到室温时,即称蒸发皿和试样的合质量 $m_3$,准确至0.01g,对于中粒土、粗粒土精确至0.1g。

4 计算

用式(T 0803-1)计算无机结合料稳定材料的含水量。

$$w = \frac{m_2 - m_3}{m_3 - m_1} \times 100 \qquad (T\ 0803\text{-}1)$$

式中:$w$——无机结合料稳定材料的含水量,%;

$m_1$——蒸发皿的质量,g;

$m_2$——蒸发皿和湿稳定材料的合计质量,g;

$m_3$——蒸发皿和干稳定材料的合计质量,g。

5 结果整理

本试验应进行两次平行测定,取算术平均值,保留至小数点后两位。允许重复性误差应符合表 T 0803-1 的要求。

含水量测定的允许重复性误差    表 T 0803-1

| 含水量(%) | 允许误差(%) | 含水量(%) | 允许误差(%) |
| --- | --- | --- | --- |
| ≤7 | ≤0.5 | >40 | ≤2 |
| >7 且 ≤40 | ≤1 | | |

(三)水泥或石灰稳定材料中水泥或石灰剂量的测定

水泥或石灰剂量是水泥或石灰稳定土(材料)施工质量控制的主要指标之一,稳定材料中结合料剂量的测定是对新拌和的成品稳定材料,用化学分析的方法测定其水泥或石灰的掺量,以检查其掺量是否满足设计要求。试验规程关于水泥或石灰剂量的测定规定了两种方法。

## EDTA 滴定法
### (JTG E51—2009　T 0809—2009)

1　适用范围

1.1　本方法适用于在工地快速测定水泥和石灰稳定材料中水泥和石灰的剂量,并可用以检查现场拌和摊铺的均匀性。

1.2　本方法适用于在水泥终凝之前的水泥含量测定,现场土样的石灰剂量应在路拌后尽快测试,否则需要用相应龄期的 EDTA 二钠标准溶液消耗量的标准曲线确定。

1.3　本方法也可以用来测定水泥和石灰综合稳定材料中结合料的剂量。

2　仪器设备

2.1　滴定管(酸式):50mL,1 支。

2.2　滴定台:1 个。

2.3　滴定管夹:1 个。

2.4　大肚移液管:10mL、50mL,10 支。

2.5　锥形瓶(即三角瓶):200mL,20 个。

2.6　烧杯:2 000mL(或1 000mL),1 只;300mL,10 只。

2.7　容量瓶:1 000mL,1 个。

2.8　搪瓷杯:容量大于1 200mL,10 只。

2.9　不锈钢棒(或粗玻璃棒):10 根。

2.10　量筒:100mL 和 5mL,各 1 只;50mL,2 只。

2.11　棕色广口瓶:60mL,1 只(装钙红指示剂)。

2.12　电子天平:量程不小于150 0g,感量 0.01g。

2.13　秒表:1 只。

2.14　表面皿:$\phi$9cm,10 个。

2.15　研钵:$\phi$12 ~ 13cm,1 个。

2.16　洗耳球:1 个。

2.17　精密试纸:pH12 ~ 14。

2.18　聚乙烯桶:20L(装蒸馏水和氯化铵及 EDTA 二钠标准溶液),3 个;5L(装氢氧化钠),1 个;5L(大口桶),10 个。

2.19　毛刷、去污粉、吸水管、塑料勺、特种铅笔、厘米纸。

2.20　洗瓶(塑料):500mL,1 只。

3　试剂

3.1　0.1mol/m³ 乙二胺四乙酸二钠(EDTA 二钠)标准溶液(简称 EDTA 二钠标准溶液):准确称取 EDTA 二钠(分析纯)37.226g,用 40 ~ 50℃ 的无二氧化碳蒸馏水溶解,待全部溶解并冷至室温后,定容至1 000mL。

3.2　10% 氯化铵($NH_4Cl$)溶液:将 500g 氯化铵(分析纯或化学纯)放在 10L 的聚乙烯桶内,加蒸馏水4 500mL,充分振荡,使氯化铵完全溶解;也可以分批在1 000mL 的烧杯内配制,然后倒入塑料桶内摇匀。

3.3 1.8%氢氧化钠(内含三乙醇胺)溶液：用电子天平称18g氢氧化钠(NaOH)(分析纯)，放入洁净干燥的1 000mL烧杯中，加1 000mL蒸馏水使其全部溶解，待溶液冷至室温后，加入2mL三乙醇胺(分析纯)，搅拌均匀后储于塑料桶中。

3.4 钙红指示剂：将0.2g钙试剂羟酸钠(分子式$C_{21}H_{13}O_7N_2S$，分子量460.39)与20g预先在105℃烘箱中烘1h的硫酸钾混合。一起放入研钵中，研成极细粉末，储于棕色广口瓶中，以防吸潮。

4 准备标准曲线

4.1 取样：取工地用石灰和土。风干后用烘干法测其含水量(如为水泥，可假定其含水量为0)。

4.2 混合料组成的计算：

4.2.1 公式：干料质量 = $\dfrac{\text{湿料质量}}{1+\text{含水量}}$

4.2.2 计算步骤：

(1) 干混合料质量 = $\dfrac{\text{湿混合料质量}}{1+\text{最佳含水量}}$

(2) 干土质量 = $\dfrac{\text{干混合料质量}}{1+\text{石灰或水泥剂量}}$

(3) 干石灰或水泥质量 = 干混合料质量 – 干土质量

(4) 湿土质量 = 干土质量 × (1 + 土的风干含水量)

(5) 湿石灰质量 = 干石灰 × (1 + 石灰的风干含水量)

(6) 石灰土中应加入的水 = 湿混合料质量 – 湿土质量 – 湿石灰质量

4.3 准备5种试样，每种2个样品(以水泥稳定材料为例)，如为水泥稳定中、粗粒土，每个样品取1 000g左右(如为细粒土，则可称取300g左右)准备试验。为了减少中、粗粒土的离散，宜按设计级配单份掺配的方式配料。

5种试样的水泥剂量应为：水泥剂量为0、最佳水泥剂量左右、最佳水泥剂量±2%和±4%[①]，每种剂量取2个(为湿质量)试样，共10个试样，并分别在10个大口聚乙烯桶(如为稳定细粒土，可用搪瓷杯或1 000mL具塞三角瓶；如为粗粒土，可用5L的大口聚乙烯桶)内，土的含水量应等于工地预期达到的最佳含水量，土中所加的水应与工地所用的水相同。

注①：在此，准备标准曲线的水泥剂量为：0%、2%、4%、6%和8%，如水泥剂量或高或低，应保证工地实际所用水泥或石灰的剂量位于准备标准曲线所用剂量的中间。

4.4 取一个盛有试样的盛样器，在盛样器内加入两倍试样质量(湿料质量)体积的10%氯化铵溶液(如湿质量为300g，则氯化铵溶液为600mL；如湿料质量为1 000g，则氯化铵溶液为2 000mL)。料为300g，则搅拌3min(每分钟搅110~120次)；如料为1 000g，则搅拌5min。如用1 000mL具塞三角瓶，则手握三角瓶(瓶口向上)用力振荡3min(每分钟120次±5次)，以代替搅拌棒搅拌。放置沉淀10min[①]，然后将上部清液转移到300mL烧杯内，搅匀，加盖表面皿待测。

注①：如10min后得到的是混浊悬浮液，则应增加放置沉淀时间，直到出现澄清悬浮液为止，并记录所需的时间，以后所有该种水泥(或石灰)土混合料的试验，均应以同一时间为准。

4.5 用移液管吸取上层(液面下1~2cm)悬浮液10.0mL放入200mL的三角瓶内，用量筒取50mL 1.8%氢氧化钠(内含三乙醇胺)溶液倒入三角瓶中，此时溶液pH值为12.5~13.0(可用pH12~14精密试纸检验)，然后加入钙红指示剂(用量约为0.2g)，摇匀，溶液呈玫瑰红色。记录滴定管中EDTA二钠标准溶液的体积$V_1$，然后用EDTA二钠标准液滴定，边滴定边摇匀，并仔细观察溶液的颜色；在溶液颜色变为紫色时，放慢滴定速度，并摇匀，直到纯蓝色为终点，记录EDTA二钠标准溶液体积$V_2$，(以mL计，读至0.1mL)。计算$V_1-V_2$，即为EDTA二钠标准液的消耗量。

4.6 对其他几个盛样器中的试样,用同样的方法进行试验,并记录各自的EDTA二钠标准溶液的耗量。

4.7 以同一水泥或石灰剂量稳定材料EDTA二钠标准溶液消耗量(mL)的平均值为纵坐标,以水泥或石灰剂量(%)为横坐标制图。两者的关系应是一根顺滑的曲线,如图T 0809-1所示。如素土、水泥或石灰改变,必须重做标准曲线。

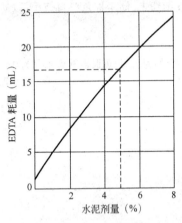

图T 0809-1 EDTA标准曲线

5 试验步骤

5.1 选取有代表性的无机结合料稳定材料,对稳定中、粗粒土取样约3 000g,对稳定细粒土取样约1 000g。

5.2 对水泥或石灰稳定细粒土,称300g放在搪瓷杯中,用搅拌棒将结块搅散,加10%氯化铵溶液600mL;对水泥或石灰稳定中、粗粒土,可直接称取1 000g左右,加入10%氯化铵溶液2 000mL,然后如前述步骤进行试验。

5.3 利用所绘制的标准曲线,根据EDTA二钠标准溶液的消耗量,确定混合料中的水泥或石灰剂量。

6 结果整理

本试验应进行两次平行测定,取算术平均值。允许重复性误差不大于平均值的5%,否则重新进行试验。

7 报告

报告应包括以下内容:

(1)混合料名称;

(2)试验方法名称;

(3)试验数量$n$;

(4)试验结果极小值和极大值;

(5)试验结果平均值$\bar{x}$;

(6)试验结果标准差$S$;

(7)试验结果偏差系数$C_V$。

【注意事项】

(1)每个样品搅拌的时间、速度和方式应力求相同,以增加试验的精度。

(2)做标准曲线时,如工地实际水泥剂量较大,素集料和低剂量水泥的试样可以不做,而直接用较高的剂量做试验,但应有两种剂量大于实用剂量,以及两种剂量小于实用剂量。

(3)配制的氯化铵溶液最好当天用完,不要放置过久,以免影响试验的精度。

(四)无机结合料稳定土强度试验及结果评定

无机结合料稳定土无侧限抗压强度试验除取样方法和检测频率按本节的规定外,试件的成型、养护、强度测试和报告见第六章。

《公路工程质量检验评定标准》(JTG F80/1—2004)附录G"半刚性基层和底基层材料强度评定",与无机结合料稳定土配合比设计时的强度特征值演算完全一致,见第六章,在此不再重复。

## 第三节 沥青路面

沥青路面包括表面处治、沥青灌入式、沥青碎石、沥青混凝土、SMA等。本节主要介绍沥青路面施工控制的内容和标准：即施工过程中材料质量检查内容与要求；沥青路面施工过程中工程质量的控制要求；交工检查与验收质量标准。

## 一、原材料质量检查项目、频度

沥青路面原材料包括矿料和沥青，在选择料源时都进行了全面的性能试验，在进料过程中或施工过程中一般无须进行全面性能试验，而是在确保料源不变的前提下有所侧重。

对矿料一般侧重加工性能，如级配、粒形、粉尘含量、软石含量等；磨光值、压碎值、磨耗率、密度、与沥青的黏附性等资源（或天然）性能无须再进行试验，如料源发生变化则另当别论。所以，规范对加工性能指标的检测频率用随时，对天然性能指标则用必要时。集料的加工性能必须到加工现场去控制，级配要通过合理的选用筛孔尺寸、成品料分类堆放来控制；粉尘含量要通过增加水洗设备来控制，如果没有水洗条件，必须在一级破碎前通过地坑进行一级除尘，在成品料进入成品料堆前进行二级干除尘；粒形要从二级破碎使用锤破、反击破或增加整形设备等来控制。只要做好这些，合格的加工性能自然就在其中了。关于单粒级集料级配的控制一直问题比较多，规范对单粒级集料级配的要求见本手册第五章，问题在于符合单粒级级配要求的料，其合成级配未必好，而且有时会出现套不进去的情况。事实上我们对单粒级集料的级配并不关心，关心的是合成级配的好坏，但大量地进料，不控制级配也不现实。最好的办法是在料源确定后，先试加工一些料，然后进行合成级配设计，如果合成级配好，以不同规格集料的筛分结果作为其级配中值，在每个筛孔的通过量上±2%或±3%，构成级配范围，进料时按此范围控制级配。这样既解决了无标准可套，也解决了单粒级级配满足要求，但合成级配不理想的问题。

对沥青材料一般按批量检测验收，主要检测关键指标。规范规定，石油沥青和改性沥青检测针入度、延度、软化点等；乳化沥青和改性乳化沥青检测残留物含量等，乳化沥青还应增加标准黏度。检测频率按天或批量验收，实际工程中沥青基本上是逐车检测验收。对改性沥青，施工过程中原材料检测项目规范没有要求135℃运动黏度，在改性沥青改性剂剂量还没有规范性检测方法的情况下，运动黏度对控制改性剂掺量有不可替代的作用。规范规定135℃运动黏度不大于3Pa·s，主要是从混合料易拌和、易摊铺、易碾压的角度考虑的，135℃运动黏度大于3Pa·s混合料的施工性能将变差。就目前使用最多的Ⅰ-C改性沥青而言，在正常改性剂掺量条件下，135℃运动黏度一般不会大于3Pa·s，但一般都大于2Pa·s。在施工前进行标准试验时，只要测得设计剂量下的135℃运动黏度，依此作为施工控制的依据，就能有效地控制改性剂掺量，至少目前是这样。

原材料经验收试验不合格的，必须停止使用，并进行清场或退货处理，确保用于工程的原材料质量符合技术要求。一般沥青混合料所用原材料在配合比确定后，地方材料料源也随之确定，进场材料验收只要保证其料源、规格无变化，应该说其有关技术指标不致影响混合料的性能。

沥青路面施工过程中原材料检查的项目、频度见表11-19。按表注的说明，这里的检查项目、频度是在进场材料按"批"进行了全面检查的基础上，日常施工过程中质量检查的项目与要求。

施工过程中材料质量检查内容与要求(JTG F40—2004)　　表 11-19

| 材　料 | 检 查 项 目 | 检 查 频 度 | | 试验规程规定的平行试验次数或一次试验的试样数 |
| --- | --- | --- | --- | --- |
| | | 高速公路、一级公路 | 其他等级公路 | |
| 粗集料 | 外观(石料品种、含泥量等) | 随时 | 随时 | — |
| | 针片状颗粒含量 | 随时 | 随时 | 2~3 |
| | 颗粒组成 | 随时 | 必要时 | 2 |
| | 压碎值 | 必要时 | 必要时 | 2 |
| | 磨光值 | 必要时 | 必要时 | 4 |
| | 洛杉矶磨耗值 | 必要时 | 必要时 | 2 |
| | 含水率 | 必要时 | 必要时 | 2 |
| 细集料 | 颗粒组成(筛分) | 随时 | 必要时 | 2 |
| | 砂当量 | 必要时 | 必要时 | 2 |
| | 含水率 | 必要时 | 必要时 | 2 |
| | 松方单位重 | 必要时 | 必要时 | 2 |
| 矿粉 | 外观 | 随时 | 随时 | — |
| | <0.075mm 含量 | 必要时 | 必要时 | 2 |
| | 含水率 | 必要时 | 必要时 | 2 |
| 石油沥青 | 针入度 | 每2~3天1次 | 每周1次 | 3 |
| | 软化点 | 每2~3天1次 | 每周1次 | 2 |
| | 延度 | 每2~3天1次 | 每周1次 | 2 |
| | 含蜡量 | 必要时 | 必要时 | 2~3 |
| 改性沥青 | 针入度 | 每天1次 | 每天1次 | 3 |
| | 软化点 | 每天1次 | 每天1次 | 2 |
| | 离析差 | 每周1次 | 每周1次 | 2 |
| | 低温延度 | 必要时 | 必要时 | 3 |
| | 弹性恢复 | 必要时 | 必要时 | 3 |
| | 显微镜观察 | 随时 | 随时 | — |
| 乳化沥青 | 蒸发残留物含量 | 每2~3天1次 | 每周1次 | 2 |
| | 蒸发残留物针入度 | 每2~3天1次 | 每周1次 | 2 |
| 改性乳化沥青 | 蒸发残留物含量 | 每2~3天1次 | 每周1次 | 2 |
| | 蒸发残留物针入度 | 每2~3天1次 | 每周1次 | 3 |
| | 蒸发残留物软化点 | 每2~3天1次 | 每周1次 | 2 |
| | 蒸发残留物黏度 | 必要时 | 必要时 | 3 |

注：1. 表列内容是在材料进场时已按"批"对材料进行了全面检查的基础上，日常施工过程中质量检查的项目与要求。
　　2. "随时"是指需要经常检查的项目，其检测频率可根据材料来源及质量波动情况由业主和监理确定。"必要时"是指施工各方任何一个部门对其质量发生怀疑，提出需要检查时，或是指根据需要商定的检查频度。

## 二、热拌沥青混合料的抽检频度与质量要求

《公路沥青路面施工技术规范》(JTG F40—2004)对热拌沥青混合料抽检的项目、频度、质量要求和试验方法的规定见表11-20。

沥青路面施工过程中工程质量的控制标准(JTG F40—2004)　　　表11-20

| 项　目 | | 检查频度及单点检验评价方法 | 质量要求或允许偏差 | | 试 验 方 法 |
|---|---|---|---|---|---|
| | | | 高速公路、一级公路 | 其他等级公路 | |
| 混合料外观 | | 随时 | 观察集料粗细、均匀性、离析、油石比、色泽、冒烟、有无花白料、油团等现象 | | 目测 |
| 拌和温度 | 沥青、集料的加热温度 | 逐盘检测评定 | 符合规定 | | 传感器自动检测、显示并打印 |
| | 混合料出厂温度 | 逐车检测评定 | 符合规定 | | 传感器自动检测、显示并打印，出厂时逐车按 T 0981 人工检测 |
| | | 逐盘测量记录，每天取平均值评定 | 符合规定 | | 传感器自动检测、显示并打印 |
| 矿料级配 | 0.075mm | 逐盘在线检测 | ±2%(2%) | — | 计算机采集数据计算 |
| | ≤2.36mm | | ±5%(4%) | — | |
| | ≥4.75mm | | ±6%(5%) | — | |
| | 0.075mm | 逐盘检测，每天汇总1次取平均值评定 | ±1% | | 附录G总量检验 |
| | ≤2.36mm | | ±2% | | |
| | ≥4.75mm | | ±3% | | |
| | 0.075mm | 每台拌和机每天1~2次，以2个试样的平均值评定 | ±2%(2%) | ±2% | T 0725 抽提筛分与标准级配比较的差 |
| | ≤2.36mm | | ±5%(3%) | ±6% | |
| | ≥4.75mm | | ±6%(4%) | ±7% | |
| 沥青用量(油石比) | | 逐盘在线监测 | ±0.3% | — | 计算机采集数据计算 |
| | | 逐盘检测，每天汇总1次取平均值评定 | ±0.1% | — | 附录F总量检验 |
| | | | ±0.3% | ±0.4% | 抽提 T 0702、T 0721 |
| 马歇尔试验：稳定度、流值、空隙率 | | 每台拌和机每天1~2次，以4~6个试件的平均值评定 | 符合规定 | | T 0702、T 0709、规范附录B、附录C |
| 浸水马歇尔试验 | | 必要时(试件数同马歇尔试验) | 符合规定 | | T 0702、T 0709、 |
| 车辙试验 | | 必要时(以3个试件的平均值评定) | | | |

注：1. 单点检测是指试验结果以一组试验结果的报告值为一个测点的评价依据。一组试验(如马歇尔试验、车辙试验)有多个试样时，报告值的取用按现行《公路沥青与沥青混合料试验规程》的规定执行。

2. 对高速公路、一级公路，矿料级配和油石比必须进行总量检验和抽提筛分的双重检验控制，互相校核，表中括号内的数字是对SMA的要求，油石比抽提试验应事先进行空白试验标定，提高测试数据的准确性。

表中矿料级配检测项目有3种情形：①逐盘在线检测,采用计算机采集数据计算；②逐盘监测,每天汇总1次取平均值评定,采用附录G总量检验规定的方法；③每台拌和机每天1~2次,以2个试样的平均值评定,采用T 0725抽提试验方法。三种情形的筛孔尺寸都是0.075mm、≤2.36mm、≥4.75mm。≤2.36mm包括0.15~2.36mm所有筛孔；≥4.75mm包括4.75mm~最大粒径所有筛孔。再将筛孔和允许偏差范围结合起来看,实际上就是一个级配范围,各情形的允许偏差不同,级配范围也不同,级配范围的中值都是标准(设计)级配。当然规范在这里未提及级配范围,规定的允许偏差是相对标准级配而言。对三种情形的说明要从"在线监测"讲起。在拌料前,要向拌和楼控制系统输入每一盘混合料的拌和数量、各材料的配合比例、拌和温度和时间,在拌和过程中计算机自动采集每一盘混合料的各项数据,由计算机自动处理或逐盘打印这些数据,进行质量控制,称为在线监测。因此第一种情形是根据计算机逐盘采集的数据,计算每盘各热料仓的实际配合比例,再利用各热料仓矿料筛分结果,计算每盘混合料各筛孔矿料的实际通过量,检查是否满足允许偏差要求。第二种情形是按天汇总逐盘各筛孔的通过量并取平均值,检查是否满足允许偏差要求。第三情形就是抽提试验,无须再做说明。

油石比也有三种情形,与前面级配完全类似。但第二种情形试验方法应从"附录F总量检验"变为"附录G总量检验"。

### 三、施工过程中质量控制标准

《公路沥青路面施工技术规范》(JTG F40—2004)中对公路热拌沥青混合料路面施工过程中工程质量控制的项目、频度、质量要求和试验方法的规定见表11-21；对沥青表面处治及贯入式路面施工过程中工程质量控制的项目、频度、质量要求和试验方法的规定见表11-22；对稀浆封层、微表处施工过程中工程质量控制的项目、频度、质量要求和试验方法的规定见表11-23。

**公路热拌沥青混合料路面施工过程中过程质量的控制标准(JTG F40—2004)**　表11-21

| 项　目 | | 检查频度及单点检验评价方法 | 质量要求或允许偏差 | | 试　验　方　法 |
|---|---|---|---|---|---|
| | | | 高速公路、一级公路 | 其他等级公路 | |
| 外观 | | 随时 | 表面平整密实、不得有明显轮迹、裂缝、推挤、油丁、油包等缺陷,且无明显离析 | | 目测 |
| 接缝 | | 随时 | 紧密平整、顺直、不跳车 | | 目测 |
| | | 逐条缝检测评定 | 3mm | 5mm | T 0931 |
| 施工温度 | 摊铺温度 | 逐车检测评定 | 符合本规范规定 | | T 0981 |
| | 碾压温度 | 随时 | 符合本规范规定 | | 插入式温度计实测 |
| 厚度① | 每一层次 | 随时,厚度50mm以下 厚度50mm以上 | 设计值的5% 设计值的8% | 设计值的8% 设计值的10% | 施工时插入法量测松铺厚度及压实厚度 |
| | 每一层次 | 1个台班区段的平均值 厚度50mm以下 厚度50mm以上 | -3mm -5mm | — | 附录G总量检验 |
| | 总厚度 | 每2 000m²一点单点评定 | 设计值的-5% | 设计值的-8% | T 0912 |
| | 上面层 | 每2 000m²一点单点评定 | 设计值的-10% | 设计值的-10% | |
| 压实度② | | 每2 000m²检查1组,逐个试件评定并计算平均值 | 实验室标准密度的97%(98%) 最大理论密度的93%(94%) 试验段密度的99%(99%) | | T 0924、T 0922本规范附录E |

续上表

| 项　　目 | | 检查频度及单点检验评价方法 | 质量要求或允许偏差 | | 试　验　方　法 |
|---|---|---|---|---|---|
| | | | 高速公路、一级公路 | 其他等级公路 | |
| （最大间隙） | 上面层 | 随时,接缝处单杆评定 | 3mm | 5mm | T 0931 |
| | 中、下面层 | 随时,接缝处单杆评定 | 5mm | 7mm | T 0931 |
| 平整度（标准差） | 上面层 | 连续测定 | 1.2mm | 2.5mm | T 0932 |
| | 中面层 | 连续测定 | 1.5mm | 2.8mm | |
| | 下面层 | 连续测定 | 1.8mm | 3.0mm | |
| | 基层 | 连续测定 | 2.4mm | 3.5mm | |
| 沥青层层面上的渗水系数[③],不大于 | | 每1km不少于5点,每点3处取平均值 | 300mL/min（普通密级配沥青混合料）200mL/min（SMA混合料） | | T 0971 |

注：①表中厚度检测频度指高速公路和一级公路的钻孔频度,其他公路可酌情减少状况,且通常采用压实度钻孔试件测定。上面层的允许偏差不适用于磨耗层。
②压实度按附录E的规定执行,钻孔试件的数量按11.4.7的规定执行。括号中的数值是对SMA路面的要求,对马歇尔成型试件采用50次或者35次击实的混合料,压实度应当提高要求。进行核子仪等无损检测时,每13个测定点的平均值作为一个测定进行评定是否符合要求。试验室密度是指与配合比设计相同方法成型的试件密度。以最大理论密度作为标准密度时,对普通沥青混合料通过真空法实测确定,对改性沥青和SMA混合料,由每天的矿料级配和油石比计算得到。
③渗水系数适用于公称最大粒径等于或小于19mm的沥青混合料,应在铺筑成型后未遭行车污染的情况下测定,且仅适用于要求泌水的密级配沥青混合料。不适用于OGFC混合料,表中渗水系数以平均值评定,计算的合格率不得小于90%。
④三米直尺主要适用于接缝检测,对正常生产路段,采用连续式平整度仪测定。

**公路沥青表面处治及贯入式路面施工过程中工程质量的控制标准**（JTG F40—2004） 表11-22

| 路面类型 | 项　目 | 检查频度及单点检验评价方法 | 质量要求或允许偏差 | 试　验　方　法 |
|---|---|---|---|---|
| 沥青表面处治 | 外观 | 随时 | 集料嵌挤密实,沥青洒布均匀,无白花料,接头无油包 | 目测 |
| | 集料及沥青用量 | 每日1次逐日评定 | ±10% | 每日施工长度的实际用量与计划用量比较,T 0912 |
| | 沥青洒布温度 | 每车1次评定 | 符合本规范规定 | 温度计测量 |
| | 厚度（路中及路侧各1点） | 不少于每2 000m²一点,逐点评定 | －5mm | T 0912 |
| | 平整度（最大间隙） | 随时,以连续10尺的平均值评定 | 10mm | T 0931 |
| 沥青贯入式路面 | 外观 | 随时 | 集料嵌挤密实,沥青洒布均匀,无白花料,接头无油包 | 目测 |
| | 集料及沥青用量 | 每日1次总量评定 | ±10% | 每日施工长度的实际用量与计划用量比较,T 0982 |
| | 沥青洒布温度 | 每车1次逐点评定 | 符合本规范规定 | 温度计测量 |
| | 厚度 | 每2 000m²一点逐点评定 | －5mm或设计厚度的－8% | T 0912 |
| | 平整度（最大间隙） | 随时,以连续10尺的平均值评定 | 8mm | T 0931 |

**公路稀浆封层、微表处施工过程中工程质量的控制标准（JTG F40—2004）** 表11-23

| 项　目 | | 检查频度及单点检验评价方法 | 质量要求或允许偏差 | 试　验　方　法 |
|---|---|---|---|---|
| 外观 | | 随时 | 表面平整,均匀一致,无拖痕,无显著离析,接缝顺畅 | 目测 |
| 油石比 | | 每日1次总量评定 | ±0.3% | 每日实际沥青用量与总集料数量,总量检验 |
| 厚度 | | 每公里5个断面 | ±10% | 钢尺测量,每幅中间及两侧各1点 |
| 矿料级配 | 0.075mm | 每日1次,取2个试样筛分的平均值 | ±2% | T 0725 |
| | 0.15mm | | ±3% | |
| | 0.3mm | | ±4% | |
| | 0.6、1.18、2.36、4.75、9.5(mm) | | ±5% | |
| 湿轮磨耗试验 | | 每周1次 | 符合设计要求 | 从工程取样按T 0752进行 |

表11-21中厚度项目中出现两个"每一层次",第一个"每一层次"就是常规的用松铺系数控制厚度,用压实度芯样实测厚度;第二个"每一层次"是通过总量检测,利用一个评定周期的沥青混合料总生产量、施工总面积、沥青混合料的密度,用公式计算该路段摊铺层的平均压实厚度。

## 四、交工检查与验收质量标准

工程完工后,施工单位应将全线按1~3km划分为若干评定段,按规定的项目、频度、质量要求,随机选取测点,进行全线自检,提交自检报告及相关资料,申请交工验收。不同类型沥青路面交工检查与验收的检查项目、频度、质量要求见表11-24~表11-28。

**热拌沥青混合料路面层交工检查与验收的质量标准（JTG F40—2004）** 表11-24

| 项　目 | | 检查频度(每一幅车行道) | 质量要求或允许偏差 | | 试　验　方　法 |
|---|---|---|---|---|---|
| | | | 高速公路、一级公路 | 其他等级公路 | |
| 外观 | | 随时 | 表面平整密实,不得有明显轮迹、裂缝、推挤、油丁、油包等缺陷,且无明显离析 | | 目测 |
| 面层总厚度 | 代表值 | 每1km 5点 | 设计值的-5% | 设计值的-8% | T 0912 |
| | 极值 | 每1km 5点 | 设计值的-10% | 设计值的-15% | |
| 上面层厚度 | 代表值 | 每1km 5点 | 设计值的-10% | — | T 0912 |
| | 极值 | 每1km 5点 | 设计值的-20% | — | |
| 压实度 | 代表值 | 每1km 5点 | 试验室标准密度的96%(98%) 最大理论密度的92%(94%) 试验段密度的98%(99%) | | T 0924 |
| | 极值(最小值) | 每1km 5点 | 比代表值放宽1%(每km)或2%(全部) | | T 0924 |
| 路表平整度 | 标准差 | 全线连续 | 1.2mm | 2.5mm | T 0932 |
| | IRI | 全线连续 | 2.0m/km | 4.2m/km | T 0933 |
| | 最大间隙 | 每1km 10处,各连续10尺 | — | 5mm | T 0931 |

续上表

| 项 目 | | 检查频度(每一幅车行道) | 质量要求或允许偏差 | | 试 验 方 法 |
|---|---|---|---|---|---|
| | | | 高速公路、一级公路 | 其他等级公路 | |
| 路表渗水系数,不大于 | | 每1km不少于5点,每3处取平均值评定 | 300mL/min(普通沥青路面)<br>200mL/min(SMA路面) | — | T 0971 |
| 弯沉 | 回弹弯沉 | 全线每20m 1点 | 符合设计对交工验收的要求 | 符合设计对交工验收的要求 | T 0951 |
| | 总弯沉 | 全线每5m 1点 | 符合设计对交工验收的要求 | — | T 0952 |
| 构造深度 | | 每1km 5点 | 符合设计对交工验收的要求 | | T 0961/T 0962/T 0963 |
| 摩擦系数摆值 | | 每1km 5点 | 符合设计对交工验收的要求 | | T 0964 |
| 横向力系数 | | 全线连续 | 符合设计对交工验收的要求 | | T 0965 |

注:1.高速公路、一级公路面层除验收总厚度外,尚须验收上面层厚度,代表值的计算方法按附录E进行。以厚度的百分数计,小于或等于6cm时,以绝对值控制。
2.与表11-20注2同。

**沥青表面处治及贯入式交工检查与验收质量标准(JTG F40—2004)** 表11-25

| 路面类型 | 检 查 项 目 | | 检查频度(每一幅车行道) | 质量要求或允许偏差 | 试验方法 |
|---|---|---|---|---|---|
| 沥青表面处治 | 外观 | | 全线 | 密实、不松散 | 目测 |
| | 厚度 | 代表值 | 每200m每车道1点 | −5mm | T 0921 |
| | | 极值 | 每200m每车道1点 | −10mm | T 0921 |
| | 路表平整度 | 标准差 | 全线每车道连续 | 4.5mm | T 0932 |
| | | IRI | 全线每车道连续 | 7.5m/km | T 0933 |
| | | 最大间隙 | 每1km 10处,各连续10尺 | 10mm | T 0931 |
| | 沥青用量 | | 每1km 1点 | ±0.5% | T 0722 |
| | 矿料用量 | | 每1km 1点 | ±5% | T 0722 |
| 沥青贯入式路面 | 外观 | | 全线 | 密实、不松散 | 目测 |
| | 厚度 | 代表值 | 每200m 1点 | −5mm 或 −8% | T 0921 |
| | | 极值 | 每200m 1点 | 15mm | T 0921 |
| | 路表平整度 | 标准差 | 全线连续 | 3.5mm | T 0932 |
| | | IRI | 全线连续 | 5.8m/km | T 0933 |
| | | 最大间隙 | 每1km 10处,各连续10尺 | 8mm | T 0931 |
| | 沥青用量 | | 每1km 1点 | ±0.5% | T 0722 |
| | 矿料用量 | | 每1km 1点 | ±5% | T 0722 |

**公路沥青路面稀浆封层交工检查与验收质量标准（JTG F40—2004）** 表11-26

| 项 目 | 检查频度<br>（每一幅车行道） | 质量要求或允许偏差 | | 试验方法 |
|---|---|---|---|---|
| | | 高速公路、一级公路 | 其他等级公路 | |
| 平均厚度 | 每1km 3点 | -10% | -10% | 挖小坑量测，取平均值 |
| 渗水系数 | 每1km 3处 | 10mL/min | 10mL/min | T 0971 |
| 路表构造深度 | 每1km 5点 | 符合设计要求 | — | T 0962 |
| 路面摩擦系数摆值 | 每1km 5点 | 符合设计要求 | — | T 0964 |
| 横向力系数 | 全线连续 | 符合设计要求 | — | T 0965 |

**桥面沥青铺装工程质量标准（JTG F40—2004）** 表11-27

| 检 查 项 目 | | 检查频度 | 允许偏差 | | 检 查 方 法 |
|---|---|---|---|---|---|
| | | | 高速公路、一级公路、城市快速路、主干路 | 其他公路与城市道路 | |
| 厚度 | | 每100m 2点 | 0 ~ +5mm | — | T 0912 |
| 平整度 | 标准差 | 连续测定 | 1.8 mm | 2.5 mm | T 0932 |
| | 最大间隙 | 连续测定 | 3mm | 5mm | T 0931 |
| 压实度 | | 每100m 2点 | 马歇尔密度的97%<br>最大相对密度的93% | | T 0924 |
| 其他 | | | 同热拌沥青混合料要求 | | |

**路缘石工程质量标准（JTG F40—2004）** 表11-28

| 检 查 项 目 | 质量要求或允许偏差 | 检查频度 | 检查方法 |
|---|---|---|---|
| 水泥混凝土路缘石的预制块强度 | 25MPa | 每1km 1点 | 留试块试验 |
| 沥青混凝土拦水带的压实度 | 95% | 每1km 1点 | 取样试验 |

## 五、试 验 方 法

（一）取样方法

取样是沥青混合料试验重要的一环，为了统一起见，试验规程对取样的地点、方式、数量和试样的保存与处理都做了明确的规定。务必严格执行。

### 沥青混合料取样法
### （JTG E20—2011 T 0701—2011）

1 目的与适用范围

本方法适用于在拌和厂及道路施工现场采集热拌沥青混合料或常温沥青混合料试样。供施工过程中的质量检验或在试验室测定沥青混合料的各项物理力学性质。所取的试样应有充分的代表性。

2 仪具与材料技术要求

2.1 铁锹。

2.2 手铲。

2.3 搪瓷盘或其他金属盛样容器、塑料编织袋。

2.4 温度计:分度值1℃。宜采用有金属插杆的插入式数显温度计,金属插杆的长度应不小于150mm。量程0~300℃。

2.5 其他:标签、溶剂(煤油)、棉纱等。

3 取样方法

3.1 取样数量

取样数量应符合下列要求:

3.1.1 试样数量根据试验目的决定,宜不少于试验用量的2倍。一般情况下可按表T 0701-1取样。

平行试验应加倍取样。在现场取样直接装入试模成型时,也可等量取样。

**常用沥青混合料试验项目的样品数量**  表T 0701-1

| 试 验 项 目 | 目 的 | 最少试样量(kg) | 取样量(kg) |
| --- | --- | --- | --- |
| 马歇尔试验,抽提筛分 | 施工质量检验 | 12 | 20 |
| 车辙试验 | 高温稳定性检验 | 40 | 60 |
| 浸水马歇尔试验 | 水稳定性检验 | 12 | 20 |
| 冻融劈裂试验 | 水稳定性检验 | 12 | 20 |
| 弯曲试验 | 低温性能检验 | 15 | 25 |

3.1.2 取样材料用于仲裁试验时,取样数量除应满足本取样方法规定外,还应保留一份有代表性试样,直到仲裁结束。

3.2 取样方法

3.2.1 沥青混合料取样应随机取样,并具有充分的代表性。用以检查拌和质量(如油石比、矿料级配)时,应从拌和机一次放料的下方或提升斗中取样,不得多次取样混合后使用。用以评定混合料质量时,必须分几次取样,拌和均匀后作为代表性试样。

3.2.2 热拌沥青混合料在不同地方取样的要求如下:

1)在沥青混合料拌和厂取样。

在拌和厂取样时,宜用专用的容器(一次可装5~8kg)装在拌和机卸料斗下方(图T 0701-1),每放一次料取一次样,顺次装入试样容器中,每次倒在清扫干净的平板上,连续几次取样,混合均匀,按四分法取样至足够数量。

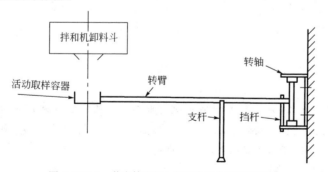

图T 0701-1 装在拌和机上的沥青混合料取样装置

2)在沥青混合料运料车上取样。

在运料汽车上取沥青混合料样品时,宜在汽车装料一半后,分别用铁锹从不同方向的3个不同高度处取样,然后混在一起用手铲适当拌和均匀,取出规定数量。在施工现场的运料车上取样时,应在卸掉一半后从不同方向取样,样品宜从3辆不同的车上取样混合使用。

注:在运料车上取样时不得仅从满载的运料车车顶上取样,且不允许只在一辆车上取样。

3)在道路施工现场取样。

在施工现场取样时,应在摊铺后未碾压前,摊铺宽度两侧的1/2～1/3位置处取样,用铁锹取该摊铺层的料。每摊铺一车料取一次样,连续3车取样后,混合均匀按四分法取样至足够数量。

3.2.3 对热拌沥青混合料每次取样时,都必须用温度计测量温度,准确至1℃。

3.2.4 乳化沥青常温混合料试样的取样方法与热拌沥青混合料相同,但宜在乳化沥青破乳水分蒸发后装袋,对袋装常温沥青混合料亦可直接从储存的混合料中随机取样。取样袋数不少于3袋,使用时将3袋混合料倒出作适当拌和,按四分法取出规定数量试样。

3.2.5 液体沥青常温沥青混合料的取样方法同上,当用汽油稀释时,必须在溶剂挥发后方可封袋保存。当用煤油或柴油稀释时,可在取样后即装袋保存,保存时应特别注意防火安全。

3.2.6 从碾压成型的路面上取样时,应随机选择3个以上不同地点,钻孔、切割或刨取该层混合料。需重新制作试件时,应加热拌匀按四分法取样至足够数量。

3.3 试样的保存与处理

3.3.1 热拌热铺的沥青混合料试样需送至中心试验室或质量检测机构作质量评定时(如车辙试验),由于二次加热会影响试验结果,必须在取样后趁高温立即装入保温桶内,送试验室后立即成型试件,试件成型温度不得低于规定要求。

3.3.2 热混合料需要存放时,可在温度下降至60℃后装入塑料编织袋内,扎紧袋口,并宜低温保存,应防止潮湿、淋雨等,且时间不要太长。

3.3.3 在进行沥青混合料质量检验或进行物理力学性质试验时,当采集的试样温度下降或结成硬块不符合温度要求时,宜用微波炉或烘箱适当加热至符合压实的温度,通常加热时不宜超过4h,且只容许加热一次,不得重复加热,不得用电炉或燃气炉等明火加热。

4 样品的标记

4.1 取样后当场试验时,可将必要的项目一并记录在试验记录报告上。此时,试验报告必须包括取样时间、地点、混合料温度、取样数量、取样人等栏目。

4.2 取样后转送试验室试验或存放后用于其他项目试验时应附有样品标签,样品标签应记载下列内容:

4.2.1 工程名称、拌和厂名称。

4.2.2 沥青混合料种类及摊铺层次、沥青品种、标号、矿料种类、取样时混合料温度及取样位置或用以摊铺的路段桩号等。

4.2.3 试样数量及试样单位。

4.2.4 取样人、取样日期。

4.2.5 取样目的或用途。

【注意事项】

(1)取样地点

规程规定从卸料斗上、运料车上和施工现场取样,常规抽检多采用前两种,后一种无特殊要求一般不采用。因为铺好的摊铺层,挖几个坑再填补起来影响平整度,而且现场取的样送到试验室温度下降过多,故还需加热,但会影响试验结果。

(2)试样的代表性

试样的代表性至关重要,无论从什么地点、采用什么方式,试样必须要能代表母体,要强调的是从卸料斗上取样时,必须连续从3斗料中各取大致数量相等的试样,混合后作为试验。从运输车辆上取样也同样连续从3辆车上取样。

(3)试样的处理

取好的试样必须充分拌匀,并用四分法缩分至需要的数量。马歇尔试验和车辙试验应该立即成型试件,尤其是车辙试验,二次加热对试验结果影响特别大,应设法避免二次加热。确需加热时,只能用烘箱或微波炉加热,而且只能加热一次。

### (二)马歇尔试验

马歇尔试验是沥青路面施工质量控制的重要试验项目,若开机拌料都应进行此项试验,检查各项马歇尔指标值是否满足设计或规范要求。试验方法见第十章。

### (三)沥青含量(或油石比)试验

沥青含量是生产配合比调整及施工质量控制的主要检测项目之一。在沥青混合料拌和过程中,拌和楼计量系统按输入的最佳沥青用量控制沥青加入量,由于种种原因,成品料中的沥青含量总是有一定的波动,有时会超出规定的误差范围,因此需要进行必要的监测,将成品料中的沥青含量控制在规定的误差范围内。沥青含量(油石比)试验,试验规程规定了4种方法,目前生产上多用离心分离法。

## 沥青混合料中沥青含量试验(离心分离法)
### (JTG E20—2011 T 0722—1993)

1 目的与适用范围

1.1 本方法采用离心分离法测定黏稠石油沥青拌制的沥青混合料中沥青含量(或油石比)。

1.2 本方法适用于热拌热铺沥青混合料路面施工时的沥青用量检测,以评定拌和厂产品质量。此法也适用于旧路调查时检测沥青混合料的沥青用量,用此法抽提的沥青溶液可用于回收沥青,以评定沥青的老化性质。

2 仪具与材料技术要求

2.1 离心抽提仪:如图 T 0722-1 所示,由试样容器及转速不小于3 000r/min 的离心分离器组成,分离器备有滤液出口。容器盖与容器之间用耐油的圆环形滤纸密封。滤液通过滤纸排出后从出口流出流入回收瓶中。仪器必须安放稳固并有排风装置。

2.2 圆环形滤纸

2.3 回收瓶:容量1 700mL 以上。

2.4 压力过滤装置。

2.5 天平:感量不大于0.01g、1mg 的天平各一台。

2.6 量筒:分度值1mL。

2.7 电烘箱:装有温度自动调节器。

2.8 三氯乙烯:工业用。

2.9 碳酸铵饱和溶液:供燃烧法测定滤纸中的矿粉含量用。

2.10 其他:小铲,金属盘,大烧杯等。

3 方法与步骤

3.1 准备工作

3.1.1 按本规程 T 0701 沥青混合料取样方法,在拌和厂从运料车采取沥青混合料试样,放在金属盘中适当拌和,待温度稍下降后至100℃以下时,用大烧杯取混合料试样质量1 000~1 500g(粗粒式沥青混合料用高限,细粒式用低限,中粒式用中限),准确至0.1g。

图 T 0722-1 离心抽提仪

3.1.2 当试样在施工现场用钻芯法或切割法取得时,应用电风扇吹风使其完全干燥,置烘箱中适当加热后成松散状态取样,但不得用锤击以防集料破碎。

## 3.2 试验步骤

3.2.1 向装有试样的烧杯中注入三氯乙烯溶剂,将其浸没,浸泡30min,用玻璃棒适当搅动混合料,使沥青充分溶解。

注:也可直接在离心分离器中浸泡。

3.2.2 将混合料及溶液倒入离心分离器,用少量溶剂将烧杯及玻璃棒上的黏附物全部洗入分离容器中。

3.2.3 称取洁净的圆环形滤纸质量,准确至0.01g。注意滤纸不宜多次反复使用,有破损者不能使用,有石粉黏附时应用毛刷清除干净。

3.2.4 将滤纸垫在分离器边缘上,加盖紧固,在分离器出口处放上回收瓶,上口应注意密封,防止流出液成雾状散失。

3.2.5 开动离心机,转速逐渐增至3000r/min,沥青溶液通过排出口注入回收瓶中,待流出停止后停机。

3.2.6 从上盖的孔中加入新溶剂,数量大体相同,稍停3~5min后,重复上述操作,如此数次直至流出的抽提液成清澈的淡黄色为止。

3.2.7 卸下上盖,取下圆环形滤纸,在通风橱或室内空气中蒸发干燥,然后放入105℃±5℃的烘箱中干燥,称取质量,其增重部分($m_2$)为矿粉的一部分。

3.2.8 将容器中的集料仔细取出,在通风橱或室内空气中蒸发后放入105℃±5℃烘箱中烘干(一般需4h),然后放入大干燥器中冷却至室温,称取集料质量($m_1$)。

3.2.9 用压力过滤器过滤回收瓶中的沥青溶液,由滤纸的增重 $m_3$ 得出泄漏入滤液中矿粉,如无压力过滤器时,也可用燃烧法测定。

3.2.10 用燃烧法测定抽提液中矿粉质量的步骤如下:

1)将回收瓶中的抽提液倒入量筒中,准确定量至mL($V_a$)。

2)充分搅匀抽提液,取出10mL($V_b$)放入坩埚中,在热浴上适当加热使溶液试样挥发成暗黑色后,置高温炉(500~600℃)中烧成残渣,取出坩埚冷却。

3)向坩埚中按每1g残渣5mL的用量比例,注入碳酸铵饱和溶液,静置1h,放入105℃±5℃烘箱中干燥。

4)取出放在干燥器中冷却,称取残渣质量($m_4$),准确至1mg。

## 4 计算

4.1 沥青混合料中矿料的总质量按式(T 0722-1)计算。

$$m_a = m_1 + m_2 + m_3 \tag{T 0722-1}$$

式中:$m_a$——沥青混合料中矿料部分的总质量,g;

$m_1$——容器中留下的集料干燥质量,g;

$m_2$——环形滤纸在试验前后的增重,g;

$m_3$——泄露入抽提液中的矿粉质量,g,用燃烧法时可按式(T 0722-2)计算。

$$m_3 = m_4 \times \frac{V_a}{V_b} \tag{T 0722-2}$$

式中:$V_a$——抽提液总质量,g;

$V_b$——取出的燃烧干燥的抽提液数量,g;

$m_4$——坩埚中燃烧干燥的残渣质量,g。

4.2 沥青混合料中的沥青含量按式(T 0722-3)计算,油石比按式(T 0722-4)计算。

$$P_b = \frac{m - m_a}{m} \tag{T 0722-3}$$

$$P_a = \frac{m - m_a}{m_a} \tag{T 0722-4}$$

式中：$m$——沥青混合料的总质量，g；
　　　$P_b$——沥青混合料的沥青含量，g；
　　　$P_a$——沥青混合料的油石比，g。

5　报告

同一沥青混合料试样至少平行试验两次，取平均值作为试验结果。两次试验结果的差值应小于 0.3%，当大于 0.3% 但小于 0.5% 时，应补充平行试验一次，以 3 次试验的平均值作为试验结果，3 次试验的最大值与最小值之差不得大于 0.5%。

**【注意事项】**

离心分离法测定沥青混合料中的沥青含量，最大的缺点是细矿粉成分随沥青溶液通过滤纸进入抽提液中，使测定的沥青用量偏大。因此规程规定了用压力过滤器过滤回收抽提液中的细矿粉，或用燃烧法测定废液中细石粉质量的方法，对试验结果进行修正。压力过滤比较简单，但燃烧法比较麻烦，用燃烧法就会使离心分离法变得复杂，在实际工作中，对同一台仪器，同一种混合料，细矿粉外泄量变化不大，所以不必每次都测定废液中细石粉质量，可以根据适当次数的试验结果确定修正系数，进行休整即可。

（四）矿料级配检验

矿料级配检验是沥青混合料生产标准配合比调整的主要测试项目，也是沥青路面施工中的主要检测项目，在沥青路面施工中，由于矿质材料的非均匀性、含水量的变化，即使在原材料规格、品种、配合比例不变的条件下，不同时间间隔拌和的沥青混合料，其矿料级配总是在一定的范围内波动，有时变化幅度可能会很大，因此施工中需要经常监测其变化，其目的是将沥青混合料的矿料级配控制在允许的范围内，确保压实的沥青路面的空隙率、饱和度等马歇尔指标满足设计要求。

## 沥青混合料的矿料级配检验方法
（JTG E20—2011　T 0725—2000）

1　目的与适用范围

本方法适用于测定沥青路面施工过程中沥青混合料的矿料级配，供评定沥青路面的施工质量时使用。

2　仪具与材料技术要求

2.1　标准筛：方孔筛，在尺寸为 53.0mm、37.5mm、31.5mm、26.5mm、19.0mm、16.0mm、13.2mm、9.5mm、4.75mm、2.36mm、1.18mm、0.6mm、0.3mm、0.15mm、0.075mm 的标准筛系列中，根据沥青混合料级配选用相应的筛号，必须有密封圈、盖和底。

2.2　天平：感量不大于 0.1g。

2.3　摇筛机。

2.4　烘箱：装有温度自动控制器。

2.5　其他：样品盘、毛刷等。

3　方法与步骤

3.1　准备工作

3.1.1　按照本规程 T 0701 沥青混合料取样方法从拌和厂选取代表性样品。

3.1.2　将沥青混合料试样按本规程 T 0722 等沥青混合料中沥青含量的试验方法抽提沥青后，将全部矿质混合料放入样品盘中置温度 105℃ ±5℃ 烘干，并冷却至室温。

3.1.3 按沥青混合料矿料级配设计要求,选用全部或部分需要筛孔的标准筛,作施工质量检验时,至少应包括 0.075mm、2.36mm、4.75mm 及集料公称最大粒径等 5 个筛孔,按大小顺序排列成套筛。

3.2 试验步骤

3.2.1 将抽提后的全部矿料试样称量,准确至 0.1g。

3.2.2 将标准筛带筛底置摇筛机上,并将矿质混合料置于筛内,盖妥筛盖后,压紧摇筛机,开动摇筛机筛分 10min。取下套筛后,按筛孔大小顺序,在一清洁的浅盘上,再逐个进行手筛,手筛时可用手轻轻拍击筛框并经常地转动筛子,直至每分钟筛出量不超过筛上试样质量的 0.1% 时为止,不得用手将颗粒塞过筛孔,筛下的颗粒并入下一号筛,并和下一号筛中试样一起过筛。在筛分过程中,针对 0.075mm 筛的料,根据需要也可参照《公路工程集料试验规程》(JTG E42—2005)的方法采用水筛法,或者对同一种混合料,适当进行几次干筛与湿筛的对比试验后,对 0.075mm 通过率进行适当的换算或修正。

3.2.3 称量各筛上筛余颗粒的质量,准确至 0.1g。并将沾在滤纸、棉花上的矿粉及抽提液中的矿粉计入矿料中通过 0.075mm 的矿粉含量中。所有各筛的分计筛余量和底盘中剩余质量的总和与筛分前试样总质量相比,相差不得超过总质量的 1%。

4 计算

4.1 试样的分计筛余按式(T 0725-1)计算。

$$P_i = \frac{m_i}{m} \times 100 \qquad (T\ 0725\text{-}1)$$

式中:$P_i$——第 $i$ 级试样的分计筛余量,%;

$m_i$——第 $i$ 级筛上颗粒的质量,g;

$m$——试样的质量,g。

4.2 累计筛余百分率:该号筛上的分计筛余百分率与大于该号筛的各号筛上的分计筛余百分率之和,准确至 0.1%。

4.3 通过筛分百分率:用 100 减去该号筛上的累计筛余百分率,准确至 0.1%。

4.4 以筛孔尺寸为横坐标,各个筛孔的通过筛分百分率为纵坐标,绘制矿料组成级配曲线(图 T 0725-1),评定该试样的颗粒组成。

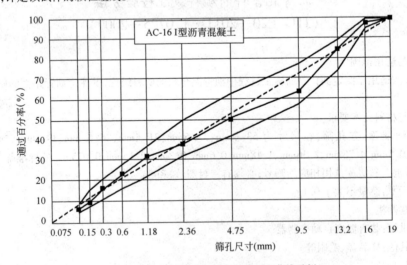

图 T 0725-1 沥青混合料矿料组成级配曲线示例

5 报告

同一混合料至少取两个试样平行筛分试验两次,取平均值作为每号筛上的筛余量的试验结果,报告矿料级配通过百分率及组成曲线。

**【注意事项】**

(1)标准筛。规程3.1.3规定:"作施工质量检验时,至少应包括0.075mm、2.36mm、4.75mm及集料公称最大粒径等5个筛孔",这是考虑到我国近年引进的沥青抽提—矿料筛分—溶剂回收自动化联合测定装置,其摇筛机上最多能装5级筛,而矿料级配要求中最关键3个筛孔是0.075mm、2.36mm、4.75mm,再根据混合料的类型选1个合适的筛孔,加上公称最大粒径一级筛,正好为5级。如果不是这类联合测定装置,筛子的级数可不受5级的限制。

(2)采用沥青抽提—矿料筛分—溶剂回收自动化联合测定装置,矿料的筛分相当于水洗,这与混合料配合比设计时矿粉的筛分方法是一致的。

(3)如果不是采用自动化联合测定装置,按集料筛分试验的方法进行筛分,不要忽略抽提液中泄漏石粉的质量修正。另外筛分一般都是干筛,但混合料配合比设计时矿粉的筛分用水筛法,对0.075mm筛孔的通过量会有影响,必要时应采用水筛。

(4)试验规程中的图T 0725-1是采用泰勒曲线的标准画法,其指数$n=0.45$,横坐标$y=10^{0.45\lg d_i}$,计算结果如下表所示,纵坐标为普通坐标,可利用计算机的电子表绘制。而且规程规定统一采用此方法绘制矿料级配曲线。

| $d_i$ | 0.075 | 0.15 | 0.3 | 0.6 | 1.18 | 2.36 | 4.75 |
|---|---|---|---|---|---|---|---|
| $y$ | 0.312 | 0.426 | 0.582 | 0.795 | 1.077 | 1.472 | 2.016 |
| $d_i$ | 9.5 | 13.2 | 16 | 19 | 26.5 | 31.5 | 37.5 |
| $y$ | 2.754 | 3.193 | 3.482 | 3.762 | 4.370 | 4.723 | 5.109 |

(五)沥青的回收试验

在工程实践中,往往需要将混合料抽提试验得到的抽提液中的溶剂除掉,然后对沥青进行有关试验。主要用于旧路调查,沥青路面施工质量控制中有特殊要求时也应进行该项试验,如对成品料或已压实的路面混合料所用沥青质量有怀疑时。

从沥青混合料中回收沥青的方法试验规程规定了阿布森法和旋转蒸发器法两种方法,目前趋向于使用后者。

# 从沥青混合料中回收沥青的方法(旋转蒸发器法)
## (JTG E20—2011  T 0727—2011)

1 目的与适用范围

1.1 本方法采用旋转蒸发器法从沥青混合料中回收沥青,对沥青路面或沥青混合料用溶液抽提,再将抽提液中的溶剂除去,且在操作过程中不改变混合料中沥青的性质。

1.2 按本方法从沥青路面或沥青混合料中回收的沥青,可供评定石油沥青混合料中沥青的老化程度,及分析沥青路面的破坏原因,进行再生沥青混合料的配合比设计等使用。根据需要对回收沥青测定各种性质及化学组分。

2 仪具与材料技术要求

2.1 旋转蒸发器沥青回收装置:如图T 0727-1所示。主要由下列部分组成:

2.1.1 旋转烧瓶:容量1 000mL,置于加热装置(油浴)上,可通入$CO_2$气体。

2.1.2 蒸馏烧瓶:回收溶剂的冷凝器及1 000mL溶剂回收瓶。

2.1.3 减压抽气装置:可用真空泵或抽气机,能形成负压小于6.67kPa(50mmHg)。

2.1.4 凝气井:冷凝回收溶剂,冷却液可用甲醇及干冰的混合液。

2.1.5 气体流量计:量程2 000mL/min。
2.2 高速离心分离器:可装置4个以上的离心管,离心力不小于770×g。
2.3 离心管:容量250mL以上。

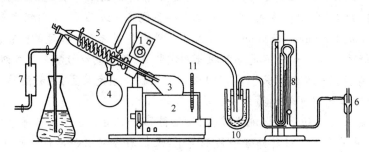

图 T 0727-1 旋转蒸发器沥青回收装置

1-电源及旋转速度控制器;2-加热装置;3-旋转烧瓶;4-溶剂回收烧瓶;5-冷凝器;6-抽气机或流水泵;7-气体流量计;8-真空计;9-沥青抽提液;10-凝气阱;11-温度计

2.4 减压过滤器。
2.5 电热保温套:大小与500mL蒸馏瓶吻合,也可用油浴或砂浴,并有调温装置。
2.6 溶剂:工业用三氯乙烯,纯度99%以上。
2.7 $CO_2$ 气体及储气钢瓶。

3 方法与步骤

3.1 准备工作

3.1.1 准备沥青混合料试样,一次用量应预计可获得回收沥青试样80~120g,不足沥青试验项目需要时可分次回收后混合使用。沥青混合料若是从路上钻取的试样,宜用电风扇吹干水分后再用微波炉或在烘箱内加热,使成松散状态,但加热温度不得超过100℃,从开始加热至试样松散的时间不得超过30min。

3.1.2 按本规程规定的方法测定沥青混合料密度及空隙率等各项物理指标。

3.1.3 按本规程 T 0722 方法将沥青混合料用离心法抽提出沥青溶液,至抽提液达澄清透明为止。

3.1.4 将全部沥青抽提液分次装入离心管中,用高速离心分离法清除抽提液中的矿粉部分,施加离心力770×g以上,离心分离的时间不少于30min。

3.1.5 将干净的抽提液取出一部分置减压过滤器的滤纸上过滤,一边抽气一边向滤纸上加新的三氯乙烯溶液洗净。仔细观察滤纸上还有没有矿粉颗粒,检验高速离心分离法清除矿粉是否干净,如有应重复上述的步骤延长分离时间,直至确认抽提液中没有矿粉为止。

3.1.6 将旋转蒸馏回收装置按图 T 0727-1 接好,接头均应密封,不漏气。

3.1.7 将加热装置的油浴调节至50℃±5℃。

3.2 试验步骤

3.2.1 将沥青抽提液全部(约350~400mL)装入洁净的1 000mL旋转烧瓶中,用少量溶剂清洗后也并入瓶中。

3.2.2 开动真空泵或抽气机,使整个系统形成负压,真空度97.4kPa(719mmHg),即绝对负压6.67kPa(50mmHg)以下。

3.2.3 开动旋转烧瓶,在不浸入加热油浴的状态下,以约50r/min的速度旋转5~10min。

3.2.4 在保持上述速度旋转的状态下,缓慢地将旋转烧瓶底部浸入达50℃±5℃的油浴中,烧瓶内的溶剂开始蒸发。当冷凝装置冷却的溶液流入溶剂回收烧瓶达到稳定状态后,逐渐增加旋转速度。并增大旋转烧瓶浸入油浴的加热面积,加快蒸发速度。直至无溶剂汽凝回收时,蒸馏结束,将旋转速度降低至20r/min。

3.2.5 旋转烧瓶继续保持旋转状态,同时将油浴升温,在15min内上升至155℃±2℃,并在此状态下保持15min,然后开放$CO_2$阀门,以1 000mL/min的流速通过2min。

3.2.6 关闭$CO_2$阀门,逐渐使旋转烧瓶内恢复至常压,停止旋转烧瓶旋转,离开油浴,拆开装置。

3.2.7 迅速倒出烧瓶内的残留沥青,进行回收沥青的各项试验。

3.2.8 对回收沥青进行黏度、针入度、软化点、组分分析等各项试验,方法与原样沥青的试验方法相同。

4 报告

报告应注明回收沥青的方法,并综合报告回收沥青的各项性质测定结果。

**【注意事项】**

旋转蒸发器法是17届世界道路会议推荐的方法,美国SHRP研究中心提出此法,这是近年来回收沥青方法的主要变化。

(1)回收条件

提液中的矿粉是否分离干净、真空抽气的真空度、试验温度、旋转的速度和时间、$CO_2$通入的时间和数量是该试验的关键技术点,应严格控制。

(2)空白试验

由于沥青回收难度大,回收条件掌握不好,沥青本身老化难以避免,或溶剂难以除净,因此规程条例说明建议在正式试验前进行空白试验。即将已知各项性能指标的沥青用三氯乙烯溶解到一定的浓度,按回收方法进行回收,测定沥青性质有无变化。如性质变化大,说明回收条件控制不好,应提高操作水平。

## 第四节 水泥混凝土路面

水泥混凝土路面施工质量管理与检查验收包括施工准备、铺筑试验路段、施工过程中质量控制与管理、交工验收等。本节主要介绍原材料、混凝土拌合物性能试验项目、频率、方法、质量标准,以及水泥混凝土路面的质量要求。试验方法见相关章节。

### 一、原材料质量检验项目、频度

在施工准备期间,应根据混凝土路面设计要求,对原材料进行实地调查,在广泛调查的基础上进行相关技术性质试验,选择质量符合要求的原材料。进场的原材料应按料源、规格分批量验收、储存。在施工过程中还应按《公路水泥混凝土路面施工技术细则》(JTG/T F30—2014)规定的检验项目、频率(表11-29)进行检测。原材料的质量要求见"无机结合料""砂石材料""路面混凝土"等章节。

混凝土原材料检验项目及频率　　　　表11-29

| 材料 | 检查项目 | 检查频率 | |
|---|---|---|---|
| | | 高速公路、一级公路 | 其他等级公路 |
| 水泥 | 抗弯拉强度、抗压强度、安定性 | 机铺1 500t一批 | 机铺1 500t、小型机具500t一批 |
| | 凝结时间、标准稠度用水量、细度 | 机铺2 000t一批 | 机铺3 500t、小型机具500t一批 |
| | CaO、MgO、$SO_3$含量,铝酸三钙、铁铝酸四钙含量、干缩率、耐磨性、碱度、混合材料种类及数量 | 每合同段不少于3次,进场前必测 | 每合同段不少于3次,进场前必测 |
| | 温度 | 冬季、夏季施工随时检测 | 冬季、夏季施工随时检测 |

续上表

| 材料 | 检查项目 | 检查频率 高速公路、一级公路 | 检查频率 其他等级公路 |
|---|---|---|---|
| 掺合料 | 活性指数、细度、烧失量 | 机铺1 500t一批 | 机铺1 500t、小型机具500t一批 |
| | 需水量比、$SO_3$含量 | 每合同段不少于3次，进场前必测 | 每合同段不少于3次，进场前必测 |
| 粗集料 | 级配、针片状、超径颗粒含量，表观密度、堆积密度、空隙率 | 机铺2 500m³一批 | 机铺5 000m³、小型机具1 500m³一批 |
| | 含泥率、泥块含量 | 机铺1 000m³一批 | 机铺2 000m³、小型机具1 000m³一批 |
| | 压碎值、岩石抗压强度 | 每种粗集料每合同段不少于2次 | 每种粗集料每合同段不少于2次 |
| | 碱集料反应 | 怀疑有碱活性集料进场前测 | 怀疑有碱活性集料进场前测 |
| | 含水率 | 降雨或湿度变化时随时测，且每日不少于2次 | 降雨或湿度变化时随时测，且每日不少于2次 |
| 砂 | 细度模数、表观密度、堆积密度、空隙率、级配 | 机铺2 000m³一批 | 机铺4 000m³、小型机具1 500m³一批 |
| | 含泥量、泥块、石粉含量 | 机铺1 000m³一批 | 机铺2 000m³、小型机具500m³一批 |
| | 坚固性 | 每种砂每合同段不少于3次 | 每种砂每合同段不少于3次 |
| | 云母含量、轻物质与有机物含量 | 目测有云母或杂质时测 | 目测有云母或杂质时测 |
| | 硫化物及硫酸盐、海砂中氯离子含量 | 必要时测，淡化海砂每合同段3次 | 必要时测，淡化海砂每合同段2次 |
| | 含水率 | 降雨或湿度变化时随时测，且每日不少于4次 | 降雨或湿度变化时随时测，且每日不少于3次 |
| 外加剂 | 减水率、凝结时间、液体外加剂含固量和相对密度，粉状外加剂的不溶物含量 | 机铺5t一批 | 机铺5t、小型机具3t一批 |
| | 引气剂引气量、气泡细密程度和稳定性 | 机铺2t一批 | 机铺3t、小型机具1t一批 |
| 钢纤维 | 抗拉强度、抗弯拉性能、延伸率、长度、长径比、形状 | 开工前或有变化时，每合同段3次 | 开工前或有变化时，每合同段3次 |
| | 杂质、质量及其偏差 | 机铺50t一批 | 机铺50t、小型机具30t一批 |
| 养生剂 | 有效保水率、抗压强度比、耐磨性、耐热性、膜水溶性、含固量、成膜时间、薄膜或成膜连续不透气性 | 开工前或有变化时，每合同段3次，每5t一批 | 开工前或有变化时，每合同段3次，每5t一批 |
| 水 | pH值、含盐量、硫酸根及杂质含量 | 开工前和水源有变化时 | 开工前和水源有变化时 |

注：1. 当原材料规格、品种、生产厂、来源有变化或开工前，所有原材料项目均应检验。
　　2. 机铺是指滑模、三辊轴机组和碾压混凝土摊铺，数量不足一批时，按一批检验。

## 二、混凝土拌合物质量检验的项目、频度

施工过程中应对混凝土拌合物的质量进行全面的质量管理与检测。《公路水泥混凝土路面施工技术细则》(JTG/T F30—2014)对混凝土拌和原材料计量允许偏差的规定见表11-30;对混凝土拌合物质量检测的项目、频率的规定见表11-31。试验方法见相关章节。

拌和楼(机)配料计量允许偏差(%)　　　　　表11-30

| 材料名称 | 水泥 | 掺合料 | 纤维 | 细集料 | 粗集料 | 水 | 外加剂 |
|---|---|---|---|---|---|---|---|
| 高速公路、一级公路(每盘) | ±1 | ±1 | ±2 | ±2 | ±2 | ±1 | ±1 |
| 高速公路、一级公路(累计每车) | ±1 | ±1 | ±2 | ±2 | ±2 | ±1 | ±1 |
| 其他等级公路 | ±2 | ±2 | ±2 | ±3 | ±3 | ±1 | ±1 |

混凝土拌合物的质量检测项目及频率　　　　　表11-31

| 材料 | 检查项目 | 检查频率 | |
|---|---|---|---|
| | | 高速公路、一级公路 | 其他等级公路 |
| 混凝土拌合物 | 水灰比及其稳定性 | 每5 000m³抽检1次,有变化时随测 | 每5 000m³抽检1次,有变化时随测 |
| | 坍落度及其损失率 | 每工班测3次,有变化时随测 | 每工班测3次,有变化时随测 |
| | 振动黏度系数 | 试拌,原材料和配合比有变化时测 | 试拌,原材料和配合比有变化时测 |
| | 纤维体积率 | 每工班测2次,有变化时随测 | 每工班测1次,有变化时随测 |
| | 含气量 | 每工班测2次,有抗冻性要求不少于3次 | 每工班测1次,有抗冻性要求不少于3次 |
| | 泌水率 | 每工班测2次 | 每工班测2次 |
| | 表观密度 | 每工班测1次 | 每工班测1次 |
| | 温度、凝结时间、水化发热量 | 冬、夏季施工,气温最高、最低时,每工班至少1~2次 | 冬、夏季施工,气温最高、最低时,每工班至少1次 |
| | 改进VC值 | 每工班测3次,有变化时随测 | 每工班测3次,有变化时随测 |
| | 离析 | 随时观察 | 随时观察 |
| | 压实度、松铺系数 | 每工班测3次,有变化时随测 | 每工班测3次,有变化时随测 |

## 三、水泥混凝土路面铺筑质量标准

混凝土路面施工应建立健全施工质量保障体系,对施工全过程进行全面质量控制,按施工质量控制标准对各个检测项目进行及时检测,根据检测结果建立动态控制图,分析质量动态,指导施工,保证各项质量指标合格、稳定。《公路水泥混凝土路面施工技术细则》(JTG/T F30—2014)对水泥混凝土路面铺筑质量标准及检测项目、频率的规定见表11-32。

水泥混凝土路面铺筑质量标准及检测项目、频率　　　表 11-32

| 项次 | 检测项目 | | 质量标准 | | 检测频率 | |
|---|---|---|---|---|---|---|
| | | | 高速公路、一级公路 | 其他等级公路 | 高速公路、一级公路 | 其他等级公路 |
| 1 | 弯拉强度[a] | 标准小梁弯拉强度（MPa） | 按附录 H 评定 | | 每班留 2~4 组试件，日进度 <500m 留 2 组；≥500m 留 3 组；≥1 000m 留 4 组，测 $f_{cs}$、$f_{min}$、$C_v$[b] | 每班留 1~3 组试件，日进度 <500m 留 1 组；≥500m 留 2 组；≥1 000m 留 3 组，测 $f_{cs}$、$f_{min}$、$C_v$[b] |
| | | 路面钻芯劈裂强度换算弯拉强度（MPa） | | | 每车道每 3km 钻取 1 个岩芯，单独施工硬路肩为 1 个车道，测算 $f_{cs}$、$f_{min}$、$C_v$[b] | 每车道每 2km 钻取 1 个岩芯，单独施工硬路肩为 1 个车道，测算 $f_{cs}$、$f_{min}$、$C_v$[b] |
| 2 | 板厚度 | | 平均值 ≥ -5；极值 ≥ -15，$C_v$ 符合设计规定 | | 路面摊铺宽度内每 100m 左右各 2 处，连接摊铺每 100m 单边 1 处 | 路面摊铺宽度内每 100m 左右各 1 处，连接摊铺每 100m 单边 1 处 |
| 3 | 纵向平整度 | $\sigma^c$（mm） | ≤1.32 | ≤2.00 | 所用车道连续检测 | |
| | | $IRI^c$（m/km） | ≤2.20 | ≤3.30 | | |
| | | 三米直尺最大间隙 $\Delta h$（mm）（合格率应≥90%） | ≤3 | ≤5 | 每半幅车道 100m 2 处，每处 10 尺 | 每半幅车道 200m 2 处，每处 10 尺 |
| 4 | 抗滑构造深度 TD（mm） | 一般路段 | 0.70~1.10 | 0.50~0.90 | 每车道及硬路肩每 200m 2 处 | 每车道及硬路肩每 200m 1 处 |
| | | 特殊路段[d] | 0.80~1.20 | 0.60~1.00 | | |
| 5 | 摩擦系数 SFC | 一般路段 | ≥50 | — | 行车道、超车道全长连续检测，每车道每 20m 连续检测 1 个测点 | 一般路段免检，仅检测特殊路段。每车道每 20m 连续检测 1 个测点，不足 20m 测 1 个测点 |
| | | 特殊路段[d] | ≥55 | ≥50 | | |
| 6 | 取芯法测定抗冻等级[e] | 严寒地区[f] | ≥250 | ≥200 | 每车道每 3km 钻取 1 个芯样 | 每车道每 5km 钻取 1 个芯样 |
| | | 寒冷地区[f] | ≥200 | ≥150 | | |

注：a 标准小梁弯拉强度用于评定施工配合比，钻芯劈裂强度用于评价实际面层施工密实度及弯拉强度。
  b $f_{cs}$ 为平均弯拉强度；$f_{min}$ 为最小弯拉强度；$C_v$ 为统计变异系数。
  c 动态平整度 $\sigma$ 与 IRI 可选测一项。
  d 高速公路、一级公路特殊路段是指立交匝道、平交口、弯道、变速车道、组合坡度不小于 3%、桥面、隧道路面及收费站广场；其他等级公路是指设超高路段、加宽弯道段、组合坡度不小于 4% 坡道段、交叉口路段、桥面及其上下坡段、隧道路面及集镇附近路段等。
  e 取芯法测定抗冻性仅在有抗冻要求的地区必检。
  f 严寒地区指当地最冷月平均气温低于 -8℃ 的地区，寒冷地区指当地最冷月平均气温在 -8~-3℃ 的地区。

## 四、交工验收工程质量检查与评定

水泥混凝土路面完工后，施工单位应提供全线检测结果及全部原始记录，申请交工验收。

（一）钻芯劈裂强度与标准小梁弯拉强度

各级公路面层弯拉强度应采用标准小梁试件评定,采用钻芯取样圆柱体劈裂强度换算的弯拉强度验证。弯拉强度应按附录 H 进行评定,弯拉强度统计的变异系数应符合表 11-33 的规定。

变异系数 $C_v$ 的范围　　　　　　　　　　　表 11-33

| 弯拉强度变异系数等级 | 低 | 中 | 高 |
|---|---|---|---|
| 弯拉强度变异系数 $C_v$ 的范围 | $0.05 \leq C_v \leq 0.10$ | $0.10 \leq C_v \leq 0.15$ | $0.15 \leq C_v \leq 0.20$ |

(1)高速公路、一级公路应通过试验得到各自工程的统计公式,用于确定统计公式的试件组数不宜小于 15 组。试验时,水泥用量的变动范围宜为 ±50kg/m³;如果强度离散性满足统计要求,可将 φ150mm×150mm 钻芯圆柱体和浇筑圆柱体、150mm×150mm×150mm 立方体三者同龄期的劈裂强度视为等同。

(2)二级及二级以下公路混凝土板钻芯劈裂强度与标准小梁弯拉强度可根据粗集料岩石品种和类型分别按式(11-1)~式(11-3)换算得出。

石灰岩、花岗岩碎石混凝土

$$f_c = 1.868 f_{SP}^{0.871} \tag{11-1}$$

玄武岩碎石混凝土

$$f_c = 3.035 f_{SP}^{0.423} \tag{11-2}$$

砾石混凝土

$$f_c = 1.607 + 1.035 f_{SP} \tag{11-3}$$

式中:$f_c$——混凝土标准小梁弯拉强度,MPa;

$f_{SP}$——直径 150mm 的圆柱体混凝土芯样劈裂强度,MPa。

(二)弯拉强度评定方法

《水泥混凝土路面施工技术细则》(JTG/T F30—2014)附录 H 对路面混凝土弯拉强度的评定方法如下。

## 混凝土弯拉强度评定方法
## (JTG/T F30—2014　附录 H)

H.1　混凝土弯拉强度的评定方法

H.1.1　混凝土弯拉强度试验方法应使用标准小梁法和钻芯劈裂法,试件使用标准方法制作,标准养生时间28d,路面钻芯劈裂时间宜控制在 28~56d 以内,不掺粉煤灰宜用28d,掺粉煤灰宜用 28~56d。各等级公路面层混凝土弯拉强度应按表 13.2.1(本书表 11-32)所列检查频率取样,每组 3 个试件平均值为一个统计数据。

H.1.2　混凝土弯拉强度合格标准应符合下列规定:

1　试件组数大于 10 组时,评价弯拉强度合格判断式为:

$$f_{cs} \geq f_r + K\sigma \tag{H.1.2-1}$$

$$\sigma = C_v \overline{f_c} \tag{H.1.2-2}$$

式中:$f_{cs}$——合格判定弯拉强度,MPa;

$f_r$——设计弯拉强度标准值,MPa;

$K$——合格评定系数,按试件组数查表 H.1.2;

$\sigma$——弯拉强度统计均方差,按式(H.1.2-2)计算

$C_v$——实测弯拉强度统计变异系数;

$\bar{f_c}$——实测弯拉强度统计平均值,MPa。

合 格 评 定 系 数                        表 H.1.2

| 试件组数 n | 11~14 | 15~19 | ≥20 |
|---|---|---|---|
| K | 0.75 | 0.7 | 0.65 |

当试件组数为 11~19 组时,允许有 1 组最小弯拉强度小于 $0.085f_r$,但不得小于 $0.080f_r$。

当试件组数大于或等于 20 组时,高速公路和一级公路最小弯拉强度 $f_{min}$ 不得小于 $0.085f_r$,其他等级公路允许有 1 组最小弯拉强度小于 $0.085f_r$,但不得小于 $0.080f_r$。实测弯拉强度统计变异系数 $C_v$ 值不应超出表 4.2.2-3(本书表 11-33)规定的范围。

当试件组数小于或等于 10 组时,可用非统计方法评定。此时,弯拉强度应符合下列规定:

弯拉强度平均值

$$f_{cs} \geq 1.15 f_r \qquad (H.1.2\text{-}3)$$

弯拉强度最小值

$$f_{cs} \geq 0.085 f_r \qquad (H.1.2\text{-}4)$$

2 实测弯拉强度统计变异系数 $C_v$ 应符合设计要求。

H.1.3 当标准小梁合格判定平均弯拉强度 $f_{cs}$、最小弯拉强度 $f_{min}$ 和统计变异系数 $C_v$ 中有一个数据不符合上述要求时,应在不合格路段每公里每车道加密钻取 3 个以上 $\phi150mm$ 芯样,实测劈裂强度,通过各自工程的经验统计公式换算弯拉强度,其合格判定平均弯拉强度 $f_{cs}$ 和最小值 $f_{min}$ 必须合格。

## 五、试 验 方 法

混凝土试验方法见本手册第七章。

## 第五节 路面取样及厚度测试方法

### 一、路面取样方法

路面取样方法是指在成型的结构层上用钻芯法或切割法获取试样,进行有关物理力学性质试验的方法。

### 路面取样方法
### (JTG E60—2008  T 0901—2008)

1 目的与适用范围

1.1 本方法适用于路面取芯钻机或路面切割机在现场钻取或切割路面的代表性试样。

1.2 本方法适用于对水泥混凝土面层、沥青混合料面层或水泥、石灰、粉煤灰等无机结合料稳定基层取样,以测定其密度或其他物理力学性质。

1.3 本方法钻孔采取芯样的直径不宜小于最大集料粒径的 3 倍。

2 仪具与材料技术要求

本方法需要下列仪具与材料:

(1)路面取芯钻机:牵引式(可用手推)或车载式,钻机由发动机或电力驱动。钻头直径根据需要决定,选用 $\phi100mm$ 或 $\phi150mm$ 钻头,均有淋水冷却装置。

(2)路面切割机:手推式或牵引式,由发动机或电力驱动,也可利用汽车动力由液压泵驱动,附金刚石锯片,有淋水冷却装置。

(3)台秤。

(4)盛样器(袋)或铁盘等。

(5)干冰(固体 $CO_2$)。

(6)试样标签。

(7)其他:镐、铁锹、量尺(绳)、毛刷、硬纸、棉纱等。

3 方法与步骤

3.1 准备工作

(1)确定路段。可以是一个作业段、一天完成的路段,或按相关规范的规定选取一定长度的检查路段。

(2)按本规程附录 A 的方法确定取样的位置。

(3)将取样位置清扫干净。

3.2 取样步骤

(1)在选取采样地点的路面上,先用粉笔对钻孔位置作出标记或画出切割路面的大致面积。切割路面的面积根据目的和需要确定。

(2)用钻机在取样地点垂直对准路面放下钻头,牢固安放钻机,使其在运转过程中不得移动。

(3)开放冷却水,启动电动机,徐徐压下钻杆,钻取芯样,但不得使劲下压钻头。待钻透全厚后,上抬钻杆,拔出钻头,停止转动,不使芯样损坏,取出芯样。沥青混合料芯样及水泥混凝土芯样可用清水漂洗干净备用。

注:由于试验需要不能用水冷却时,应采用干钻孔,此时为保护钻头,可先用干冰约3kg放在取样位置上,冷却路面约1h,钻孔时通过低温 $CO_2$ 等冷却气体以代替冷却水。

(4)用切割机切割时,将锯片对准切割位置,开放冷却水,启动电动机,徐徐压下锯片到要求深度(厚度),仔细向前推进,到需要长度后抬起锯片,四面全部锯毕后,用镐或铁锹仔细取出试样。取得的路面试块应保持边角完整,颗粒不得散失。

(5)采取的路面混合料试样应整层取样,试样不得破碎。

(6)将钻取的芯样或切割的试块,妥善盛放于盛样器中,必要时用塑料袋封装。

(7)填写样品标签,一式两份,一份粘贴在试样上,另一份作为记录备查。试样标签的示例如图 T 0901 所示。

(8)对钻孔或被切割的路面坑洞,应采用同类型材料填补压实,但取样时留下的水分应用棉纱等吸走,待干燥后再补坑。

```
试样编号:_____
路线或工程名称:_____
材料品种:_____
施工日期:_____
取样日期:_____
取样位置:桩号_____中心线左_____ m 右_____ m
取样人:_____
试样保管人:_____
备注:_____
(注明试样用途或试验结果等)
```

图 T 0901 试样标签示例

## 二、路面厚度测试方法

路基各压实层、路面各结构层的厚度是施工过程中质量控制的一个重要指标。对路基而言,压实层过薄或过厚都会影响路基的压实度,过薄容易分层起皮,过厚下部压不实。对路面而言,因为路面结构设计的最终结果就是厚度,而且底基层材料价格较基层要便宜,基层较面层价格要便宜,材料的性能(如模量值)相应也要差一些。如果较下的结构层过厚,在高程不变的前提下,较上的结构层的厚度将变薄,直接影响到路面的整体强度和刚度。相反路面的整体强度和刚度能得到保证,但由于材料价格的原因,施工企业的经济效益将受到损害。因此,严格控制各压实层的厚度对确保工程质量和施工企业的经济效益具有重要意义。

路面厚度测试方法现行规程规定了两种方法,包括挖坑及钻芯法、短脉冲雷达测试法。在施工过程中路基压实层、路面基层的厚度与压实度试验同时进行,沥青混凝土、水泥混凝土路面的厚度由钻取的芯样直接量测。这里只介绍挖坑及钻芯法,短脉冲雷达测试法可根据测试系统使用说明书操作。

## 挖坑及钻芯法测定路面厚度试验方法
### (JTG E60—2008  T 0912—2008)

1 目的与适用范围

  本方法适用于路面各层施工过程中的厚度检验及工程交工验收检查使用。

2 仪具与材料技术要求

  本方法根据需要选用下列仪具和材料:

  (1)挖坑用镐、铲、凿子、锤子、小铲、毛刷。

  (2)路面取芯样钻机及钻头、冷却水。钻头的标准直径为 $\phi$100mm,如芯样仅供测量厚度,不做其他试验时,对沥青面层与水泥混凝土板也可用直径 $\phi$50mm 的钻头,对基层材料有可能损坏试件时,也可用直径 $\phi$150mm 的钻头,但钻孔深度均必须达到层厚。

  (3)量尺:钢板尺、钢卷尺、卡尺。

  (4)补坑材料:与检查层位的材料相同。

  (5)补坑用具:夯、热夯、水等。

  (6)其他:搪瓷盘、棉纱等。

3 方法与步骤

  3.1 基层或砂石路面的厚度可用挖坑法测定,沥青面层及水泥混凝土路面板的厚度应用钻孔法测定。

  3.2 挖坑法厚度测试步骤:

  (1)根据现行相关规范的要求,按附录A的方法,随机取样决定挖坑检查的位置,如为旧路,该点有坑洞等显著缺陷或接缝时,可在其旁边检测。

  (2)在选择试验地点,选一块约40cm×40cm的平坦表面,用毛刷将其清扫干净。

  (3)根据材料坚硬程度,选择镐、铲、凿子等适当的工具,开挖这一层材料,直至层位底面。在便于开挖的前提下,开挖面积应尽量缩小,坑洞大体呈圆形,边开挖边将材料铲出,置于搪瓷盘中。

  (4)用毛刷将坑底清扫,确认为下一层的顶面。

  (5)将钢板尺平放横跨于坑的两边,用另一把钢尺或卡尺等量具在坑的中部位置垂直伸至坑底,测量坑底至钢板尺的距离,即为检查层的厚度,以 mm 计,准确至1mm。

  3.3 钻孔取芯样法厚度测试步骤:

  (1)根据现行相关规范的要求,按附录A的方法,随机取样决定钻孔检查的位置,如为旧路,该点有坑洞等显著缺陷或接缝时,可在其旁边检测。

  (2)按本规程 T 0901 的方法用路面取芯钻机钻孔,芯样的直径应符合本方法第 2 条的要求,钻孔深度必须达到层厚。

(3)仔细取出芯样,清除底面灰土,找出与下层的分界面。

(4)用钢板尺或卡尺沿圆周对称的十字方向四处量取表面至上下层界面的高度,取其平均值,即为该层的厚度,准确至1mm。

3.4 在沥青路面施工过程中,当沥青混合料尚未冷却时,可根据需要随机选择测点,用大螺丝刀插入至沥青层底面深度后用尺读数,量取沥青层的厚度,以mm计,准确至1mm。

3.5 按下列步骤用与取样层相同的材料填补挖坑或钻孔:

(1)适当清理坑中残留物,钻孔时留下的积水应用棉纱吸干。

(2)对无机结合料稳定层及水泥混凝土路面板,应按相同配合比用新拌的材料分层填补并用小锤压实。水泥混凝土中宜掺加少量快凝早强剂。

(3)对无结合料粒料基层,可用挖坑时取出的材料,适当加水拌和后分层填补,并用小锤压实。

(4)对正在施工的沥青路面,用相同级配的热拌沥青混合料分层填补并用加热的铁锤或热夯压实,旧路钻孔也可用乳化沥青混合料修补。

(5)所有补坑结束时,宜比原面层略鼓出少许,用重锤或压路机压实平整。

注:补坑工序如有疏忽,遗留或补得不好,易成为隐患而导致开裂,所有挖坑、钻孔均应仔细做好。

## 4 计算

4.1 按式(T 0912)计算路面实测厚度 $T_H$ 与设计厚度 $T_{0i}$ 之差。

$$\Delta T_1 = T_H - T_{0i} \qquad (T\ 0912)$$

式中:$T_H$——路面的实测厚度,mm;

$T_{0i}$——路面的设计厚度,mm;

$\Delta T_1$——路面实测厚度与设计厚度的差值,mm。

4.2 当为检查路面总厚度时,则将各层平均厚度相加即为路面总厚度。按本规程附录B的方法,计算一个评定路段检测厚度的平均值、标准差、变异系数,并计算代表厚度。

## 5 报告

路面厚度检测报告应列表填写,并记录与设计厚度之差,不足设计厚度为负,大于设计厚度为正。

# 三、结构层厚度的评定

## (JTG F80/1—2004 附录H)

H.0.1 评定路段内路面结构层厚度按代表值和单个合格值的允许偏差进行评定。

H.0.2 按规定频率,采用挖验或钻取芯样测定厚度。

H.0.3 厚度代表值为厚度的算术平均值的下置信界限值,即:

$$X_L = \overline{X} - \frac{t_\alpha}{\sqrt{n}} S$$

式中:$X_L$——厚度代表值(算术平均值的下置信界限);

$\overline{X}$——厚度平均值;

$S$——标准差;

$n$——检测点数;

$t_\alpha$——$t$ 分布表中随测点数和保证率(或置信度 $\alpha$)而变的系数,可查附表B。

采用的保证率:

高速公路、一级公路:基层、底基层为99%,面层为95%。

其他等级公路:基层、底基层为95%,面层为90%。

H.0.4 当厚度代表值大于等于设计厚度减去代表值允许偏差时,则按单个检查值的偏差不超过单点合格值来计算合格率;当厚度代表值小于设计厚度减去代表值允许偏差时,相应分项工程评为不合格。

H.0.5 沥青面层一般按沥青铺筑层总厚度进行评定,高速公路和一级公路分2~3层铺筑时,还应进行上面层厚度检查和评定。

# 第六节 压 实 度

## 一、试 验 方 法

路基路面的压实度是道路工程施工质量控制的重要技术指标之一,也是反映路基路面内在质量、使用质量和寿命的指标。对于路基和路面基层,压实度是现场压实层实测干密度与室内标准击实确定的最大干密度的比值,以百分数表示;对沥青混合料路面,压实度是现场压实层的实测密度与室内马歇尔试验确定的标准密度的比值,以百分数表示。因此,压实度检测的主要任务是现场实测压实层的密度。结构层材料不同,现场密度的测试方法也不同。压实度的试验方法有灌砂法、环刀法、钻芯法和核子密度仪法等。

### 挖坑灌砂法测定压实度试验方法
### (JTG E60—2008 T 0921—2008)

1 目的与适用范围

1.1 本方法适用于在现场测定基层(或底基层)、砂石路面及路基土的各种材料压实层的密度和压实度检测。但不适用于填石路堤等有大孔洞或大孔隙的材料压实层的压实度检测。

1.2 用挖坑灌砂法测定密度和压实度时,应符合下列规定:

(1)当集料的最大粒径小于13.2mm,测定层的厚度不超过150mm时,宜采用 $\phi$100mm 的小型灌砂筒测试。

(2)当集料的最大粒径等于或大于13.2mm,但不大于31.5mm,测定层的厚度不超过200mm时,应用 $\phi$150mm 的大型灌砂筒测试。

2 仪具与材料技术要求

本方法需要下列仪具与材料:

(1)灌砂筒:有大小两种,根据需要采用。形式和主要尺寸见图 T 0921 及表 T 0921,当尺寸与表中不一致,但不影响使用时,亦可使用。上部为储砂筒,筒底中心有一个圆孔下部装一倒置的圆锥形漏斗,漏斗上端开口,直径与储砂筒的圆孔相同。漏斗焊接在一块铁板上,铁板中心有一圆孔与漏斗上开口相接。在储砂筒筒底与漏斗顶端铁板之间设有开关。开关为一薄铁板,一端与筒底及漏斗铁板铰接在一起,另一端伸出筒身外,开关铁板上也有一个相同直径的圆孔。

灌砂仪的主要尺寸要求　　　　　表 T 0921

| 结　　构 | | 小型灌砂筒 | 大型灌砂筒 |
|---|---|---|---|
| 灌砂筒 | 直径(mm) | 100 | 150 |
| | 容积(cm³) | 2 120 | 4 600 |
| 流砂孔 | 直径(mm) | 10 | 15 |

续上表

| 结 构 | | 小型灌砂筒 | 大型灌砂筒 |
|---|---|---|---|
| 金属标定罐 | 内径(mm) | 100 | 150 |
| | 外径(mm) | 150 | 200 |
| 金属方盘基板 | 边长(mm) | 350 | 400 |
| | 深(mm) | 40 | 50 |
| 中孔 | 直径(mm) | 100 | 150 |

注：如集料的最大粒径超过31.5mm,则应相应地增大灌砂筒和标定罐的尺寸；如集料的最大粒径超过53mm,灌砂筒和现场试洞的直径应为200mm。

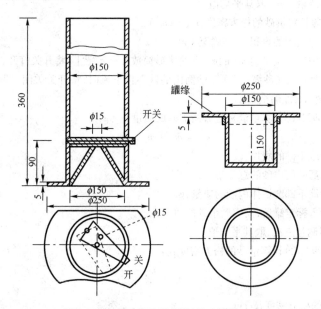

图 T 0921 灌砂筒和标定罐(尺寸单位:mm)

(2)金属标定罐：用薄铁板制作的金属罐,上端周围有一罐缘。

(3)基板：用薄铁板制作的金属方盘,盘的中心有一圆孔。

(4)玻璃板：边长约500~600mm的方形板。

(5)试样盘：小筒挖出的试样可用饭盒存放,大筒挖出的试样可用300mm×500mm×40mm的搪瓷盘存放。

(6)天平或台秤：称量10~15kg,感量不大于1g。用于含水率测定的天平精度,对细粒土、中粒土、粗粒土宜分别为0.01g、0.1g、1.0g。

(7)含水率测定器具：如铝盒、烘箱等。

(8)量砂：粒径0.30~0.60mm清洁干燥的砂,约20~40kg。使用前须洗净、烘干,并放置足够的时间,使其与空气的湿度达到平衡。

(9)盛砂的容器：塑料桶等。

(10)其他：凿子、螺丝刀、铁锤、长把勺、长把小簸箕、毛刷等。

3 方法与步骤

3.1 按现行试验方法对检测对象试样用同种材料进行击实试验,得到最大干密度 $\rho_d$ 及最佳含水率。

3.2 按第1.2条的规定选用适宜的灌砂筒。

3.3 按下列步骤标定灌砂筒下部圆锥体内砂的质量：

(1)在灌砂筒筒口高度上,向灌砂筒内装砂至距筒顶的距离15mm左右为止。称取装入筒内砂的质量$m_1$,准确至1g。以后每次标定及试验都应该维持装砂高度与质量不变。

(2)将开关打开,使灌砂筒筒底的流砂孔、圆锥形漏斗上端开口圆孔及开关铁板中心的圆孔上下对准重叠在一起,让砂自由流出,并使流出砂的体积与工地所挖试坑内的体积相当(或等于标定罐的容积),然后关上开关。

(3)不晃动储砂筒的砂,轻轻地将罐砂筒移至玻璃板上,将开关打开,让砂流出,直到筒内砂不再下流时,将开关关上,并细心地取走灌砂筒。

(4)收集并称量留在玻璃板上的砂或称量筒内的砂,准确至1g。玻璃板上的砂就是填满筒下部圆锥体的砂($m_2$)。

(5)重复上述测量三次,取其平均值。

3.4 按下列步骤标定量砂的松方密度$\rho_w$(g/cm³):

(1)用水确定标定罐的容积$V$,准确至1mL。

(2)在储砂筒中装入质量为$m_1$的砂,并将灌砂筒放在标定罐上,将开关打开,让砂流出。在整个流砂过程中,不要碰动灌砂筒,直到储砂筒内的砂不再下流时,将开关关闭。取下灌砂筒,称取筒内剩余砂的质量$m_3$,准确至1g。

(3)按式(T 0921-1)计算填满标定罐所需砂的质量$m_a$(g):

$$m_a = m_1 - m_2 - m_3 \tag{T 0921-1}$$

式中:$m_a$——标定罐中砂的质量,g;

$m_1$——装入灌砂筒内砂的总质量,g;

$m_2$——灌砂筒下部圆锥体内砂的质量,g;

$m_3$——灌砂入标定罐后,筒内剩余砂的质量,g。

(4)重复上述测量三次,取其平均值。

(5)按式(T 0921-2)计算量砂的松方密度$\rho_s$:

$$\rho_s = \frac{m_a}{V} \tag{T 0921-2}$$

式中:$\rho_s$——量砂的松方密度,g/cm³;

$V$——标定罐的体积,cm³。

3.5 试验步骤

(1)在试验地点,选一块平坦表面,并将其清扫干净,其面积不得小于基板面积。

(2)将基板放在平坦表面上。当表面的粗糙度较大时,则将盛有量砂($m_s$)的灌砂筒放在基板中间的圆孔上。将灌砂筒的开关打开,让砂流入基板的中孔内,直到储砂筒内的砂不再下流时关闭开关。取下灌砂筒,并称量筒内砂的质量$m_6$,准确至1g。

(3)取走基板,并将留在试验地点的量砂收回,重新将表面清扫干净。

(4)将基板放回清扫干净的表面上(尽量放在原处),沿基板中孔凿洞(洞的直径与灌砂筒一致)。在凿洞过程中,应注意不使凿出的材料丢失,并随时将凿松的材料取出装入塑料袋中,不使水分蒸发,也可放在大试样盒内。试洞的深度应等于测定层厚度,但不得有下层材料混入,最后将洞内的全部凿松材料取出。对土基或基层,为防止试盘内材料的水分蒸发,可分几次称取材料的质量,全部取出材料的总质量为$m_w$,准确至1g。

注:当需要检测厚度时,应先测量厚度后再进行这一步骤。

(5)从挖出的全部材料中取有代表性的样品,放在铝盒或洁净的搪瓷盘中,测定其含水率($w$,以%计)。样品的数量如下:用小型灌砂筒测定时,对于细粒土,不少于100g;对于各种中粒土,不少于500g。用大型灌砂筒测定时,对于细粒土,不少于200g;对于各种中粒土,不少于1 000g;对于粗粒土或水泥、石灰、粉煤灰等无机结合料稳定材料,宜将取出的全部材料烘干,且不少于2 000g,称其质量$m_d$。

(6)将基板安放在试坑上,将灌砂筒安放在基板中间(储砂筒内放满砂到要求质量$m_1$),使灌砂筒的下口对准基板的中孔及试洞,打开灌砂筒的开关,让砂流入试坑内。在此期间,应注意勿碰动灌砂筒。直到储砂筒内的砂不再下流时,关闭开关。仔细取走灌砂筒,并称量筒内剩余砂的质量$m_4$,准确至1g。

(7)如清扫干净的平坦表面的粗糙度不大,也可省去(2)和(3)的操作。在试洞挖好后,将灌砂筒直接对准放在试坑上,中间不需要放基板。打开筒的开关,让砂流入试坑内。在此期间,应注意勿碰动灌砂筒。直到储砂筒内的砂不再下流时,关闭开关。仔细取走灌砂筒,并称量剩余砂的质量$m'_4$,准确至1g。

(8)仔细取出试筒内的量砂,以备下次试验时再用。若量砂的湿度已发生变化或量砂中混有杂质,则应该重新烘干、过筛,并放置一段时间,使其与空气的湿度达到平衡后再用。

4 计算

4.1 按式(T 0921-3)或式(T 0921-4)计算填满试坑所用的砂的质量$m_b$(g):

灌砂时,试坑上放有基板:

$$m_b = m_1 - m_4 - (m_5 - m_6) \tag{T 0921-3}$$

灌砂时,试坑上不放基板:

$$m_b = m_1 - m'_4 - m_2 \tag{T 0921-4}$$

式中:$m_b$——填满试坑的砂的质量,g;

$m_1$——灌砂前灌砂筒内砂的质量,g;

$m_2$——灌砂筒下部圆锥体内砂的质量,g;

$m_4$、$m'_4$——灌砂后,灌砂筒内剩余砂的质量,g;

$(m_5 - m_6)$——灌砂筒下部圆锥体内及基板和粗糙表面间砂的合计质量,g。

4.2 按式(T 0921-5)计算试坑材料的湿密度$\rho_w$(g/cm³):

$$\rho_w = \frac{m_w}{m_b} \times \rho_s \tag{T 0921-5}$$

式中:$m_w$——试坑中取出的全部材料的质量,g;

$\rho_s$——量砂的松方密度,g/cm³。

4.3 按式(T 0921-6)计算试坑材料的干密度$\rho_d$(g/cm³):

$$\rho_d = \frac{\rho_w}{1 + 0.01w} \tag{T 0921-6}$$

式中:$w$——试坑材料的含水率,%。

4.4 当为水泥、石灰、粉煤灰等无机结合料稳定土的场合,可按式(T 0921-7)计算干密度$\rho_d$(g/cm³)。

$$\rho_d = \frac{m_d}{m_b} \times \rho_s \tag{T 0921-7}$$

式中:$m_d$——试坑中取出的稳定土的烘干质量,g。

4.5 按式(T 0921-8)计算施工压实度。

$$K = \frac{\rho_d}{\rho_c} \times 100 \tag{T 0921-8}$$

式中:$K$——测试地点的施工压实度,%;

$\rho_d$——试样的干密度,g/cm³;

$\rho_c$——由击实试验得到的试样的最大干密度,g/cm³。

注:当试坑材料组成与击实试验的材料有较大差异时,可以试坑材料做标准击实,求取实际的最大干密度。

5 报告

各种材料的干密度均应准确至0.01g/cm³。

【注意事项】

(1)量砂的松方密度要准确,重复使用时,用后应过筛、拣除混杂物并晾干,尽量同松方密度标定时的洁净、干潮状况一致。

(2)一般都应尽量使用基板,确保试验精度,除非测点表面非常平整、光滑。

(3)试坑深度应恰好等于压实层厚度,坑壁笔直,上下口直径相等,避免上大下小。挖出的试样要及时装入塑料袋或密封容器,防止水分损失。

(4)无论是标定还是测试完后,都要检查灌砂筒外壁和锥体之间的三角区是否有沙子漏入,如有要将其单独清出,称其质量,计算密度时应扣除这部分质量。

# 环刀法测定压实度试验方法
(JTG E60—2008  T 0923—1995)

1  目的和适用范围

1.1  本方法规定在公路工程现场用环刀法测定土基及路面材料的密度及压实度。

1.2  本方法适用于细粒土及无机结合料稳定细粒土的密度。但对无机结合料稳定细粒土,其龄期不宜超过2d,且宜用于施工过程中的压实度检验。

2  仪具与材料技术要求

本试验需要下列仪具与材料:

(1)人工取土器:如图 T 0923-1 所示,包括环刀、环盖、定向筒和击实锤系统(导杆、落锤、手柄)。环刀内径6~8cm,高2~3cm,壁厚1.5~2mm。

(2)电动取土器:如图 T 0923-2 所示。由底座、行走轮、立柱、齿轮箱、升降机构、取芯头等组成。

①底座:由底座平台(16)、定位销(15)、行走轮(14)组成。平台是整个仪器的支撑基础;定位销供操作时仪器定位用;行走轮供换点取芯时仪器近距离移动用,当定位时四只轮子可扳起离开地表。

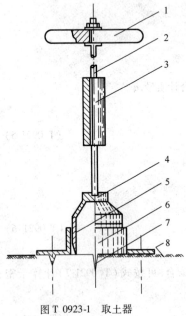

图 T 0923-1  取土器
1-手柄;2-导杆;3-落锤;4-环盖;5-环刀;
6-定向筒;7-定向筒齿钉;8-试验地面

②立柱:由立柱(1)与立柱套(11)组成,装在底座平台上,作为升降机构、取芯机构、动力和传动机构的支架。

③升降机构:由升降手轮(9)、锁紧手柄(8)组成,供调整取芯机构高低用。松开锁紧手柄,转动升降手轮,取芯机构即可升降到所需位置时拧紧手柄定位。

④取芯机构:由取芯头(10)、升降轴(2)组成,取芯头为金属圆筒,下口对称焊接两个合金钢切削刀头,上端面焊有平盖,其上焊螺母,靠螺旋接于升降轴上。取芯头为可换式,有三种规格,即50mm×50mm、70mm×70mm、100mm×100mm,另配有相应的取芯套筒、扳手、铅盒等。

⑤动力和传动机构:主要由直流电机(4)、调速器(12)、齿轮箱组成。另配电瓶和充电器。当电机工作时,通过齿轮箱的齿轮将动力传给取芯机构,升降轴旋转,取芯头进入旋切工作状态。

⑥电动取土器主要技术参数为:

工作电压 DC24V(36A·h);

转速 50~70r/min,无级调速;

整机质量约35kg。

(3)天平:感量0.1g(用于取芯头内径小于70mm样品的称量),或1.0g(用于取芯头内径100mm样品的称量)。
(4)其他:镐、小铁锹、修土刀、毛刷、直尺、钢丝锯、凡士林、木板及测定含水率设备等。

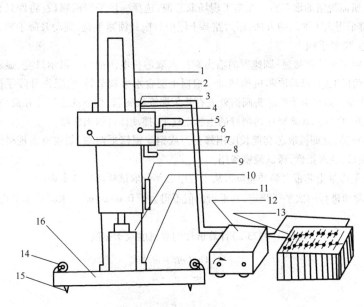

图 T 0923-2　电动取土器

1-立柱;2-升降轴;3-电源输入;4-直流电机;5-升降手柄;6、7-电源指示;8-锁紧手柄;9-升降手轮;10-取芯头;
11-立柱套;12-调速器;13-电瓶;14-行走轮;15-定位销;16-底座平台

## 3 方法与步骤

3.1 按有关试验方法对检测试样用同种材料进行击实试验,得到最大干密度($\rho_c$)及最佳含水率。

3.2 用人工取土器测定黏性土及无机结合料稳定细粒土密度的步骤:
(1)擦净环刀,称取环刀质量$m_2$,准确至0.1g。
(2)在试验地点,将面积约30cm×30cm的地面清扫干净,并将压实层铲去表面浮动及不平整的部分,达一定深度,使环刀打下后,能达到要求的取土深度,但不得下层扰动。
(3)将定向筒齿钉固定于铲平的地面上,顺次将环刀、环盖放入定向筒内与地面垂直。
(4)将导杆保持垂直状态,用取土器落锤将环刀打入压实层中,至环盖顶面与定向筒上口齐平为止。
(5)去掉击实锤和定向筒,用镐将环刀及试样挖出。
(6)轻轻取下环盖,用修土刀自边至中削去环刀两端余土,用直尺检测直至修平为止。
(7)擦净环刀外壁,用天平称取出环刀及试样合计质量$m_1$,准确至0.1g。
(8)自环刀中取出试样,取具有代表性的试样,测定其含水率$w$。

3.3 用人工取土器测定砂性土或砂层密度时的步骤:
(1)如为湿润的砂土,试验时不需使用击实锤和定向筒。在铲平的地面上,细心挖出一个直径较环刀外径略大的砂土柱,将环刀刃口向下,平置于砂土柱上,用两手平稳地将环刀垂直压下,直至砂土柱突出环刀上端约2cm时为止。
(2)削掉环刀口上的多余砂土,并用直尺刮平。
(3)在环刀上口盖一块平滑的木板,一手按住木板,另一手用小铁锹将试样从环刀底部切断,然后将装满试样的环刀反转过来,削去环刀刃口上部的多余砂土,并用直尺刮平。
(4)擦净环刀外壁,称环刀与试样合计质量$m_1$,准确至0.1g。

(5)自环刀中取具有代表性的试样测定其含水率。

(6)干燥的砂土不能挖成砂土柱时,可直接将环刀压入或打入土中。

3.4 用电动取土器测定无机结合料细粒土和硬塑土密度的步骤：

(1)装上所需规格的取芯头。在施工现场取芯前,选择一块平整的路段,将四只行走轮吊起,四根定位销钉采用人工加压的方法,压入路基土层中。松开锁紧手柄,旋动升降手轮,使取芯头刚好与土层接触,锁紧手柄。

(2)将电瓶与调速器接通,调速器的输出端接入取芯机电源插口。指示灯亮,显示电路已通；启动开关,电动机工作,带动取芯机构转动。根据土层含水率调节转速,操作升降手柄,上提取芯机构,停机,移开机器。由于取芯头圆筒外表有几条螺旋状突起,切下的土屑排在筒外顺螺纹上旋抛出地表,因此,将取芯套筒套在切削好的土芯立柱上,摇动即可取出样品。

(3)取出样品,立即按取芯套筒长度用修土刀或钢丝锯修平两端,制成所需规格土芯,如拟进行其他试验项目,装入铅盒,送试验室备用。

(4)用天平称量土芯带套筒质量$m_1$,从土芯中心部分取试样测定含水率。

3.5 本试验须进行两次平行测定,其平行差值不得大于0.03g/cm³。求其算术平均值。

## 4 计算

4.1 按式(T 0923-1)、式(T 0923-2)计算试样的湿密度及干密度：

$$\rho = \frac{4 \times (m_1 - m_2)}{\pi \cdot d^2 \cdot h} \tag{T 0923-1}$$

$$\rho_d = \frac{\rho}{1 + 0.01w} \tag{T 0923-2}$$

式中：$\rho$——试样的湿密度,g/cm³；

$\rho_d$——试样的干密度,g/cm³；

$m_1$——环刀或取芯套筒与试样合计质量,g；

$m_2$——环刀或取芯套筒质量,g；

$d$——环刀或取芯套筒直径,cm；

$h$——环刀或取芯套筒高度,cm；

$w$——试样的含水率,%。

4.2 按式(T 0923-3)计算施工压实度：

$$K = \frac{\rho_d}{\rho_c} \times 100 \tag{T 0923-3}$$

式中：$K$——测试地点的施工压实度,%；

$\rho_d$——试样的干密度,g/cm³；

$\rho_c$——由击实试验得到的试样的最大干密度,g/cm³。

## 5 报告

试验应报告土的鉴别分类、土的含水率、湿密度、干密度、最大干密度、压实度等。

【注意事项】

(1)环刀在使用一段时间后,因刃脚磨损或上口受打击变形使容积发生变化,应定期校验。变形、刃脚有缺口的环刀不能再使用。

(2)削土刀必须有一定的刚度和直度,保证削平后的土样与环刀上下口面齐平,不得有凹凸情况。

(3)与结构压实层厚度相比环刀高度要小得多,而压实层的压实度随深度而减小,因此用环刀法测压实层的密度时,环刀必须打入到压实层的中间部位,这样测得的压实度被认为代表整个压实层的平均压实度。为此在将环刀打入土中前,应先将压实层下挖一定的深度,再将环刀打入。

# 钻芯法测定沥青面层压实度试验方法
# (JTG E60—2008  T 0924—2008)

1 目的与适用范围

1.1 沥青混合料面层的压实度是按施工规范规定的方法测定的混合料试样的毛体积密度与标准密度之比值,以百分率表示。

1.2 本方法适用于检验从压实的沥青路面上钻取的沥青混合料芯样试件的密度,以评定沥青面层的施工压实度。

2 仪具与材料技术要求

本方法需要下列仪具与材料:

(1)路面取芯钻机。

(2)天平:感量不大于0.1g。

(3)水槽。

(4)吊篮。

(5)石蜡。

(6)其他:卡尺、毛刷、小勺、取样袋(容器)、电风扇。

3 方法与步骤

3.1 钻取芯样

按本规程"T 0901 取样方法"钻取路面芯样,芯样直径不宜小于 $\phi$100mm。当一次钻孔取得的芯样包含有不同层位的沥青混合料时,应根据结构组合情况用切割机将芯样沿各层结合面锯开分层进行测定。

钻孔取样应在路面完全冷却后进行,对普通沥青路面通常在第二天取样,对改性沥青及 SMA 路面宜在第三天以后取样。

3.2 测定试件密度

(1)将钻取的试件在水中用毛刷轻轻刷净黏附的粉尘。如试件边角有浮松颗粒,应仔细清除。

(2)将试件晾干或用电风扇吹干不少于24h,直至恒重。

(3)按现行《公路工程沥青及沥青混合料试验规程》(JTJ 052)的沥青混合料试件密度试验方法测定试件密度 $\rho_a$。通常情况下采用表干法测定试件的毛体积相对密度;对吸水率大于2%的试件,宜采用蜡封法测定试件的毛体积相对密度;对吸水率小于0.5%特别致密的沥青混合料,在施工质量检验时,允许采用水中重法测定表观相对密度。

3.3 根据《公路沥青路面施工技术规范》(JTG F40—2004)附录 E 的规定,确定计算压实度的标准密度。

4 计算

4.1 当计算压实度的标准密度采用每天试验室实测的马歇尔击实试件密度或试验路段钻孔取样密度时,沥青面层的压实度按式(T 0924-1)计算。

$$K = \frac{\rho_s}{\rho_0} \times 100 \qquad (T\ 0924\text{-}1)$$

式中:$K$——沥青面层某一测定部位的压实度,%;

$\rho_s$——沥青混合料芯样试件的实际密度,g/cm³;

$\rho_0$——沥青混合料的标准密度,g/cm³。

4.2 计算压实度的标准密度采用最大理论密度时,沥青面层的压实度按式(T 0924-2)计算。

$$K = \frac{\rho_s}{\rho_t} \times 100 \qquad (T\ 0924\text{-}2)$$

式中:$\rho_s$——沥青混合料芯样试件的实际密度,$g/cm^3$;

$\rho_t$——沥青混合料的最大理论密度,$g/cm^3$。

4.3 按本规程附录 B 的方法,计算一个评定路段检测的压实度的平均值、标准差、变异系数,并计算代表压实度。

5 报告

压实度试验报告应记载压实度检查的标准密度及依据,并列表表示各测点的试验结果。

## 二、现场随机取样点的确定

### 公路路基路面现场测试随机选点方法
### (JTG E60—2008 附录 A)

1 目的与适用范围

1.1 随机取样选点的方法是按数理统计原理在路基路面现场测定时决定测定区间、测定断面、测点位置的方法。

1.2 本方法适于公路路基路面各个层次及各种现场测定时,为采取代表性试验数据而决定测定区间、测定断面、测定位置时使用。

2 仪具及材料技术要求

本方法需要下列仪具及材料:

(1)量尺:钢尺、皮尺等。

(2)硬纸片:编号从 1~28 共 28 块,每块大小 2.5cm×2.5cm,装在一个布袋中。

(3)骰子:2 个。

(4)其他:毛刷、粉笔等。

3 测定区间或断面决定方法

3.1 路段确定。根据路面施工或验收,质量评定方法等有关规范决定需要检测的路段。它可以是一个作业段、一天完成的路段或路线全程。在路基路面工程检查验收时,通常以 1km 为一个检测路段。此时,检测路段的确定也按本方法的步骤进行。

3.2 将确定的测试路段划分为一定长度的区间或按桩号间距(一般为 20m)划分若干个断面,将其编号为第 $n$ 个区间或第 $n$ 个断面,其总的区间数或断面数为 $T$。

3.3 从布袋中随机摸出一块硬纸片,硬纸片上的号数即表 A-1(本书附录Ⅱ)上的栏号,从 1~28 栏中选出该栏。

3.4 按照测定区间数、断面数的频度要求(总的取样数 $n$,当 $n>30$ 时应分次进行),依次找出与 A 列中 01、02、……、$n$ 对应的 B 列中的值,共 $n$ 对对应的 $A$、$B$ 值。

3.5 将 $n$ 个 B 值与总的区间数或断面数 $T$ 相乘,四舍五入成整数,即得到 $n$ 断面的编号,与 A 样的 1、2、……、$n$ 对应。

例如:按照有关规范规定,拟从 K36+000~K37+000 的 1km 检测路段中选择 20 个断面测定路面宽度、高程、横坡等外形尺寸,断面决定方法如下。

(1)1km 总长的断面数 $T = 1\ 000/20 = 50$ 个,编号 1,2,……,50。

(2)从布袋中摸出一块硬纸片,其编号为 14,即使用表 A-1 的第 14 栏。

(3)从第 14 栏 A 列中挑出小于或等于 20 所对应的 B 列数值,将 B 与 T 相乘,四舍五入得到 20 个断面号,并得到 20 个断面的桩号,如表 A-2 所列。

4 测定位置确定方法

4.1 从布袋中任意取出一块硬纸片,纸片上的号数即为表 A-1(本书附录Ⅱ)中的栏号,从 1~28 栏中选出该栏。

4.2 按照测点数的频度要求(总的取样为 n)依次找出栏号的取样位置数,每个栏号均有 A、B、C 三列。根据检验数量 n(当 n>30 时应分次进行),在所定栏号的 A 列,找出等于所需取样位置数的全部数,如 01、02、……、n。

4.3 确定取样位置的纵向距离,找出与 A 列中相对应的 B 列中数值,以此数乘以检测区间的总长度,并加在该段的起点桩号上,即得出取样位置距该段起点的距离或桩号。

4.4 确定取样位置的横向距离,找出与 A 列中相对应的 C 列中的数值,以此数乘以检查路面的宽度,再减去宽度的一半,即得出取样位置离路面中心线的距离。如差值是正(+),表示在中心线的右侧;如差值是负(-),表示在中心线的左侧。

例如:按照有关规范规定,检查验收时拟在 K36+000~K37+000 的 1km 检测路段中选择 6 个测点进行钻孔取样检验压实度、沥青用量和矿料级配等,钻孔位置决定方法如下。

(1)选定的随机栏号为 3。

(2)栏号 3 中 A 列从上至下小于或等于 6 的数为 01、06、03、02、04 及 05。

(3)表 A-1 的 B 列中与这 6 个数相应的 6 个小数为 0.175、0.310、0.494、0.699、0.838 及 0.977。

(4)取样路段长度 1 000m,计算得出 6 个乘积(取样位置与该段起点的距离)分别为 175m、310m、494m、699m、838m、977m。

(5)表 A-1 的 C 列中与这 6 个数相应的 6 个小数为 0.647、0.043、0.929、0.073、0.166 及 0.494。

(6)路面宽度为 10m,计算得 6 个乘积分别是 6.47、0.43、9.29、0.73、1.66 及 4.94m。再减去路面宽度的一半,6 个取样的横向位置分别是右侧 1.47m、左侧 4.57m、右侧 4.29m、左侧 4.27m、左侧 3.34m 及左侧 0.06m。

上述计算结果可采用表 A-3 的方式表示。

钻孔位置随机取样选点计算表　　　　表 A-3

| 栏 号 3 | | | 取样路段长 1 000m | | | 路面宽度 10m | 测点数 6 个 |
|---|---|---|---|---|---|---|---|
| 测点编号 | A 列 | B 列 | 距起点距离<br>(m) | 桩号 | C 列 | 距路边缘距离<br>(m) | 距中线位置<br>(m) |
| NO.1 | 01 | 0.175 | 175 | K36+175 | 0.647 | 6.47 | 右 1.47 |
| NO.2 | 06 | 0.310 | 310 | K36+310 | 0.043 | 0.43 | 左 4.57 |
| NO.3 | 03 | 0.494 | 494 | K36+494 | 0.929 | 9.29 | 右 4.29 |
| NO.4 | 02 | 0.699 | 699 | K36+699 | 0.073 | 0.73 | 左 4.27 |
| NO.5 | 04 | 0.838 | 838 | K36+838 | 0.166 | 1.66 | 左 3.34 |
| NO.6 | 05 | 0.977 | 977 | K36+977 | 0.494 | 4.94 | 左 0.06 |

## 三、路基、路面压实度评定

路基、路面压实度评定对路基施工规范、路面基层施工规范、沥青路面施工规范都有相应的规定,这些规定适用于施工过程中压实度的评定,也可用于控制压实度。同时,现场测试规程、工程质量验收评定标准分别也有规定,当然,现场测试规程的附录 B"检测路段数据整理方法"不限于压实度评定,但包括压实度评定。现场测试规程和工程质量验收评定标准关于压实度代表值的计算方法完全是一致的,只是前者分为单、双侧检验计算,后者实际上只给出了单侧检验计算式。另外,前者给出了测定值的平均值、标准差、变异系数、绝对误差、精度等的计算式,还规定了可疑数据的舍弃规定;后者规定了根据压实度代表值评定压实度的规定。

现场测试规程、工程质量验收评定标准的规定适用于施工过程中的中间交验、竣工验收压实度的评定,这里一同给出。

## 检测路段数据整理方法
## (JTG E60—2008 附录 B)

1 目的与适用范围

1.1 根据相关规范的规定计算一个评定路段内测定值的平均值、标准差、变异系数,计算测定值与设计值之差,按照数理统计原理计算一个评定路段内测定值的代表值。

1.2 计算代表值所使用的保证率,根据相关规范的规定采用。

2 计算

2.1 按式(B-1)计算实测值 $X_i$ 与设计值 $\overline{X}_0$ 之差。

$$\Delta \overline{X}_i = X_i - \overline{X}_0 \tag{B-1}$$

式中: $X_i$ ——各个测点的测定值;

$\overline{X}_0$ ——设计值;

$\Delta \overline{X}_i$ ——实测值 $X_i$ 与设计值 $X_0$ 之差。

2.2 测定值的平均值、标准差、变异系数、绝对误差、精度等按式(B-2)~式(B-6)计算。

$$\overline{X} = \frac{\sum X_i}{N} \tag{B-2}$$

$$S = \sqrt{\frac{\sum (X_i - X)^2}{N - 1}} \tag{B-3}$$

$$C_V = \frac{S}{X} \times 100 \tag{B-4}$$

$$m_X = \frac{S}{\sqrt{N}} \tag{B-5}$$

$$p_X = \frac{m_X}{X} \times 100 \tag{B-6}$$

式中: $X_i$ ——各个测点的测定值;

$N$ ——一个评定路段内的测点数;

$\overline{X}$ ——一个评定路段内测定值的平均值;

$C_V$ ——一个评定路段内测定值的变异系数,%;

$m_X$ ——一个评定路段内测定值的绝对误差;

$p_X$ ——一个评定路段内测定值的试验精度,%。

2.3 计算一个评定路段内测定值的代表值时,对单侧检验的指标,按式(B-7)计算;对双侧检验的指标,按式(B-8)计算。

$$X' = \overline{X} \pm S \frac{t_\alpha}{\sqrt{N}} \tag{B-7}$$

$$X' = \overline{X} \pm S \frac{t_{\alpha/2}}{\sqrt{N}} \tag{B-8}$$

式中: $X'$ ——一个评定路段内测定值的代表值;

$t_\alpha$ 或 $t_{\alpha/2}$ —— $t$ 分布表中随自由度 $(N-1)$ 和置信水平 $\alpha$ (保证率)而变化的系数,见表 B。

$\dfrac{t_{\alpha/2}}{\sqrt{N}}$ 和 $\dfrac{t_{\alpha}}{\sqrt{N}}$ 的值　　　　表 B

| 测定数 $N$ | 双边置信水平的 $t_{\alpha/2}/\sqrt{N}$ | | 单边置信水平 $t_{\alpha}/\sqrt{N}$ | |
|---|---|---|---|---|
| | 保证率 95% | 保证率 90% | 保证率 95% | 保证率 90% |
| | $\alpha/2$ | $\alpha/2$ | $\alpha$ | $\alpha$ |
| 2 | 8.985 | 4.465 | 4.465 | 2.176 |
| 3 | 2.484 | 1.686 | 1.686 | 1.089 |
| 4 | 1.591 | 1.177 | 1.177 | 0.819 |
| 5 | 1.242 | 0.953 | 0.953 | 0.686 |
| 6 | 1.049 | 0.823 | 0.823 | 0.603 |
| 7 | 0.925 | 0.716 | 0.716 | 0.544 |
| 8 | 0.836 | 0.670 | 0.670 | 0.500 |
| 9 | 0.769 | 0.620 | 0.620 | 0.466 |
| 10 | 0.715 | 0.580 | 0.580 | 0.437 |
| 11 | 0.672 | 0.546 | 0.546 | 0.414 |
| 12 | 0.635 | 0.518 | 0.518 | 0.392 |
| 13 | 0.604 | 0.494 | 0.494 | 0.376 |
| 14 | 0.577 | 0.473 | 0.473 | 0.361 |
| 15 | 0.554 | 0.455 | 0.455 | 0.347 |
| 16 | 0.533 | 0.436 | 0.436 | 0.335 |
| 17 | 0.514 | 0.423 | 0.423 | 0.324 |
| 18 | 0.497 | 0.410 | 0.410 | 0.314 |
| 19 | 0.482 | 0.398 | 0.398 | 0.304 |
| 20 | 0.468 | 0.387 | 0.387 | 0.297 |
| 21 | 0.454 | 0.376 | 0.376 | 0.289 |
| 22 | 0.443 | 0.367 | 0.367 | 0.282 |
| 23 | 0.432 | 0.358 | 0.358 | 0.275 |
| 24 | 0.421 | 0.350 | 0.350 | 0.269 |
| 25 | 0.413 | 0.342 | 0.342 | 0.264 |
| 26 | 0.404 | 0.335 | 0.335 | 0.258 |
| 27 | 0.396 | 0.328 | 0.328 | 0.253 |
| 28 | 0.388 | 0.322 | 0.322 | 0.248 |
| 29 | 0.380 | 0.316 | 0.316 | 0.244 |
| 30 | 0.373 | 0.310 | 0.310 | 0.239 |
| 40 | 0.320 | 0.266 | 0.266 | 0.206 |
| 50 | 0.284 | 0.237 | 0.237 | 0.184 |

续上表

| 测定数 $N$ | 双边置信水平的 $t_{\alpha/2}/\sqrt{N}$ | | 单边置信水平 $t_\alpha/\sqrt{N}$ | |
|---|---|---|---|---|
| | 保证率95% | 保证率90% | 保证率95% | 保证率90% |
| | $\alpha/2$ | $\alpha/2$ | $\alpha$ | $\alpha$ |
| 60 | 0.258 | 0.216 | 0.216 | 0.167 |
| 70 | 0.238 | 0.199 | 0.199 | 0.155 |
| 80 | 0.223 | 0.186 | 0.186 | 0.145 |
| 90 | 0.209 | 0.173 | 0.173 | 0.136 |
| 100 | 0.198 | 0.166 | 0.166 | 0.129 |

3 报告

3.1 根据工程需要及现行相关规范规定,列出一个评定路段内测定值的记录表,记录平均值、标准差、变异系数及代表值。注明不符合规范规定的测点。

3.2 当无特殊规定时,可疑数据的舍弃宜按照 $k$ 倍标准差作为舍弃标准,即在资料分析中,舍弃那些在 $\overline{X} \pm kS$ 范围以外的测定值,然后再重新计算整理。当试验数据 $N$ 为3、4、5、6个时,$k$ 值分别为1.15、1.46、1.67、1.82,$N \geq 7$ 时,$k$ 值宜采用3。

# 路基、路面压实度评定
## (JTG F80/1—2004 附录B)

B.0.1 路基和路面基层、底基层的压实度以重型击实标准为准。沥青层压实度以《沥青路面施工技术规范》的规定为准。

对于特殊干旱、潮湿地区或过湿土,以路基设计施工规范规定的压实度标准进行评定。

B.0.2 标准密度应作平行试验,求其平均值作为现场检验的标准值。对于均匀性差的路基土质和路面结构层材料,应根据实际情况增补标准密度试验,求得相应的标准值,以控制和检验施工质量。

B.0.3 路基、路面压实度以1~3km长的路段为检验评定单元,按本标准各有关章节要求的检测频率进行现场压实度抽样检查,求算每一测点的压实度 $K_i$。细粒土现场压实度检查可以采用灌砂法或环刀法;粗粒土及路面结构层压实度检查可以采用灌砂法、水袋法或钻孔取样蜡封法。应用核子密度仪时,须经过对比试验检验,确认其可靠性。

检验评定段的压实度代表值 $K$(算术平均值的下置信界限)为:

$$K = \overline{k} - \frac{t_\alpha}{\sqrt{n}} S \geq K_0$$

式中:$\overline{k}$——检验评定段内各测点压实度的平均值;

$t_\alpha$—— $t$ 分布表中随测点数和保证率(或置信度 $\alpha$)而变的系数;$t_\alpha$ 见附表B。

采用的保证率:高速公路、一级公路:基层、底基层为99%,路基、路面面层为95%;

其他公路:基层、底基层为95%,路基、路面面层为90%;

$S$——检测值的标准差;

$n$——检测点数;

$K_0$——压实度标准值。

路基、基层和底基层:$K \geq K_0$,且单点压实度 $K_i$ 全部大于等于规定值减2个百分点时,评定路段的压实度合格率为100%;当 $K \geq K_0$,且单点压实度全部大于等于规定极值时,按测定值不低于规定值减2个百分点的测定数计算合格率。

$K < K_0$ 或某一单点压实度 $K_i$ 小于规定极值时,该评定路段压实度为不合格,相应分项工程评为不合格。

路堤施工段落短时,分层压实度应点点符合要求,且样本数不少于 6 个。

沥青面层:当 $K \geq K_0$ 且全部测点大于等于规定值减 1 个百分点时,评定路段的压实度合格率为 100%;当 $K \geq K_0$ 时,按测定值不低于规定值减 1 个百分点的测点数计算合格率。

$K < K_0$ 时,评定路段的压实度为不合格,相应分项工程评为不合格。

$t_\alpha/\sqrt{n}$ 值　　　　　　　　　　　　　　　　附表 B

| 保证率 n | 99% | 95% | 90% | 保证率 n | 99% | 95% | 90% |
|---|---|---|---|---|---|---|---|
| 2 | 22.501 | 4.465 | 2.176 | 21 | 0.552 | 0.376 | 0.289 |
| 3 | 4.021 | 1.686 | 1.089 | 22 | 0.537 | 0.367 | 0.282 |
| 4 | 2.270 | 1.177 | 0.819 | 23 | 0.523 | 0.358 | 0.275 |
| 5 | 1.676 | 0.953 | 0.686 | 24 | 0.510 | 0.350 | 0.269 |
| 6 | 1.374 | 0.823 | 0.603 | 25 | 0.498 | 0.342 | 0.264 |
| 7 | 1.188 | 0.734 | 0.544 | 26 | 0.487 | 0.335 | 0.258 |
| 8 | 1.060 | 0.670 | 0.500 | 27 | 0.477 | 0.328 | 0.253 |
| 9 | 0.966 | 0.620 | 0.466 | 28 | 0.467 | 0.322 | 0.248 |
| 10 | 0.892 | 0.580 | 0.437 | 29 | 0.458 | 0.316 | 0.244 |
| 11 | 0.833 | 0.546 | 0.414 | 30 | 0.449 | 0.310 | 0.239 |
| 12 | 0.785 | 0.518 | 0.393 | 40 | 0.383 | 0.266 | 0.206 |
| 13 | 0.744 | 0.494 | 0.376 | 50 | 0.340 | 0.237 | 0.184 |
| 14 | 0.708 | 0.473 | 0.361 | 60 | 0.308 | 0.216 | 0.167 |
| 15 | 0.678 | 0.455 | 0.347 | 70 | 0.285 | 0.199 | 0.155 |
| 16 | 0.651 | 0.438 | 0.335 | 80 | 0.266 | 0.186 | 0.145 |
| 17 | 0.626 | 0.423 | 0.324 | 90 | 0.249 | 0.175 | 0.136 |
| 18 | 0.605 | 0.410 | 0.314 | 100 | 0.236 | 0.166 | 0.129 |
| 19 | 0.586 | 0.398 | 0.305 | >100 | $\frac{2.3265}{\sqrt{n}}$ | $\frac{1.6449}{\sqrt{n}}$ | $\frac{1.2815}{\sqrt{n}}$ |
| 20 | 0.568 | 0.387 | 0.297 | | | | |

## 第七节　平　整　度

汽车在公路上快速、舒适、安全、经济的运营是路面必须具备的基本功能,而具备这一功能的条件是路面必须具有良好的平整度,因此,平整度是表征路面行驶质量的一项性能指标。它是用规定的标准量具,间断地或连续地量测路面表面的凹凸变化,即不平整度。路面的平整度与各结构层的平整状况有着密切的联系,土基、基层的不平整度通过叠加累积,最终反映在路面表面。因此,提高路面平整度必须从路基填筑开始就严格控制,所以,技术标准对土基、路面基层和面层平整度检测的频率和质量标准都有严格的规定,施工中应严格控制。

另外,平整度也是路面养护管理例行检测中的一个重要指标。平整度测试方法有三米直尺法、连续式平整度仪法和车载颠簸累计仪。

# 一、三米直尺测定平整度试验方法

## (JTG E60—2008 T 0931—2008)

### 1 目的与适用范围

1.1 本方法规定用三米直尺测定路表面的平整度。定义三米直尺基准面距离路表面的最大间隙表示路基路面的平整度,以 mm 计。

1.2 本方法适用于测定压实成型的路面各层表面的平整度,以评定路面的施工质量,也可用于路基表面成型后的施工平整度检测。

### 2 仪具与材料技术要求

本方法需要下列仪具与材料:

(1)三米直尺:测量基准面长度为 3m 长,基准面应平直,用硬木或铝合金钢等材料制成。

(2)最大间隙测量器具:

①楔形塞尺:硬木或金属制的三角形塞尺,有手柄。塞尺的长度与高度之比不小于 10,宽度不大于 15mm,边部有高度标记,刻度读数分辨率小于或等于 0.2mm。

②深度尺:金属制的深度测量尺,有手柄,深度尺测量杆端头直径不小于 10mm,刻度读数分辨率小于或等于 0.2mm。

(3)其他:皮尺或钢尺、粉笔等。

### 3 方法与步骤

#### 3.1 准备工作

(1)按有关规范规定选择测试路段。

(2)测试路段的测试地点选择,当为沥青路面施工过程中的质量检测时,测试地点应选在接缝处,以单杆测定评定;除高速公路以外,可用于其他等级公路路基路面工程质量检查验收或进行路况评定,每 200m 测 2 处,每处连续测量 10 尺。除特殊需要者外,应以行车道一侧车轮轮迹(距车道线 0.8~1.0m)作为连续测定的标准位置。对旧路已形成车辙的路面,应取车辙中间位置为测定位置,用粉等在路面上做好标记。

(3)清扫路面测定位置处的污物。

#### 3.2 测试步骤

(1)施工过程中检测时,按根据需要确定的方向,将三米直尺摆在测试地点的路面上。

(2)目测三米直尺底面与路面之间的间隙情况,确定最大间隙的位置。

(3)用有高度标线的塞尺塞进间隙处,量测其最大间隙的高度(mm);或者用深度尺在最大间隙位置量测直尺上顶面距地面的深度,该深度减去尺高即为测试点的最大间隙的高度,准确至 0.2mm。

### 4 计算

单杆检测路面的平整度计算,以三米直尺与路面的最大间隙为测定结果。连续测定 10 尺时,判断每个测定值是否合格,根据要求,计算合格百分率,并计算 10 个最大间隙的平均值。

### 5 报告

单杆检测的结果应随时记录测试位置及检测结果。连续测定 10 尺时,应报告平均值、不合格尺数、合格率。

# 二、连续式平整度仪测定平整度试验方法

## (JTG E60—2008 T 0932—2008)

### 1 目的与适用范围

1.1 本方法规定用连续式平整度仪量测路面的不平整度的标准差 $\sigma$,以表示路面的平整度,以 mm 计。

1.2 本方法适用于测定路表面的平整度,评定路面的施工质量和使用质量,但不适用于在已有较多坑槽、破损严重的路面上测定。

2 仪具与材料技术要求

本方法需要下列仪具与材料:

(1)连续式平整度仪:

①整体结构:连续式平整度仪构造如图 T 0932-1 所示。除特殊情况外,连续式平整度仪的标准长度为 3m,其质量应符合仪器标准的要求;中间为一个 3m 长的机架,机架可缩短或折叠,前后各 4 个行走轮,前后两组轮的轴间距离为 3m。

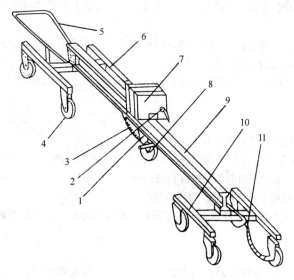

图 T 0932-1 连续式平整度仪构造图

1-测量架;2-离合器;3-拉簧;4-脚轮;5-牵引架;6-前架;7-记录计;8-测定轮;9-纵梁;10-后架;11-软轴

②标准差测量传感器:安装在机架中间,可以是能起落的测定轮,或非接触式位移传感器,如激光或超声位移测量传感器。

③其他辅助机构:蓄电池电源,距离传感器,与数据采集、处理、存储、输出部分配套的采集控制箱及计算机、打印机等。

④测定间距为 10cm,每一计算区间的长度为 100m 并输出一次结果。

⑤可记录测试长度(m)、曲线振幅大于某一定值(如 3mm、5mm、8mm、10mm 等)的次数、曲线振幅的单向(凸起或凹下)累计值及以 3m 机架为基准的中点路面偏差曲线图,计算打印。

⑥机架装有一牵引钩及手拉柄,可用人力或汽车牵引。

(2)牵引车:小面包车或其他小型牵引汽车。

(3)皮尺或测绳。

3 方法与步骤

3.1 准备工作

(1)选择测试路段。

(2)当为施工过程中质量检测需要时,测试地点根据需要决定;当为路面工程质量检查验收或进行路况评定需要时,通常以行车道一侧车轮轮迹带作为连续测定的标准位置。对旧路已形成车辙的路面,取一侧车辙中间位置为测定位置。按第 1.2 条的规定在测试路段路面上确定测试位置,当以内侧轮迹带(IWP)或外侧轮迹带(OWP)作为测定位置时,测定位置距车道标线

80～100cm。

(3)清扫路面测定位置处的脏物。

(4)检查仪器,检测箱各部分应完好、灵敏,并将各连接线接妥,安装记录设备。

3.2 测试步骤

(1)将连续式平整度仪置于测试路段路面起点上。

(2)在牵引汽车的后部,将连续式平整度仪与牵引汽车连接好,按照仪器使用手册依次完成各项操作。

(3)启动牵引汽车,沿道路纵向行驶,横向位置保持稳定。

(4)确认连续式平整度仪工作正常。牵引连续式平整度仪的速度应保持匀速,速度宜为5km/h,最大不得超过12km/h。

在测试路段较短时,亦可用人力拖拉平整度仪测定路面的平整度,但拖拉时应保持匀速前进。

## 4 计算

4.1 连续式平整度仪测定后,可按每10cm间距采集的位移值自动计算得到每100m计算区间的平整度标准差(mm),还可记录测试长度(m)。

4.2 每一计算区间的路面平整度以该区间测定结果的标准差表示,按式(T 0932)计算:

$$\sigma_i = \sqrt{\frac{\sum d_i^2 - (\sum d_i)^2/N}{N-1}} \qquad (T\ 0932)$$

式中:$\sigma_i$——各计算区间的平整度计算值,mm;

$d_i$——以100m为一个计算区间,每隔一定距离(自动采集间距为10cm,人工采集间距为1.5m)采集的路面凹凸偏差位移值,mm;

$N$——计算区间用于计算标准差的测试数据个数。

4.3 按本规程附录B的方法计算一个评定路段内各区间的平整度标准差的平均值、标准差、变异系数。

## 5 报告

试验应列表报告每一个评定路段内各测定区间的平整度标准差,各评定路段平整度的平均值、标准差、变异系数以及不合格区间数。

# 第八节 模 量

同承载比(CBR)一样,回弹模量是表征土基承载能力的参数指标。它反映土基在瞬时荷载作用下可恢复变形的能力,是路面设计的重要参数。在施工过程中压实的土基、路面结构层是否达到了设计要求,要通过实际测试来确认,因此,回弹模量也是道路工程施工质量控制的一个重要指标。

## 一、土基现场CBR值测试方法

(JTG E60—2008 T 0941—2008)

1 目的与适用范围

1.1 本方法适用于在现场测定各种土基材料的现场CBR值,同时也适合于基层、底基层砂类土、天然砂砾、级配碎石等材料CBR值的试验。

1.2 本方法所用试样的最大集料粒径宜小于19.0mm,最大不得超过31.5mm。

2 仪具与材料技术要求

本方法需要下列仪具与材料:

(1)荷载装置:装载有铁块或集料等重物的载重汽车,后轴重不小于60kN,在汽车大梁的后轴之后设有一加劲横梁作反力架用。

(2)现场测试装置:如图T 0941-1所示,由千斤顶(机械或液压),测力计(测力环或压力表)及球座组成。千斤顶可使贯入杆的贯入速度调节成1mm/min。测力计的容量不小于土基强度,测定精度不小于测力计量程的1%。

(3)贯入杆:直径$\phi50mm$,长约200mm的金属圆柱体。

(4)承载板:每块1.25kg,直径$\phi150mm$,中心孔眼直径$\phi52mm$,不少于4块,并沿直径分为两个半圆块。

(5)贯入量测定装置:由图T 0941-1中所示的平台及百分表组成,百分表量程20mm,精度0.01mm,数量2个,对称固定于贯入杆上,端部与平台接触,平台跨度不小于50cm。

注:此设备也可用两台贝克曼梁弯沉仪代替。

(6)细砂:洁净干燥的细干砂,粒径0.3~0.6mm。

(7)其他:铁铲、盘、直尺、毛刷、天平等。

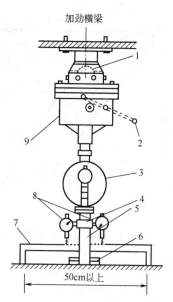

图T 0941-1 CBR现场测试装置
1-球座;2-手柄;3-测力计;4-百分表夹具;
5-贯入杆;6-承载板;7-平台;8-百分表;
9-加载千斤顶

## 3 方法与步骤

### 3.1 准备工作

(1)将试验地点约直径$\phi30cm$范围的表面找平,用毛刷刷净浮土。如表面为粗粒土时,应撒布少许洁净的细砂填平,但不能覆盖全部土基表面避免形成夹层。

(2)安装测试设备:按图T 0941-1设置贯入杆及千斤顶。千斤顶顶在加劲横梁上且调节至高度适中。贯入杆应与土基表面紧密接触。

(3)安装贯入量测定装置:将支架平台、百分表(或两台贝克曼梁弯沉仪)按图T 0941-1安装好。

### 3.2 测试步骤

(1)在贯入杆位置安放4块1.25kg的分开成半圆的承载板,共5kg。

(2)试验贯入前,先在贯入杆上施加45N荷载后,将测力计及贯入量百分表调零,记录初始读数。

(3)启动千斤顶,使贯入杆以1mm/min的速度压入土基,相应于贯入量为0.5mm、1.0mm、1.5mm、2.0mm、2.5mm、3.0mm、4.0mm、5.0mm、6.5mm、10.0mm及11.5mm时,分别读取测力计读数。根据情况,也可在贯入量达6.5mm时结束试验。

注:用千斤顶连续加载,两个贯入量百分表及测力计均应在同一时刻读数。当两个百分表读数差值不超过平均值的30%时,以其平均值作为贯入量;当两个百分表读数差值超过平均值的30%时,应停止试验。

(4)卸除荷载,移去测定装置。

(5)在试验点下取样,测定材料含水率。取样数量如下:
① 最大粒径不大于4.75mm,试样数量约120g;
② 最大粒径不大于19.0mm,试样数量约250g;
③ 最大粒径不大于31.5mm,试样数量约500g。

(6)在紧靠试验点旁边的适当位置,用灌砂法(T 0921—2008)或环刀法(T 0923—1995)等测定土基的密度。

## 4 计算

4.1 用贯入试验得到的等级荷重数除以贯入断面积(19.625cm$^2$),得到各级压强(MPa),绘制荷载压强—贯入量曲线,如图T 0941-2所示。当图中曲线在起点处有明显凹凸的情况时,应在曲线的拐弯处作切线延长进行修正,以与坐标轴相交的点$O'$作原点,得到修正后的压强—贯入量曲线。

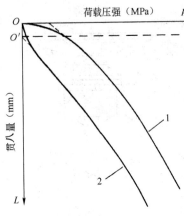

图 T 0941-2 荷载压强—贯入量关系曲线

4.2 从压强—贯入量曲线上读取贯入量为2.5mm及5.0mm时的荷载压强$p_1$,按式(T 0941)计算现场CBR值。CBR一般以贯入量2.5mm时的测定值为准,当贯入量5.0mm时的CBR大于2.5mm时的CBR时,应重新试验;如重新试验仍然如此时,则以贯入量5.0mm时的CBR为准。

$$现场 CBR(\%) = \frac{p_1}{p_0} \times 100 \quad (T\ 0941)$$

式中:$p_1$——荷载压强,MPa;
　　　$p_0$——标准压强,当贯入量为2.5mm时$p_0$为7MPa,当贯入量为5.0mm时$p_0$为10.5MPa。

5 报告

5.1 本试验采用的记录格式如表 T 0941 所示。

**现场 CBR 值测定记录表** 表 T 0941

路线和编号:　　　　　　　路面结构:

测定层位:

承载板直径(cm):　　　　测定日期: 年 月 日

| | 预定贯入量 (mm) | 贯入量百分表读数(0.01mm) | | | 测力计读数 | 压强(MPa) |
|---|---|---|---|---|---|---|
| | | 1 | 2 | 平均 | | |
| 加载记录 | 0 | | | | | |
| | 0.5 | | | | | |
| | 1.0 | | | | | |
| | 1.5 | | | | | |
| | 2.0 | | | | | |
| | 2.5 | | | | | |
| | 3.0 | | | | | |
| | 4.0 | | | | | |
| CBR 计算 | 贯入断面面积: cm² <br> 相当于贯入量2.5mm时的荷载压强;标准压强=7MPa　$CBH_{2.5}$ = ( m) <br> 相当于贯入量5.0mm时的荷载压强;标准压强=10.5MPa　$CBH_5$ = (%) <br> 试验结果现场CBR = (%) | | | | | |

| 含水率 | | 混土质量(g) | 干土质量(g) | 水质量(g) | 含水率(%) | 平均含水率(%) |
|---|---|---|---|---|---|---|
| | 1 | | | | | |
| | 2 | | | | | |

| 密度 | | 试样湿质量(g) | 试样干质量(g) | 体积(cm³) | 干密度(g/cm³) | 平均干密度(g/cm³) |
|---|---|---|---|---|---|---|
| | 1 | | | | | |
| | 2 | | | | | |

5.2 试验报告应包括下列结果:

(1)土基含水率(%);

(2)测点的干密度(g/cm³);

(3)现场CBR值及相应的贯入量。

# 二、承载板测定土基回弹模量试验方法

# （JTG E60—2008  T 0943—2008）

1  目的与适用范围

1.1  本方法适用于在现场土基表面,通过用承载板对土基逐级加载、卸载的方法,测出每级荷载下相应的土基回弹变形值,通过计算求得土基回弹模量。

1.2  本方法测定的土基回弹模量可作为路面设计参数使用。

2  仪具与材料技术要求

本方法需要下列仪具与材料：

（1）加载设施：载有铁块或集料等重物,后轴重不小于60kN的载重汽车一辆,作为加载设备。在汽车大梁的后轴之后约80cm处,附设加劲横梁一根作反力架。汽车轮胎充气压力0.50MPa。

（2）现场测试装置：如图T 0943-1所示,由千斤顶、测力计(测力环或压力表)及球座组成。

（3）刚性承载板一块,板厚20mm,直径为$\phi$30cm,直径两端设有立柱和可以调整高度的支座,供安放弯沉仪测头用。承载板安放在土基表面上。

（4）路面弯沉仪两台,由贝克曼梁、百分表及其支架组成。

（5）液压千斤顶一台,80～100kN,装有经过标定的压力表或测力环,其容量不小于土基强度,测定精度不小于测力计量程的1%。

（6）秒表。

（7）水平尺。

（8）其他：细砂、毛刷、垂球、镐、铁锹、铲等。

3  方法与步骤

3.1  准备工作

（1）根据需要选择有代表性的测点。测点应位于水平的路基上,土质均匀,不含杂物。

（2）仔细平整土基表面,撒干燥洁净的细砂填平土基凹处。沙子不可覆盖全部土基表面,避免形成夹层。

（3）安置承载板,并用水平尺进行校正,使承载板处于水平状态。

（4）将试验车置于测点上,在加劲横梁中部悬挂垂球测试,使之恰好对准承载板中心,然后收起垂球。

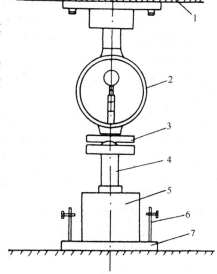

图T 0943-1  承载板试验现场测试装置
1-加劲横梁;2-测力计;3-钢板及球座;4-钢圆筒;5-加载千斤顶;6-立柱及支座;7-承载板

（5）在承载板上安放千斤顶,上面衬垫钢圆筒,钢板,并将球座置于顶部与加劲横梁接触。如用测力环时,应将测力环置于千斤顶与横梁中间,千斤顶及衬垫物必须保持垂直,以免加压时千斤顶倾倒发生事故并影响测试数据的准确性。

（6）安放弯沉仪,将两台弯沉仪的测头分别置于承载板立柱的支座上,百分表对零或其他合适的初始位置上。

3.2  测试步骤

（1）用千斤顶开始加载,注视测力环或压力表,至预压0.05MPa,稳压1min,使承载板与土基紧密接触,同时检查百分表,其工作情况应正常,然后放松千斤顶油门卸载,稳压1min后,将指针对零,或记录初始读数。

713

(2)测定土基的压力—变形曲线。用千斤顶加载,采用逐级加载卸载法,用压力表或测力环控制加载量,荷载小于0.1MPa时,每级增加0.02MPa,以后每级增加0.04MPa左右。为了使加载和计算方便,加载数值可适当调整为整数,每次加载至预定荷载 $P$ 后,稳定1min,立即读记两台弯沉仪百分表数值,然后轻轻放开千斤顶油门和卸载至0。待卸载在稳定1min后,再次读数,每次卸载后百分表不再对零。当两台弯沉仪百分表读数之差不超过平均值的30%时,取平均值;如超过30%,则应重测。当回弹变形值超过1mm时,即可停止加载。

(3)各级荷载的回弹变形和总变形,按以下方法计算:

回弹变形 $L$ =(加载后读数平均值 − 卸载后读数平均值)× 弯沉仪杠杆比

(T 0943-1)

总变形 $L'$ =(加载后读数平均值 − 加载初始前读数平均值)× 弯沉仪杠杆比

(T 0943-2)

(4)测定总影响量 $a$。最后一次加载卸载循环结束后,取走千斤顶,重新读取百分表初读数,然后将汽车开出10m以外,读取终读数,两只百分表的初、终读数差之平均值即为总影响量 $a$。

(5)在试验点下取样,测定材料含水率。取样数量如下:
① 最大粒径不大于4.75mm,试样数量约120g;
② 最大粒径不大于19.0mm,试样数量约250g;
③ 最大粒径不大于31.5mm,试样数量约500g。

(6)在紧靠试验点旁边的适当位置,用灌砂法(T 0921—2008)或环刀法(T 0923—1995)等测定土基的密度。

(7)本方法的各项数值可记录于记录表上。

## 4 计算

4.1 各级压力的回弹变形值加上该级的影响量后,则为计算回弹变形值。表 T 0493-1 是以后轴重60kN的标准车为测试车的各级荷载影响量的计算值。当使用其他类型测试车时,各级压力下的影响量 $a_i$ 按式(T 0943-3)计算:

$$a_i = \frac{(T_1 + T_2)\pi D^2 p_i}{4T_1 Q} \cdot a$$

(T 0943-3)

式中:$T_1$——测试车前后轴距,m;
$T_2$——加劲小梁距后轴距离,m;
$D$——承载板直径,m;
$Q$——测试车后轴重,N;
$p_i$——该级承载板压力,Pa;
$a$——总影响量,0.01mm;
$a_i$——该级压力的分级影响量,0.01mm。

**各级荷载影响量**(后轴60kN车) 表 T 0943-1

| 承载板压力(MPa) | 0.05 | 0.10 | 0.15 | 0.20 | 0.30 | 0.40 | 0.50 |
|---|---|---|---|---|---|---|---|
| 影响量 | 0.60$a$ | 0.12$a$ | 0.18$a$ | 0.24$a$ | 0.36$a$ | 0.48$a$ | 0.60$a$ |

4.2 将各级计算回弹变形值点绘于标准计算纸上,排除显著偏离的异常点并绘出顺滑的 $p$-$L$ 曲线。如曲线起始部分出现反弯,应按图 T 0943-2 所示修正原点 $O$,$O'$则是修正后的原点。

4.3 按式(T 0943-4)计算相应于各级荷载下的土基回弹模量 $E_i$ 值:

$$E_i = \frac{\pi D}{4} \cdot \frac{p_i}{L_i}(1 - \mu_0^2)$$

(T 0943-4)

式中:$E_i$——相应于各级荷载下的土基回弹模量,MPa;
$\mu_0$——土的泊松比,根据相关路面设计规范规定取用;

$D$——承载板直径,取 30cm;
$p_i$——承载板压力,MPa;
$L_i$——相对于荷载 $p_i$ 时的回弹变形,cm。

4.4 取结束试验前的各回弹变形值按线性回归方法由式(T 0943-5)计算土基回弹模量 $E_0$ 值。

$$E_0 = \frac{\pi D}{4} \cdot \frac{\sum p_i}{\sum L_i}(1 - \mu_0^2) \quad (\text{T 0943-5})$$

式中:$E_0$——土基回弹模量,MPa;
$\mu_0$——土的泊松比,根据相关路面设计规范规定选用;
$L_i$——结束试验前的各级实测回弹变形值;
$p_i$——对应于 $L_i$ 的各级压力值。

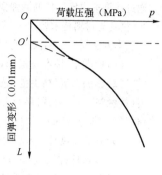

图 T 0943-2 修正原点示意图

## 5 报告

5.1 本试验采用的记录格式见表 T 0943-2。

**承载板测定记录表**  表 T 0943-2

路线和编号:　　　　　　　　路面结构:
测定层位:　　　　　　　　　测定用汽车型号:
承载板直径(cm):　　　　　　测定日期:　年　月　日

| 千斤顶读数 | 荷载 $P$(kN) | 承载板压力 $p$(MPa) | 百分表读数(0.01mm) | | | 总变形 (0.01mm) | 回弹变形 (0.01mm) | 分数影响量 (0.01mm) | 计算回弹变形 (0.01mm) | $R$ (MPa) |
|---|---|---|---|---|---|---|---|---|---|---|
| | | | 加载前 | 加载后 | 卸载后 | | | | | |
| | | | | | | | | | | |
| | | | | | | | | | | |
| | | | | | | | | | | |
| | | | | | | | | | | |
| | | | | | | | | | | |
| | | | | | | | | | | |
| 总影响量 $a$(0.01mm) | | | | | | | | | | |
| 土基回弹模量 $E_0$ 值(MPa) | | | | | | | | | | |

5.2 试验报告应记录下列结果:
(1) 试验时所采用的汽车;
(2) 近期天气情况;
(3) 试验时土基的含水率(%);
(4) 土基密度(g/cm³)和压实度(%);
(5) 相应于各级荷载下的土基回弹模量 $E_i$ 值(MPa);
(6) 土基回弹模量 $E_0$ 值(MPa)。

# 三、贝克曼梁测定路基回弹模量试验方法

## (JTG E60—2008　T 0944—1995)

### 1 目的与适用范围

本方法适用于在土基、厚度不小于1m 的粒料整层表面,用弯沉仪测试各测点的回弹弯沉值。

通过计算求得该材料的回弹模量值,也适用于在旧路表面测定路基路面的综合回弹模量。

2 仪具与材料技术要求

本方法需要下列仪具与材料:

(1)标准车:按本规程 T 0951 的规定选用。

(2)路面弯沉仪:由贝克曼梁、百分表及表架组成。贝克曼梁由合金铝制成,上有水准泡,其前臂(接触路面)与后臂(装百分表)长度比为 2:1,标准弯沉仪前后臂分别为 240mm 和 120mm,加长弯沉仪分别为 360mm 和 180mm。弯沉采用百分表量得。

(3)路表温度计:分度不大于 1℃。

(4)接长杆:直径 $\phi$16mm,长 500mm。

(5)其他:皮尺、口哨、粉笔、指挥旗等。

3 方法与步骤

3.1 准备工作

(1)选择洁净的路基路面表面作为测点,在测点处做好标记并编号。

(2)无结合料粒料基层的整层试验段(试槽)应符合下列要求:

①整层试槽可修筑在行车带范围内,或路肩及其他合适处,也可在室内修筑,但均应适于用汽车测定弯沉。

②试槽应选择在干燥或中湿路段处,不得铺筑在软土基上。

③试槽面积不小于 3m×2m,厚度不宜小于 1m。铺筑时,先挖 3m×2m×1m(长×宽×深)的坑;然后用欲测定的同一种路面材料按有关施工规范规定的压实层厚度分层铺筑并压实,直至顶面,使其达到要求的压实度标准。应严格控制材料组成,级配均匀一致,符合施工质量要求。

④试槽表面的测点间距可按图 T 0944 布置在中间 2m×1m 的范围内,可测定 23 点。

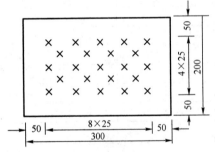

图 T 0944 试槽表面的测点布置(尺寸单位:cm)

3.2 测试步骤

按本规程 T 0951 的方法选择适当的标准车,实测各测点处的路面回弹弯沉值 $L_i$。如在旧沥青面层上测定时,应读取温度,并按 T 0951 规定的方法进行测定弯沉值的温度修正,得到标准温度 20℃ 时的弯沉值。

4 计算

4.1 按式(T 0944-1)、式(T 0941-2)、式(T 0944-3)计算全部测定值的算术平均值 $\bar{L}$,单次测量的标准差 $S$ 和自然误差 $r_0$。

$$\bar{L} = \frac{\sum L_i}{N} \tag{T 0944-1}$$

$$S = \sqrt{\frac{\sum (L_i - \bar{L})^2}{N-1}} \tag{T 0944-2}$$

$$r_0 = 0.675 S \tag{T 0944-3}$$

式中:$\bar{L}$——回弹弯沉的平均值,0.01mm;

$S$——回弹弯沉测定值的标准差,0.01mm;

$r_0$——回弹弯沉测定值的自然误差,0.01mm;

$L_i$——各测点的回弹弯沉值,0.01mm;

$N$——测点总数。

4.2 计算各测点的测定值与算术平均值的偏差值 $d_i = L_i - \bar{L}$,并计算较大的偏差与自然误差之比 $d_i/r_0$。当某个测点的观测值的 $d_i/r_0$ 值大于表 T 0944-1 中的 $d/r$ 极限值时,则应舍弃该测点;然后重复式(T 0944-1)的步骤计算所余各测点的算术平均值 $\bar{L}$ 及标准差 $S$。

相应于不同观测次数的 $d/r$ 极限值　　　　表 T 0944-1

| N | 5 | 10 | 15 | 20 | 50 |
|---|---|----|----|----|-----|
| d/r | 2.5 | 2.9 | 3.2 | 3.3 | 3.8 |

4.3　按式(T 0944-4)计算代表弯沉值。

$$L_1 = \bar{L} + S \quad\quad\quad (\text{T } 0944\text{-}4)$$

式中：$L_1$——计算代表弯沉；

$\bar{L}$——舍弃不合要求的测点后所余各测点弯沉的算术平均值；

$S$——舍弃不合要求的测点后所余各测点弯沉的标准差。

4.4　按式(T 0944-5)计算土基、整层材料的回弹模量 $E_1$ 或旧路的综合回弹模量。

$$E_1 = \frac{2p\delta}{L_1}(1-\mu^2)\alpha \quad\quad\quad (\text{T } 0944\text{-}5)$$

式中：$E_1$——计算的土基、整层材料的回弹模量或旧路的综合回弹模量,MPa；

$p$——测定车轮的平均垂直荷载,MPa；

$\delta$——测定用标准车双圆荷载单轮传压面当量圆的半径,cm；

$\mu$——测定层材料的泊松比,根据相关路面设计规范的规定取用；

$\alpha$——弯沉系数,为 0.712。

5　报告

报告应包括弯沉测定表、计算的代表弯沉、采用的泊松比及计算得到的材料回弹模量 $E_1$ 等,对沥青路面应报告测试时的路面温度。

## 第九节　回 弹 弯 沉

弯沉是路基或路面在垂直荷载作用下产生的垂直变形。弯沉不仅能反映路面各结构层及土基的整体强度和刚度,而且与路面的使用状态存在一定的内在联系,同时弯沉值的测定比较方便。所以,现行沥青路面采用设计弯沉作为路面整体刚度的设计指标。

设计弯沉是表征路面整体刚度大小的指标,它是根据设计年限内一个车道上预测通过的累计当量轴次、公路等级、面层和基层类型而确定的路面弯沉设计值,是路面厚度计算的主要依据。当路面厚度计算以设计弯沉为设计指标时,设计弯沉值就是竣工验收弯沉值；当路面厚度计算以路面、半刚性基层、底基层的层底拉应力为设计指标时,竣工验收弯沉值由拉应力演算所得到的结构层厚度计算而得。

在施工和验收中,路基、底基层、基层和面层(包括沥青面层、水泥混凝土面层)都有弯沉测试的问题,但测试方法完全相同,在此一并介绍。弯沉测试方法有贝克曼梁法、自动弯沉仪法和落锤式弯沉仪法。

### 一、试 验 方 法

**贝克曼梁测定路基路面回弹弯沉试验方法**
**(JTG E60—2008　T 0951—2008)**

1　目的与适用范围

1.1　本方法适用于测定各类路基路面的回弹弯沉以评定其整体承载能力,可供路面结构设计使用。

1.2 沥青路面的弯沉检测以沥青面层平均温度20℃时为准,当路面平均温度在20℃±2℃以内可不修正。在其他温度测试时,对沥青层厚度大于5cm的沥青路面,弯沉值应予温度修正。

2 仪具与材料技术要求

本方法需要下列仪具与材料:

(1)标准车:双轴,后轴双侧4轮的载重车。其标准轴荷载、轮胎尺寸、轮胎间隙及轮胎气压等主要参数应符合表T 0951的要求。测试车应采用后轴10t标准轴载BZZ-100的汽车。

(2)路面弯沉仪:由贝克曼梁、百分表及表架组成。贝克曼梁由合金铝制成,上有水准泡,其前臂(接触路面)与后臂(装百分表)长度比为2:1。弯沉仪长度有两种:一种长3.6m,前后臂分别为2.4m和1.2m;另一种加长的弯沉仪长5.4m,前后臂分别为3.6m和1.8m。当在半刚性基层沥青路面或水泥混凝土路面上测定时,应采用长度为5.4m的贝克曼梁弯沉仪;对柔性基层或混合式结构沥青路面可采用长度为3.6m的贝克曼梁弯沉仪测定。弯沉采用百分表量得,也可用自动记录装置进行测量。

(3)接触式路表温度计:端部为平头,分度不大于1℃。

(4)其他:皮尺、口哨、白油漆或粉等,指挥旗等。

弯沉测定用的标准车参数　　　　　　表 T 0951

| 标准轴载等级 | BZZ-100 |
|---|---|
| 后轴标准轴载 $P$(kN) | 100 ± 1 |
| 一侧双轮荷载(kN) | 50 ± 0.5 |
| 轮胎充气压力(MPa) | 0.70 ± 0.05 |
| 单轮传压面当量圆直径(cm) | 21.30 ± 0.5 |
| 轮隙宽度 | 应满足能自由插入弯沉仪测头的测试要求 |

3 方法与步骤

3.1 准备工作

(1)检查并保持测定用标准车的车况及制动性能良好,轮胎胎压符合规定充气压力。

(2)向汽车车槽中装载(铁块或集料),并用地中衡称量后轴总质量及单侧轮荷载,均应符合要求的轴重规定,汽车行驶及测定过程中,轴重不得变化。

(3)测定轮胎接地面积:在平整光滑的硬质路面上用千斤顶将汽车后轴顶起,在轮胎下方铺一张新的复写纸和一张方格纸,轻轻落下千斤顶,即在方格纸上印上轮胎印痕,用求积仪或数方格的方法测算轮胎接地面积,准确至0.1cm²。

(4)检查弯沉仪百分表量测灵敏情况。

(5)当在沥青路面上测定时,用路表温度计测定试验时气温及路表温度(一天中气温不断变化,应随时测定)。并通过气象台了解前5d的平均气温(日最高气温与最低气温的平均值)。

(6)记录沥青路面修建或改建材料、结构、厚度,施工及养护等情况。

3.2 测试步骤

(1)在测试路段布置测点,其距离随测试需要而定。测点应在路面行车车道的轮迹带上,并用白油漆或粉笔画上标记。

(2)将试验车后轮轮隙对准测点后约3~5cm处的位置上。

(3)将弯沉仪插入汽车后轮之间的缝隙处,与汽车方向一致,梁臂不得碰到轮胎,弯沉仪测头置于测点上(轮隙中心前方3~5cm处),并安装百分表于弯沉仪的测定杆上,百分表调零,用手指轻轻叩打弯沉仪,检查百分表应稳定回零。

弯沉仪可以是单侧测定,也可以是双侧同时测定。

(4)测定者吹哨发令指挥汽车缓慢前进,百分表随路面变形的增加而持续向前转动。当表针转动到最大值时,迅速读取初读数 $L_1$。汽车仍在继续前进,表针反向回转,待汽车驶出弯沉影响半径(约3m以上)后,吹口哨或挥动指挥红旗,汽车停止。待表针回转稳定后,再次读取终读数 $L_2$。汽车前进的速度宜为5km/h 左右。

3.3 弯沉仪的支点变形修正

(1)当采用长度为3.6m的弯沉仪进行弯沉测定时,有可能引起弯沉仪支座处变形,在测定时应检验支点有无变形。如果有变形,此时应用另一台检验用的弯沉仪安装在测定用弯沉仪的后方,其测点架于测定用弯沉仪的支点旁。当汽车开出时,同时测定两台弯沉仪的弯沉读数,如检验弯沉仪百分表有读数,即应该记录并进行支点变形修正。当在同一结构层上测定时,可在不同位置测定5次,求取平均值,以后每次测定时以此作为修正值。支点变形修正的原理如图 T 0951-1 所示。

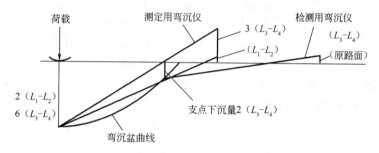

图 T 0951-1 弯沉仪支点变形修正原理

(2)当采用长度为5.4m的弯沉仪测定时,可不进行支点变形修正。

4 结果计算及温度修正

4.1 路面测点的回弹弯沉值按式(T 0951-1)计算。

$$l_t = (L_1 - L_2) \times 2 \qquad (T\ 0951\text{-}1)$$

式中:$l_t$——在路面温度 $t$ 时的回弹弯沉值,0.01mm;
　　$L_1$——车轮中心临近弯沉仪测头时百分表的最大读数,0.01mm;
　　$L_2$——汽车驶出弯沉影响半径后百分表的终读数,0.01mm。

4.2 当需进行弯沉仪支点变形修正时,路面测点回弹弯沉值按式(T 0951-2)计算。

$$l_t = (L_1 - L_2) \times 2 + (L_3 - L_4) \times 6 \qquad (T\ 0951\text{-}2)$$

式中:$L_1$——车轮中心临近弯沉仪测头时测定用弯沉仪的最大读数,0.01mm;
　　$L_2$——汽车驶出弯沉影响半径后测定用弯沉仪的终读数,0.01mm;
　　$L_3$——车轮中心临近弯沉仪测头时检验用弯沉仪的最大读数,0.01mm;
　　$L_4$——汽车驶出弯沉影响半径后检验用弯沉仪的终读数,0.01mm。

注:此式适用于测定用弯沉仪支座处有变形,但百分表架处路面已无变形的情况。

4.3 沥青面层厚度大于5cm的沥青路面,回弹弯沉值应进行温度修正。温度修正及回弹弯沉的计算宜按下列步骤进行。

(1)测定时的沥青层平均温度按式(T 0951-3)计算:

$$t = \frac{t_{25} + t_m + t_e}{3} \qquad (T\ 0951\text{-}3)$$

式中:$t$——测定时沥青层平均温度,℃;
　　$t_{25}$——根据 $t_0$ 由图 T 0951-2 决定的路表下25mm处的温度,℃;
　　$t_m$——根据 $t_0$ 由图 T 0951-2 决定的沥青层中间深度的温度,℃;
　　$t_e$——根据 $t_0$ 由图 T 0951-2 决定的沥青层底面处的温度,℃。

图 T 0951-2 中 $t_0$ 为测定时路表温度与测定前5d日平均气温的平均值之和(℃),日平均气温为日最高气温与最低气温的平均值。

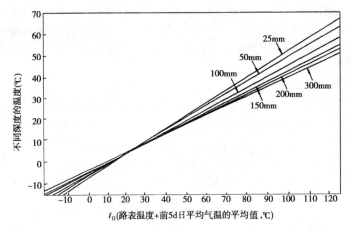

图 T 0951-2 沥青层平均温度的决定

注：线上的数字表示从路表向下的不同深度(mm)。

(2)根据沥青层平均温度 $t$ 及沥青层厚度，分别由图 T 0951-3 及图 T 0951-4 求取不同基层的沥青路面弯沉值的温度修正系数 $K$。

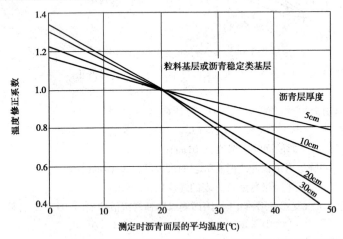

图 T 0951-3 路面弯沉温度修正系数曲线(适用于粒料基层及沥青稳定基层)

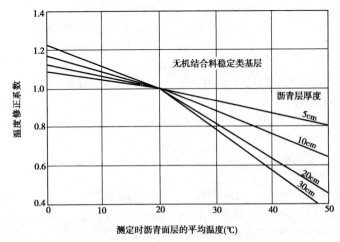

图 T 0951-4 路面弯沉温度修正系数曲线(适用于无机结合料稳定的半刚性基层)

(3)沥青路面回弹弯沉按式(T 0951-4)计算：

$$l_{20} = l_t \times K \tag{T 0951-4}$$

式中：$K$——温度修正系数；

$l_{20}$——换算为20℃的沥青路面回弹弯沉值,0.01mm；

$l_t$——测定时沥青面层的平均温度为$t$时的回弹弯沉值,0.01mm。

5　报告

报告应包括下列内容：

(1)弯沉测定表、支点变形修正值、测试时的路面温度及温度修正值。

(2)每一个评定路段的各测点弯沉的平均值、标准差及代表弯沉。

## 二、路基、柔性基层、沥青路面弯沉值评定

### (JTG F80/1—2004　附录 I)

I.0.1　弯沉值用贝克曼梁或自动弯沉仪测量。每一双车道评定路段(不超过1km)检查80～100个点，多车道公路必须按车道数与双车道之比，相应增加测点。

I.0.2　弯沉代表值为弯沉测量值的上波动界限，用下式计算：

$$l_r = \bar{l} + Z_\alpha S$$

式中：$l_r$——弯沉代表值,0.01mm；

$\bar{l}$——实测弯沉的平均值；

$S$——标准差；

$Z_\alpha$——与要求保证率有关的系数，见附表I。

$Z_\alpha$ 值　　　　　　　　　　　　　　　　　　　　　　　附表I

| 层　位 | $Z_\alpha$ | |
|---|---|---|
|  | 高速公路、一级公路 | 二、三级公路 |
| 沥青面层 | 1.645 | 1.5 |
| 路基 | 2.0 | 1.645 |

I.0.3　当路基和柔性基层、底基层的弯沉代表值不符合要求时，可将超出$\bar{l}\pm(2\sim3)S$的弯沉特异值舍弃，重新计算平均值和标准差。对舍弃的弯沉值大于$\bar{l}+(2\sim3)S$的点，应找出其周围界限，进行局部处理。

用两台弯沉仪同时进行左右轮弯沉值测定时，应按两个独立测点计，不能采用左右两点的平均值。

I.0.4　弯沉代表值大于设计要求的弯沉值时相应分项工程为不合格。

I.0.5　测定时的路表温度对沥青面层的弯沉值有明显影响，应进行温度修正。当沥青层厚度小于或等于50mm时，或路表温度在20℃±2℃范围内，可不进行温度修正。

若在非不利季节测定时，应考虑季节影响系数。

## 第十节　抗滑性能及渗水性

抗滑性能是指车辆在路面上高速行驶而不产生滑移的性能。路面的抗滑性能取决于路面表面特性(细构造和粗构造)、路面潮湿程度和行车速度。

路表面的细构造是指集料表面的粗糙度，在车辆轮胎反复作用下逐渐变光，通常用石料的

磨光值来表示。细构造在车辆低速行驶时对抗滑起主要作用。车辆高速行驶时粗构造起主要作用,粗构造是由路表面集料颗粒间形成的构造,其功能是迅速排除车轮下的路表水,以免形成水膜,降低路面的抗滑性,粗构造用路面的构造深度表示。

抗滑性能的测试方法有 5 种,目前多采用摆式仪法和构造深度测试法。

# 一、构造深度

## 手工铺砂法测定路面构造深度试验方法
## (JTG E60—2008 T 0961—1995)

1 目的与适用范围

本方法适用于测定沥青路面及水泥混凝土路面表面构造深度,用以评定路面表面的宏观构造。

2 仪具与材料技术要求

本方法需要下列仪具与材料:

(1)人工铺砂仪:由圆筒、推平板组成。

①量砂筒:形状尺寸如图 T 0961-1 所示。一端是封闭的,容积为 25mL ± 0.15mL,可通过称量砂筒中水的质量以确定其容积 $V$,并调整其高度,使其容积符合规定。带一专门的刮尺,可将筒口量砂刮平。

②推平板:形状尺寸如图 T 0961-2 所示。推平板应为木制或铝制,直径 50mm,底面粘一层厚 1.5mm 的橡胶片,上面有一圆柱把手。

③刮平尺:可用 30cm 钢板尺代替。

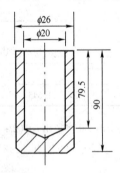
图 T 0961-1 量砂筒(尺寸单位:mm)

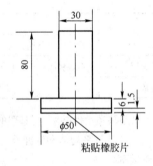
图 T 0961-2 推平板(尺寸单位:mm)

(2)量砂:足够数量的干燥洁净的匀质砂,粒径 0.15 ~ 0.3mm。

(3)量尺:钢板尺、钢卷尺,或采用已按式(T 0961)将直径换算成构造深度作为刻度单位的专用的构造深度尺。

(4)其他:装砂容器(小铲)、扫帚或毛刷、挡风板等。

3 方法与步骤

3.1 准备工作

(1)量砂准备:取洁净的细砂,晾干过筛,取 0.15 ~ 0.3mm 的砂置适当的容器中备用。量砂只能在路面上使用一次,不宜重复使用。

(2)按本规程附录 A 的方法,对测试路段按随机取样选点的方法,决定测点所在横断面位置。测点应选在车道的轮迹带上,距路面边缘不应小于 1m。

3.2 测试步骤

(1)用扫帚或毛刷子将测点附近的路面清扫干净,面积不小于 30cm × 30cm。

(2)用小铲装砂,沿筒壁向圆筒中注满砂,手提圆筒上方,在硬质路表面上轻轻地叩打3次,使砂密实,补足砂面用钢尺一次刮平。

注:不可直接用量砂筒装砂,以免影响量砂密度的均匀性。

(3)将砂倒在路面上,用底面粘有橡胶片的推平板,由里向外重复作旋转摊铺运动,稍稍用力将砂细心地尽可能地向外摊开,使砂填入凹凸不平的路表面的空隙中,尽可能将砂摊成圆形,并不得在表面上留有浮动余砂。注意,摊铺时不可用力过大或向外推挤。

(4)用钢板尺测量所构成圆的两个垂直方向的直径,取其平均值,准确至5mm。

(5)按以上方法,同一处平行测定不少于3次,3个测点均位于轮迹带上,测点间距3~5m。对同一处,应该由同一个试验员进行测定。该处的测定位置以中间测点的位置表示。

## 4 计算

4.1 路面表面构造深度测定结果按式(T 0961)计算:

$$TD = \frac{1000V}{\pi D^2/4} = \frac{31831}{D^2} \qquad (T\ 0961)$$

式中:TD——路面表面构造深度,mm;
　　　$V$——砂的体积,25cm³;
　　　$D$——摊平砂的平均直径,mm。

4.2 每一处均取3次路面构造深度的测定结果的平均值作为试验结果,准确至0.01mm。

4.3 按本规程附录B的方法计算每一个评定区间路面构造深度的平均值、标准差、变异系数。

## 5 报告

5.1 列表逐点报告路面构造深度的测定值及3次测定的平均值。当平均值小于0.2mm时,试验结果以<0.2mm表示。

5.2 每一个评定区间路面构造间路面构造深度的平均值、标准差、变异系数。

# 二、摩 擦 系 数

## 摆式仪测定路面摩擦系数试验方法
## (JTG E60—2008　T 0964—2008)

### 1 目的与适用范围

本方法适用于以摆式摩擦系数测定仪(摆式仪)测定沥青路面、标线或其他材料试件的抗滑值,用以评定路面或路面材料试件在潮湿状态下的抗滑能力。

### 2 仪具与材料技术要求

本方法需要下列仪具与材料:

(1)摆式仪:形状及结构如图 T 0964-1 所示。摆及摆的连接部分总质量为1 500g±30g,摆动中心至摆的重心距离为410mm±5mm,测定时摆在路面上滑动长度为126mm±1mm,摆上橡胶片端部距摆动中心的距离为510mm,橡胶片对路面的正向静压力为22.2N±0.5N。

(2)橡胶片:当用于测定路面抗滑值时,其尺寸为6.35mm×25.4mm×76.2mm。橡胶质量应符合表 T 0964-1 的要求。当橡胶片使用后,端部在长度方向上磨耗超过1.6mm或边缘在宽度方向上磨耗超过3.2mm,或有油类污染时,即应更换新橡胶片。新橡胶片应先在干燥路面上测试10次后再用于测试。橡胶片的有效使用期从出厂日期起算为12个月。

(3)滑动长度量尺:长126mm。

(4)喷水壶。

(5)硬毛刷。

(6)路面温度计:分度不大于1℃。

(7) 其他：扫帚、记录表格等。

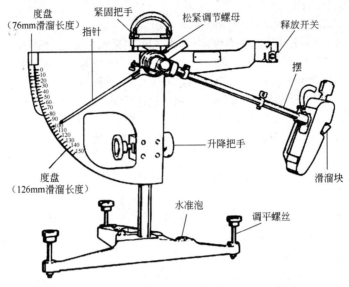

图 T 0964-1　摆式仪结构示意图

橡胶物理性质技术要求　　　　　表 T 0964-1

| 性质指标 | 温度（℃） | | | | |
|---|---|---|---|---|---|
| | 0 | 10 | 20 | 30 | 40 |
| 弹性(%) | 43~49 | 58~65 | 66~73 | 71~77 | 74~79 |
| 硬度(IR) | 55±5 | | | | |

## 3　方法与步骤

### 3.1　准备工作

(1) 检查摆式仪的调零灵敏情况，并定期进行仪器的标定。

(2) 按本规程附录 A 的方法，进行测试路段的取样选点。在横断面上测点应选在行车道轮迹处，且距路面边缘应不小于 1m。

### 3.2　测试步骤

(1) 清洁路面：用扫帚或其他工具将测点处的路面打扫干净。

(2) 仪器调平。

①将仪器置于路面测点上，并使摆的摆动方向与行车方向一致。

②转动底座上的调平螺栓，使水准泡居中。

(3) 调零。

①放松坚固把手，转动升降把手，使摆升高并能自由摆动，然后旋紧紧固把手。

②将摆固定在右侧悬臂上，使摆处于水平释放位置，并把指针拨至右端与摆杆平行处。

③按下释放开关，使摆向左带动指针摆动。当摆达到最高位置后下落时，用手将摆杆接住，此时指针应指零。

④若不指零，可稍旋紧或旋松摆的调节螺母。

⑤重复上述 4 个步骤，直至指针指零。调零允许误差为 ±1。

(4) 校核滑动长度。

①让摆处于自然下垂状态，松开固定把手，转动升降把手，使摆下降。与此同时，提起举升柄使摆向左侧移动，然后放举升柄使橡胶片下缘轻轻触地，紧靠橡胶片摆放滑动长度量尺，使量尺

左端对准橡胶片下缘;再提起举升柄使摆向右侧移动,然后放下举升柄使橡胶片下缘轻轻触地,检查橡胶片下缘应与滑动长度量尺的右端齐平。

②若齐平,则说明橡胶片两次触地的距离(滑动长度)符合126mm的规定。校核滑动长度时,应以橡胶片长边刚刚接触路面为准,不可借摆的力量向前滑动,以免标定的滑动长度与实际不符。

③若不齐平,升高或降低摆或仪器底座的高度。微调时用旋转仪器底座上的调平螺丝调整仪器底座的高度的方法比较方便,但需注意保持水准泡居中。

④重复上述动作,直至滑动长度符合126mm的规定。

(5)将摆固定在右侧悬臂上,使摆处于水平释放位置,并把指针拨至右端与摆杆平行处。

(6)用喷水壶浇洒测点,使路面处于湿润状态。

(7)按下右侧悬臂上的释放开关,使摆在路面滑过。当摆杆回落时,用手接住,读数但不记录。然后使摆杆和指针重新置于水平释放位置。

(8)重复(6)和(7)的操作5次,并读记每次测定的摆值。

单点测定的5个值中最大值与最小值的差值不得大于3。如差值大于3时,应检查产生的原因,并再次重复上述各项操作,至符合规定为止。

取5次测定的平均值作为单点的路面抗滑值(即摆值$BPN_t$),取整数。

(9)在测点位置用温度计测记潮湿路表温度,准确至1℃。

(10)每个测点由3个单点组成,即需按以上方法在同一测点处平行测定3次,以3次测定结果的平均值作为该测点的代表值(精确到1)。

3个单点均应位于轮迹带上,单点间距离为3~5m。该测点的位置以中间单点的位置表示。

## 4 抗滑值的温度修正

当路面温度为$t$(℃)时,测得的摆值为$BPN_t$必须按式(T 0964-1)换算成标准温度20℃的摆值$BPN_{20}$。

$$BPN_{20} = BPN_t + \Delta BPN \quad (T\ 0964\text{-}1)$$

式中:$BPN_{20}$——换算成标准温度20℃时的摆值;

$BPN_t$——路面温度$t$时测得的摆值;

$\Delta BPN$——温度修正值,按表T 0964-2采用。

温度修正值 表 T 0964-2

| 温度(℃) | 0 | 5 | 10 | 15 | 20 | 25 | 30 | 35 | 40 |
|---|---|---|---|---|---|---|---|---|---|
| 温度修正值 $\Delta BPN$ | -6 | -4 | -3 | -1 | 0 | +2 | +3 | +5 | +7 |

## 5 报告

报告应包含如下内容:

(1)路面单点测定值$BPN_t$经温度修正后的$BPN_{20}$、现场温度、3次的平均值。

(2)评定路段路面抗滑值的平均值、标准差、变异系数。

# 三、渗 水 性

## 沥青路面渗水系数测试方法
## (JTG E60—2008  T 0971—2008)

### 1 目的与适用范围

本方法适用于在路面现场测定沥青路面的渗水系数。

### 2 仪具与材料技术要求

本方法需要下列仪具与材料:

(1) 路面渗水仪:形状及尺寸如图 T 0971 所示。上部盛水量筒由透明有机玻璃制成,容积 600mL,上有刻度,在 100mL 及 500mL 处有粗标线,下方通过 φ10mm 的细管与底座相接,中间有一开关。量筒通过支架联结,底座下方开口内径 φ150mm,外径 φ220mm,仪器附不锈钢圈压重两个,每个质量约 5kg,内径 φ160mm。

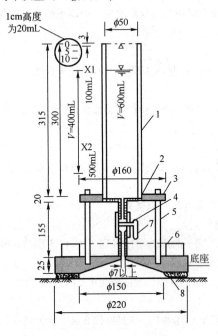

图 T 0971  渗水仪结构图(尺寸单位:mm)
1-透明有机玻璃筒;2-螺纹连接;3-顶板;4-阀;
5-立柱支架;6-压重钢圈;7-把手;8-密封材料

(2) 水筒及大漏斗。
(3) 秒表。
(4) 密封材料:防水腻子、油灰或橡皮泥。
(5) 其他:水、粉笔、塑料圈、刮刀、扫帚等。

3 方法与步骤

3.1 准备工作

(1) 在测试路段的行车道路面上,按本规程附录 A 的随机取样方法选择测试位置,每一个检测路段应测定 5 个测点,并用粉笔画上测试标记。

(2) 试验前,首先用扫帚清扫表面,并用刷子将路面表面的杂物刷去。杂物的存在一方面会影响水的渗入;另一方面也会影响渗水仪和路面或者试件的密封效果。

3.2 测试步骤

(1) 将塑料圈置于试件中央或者路面表面的测点上,用粉笔分别沿塑料圈的内侧和外侧画上圈,在外环和内环之间的部分就是需要用密封材料进行密封的区域。

(2) 用密封材料对环状密封区域进行密封处理,注意不要使密封材料进入内圈。如果密封材料不小心进入内圈,必须用刮刀将其刮走。然后再将搓成拇指粗细的条状密封材料摞在环状密封区域的中央,并且摞成一圈。

(3) 将渗水仪放在试件或者路面表面的测点上,注意使渗水仪的中心尽量和圆环中心重合,然后略微使劲将渗水仪压在条状密封材料表面,再将配重加上,以防压力水从底座与路面间流出。

(4) 将开关关闭,向量筒中注满水,然后打开开关,使量筒中的水下流排出渗水仪底部内的空气,当量筒中水面下降速度变慢时用双手轻压渗水仪使渗水仪底部的气泡全部排出。关闭开关,并再次向量筒中注满水。

(5) 将开关打开,待水面下降至 100mL 刻度时,立即开动秒表开始计时,每间隔 60s,读记仪器管的刻度一次,至水面下降 500mL 时为止。测试过程中,如水从底座与密封材料间渗出,说明底座与路面密封不好,应移至附近干燥路面处重新操作。当水面下降速度较慢,则测定 3min 的渗水量即可停止;如果水面下降速度较快,在不到 3min 的时间内到达了 500mL 刻度线,则记录到达 500mL 刻度线时的时间;若水面下降至一定程度后基本保持不动,说明基本不透水或根本不透水,在报告中注明。

(6) 按以上步骤在同一个检测路段选择 5 个测点测定渗水系数,取其平均值作为检测结果。

4 计算

计算时以水面从 100mL 下降到 500mL 所需的时间为标准,若渗水时间过长,也可以采用 3min 通过的水量计算。

$$C_w = \frac{V_2 - V_1}{t_2 - t_1} \times 60 \tag{T 0971}$$

式中:$C_w$——路面渗水系数,mL/min;
$V_1$——第一次计时时的水量,mL,通常为 100mL;

$V_2$——第二次计时时的水量,mL,通常为500mL;

$t_1$——第一次计时时的时间,s;

$t_2$——第二次计时时的时间,s。

**5 报告**

现场检测,每一个检测路段应测定5个测点,计算其平均值作为检测结果。若路面不透水,在报告中注明渗水系数为0。

## 第十一节 道路工程附属结构物

道路工程附属结构物包括路基排水、挡土墙、防护及其他砌石工程,这些工程项目在施工中的质量控制项目主要是混凝土和砂浆的强度及几何外形。混凝土和砂浆强度的试验方法在前面章节已有介绍,这里主要给出混凝土和砂浆强度的评定标准。

### 一、水泥混凝土抗压强度评定

### (JTG F80/1—2004 附录D)

D.0.1 评定水泥混凝土的抗压强度,应以标准养生28d龄期的试件为准。试件为边长150mm的立方体。试件3件为1组,制取组数应符合下列规定:

1) 不同强度等级及不同配合比的混凝土应在浇筑地点或拌和地点分别随机制取试件。

2) 浇筑一般体积的结构物(如基础、墩台等)时,每一单元结构物应制取2组。

3) 连续浇筑大体积结构时,每80~200m³ 或每一工作班应制取2组。

4) 上部结构,主要构件长16m以下应制取1组,16~30m制取2组,31~50m制取3组,50m以上者不少于5组。小型构件每批或每工作班至少应制取2组。

5) 每根钻孔桩至少应制取2组;桩长20m以上者不少于3组;桩径大、浇筑时间很长时,不少于4组。如换工作班时,每工作班应制取2组。

6) 构筑物(小桥涵、挡土墙)每座、每处或每工作班制取不少于2组。当原材料和配合比相同,并由同一拌和站拌制时,可几座或几处合并制取2组。

7) 应根据施工需要,另制取几组与结构物同条件养生的试件,作为拆模、吊装、张拉预应力、承受荷载等施工阶段的强度依据。

D.0.2 水泥混凝土抗压强度的合格标准

1) 试件≥10组时,应以数理统计方法按下述条件评定:

$$R_n - K_1 S_n \geq 0.9R$$
$$R_{min} \geq K_2 R$$

式中:$n$——同批混凝土试件组数;

$R_n$——同批$n$组试件强度的平均值,MPa;

$S_n$——同批$n$组试件强度的标准差,MPa,当$S_n < 0.06R$时,取$S_n = 0.06R$;

$R$——混凝土设计强度等级,MPa;

$R_{min}$——$n$组试件中强度最低一组的值,MPa;

$K_1$、$K_2$——合格判定系数,见附表D。

附表D $K_1$、$K_2$ 的值

| $n$ | 10~14 | 15~24 | ≥25 |
|---|---|---|---|
| $K_1$ | 1.70 | 1.65 | 1.60 |
| $K_2$ | 0.9 | 0.95 | 0.95 |

2) 试件 <10 组时,可用非统计方法按下述条件进行评定:
$$R_n \geqslant 1.15R$$
$$R_{\min} \geqslant 0.95R$$

D.0.3 实测项目中,水泥混凝土抗压强度评为不合格时相应分项工程为不合格。

## 二、喷射混凝土抗压强度评定

### (JTG F80/1—2004 附录 E)

E.0.1 喷射混凝土抗压强度系指在喷射混凝土板件上,切割制取边长为100mm 的立方体试件,在标准养护条件下养生至28d,用标准试验方法测得的极限抗压强度,乘以0.95 的系数。

E.0.2 双车道隧道每10 延米,至少在拱脚部和边墙各取1 组(3 个)试件。

其他工程,每喷射 50~100m³ 混合料或小于 50m³ 混合料的独立工程,不得少于 1 组。

材料或配合比变更时需要新制取试件。

E.0.3 喷射混凝土强度的合格标准

1) 同批试件组数 $n \geqslant 10$ 时,试件抗压强度平均值不低于设计值;任一组试件抗压强度不低于0.85 设计值。

2) 同批试件组数 $n < 10$ 时,试件抗压强度平均值不低于1.05 设计值;任一组试件抗压强度不低于0.9 设计值。

E.0.4 实测项目中,喷射混凝土抗压强度评为不合格时相应分项工程为不合格。

## 三、水泥砂浆强度评定

### (JTG F80/1—2004 附录 F)

F.0.1 评定水泥砂浆的强度,应以标准养生28d 的试件为准。试件为边长 70.7mm 的立方体。试件6 件为 1 组,制取组数应符合下列规定:

1) 不同强度等级及不同配合比的水泥砂浆应分别制取试件,试件应随机制取,不得挑选。
2) 重要及主体砌筑物,每工作班制取 2 组。
3) 一般及次要砌筑物,每工作班可制取 1 组。
4) 拱圈砂浆应同时制取与砌体同条件养生试件,以检查各施工阶段强度。

F.0.2 水泥砂浆强度的合格标准

1) 同强度等级试件的平均强度不低于设计强度等级。
2) 任意一组试件的强度最低值不低于设计强度等级的75%。

F.0.3 实测项目中,水泥砂浆强度评为不合格时相应分项工程为不合格。

# 第十二章 钢 材

## 第一节 概 述

### 一、工程常用钢材的分类

钢材可按化学成分、品质、冶炼方法和质量用途有多种分类方法。

1. 按冶炼方法分类

按冶炼设备的不同,即炼钢方法不同,可分为平炉钢、转炉钢和电炉钢三大类。我国大量的碳素钢和低合金结构钢都是在转炉和平炉中炼制的。

2. 按化学成分分类

按化学成分可以把钢分为碳素钢和合金钢(低合金结构钢实际上属于合金钢)两大类。

3. 按品质分类

根据钢中所含杂质的多少可分为普通钢(包括甲类、乙类、特类)、优质钢和高级优质钢三类(高级优质钢是在优质钢后面加"A"表示)。高级优质钢主要是将硫控制在 0.020% ~ 0.030%,磷含量控制在 0.035% 以内,对其他混入杂质限制更严。

4. 按用途分类

钢的用途与其形状有关,所以按用途分类时实际上是按形状来分类。

桥梁用钢按其形状分类可分为型材、棒材(或线材)和异型材(特种形状)等三类。

型材主要包括型钢和钢板,主要用于钢桥建筑。

线材主要包括钢筋、预应力钢筋、高强钢丝和钢绞线等,是钢筋混凝土桥梁建筑中使用的重要材料之一。

异型材是为特殊用途而制作的,如预应力混凝土桥梁中的锚具、夹具和大变形伸缩件中使用的异型钢梁等。

### 二、钢材的主要力学性能

1. 强度

强度是钢材力学性能的主要指标,包括屈服强度和抗拉强度。

(1)屈服强度也称屈服极限,它是钢材开始丧失对变形的抵抗能力,并开始产生大量塑性变形时所对应的应力。

中碳钢和高碳钢没有明显的屈服点,通常以残余变形 0.2% 的应力作为屈服强度。

(2)抗拉强度,它是钢材所能承受的最大拉应力。即当拉应力达到强度极限时,钢材完全丧失了对变形的抵抗能力而断裂。

(3)屈强比是屈服强度与抗拉强度的比值,通常用来比较结构的可靠性和钢材的有效利用率。屈强比越小,结构可靠性越高,即延缓结构损伤程度潜力越大,但比值太小,则钢材的利用率太低。

2. 塑性

塑性是钢材在受力破坏前可以经受永久变形的性能,通常用伸长率和断面收缩率表示。

(1)伸长率是钢材受拉发生断裂时所能承受的永久变形能力。试件拉断后标准长度的增量与原标准长度之比的百分率即伸长率。

(2)断面收缩率是指试件拉断后缩颈处横断面积的最大缩减量占原横断面积的百分率。

3. 冷弯性能

冷弯性能是钢材在常温条件下承受规定弯曲程度的弯曲变形能力,并可在弯曲中显示钢材缺陷的一种工艺性能。规定试件在规定的弯曲角度、弯心直径及反复弯曲次数后,试件弯曲处不产生裂纹、断裂和起层等现象时即认为合格。

4. 硬度

硬度是钢材抵抗其他较硬物体压入的能力,实际上硬度为钢材抵抗塑性变形的能力。测定钢材硬度常用的方法有布氏法、洛氏法和维氏法,相应的作为硬度指标有布氏硬度(HB)、洛氏硬度(HR)和维氏硬度(HV)。硬度常用于检查钢材质量和确定合理的加工工艺。

5. 冲击韧性

钢材的冲击韧性是指钢材在冲击荷载作用下断裂时吸收能量的能力,它是衡量钢材抵抗脆性破坏的力学性能指标。

6. 耐疲劳性

钢材若在交变应力(随时间作周期性交替变更的应力)的反复作用下,往往在工作应力远小于抗拉强度时发生骤然断裂,这种现象称为"疲劳破坏"。钢材抵抗疲劳破坏的能力称为耐疲劳性。

7. 良好的焊接性

良好的焊接性是指钢材的连接部分焊接后力学性能不低于焊件本身,以防止产生硬化脆裂和内应力过大等现象。

## 第二节　桥梁工程常用钢材的力学性能标准和表面质量要求

### 一、钢筋混凝土桥梁用钢

钢筋混凝土桥梁用钢可分为非预应力钢筋、预应力混凝土用冷拉钢筋、冷拔钢丝、高强钢丝、钢绞线和精轧螺纹粗钢筋等。

(一)非预应力钢筋

钢筋混凝土中的热轧光圆钢筋的力学性能如表 12-1 所示(GB 1499.1—2008/XG1—2012)。

热轧光圆钢筋的力学性能　　　　表 12-1

| 牌号 | $R_{eL}$(MPa) | $R_m$(MPa) | $A$(%) | $A_{gt}$(%) | 冷弯试验 180°<br>$d$ = 弯芯直径<br>$a$ = 钢筋公称直径 |
|---|---|---|---|---|---|
| | 不　小　于 | | | | |
| HPB300 | 300 | 420 | 25.0 | 10.0 | $d = a$ |

钢筋混凝土中的热轧带肋钢筋的力学性能如表 12-2 及表 12-3 所示(GB 1499.2—2009)。

热轧带肋钢筋的力学性能　　　　　表12-2

| 牌号 | $R_{eL}$(MPa) | $R_m$(MPa) | $A$(%) | $A_{gt}$(%) | $R_m^o/R_{eL}^o$ | $R_{eL}^o/R_{eL}$ |
|---|---|---|---|---|---|---|
| | | | 不小于 | | | |
| HRB400<br>HRBF400 | 400 | 540 | 16 | 7.5 | — | — |
| HRB400E<br>HRBF400E | | | | 9.0 | 1.25 | 1.30 |
| HRB500<br>HRBF500 | 500 | 630 | 15 | 7.5 | — | — |
| HRB500E<br>HRBF500E | | | | 9.0 | 1.25 | 1.30 |
| HRB600 | 600 | 730 | 14 | 7.5 | — | — |

注：$R_m^o$ 为钢筋实测抗拉强度；$R_{eL}^o$ 为钢筋实测屈服强度。

热轧带肋钢筋的弯曲性能　　　　　表12-3

| 牌号 | 公称直径 $d$(mm) | 弯曲压头直径(mm) |
|---|---|---|
| HRB400<br>HRBF400<br>HRB400E<br>HRBF400E | 6~25 | 4$d$ |
| | 28~40 | 5$d$ |
| | >40~50 | 6$d$ |
| HRB500<br>HRBF500<br>HRB500E<br>HRBF500E | 6~25 | 6$d$ |
| | 28~40 | 7$d$ |
| | >40~50 | 8$d$ |
| HRB600 | 6~25 | 6$d$ |
| | 28~40 | 7$d$ |
| | >40~50 | 8$d$ |

钢筋混凝土中的冷轧带肋钢筋力学性能和工艺性能见表12-4(GB 13788—2008)。反复弯曲试验的弯曲半径应符合表12-5的规定。

冷轧带肋钢筋的力学性能和工艺性能　　　　　表12-4

| 牌号 | $R_{p0.2}$(MPa)<br>不小于 | $R_m$(MPa)<br>不小于 | 伸长率(%)<br>不小于 | | 弯曲试验 180° | 反复弯曲次数 | 应力松弛<br>初始应力应相当于公称抗拉强度的70%时，1 000h 松弛率(%)<br>不大于 |
|---|---|---|---|---|---|---|---|
| | | | $A_{11.3}$ | $A_{100}$ | | | |
| CRB550 | 500 | 550 | 8.0 | — | $D=3d$ | — | — |
| CRB650 | 585 | 650 | — | 4.0 | — | 3 | 8 |
| CRB800 | 720 | 800 | — | 4.0 | — | 3 | 8 |
| CRB970 | 875 | 970 | — | 4.0 | — | 3 | 8 |

注：表中 $D$ 为弯心直径，$d$ 为钢筋公称直径。

冷轧带肋钢筋的反复弯曲试验的弯曲半径(单位:mm)   表12-5

| 钢筋公称直径 | 4 | 5 | 6 |
|---|---|---|---|
| 弯曲半径 | 10 | 15 | 15 |

低碳钢热轧圆盘条筋的力学性能如表12-6所示(GB/T 701—2008)。

低碳钢热轧圆盘条筋的力学性能   表12-6

| 牌号 | 力学性能 | | 冷弯试验180°<br>$d$ = 弯心直径<br>$a$ = 试样直径 |
|---|---|---|---|
| | 抗拉强度 $R_m$(N/mm²)<br>不大于 | 断后伸长率 $A_{11.3}$(%)<br>不小于 | |
| Q195 | 410 | 30 | $d=0$ |
| Q215 | 435 | 28 | $d=0$ |
| Q235 | 500 | 23 | $d=0.5a$ |
| Q275 | 540 | 21 | $d=1.5a$ |

表面质量要求:钢筋表面有严重锈蚀、麻坑、裂纹夹砂和夹层等缺陷时,应予剔除,不得使用。

(二)预应力钢筋

预应力筋的种类比较多,分别简述如下。

1. 预应力混凝土用钢丝

按《预应力混凝土用钢丝》(GB/T 5223—2014)的规定,钢丝按加工状态分为冷拉钢丝和消除应力钢丝两类,其代号为:

冷拉钢丝——WCD。

低松弛钢丝——WLR。

钢丝按外形分为光圆、螺旋肋、刻痕3种,其代号为:

光圆钢丝——P。

螺旋肋钢丝——H。

刻痕钢丝——I。

光圆钢丝的尺寸及允许偏差应符合表12-7的规定。每米理论重量参见表12-7。

光圆钢丝尺寸及允许偏差、每米理论重量   表12-7

| 公称直径 $d_n$(mm) | 直径允许偏差(mm) | 公称横截面积 $S_n$(mm²) | 每米理论重量(g/m) |
|---|---|---|---|
| 4.00 | ±0.04 | 12.57 | 98.6 |
| 4.80 | | 18.10 | 142 |
| 5.00 | | 19.63 | 154 |
| 6.00 | | 28.27 | 222 |
| 6.25 | ±0.05 | 30.68 | 241 |
| 7.00 | | 38.48 | 302 |
| 7.50 | | 44.18 | 347 |

续上表

| 公称直径 $d_n$(mm) | 直径允许偏差(mm) | 公称横截面积 $S_n$(mm²) | 每米理论重量(g/m) |
|---|---|---|---|
| 8.00 | ±0.06 | 50.26 | 394 |
| 9.00 | | 63.62 | 499 |
| 9.50 | | 70.88 | 556 |
| 10.00 | | 78.54 | 616 |
| 11.00 | | 95.03 | 746 |
| 12.00 | | 113.1 | 888 |

螺旋肋钢丝的尺寸及允许偏差应符合表12-8的规定,外形见图12-1。钢丝的公称横截面积、每米理论重量与光圆钢丝相同。

螺旋肋钢丝的尺寸及允许偏差    表12-8

| 公称直径 $d_n$(mm) | 螺旋肋数量(条) | 基圆尺寸 | | 外轮廓尺寸 | | 单肋尺寸 | 螺旋肋导程 $C$(mm) |
| | | 基圆直径 $D_1$(mm) | 允许偏差(mm) | 外轮廓直径 $D$(mm) | 允许偏差(mm) | 宽度 $a$(mm) | |
|---|---|---|---|---|---|---|---|
| 4.00 | 4 | 3.85 | ±0.05 | 4.25 | ±0.05 | 0.90~1.30 | 24~30 |
| 4.80 | 4 | 4.60 | | 5.10 | | 1.30~1.70 | 28~36 |
| 5.00 | 4 | 4.80 | | 5.30 | | 1.30~1.70 | 28~36 |
| 6.00 | 4 | 5.80 | | 6.30 | | 1.60~2.00 | 30~38 |
| 6.25 | 4 | 6.00 | | 6.70 | | 1.60~2.00 | 30~40 |
| 7.00 | 4 | 6.73 | | 7.46 | | 1.80~2.20 | 35~45 |
| 7.50 | 4 | 7.26 | | 7.96 | | 1.90~2.30 | 36~46 |
| 8.00 | 4 | 7.75 | | 8.45 | | 2.00~2.40 | 40~50 |
| 9.00 | 4 | 8.75 | | 9.45 | ±0.10 | 2.10~2.70 | 42~52 |
| 9.50 | 4 | 9.30 | | 10.10 | | 2.20~2.80 | 44~53 |
| 10.00 | 4 | 9.75 | | 10.45 | | 2.50~3.00 | 45~58 |
| 11.00 | 4 | 10.76 | | 11.47 | | 2.60~3.10 | 50~64 |
| 12.00 | 4 | 11.78 | | 12.50 | | 2.70~3.2 | 55~70 |

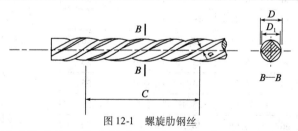

图12-1 螺旋肋钢丝

三面刻痕钢丝的尺寸及允许偏差应符合表12-9的规定,外形见图12-2,钢丝的横截面积、每米理论重量与光圆钢丝相同。三条痕中的其中一条倾斜方向与其他两条相反。

三面刻痕钢丝尺寸及允许偏差    表12-9

| 公称直径 $d_n$(mm) | 刻痕深度 | | 刻痕长度 | | 节距 | |
| | 公称深度 $a$(mm) | 允许偏差(mm) | 公称长度 $b$(mm) | 允许偏差(mm) | 公称节距 $L$(mm) | 允许偏差(mm) |
|---|---|---|---|---|---|---|
| ≤5.00 | 0.12 | ±0.05 | 3.5 | ±0.5 | 5.5 | ±0.5 |
| >5.00 | 0.15 | | 5.0 | | 8.0 | |

注:公称直径指横截面积等同于光圆钢丝横截面积时所对应的直径。

压力管道用无涂(镀)层冷拉钢丝的力学性能应符合表 12-10 规定。0.2% 屈服力 $F_{p0.2}$ 应不小于最大力的特征值 $F_m$ 的 75%。

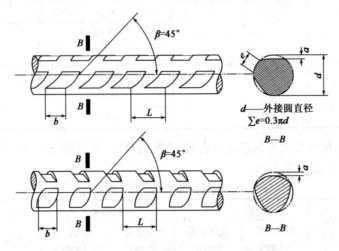

图 12-2 三面刻痕钢丝

压力管道用冷拉钢丝的力学性能　　　　表 12-10

| 公称直径 $d_n$(mm) | 公称抗拉强度 $R_m$ (MPa) | 最大力的特征值 $F_m$(kN) | 最大力的最大值 $F_{m,max}$ (kN) | 0.2% 屈服力 $F_{p0.2}$ (kN)($\geqslant$) | 每 210mm 扭矩的扭转次数 $N$ ($\geqslant$) | 断面收缩率 $Z$ (%)($\geqslant$) | 氢脆敏感性能负载为 70% 最大力时,断裂时间 $(t/h)(\geqslant)$ | 应力松弛性能初始力为最大力 70% 时,1 000 h 应力松弛率 $r$(%)($\leqslant$) |
|---|---|---|---|---|---|---|---|---|
| 4.00 | 1 470 | 18.48 | 20.99 | 13.86 | 10 | 35 | | |
| 5.00 | | 28.86 | 32.79 | 21.65 | 10 | 35 | | |
| 6.00 | | 41.56 | 47.21 | 31.17 | 8 | 30 | | |
| 7.00 | | 56.57 | 64.27 | 42.42 | 8 | 30 | | |
| 8.00 | | 73.88 | 83.93 | 55.41 | 7 | 30 | | |
| 4.00 | 1 570 | 19.73 | 22.24 | 14.80 | 10 | 35 | | |
| 5.00 | | 30.82 | 34.75 | 23.11 | 10 | 35 | | |
| 6.00 | | 44.38 | 50.03 | 33.29 | 8 | 30 | | |
| 7.00 | | 60.41 | 68.11 | 45.31 | 8 | 30 | | |
| 8.00 | | 78.91 | 88.96 | 59.18 | 7 | 30 | 75 | 7.5 |
| 4.00 | 1 670 | 20.99 | 23.50 | 15.74 | 10 | 35 | | |
| 5.00 | | 32.78 | 36.71 | 24.59 | 10 | 35 | | |
| 6.00 | | 47.21 | 52.86 | 35.41 | 8 | 30 | | |
| 7.00 | | 64.26 | 71.96 | 48.20 | 8 | 30 | | |
| 8.00 | | 83.93 | 93.99 | 62.95 | 6 | 30 | | |
| 4.00 | 1 770 | 22.25 | 24.76 | 16.69 | 10 | 35 | | |
| 5.00 | | 34.75 | 38.68 | 26.06 | 10 | 35 | | |
| 6.00 | | 50.04 | 55.69 | 37.53 | 8 | 30 | | |
| 7.00 | | 68.11 | 75.81 | 51.08 | 6 | 30 | | |

消除应力的光圆及螺旋肋钢丝的力学性能应符合表 12-11 的规定。0.2% 屈服力 $F_{p0.2}$ 应

不小于最大力的特征值 $F_m$ 的88％。

消除应力的刻痕钢丝的力学性能,除弯曲次数外其他应符合表12-11规定。对所有规格消除应力的刻痕钢丝,其弯曲次数均应不小于3次。

消除应力光圆及螺旋肋钢丝的力学性能　　　　表12-11

| 公称直径 $d_n$(mm) | 公称抗拉强度 $R_m$(MPa) | 最大力的特征值 $F_m$(kN) | 最大力的最大值 $F_{m,max}$(kN) | 0.2%屈服力 $F_{p0.2}$(kN)(≥) | 最大力总伸长率 ($L_0$=200mm) $A_{gt}$(%)(≥) | 反复弯曲性能 弯曲次数(次/180°)(≥) | 反复弯曲性能 弯曲半径 R(mm) | 应力松弛性能 初始力相当于实际最大力的百分数(%) | 应力松弛性能 1000h应力松弛率 r(%)(≤) |
|---|---|---|---|---|---|---|---|---|---|
| 4.00 | 1 470 | 18.48 | 20.99 | 16.22 | | 3 | 10 | | |
| 4.80 | | 26.61 | 30.23 | 23.35 | | 4 | 15 | | |
| 5.00 | | 28.86 | 32.78 | 25.32 | | 4 | 15 | | |
| 6.00 | | 41.56 | 47.21 | 36.47 | | 4 | 15 | | |
| 6.25 | | 45.10 | 51.24 | 39.58 | | 4 | 20 | | |
| 7.00 | | 56.57 | 64.26 | 49.64 | | 4 | 20 | | |
| 7.50 | | 64.94 | 73.78 | 56.99 | | 4 | 20 | | |
| 8.00 | | 73.88 | 83.93 | 64.84 | | 4 | 20 | | |
| 9.00 | | 93.52 | 106.25 | 82.07 | | 4 | 25 | | |
| 9.50 | | 104.19 | 118.37 | 91.44 | | 4 | 25 | | |
| 10.00 | | 115.45 | 131.16 | 101.32 | | 4 | 25 | | |
| 11.00 | | 139.69 | 158.70 | 122.59 | | — | — | | |
| 12.00 | | 166.26 | 188.88 | 145.90 | | — | — | | |
| 4.00 | 1 570 | 19.73 | 22.24 | 17.37 | 3.5 | 3 | 10 | 70 | 2.5 |
| 4.80 | | 28.41 | 32.03 | 25.00 | | 4 | 15 | | |
| 5.00 | | 30.82 | 34.75 | 27.12 | | 4 | 15 | | |
| 6.00 | | 44.38 | 50.03 | 39.06 | | 4 | 15 | 80 | 4.5 |
| 6.25 | | 48.17 | 54.31 | 42.39 | | 4 | 20 | | |
| 7.00 | | 50.41 | 68.11 | 53.16 | | 4 | 20 | | |
| 7.50 | | 69.36 | 78.20 | 61.04 | | 4 | 20 | | |
| 8.00 | | 78.91 | 88.96 | 69.44 | | 4 | 20 | | |
| 9.00 | | 99.88 | 112.60 | 87.89 | | 4 | 25 | | |
| 9.50 | | 111.28 | 125.46 | 97.93 | | 4 | 25 | | |
| 10.00 | | 123.31 | 139.02 | 108.51 | | 4 | 25 | | |
| 11.00 | | 149.20 | 168.21 | 131.30 | | — | — | | |
| 12.00 | | 177.57 | 200.19 | 156.26 | | — | — | | |
| 4.00 | 1 670 | 20.99 | 23.50 | 18.47 | | 3 | 10 | | |
| 5.00 | | 32.78 | 36.71 | 28.85 | | 4 | 15 | | |
| 6.00 | | 47.21 | 52.86 | 41.54 | | 4 | 15 | | |
| 6.25 | | 51.24 | 57.38 | 45.09 | | 4 | 20 | | |
| 7.00 | | 64.26 | 71.96 | 56.55 | | 4 | 20 | | |

续上表

| 公称直径 $d_n$(mm) | 公称抗拉强度 $R_m$(MPa) | 最大力的特征值 $F_m$(kN) | 最大力的最大值 $F_{m,max}$(kN) | 0.2%屈服力 $F_{p0.2}$(kN)($\geq$) | 最大力总伸长率 ($L_0=200mm$) $A_{gt}$(%)($\geq$) | 反复弯曲性能 | | 应力松弛性能 | |
|---|---|---|---|---|---|---|---|---|---|
| | | | | | | 弯曲次数(次/180°)($\geq$) | 弯曲半径 $R$(mm) | 初始力相当于实际最大力的百分数(%) | 1 000h应力松弛率 $r$(%)($\leq$) |
| 7.50 | 1 670 | 73.78 | 82.62 | 64.93 | 3.5 | 4 | 20 | 70 | 2.5 |
| 8.00 | | 83.93 | 93.98 | 73.86 | | 4 | 20 | | |
| 9.00 | | 106.25 | 118.97 | 93.50 | | 4 | 25 | | |
| 4.00 | 1 770 | 22.25 | 24.76 | 19.58 | | 3 | 10 | | |
| 5.00 | | 34.75 | 38.68 | 30.58 | | 4 | 15 | | |
| 6.00 | | 50.04 | 55.69 | 44.03 | | 4 | 15 | | |
| 7.00 | | 68.11 | 75.81 | 59.94 | | 4 | 20 | 80 | 4.5 |
| 7.50 | | 78.20 | 87.04 | 68.81 | | 4 | 20 | | |
| 4.00 | 1 860 | 23.38 | 25.89 | 20.57 | | 4 | 10 | | |
| 5.00 | | 36.51 | 40.44 | 32.13 | | 4 | 15 | | |
| 6.00 | | 52.58 | 58.23 | 46.27 | | 4 | 15 | | |
| 7.00 | | 71.57 | 79.27 | 62.98 | | 4 | 20 | | |

表面质量要求:钢丝表面不得有裂纹和油污,也不允许有影响使用的拉痕、机械损伤等;允许有深度不大于钢丝公称直径4%的不连续纵向表面缺陷;除非供需双方另有协议,否则钢丝表面只要没有目视可见的锈蚀凹坑,表面浮锈不应作为拒收的理由;消除应力的钢丝表面允许存在回火颜色。

2.预应力混凝土用钢绞线(GB/T 5224—2014)

钢绞线是钢厂用优质碳素结构钢经过冷加工,再经回火和绞捻等加工而成的,塑性好、无接头、使用方便,专供预应力混凝土结构使用。

钢绞线按结构分为以下8类,结构代号为:

(1)用两根钢丝捻制的钢绞线:1×2。
(2)用三根钢丝捻制的钢绞线:1×3。
(3)用三根刻痕钢丝捻制的钢绞线:1×3I。
(4)用七根钢丝捻制的标准型钢绞线:1×7。
(5)用六根刻痕钢丝和一根光圆中心钢丝捻制的钢绞线:1×7I。
(6)用七根钢丝捻制又经模拔的钢绞线:(1×7)C。
(7)用十九根钢丝捻制的1+9+9西鲁式钢绞线:1×19S。
(8)用十九根钢丝捻制的1+6+6/6瓦林吞式钢绞线:1×19W。

钢绞线标记示例:

示例1:公称直径为15.20 mm,抗拉强度为1 860 MPa的七根钢丝捻制的标准型钢绞线标记为"预应力钢绞线1×7-15.20-1860-GB.T 5224—2014"。

示例2:公称直径为8.70 mm,抗拉强度为1 720 MPa的三根刻痕钢丝捻制的钢绞线标记为"预应力钢绞线1×3I-8.70-1720-GB/T 5224—2014"。

示例3:公称直径为12.70 mm,抗拉强度为1 860 MPa的七根钢丝捻制又经模拔的钢绞线标记为"预应力钢绞线(1×7)C-12.70-1860-GB/T 5224—2014"。

示例4：公称直径为21.8 mm，抗拉强度为1 860 MPa的十九根钢丝捻制的西鲁式钢绞线标记为"预应力钢绞线1×19S-21.80-1860-GB/T 5224—2014"。

1×2结构钢绞线的尺寸及允许偏差应符合表12-12的规定，钢绞线每米理论重量见表12-12，外形见图12-3。

表12-12  1×2结构钢绞线尺寸及允许偏差、公称横截面积、每米理论重量

| 钢绞线结构 | 公称直径 | | 钢绞线直径允许偏差(mm) | 钢绞线公称横截面积 $S_n$(mm$^2$) | 每米理论重量(g/m) |
|---|---|---|---|---|---|
| | 钢绞线直径 $D_n$(mm) | 钢丝直径 $d$(mm) | | | |
| 1×2 | 5.00 | 2.50 | +0.15<br>-0.05 | 9.82 | 77.1 |
| | 5.80 | 2.90 | | 13.2 | 104 |
| | 8.00 | 4.00 | +0.25<br>-0.10 | 25.1 | 197 |
| | 10.00 | 5.00 | | 39.3 | 309 |
| | 12.00 | 6.00 | | 56.5 | 444 |

1×3结构钢绞线尺寸及允许偏差应符合表12-13的规定，每米理论重量见表12-13，外形见图12-4。

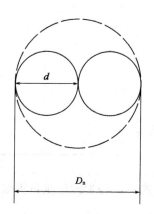
图12-3 1×2结构钢绞线外形示意图

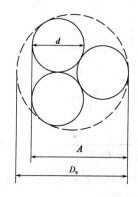
图12-4 1×3结构钢绞线外形示意图

表12-13  1×3结构钢绞线尺寸及允许偏差、公称横截面积、每米理论重量

| 钢绞线结构 | 公称直径 | | 钢绞线测量尺寸$A$(mm) | 测量尺寸$A$允许偏差(mm) | 钢绞线公称横截面积 $S_n$(mm$^2$) | 每米理论重量(g/m) |
|---|---|---|---|---|---|---|
| | 钢绞线直径 $D_n$(mm) | 钢丝直径 $d$(mm) | | | | |
| 1×3 | 6.20 | 2.90 | 5.41 | +0.15<br>-0.05 | 19.8 | 155 |
| | 6.50 | 3.00 | 5.60 | | 21.2 | 166 |
| | 8.60 | 4.00 | 7.46 | | 37.7 | 296 |
| | 8.74 | 4.05 | 7.56 | +0.20<br>-0.10 | 38.6 | 303 |
| | 10.80 | 5.00 | 9.33 | | 58.9 | 462 |
| | 12.90 | 6.00 | 11.20 | | 84.8 | 666 |
| 1×3I | 8.70 | 4.04 | 4.54 | | 38.5 | 302 |

1×7结构钢绞线尺寸及允许偏差应符合表12-14的规定，当用于煤矿时，需标识说明，其

直径允许偏差为：-0.20～+0.60mm，每米理论重量见表12-14，外形见图12-5。

1×7 结构钢绞线的尺寸及允许偏差、公称横截面积、每米理论重量  表12-14

| 钢绞线结构 | 公称直径 $D_n$(mm) | 直径允许偏差(mm) | 钢绞线公称横截面积 $S_n$(mm²) | 每米理论重量(g/m) | 中心钢丝直径 $d_0$ 加大范围(%)(≥) |
|---|---|---|---|---|---|
| 1×7 | 9.50 (9.53) | +0.30 -0.15 | 54.8 | 430 | 2.5 |
| | 11.10 (11.11) | | 74.2 | 582 | |
| | 12.70 | +0.40 -0.15 | 98.7 | 775 | |
| | 15.20 (15.24) | | 140 | 1 101 | |
| | 15.70 | | 150 | 1 178 | |
| | 17.80 (17.78) | | 191 (189.7) | 1 500 | |
| | 18.90 | | 220 | 1 727 | |
| | 21.60 | | 285 | 2 237 | |
| 1×7I | 12.70 | +0.40 -0.15 | 98.7 | 775 | |
| | 15.20 (15.24) | | 140 | 1 101 | |
| (1×7)C | 12.70 | +0.40 -0.15 | 112 | 890 | |
| | 15.20 (15.24) | | 165 | 1 295 | |
| | 18.00 | | 223 | 1 750 | |

注：可按括号内规格供货。

1×19 结构钢绞线尺寸及允许偏差应符合表12-15 的规定。每米理论重量见表12-15，外形见图12-6、图12-7。

1×19 结构钢绞线的尺寸及允许偏差、公称横截面积、每米理论重量  表12-15

| 钢绞线结构 | 公称直径 $D_n$(mm) | 直径允许偏差(mm) | 钢绞线公称横截面积 $S_n$(mm²) | 每米理论重量(g/m) |
|---|---|---|---|---|
| 1×19S (1+9+9) | 17.8 | +0.40 -0.15 | 208 | 1 652 |
| | 19.8 | | 224 | 1 931 |
| | 20.3 | | 271 | 2 149 |
| | 21.8 | | 313 | 2 482 |
| | 28.6 | | 532 | 4 229 |
| 1×19W(1+6+6/6) | 28.6 | | 532 | 4 229 |

注：1×19 钢绞线的公称直径为钢绞线的外接圆的直径。

1×2 结构钢绞线的力学性能应符合表12-16 规定。

1×3 结构钢绞线的力学性能应符合表12-17 规定。

1×7 结构钢绞线的力学性能应符合表12-18 规定。

1×19 结构钢绞线的力学性能应符合表 12-19 规定。

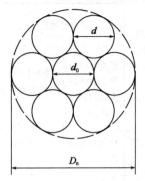

图 12-5 1×7 结构钢绞线外形示意图

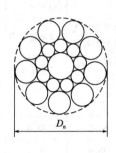

图 12-6 1×19 结构西鲁式钢绞线外形示意图

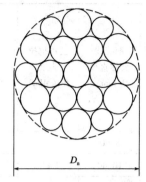

图 12-7 1×19 结构瓦林吞式钢绞线外形示意图

1×2 结构钢绞线力学性能  表 12-16

| 钢绞线结构 | 钢绞线公称直径 $D_n$ (mm) | 公称抗拉强度 $R_m$ (MPa) | 整根钢绞线最大力 $F_m$ (kN)(≥) | 整根钢绞线最大力的最大值 $F_{m,max}$ (kN)(≤) | 0.2%屈服力 $F_{p0.2}$ (kN)(≥) | 最大力总伸长率 ($L_0$≥400 mm) $A_{gt}$(%)(≥) | 应力松弛性能 初始负荷相当于实际最大力的百分数(%) | 1000 h 应力松弛率 $r$(%)(≤) |
|---|---|---|---|---|---|---|---|---|
| 1×2 | 8.00 | 1 470 | 36.9 | 41.9 | 32.5 | 对所有规格 | 对所有规格 | 对所有规格 |
| | 10.00 | | 57.8 | 65.6 | 50.9 | | | |
| | 12.00 | | 83.1 | 94.4 | 73.1 | | | |
| | 5.00 | 1 570 | 15.4 | 17.4 | 13.6 | | | |
| | 5.80 | | 20.7 | 23.4 | 18.2 | | | |
| | 8.00 | | 39.4 | 44.4 | 34.7 | | | |
| | 10.00 | | 61.7 | 69.6 | 54.3 | | | |
| | 12.00 | | 88.7 | 100 | 78.1 | | | |
| | 5.00 | 1 720 | 16.9 | 18.9 | 14.9 | 3.5 | 70 | 2.5 |
| | 5.80 | | 22.7 | 25.3 | 20.0 | | | |
| | 8.00 | | 43.2 | 48.2 | 38.0 | | | |
| | 10.00 | | 67.6 | 75.5 | 59.5 | | 80 | 4.5 |
| | 12.00 | | 97.2 | 108 | 85.5 | | | |
| | 5.00 | 1 860 | 18.3 | 20.2 | 16.1 | | | |
| | 5.80 | | 24.6 | 27.2 | 21.6 | | | |
| | 8.00 | | 46.7 | 51.7 | 41.1 | | | |
| | 10.00 | | 73.1 | 81.0 | 64.3 | | | |
| | 12.00 | | 105 | 116 | 92.5 | | | |
| | 5.00 | 1 960 | 19.2 | 21.2 | 16.9 | | | |
| | 5.80 | | 25.9 | 28.5 | 22.8 | | | |
| | 8.00 | | 49.2 | 54.2 | 43.3 | | | |
| | 10.00 | | 77.0 | 84.9 | 67.8 | | | |

## 1×3结构钢绞线力学性能

表12-17

| 钢绞线结构 | 钢绞线公称直径 $D_n$ (mm) | 公称抗拉强度 $R_m$ (MPa) | 整根钢绞线最大力 $F_m$ (kN)(≥) | 整根钢绞线最大力的最大值 $F_{m,max}$ (kN)(≤) | 0.2%屈服力 $F_{p0.2}$ (kN)(≥) | 最大力总伸长率 ($L_0$≥400mm) $A_{gt}$(%)(≥) | 应力松弛性能 初始负荷相当于实际最大力的百分数(%) | 应力松弛性能 1000h应力松弛率 $r$(%)(≤) |
|---|---|---|---|---|---|---|---|---|
| 1×3 | 8.60 | 1470 | 55.4 | 63.0 | 48.8 | 对所有规格 | 对所有规格 | 对所有规格 |
| | 10.80 | | 86.6 | 98.4 | 76.2 | | | |
| | 12.90 | | 125 | 142 | 110 | | | |
| | 6.20 | 1570 | 31.1 | 35.0 | 27.4 | | | |
| | 6.50 | | 33.3 | 37.5 | 29.3 | | | |
| | 8.60 | | 59.2 | 66.7 | 52.1 | | | |
| | 8.74 | | 60.6 | 68.3 | 53.3 | | | |
| | 10.80 | | 92.5 | 104 | 81.4 | | | |
| | 12.90 | | 133 | 150 | 117 | | | |
| | 8.74 | 1670 | 64.5 | 72.2 | 56.8 | | | |
| | 6.20 | 1720 | 34.1 | 38.0 | 30.0 | 3.5 | 70 | 2.5 |
| | 6.50 | | 36.5 | 40.7 | 32.1 | | | |
| | 8.60 | | 64.8 | 72.4 | 57.0 | | | |
| | 10.80 | | 101 | 113 | 88.9 | | 80 | 4.5 |
| | 12.90 | | 146 | 163 | 128 | | | |
| | 6.20 | 1860 | 36.8 | 40.8 | 32.4 | | | |
| | 6.50 | | 39.4 | 43.7 | 34.7 | | | |
| | 8.60 | | 70.1 | 77.7 | 61.7 | | | |
| | 8.74 | | 71.8 | 79.5 | 63.2 | | | |
| | 10.80 | | 110 | 121 | 96.8 | | | |
| | 12.90 | | 158 | 175 | 139 | | | |
| | 6.20 | 1960 | 38.8 | 42.8 | 34.1 | | | |
| | 6.50 | | 41.6 | 45.8 | 36.6 | | | |
| | 8.60 | | 73.9 | 81.4 | 65.0 | | | |
| | 10.80 | | 115 | 127 | 101 | | | |
| | 12.90 | | 166 | 183 | 146 | | | |
| 1×3I | 8.70 | 1570 | 60.4 | 68.1 | 53.2 | | | |
| | | 1720 | 66.2 | 73.9 | 58.1 | | | |
| | | 1860 | 71.6 | 79.3 | 63.0 | | | |

1×7 结构钢绞线力学性能  表 12-18

| 钢绞线结构 | 钢绞线公称直径 $D_n$(mm) | 公称抗拉强度 $R_m$(MPa) | 整根钢绞线最大力 $F_m$(kN)(≥) | 整根钢绞线最大力的最大值 $F_{m,max}$(kN)(≤) | 0.2%屈服力 $F_{p0.2}$(kN)(≥) | 最大力总伸长率 ($L_0$≥500mm) $A_{gt}$(%)(≥) | 应力松弛性能 初始负荷相当于实际最大力的百分数(%) | 应力松弛性能 1 000 h 应力松弛率 r(%)(≤) |
|---|---|---|---|---|---|---|---|---|
| 1×7 | 15.20 (15.24) | 1 470 | 206 | 234 | 181 | 对所有规格 | 对所有规格 | 对所有规格 |
| | 15.20 (15.24) | 1 570 | 220 | 248 | 194 | | | |
| | 15.20 (15.24) | 1 670 | 234 | 262 | 206 | | | |
| | 9.50 (9.53) | 1 720 | 94.3 | 105 | 83.0 | | | |
| | 11.10 (11.11) | 1 720 | 128 | 142 | 113 | | | |
| | 12.70 | 1 720 | 170 | 190 | 150 | | | |
| | 15.20 (15.24) | 1 720 | 241 | 269 | 212 | | | |
| | 17.80 (17.78) | 1 720 | 327 | 365 | 288 | | | |
| | 18.90 | 1 820 | 400 | 444 | 352 | | | |
| | 15.70 | 1 770 | 266 | 296 | 234 | | | |
| | 21.60 | 1 770 | 504 | 561 | 444 | 3.5 | 70 | 2.5 |
| | 9.50 (9.53) | 1 860 | 102 | 113 | 89.8 | | | |
| | 11.10 (11.11) | 1 860 | 138 | 153 | 121 | | 80 | 4.5 |
| | 12.70 | 1 860 | 184 | 203 | 162 | | | |
| | 15.20 (15.24) | 1 860 | 260 | 288 | 229 | | | |
| | 15.70 | 1 860 | 279 | 309 | 246 | | | |
| | 17.80 (17.78) | 1 860 | 355 | 391 | 311 | | | |
| | 18.90 | 1 860 | 409 | 453 | 360 | | | |
| | 21.60 | 1 860 | 530 | 587 | 466 | | | |
| | 9.50 (9.53) | 1 960 | 107 | 118 | 94.2 | | | |
| | 11.10 (11.11) | 1 960 | 145 | 160 | 128 | | | |
| | 12.70 | 1 960 | 193 | 213 | 170 | | | |
| | 15.20 (15.24) | 1 960 | 274 | 302 | 241 | | | |
| 1×7I | 12.70 | 1 860 | 184 | 203 | 162 | | | |
| | 15.20 (15.24) | 1 860 | 260 | 288 | 229 | | | |
| (1×7)C | 12.70 | 1 860 | 208 | 231 | 183 | | | |
| | 15.20 (15.24) | 1 820 | 300 | 333 | 264 | | | |
| | 18.00 | 1 720 | 384 | 428 | 338 | | | |

## 1×19 结构钢绞线力学性能  表12-19

| 钢绞线结构 | 钢绞线公称直径 $D_n$(mm) | 公称抗拉强度 $R_m$(MPa) | 整根钢绞线最大力 $F_m$(kN)(≥) | 整根钢绞线最大力的最大值 $F_{m,max}$(kN)(≤) | 0.2%屈服力 $F_{p0.2}$(kN)(≥) | 最大力总伸长率($L_0$≥500mm) $A_{gt}$(%)(≥) | 应力松弛性能 初始负荷相当于实际最大力的百分数(%) | 应力松弛性能 1000h应力松弛率 $r$(%)(≤) |
|---|---|---|---|---|---|---|---|---|
| 1×19S (1+9+9) | 28.6 | 1720 | 915 | 1021 | 805 | 对所有规格 | 对所有规格 | 对所有规格 |
| | 17.8 | 1770 | 368 | 410 | 334 | | | |
| | 19.3 | 1770 | 431 | 481 | 379 | | | |
| | 20.3 | 1770 | 480 | 534 | 422 | 3.5 | 70 | 2.5 |
| | 21.8 | 1770 | 554 | 617 | 488 | | | |
| | 28.6 | 1770 | 942 | 1048 | 829 | | 80 | 4.5 |
| | 20.3 | 1810 | 491 | 545 | 432 | | | |
| | 21.8 | 1810 | 567 | 629 | 499 | | | |
| | 17.8 | 1850 | 387 | 428 | 341 | | | |
| | 19.3 | 1850 | 454 | 503 | 400 | | | |
| | 20.3 | 1850 | 504 | 558 | 444 | | | |
| | 21.8 | 1850 | 583 | 645 | 513 | | | |
| 1×19W (1+6+6/6) | 28.6 | 1720 | 915 | 1021 | 805 | | | |
| | 28.6 | 1770 | 942 | 1048 | 829 | | | |
| | 28.6 | 1860 | 990 | 1096 | 854 | | | |

注:1. 钢绞线弹性模量为(195±10)GPa,可不作为交货条件。当需方要求时,应满足该范围值。

2. 0.2%屈服力 $F_{p0.2}$值应为整根钢绞线实际最大力 $F_{ma}$的88%~95%。

3. 如无特殊要求,只进行初始力为70% $F_{ma}$的松弛试验,允许使用推算法进行120h松弛试验确定1000h松弛率。用于矿山支护的1×19结构的钢绞线松弛率不做要求。

表面质量要求:除非用户有特殊要求,钢绞线表面不得有油、润滑脂等物质;钢绞线表面不得有影响使用性能的有害缺陷;允许存在轴向表面缺陷,但其深度应小于单根钢丝直径的4%;允许钢绞线表面有轻微浮锈;表面不能有目视可见的锈蚀凹坑;钢绞线表面允许存在回火颜色。

3. 预应力混凝土用钢棒(GB/T 5223.3—2005)

预应力混凝土用钢棒的公称直径、横截面积、重量及力学性能见表12-20、表12-21及表12-22。

### 钢棒的公称直径、横截面积、重量及性能

表 12-20

| 表面形状类型 | 公称直径 $D_n$(mm) | 公称横截面积 $S_n$ (mm²) | 横截面积 $S$ (mm²) 最小 | 横截面积 $S$ (mm²) 最大 | 每米参考重量 (g/m) | 抗拉强度 $R_m$，不小于 (MPa) | 规定非比例延伸强度 $R_{p0.2}$，不小于 (MPa) | 弯曲性能 性能要求 | 弯曲性能 弯曲半径 (mm) |
|---|---|---|---|---|---|---|---|---|---|
| 光圆 | 6 | 28.3 | 26.8 | 29.0 | 222 | | | 反复弯曲不小于4次/180° | 15 |
| 光圆 | 7 | 38.5 | 36.3 | 39.5 | 302 | | | 反复弯曲不小于4次/180° | 20 |
| 光圆 | 8 | 50.3 | 47.5 | 51.5 | 394 | | | 反复弯曲不小于4次/180° | 20 |
| 光圆 | 10 | 78.5 | 74.1 | 80.4 | 616 | | | | 25 |
| 光圆 | 11 | 95.0 | 93.1 | 97.4 | 746 | | | 弯曲160°~180°后弯曲处无裂纹 | 弯芯直径为钢棒公称直径的10倍 |
| 光圆 | 12 | 113 | 106.8 | 115.8 | 887 | | | 弯曲160°~180°后弯曲处无裂纹 | 弯芯直径为钢棒公称直径的10倍 |
| 光圆 | 13 | 133 | 130.3 | 136.3 | 1 044 | | | 弯曲160°~180°后弯曲处无裂纹 | 弯芯直径为钢棒公称直径的10倍 |
| 光圆 | 14 | 154 | 145.6 | 157.8 | 1 209 | | | 弯曲160°~180°后弯曲处无裂纹 | 弯芯直径为钢棒公称直径的10倍 |
| 光圆 | 16 | 201 | 190.2 | 206.0 | 1 578 | | | 弯曲160°~180°后弯曲处无裂纹 | 弯芯直径为钢棒公称直径的10倍 |
| 螺旋槽 | 7.1 | 40 | 39.0 | 41.7 | 314 | 对所有规格钢棒 1 080 1 230 1 420 1 570 | 对所有规格钢棒 930 1 080 1 280 1 420 | — | — |
| 螺旋槽 | 9 | 64 | 62.4 | 66.5 | 502 | | | — | — |
| 螺旋槽 | 10.7 | 90 | 87.5 | 93.6 | 707 | | | — | — |
| 螺旋槽 | 12.6 | 125 | 121.5 | 129.0 | 981 | | | — | — |
| 螺旋肋 | 6 | 28.3 | 26.8 | 29.0 | 222 | | | 反复弯曲不小于4次/180° | 15 |
| 螺旋肋 | 7 | 38.5 | 36.3 | 39.5 | 302 | | | 反复弯曲不小于4次/180° | 20 |
| 螺旋肋 | 8 | 50.3 | 47.5 | 51.5 | 394 | | | 反复弯曲不小于4次/180° | 20 |
| 螺旋肋 | 10 | 78.5 | 74.1 | 80.4 | 616 | | | | 25 |
| 螺旋肋 | 12 | 113 | 106.8 | 115.8 | 888 | | | 弯曲160°~180°后弯曲处无裂纹 | 弯芯直径为钢棒公称直径的10倍 |
| 螺旋肋 | 14 | 154 | 145.6 | 157.8 | 1 209 | | | 弯曲160°~180°后弯曲处无裂纹 | 弯芯直径为钢棒公称直径的10倍 |
| 带肋 | 6 | 28.3 | 26.8 | 29.0 | 222 | | | — | — |
| 带肋 | 8 | 50.3 | 47.5 | 51.5 | 394 | | | — | — |
| 带肋 | 10 | 78.5 | 74.1 | 80.4 | 616 | | | — | — |
| 带肋 | 12 | 113 | 106.8 | 115.8 | 887 | | | — | — |
| 带肋 | 14 | 154 | 145.6 | 157.8 | 1 209 | | | — | — |
| 带肋 | 16 | 20 | 190.2 | 206.0 | 1 578 | | | — | — |

### 伸长特性要求

表 12-21

| 延性级别 | 最大力总伸长率 $A_{gt}$(%) | 断后伸长率($L_0 = 8d_n$)A，不小于(%) |
|---|---|---|
| 延性35 | 3.5 | 7.0 |
| 延性25 | 2.5 | 5.0 |

注：1. 日常检验可用断后伸长率，仲裁试验以最大力总伸长率为准。
   2. 最大力伸长率标距 $L_0 = 200$ mm。
   3. 断后伸长率标距 $L_0$ 为钢棒公称直径的8倍，$L_0 = 8d_n$。

最大松弛值  表12-22

| 初始应力为公称抗拉强度的百分数(%) | 1000h松弛值(%) | |
|---|---|---|
| | 普通松弛(N) | 低松弛(L) |
| 70 | 4.0 | 2.0 |
| 60 | 2.0 | 1.0 |
| 80 | 9.0 | 4.5 |

表面质量要求:钢棒表面不得有影响使用的有害损伤和缺陷,允许有浮锈。

4. 预应力混凝土用螺纹钢筋(GB/T 20065—2006)

预应力混凝土用螺纹钢筋(也称精轧螺纹钢筋)是用热轧方法直接生产的一种无纵肋的钢筋。钢筋的连接是在端部用螺纹套筒进行连接接长,钢筋表面及截面形状见图12-8,其外形尺寸和允许偏差应符合表12-23规定;其力学性能如表12-24所示;每批钢筋的检验项目、取样方法和试验方法应符合表12-25的规定。

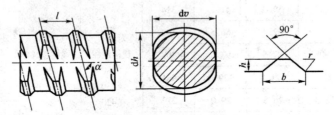

图12-8 钢筋表面及截面形状
$dh$-基圆直径;$dv$-基圆直径;$h$-螺纹高;$b$-螺纹底宽;$l$-螺距;$r$-螺纹根弧;$\alpha$-导角

钢筋的外形尺寸及允许偏差  表12-23

| 公称直径(mm) | 基圆直径(mm) | | | | 螺纹高(mm) | | 螺纹底宽(mm) | | 螺距(mm) | | 螺纹根弧 r(mm) | 导角 α |
|---|---|---|---|---|---|---|---|---|---|---|---|---|
| | $dh$ | | $dv$ | | $h$ | | $b$ | | $l$ | | | |
| | 公称尺寸 | 允许偏差 | 公称尺寸 | 允许偏差 | 公称尺寸 | 允许偏差 | 公称尺寸 | 允许偏差 | 公称尺寸 | 允许偏差 | | |
| 18 | 18.0 | ±0.4 | 18.0 | +0.4 -0.8 | 1.2 | ±0.3 | 4.0 | ±0.5 | 9.0 | ±0.2 | 1.0 | 80°42′ |
| 25 | 25.0 | | 25.0 | +0.4 -0.8 | 1.6 | | 6.0 | | 12.0 | ±0.3 | 1.5 | 81°19′ |
| 32 | 32.0 | ±0.5 | 32.0 | +0.4 -1.2 | 2.0 | ±0.4 | 7.0 | | 16.0 | | 2.0 | 80°40′ |
| 40 | 40.0 | ±0.6 | 40.0 | +0.5 -1.2 | 2.5 | ±0.5 | 8.0 | | 20.0 | ±0.4 | 2.5 | 80°29′ |
| 50 | 50.0 | | 50.0 | +0.5 -1.2 | 3.0 | +0.5 -1.0 | 9.0 | | 24.0 | | 2.5 | 81°19′ |

注:螺纹底宽允许偏差属于轧辊设计参数。

钢筋的力学性能  表12-24

| 级 别 | 屈服强度 $R_{eL}$(MPa) | 抗拉强度 $R_m$(MPa) | 断后伸长率 $A$(%) | 最大力下总伸长率 $A_{gt}$(%) | 应力松弛性能 | |
|---|---|---|---|---|---|---|
| | | | | | 初始应力 | 1 000h后应力松弛率 $V_r$(%) |
| | 不小于 | | | | | |
| PSB785 | 785 | 980 | 7 | 3.5 | $0.8R_{eL}$ | ≤3 |
| PSB830 | 830 | 1 030 | 6 | | | |
| PSB930 | 930 | 1 080 | 6 | | | |
| PSB1080 | 1 080 | 1 230 | 6 | | | |

注:无明显屈服时,用规定非比例延伸强度($R_{p0.2}$)代替。

每批钢筋的检验项目取样方法和试验方法  表12-25

| 序号 | 检验项目 | 取样方法 | 取样数量 | 试验方法 |
|---|---|---|---|---|
| 1 | 化学成分 | GB/T 20066 | 1 | GB/T 223、GB/T 4336 |
| 2 | 拉伸 | 任选两根钢筋 | 2 | GB/T 228、本标准8.2 |
| 3 | 松弛 | 任选一根钢筋 | 1/每1 000t | GB/T 10120、本标准8.3 |
| 4 | 疲劳 | 任选一根钢筋 | 1 | GB/T 3075 |
| 5 | 表面 | | 逐支 | 目视 |
| 6 | 质量偏差 | | 按本标准6.7 | |

表面质量要求:钢筋表面不得有横向裂纹、结疤及折叠,允许有不影响钢筋力学性能和连接的其他缺陷。

**【注意事项】**

(1)拉伸试验应采用全截面尺寸钢筋试样进行,不允许用机加工减少截面的试样。

(2)单位应力测定应按表12-12所列公称横截面积计算。

(3)对每批质量大于60t的钢筋,超过60t的部分,每增加40t增加一个拉伸试样。

(4)供方在保证钢筋1 000h松弛性能合格的基础上,可进行10h松弛实验,初始应力为公称屈服强度的80%,松弛率不大于1.5%。

(5)$A_{gt}$的测量见GB/T 20065—2006附录A。

预应力混凝土用螺纹钢筋
(GB/T 20065—2006 附录A)(规范性附录)
钢筋在最大力下总伸长率的测定方法

A.1 试样

A.1.1 长度

试样夹具之间的最小自由长度应符合表A.1要求:

表 A.1

| 钢筋公称直径(mm) | 试样夹具之间的最小自由长度(mm) |
|---|---|
| $d \leq 25$ | 350 |
| $25 < d \leq 32$ | 400 |
| $32 < d \leq 50$ | 500 |

A.1.2 原始标距的标记和测量

在试样自由长度范围内,均匀划分为10mm或5mm的等间距标记,标记的划分和测量应符合GB/T 228的有关要求。

A.2 拉伸试验

按GB/T 228规定进行拉伸试验,直至试样断裂。

A.3 断裂后的测量

选择Y和V两个标记,这两个标记之间的距离在拉伸试验之前至少应为100mm。两个标记都应当位于夹具离断裂点最远的一侧。两个标记离开夹具的距离都应不小于20mm或钢筋公称直径$d$(取二者之较大者);两个标记与断裂点之间的距离应不小于50mm或$2d$(取两者之较大者)。见图A.1。

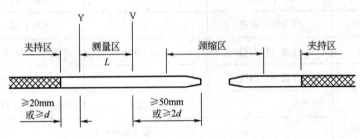

图 A.1 断裂后的测量

在最大力作用下试样总伸长率$A_{gt}(\%)$可按式A.1计算:

$$A_{gt} = \left[ \frac{L - L_0}{L} + \frac{R_m}{E} \right] \times 100 \quad (A.1)$$

式中:$L$——图A.1所示断裂后的距离,mm;
$L_0$——试验前同样标记间的距离,mm;
$R_m$——抗拉强度,MPa;
$E$——弹性模量,其值可取为$2 \times 10^5$,MPa。

## 二、钢桥用钢

钢桥上用钢的种类比较多,其焊后性能往往是控制因素,因此对含碳量和S、P元素严格控制;夏比冲击韧性需根据桥址最低设计温度、板厚及受力状态提出。为满足焊后韧性要求,一般对母材要求较严。我国桥梁常用钢的力学性能和化学成分见表12-26 ~ 表12-28。

桥梁结构钢力学性能(YB/T 10—1981)　　表12-26

| 牌号 | 屈服点 $\sigma_s$ (MPa·m) | 抗拉强度 $\sigma_b$ (MPa·m) | 伸长率 $\delta_5$ (%) | -20℃冲击值 $\alpha_k$ (MPa·m) | | 时效冲击值 $\alpha_k$ (MPa·m) | | 180° 冷弯试验 |
|---|---|---|---|---|---|---|---|---|
| | | | | 横试样 | 纵试样 | 横试样 | 纵试样 | |
| | 不 小 于 | | | | | | | |
| 16q | 2.3 | 3.8 | 2.6 | 0.35 | 0.40 | 0.35 | 0.40 | $d = 1.5a$ |

**桥梁结构钢力学性能**（YB/T 10—1981） 表12-27

| 牌 号 | 厚度（mm） | 屈服点 $\sigma_s$(MPa) | 抗拉强度 $\sigma_b$(MPa) | 伸长率 $\delta_5$(%) | -40℃冲击值 $\alpha_k$(MPa·m) | 时效冲击值 $\alpha_k$(MPa·m) | 180°冷弯试验 |
|---|---|---|---|---|---|---|---|
| | | | | 不 小 于 | | | |
| 16Mnq<br>16MnCuq | ≤25<br>26~36<br>38~50 | 3.5<br>3.3<br>3.2 | 5.2<br>5.0<br>4.8 | 21<br>19<br>19 | 0.35 | 0.35 | $d=2a$<br><br>$d=3a$ |
| 15MnVq | ≤25<br>26~36<br>38~50 | 4.0<br>3.8<br>3.6 | 5.4<br>5.2<br>5.0 | 19<br>18<br>18 | 0.35 | 0.35 | $d=3a$ |
| 15MnVNq | ≤25<br>26~60 | 4.3<br>4.2 | 5.8<br>5.6 | 19<br>19 | 0.40 | 0.40 | $d=3a$ |

**桥梁结构钢化学成分**（YB/T 10—1981） 表12-28

| 牌 号 | 化学成分（%） | | | | | | | |
|---|---|---|---|---|---|---|---|---|
| | C | Si | Mn | P | S | V | Cu | N |
| | | | | 不大于 | | | | |
| 16q | 0.12~0.20 | 0.12~0.25 | 0.40~0.70 | 0.035 | 0.040 | — | — | — |
| 16Mnq | 0.12~0.20 | 0.20~0.60 | 1.20~1.60 | 0.035 | 0.035 | — | — | — |
| 16MnCuq | 0.12~0.20 | 0.20~0.60 | 1.20~1.60 | 0.035 | 0.035 | — | 0.20~0.40 | — |
| 15MnVq | 0.10~0.18 | 0.20~0.60 | 1.20~1.60 | 0.035 | 0.035 | 0.04~0.12 | — | — |
| 15MnVNq | ≤0.18 | 0.20~0.60 | 1.30~1.70 | 0.035 | 0.035 | 0.10~0.20 | — | 0.010~0.020 |

碳素结构钢的力学性能见表12-29（GB/T 700—2006）。

**碳素结构钢力学性能** 表12-29

| 牌号 | 等级 | 屈服强度[①] $R_{eH}$(N/mm²)，不小于 | | | | | | 抗拉强度[②] $R_m$ (N/mm²) | 断后伸长率 A(%)不小于 | | | | | 冲击试验（V形缺口） | |
|---|---|---|---|---|---|---|---|---|---|---|---|---|---|---|---|
| | | 厚度（或直径）（mm） | | | | | | | 厚度（或直径）（mm） | | | | | 温度（℃） | 冲击吸收功（纵向）(J) 不小于 |
| | | ≤16 | >16~40 | >40~60 | >60~100 | >100~150 | >150~200 | | ≤40 | >40~60 | >60~100 | >100~150 | >150~200 | | |
| Q195 | — | 195 | 185 | — | — | — | — | 315~430 | 33 | — | — | — | — | — | — |
| Q215 | A | 215 | 205 | 195 | 185 | 175 | 165 | 335~450 | 31 | 30 | 29 | 27 | 26 | — | — |
| | B | | | | | | | | | | | | | +20 | 27 |

续上表

| 牌号 | 等级 | 屈服强度① $R_{eH}$(N/mm²),不小于 | | | | | | 抗拉强度② $R_m$ (N/mm²) | 断后伸长率 A(%)不小于 | | | | | 冲击试验(V形缺口) | |
|---|---|---|---|---|---|---|---|---|---|---|---|---|---|---|---|
| | | 厚度(或直径)(mm) | | | | | | | 厚度(或直径)(mm) | | | | | 温度(℃) | 冲击吸收功(纵向)(J)不小于 |
| | | ≤16 | >16~40 | >40~60 | >60~100 | >100~150 | >150~200 | | ≤40 | >40~60 | >60~100 | >100~150 | >150~200 | | |
| Q235 | A | 235 | 225 | 215 | 215 | 195 | 185 | 370~500 | 26 | 25 | 24 | 22 | 21 | — | — |
| | B | | | | | | | | | | | | | +20 | 27③ |
| | C | | | | | | | | | | | | | 0 | |
| | D | | | | | | | | | | | | | -20 | |
| Q275 | A | 275 | 265 | 255 | 245 | 225 | 215 | 410~540 | 22 | 21 | 20 | 18 | 17 | — | — |
| | B | | | | | | | | | | | | | +20 | 27 |
| | C | | | | | | | | | | | | | 0 | |
| | D | | | | | | | | | | | | | -20 | |

注:① Q195 的屈服强度值仅供参考,不作交货条件。
② 厚度大于 100mm 的钢材,抗拉强度下限允许降低 20N/mm²。宽带钢(包括剪切钢板)抗拉强度上限不作交货条件。
③ 厚度小于 25mm 的 Q235B 级钢材,如供方能保证冲击吸收功值合格,经需方同意,可不做检验。

碳素结构钢的冷弯试验规定见表 12-30(GB/T 700—2006)。

**碳素结构钢冷弯试规定** 表 12-30

| 牌号 | 试样方向 | 冷弯试验 180° $B=2a$① | |
|---|---|---|---|
| | | 钢材厚度(或直径)②(mm) | |
| | | ≤60 | >60~100 |
| | | 弯心直径 d | |
| Q195 | 纵 | 0 | — |
| | 横 | 0.5a | |
| Q215 | 纵 | 0.5a | 1.5a |
| | 横 | a | 2a |
| Q235 | 纵 | a | 2a |
| | 横 | 1.5a | 2.5a |

续上表

| 牌号 | 试样方向 | 冷弯试验180° B=2a① ||
|---|---|---|---|
| | | 钢材厚度(或直径)②(mm) ||
| | | ≤60 | >60~100 |
| | | 弯心直径 d ||
| Q275 | 纵 | 1.5a | 2.5a |
| | 横 | 2a | 3a |

注：① $B$ 为试样宽度，$a$ 为试样厚度(或直径)。
② 钢材厚度(或直径)大于100mm时，弯曲试验由双方协商确定。

碳素结构钢的化学成分见表12-31(GB/T 700—2006)。

**碳素结构钢化学成分** 表12-31

| 牌号 | 统一数字代号① | 等级 | 厚度(或直径)(mm) | 脱氧方法 | 化学成分(质量分数)(%)不大于 |||||
|---|---|---|---|---|---|---|---|---|---|
| | | | | | C | Si | Mn | P | S |
| Q195 | U11952 | — | — | F、Z | 0.12 | 0.30 | 0.50 | 0.035 | 0.040 |
| Q215 | U12152 | A | — | F、Z | 0.15 | 0.35 | 1.20 | 0.045 | 0.050 |
| | U12155 | B | | | | | | | 0.045 |
| Q235 | U12352 | A | — | F、Z | 0.22 | 0.35 | 1.40 | 0.045 | 0.050 |
| | U12355 | B | | | 0.20② | | | | 0.045 |
| | U12358 | C | | Z | 0.17 | | | 0.040 | 0.040 |
| | U12359 | D | | TZ | | | | 0.035 | 0.035 |
| Q275 | U12752 | A | — | F、Z | 0.24 | 0.35 | 1.50 | 0.045 | 0.050 |
| | U12755 | B | ≤40 | Z | 0.21 | | | 0.045 | 0.045 |
| | | | >40 | | 0.22 | | | | |
| | U12758 | C | — | Z | 0.20 | | | 0.040 | 0.040 |
| | U12759 | D | | TZ | | | | 0.035 | 0.035 |

注：① 表中为镇静钢、特殊镇静钢牌号的统一数字，沸腾钢牌号的统一数字代号如下：
　　Q195F——U11950；Q215AF——U12150，Q215BF——U12153；Q235AF——U12350，Q235BF——U12353；
　　Q275AF——U12750。
② 经需方同意，Q235B的碳含量可不大于0.22%。

低合金结构钢的力学性能见表12-32(GB/T 1591—2008)。
低合金结构钢的化学成分见表12-33(GB/T 1591—2008)。

表 12-32

## 钢材的拉伸性能

### 拉 伸 试 验 ①、②、③

| 牌号 | 质量等级 | 以下公称厚度(直径,边长)下屈服强度($R_{eL}$)(MPa) ||||||| 以下公称厚度(直径,边长)抗拉强度($R_m$)(MPa) ||||| 断后伸长率($A$)(%) 公称厚度(直径,边长) |||||
|---|---|---|---|---|---|---|---|---|---|---|---|---|---|---|---|---|---|---|
| | | ≤16mm | >16~40mm | >40~63mm | >63~80mm | >80~100mm | >100~150mm | >150~200mm | >200~250mm | >250~400mm | ≤40mm | >40~63mm | >63~80mm | >80~100mm | >100~150mm | >150~250mm | >250~400mm | ≤40mm | >40~63mm | >63~100mm | >100~150mm | >150~250mm | >250~400mm |
| Q345 | A | ≥345 | ≥335 | ≥325 | ≥315 | ≥305 | ≥285 | ≥275 | ≥265 | — | 470~630 | 470~630 | 470~630 | 470~630 | 450~600 | — | — | ≥20 | ≥19 | ≥19 | ≥18 | — | — |
| | B | | | | | | | | | | | | | | | | | | | | | | |
| | C | | | | | | | | | ≥265 | | | | | | 450~600 | | ≥21 | ≥20 | ≥20 | ≥19 | ≥18 | ≥17 |
| | D | | | | | | | | | | | | | | | | | | | | | | |
| | E | | | | | | | | | | | | | | | | | | | | | | |
| Q390 | A | ≥390 | ≥370 | ≥350 | ≥330 | ≥330 | ≥310 | — | — | — | 490~650 | 490~650 | 490~650 | 490~650 | 470~620 | — | — | ≥20 | ≥19 | ≥19 | ≥18 | — | — |
| | B | | | | | | | | | | | | | | | | | | | | | | |
| | C | | | | | | | | | | | | | | | | | | | | | | |
| | D | | | | | | | | | | | | | | | | | | | | | | |
| | E | | | | | | | | | | | | | | | | | | | | | | |
| Q420 | A | ≥420 | ≥400 | ≥380 | ≥360 | ≥360 | ≥340 | — | — | — | 520~680 | 520~680 | 520~680 | 520~680 | 500~650 | — | — | ≥19 | ≥18 | ≥18 | ≥18 | — | — |
| | B | | | | | | | | | | | | | | | | | | | | | | |
| | C | | | | | | | | | | | | | | | | | | | | | | |
| | D | | | | | | | | | | | | | | | | | | | | | | |
| | E | | | | | | | | | | | | | | | | | | | | | | |
| Q460 | C | ≥460 | ≥440 | ≥420 | ≥400 | ≥400 | ≥380 | — | — | — | 550~720 | 550~720 | 550~720 | 550~720 | 530~700 | — | — | ≥17 | ≥16 | ≥16 | ≥16 | — | — |
| | D | | | | | | | | | | | | | | | | | | | | | | |
| | E | | | | | | | | | | | | | | | | | | | | | | |

续上表

| 牌号 | 质量等级 | 拉伸试验①②③ ||||||||||||||
|---|---|---|---|---|---|---|---|---|---|---|---|---|---|---|---|
| | | 以下公称厚度(直径,边长)下屈服强度($R_{eL}$)(MPa) |||||||| 以下公称厚度(直径,边长)抗拉强度($R_m$)(MPa) |||| 断后伸长率($A$)(%)公称厚度(直径,边长) ||||
| | | ≤16mm | >16~40mm | >40~63mm | >63~80mm | >80~100mm | >100~150mm | >150~200mm | >200~250mm | >250~400mm | ≤40mm | >40~63mm | >63~80mm | >80~100mm | >100~150mm | >150~250mm | >250~400mm | ≤40mm | >40~63mm | >63~100mm | >100~150mm | >150~250mm | >250~400mm |
| Q500 | C | ≥500 | ≥480 | ≥470 | ≥450 | ≥440 | — | — | — | — | 610~770 | 600~760 | 590~750 | 540~730 | — | — | — | ≥17 | ≥17 | ≥17 | — | — | — |
| | D | | | | | | | | | | | | | | | | | | | | | | |
| | E | | | | | | | | | | | | | | | | | | | | | | |
| Q550 | C | ≥550 | ≥530 | ≥520 | ≥500 | ≥490 | — | — | — | — | 670~830 | 620~810 | 600~790 | 590~780 | — | — | — | ≥16 | ≥16 | ≥16 | — | — | — |
| | D | | | | | | | | | | | | | | | | | | | | | | |
| | E | | | | | | | | | | | | | | | | | | | | | | |
| Q620 | C | ≥620 | ≥600 | ≥590 | ≥570 | — | — | — | — | — | 710~880 | 690~880 | 670~860 | — | — | — | — | ≥15 | ≥15 | ≥15 | — | — | — |
| | D | | | | | | | | | | | | | | | | | | | | | | |
| | E | | | | | | | | | | | | | | | | | | | | | | |
| Q690 | C | ≥690 | ≥670 | ≥660 | ≥640 | — | — | — | — | — | 770~940 | 750~920 | 730~900 | — | — | — | — | ≥14 | ≥14 | ≥14 | — | — | — |
| | D | | | | | | | | | | | | | | | | | | | | | | |
| | E | | | | | | | | | | | | | | | | | | | | | | |

注:①当屈服不明显时,可测量$R_{p0.2}$代替下屈服强度。
②宽度不小于600mm扁平材,拉伸试验取横向试样;宽度小于600mm的扁平材、型材及棒材取纵向试样,断后伸长率最小值相应提高1%(绝对值)。
③厚度>250~400mm的数值适用于扁平材。

## 低合金结构钢的化学成分

表 12-33

| 牌号 | 质量等级 | 化学成分①②（质量分数）(%) | | | | | | | | | | | | |
|---|---|---|---|---|---|---|---|---|---|---|---|---|---|---|
| | | C | Si | Mn | P | S | Nb | V | Ti | Cr | Ni | Cu | N | Mo | B | Als |
| | | 不大于 | | | | | | | | | | | | | | 不小于 |
| Q345 | A | ≤0.20 | ≤0.50 | ≤1.70 | 0.035 | 0.035 | 0.07 | 0.15 | 0.20 | 0.30 | 0.50 | 0.30 | 0.012 | 0.10 | — | — |
| | B | ≤0.20 | | | 0.035 | 0.035 | | | | | | | | | | — |
| | C | | | | 0.030 | 0.030 | | | | | | | | | | — |
| | D | ≤0.18 | | | 0.030 | 0.025 | | | | | | | | | | 0.015 |
| | E | | | | 0.025 | 0.020 | | | | | | | | | | 0.015 |
| Q390 | A | ≤0.20 | ≤0.50 | ≤1.70 | 0.035 | 0.035 | 0.07 | 0.20 | 0.20 | 0.30 | 0.50 | 0.30 | 0.015 | 0.10 | — | — |
| | B | | | | 0.035 | 0.035 | | | | | | | | | | — |
| | C | | | | 0.030 | 0.030 | | | | | | | | | | — |
| | D | | | | 0.030 | 0.025 | | | | | | | | | | 0.015 |
| | E | | | | 0.025 | 0.020 | | | | | | | | | | 0.015 |
| Q420 | A | ≤0.20 | ≤0.50 | ≤1.70 | 0.035 | 0.035 | 0.07 | 0.20 | 0.20 | 0.30 | 0.80 | 0.30 | 0.015 | 0.20 | — | — |
| | B | | | | 0.035 | 0.035 | | | | | | | | | | — |
| | C | | | | 0.030 | 0.030 | | | | | | | | | | — |
| | D | | | | 0.030 | 0.025 | | | | | | | | | | 0.015 |
| | E | | | | 0.025 | 0.020 | | | | | | | | | | 0.015 |

续上表

化学成分①②（质量分数）(%)

| 牌号 | 质量等级 | C | Si | Mn | P | S | Nb | V | Ti | Cr | Ni | Cu | N | Mo | B | Als |
|---|---|---|---|---|---|---|---|---|---|---|---|---|---|---|---|---|
| | | | | | | | | | | 不大于 | | | | | | 不小于 |
| Q460 | C | ≤0.20 | ≤0.60 | ≤1.80 | 0.030 | 0.030 | | | | | | | | | | |
| | D | | | | 0.030 | 0.025 | 0.11 | 0.20 | 0.20 | 0.30 | 0.80 | 0.55 | 0.015 | 0.20 | 0.004 | 0.015 |
| | E | | | | 0.025 | 0.020 | | | | | | | | | | |
| Q500 | C | ≤0.18 | ≤0.60 | ≤1.80 | 0.030 | 0.030 | | | | | | | | | | |
| | D | | | | 0.030 | 0.025 | 0.11 | 0.12 | 0.20 | 0.60 | 0.80 | 0.55 | 0.015 | 0.20 | 0.004 | 0.015 |
| | E | | | | 0.025 | 0.020 | | | | | | | | | | |
| Q550 | C | ≤0.18 | ≤0.60 | ≤2.00 | 0.030 | 0.030 | | | | | | | | | | |
| | D | | | | 0.030 | 0.025 | 0.11 | 0.12 | 0.20 | 0.80 | 0.80 | 0.80 | 0.015 | 0.30 | 0.004 | 0.015 |
| | E | | | | 0.025 | 0.020 | | | | | | | | | | |
| Q620 | C | ≤0.18 | ≤0.60 | ≤2.00 | 0.030 | 0.030 | | | | | | | | | | |
| | D | | | | 0.030 | 0.025 | 0.11 | 0.12 | 0.20 | 1.00 | 0.80 | 0.80 | 0.015 | 0.30 | 0.004 | 0.015 |
| | E | | | | 0.025 | 0.020 | | | | | | | | | | |
| Q690 | C | ≤0.18 | ≤0.60 | ≤2.00 | 0.030 | 0.030 | | | | | | | | | | |
| | D | | | | 0.030 | 0.025 | 0.11 | 0.12 | 0.20 | 1.00 | 0.80 | 0.80 | 0.015 | 0.30 | 0.004 | 0.015 |
| | E | | | | 0.025 | 0.020 | | | | | | | | | | |

注：①型材及棒材 P、S 含量可提高 0.005%，其中 A 级钢上限为 0.045%。
②当细化晶粒元素组合加入时，0.20(Nb+V+Ti)≤0.22%，0.20(Mo+Cr)≤0.30%。

低合金结构钢各项检验的检验项目、取样数量、取样方法和试验方法见表12-34（GB/T 1591—2008）。

**钢材各项检验的检验项目、取样数量、取样方法和试验方法** 表12-34

| 序号 | 检验项目 | 取样数量（个） | 取样方法 | 试验方法 |
|---|---|---|---|---|
| 1 | 化学成分（熔炼分析） | 1/炉 | GB/T 20066 | GB/T 223、GB/T 4336、GB/T 20125 |
| 2 | 拉伸试验 | 1/批 | GB/T 2975 | GB/T 228 |
| 3 | 弯曲试验 | 1/批 | GB/T 2975 | GB/T 232 |
| 4 | 冲击试验 | 3/批 | GB/T 2975 | GB/T 229 |
| 5 | Z向钢厚度方向断面收缩率 | 3/批 | GB/T 5313 | GB/T 5313 |
| 6 | 无损检验 | 逐张或逐件 | 按无损检验标准规定 | 协商 |
| 7 | 表面质量 | 逐张/逐件 | — | 目视及测量 |
| 8 | 尺寸、外形 | 逐张或逐件 | — | 合适的量具 |

## 第三节 钢及钢产品力学性能试验取样位置及试样制备

本节内容主要摘编自《钢及钢产品力学性能试验取样位置及试样制备》（GB/T 2975—1998）。

### 一、钢筋、钢丝和钢绞线

（一）钢筋

钢筋批量规定为：由同一厂别、同一炉号、同一规格、同一交货状态、同一进场（厂）时间为一验收批量。钢筋混凝土用热轧带肋钢筋（GB 1499.2—2007）、热轧光圆钢筋（GB 1499.1—2008）、低碳钢热轧圆盘条（GB 701—2008）、余热处理钢筋（GB 13014—2013）、冷轧带肋钢筋（GB 13788—2008）每批数量不大于60t，取一组试样。各类钢筋每组试件数量参见表12-35。试件截取长度为：

拉伸试件：$L \geq 10d + 200$mm。

冷弯试件：$L \geq 5d + 150$mm。

**各类钢筋每组试件数量** 表12-35

| 钢筋种类 | 每组试件数量 | |
|---|---|---|
| | 拉伸试验 | 弯曲试验 |
| 热轧带肋钢筋 | 2根 | 2根 |
| 热轧光圆钢筋 | 2根 | 2根 |
| 低碳热轧圆盘条 | 1根 | 2根 |

续上表

| 钢筋种类 | 每组试件数量 ||
|---|---|---|
| | 拉伸试验 | 弯曲试验 |
| 余热处理钢筋 | 2根 | 2根 |
| 冷扎带肋筋 | 逐盘1个 | 每批2个 |

【注意事项】

(1) 凡表12-35中规定取两个试件的(低碳钢热轧圆盘条冷弯试件除外),均应从任意两根(两盘)中分别切取,每根钢筋上切取一个拉力试件、一个冷弯试件。

(2) 低碳钢热轧圆盘条,冷弯试件应取自同盘的两端。

(3) 试件切取时,应在钢筋或盘条的任意一端截去500mm后切取。

(二) 钢丝

钢丝批量规定为:由同一牌号、同一规格、同一加工状态的钢丝为一验收批量,每批质量不大于60t。不同品种钢丝的检验项目应按照表12-10~表12-11相应的规定进行,取样数量应符合表12-36的规定。

检验项目及取样数量　　　　表12-36

| 序号 | 检验项目 | 取样数量 | 取样部位 | 取样长度 |
|---|---|---|---|---|
| 1 | 表面 | 逐盘 | 在每(任一)盘中任意一端截取 | |
| 2 | 外形尺寸 | 逐盘 | | |
| 3 | 消除应力钢丝伸直性 | 1根/盘 | | 弦长1m |
| 4 | 抗拉强度 | 1根/盘 | | $L \geq L_0 + 200mm$ |
| 5 | 规定非比例长应力 | 3根/每批 | | $L \geq L_0 + 200mm$ |
| 6 | 最大力下总伸长率 | 3根/每批 | | $L \geq L_0 + 200mm$ |
| 7 | 断后伸长率 | 1根/盘 | | $L \geq L_0 + 200mm$ |
| 8 | 弯曲 | 1根/盘 | | $L \geq L_0 + 200mm$ |
| 9 | 扭转 | 1根/盘 | | 夹具间距离不小于210mm |
| 10 | 断面收缩率 | 1根/盘 | | $L \geq L_0 + 200mm$ |
| 11 | 镦头强度 | 3根/每批 | | |
| 12 | 应力松弛性能 | 不少于1根/每合同批 | | $L \geq 2500mm$ |

注:$L_0 = 200mm$。

## (三)钢绞线

钢绞线批量规定为:由同一牌号、同一规格、同一生产工艺制造的钢绞线为一验收批量,每批质量不大于60t。钢绞线的检验项目应按照表12-16~表12-19相应的规定进行。

取样长度为:测定钢绞线伸长率时,$1\times7$结构钢绞线的标距不小于500mm;$1\times2$和$1\times3$结构钢绞线的标距不小于400mm。因此一般试样截取长度为:$L\geqslant 500+200$mm。

检验数量:从每批钢绞线中任取3盘,进行表面质量、直径偏差、捻距和力学性能试验。如每批少于3盘,则应逐盘进行上述检验。

可以从每捆钢绞线的任一端切取样品,但发现钢丝有接缝的任何试样都应作废,并应选取新的试样。

## 二、型钢、条钢、钢板和钢管

在型钢、条钢、钢板和钢管产品不同位置取样时,力学性能会有差异。《钢及钢产品力学性能试验取样位置及试样制备》(GB/T 2975—1998)附录中规定了型钢、条钢、钢板和钢管等产品的取样位置,则认为具有代表性。

### (一)型钢

按图12-9在型钢腿部切取拉伸、弯曲和冲击样坯。如型钢尺寸不能满足要求,可将取样位置向中部位移。但应注意以下事项。

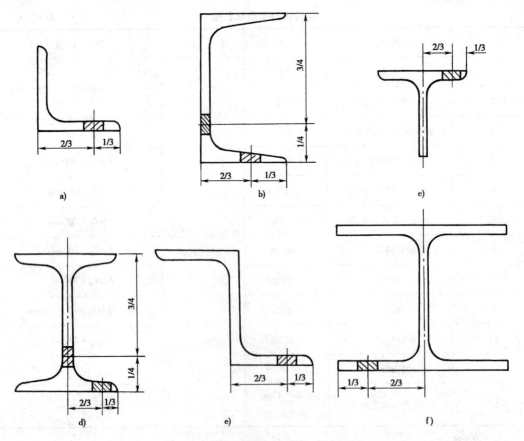

图12-9 在型钢腿部宽度方向切取样坯的位置

(1)对于腿部有斜度的型钢,可在腰部 1/4 处取样,见图 12-9b)和 d);经协商也可从腿部取样进行机加工。

(2)对于腿部长度不相等的角钢,可从任一腿部取样。

(3)对于腿部厚度不大于 50mm 的型钢,当机加工和试验机能力允许时,应按图 12-10a)切取拉伸样坯;当切取圆形横截面拉伸样坯时,按图 12-10b)规定。对于腿部厚度大于 50mm 的型钢,当切取圆形横截面样坯时,按图 12-10c)规定。

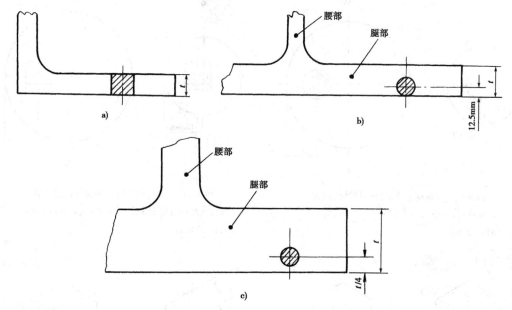

图 12-10 在型钢腿部方向切取拉伸样坯的位置
a)$t \leqslant 50mm$;b)$t \leqslant 50mm$;c)$t > 50mm$

按图 12-11 在型钢腿部厚度方向切取冲击样坯。

(二)条钢

按图 12-12 在圆钢上选取拉伸样坯位置,当机加工和试验机能力允许时,按图 12-12a)取样。

按图 12-13 在圆钢上选取冲击样坯位置。

按图 12-14 在六角钢上选取拉伸样坯位置,当机加工和试验机能力允许时,按图 12-14a)取样。

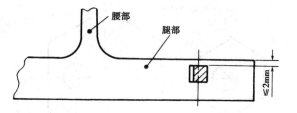

图 12-11 在型钢腿部方向切取冲击样坯的位置

按图 12-15 在六角钢上选取冲击样坯位置。

按图 12-16 在矩形截面条钢上切取拉伸样坯,当机加工和试验机能力允许时,按图 12-16a)取样。

按图 12-17 在矩形截面条钢上切取冲击样坯。

(三)钢板

应在钢板宽度 1/4 处切取拉伸、弯曲或冲击样坯,如图 12-18 和图 12-19 所示。

对于纵轧钢板,当产品标准没有规定取样方向时,应在钢板宽度 1/4 处切取横向样坯,如钢板宽度不足,样坯中心可以内移。

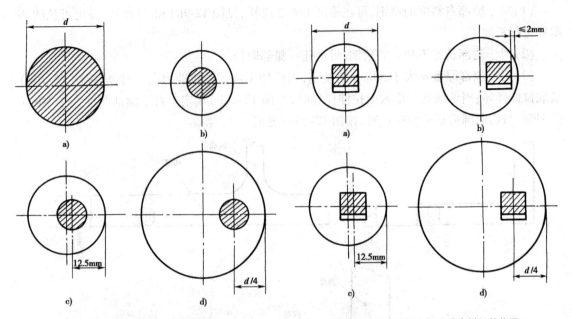

图 12-12 在圆钢上切取拉伸样坯的位置
a)全横截面试样;b)$d \leqslant 25mm$;c)$d > 25mm$;
d)$d > 50mm$

图 12-13 在圆钢上切取冲击样坯的位置
a)$d \leqslant 25mm$;b)$25mm < d \leqslant 50mm$;c)$d > 25mm$;
d)$d > 50mm$

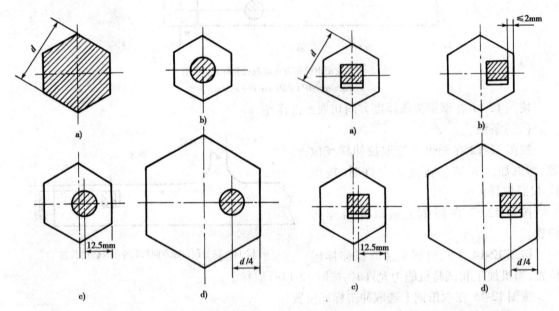

图 12-14 在六角钢上切取拉伸样坯的位置
a)全横截面试样;b)$d \leqslant 25mm$;c)$d > 25mm$;
d)$d > 50mm$

图 12-15 在六角钢上切取冲击样坯的位置
a)$d \leqslant 25mm$;b)$25mm < d \leqslant 50mm$;c)$d > 25mm$;
d)$d > 50mm$

应按图 12-18 在钢板厚度方向切取拉伸样坯。当机加工和试验机能力允许时,应按图 12-18a)取样。

在钢板厚度方向切取冲击样坯时,根据产品标准或供需双方协议选择图 12-19 规定的取样位置。

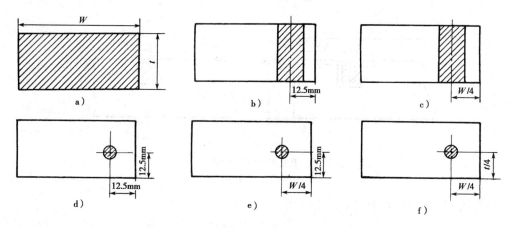

图 12-16　在矩形截面条钢上切取拉伸样坯的位置

a)全横截面试样；b)$W \leqslant 50mm$；c)$W > 50mm$；d)$W \leqslant 50mm$ 和 $t \leqslant 50mm$；e)$W > 50mm$ 和 $t \leqslant 50mm$；f)$W > 50mm$ 和 $t > 50mm$

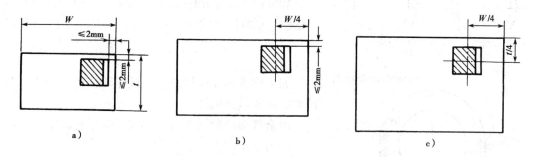

图 12-17　在矩形截面条钢上切取冲击样坯的位置

a)$12mm \leqslant W \leqslant 50mm$ 和 $t \leqslant 50mm$；b)$W > 50mm$ 和 $t \leqslant 50mm$；c)$W > 50mm$ 和 $t > 50mm$

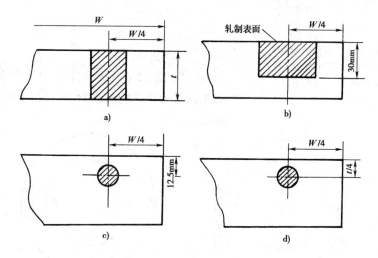

图 12-18　在钢板上切取拉伸样坯的位置

a)全厚度试样；b)$t > 30mm$；c)$25mm < t < 50mm$；d)$t \geqslant 50mm$

（四）钢管

应按图 12-20 在钢管上切取拉伸样坯，当机加工和试验机能力允许时，应按图 12-20a)取样。对于图 12-20c)，如钢管尺寸不能满足要求，可将取样位置向中部位移。

对于焊管，当取横向试样检验焊接性能时，焊缝应在试样中部。

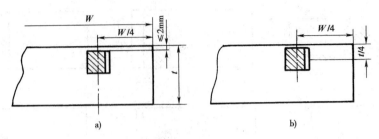

图 12-19 在钢板上切取冲击样坯的位置
a) 对于全部 $t$ 值；b) $t>40$mm

应按图 12-21 在钢管上切取冲击样坯。

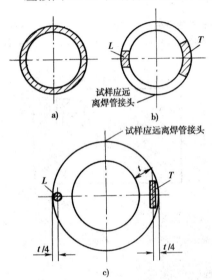

图 12-20 在钢管上切取拉伸的位置
a) 全横截面试样；b) 矩形横截面试样；
c) 圆形横截面试样

如果产品标准没有规定取样位置,应由生产厂提供。

如果钢管尺寸允许,应切取 10～5mm 最大厚度的横向试样。切取横向试样的钢管最小外径 $D_{min}$ 按下式计算：

$$D_{min} = (t-5) + \frac{756.25}{t-5} \quad (12\text{-}1)$$

如果钢管不能取横向冲击试样,则应切取 10～5mm 最大厚度的纵向试样。

用全截面圆形钢管可作为如下试验的试样：
(1) 压扁试验。
(2) 扩口试验。
(3) 卷边试验。
(4) 环扩试验。
(5) 管环拉伸试验。
(6) 弯曲试验。

应按图 12-22 在方形钢管上切取拉伸或弯曲样坯。当加工和试验机能力允许时,按图 12-22a) 取样。

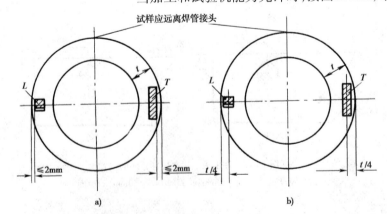

图 12-21 在钢管上切取冲击样坯的位置
a) 冲击试样；b) $t>40$mm 冲击试样

应按图 12-23 在方形钢管上切取冲击样坯。

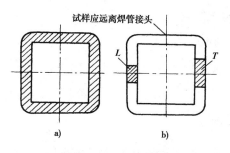

图 12-22 在方形钢管上切取拉伸及弯曲样坯的位置
a)全横截面试样;b)矩形横截面试样

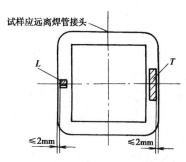

图 12-23 在方形钢管上切取冲击样坯的位置

(五)符号说明

$W$:产品的宽度。

$T$:产品的厚度(对型钢为腿部厚度,对钢管为管壁厚度)。

$D$:产品的直径(对多边形条钢为内切圆直径)。

$L$:纵向试样(试样纵向轴线与主加工方向平行)。

$T$:横向试样(试样纵向轴线与主加工方向垂直)。

【注意事项】

(1)取样时应在外观及尺寸合格的钢产品上取样,试料应有足够的尺寸以保证机加工出足够的试样进行规定的试验及复验。

(2)取样时,应对抽样产品、试料、样坯和试样作出标记,以保证始终能识别取样的位置及方向。取样的方向应按产品标准或供需双方协议规定。

(3)取样时,应防止过热、加工硬化而影响力学性能。用烧割法切取样坯时,从样坯切割线至试样边缘必须留有足够的加工余量。一般应不小于钢产品的厚度或直径,但最小不得少于 20mm。对于厚度或直径大于 60mm 的钢产品,其加工余量可根据供需双方协议适当减少。

(4)冷剪样坯所留的加工余量按表 12-37 选取。

(5)制备试样时应避免由于机加工使钢表面产生硬化及过热而改变其力学性能。机加工最终工序应使试样的表面质量、形状和尺寸满足相应试验方法标准的要求。当要求标准状态热处理时,应保证试样的热处理制度与样坯相同。

冷剪样坯所留的加工余量　　　　　表 12-37

| 直径或厚度 | 加工余量(mm) | 直径或厚度 | 加工余量(mm) |
| --- | --- | --- | --- |
| ≤4 | 4 | >20~35 | 15 |
| >4~10 | 厚度或直径 | >35 | 20 |
| >10~20 | 10 | | |

## 第四节　金属材料室温拉伸试验方法

在室温下,按一般变形速度平稳加载的拉伸试验称为常温、静载试验,它是确定金属材料机械性质的基本试验。本节内容主要摘编自《金属材料拉伸试验 第 1 部分:室温试验方法》(GB/T 228.1—2010)。

# 一、主要定义和表示符号

## (一)标距

标距是指测量伸长用的圆柱试样或棱柱试样的部分长度。

1. 原始标距($L_o$)

原始标距指室温下施力前的试样标距。

2. 断后标距($L_u$)

在室温下将断后的两部分试样紧密地对接在一起,保证两部分的轴线位于同一条直线上,测量试样断裂后的标距。

## (二)平行长度($L_c$)

平行长度指试样平行缩减部分的长度(对于未经机加工的试样,平行长度的概念被两夹头之间的距离取代)。

## (三)伸长

伸长指试验期间任一时刻原始标距($L_o$)的增量。

## (四)伸长率

伸长率指原始标距的伸长与原始标距($L_o$)之比的百分率。

1. 残余伸长率

残余伸长率指卸除指定的应力后,伸长相对于原始标距 $L_o$ 的百分率。

2. 断后伸长率($A$)

断后伸长率指断后标距的残余伸长($L_u - L_o$)与原始标距($L_o$)之比的百分率。对于比例试样,若原始标距不为 $5.65\sqrt{S_o}$($S_o$ 为平行长度的原始横截面积),符号 $A$ 应附以下脚注说明所使用的比例系数,例如,$A_{11.3}$ 表示原始标距($L_o$)为 $11.3\sqrt{S_o}$ 的断后伸长率。对于非比例试样,符号 $A$ 应附以下脚注说明所使用的原始标距,以毫米(mm)表示,例如,$A_{80mm}$ 表示原始标距($L_o$)为 80mm 的断后伸长率。

## (五)引伸计标距($L_e$)

引伸计标距指用引伸计测量试样延伸时所使用引伸计起始标距长度。

注:对于测定屈服强度和规定强度性能,建议 $L_e$ 应尽可能跨越试样平行长度。理想的 $L_e$ 应大于 $L_o/2$ 但小于约 $0.9L_c$。这将保证引伸计检测到发生在试样上的全部屈服。最大力时或在最大力之后的性能,推荐 $L_e$ 等于 $L_o$ 或近似等于 $L_o$,但测定断后伸长率时 $L_e$ 应等于 $L_o$。

## (六)延伸

延伸指试验期间任一给定时刻引伸计标距($L_e$)的增量。

(1)延伸率

延伸率指用引伸计标距 $L_e$ 表示的延伸百分率。

(2)残余延伸率

残余延伸率指试样施加并卸除应力后引伸计标距的增量与引伸计标距 $L_e$ 之比的百分率。

(3)最大力总延伸率

最大力总延伸率指最大力时原始标距的总延伸(弹性延伸加塑性延伸)与引伸计标距 $L_e$ 之比的百分率(图12-24)。

(4)断裂总延伸率

断裂时刻原始标距的总延伸(弹性延伸加塑性延伸)与引伸计标距 $L_e$ 之比的百分率

（图12-24）。

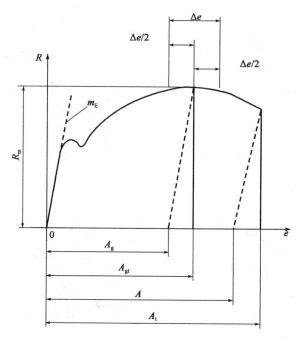

图12-24 延伸的定义

$A$-断后伸长率（从引伸计的信号测得的或者直接从试样上测得这一性能）；$A_g$-最大力塑性延长率；$A_{gt}$-最大力总延伸率；$A_t$-断裂总延伸率；$e$-延伸率；$m_E$-应力—延伸率曲线上弹性部分的斜率；$R$-应力；$R_m$-抗拉强度；$\Delta e$-平台范围

（七）断面收缩率（$Z$）

断面收缩率指断裂后试样横截面积的最大缩减量（$S_u - S_0$）与原始横截面积（$S_0$）之比的百分率。

（八）最大力（$F_m$）

最大力指试样在屈服阶段之后所能抵抗的最大力。对于无明显屈服（连续屈服）的金属材料，为试验期间的最大力。

（九）应力

应力指试验期间任一时刻的力除以试样原始横截面积（$S_0$）之商。

1. 抗拉强度（$R_m$）

抗拉强度指相应最大力（$F_m$）对应的应力。

2. 屈服强度

屈服强度指当金属材料呈现屈服现象时,在试验期间达到塑性变形发生而力不增加的应力点,应区分上屈服强度和下屈服强度。

（1）上屈服强度（$R_{eH}$）指试样发生屈服而力首次下降前的最高应力（图12-25）。

（2）下屈服强度（$R_{eL}$）指在屈服期间,不计初始瞬时效应时的最小应力（图12-25）。

3. 规定塑性延伸强度（$R_p$）

塑性延伸强度等于规定的引伸计标距 $L_e$ 百分率时对应的应力（图12-26）。符号附以下脚注说明所规定的百分率,例如 $R_{p0.2}$,表示规定非比例延伸率为0.2%时的应力。

4. 规定总延伸强度（$R_t$）

规定总延伸强度等于规定的引伸计标距 $L_e$ 百分率时对应的应力（图12-27）。使用的符号附以下脚注说明所规定的总延伸率,例如 $R_{t0.5}$ 表示规定总延伸率为0.5%时的应力。

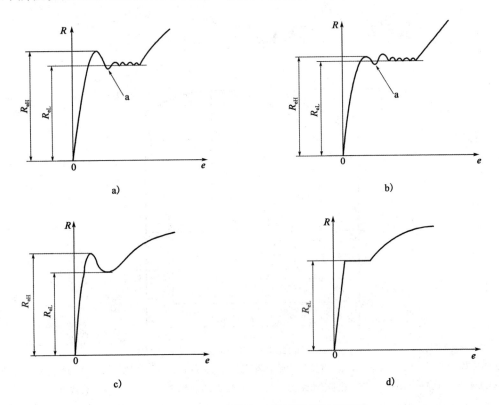

图12-25 不同类型曲线的上屈服强度和下屈服强度
$e$-延伸率;$R$-应力;$R_{eH}$-上屈服强度;$R_{eL}$-下屈服强度;a-初始瞬时效应

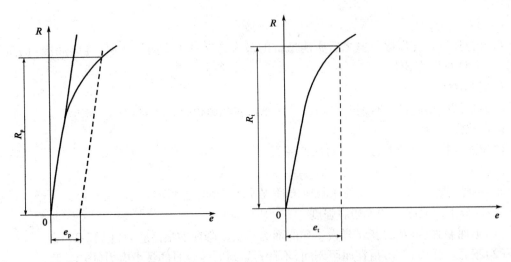

图12-26 规定塑性延伸强度 $R_p$
$e$-延伸率;$e_p$-规定的塑性延伸率;$R$-应力;$R_p$-规定塑性延伸强度

图12-27 规定总延伸强度 $R_t$
$e$-延伸率;$e_t$-规定总延伸率;$R$-应力;$R_t$-规定总延伸强度

5. 规定残余延伸强度($R_r$)

规定残余延伸强度等于规定的原始标距($L_0$)或引伸计标距($L_e$)百分率时对应的应力(图

12-28)。使用的符号附以下脚注说明所规定的残余延伸率。例如 $R_{r0.2}$ 表示规定残余延伸率为 0.2% 时的应力。

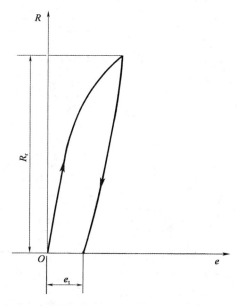

图 12-28 规定残余延伸强度 $R_r$

$e$-延伸率；$e_r$-规定残余延伸率；$R$-应力；$R_r$-规定残余延伸强度

**(十)断裂**

断裂指当试样发生完全分离时的现象。

以上内容所涉及的符号和相应的说明见表 12-38。

符 号 和 说 明　　　　　　　　　　表 12-38

| 符 号 | 单 位 | 说　　明 |
|---|---|---|
| 试　样 | | |
| $a_o$, $T^a$ | mm | 矩形横截面试样原始厚度或原始管壁厚度 |
| $b_o$ | mm | 矩形横截面试样平行长度的原始宽度或管的纵向剖条宽度或扁丝原始宽度 |
| $d_o$ | mm | 圆形横截面试样平行长度的原始直径或圆丝原始直径或管的原始内径 |
| $D_o$ | mm | 管原始外直径 |
| $L_o$ | mm | 原始标距 |
| $L'_o$ | mm | 测定 $A_{wn}$ 的原始标距(见附录Ⅰ) |
| $L_c$ | mm | 平行长度 |
| $L_e$ | mm | 引伸计标距 |
| $L_t$ | mm | 试样总长度 |
| $d_u$ | mm | 圆形横截面试样断裂后缩颈处最小直径 |
| $L_u$ | mm | 断后标距 |
| $L'_u$ | mm | 测量 $A_{wn}$ 的断后标距(见附录Ⅰ) |
| $S_o$ | mm² | 原始横截面积 |
| $S_u$ | mm² | 断后最小横截面积 |
| $k$ | — | 比例系数(见 6.1.1) |

续上表

| 符号 | 单位 | 说明 |
|---|---|---|
| | | 试样 |
| $Z$ | % | 断面收缩率 |
| | | 伸长率 |
| $A$ | % | 断后伸长率(见3.4.2) |
| $A_{wn}$ | % | 无缩颈塑性伸长率(见附录Ⅰ) |
| | | 延伸率 |
| $A_e$ | % | 屈服点延伸率 |
| $A_g$ | % | 最大力 $F_m$ 塑性延伸率 |
| $A_{gt}$ | % | 最大力 $F_m$ 总延伸率 |
| $A_t$ | % | 断裂总延伸率 |
| $\Delta L_m$ | mm | 最大力总延伸 |
| $\Delta L_f$ | mm | 断裂总延伸 |
| | | 速率 |
| $e_{L_e}$ | $s^{-1}$ | 应变速率 |
| $e_{L_c}$ | $s^{-1}$ | 平行长度估计的应变速率 |
| $v_c$ | $mm \cdot s^{-1}$ | 横梁位移速率 |
| $R$ | $MPa \cdot s^{-1}$ | 应力速率 |
| | | 力 |
| $F_m$ | N | 最大力 |
| | | 屈服强度、规定强度、抗拉强度 |
| $E$ | MPa[b] | 弹性模量 |
| $m$ | MPa | 应力—延伸率曲线在给定试验时刻的斜率 |
| $m_E$ | MPa | 应力—延伸率曲线弹性部分的斜率[c] |
| $R_{eH}$ | MPa[b] | 上屈服强度 |
| $R_{eL}$ | MPa | 下屈服强度 |
| $R_m$ | MPa | 抗拉强度 |
| $R_p$ | MPa | 规定塑性延伸强度 |
| $R_r$ | MPa | 规定残余延伸强度 |
| $R_t$ | MPa | 规定总延伸强度 |

注：a 钢管产品标准中使用的符号。
　　b $1MPa = 1N \cdot mm^{-2}$。
　　c 应力—延伸率曲线的弹性部分的斜率值并不一定代表弹性模量。在最佳条件下(高分辨率，双侧平均引伸计，试样的同轴度很好等)，弹性部分的斜率值与弹性模量值非常接近。

## 二、试　样

(一)形状与尺寸

1. 一般要求

试样的形状与尺寸取决于要被试验的金属产品的形状与尺寸。通常从产品、压制坯或铸锭切取样坯,经机加工制成试样。但具有恒定横截面的产品(型材、棒材、线材等)和铸造试样(铸铁和铸造非铁合金)可以不经机加工而进行试验。

试样横截面可以为圆形、矩形、多边形、环形,特殊情况下可以为某些其他形状。

试样原始标距与原始横截面积有 $L_o = k\sqrt{S_o}$ 关系者称为比例试样。国际上使用的比例系数 $k$ 的值为 5.65。原始标距应不小于 15mm。当试样横截面积太小,以致采用比例系数 $k$ 为 5.65 的值不能符合这一最小标距要求时,可以采用较高的值(优先采用 11.3 的值)或采用非比例试样。非比例试样其原始标距($L_o$)与其原始横截面积($S_o$)无关。

试样的尺寸公差应符合试样类型的相应规定。

2. 机加工的试样

如试样的夹持端与平行长度的尺寸不相同,他们之间应以过渡弧连接(图 12-29、图 12-31)。

试样夹持端的形状应适合试验机的夹头。试样轴线应与力的作用线重合。试样平行长度 $L_c$ 或试样不具有过渡弧时夹头间的自由长度应大于原始标距 $L_o$。

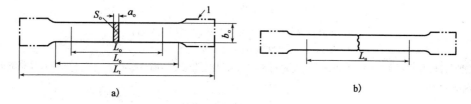

图 12-29 机加工的矩形横截面试样(见附表Ⅲ-1-2 和附表Ⅲ-1-4)
a)试验前;b)试验后

$a_o$-板试样原始厚度或管壁原始厚度;$L_t$-试样总长度;$b_o$-板试样平行长度的原始宽度;$L_u$-断后标距;$L_o$-原始标距;$S_o$-平行长度的原始横截面积;$L_c$-平行长度;$l$-夹持头部

注:试样头部形状仅为示意性。

3. 不经机加工的试样

如试样为未经机加工的产品或试棒的一段长度(图 12-30、图 12-32、图 12-33),两夹头间的自由长度应足够,以使原始标距的标记与夹头有合理的距离。

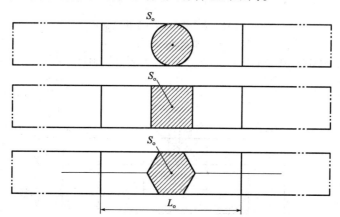

图 12-30 为产品一部分的不经机加工试样(见附表Ⅲ-1-3)
$L_o$-原始标距;$S_o$-平行长度的原始横截面积

铸造试样应在其夹持端和平行长度之间以过渡弧连接。此弧的过渡半径的尺寸可能很重要,建议在相关产品标准中规定。试样夹持端的形状应适合于试验机的夹头。平行长度 $L_c$ 应大于原始标距 $L_o$。

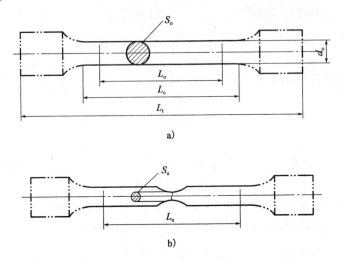

图 12-31　圆形横截面机加工试样(见附表Ⅲ-1-4)
a)试验前;b)试验后

$d_o$-圆试样平行长度的原始直径;$L_o$-原始标距;$L_c$-平行长度;$L_t$-试样总长度;$L_u$-断后标距;$S_o$-平行长度的原始横截面积;$S_u$-断后最小横截面积

注:试样头部形状仅为示意性。

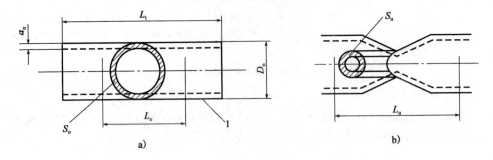

图 12-32　圆管管段试样(见附录Ⅲ)
a)试验前;b)试验后

$a_o$-原始管壁厚度;$L_u$-断后标距;$D_o$-原始管外直径;$S_o$-平行长度的原始横截面积;$L_o$-原始标距;$S_u$-断后最小横截面积;$L_t$-试样总长度;1-夹持头部

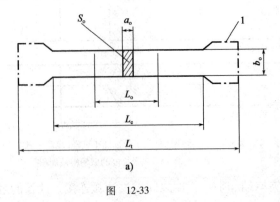

图　12-33

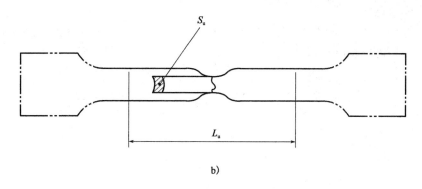

b)

图 12-33 圆管的纵向弧形试样(见附录Ⅲ)
a)试验前;b)试验后

$a_o$-原始管壁厚度;$L_u$-断后标距;$b_o$-圆管纵向弧形试样原始宽度;$S_o$-平行长度的原始横截面积;$L_o$-原始标距;$S_u$-断后最小横截面积;$L_c$-平行长度;1-夹持头部;$L_t$-试样总长度

注:试样头部形状仅为示意性。

(二)几种主要类型试样形状与尺寸的具体要求

### 1. 试样类型

GB/T 228.1—2010 附录 B～附录 E 中按产品的形状规定了试样的主要类型。具体见表 12-39。

试样的主要类型(单位:mm)　　　　　　　　　表 12-39

| 产品类型 | | | | 相应的附录 |
|---|---|---|---|---|
| 薄板—板材—扁材 | 线材 | 棒材 | 型材 | |
| 厚度 a | 直径或边长 | | | |
| $0.1 \leqslant a < 3$ | — | | | B |
| — | <4 | | | C |
| $a \geqslant 3$ | $\geqslant 4$ | | | D |
| 管材 | | | | E |

### 2. 试样原始标距($L_o$)的标记

应用小标记、细画线或细墨线标记原始标距,但不得用引起过早断裂的缺口作标记。

对于比例试样,如果原始标距的计算值与其标记值之差小于 $10\%L_o$,可将原始标距的计算值按 GB/T 8170 修约至最接近 5mm 的倍数。原始标距的标记应准确到 ±1%。如平行长度 $L_c$ 比原始标距长许多,例如不经机加工的试样,可以标记一系列套叠的原始标距。有时,可以在试样表面划一条平行于试样纵轴的线,并在此线上标记原始标距。

### 3. 各类型试样形状与尺寸的具体要求(GB/T 228.1—2010 附录 B～附录 E)

# 附　录　B
## (规范性附录)
## 厚度 0.1～<3mm 薄板和薄带使用的试样类型

注:对于厚度小于 0.5mm 的产品,有必要采取特殊措施。

**B.1 试样的形状**

试样的夹持头部一般比其平行长度部分宽[本书图 12-29a)]。试样头部与平行长度之间应有过渡半径至少为 20mm 的过渡弧相连接。头部宽度应 $\geqslant 1.2b_o$,$b_o$ 为原始宽度。

通过协议,也可以使用不带头试样。对于宽度等于或小于 20mm 的产品,试样宽度可以相同于产品宽度。

**B.2 试样的尺寸**

比例试样尺寸见表 B.1

较广泛使用的三种非比例试样尺寸见表 B.2。

平行长度不应小于 $L_o + \dfrac{b_o}{2}$。

有争议时,平行长度应为 $L_o + 2b_o$,除非材料尺寸不足够。

对于宽度等于或小于 20mm 的不带头试样,除非产品标准中另有规定,原始标距 $L_o$ 应等于 50mm。对于这类试样,两夹头间的自由长度应等于 $L_o + 3b_o$。

当对每支试样测量尺寸时,应满足下表 B.3 给出的形状公差。

如果试样的宽度与产品宽度相同,应该按照实际测量的尺寸计算原始横截面积 $S_u$。

**矩形横截面比例试样**　　　　表 B.1

| $b_o$(mm) | $r$(mm) | k = 5.65 | | | k = 11.3 | | |
|---|---|---|---|---|---|---|---|
| | | $L_o$(mm) | $L_c$(mm) | 试样编号 | $L_o$(mm) | $L_c$(mm) | 试样编号 |
| 10 | ≥20 | 5.65$\sqrt{S_o}$ ≥15 | ≥$L_o + b_o/2$ 仲裁试验: $L_o + 2b_o$ | P1 | 11.3$\sqrt{S_o}$ ≥15 | ≥$L_o + b_o/2$ 仲裁试验: $L_o + 2b_o$ | P01 |
| 12.5 | | | | P2 | | | P02 |
| 15 | | | | P3 | | | P03 |
| 20 | | | | P4 | | | P04 |

注:1. 优先采用比例系数 k = 5.65 的比例试样。如比例标距小于 15mm,建议采用表 B.2 的非比例试样。
2. 如需要,厚度小于 0.5mm 的试样在其平行长度上可带小凸耳以便装夹引伸计。上下两凸耳宽度中心线间的距离为原始标距。

**矩形横截面非比例试样**　　　　表 B.2

| $b_o$(mm) | $r$(mm) | $L_o$(mm) | $L_c$(mm) | | 试样编号 |
|---|---|---|---|---|---|
| | | | 带头 | 不带头 | |
| 12.5 | ≥20 | 50 | 75 | 87.5 | P5 |
| 20 | | 80 | 120 | 140 | P6 |
| 25 | | 50[a] | 100[a] | 120[a] | P7 |

注:a 宽度 25mm 的试样其 $L_o/b_o$ 和 $L_c/b_o$ 与宽度 12.5mm 和 20mm 的试样相比非常低。这类试样得到的性能,尤其是断后伸长率(绝对值和分散范围),与其他两种类型试样不同。

**试样宽度公差**(单位:mm)　　　　表 B.3

| 试样的名义宽度 | 尺寸公差[a] | 形状公差[b] |
|---|---|---|
| 12.5 | ±0.05 | 0.06 |
| 20 | ±0.10 | 0.12 |
| 25 | ±0.10 | 0.12 |

注:a 如果试样的宽度公差满足下表 B.3,原始横截面积可以用名义值,而不必通过实际测量再计算。
b 试样整个平行长度 $L_c$ 范围,宽度测量值的最大最小之差。

B.3 试样的制备

制备试样应不影响其力学性能,应通过机加工方法去除由于剪切或冲切而产生的加工硬化部分材料。

这些试样优先从板材或带材上制备。如果可能,应保留原轧制面。

注:通过冲切制备的试样,在材料性能方面会产生明显变化。尤其是屈服强度或规定延伸强度,会由于加工硬化而发生明显变化。对于呈现明显加工硬化的材料,通常通过铣和磨削等手段加工。

对于十分薄的材料,建议将其切割成等宽度薄片并叠成一叠,薄片之间用油纸隔开,每叠两侧夹以较厚薄片,然后将整叠机加工至试样尺寸。

机加工试样的尺寸公差和形状公差应符合表 B.3 的要求。例如对于名义宽度 12.5mm 的试样,尺寸公差为 ±0.05mm,表示试样的宽度不应超过下面两个值之间的尺寸范围:

12.5mm + 0.05mm = 12.55mm    12.5mm − 0.05mm = 12.45mm

B.4 原始横截面积的测定

原始横截面积应根据试样的尺寸测量值计算得到。

原始横截面积的测定应准确到 ±2%。当误差的主要部分是由于试样厚度的测量所引起的,宽度的测量误差不应超过 ±0.2%。

为了减小试验结果的测量不确定度,建议原始横截面积应准确至或优于 ±1%。对于薄片材料,需要采用特殊的测量技术。

# 附 录 C
## (规范性附录)
## 直径或厚度小于4mm线材、棒材和型材使用的试样类型

C.1 试样的形状

试样通常为产品的一部分,不经机加工(本书图 12-30)。

C.2 试样的尺寸

原始标距 $L_o$ 应取 200mm ± 2mm 或 100mm ± 1mm。试验机两夹头之间的试样长度应至少等于 $L_o + 3b_o$,或 $L_o + 3d_o$,最小值为 $L_o + 20mm$。见表 C.1。

非 比 例 试 样    表 C.1

| $d_o$ 或 $a_o$(mm) | $L_o$(mm) | $L_c$(mm) | 试样编号 |
| --- | --- | --- | --- |
| ≤4 | 100 | ≥120 | R9 |
|  | 200 | ≥220 | R10 |

如果不测定断后伸长率,两夹头间的最小自由长度可以为 50mm。

C.3 试样的制备

如以盘卷交货的产品,可进行矫直。

C.4 原始横截面积的测定

原始横截面积的测定应准确到 ±1%。

对于圆形横截面的产品,应在两个相互垂直方向测量试样的直径,取其算术平均值计算横截面积。可以根据测量的试样长度、试样质量和材料密度,按照公式(C.1)确定其原始横截面积:

$$S_o = \frac{1\,000 \cdot m}{\rho \cdot L_t} \tag{C.1}$$

式中:$m$——试样质量,单位为克,g;

$L_t$——试样的总长度,单位为毫米,mm;

$\rho$——试样材料密度,单位为克每立方厘米,g·cm$^{-3}$。

# 附 录 D
（规范性附录）
## 厚度等于或大于3mm板材和扁材以及直径或厚度等于或大于4mm线材、棒材和型材使用的试样类型

### D.1 试样的形状

通常，试样进行机加工。平行长度和夹持头部之间应以过渡弧连接，试样头部形状应适合于试验机夹头的夹持（本书图12-31）。夹持端和平行长宽之间的过渡弧的最小半径应为：

a) 圆形横截面试样 $\geq 0.75 d_o$；

b) 其他试样 $\geq 12mm$。

如相关产品标准有规定，型材、棒材等可以采用不经机加工的试样进行试验。

试样原始横截面积可以为圆形、方形、矩形或特殊情况时为其他形状。矩形横截面试样，推荐其宽厚比不超过 8:1。

一般机加工的圆形横截面试样其平行长度的直径一般不应小于3mm。

### D.2 试样的尺寸

#### D.2.1 机加工试样的平行长度

平行长度 $L_c$ 应至少等于：

a) $L_o + \dfrac{d_o}{2}$ 对于圆形横截面试样；

b) $L_o + 1.5 \sqrt{S_o}$ 对于其他形状试样。

对于仲裁试验，平行长度应为 $L_o + 2d_o$ 或 $L_o + 2\sqrt{S_o}$，除非材料尺寸不足够。

#### D.2.2 不经机加工试样的平行长度

试验机两夹头间的自由长度应足够，以使试样原始标距的标记与最接近夹头间的距离不小于 $\sqrt{S_o}$。

#### D.2.3 原始标距

##### D.2.3.1 比例试样

通常，使用比例试样时原始标距 $L_o$ 与原始横截面积 $S_o$ 有以下关系：

$$L_o = k \sqrt{S_o}$$

其中比例系数 $k$ 通常取值5.65，也可以取 11.3。

圆形横截面比例试样和矩形横截面比例试样应优先采用表 D.1 和表 D.2 推荐的尺寸。

表 D.1 圆形横截面比例试样

| $d_o$(mm) | $r$(mm) | $k=5.65$ | | | $k=11.3$ | | |
|---|---|---|---|---|---|---|---|
| | | $L_o$(mm) | $L_c$(mm) | 试样编号 | $L_o$(mm) | $L_c$(mm) | 试样类型编号 |
| 25 | $\geq 0.75 d_o$ | $5d_o$ | $\geq L_o + d_o/2$ 仲裁试验：$L_o + 2d$ | R1 | $10d_o$ | $\geq L_o + d_o/2$ 仲裁试验：$L_o + 2d_o$ | R01 |
| 20 | | | | R2 | | | R02 |
| 15 | | | | R3 | | | R03 |
| 10 | | | | R4 | | | R04 |
| 8 | | | | R5 | | | R05 |
| 6 | | | | R6 | | | R06 |

续上表

| $d_o$(mm) | $r$(mm) | $k=5.65$ | | | $k=11.3$ | | 试样类型编号 |
|---|---|---|---|---|---|---|---|
| | | $L_o$(mm) | $L_c$(mm) | 试样编号 | $L_o$(mm) | $L_c$(mm) | |
| 5 | $\geq 0.75 d_o$ | $5d_o$ | $\geq L_o+d_o/2$ 仲裁试验: $L_o+2d$ | R7 | $10d_o$ | $\geq L_o+d_o/2$ 仲裁试验: $L_o+2d_o$ | R07 |
| 3 | | | | R8 | | | R08 |

注:1. 如相关产品标准无具体规定,优先采用 R2、R4 或 R7 试样。
2. 试样总长度取决于夹持方法,原则上 $L_t > L_c + 4d_o$。

**矩形横截面比例试样**　　　　　　　　　　　表 D.2

| $b_o$(mm) | $r$(mm) | $k=5.65$ | | | $k=11.3$ | | 试样类型编号 |
|---|---|---|---|---|---|---|---|
| | | $L_o$(mm) | $l_c$(mm) | 试样编号 | $L_o$(mm) | $L_c$(mm) | |
| 12.5 | $\geq 12$ | $5.65\sqrt{S_o}$ | $\geq L_o+1.5\sqrt{S_o}$ 仲裁试验: $L_o+2\sqrt{S_o}$ | P7 | $11.3\sqrt{S_o}$ | $\geq L_o+1.5\sqrt{S_o}$ 仲裁试验: $L_o+2\sqrt{S_o}$ | P07 |
| 15 | | | | P8 | | | P08 |
| 20 | | | | P9 | | | P09 |
| 25 | | | | P10 | | | P010 |
| 30 | | | | P11 | | | P011 |

注:如相关产品标准无具体规定,优先采用比例系数 $k=5.65$ 的比例试样。

**D.2.3.2　非比例试样**

矩形横截面非比例试样尺寸见表 D.3。如果相关的产品标准有规定,允许使用非比例试样。

平行长度不应小于 $L_o+b_o/2$。对于仲裁试验,平行长度应为 $L_c=L_o+2b_o$,除非材料尺寸不足够。

**矩形横截面非比例试样**　　　　　　　　　　　表 D.3

| $b_o$(mm) | $r$(mm) | $L_o$(mm) | $L_o$(mm) | 试样类型编号 |
|---|---|---|---|---|
| 12.5 | $\geq 20$ | 50 | $\geq L_o+1.5\sqrt{S_o}$ 仲裁试验: $L_o+2\sqrt{S_o}$ | P12 |
| 20 | | 80 | | P13 |
| 25 | | 50 | | P14 |
| 38 | | 50 | | P15 |
| 40 | | 200 | | P16 |

**D.3　试样的制备**

**D.3.1** 表 D.4 给出了机加工试样的横向尺寸公差。

D.3.2 和 D.3.3 给出了应用这些公差的例子:

**D.3.2　尺寸公差**

表 D.4 给出的值,例如对于名义直径 10mm 的试样,尺寸公差为 ±0.03mm,表示试样的直径不应超出下面两个值之间的尺寸范围。

10mm+0.03mm=10.03mm　　　10mm-0.03mm=9.97mm

**D.3.3　形状公差**

表 D.4 中规定的值表示,例如对于满足上述机加工条件的名义直径 10mm 的试样,沿其平行长度最大直径与最小直径之差不应超过 0.04mm。

因此,如试样的最小直径为 9.99mm,它的最大直径不应超过:9.99mm+0.04mm=10.03mm。

试样横向尺寸公差(单位:mm)　　　　　　　　　表 D.4

| 名　称 | 名义横向尺寸 | 尺寸公差[a] | 形状公差[b] |
|---|---|---|---|
| 机加工的圆形横截面直径和四面机加工的矩形横截面试样横向尺寸 | ≥3 ≤6 | ±0.02 | 0.03 |
| | >6 ≤10 | ±0.03 | 0.04 |
| | >10 ≤18 | ±0.05 | 0.04 |
| | >18 ≤30 | ±0.10 | 0.05 |
| 相对两面机加工的矩形横截面试样横向尺寸 | ≥3 ≤6 | ±0.02 | 0.03 |
| | >6 ≤10 | ±0.03 | 0.04 |
| | >10 ≤18 | ±0.05 | 0.06 |
| | >18 ≤30 | ±0.10 | 0.12 |
| | >30 ≤50 | ±0.15 | 0.15 |

注：a 如果试样的公差满足表 D.4，原始横截面积可以用名义值，而不必通过实际测量再计算。如果试样的公差不满足表 D.4，就很有必要对每个试样的尺寸进行实际测量。
　　b 沿着试样整个平行长度，规定横向尺寸测量值的最大最小之差。

**D.4 原始横截面积的测定**

对于圆形横截面和四面机加工的矩形横截面试样，如果试样的尺寸公差和形状公差均满足表 D.4 的要求，可以用名义尺寸计算原始横截面积。对于所有其他类型的试样，应根据测量的原始试样尺寸计算原始横截面积 $S_0$，测量每个尺寸应准确到 ±0.5%。

# 附　录　E
## （规范性附录）
## 管材使用的试样类型

**E.1　试样的形状**

试样可以为全壁厚纵向弧形试样，管段试样，全壁厚横向试样，或从管壁厚度机加工的圆形横截面试样(本书图 12-32 和图 12-33)。

对于管壁厚度小于 3mm 的机加工横向，纵向和圆形横截面试样已在附录 B 描述了，对于管壁厚度大于 3mm 的机加工横向，纵向和圆形横截面试样已在附录 D 描述了。

**E.2　试样的尺寸**

**E.2.1　纵向弧形试样**

纵向弧形试样尺寸见表 E.1。相关产品标准可以规定不同于表 E.1 的试样。纵向弧形试样一般适用于管壁厚度大于 0.5mm 的管材。

为了在试验机上夹持，可以压平纵向弧形试样的两头部，但不应将平行长度部分压平。

不带头的试样,两夹头间的自由长度应足够,以使试样原始标距的标记与最接近的夹头间的距离不少于 $1.5\sqrt{S_o}$。

**纵向弧形试样** 表 E.1

| $D_o$ (mm) | $b_o$ (mm) | $a_o$ (mm) | $r$ (mm) | $k=5.65$ | | | $k=11.3$ | | |
|---|---|---|---|---|---|---|---|---|---|
| | | | | $L_o$ (mm) | $L_c$ (mm) | 试样编号 | $L_o$ (mm) | $L_c$ (mm) | 试样类型编号 |
| 30~50 | 10 | 原壁厚 | ≥12 | $5.65\sqrt{S_o}$ | ≥$L_o$+ $1.5\sqrt{S_o}$ 仲裁试验: $L_o+2\sqrt{S_o}$ | S1 | $11.3\sqrt{S_o}$ | ≥$L_o$+ $1.5\sqrt{S_o}$ 仲裁试验: $L_o+2\sqrt{S_o}$ | S01 |
| >50~70 | 15 | | | | | S2 | | | S02 |
| >79~100 | 20/19 | | | | | S3/S4 | | | S03 |
| >100~200 | 25 | | | | | S5 | | | |
| >200 | 38 | | | | | S6 | | | |

注:如相关产品标准无具体规定,优先采用比例系数 $k=5.65$ 的比例试样。

E.2.2 管段试样

管段试样尺寸见表 E.2。应在试样两端加以塞头。塞头至最接近的标距标记的距离不应小于 $D_o/4$,只要材料足够,仲裁试验时此距离为 $D$。塞头相对于试验机夹头在标距方向伸出的长度不应超过 $D_o$,而其形状应不妨碍标距内的变形。

允许压扁管段试样两夹持头部,加或不加扁块塞头后进行试验。仲裁试验不压扁,应加配塞头。

**管 段 试 样** 表 E.2

| $L_o$ (mm) | $L_c$ (mm) | 试样类型编号 |
|---|---|---|
| $5.65\sqrt{S_o}$ | ≥$L_o+D_o/2$ 仲裁试验:$L_o+2D_o$ | S7 |
| 50 | ≥100 | S8 |

E.2.3 机加工的横向试样

机加工的横向矩形横截面试样,管壁厚度小于 3mm 时,采用表 B.1 或表 B.2 的试样,管壁厚度大于或等于 3mm 时,采用表 D.2 或表 D.3 的试样。

不带头的试样,两夹头间的自由长度应足够,以使试样原始标距的标记与最接近的夹头间的距离不少于 $1.5b_o$。

应采用特别措施校直横向试样。

E.2.4 管壁厚度加工的纵向圆形横截面试样

机加工的纵向圆形横截面试样应采用表 D.1 的试样。相关产品标准应根据管壁厚度规定圆形横截面尺寸,如无具体规定,按表 E.3 选定。

**管壁厚度机加工的纵向圆形横截面试样** 表 E.3

| $a_o$ (mm) | 采用试样 | $a_o$ (mm) | 采用试样 |
|---|---|---|---|
| 8~13 | R7 | >16 | R4 |
| >13~16 | R5 | | |

E.3 原始横截面积的测定

试样原始横截面积的测定应准确到 ±1%。

管段试样、不带头的纵向或横向试样的原始横截面积可以根据测量的试样长度、试样质量和材实密度,按照式(E.1)计算:

$$S_o = \frac{1\,000 \cdot m}{\rho \cdot L_t} \tag{E.1}$$

式中：$m$——试样的质量，g；

$L_t$——试样的总长度，mm；

$\rho$——试样的材料密度，$g/cm^{-3}$。

对于圆管纵向弧形试样，按照式（E.2）计算原始横截面积：

$$S_o = \frac{b_o}{4}(D_o^2 - b_o^2)^{1/2} + \frac{D_o^2}{4}\arcsin\left(\frac{b_o}{D_o}\right) - \frac{b_o}{4}\left[(D_o - 2a_o)^2 - b_o^2\right]^{1/2}$$
$$- \left(\frac{D_o - 2a_o}{2}\right)^2 \arcsin\left(\frac{b_o}{D_o - 2a_o}\right) \tag{E.2}$$

式中：$a_o$——管的壁厚；

$b_o$——纵向弧形试样的平均宽度，$b_o < (D_o - 2a_o)$；

$D_o$——管的外径。

式（E.3）和式（E.4）为简化的公式，适用于纵向弧形试样：

当 $\frac{b_o}{D_o} < 0.25$ 时

$$S_o = a_o b_o \left[1 + \frac{b_o^2}{6D_o(D_o - 2a_o)}\right] \tag{E.3}$$

当 $\frac{b_o}{D_o} < 0.1$ 时

$$S_o = a_o b_o \tag{E.4}$$

对于管段试样，按照式（E.5）计算原始横截面积：

$$S_o = \pi a_o (D_o - a_o) \tag{E.5}$$

## 三、试验设备

（1）各种类型的拉力试验机均可使用，但必须满足 GB/T 16825 中技术条件的规定。试验机应符合下列基本要求：

①测力示值误差不大于 ±1%。

②在规定负荷下停止施荷时，试验机操作应能精确到测力度盘上的一个最小分格负荷示值应保持不少于 30s。

③负荷指示灵敏。

④试验机及其夹持装置应保证试样轴向受力。

⑤加、卸荷平稳。

⑥试验机应备有调速指示装置，试验时，能在标准规定的速度范围内灵活调节。

⑦试验机应备有记录装置，能满足标准用绘图法测定强度特性的要求，负荷坐标轴每毫米所代表的应力不大于 10MPa。

（2）各种类型引伸计均可用以测定试样的伸长。但引伸计的准确度级别应符合 GB/T 12160 的要求。测定上屈服强度、下屈服强度、屈服点延伸率、规定非比例延伸强度、规定总延伸强度、规定残余延伸强度，以及规定残余延伸强度的验证试验，应使用不劣于 1 级准确度的引伸计。测定其他具有较大延伸率的性能，例如抗拉强度、最大力总延伸率和最大力非比例延伸率、断裂总延长率，以及断后伸长率，应使用不劣于 2 级准确度的引伸计。

（3）根据试样尺寸测量精度的要求，选用相应精度的任一种量具或仪器，如游标卡尺、螺旋千分尺或精度更高的微测仪。

（4）试验机、引伸计及测量工具或仪器必须由计量部门定期检定。

## 四、试 验 要 求

（一）试验温度

除非另有规定，试验一般在室温 10～35℃ 范围内进行。对温度要求严格的试验，试验温度应为 23℃±5℃。

（二）试验速率

除非产品标准另有规定，试验速率取决于材料特性并应符合下列要求。

（1）测定屈服强度和规定强度的试验速率。

①上屈服强度。

在弹性范围和直至上屈服强度，试验机夹头的分离速率应尽可能保持恒定并在表 12-40 规定的应力速率的范围内。

应 力 速 率　　　　　　　　　　　　　　　　表 12-40

| 材料弹性模量 $E$(MPa) | 应力速率 $R$(MPa·s$^{-1}$) | |
|---|---|---|
| | 最小 | 最大 |
| <150 000 | 2 | 20 |
| ≥150 000 | 6 | 60 |

②下屈服强度。

若仅测定下屈服强度，在试样平行长度的屈服期间应变速率应在 0.000 25～0.002 5s$^{-1}$ 之间。平行长度内的应变速率应尽可能保持恒定。如不能直接调节这一应变速率，应通过调节屈服即将开始前的应力速率来调整，在屈服完成之前不再调节试验机的控制。

任何情况下，弹性范围内的应力速率不得超过表 12-40 规定的最大速率。

（2）测定规定塑性延伸强度、规定总延伸强度和规定残余延伸强度的试验速率规定塑性延伸强度、规定总延伸强度和规定残余延伸强度的试验速率应在表 12-40 规定的范围内。

在塑性范围和直至规定强度（规定塑性延伸强度、规定总延伸强度和规定残余延伸强度）应变速率不应超过 0.002 5s$^{-1}$。

（3）测定抗拉强度、断后伸长率、最大力总延伸率、最大力塑性延伸率和断面收缩率的试验速率测定屈服强度或塑性延伸强度后，试验速率可以增加到不大于 0.008s$^{-1}$ 的应变速率（或等效的横梁分离速率）。

如果仅仅需要测定材料的抗拉强度，在整个试验过程中可以选取不超过 0.008s$^{-1}$ 的单一试验速率。

（三）夹持方法

应使用例如楔形夹头、螺纹夹头、套环夹头等合适的夹具夹持试样。

应尽最大努力确保夹持的试样受轴向拉力的作用。当试验脆性材料或测定规定非比例延伸强度、规定总延伸强度、规定残余延伸强度或屈服强度时尤为重要。

## 五、力学性能测试

（一）试验准备

首先测量试样尺寸，计算试样的横截面面积 $A_0$，从手册中查得材料强度极限，估计试验中要加的最大荷载,并由此选择合适的测力量程;其次画好标距,然后再调试好试验机,同时调整好记录装置。将试样安装在试验机上,开动试验机进行缓慢匀速加载。加载速度应根据材料性质和试验目的确定。

(二)上屈服强度和下屈服强度的测定

上屈服强度可以从力—延伸曲线图或峰值力显示器上测得,定义为力首次下降前的最大力值对应的应力(图12-25)。

下屈服强度可以从力—延伸曲线上测得,定义为不计初始瞬时效应时屈服阶段中的最小力所对应的应力(图12-25)。

对于上、下屈服强度位置判定的基本原则如下:

(1)屈服前的第1个峰值应力(第1个极大值应力)判为上屈服强度,不管其后的峰值应力比它大或比它小。

(2)屈服阶段中如呈现两个或两个以上的谷值应力,舍去第1个谷值应力(第1个极小值应力)不计,取其余谷值应力中之最小者判为下屈服强度。如只呈现1个下降谷,此谷值应力判为下屈服强度。

(3)屈服阶段中呈现屈服平台,平台应力判为下屈服强度;如呈现多个而且后者高于前者的屈服平台,判第1个平台应力为下屈服强度。

(4)正确的判定结果应是下屈服强度一定低于上屈服强度。

为提高试验效率,可以报告在上屈服强度之后延伸率为0.25%范围以内的最低应力为下屈服强度,不考虑任何初始瞬时效应。用此方法测定下屈服强度后,试验速率可以按照GB/T 228.1—2010中10.3.4增加。试验报告应注明使用了此简捷方法。

注:此规定仅仅适用于呈现明显屈服的材料和不测定屈服点延伸率情况。

(三)规定塑性延伸强度($R_p$)的测定

(1)根据力—延伸曲线图测定规定塑性延伸强度。在曲线图上,划一条与曲线的弹性直线段部分平行,且在延伸轴上与此直线段的距离等效于规定塑性延伸率,例如0.2%的直线。此平行线与曲线的交截点给出相应于所求规定塑性延伸强度的力。此力除以试样原始横截面积($S_o$)得到规定塑性延伸强度(图12-26)。

如力—延伸曲线图的弹性直线部分不能明确地确定,以致不能以足够的准确度划出这一平行线,推荐采用如下方法(图12-34)。

试验时,当已超过预期的规定塑性延伸强度后,将力降至约为已达到的力的10%,然后再施加力,直至超过原已达到的力。为了测定规定非比例延伸强度,过滞后环划一直线。然后经过横轴上与曲线原点的距离等效于所规定的塑性延伸率的点,作平行于此直线的平行线。平行线与曲线的交截点给出相应于规定塑性延伸强度的力。此力除以试样原始横截面积($S_o$)得到规定塑性延伸强度(图12-34)。

注1:可以用各种方法修正曲线的原点。作一条平行于滞后环所确定的直线的平行线并使其与力—延伸曲线相切,此平行线与延伸轴的交截点即为曲线的修正原点(图12-34)。

注2:在力降低开始点的塑性应变只略微高于规定的塑性延伸强度$R_p$。较高应变的开始点将会降低通过滞后环获得直线的斜率。

注3:如果在产品标准中没有规定或得到客户的同意,在不连续屈服期间或之后测定规定塑性延伸强度是不合适的。

(2)可以使用自动装置(例如微处理机等)或自动测试系统测定规定非比例延伸强度,可以不绘制力—延伸曲线图(参见GB/T 228.1—2010附录A)。

(3)可以采用GB/T 228.1—2010附录J提供的逐步逼近方法测定规定塑性延伸强度。

### (四)抗拉强度($R_m$)的测定

可采用图解方法或指针方法测定抗拉强度。

对于呈现明显屈服(不连续屈服)现象的金属材料,从记录的力—延伸或力—位移曲线图,或从测力度盘,读取过了屈服阶段之后的最大力图 12-35;对于呈现无明显屈服(连续屈服)现象的金属材料,从记录的力—延伸或力—位移曲线图,或从测力度盘,读取试验过程中的最大力。最大力除以试样原始横截面积($S_0$)得到抗拉强度($R_m$)。

可以使用自动装置(例如微处理机等)或自动测试系统测定抗拉强度,可以不绘制拉伸曲线图。

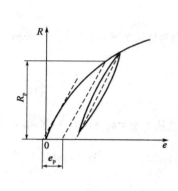

图 12-34　规定塑性延伸强度 $R_p$
$e$-延伸率;$e_p$-规定的塑性延伸率;
$R$-应力;$R_p$-规定塑性延伸强度

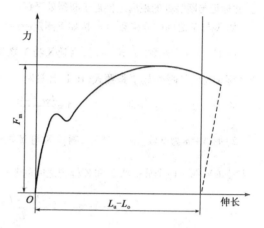

图 12-35　最大力 $F_m$

### (五)断后伸长率($A$)的测定

(1)为了测定断后伸长率,应将试样断裂的部分仔细地配接在一起使其轴线处于同一直线上,并采取特别措施确保试样断裂部分适当接触后测量试样断后标距。这对小横截面试样和低伸长率试样尤为重要。

按下式计算断后伸长率 $A$:

$$A = \frac{L_u - L_o}{L_o} \times 100 \tag{12-2}$$

式中:$L_o$——原始标距;

$L_u$——断后标距。

应使用分辨力足够的量具或测量装置测定断后伸长量($L_u - L_o$),并准确到 ±0.25mm。

(2)断后伸长率规定值低于 5% 的测定方法:试验前在平行长度的两端处做一很小的标记。使用调节到标距的分规,分别以标记为圆心划一弧。拉断后,将断裂的试样置于一装置上,最好借助螺丝施加轴向力,以使其在测量时牢固地对接在一起。以最接近断裂的原圆心为圆心,以相同的半径划第二个圆弧。用工具显微镜或其他合适的仪器测量两个圆弧之间的距离即为断后伸长,准确到 ±0.02mm。为使画线清晰可见,试验前可涂上一层染料。

(3)原则上只有断裂处与最接近的标距标记的距离不小于原始标距的三分之一情况方为有效。但断后伸长率大于或等于规定值,不管断裂位置处于何处测量均为有效。如断裂处与最接近的标距标记的距离小于原始标距的三分之一时,可采用规定的移位法测定断后伸长率。

(4)移位方法测定断后伸长率

为了避免由于试样断裂位置不符合所规定的条件而必须报废试样,可以使用GB/T 228.1—2010中附录H方法测定断后伸长率。

## 附 录 H

a) 试验前将试样原始标距细分为5mm(推荐)到10mm的$N$等份;

b) 试验后,以符号X表示断裂后试样短段的标距标记,以符号Y表示断裂试样长段的等分标记,此标记与断裂处的距离最接近断裂处至标距标记X的距离。

如X与Y之间的分格数为$n$,按如下测定断后伸长率:

1) 如$N-n$为偶数[图H.1a)],测量X与Y之间的距离$l_{XY}$和测量从Y至距离为$\frac{N-n}{2}$个分格的Z标记之间的距离$l_{YZ}$。按照式(H.1)计算断后伸长率:

$$A = \frac{l_{XY} + 2l_{YZ} - L_o}{L_o} \times 100 \tag{H.1}$$

2) 如$N-n$为奇数[图H.1b)],测量X与Y之间的距离,以及从Y至距离分别为$\frac{1}{2}(N-n-1)$和$\frac{1}{2}(N-n+1)$个分格的Z′和Z″标记之间的距离$l_{YZ'}$和$l_{YZ''}$。按照式(H.2)计算断后伸长率:

$$A = \frac{l_{XY} + l_{YZ'} + l_{YZ''} - L_o}{L_o} \times 100 \tag{H.2}$$

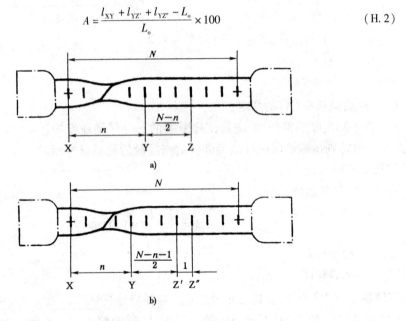

图H.1 移位方法的图示说明
a) $N-n$为偶数; b) $N-n$为奇数

$n$-X与Y之间的分格数;$N$-等分的份数;X-试样较短部分的标距标记;Y-试样较长部分的标距标记;Z,Z′,Z″-分度标记

注:试样头部形状仅为示意性。

(5)能用引伸计测定断裂延伸的试验机,引伸计标距($L_0$)应等于试样原始标距($L_0$),无须标出试样原始标距的标记。以断裂时的总延伸作为伸长测量时,为了得到断后伸长率,应从总延伸中扣除弹性延伸部分。原则上,断裂发生在引伸计标距以内方为有效,但断后伸长率等于或大于规定值,不管断裂位置处于何处测量均为有效(GB/T 228.1—2010)。

### (六)断面收缩率(Z)的测定

测量时,将试样断裂部分仔细地配接在一起,使其轴线处于同一直线上。断裂后最小横截面积的测定应准确到±2%(图12-31)。原始横截面积与断后最小横截面积之差除以原始横截面积的百分率得到断面收缩率,按照式(12-3)计算。

$$Z = \frac{S_o - S_u}{S_o} \times 100 \tag{12-3}$$

式中:$S_o$——平行长度部分的原始横截面积;

$S_u$——断后最小横截面积。

注:对于小直径的圆试样或其他横截面形状的试样,断后横截面积的测量准确度达到±2%很困难。

## 六、试验结果数值的修约

试验测定的性能结果数值应按照相关产品标准的要求进行修约。如未规定具体要求,应按照如下要求进行修约:

(1)强度性能值修约至1MPa。
(2)屈服点延伸率修约至0.1%,其他延伸率和断后伸长率修约至0.5%。
(3)断面收缩率修约至1%。

## 七、试验结果处理

(1)试验出现下列情况之一,其试验结果无效,应重做同样数量试样的试验。
①试样断在标距外或断在机械刻画的标距标记上,而且断后伸长率小于规定最小值。
②试验期间设备发生故障,影响了试验结果。
(2)试验后试样出现两个或两个以上的缩颈以及显示出肉眼可见的冶金缺陷(例如分层、气泡、夹渣、缩孔等),应在试验记录和报告中注明。

## 八、试 验 报 告

试验报告一般应包括下列内容:
(1)本部分国家标准编号。
(2)试样标识。
(3)材料名称、牌号。
(4)试样类型。
(5)试样的取样方向和位置。
(6)试验结果。

【注意事项】

(1)新国标的修改采用了国际标准ISO 6892-1:2009《金属材料拉伸试验 第1部分:室温试验方法》,并对国际标准在多方面进行了修改和补充,本节内容仅涉及与公路工程中金属材料拉伸试验时的相关内容。
(2)钢筋拉伸试验画标距时尽量画满试件整个工作段,以保证大多数试件都能测到延伸率。
(3)加载速率应严格控制,否则影响测量结果。新国标中采用的应变速率换算为应力速时可采用下式:$\sigma = E\varepsilon$。例如,规定应变速率为0.000 25/s,若某试件弹模为$E = 2.1 \times$

$10^5$MPa,截面积为380mm²,则换算为应力速率时为 $0.00025 \times 2.1 \times 10^5 = 52.5$MPa/s;换算为加载速率时为 $380 \times 52.5 = 19.95$kN/s。

(4)工程中一般测量金属材料的下屈服强度。

# 第五节 金属材料弯曲试验方法(GB/T 232—2010)

金属的弯曲主要是指冷弯。冷弯是评定钢材塑性和工艺性能的重要依据,用以检验钢材在常温下承受规定弯曲程度的弯曲变形的能力。工程中经常需对钢材进行冷弯加工,冷弯试验就是模拟钢材弯曲加工而确定的。通过冷弯试验,不仅能检验钢材适应冷加工能力和显示钢材内部缺陷(如起层、非金属夹渣等)状况,而且由于冷弯时试件中部受弯部位受到冲头挤压以及弯曲和剪切的复杂作用,因此也是考察钢材在复杂应力状态下发展塑性变形能力的一项指标。所以,冷弯试验对钢材质量是一种较严格的检验。

## 金属材料 弯曲试验方法

1 范围

本标准规定了测定金属材料承受弯曲塑性变形能力的试验方法。

本标准适用于金属材料相关产品标准规定试样的弯曲试验,但不适用于金属管材和金属焊接接头的弯曲试验,金属管材和金属焊接接头的弯曲试验由其他标准规定。

2 规范性引用文件

下列标准所包含的条文,通过在本标准中引用而成为本标准的条文。凡是注日期的引用文件,其随后所有的修改单(不包括勘误的内容)或修订版均不适用于本标准,然而,鼓励根据本标准达成协议的各方研究是否可使用这些文件的最新版本。凡是不注日期的引用文件,其最新版本适用于本标准。

GB/T 2975 钢及钢产品 力学性能试验取样位置及试样制备(GB/T 2975—1998,eqv ISO 377:1997)

3 符号和说明

本标准使用的符号和说明见表1及图1、图2、图3。

符 号 和 说 明 表1

| 符 号 | 说 明 | 单 位 |
| --- | --- | --- |
| $a$ | 试样厚度或直径(或多边形横截面内切圆直径) | mm |
| $b$ | 试样宽度 | mm |
| $L$ | 试样长度 | mm |
| $l$ | 支辊间距离 | mm |
| $D$ | 弯曲压头直径 | mm |
| $\alpha$ | 弯曲角度 | (°) |
| $r$ | 试样弯曲后的弯曲半径 | mm |
| $f$ | 弯曲压头的移动距离 | mm |
| $c$ | 试验后支辊中心轴所在水平面与弯曲压头中心轴所在水平面之间的间距 | mm |
| $p$ | 试验后支辊中心轴所在垂直面与弯曲压头中心轴所在垂直面之间的间距 | mm |

4 原理

弯曲试验是以圆形、方形、矩形或多边形横截面试样在弯曲装置上经受弯曲塑性变形,不改变加力方向,直至达到规定的弯曲角度。

弯曲试验时,试样两臂的轴线保持在垂直于弯曲轴的平面内。如为弯曲180°角的弯曲试验,按照相关产品标准的要求,可以将试样弯曲至两臂直接接触或两臂相互平行且相距规定距离,可使用垫块控制规定距离。

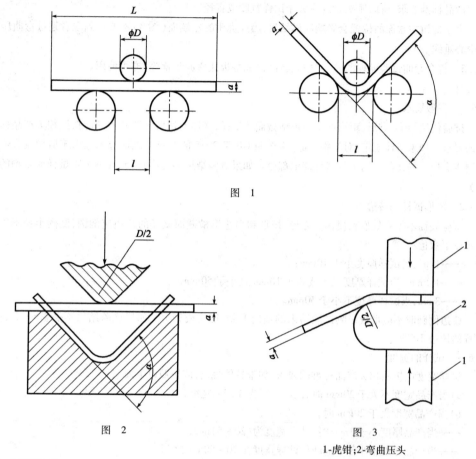

图 1

图 2

图 3

1-虎钳;2-弯曲压头

## 5 试验设备

### 5.1 一般要求

弯曲试验应在配备下列弯曲装置之一的试验机或压力机上完成:
a)配有两个支辊和一个弯曲压头的支辊式弯曲装置,见图1;
b)配有一个V形模具和一个弯曲压头的V形模具式弯曲装置,见图2;
c)虎钳式弯曲装置,见图3。

### 5.2 支辊式弯曲装置

5.2.1 支辊长度和弯曲压头的宽度应大于试样宽度或直径(图1)。弯曲压头的直径由产品标准规定,支辊和弯曲压头应具有足够的硬度。

5.2.2 除非另有规定,支辊间距离 $l$ 应按照式(1)确定:

$$l = (D + 3a) \pm \frac{a}{2} \qquad (1)$$

此距离在试验期间应保持不变。

注:此距离在试验前期保持不变,对于180°弯曲试样此距离会发生变化。

### 5.3 V形模具式弯曲装置

模具的V形槽角度应为$(180°-\alpha)$(图2),弯曲角度 $\alpha$ 应在相关产品标准中规定。

模具的支承棱边应倒圆,其倒圆半径应为(1~10)倍试样厚度,模具和弯曲压头宽度应大于试样宽度或直径并应具有足够的硬度。

### 5.4 虎钳式弯曲装置

装置由虎钳及有足够硬度的弯曲压头组成(图3),可以配置加力杠杆,弯曲压头直径应按照相关产品标准要求,弯曲压头宽度应大于试样宽度或直径。

由于虎钳左端面的位置会影响测试结果,因此虎钳的左端面(图3)不能达到或者超过弯曲压头中心垂线。

### 5.5 
符合弯曲试验原理的其他弯曲装置(例如翻板式弯曲装置等)亦可使用。

## 6 试样

### 6.1 一般要求

试验使用圆形、方形、矩形或多边形横截面的试样,样坯的切取位置和方向应按照相关产品标准的要求。如未具体规定,对于钢产品,应按照 GB/T 2975 的要求。试样应去除由于剪切或火焰切割或类似的操作而影响了材料性能的部分。如果试验结果不受影响,允许不去除试样受影响的部分。

### 6.2 矩形试样的棱边

试样表面不得有划痕和损伤。方形、矩形和多边形横截面试样的棱边应倒圆,倒圆半径不能超过以下数值:
——1mm,当试样厚度小于10mm;
——1.5mm,当试样厚度大于或等于10mm 且小于50mm;
——3mm,当试样厚度不小于50mm。

棱边倒圆时不应形成影响试验结果的横向毛刺、伤痕或刻痕。如果试验结果不受影响,允许试样的棱边不倒圆。

### 6.3 试样的宽度

试样宽度应按照相关产品标准的要求,如未具体规定,应按照以下要求:
a) 当产品宽度不大于20mm 时,试样宽度为原产品宽度;
b) 当产品宽度大于20mm 时:
——当产品厚度小于3mm 时,试样宽度为(20±5)mm;
——当产品厚度不小于3mm 时,试样宽度在20~50mm 之间。

### 6.4 试样的厚度

试样厚度或直径应按照相关产品标准的要求,如未具体规定,应按照以下要求:

#### 6.4.1 
对于板材、带材和型材,试样厚度应为原产品厚度。如果产品厚度大于25mm,试样厚度可以机加工减薄至不小于25mm,并保留一侧原表面。弯曲试验时,试样保留的原表面应位于受拉变形一侧。

#### 6.4.2 
直径(圆形横截面)或内切圆直径(多边形横截面)不大于30mm 的产品,其试样横截面应为原产品的横截面。对于直径或多边形横截面内切圆直径超过30mm 但不大于50mm 的产品,可以将其机加工成横截面内切圆直径不小于25mm 的试样。直径或多边形横截面内切圆直径大于50mm 的产品,应将其机加工成横截面内切圆直径不小于25mm 的试样(图4)。试验时,试样未经机加工的原表面应置于受拉变形的一侧。

### 6.5 锻材、铸材和半成品的试样

对于锻材、铸材和半成品,其试样尺寸和形状应在交货要求或协议中规定。

### 6.6 大厚度和大宽度试样

经协议,可以使用大于6.3 条规定宽度和6.4 条规定厚度的试样进行试验。

### 6.7 试样的长度

试样长度应根据试样厚度(或直径)和所使用的试验设备确定。

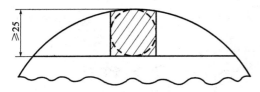 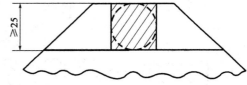

图 4 （尺寸单位:mm）

## 7 试验程序

特别提示:试验过程中应采取足够的安全措施和防护装置。

**7.1** 试验一般在 10～35℃的室温范围内进行,对温度要求严格的试验,试验温度应为(23±5)℃。

**7.2** 按照相关产品标准规定,采用下列方法之一完成试验:

a)试样在给定的条件和力作用下弯曲至规定的弯曲角度(图1、图2和图3);
b)试样在力作用下弯曲至两臂相距规定距离且相互平行(图6);
c)试样在力作用下弯曲至两臂直接接触(图7)。

**7.3** 试样弯曲至规定弯曲角度的试验,应将试样放于两支辊(图1)或V形模具(图2)上,试样轴线应与弯曲压头轴线垂直,弯曲压头在两支座之间的中点处对试样连续施加力使其弯曲,直至达到规定的弯曲角度。弯曲角度 α 可以通过测量弯曲压头的位移计算得出,见附录 B。

可以采用图3所示的方法进行弯曲试验。试样一端固定;绕弯曲压头进行弯曲,可以绕过弯曲压头,直至达到规定的弯曲角度(详见5.4)

弯曲试验时,应当缓慢地施加弯曲力,以使材料能够自由地进行塑性变形。

当出现争议时,试验速率应为(1±0.2)mm/s。

使用上述方法如不能直接达到规定的弯曲角度,可将试样置于两平行压板之间(图5),连续施加力压其两端使进一步弯曲,直至达到规定的弯曲角度。

**7.4** 试样弯曲至两臂相互平行的试验,首先对试样进行初步弯曲,然后将试样置于两平行压板之间(图5),连续施加力压其两端使进一步弯曲,直至两臂平行(图6)。试验时可以加或不加内置垫块。垫块厚度等于规定的弯曲压头直径,除非产品标准中另有规定。

**7.5** 试样弯曲至两臂直接接触的试验,首先对试样进行初步弯曲,然后将试样置于两平行压板之间,连续施加力压其两端使进一步弯曲,直至两臂直接接触(图7)。

## 8 试验结果评定

**8.1** 应按照相关产品标准的要求评定弯曲试验结果。如未规定具体要求,弯曲试验后不使用放大仪器观察,试样弯曲外表面无可见裂纹应评定为合格。

**8.2** 以相关产品标准规定的弯曲角度作为最小值;若规定弯曲压头直径,以规定的弯曲压头直径作为最大值。

## 9 试验报告

试验报告至少应包括下列内容:

a)本标准编号;
b)试样标识(材料牌号、炉号、取样方向等);

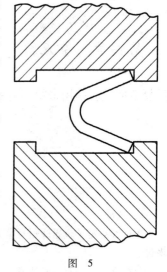

图 5

c) 试样的形状和尺寸；
d) 试验条件(弯曲压头直径,弯曲角度)；
e) 与本标准的偏差；
f) 试验结果。

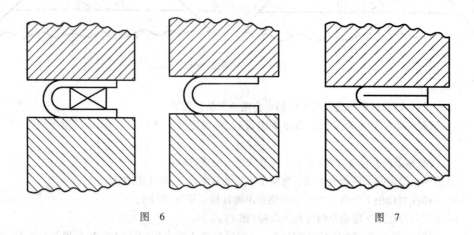

图 6　　　　　　　　　　　　　图 7

**【注意事项】**

(1) 弯曲试验时,应缓慢施加弯曲力。

(2) 相关产品标准中规定的弯曲角度认作为最小值,规定的弯曲半径认作为最大值。

(3) 应严格按照相关产品标准中规定的弯曲直径选取压头直径。工程中试验最多的是各种规格的钢筋冷弯试验,决不容许对各种不同规格的钢筋使用一个规格直径的弯头来完成试验,否则试验结果将无法评定。

(4) 在微裂纹、裂纹、裂缝中规定的长度和宽度,只要有一项达到某规定范围,即应按该级评定。

## 第六节　金属线材反复弯曲试验方法(GB/T 238—2013)

反复弯曲试验是用来检验金属线材的反复弯曲塑性变形性能,并显示其缺陷。

金属材料　线材<br/>反复弯曲试验方法

**1　范围**

本标准规定了金属线材反复弯曲试验方法的原理、符号、试验设备、试样、试验程序和试验报告。

本标准适用于直径或特征尺寸为0.3~10mm的金属线材反复弯曲塑性变形能力的测定。本标准所列直径或特征尺寸范围可能在相关产品标准中给出了更具体的规定。

**2　符号和说明**

线材反复弯曲试验所用符号及其说明见表1和图1。

符号和说明　　　　　　　　　　　表1

| 符号 | 说明 | 单位 |
|---|---|---|
| $d$ | 圆形金属线材直径 | mm |
| $h$ | 非圆形金属线材特征尺寸[a] | mm |
| $r$ | 圆柱支辊半径 | mm |
| $L$ | 圆柱支辊顶部至拨杆底部距离 | mm |
| $d_g$ | 拨杆孔直径 | mm |
| $y$ | 两圆柱支辊轴线所在平面至夹块顶面的距离 | mm |
| $T$ | 张紧力 | N |
| $N_b$ | 反复弯曲次数 | 次 |

注：a 非圆形金属线材特征尺寸指试样的横截面高度，通常在相关标准中规定，如图1所示。

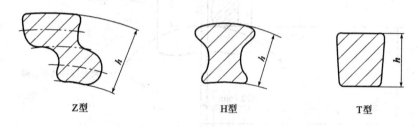

图1　典型非圆形试样截面图

## 3 原理

反复弯曲试验是将试样一端固定，绕规定半径的圆柱支辊弯曲90°，再沿相反方向弯曲的重复弯曲试验，如图2所示。

## 4 试验设备

### 4.1 一般要求

试验机应按照图2所示的原理和表2列出的基本尺寸制造，并能记录弯曲次数。

### 4.2 圆柱支辊和夹块

4.2.1 圆柱支辊和夹块应有足够的硬度（以保证其刚度和耐磨性）。

4.2.2 圆柱支辊半径不得超出表2给出的公称尺寸允许偏差。

反复弯曲试验参数（单位：mm）　　　　　　表2

| 圆形金属线材公称直径 $d$ | 圆柱支辊半径 $r$ | 距离 $L$ | 拨杆孔直径 $d_g^a$ |
|---|---|---|---|
| $0.3 \leq d < 0.5$ | $1.25 \pm 0.05$ | 15 | 2.0 |
| $0.5 \leq d < 0.7$ | $1.75 \pm 0.05$ | 15 | 2.0 |
| $0.7 \leq d < 1.0$ | $2.5 \pm 0.1$ | 15 | 2.0 |
| $1.0 \leq d < 1.5$ | $3.75 \pm 0.1$ | 20 | 2.0 |
| $1.5 \leq d < 2.0$ | $5.0 \pm 0.1$ | 20 | 2.0 和 2.5 |
| $2.0 \leq d < 3.0$ | $7.5 \pm 0.1$ | 25 | 2.5 和 3.5 |
| $3.0 \leq d < 4.0$ | $10.0 \pm 0.1$ | 35 | 3.5 和 4.5 |
| $4.0 \leq d < 6.0$ | $15.0 \pm 0.1$ | 50 | 4.5 和 7.0 |
| $6.0 \leq d < 8.0$ | $20.0 \pm 0.1$ | 75 | 7.0 和 9.0 |
| $8.0 \leq d \leq 10.0$ | $25.0 \pm 0.1$ | 100 | 9.0 和 11.0 |

注：a 较小的拨杆孔直径适用于较细直径的线材（见第1栏），而较大的拨杆孔直径适用于较粗直径的线材（也见第1栏），对于在第1栏所列范围直径，应选择合适的拨杆孔直径以保证线材在孔内自由运动。

**4.2.3** 两个圆柱支辊轴线应相互平行并在同一水平面内,且垂直于弯曲平面,其平行度偏差不超过 0.1mm。

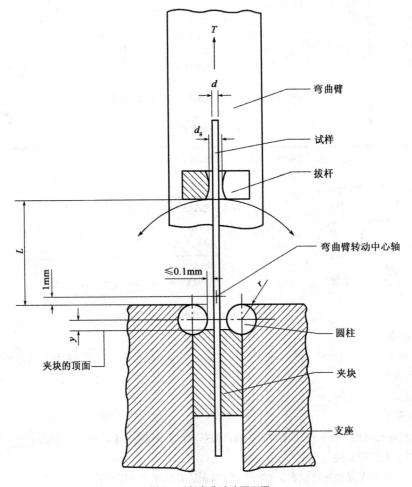

图2 反复弯曲试验原理图

**4.2.4** 夹块的夹持面应稍突出于圆柱支辊但不超过 0.1mm,即测量两圆柱支辊的曲率中心连线上试样与圆柱支辊间的间隔不大于 0.1mm。

**4.2.5** 夹块的顶面应低于两圆柱支辊曲率中心连线,当圆柱支辊半径等于或小于 2.5mm 时 $y$ 值为 1.5mm;当圆柱支辊半径大于 2.5mm 时,$y$ 值为 3mm(即 $r \leqslant 2.5mm, y = 1.5mm; r > 2.5mm, y = 3mm$)。

**4.3 弯曲臂及拨杆**

**4.3.1** 对于所有尺寸的圆柱支辊,弯曲臂的转动轴心至圆柱支辊顶部的距离均为 1.0mm。

**4.3.2** 拨杆孔两端应稍大,且孔径应符合表2的规定。

**5 试样**

**5.1** 线材试样应尽可能平直。但试验时,在其弯曲平面内允许有轻微的弯曲。

**5.2** 必要时试样可以用手矫直,在试样用手不能矫直时,可在木材、塑料等硬度低于试验材料的平面上用相同材料的锤头矫直。

注:对于较细直径的线材,为确保试验过程中试样与圆柱支辊圆弧面的连续接触,对其仔细矫直是非常必要的。

**5.3** 在矫直过程中,试样不得产生任何扭曲,也不得有影响试验结果的表面损伤。

**5.4** 沿着试样纵向中性轴线存在局部硬弯的试样不得矫直,试验部位存在硬弯的试样不得用于试验。
6 试验程序
  6.1 试验一般应在室温 10～35℃内进行,对温度要求严格的试验,试验温度应为 23℃±5℃。
  6.2 圆柱支辊半径应符合相关产品标准的要求。如未规定具体要求,圆形试样可根据表 2 所列线材直径,选择圆柱支辊半径 $r$,圆柱支辊顶部至拨杆底部距离 $L$ 以及拨杆孔直径 $d_g$。非圆形线材(Z型、H型和T型)应按附录 A 进行选择。
  6.3 如图 3 所示,使弯曲臂处于垂直位置,将试样由拨杆孔插入,试样下端用夹块夹紧,并使试样垂直于圆柱支辊轴线。

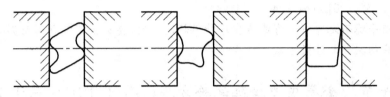

图 3　非圆形试样的夹持

  非圆形试样的夹持,应使其较大尺寸平行于或近似平行于夹持面,如图 3 所示。如仍然无法按图 3 夹持试样,可自行设计特殊的、与异形线材试样相匹配的异形夹具。
  6.4 弯曲试验是将试样弯曲 90°,再向相反方向连续交替进行;将试样自由端弯曲 90°,再返回至起始位置作为第一次弯曲。然后,如图 4 所示,依次向相反方向进行连续而不间断地反复弯曲。

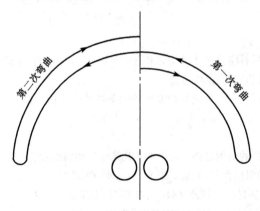

图 4　反复弯曲的计数方法

  6.5 弯曲操作应以每秒不超过一次的均匀速率平稳无冲击地进行,必要时,应降低弯曲速率以确保试样产生的热不至影响试验结果。
  6.6 试验中为确保试样与圆柱支辊圆弧面的连续接触,可对试样试加某种形式的张紧力。除非相关产品标准中另有规定,施加的张紧力 $T$ 不得超过试样公称抗拉强度相对力值的 2%。
  当出现争议时,张紧力 $T$ 应等于试样公称抗拉强度相对力值的 2%。
  注:使用上述方法如果仍无法确保试样与圆柱支辊圆弧面的连续接触,经供需双方协商,可采用更大的张紧力。
  6.7 连续试验至相关产品标准中规定的弯曲次数,或者连续试验至试样完全断裂为止。
  如果某些产品有特殊要求,可以根据规定连续试验至出现肉眼可见的裂纹为止。
  6.8 试样断裂的最后一次弯曲不计入弯曲次数 $N_b$。
7 试验报告
  试验报告应包括以下内容:
  a) 本国家标准编号;
  b) 试样标识(如材质、批号等);

c) 试样公称直径 $d$ 或特征尺寸 $h$;
d) 试样制备的详细情况(如矫直情况);
e) 试验条件(如圆柱支辊半径 $r$、施加的张紧力 $T$);
f) 终止试验的判据;
g) 试验结果

**【注意事项】**
(1) 对于非圆形线材反复弯曲的试验参数选取见《金属材料　薄板和薄带　反复弯曲试验方法》(GB/T 235—2013)附录 A。
(2) 操作应平稳而无冲击。弯曲速度每秒不超过一次,要防止温度升高而影响试验结果。
(3) 注意弯曲次数的计数方法。

## 第七节　金属应力松弛试验方法(GB/T 10120—2013)

金属应力松弛试验就是在规定温度下,对试样施加试验力,保持初始应变、变形或位移恒定的条件下,测定应力随时间变化的关系曲线。

### 金属材料　拉伸应力松弛试验方法

**1　范围**

本标准规定了金属材料应力松弛试验的术语和定义、符号及说明、试验原理、试验设备、试样、试验程序、试验结果的数值修约、试验报告。

本标准适用于金属材料在恒定应变和温度条件下拉伸应力松弛性能的试验方法。高温环状弯曲应力松弛试验,也可参照本标准执行,见本规范中附录 A。

**2　规范性引用文件**

下列文件对于本文件的应用是必不可少的。凡是注日期的引用文件,仅注日期的版本适用于本文件,凡是不注日期的引用文件,其最新版本(包括所有修改单)适用于本文件。

GB/T 228.1　金属材料　拉伸试验　第1部分:室温试验方法

GB/T 2039　金属材料　单轴拉伸蠕变试验方法

GB/T 10623　金属材料　力学性能试验术语

GB/T 12160　单轴试验用引伸计的标定

GB/T 16825.1　静力单轴试验机的检验　第1部分:拉力和(或)压力试验机测力系统的检验与校准

**3　术语和定义**

GB/T 10623 界定的以及下列术语和定义适用于本文件。

**3.1**

标距　gauge length

用于伸长测量的试样规定部分。

**3.1.1**

原始标距　original gauge length

$L_o$

试样在加热和变形前的标距长度。

**3.1.2**

引伸计标距　extensometer gauge length

$L_e$

引伸计两测量点之间的距离。

注：在某些情况下，$L_e = L_o$。

**3.1.3**

参考长度　reference length

$L_r$

用于计算应变的基本长度。

注：参见图2b)。

**3.2**

平行长度　parallel length

$L_c$

试样平行部分之间的长度。

**3.3**

原始横截面积　original cross-sectional area

$S_o$

试验前，室温下测定试样平行长度部分的横截面积。

**3.4**

延伸　extension

引伸计标距 $L_e$ 的增量；如果 $L_r \neq L_e$，是指参考长度 $L_r$ 的增量。

**3.5**

应变　strain

延伸除以引伸计标距 $L_e$。

**3.5.1**

总应变　total strain

$\varepsilon_t$

在试验期间，在任意时间 $t$ 试样的应变。

注：总应变是弹性应变和塑性应变的总和见图1。

**3.5.2**

初始总应变　intial total strain

$\varepsilon_{t0}$

试验开始时试样的应变。

**3.6**

应力　stress

试验期间，任一时刻的力除以试样的原始横截面积（$S_o$）。

**3.6.1**

初始应力　initial stress

$\sigma_0$

试验开始时的应力。

**3.6.2**

剩余应力　residual stress

$\sigma_{rt}$

试验期间，任一时间 $t$ 时松弛的试样承受的应力值。

**4　符号及说明**

符号及对应的说明见表1。

符 号 及 说 明　　　　　　　　　　　　　表1

| 参考编号[a] | 符号 | 说明 | 单位 |
|---|---|---|---|
| 1 | $d$ | 圆柱形试样平行长度部分的直径 | mm |
| 2 | $L_o$ | 原始标距 | mm |
| 3 | $L_c$ | 平行长度 | mm |
| 4 | $L_e$ | 引伸计标距 | mm |
| 5 | $r$ | 过渡弧半径 | mm |
| 6 | $L_r$ | 参考长度 | mm |
|  | $S_o$ | 平行长度的原始横截面积 | mm$^2$ |
| 7 | $\varepsilon_{t0}$ | 初始总应变 | % |
| 8 | $\sigma_0$ | 初始应力 | MPa[b] |
|  | $F_{rt}$ | 时间$t$时的剩余力 | N |
| 9 | $\sigma_{rt}$ | 时间$t$时的剩余应力 | MPa[b] |
| 10 | $\varepsilon_t$ | 总应变 | % |
| 11 | $t_0$ | 达到初始总应变的时间 | s |
| 12 | $t$ | 从达到初始总应变开始试验持续的时间 | s |
| 13 | $\sigma$ | 应力 | MPa[b] |
| 14 | $\varepsilon_{e0}$ | 初始弹性应变 | % |
| 15 | $\varepsilon_{p0}$ | 初始塑性应变 | % |
| 16 | $\varepsilon_{pt}$ | 时间$t$时剩余应力$\sigma_{rt}$所对应的塑性应变 | % |
| 17 | $\varepsilon_{et}$ | 时间$t$时剩余应力$\sigma_{rt}$所对应的弹性应变 | % |
| — | $T$ | 试验规定温度 | ℃ |
| — | $T_i$ | 试验显示温度 | ℃ |
| — | $n$ | 指数 |  |

注：a 参见图1和图2。
　　b 1MPa=1N/mm$^2$。

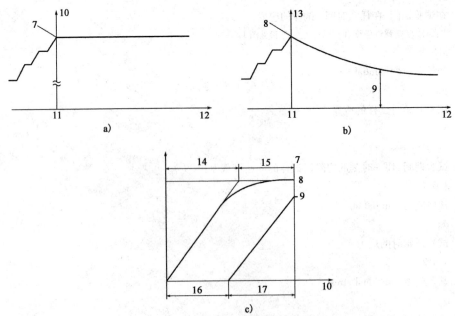

图1　拉伸松弛试验原理(数字代表的意义见表1)
a)总应变—时间示意图；b)应力—时间示意图；c)应力——总应变示意图

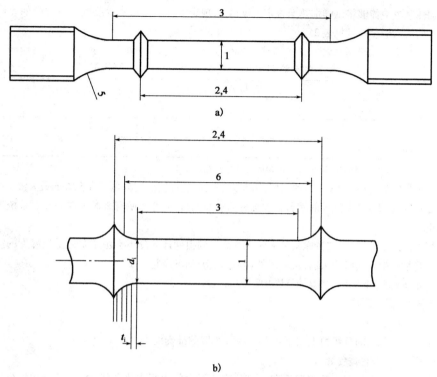

图 2 试样示例图(数字代表的意义见表1)
a)带脊圆截面试样;b)带项圈试样

注:试样的夹持端形状仅供参考。$L_r = L_c + 2\sum_t [(d/d_i)^{2n} l_t]$(当 $n=1$ 时)

## 5 试验原理

将试样加热至规定的温度,在此温度下保持恒定的拉伸应变,测定试样的剩余应力量。整个试验过程既可以是连续的,也可以是不连续的。

## 6 试验设备

### 6.1 试验机

试验机应能提供施加轴向试验力并使试样上产生的弯矩和扭矩最小。

试验力应平稳无冲击地施加在试样上。

注:试验机应与外界振动和振动源隔离。

试验机的测力系统应按照 GB/T 16825.1 进行校准,并且其准确应为 1 级或优于 1 级。

试验机同轴度应小于 10%。可参考 ASTM E1012 进行加载同轴度的校准。

试验机类型(如:电子式、电液伺服式、杠杆式)应在报告中注明。

### 6.2 伸长测量装置

采用引伸计进行伸长测量。引伸计应满足 GB/T 12160 的 1 级准确度的要求。

引伸计校准周期不超过 18 个月。如果预计的试验时间超过校准证书的有效期,应在试验前对引伸计进行校准。

引伸计的标距依赖于测量应变的引伸计的性能特性。推荐最小标距长度为 100mm。如果采用更小的标距长度,引伸计应具有足够的分辨率。若使用小于 100mm 标距长度的引伸计应在报告中注明。引伸计应能够在试样的两侧测量伸长,允许使用单侧接触的引伸计,但应在报告中注明。

注:当采用两侧测量伸长时,应记录伸长的平均值。

### 6.3 加热装置

#### 6.3.1 温度的允许偏差

加热装置应能够将试样加热至规定温度($T$),规定温度($T$)和显示温度($T_i$)之间的允许偏差和允许的最大温度梯度见表2。

注:温度梯度是指由装在试样上的测温热电偶测量显示温度的最大差值。

$T_i$ 与 $T$ 的允许偏差和允许的最大温度梯度(单位:℃)　　表2

| 规定温度 $T$ | $T_i$ 与 $T$ 的允许偏差 | 允许的最大温度梯度[a] |
|---|---|---|
| $T \leq 600$ | ±3 | 3 |
| $600 < T \leq 80$ | ±4 | 4 |
| $800 < T \leq 1\,000$ | ±5 | 5 |

注:a 对于要求严格的试验,最大温度梯度分别控制在2,3,3。

对于规定温度超过1 000℃的试验,由双方协商确定温度的允许偏差和允许的最大温度梯度。

显示温度($T_i$)是在试样的平行长度部分的表面测得,应考虑所有来源的误差并对系统误差进行修正。

如果使用引伸计,则应考虑某种方法保护炉外的引伸计部分不会由于炉外空气温度的波动而对长度测量产生太大影响,试验机周围的环境温度波动不应超过±3℃。

注:如果超过这个范围,应考虑对环境温度变化进行修正。

#### 6.3.2 温度测量

##### 6.3.2.1 总则

温度显示仪表的分辨力不大于0.5℃,测温装置的准确度不低于±1℃。

##### 6.3.2.2 热电偶数量

当试样的平行长度小于或等于50mm时,应该至少使用两支热电偶;大于50mm时,至少使用三支热电偶。任何情况下,热电偶应放置在平行长度的两端,如果使用第三支热电偶,第三支热电偶应放置在试样平行长度的中间部位。

##### 6.3.2.3 热电偶

热电偶与试样表面应有良好的热接触,避免热源的直接辐射。炉内电偶丝的其余部分应该有热屏蔽和电绝缘。

#### 6.3.3 热电偶和测温系统校准

不同类型热电偶的信息参见本规范中附录B。

##### 6.3.3.1 热电偶的校准

用于试验持续时间小于一年的热电偶至少应每12个月校准;用于试验持续时间大于12个月的热电偶应在试验前后校准。

注1:由于化学成分变化导致漂移或一系列损伤,如:物理损伤,使校准后的热电偶的输出值发生变化,这些变化应记录并且需要时可以得到。

注2:如果能够证明热电偶的漂移不影响6.3.1中规定的允许温度偏差,可以延长两次校准之间的时间。

注3:热电偶的漂移是由所使用的热电偶类型以及在试验温度下的热电偶暴露的时间引起的。

注4:如果热电偶漂移的影响超出温度的允许偏差,则应增加校准的频次或者通过热电偶的显示值对温度进行修正。

注5:热电偶校准的相关信息参见本规范中附录C。

如果热电偶重新焊接,则应在使用前再次校准。

必须对试验温度或者包含试验温度的典型温度区间对热电偶的偏差进行标定。

##### 6.3.3.2 温度测量装置的校准

温度测量装置(包括补偿导线、接点、冷端、显示器或记录仪、数据线等)应按照 GB/T 2039 进行校准。

### 7 试样

#### 7.1 形状和尺寸

一般情况下,试样加工成圆形截面比例试样($L_{r0} = k\sqrt{S_0}$)(图2)。$k$ 值应大于或等于11.3,参考长度应大于或等于100mm。当试料受到限制,使$k$值减小,但$k$值不能小于3并在试验报告中记录$k$的取值。

通常情况下,对于圆形截面试样平行长度$L_c$应不超过原始标距$L_0$的120%。

平行长度部分与试样夹持端采用过渡弧连接,夹持端的形状应和试验机的夹具相适应。对于圆柱形试样过渡弧半径$r$应在$0.25d\sim1d$之间。

注1:如在试样的平行长度部分采用凸台,凸台的过渡弧半径可以小于$0.25d$。

注2:由于在松弛过程中,弹性变形处于主导位置,因此建议在计算参考长度$L_r$时,指数$n$取值为1。

对于圆形试样,试样夹持端与试样平行长度部分的同轴度偏差为$0.005d$或者$0.03mm$,取二者较大者。

除非试样尺寸不够,原始横截面积($S_0$)应大于或等于$7mm^2$。

注3:推荐最小原始横截面积为$50mm^2$。

注4:当氧化成为重要影响因素时,可以选择较大原始横截面积($S_0$)的试样。

### 7.2 试样制备

试样应采用避免产生残余变形或表面缺陷的方法加工。

圆形截面试样的形状公差见表3。

**圆形截面试样的形状公差(mm)** 表3

| 公称直径$d$ | 形状公差[a] |
|---|---|
| $3<d\leqslant6$ | 0.02 |
| $6<d\leqslant10$ | 0.03 |
| $10<d\leqslant18$ | 0.04 |
| $18<d\leqslant30$ | 0.05 |

注:a 整个平行长度上测量直径的最大偏差。

### 7.3 原始横截面积的确定

原始横截面积($S_0$)是通过测定试样平行长度内的横截面尺寸计算而得到的。每个尺寸的测量应准确到$\pm0.1\%$或$\pm0.01mm$,取二者较大值,在测量期间室温的变化不应超过$\pm2℃$。

## 8 试验程序

### 8.1 室温弹性模量的测定

为了保证伸长测量的正确操作,应测定室温弹性模量。弹性模量的测量值应在弹性模量预期值的$\pm10\%$范围内。弹性模量预期值通常是通过拉伸试验确定的,使用的引伸计的性能与应力松弛试验使用的引伸计具有同等性能。

注:参照 GB/T 228.1 附录A。

### 8.2 试样的加热

试样应加热至试验规定温度($T$)。调整试验炉加热控制系统使温度分布符合表2的要求。试样、夹持装置和引伸计在试验开始前都应达到热平衡。

试样应在加载前至少保温1h,除非产品标准另有规定。试样加载前的保温时间不得超过24h。

升温过程中,任何时间试样温度不得超过规定温度($T$)上偏差。如果超出,应在报告中注明。

### 8.3 总应变的应用

试验力应施加在试样的轴线上。尽量减少试样上的弯曲和扭转。

初始总应变和对应的初始应力的测定精度至少为$\pm1\%$。

加载可以采用应变控制也可以采用力控制。应变或力的增加应平稳、无冲击,初始总应变的施加过程应在10min内完成,记录加载时间。

在加载过程中,采用自动记录装置或通过递增的方式施加试验力并记录每个力的增量对应的伸长量来获得应力—应变或力—位移图。

应绘制和评估高温应力—应变图,保证伸长测量的正确。

### 8.4 保持应变

在整个试验过程中,总应变值应保持基本恒定。根据控制方式的不同,总应变的控制值不同。对于采用力控制加载的方式,总应变值应控制在初始总应变的测量值的±1%的范围内;对于采用应变控制加载的方式,通过逐渐减少应力使总应变值应控制为总应变的规定值。对于人工进行力调整的方式,实际上只是采用力的递减方式使测量应变返回到总应变 $\varepsilon_t$;对于伺服控制总应变来讲,力的调整是通过递减或递增的方式进行的,应变波动范围大约控制在±1%以内。

### 8.5 记录

#### 8.5.1 温度

在整个试验过程中,应充分记录试样温度符合6.3.1的要求。

#### 8.5.2 剩余应力

整个试验过程中,应从连续记录或有足够多记录力的记录数据中确定剩余应力值。

#### 8.5.3 时间

记录的每一个应力值的时间应在±1%精度范围内,在此时间试样的应变为试验应变。

#### 8.5.4 应力松弛曲线

依据所记录的时间和剩余应力数据绘制应力松弛曲线。

### 8.6 试验结束

试验结束时,在保持剩余力 $F_{rt}$ 的条件下降温,降到室温时测定卸载弹性模量。卸载弹性模量对于试验中断需要恢复试验是必需的数据。

### 8.7 试验中断

试验中断时,按以下步骤进行:

a)在剩余应力 $F_{rt}$ 条件下冷却;
b)测定室温弹性模量;
c)如果弹性模量的测定值是可接受的,采用试样在中断时刻的剩余应力 $F_{rt}$ 的半值;
d)加热至规定温度并保温1h;
e)增加力至 $F_{rt}$,观察引伸计的输出信号,5min 后记录引伸计输出值。用这个值作为每个试验重新进行的控制数据。试验中断重新恢复试验的程序示意图见图3。

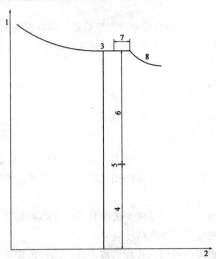

图3 试验中断卸加载示意图

1-力;2-时间;3-在剩余应力($F_{rt}$)下冷却;4-加载至约50%剩余应力($F_{rt}$);5-加热至规定的温度;6-增加力至剩余应力($F_{rt}$);7-在剩余应力 $F_{rt}$ 保持5min 后引伸计输出值作为新的参考值;8-在应变控制下重新开始进行试验

## 9 试验结果的数值修约

试验测定的性能结果数值应按照相关产品标准的要求进行修约。如未规定具体要求,应按照如下要求进行修约:

——规定温度($T$):修约至1℃;
——直径($d$):修约至0.01mm;
——比径比($L_0/d$):修约至1位小数;
——初始应力和剩余应力:修约至3位有效数字;
——时间:修约至3位有效数字。

## 10 试验报告

**10.1** 试验报告应包括以下信息:

本标准号;
材料和试样标识;
试样的类型和尺寸(包括比例系数$k$),包括原始标距$L_0$或原始引伸计标距$L_e$(当$L_e \neq L_0$)和参考长度$L_r$(当$L_r \neq L_e$);
规定温度以及如果超出偏差范围的显示温度;
规定总应变;
试验结果;
试验机类型;
任何影响试验结果的情况,例如偏离了规定允差或偏离了设备性能。

**10.2** 经供需双方协商,也可以包括以下信息,在试验委托时要求的信息:

加力时间;
加热和保温时间;
依据足够数据绘制的伸长—时间曲线;
加载时间和加载类型(应变控制或应力控制);
关于显示温度超出6.3.1中规定的温度允许范围的信息。

**【注意事项】**

(1)试验前一定要先做试件钢材的拉力试验,以确定试件钢材的强度级别,从而选择正确的初始试验力。

(2)加初始试验力时注意安全。

## 第八节 金属材料洛氏硬度试验方法(GB/T 230.1—2004)

材料的硬度是材料力学性能的主要指标之一,它表示材料抵抗他物压入的能力,同时也表示抵抗弹性变形、塑性变形和破坏的能力。所以,在工程检测中,测量材料的硬度也是很重要的。硬度测试可分为压入法、弹跳法和刻线法。洛氏硬度测试即属于压入法。

### 一、试验原理

将压头(金刚石圆锥、硬质合金球)按图12-36分两个步骤压入试样表面,经规定保持时间后,卸除主试验力,测量在初试验力下的残余压痕深度$h$。

根据$h$值及常数$N$和$S$(表12-42),用式(12-4)计算洛氏硬度(表12-36):

$$洛氏硬度 = N - \frac{h}{S} \tag{12-4}$$

## 二、符号及说明

(1) 符号及说明见图 12-36、表 12-41 及表 12-42。

表 12-41  洛氏硬度标尺

| 洛氏硬度标尺 | 硬度符号[d] | 压头类型 | 初试验力 $F_0$(N) | 主试验力 $F_1$(N) | 总试验力 $F$(N) | 适用范围 |
|---|---|---|---|---|---|---|
| A[a] | HRA | 金刚石圆锥 | 98.07 | 490.3 | 588.4 | 20HRA~88HRA |
| B[b] | HRB | 直径1.587 5mm球 | 98.07 | 882.6 | 980.7 | 20HRB~100HRB |
| C[c] | HRC | 金刚石圆锥 | 98.07 | 1 373 | 1 471 | 20HRC~70HRC |
| D | HRD | 金刚石圆锥 | 98.07 | 882.6 | 980.7 | 40HRD~77HRD |
| E | HRE | 直径3.175mm球 | 98.07 | 882.6 | 980.7 | 70HRE~100HRE |
| F | HRF | 直径1.587 5mm球 | 98.07 | 490.3 | 588.4 | 60HRF~100HRF |
| G | HRG | 直径1.587 5mm球 | 98.07 | 1 373 | 1 471 | 30HRG~94HRG |
| H | HRH | 直径3.175mm球 | 98.07 | 490.3 | 588.4 | 80HRH~100HRH |
| K | HRK | 直径3.175mm球 | 98.07 | 1 373 | 1 471 | 40HRK~100HRK |
| 15N | HR15N | 金刚石圆锥 | 29.42 | 117.7 | 147.1 | 70HR15N~94HR15N |
| 30N | HR30N | 金刚石圆锥 | 29.42 | 264.8 | 294.2 | 42HR30N~86HR30N |
| 45N | HR45N | 金刚石圆锥 | 29.42 | 411.9 | 441.3 | 20HR45N~77HR45N |
| 15T | HR15T | 直径1.587 5mm球 | 29.42 | 117.7 | 147.1 | 67HR15T~93HR15T |
| 30T | HR30T | 直径1.587 5mm球 | 29.42 | 264.8 | 294.2 | 29HR30T~82HR30T |
| 45T | HR45T | 直径1.587 5mm球 | 29.42 | 411.9 | 441.3 | 10HR45T~72HR45T |

注：如果在产品标准或协议中有规定时，可以使用直径为6.350mm和12.70mm的球形压头。
  [a] 试验允许范围可延伸至94HRA。
  [b] 如果在产品标准或协议中有规定时，试验允许范围可延伸至10HRBW。
  [c] 如果压痕具有合适的尺寸，试验允许范围可延伸至10HRC。
  [d] 使用硬质合金球压头的标尺，硬度符号后面加"W"。使用钢球压头的标尺，硬度符号后面加"S"。

(2) 洛氏硬度的表示方法如图 12-37 所示。

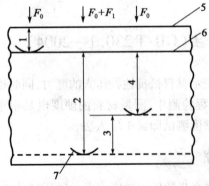

图 12-36  洛氏硬度试验原理图
1-在初试验力 $F_0$ 下的压入深度；2-由主试验力 $F_1$ 引起的压入深度；3-卸除主试验力 $F_1$ 后的弹性回复深度；4-残余压入深度 h；5-试样表面；6-测量基准面；7-压头位置

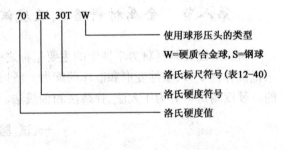

图 12-37  洛氏硬度的表示方法

### 符号及名称

表 12-42

| 符 号 | 说 明 | 单 位 |
|---|---|---|
| $F_0$ | 初试验力 | N |
| $F_1$ | 主试验力 | N |
| $F$ | 总试验力 | N |
| $S$ | 给定标尺的单位 | mm |
| $N$ | 给定标尺的硬度数 | |
| $h$ | 卸除主试验力,在初试验力下压痕残留的深度(残余压痕深度) | mm |
| HRA<br>HRC<br>HRD | 洛氏硬度 $= 100 - \dfrac{h}{0.002}$ | |
| HRB<br>HRE<br>HRF<br>HRG<br>HRH<br>HRK | 洛氏硬度 $= 130 - \dfrac{h}{0.002}$ | |
| HRN<br>HRT | 表面洛氏硬度 $= 100 - \dfrac{h}{0.001}$ | |

## 三、试 验 设 备

1. 硬度计

硬度计应能按表 12-41 施加预定的试验力,并符合 GB/T 230.2—2012 的要求。

使用者应在当天使用硬度计之前,对其使用的硬度标尺或范围进行检查。

日常检查应在按照 GB/T 230.3—2012 标定的标准硬度块上至少打一个压痕。如果测量的硬度(平均)值与标准硬度块标准值的差值在 GB/T 230.2—2012 中给出的允许误差之内,则硬度计被认为是满意的。如果超出,应立即进行间接检验。

所测数据应当保存一段时间,以便监测硬度计的再现性和测量设备的稳定性。

2. 压头

金刚石圆锥压头锥角为 120°,顶部曲率半径为 0.2mm,并符合 GB/T 230.2—2012 的要求。

硬质合金球压头的直径为 1.587 5mm 或 3.175mm,并符合 GB/T 230.2—2012 的要求。

经验表明,许多良好的压头在试验一段时间以后出现缺陷,这是由于表面的小裂纹、斑痕或缺陷所致。如果能及时检查出这些缺陷并修复,许多压头仍能继续使用,否则任何小缺陷都会很快恶化,导致压头报废。

因此,对压头的表面在首次使用和以后的使用中要用光学装置(显微镜、放大镜等)经常检查;当发现压头表面有缺陷后则认为压头失效,应按 GB/T 230.2—2012 中要求对重新研磨或修复的压头再校验。

3. 测量系统

测量系统应符合 GB/T 230.2—2012 的规定。

## 四、试　样

(1) 除非产品或材料标准另有规定,试样表面应平坦光滑,并且不应有氧化皮及外来污物,尤其不应有油脂,试样的表面应能保证压痕深度的精确测量。建议试样表面粗糙度 $R_a$ 不大于 $1.6\mu m$。在做可能会与压头黏结的活性金属的硬度试验时,例如钛,可以使用某种合适的油性介质(例如煤油)。使用的介质应在试验报告中注明。

(2) 试样的制备应使受热或冷加工等因素对试样表面硬度的影响减至最小。尤其对于残余压痕深度浅的试样应特别注意。

(3) 除了 HR30Tm,试验后试样背面不应出现可见变形。HR30Tm 的试验应按 GB/T 230.1—2009 附录 A 进行。

GB/T 230.1—2009 附录 B 给出了洛氏硬度—试样最小厚度关系图。对于用金刚石圆锥压头进行的试验,试样或试验层厚度应不小于残余压痕深度的 10 倍;对于用球压头进行的试验,试样或试验层的厚度应不小于残余压痕深度的 15 倍。除非可以证明使用较薄的试样对试验结果没有影响。

(4) 表 12-43～表 12-47 给出了在凸圆柱面和凸球面上试验时的洛氏硬度修正值。

未规定在凹面上试验的修正值,在凹面上试验时,应专门协商。

用金刚石圆锥压头试验(A、C 和 D 标尺)　　　　　表 12-43

| 洛氏硬度读数 | 洛氏硬度修正值 | | | | | | | | |
|---|---|---|---|---|---|---|---|---|---|
| | 曲率半径(mm) | | | | | | | | |
| | 3 | 5 | 6.5 | 8 | 9.5 | 11 | 12.5 | 16 | 19 |
| 20 | | | 2.5 | 2.0 | 1.5 | 1.5 | 1.0 | 1.0 | |
| 25 | | | 3.0 | 2.5 | 2.0 | 1.5 | 1.0 | 1.0 | 1.0 |
| 30 | | | 2.5 | 2.0 | 1.5 | 1.5 | 1.0 | 1.0 | 0.5 |
| 35 | | 3.0 | 2.0 | 1.5 | 1.5 | 1.0 | 1.0 | 0.5 | 0.5 |
| 40 | | 2.5 | 2.0 | 1.5 | 1.0 | 1.0 | 1.0 | 0.5 | 0.5 |
| 45 | 3.0 | 2.0 | 1.5 | 1.0 | 1.0 | 1.0 | 0.5 | 0.5 | 0.5 |
| 50 | 2.5 | 2.0 | 1.5 | 1.0 | 1.0 | 0.5 | 0.5 | 0.5 | 0.5 |
| 55 | 2.0 | 1.5 | 1.0 | 1.0 | 0.5 | 0.5 | 0.5 | 0.5 | 0 |
| 60 | 1.5 | 1.0 | 1.0 | 0.5 | 0.5 | 0.5 | 0.5 | 0 | 0 |
| 65 | 1.5 | 1.0 | 0.5 | 0.5 | 0.5 | 0.5 | 0.5 | 0 | 0 |
| 70 | 1.0 | 1.0 | 0.5 | 0.5 | 0.5 | 0.5 | 0.5 | 0 | 0 |
| 75 | 1.0 | 0.5 | 0.5 | 0.5 | 0.5 | 0.5 | 0 | 0 | 0 |
| 80 | 0.5 | 0.5 | 0.5 | 0.5 | 0.5 | 0 | 0 | 0 | 0 |
| 85 | 0.5 | 0.5 | 0.5 | 0 | 0 | 0 | 0 | 0 | 0 |
| 90 | 0.5 | 0.5 | 0 | 0 | 0 | 0 | 0 | 0 | 0 |

注:大于 3HRA、3HRC 和 3HRD 的修正值太大,不在表中规定。

**用 1.587 5mm 球压头试验(B、F 和 G 标尺)**  表 12-44

| 洛氏硬度读数 | 洛氏硬度修正值 ||||||||
|---|---|---|---|---|---|---|---|
| | 曲率半径(mm) |||||||
| | 3 | 5 | 6.5 | 8 | 9.5 | 11 | 12.5 |
| 20 | | | | 4.5 | 4.0 | 3.5 | 3.0 |
| 30 | | | 5.0 | 4.5 | 3.5 | 3.0 | 2.5 |
| 40 | | | 4.5 | 4.0 | 3.0 | 2.5 | 2.5 |
| 50 | | | 4.0 | 3.5 | 3.0 | 2.5 | 2.0 |
| 60 | | 5.0 | 3.5 | 3.0 | 2.5 | 2.0 | 2.0 |
| 70 | | 4.0 | 3.0 | 2.5 | 2.0 | 2.0 | 1.5 |
| 80 | 5.0 | 3.5 | 2.5 | 2.0 | 1.5 | 1.5 | 1.5 |
| 90 | 4.0 | 3.0 | 2.0 | 1.5 | 1.5 | 1.5 | 1.0 |
| 100 | 3.5 | 2.5 | 1.5 | 1.5 | 1.0 | 1.0 | 0.5 |

注：大于 5HRB、5HRF 和 5HRG 的修正值太大，不在表中规定。

**表面洛氏硬度试验(N 标尺)[a,b]**  表 12-45

| 表面洛氏硬度读数 | 表面洛氏硬度修正值 ||||||
|---|---|---|---|---|---|---|
| | 曲率半径[c](mm) ||||||
| | 1.6 | 3.2 | 5 | 6.5 | 9.5 | 12.5 |
| 20 | (6.0)[d] | 3.0 | 2.0 | 1.5 | 1.5 | 1.5 |
| 25 | (5.5)[d] | 3.0 | 2.0 | 1.5 | 1.5 | 1.0 |
| 30 | (5.5)[d] | 3.0 | 2.0 | 1.5 | 1.0 | 1.0 |
| 35 | (5.0)[d] | 2.5 | 2.0 | 1.5 | 1.0 | 1.0 |
| 40 | (4.5)[d] | 2.5 | 1.5 | 1.5 | 1.0 | 1.0 |
| 45 | (4.0)[d] | 2.0 | 1.5 | 1.0 | 1.0 | 1.0 |
| 50 | (3.5)[d] | 2.0 | 1.5 | 1.0 | 1.0 | 1.0 |
| 55 | (3.5)[d] | 2.0 | 1.5 | 1.0 | 0.5 | 0.5 |
| 60 | 3.0 | 1.5 | 1.0 | 1.0 | 0.5 | 0.5 |
| 65 | 2.5 | 1.5 | 1.0 | 0.5 | 0.5 | 0.5 |
| 70 | 3.0 | 1.0 | 1.0 | 0.5 | 0.5 | 0.5 |
| 75 | 1.5 | 1.0 | 0.5 | 0.5 | 0.5 | 0 |
| 80 | 1.0 | 0.5 | 0.5 | 0.5 | 0 | 0 |
| 85 | 0.5 | 0.5 | 0.5 | 0.5 | 0 | 0 |
| 90 | 0 | 0 | 0 | 0 | 0 | 0 |

注：a 修正值仅为近似值，代表从表中给出曲面上实测平均值。精确至 0.5 个表面洛氏硬度单位。
  b 圆柱面的试验结果受主轴及 V 形试台与压头同轴度、试样表面粗糙度及圆柱面平直度综合影响。
  c 对表中其他半径的修正值，可用线性内插法求得。
  d 括号中的修正值，经协商后方可使用。

表面洛氏硬度试验（T标尺）[a,b]　　　　　　表12-46

| 表面洛氏硬度读数 | 表面洛氏硬度修正值 | | | | | | |
|---|---|---|---|---|---|---|---|
| | 曲率半径[c]（mm） | | | | | | |
| | 1.6 | 3.2 | 5 | 6.5 | 8 | 9.5 | 12.5 |
| 20 | (13)[d] | (9.0)[d] | (6.0)[d] | (4.5)[d] | (3.5)[d] | 3.0 | 2.0 |
| 30 | (11.5)[d] | (7.5)[d] | (5.0)[d] | (4.0)[d] | (3.5)[d] | 2.5 | 2.0 |
| 40 | (10.0)[d] | (6.5)[d] | (4.5)[d] | (3.5)[d] | 3.0 | 2.5 | 2.0 |
| 50 | (8.5)[d] | (5.5)[d] | (4.0)[d] | 3.0 | 2.5 | 2.0 | 1.5 |
| 60 | (6.5)[d] | (4.5)[d] | 3.0 | 2.5 | 2.0 | 1.5 | 1.5 |
| 70 | (5.0)[d] | (3.5)[d] | 2.5 | 2.0 | 1.5 | 1.0 | 1.0 |
| 80 | 3.0 | 2.0 | 1.5 | 1.5 | 1.0 | 1.0 | 0.5 |
| 90 | 1.5 | 1.0 | 1.0 | 0.5 | 0.5 | 0.5 | 0.5 |

注：a 修正值仅为近似值，代表从表中给出曲面上实测平均值，精确至0.5个表面洛氏硬度单位。
　　b 圆柱面的试验结果受主轴及V形试台与压头同轴度、试样表面粗糙度及圆柱面平直度综合影响。
　　c 对表中其他半径的修正值，可用线性内插法求得。
　　d 括号中的修正值，经协商后方可使用。

凸球面上C标尺洛氏硬度修正值　　　　　　表12-47

| 洛氏硬度读数 | 洛氏硬度修正值 | | | | | | | | |
|---|---|---|---|---|---|---|---|---|---|
| | 凸球面直径 $d$（mm） | | | | | | | | |
| | 4 | 6.5 | 8 | 9.5 | 11 | 12.5 | 15 | 20 | 25 |
| 55HRC | 6.4 | 3.9 | 3.2 | 2.7 | 2.3 | 2.0 | 1.7 | 1.3 | 1.0 |
| 60HRC | 5.8 | 3.6 | 2.9 | 2.4 | 2.1 | 1.8 | 1.5 | 1.2 | 0.9 |
| 65HRC | 5.2 | 3.2 | 2.6 | 2.2 | 1.9 | 1.7 | 1.4 | 1.0 | 0.8 |

在表12-47中给出的加于洛氏硬度C标尺的修正值 $\Delta H$ 由下式计算出：

$$\Delta H = 59 \times \frac{\left(1 - \dfrac{H}{160}\right)^2}{d} \tag{12-5}$$

式中：$H$——洛氏硬度值；
　　　$d$——球直径，mm。

## 五、试 验 程 序

（1）试验一般在10~35℃室温下进行。洛氏硬度试验应选择在较小的温度变化范围内进行，因为温度的变化可能会对试验结果有影响。

注：试样和硬度计的温度也可能会影响试验结果，因此试验人员应该确保试验温度不会影响试验结果。

（2）试样应平稳地放在刚性支承物上，并使压头轴线与试样表面垂直，避免试样产生位移。如果使用固定装置，应与GB/T 230.2—2012的规定一致。

在大量试验前或距上次试验超过24h，以及移动和更换压头或载物台之后，应确定硬度计的压头和载物台安装正确。上述调整后的前两次试验结果应舍弃。

应对圆柱形试样作适当支承，例如放置在洛氏硬度值不低于60HRC的带有V形槽的试台上。尤其应注意使压头、试样、V形槽与硬度计支座中心对中。

(3)使压头与试样表面接触,无冲击和振动地施加初试验力 $F_0$,初试验力保持时间不应超过 3s。

对于电子控制的硬度计,施加初始试验力的时间 $T_a$ 和初始试验力保持时间 $T_{pm}$ 之和满足公式(12-6):

$$T_p = \frac{T_a}{2} + T_{pm} \leq 3 \tag{12-6}$$

式中:$T_p$——初始试验力施加总时间,s;
$T_a$——初始试验力施加时间,s;
$T_{pm}$——初始试验力保持时间,s。

(4)无冲击和无振动或无摆动地将测量装置调整至基准位置,从初试验力 $F_0$ 施加至总试验力 $F$ 的时间应不小于 1s 且不大于 8s(一般情况下,对于约为 60HRC 的试样从 $F_0$ 至 $F$ 的时间为 2~3s。对于 $N$ 和 $T$ 标尺的硬度,约为 78HR30N 的试样建议加力时间为 1~1.5s)。

(5)总试验力 $F$ 保持时间为 4s±2s。然后卸除主试验力 $F_1$,保持初试验力 $F_0$,经短时间稳定后,进行读数。

对于压头持续压入而呈现过度塑性流变(压痕蠕变)的试样,应保持施加全部试验力。当产品标准中另有规定时,施加全部试验力的时间可以超过 6s。这种情况下,实际施加试验力的时间应在试验结果中注明(例如,65HRFW,10s)。

(6)洛氏硬度值用表 12-42 中给出的公式由残余压痕深度 $h$ 计算出,通常从测量装置中直接读数,图 12-36 中说明了洛氏硬度值的求出过程。

(7)试验过程中,硬度计应避免受到冲击或振动。

(8)两相邻压痕中心之间的距离至少应为压痕直径的 4 倍,并且不应小于 2mm。任一压痕中心距试样边缘的距离至少应为压痕直径的 2.5 倍,并且不应小于 1mm。

## 六、结果的不确定度

如需要,一次完整的不确定度评估宜依照《测量不确定度评定与表示》(JJF 1059.1—2012)进行。

对于硬度试验,可能有以下两种评定测量不确定度的方法:
(1)基于在直接校准中对所有出现的相关不确定度分量的评估。
(2)基于用标准硬度块(有证标准物质)进行间接校准,测定指导参见 GB/T 230.1—2009 附录 G。

## 七、试 验 报 告

试验报告应包括以下内容:
(1)GB/T 230 的本部分编号。
(2)与试样有关的详细资料。
(3)不在 10~35℃ 的试验温度。
(4)试验结果,洛氏硬度值应至少精确至 0.5HR。
(5)不在本部分规定之内的操作。
(6)影响试验结果的各种细节。

(7)如果施加全部试验力的时间超过6s,应注明准确施加试验力的时间。因为资料表明,某些材料可能对应变速率较敏感,应变速率的改变可能引起屈服应力值轻微变化,压痕形成的时间对硬度值的改变有相应影响。

**【注意事项】**

(1)在任何情况下,不允许压头与试台及支座触碰。试样支承面、支座和试台工作面上均不得有压痕。

(2)在试验过程中,试验装置不应受到冲击和振动。

(3)预应力用工作锚板硬度检测时一般选用C标尺(HRC),工作夹片检测时一般选用A标尺(HRA),这是因为夹片热处理技术要求碳氮共渗,其渗层较薄,使用HRC标尺可能会将渗层击穿,所测到的硬度值与实际硬度值误差较大。而采用A标尺检测可避免可能出现的误差。因此,请不要使用C标尺(HRC)检测夹片硬度。

(4)检验预应力用工作夹片时请使用夹片检验专用工装(模子),检验硬度前请正确安装好专用工装,保证硬度计压头(尖点)正对专用工装芯轴的中心线。

(5)每个试样一般测试3点(针),如打三针其中一针的硬度值偏差较大,可在卸除试验力前,用手向下压试样四周边沿,如硬度计指针摆动大于1格,说明试样底部不平,需重新处理试样。

## 第九节 焊接钢筋的质量验收内容和标准

钢筋接头一般应采用焊接,螺纹筋可采用挤压套管接头。钢筋的焊接应优先选用闪光对焊,当缺乏闪光对焊条件时,也可采用电弧焊、电渣压力焊、气压焊等。不同焊接方式的质量检测内容和标准如下。本节内容摘编自《公路桥涵施工技术规范》(JTG/T F50—2011附录E-2)

### 附录E-2 焊接钢筋的质量验收内容和标准

E.1 钢筋闪光对焊接头

E.1.1 批量规定:在同一台班内,由同一焊工按同一焊接参数完成的300个同类型(指钢筋级别和直径均相同的接头)接头作为1批。一周内连续焊接时可以连续计算,一周内累计不足300接头时,亦按1批计算。

E.1.2 外观检查:每批抽查10%的接头,并不得少于10个。

E.1.3 焊接等长的预应力钢筋(包括螺丝端杆与钢筋)时,可按生产时同等条件制作模拟试件。

E.1.4 螺丝端杆接头可只做拉伸试验。

1)接头处不得有横向裂纹。

2)与电极接触的钢筋表面,对Ⅰ级钢筋、HRB335、HRB400钢筋,不得有明显烧伤;对HRB500钢筋,不得有烧伤;低温对焊时,对HRB335、HRB400、HRB500钢筋,不得有烧伤。

3)接头处的弯折不得大于4°。

4)接头处的钢筋轴线偏移不得大于0.1倍的钢筋直径,同时不得大于2mm。

当有一个接头不符合要求时,应对全部接头进行检查,剔出不合格品。不合格接头切除重焊后,可再次提交验收。

E.1.5 力学性能试验:包括拉伸试验和弯曲试验。应从每批成品中切取6个试件,3个进行拉伸试验,3个进行弯曲试验。试验结果应符合下列要求:

1)3个热轧钢筋接头试件的抗拉强度均不得小于该级别钢筋规定的抗拉强度;余热处理Ⅲ级钢筋接头试件的抗拉强度均不得小于HRB400钢筋的抗拉强度。

2)应至少有2个试件断于焊缝之外,并呈延性断裂。

当试验结果有1个试件的抗拉强度小于上述规定值,或有2个试件在焊缝或热影响区发生脆性断裂时,应再取6个试件进行复验,复验结果,当仍有1个试件的抗拉强度小于规定值时,或有3个试件断于焊缝或热影响区,呈脆性断裂,应确认该批接头为不合格品。

3)预应力钢筋与螺丝端杆闪光对焊接头拉伸试验结果,3个试件应全部断于焊缝之外,呈延性断裂。

4)模拟试件的试验结果不符合要求时,应从成品中再切取试件进行复验,其数量和要求应与初始试验时相同。

5)闪光对焊接头弯曲试验时,应将受压面的金属毛刺和镦粗变形部分消除,且与母材的外表齐平。

弯曲试验可在万能试验机、手动或电动液压弯曲试验器上进行,焊缝应处于弯曲中心点,弯心直径和弯曲角应符合附表E-2-1的规定,当弯至90°,至少有2个试件不得发生破断。

**闪光对焊接头弯曲试验指标** 附表E-2-1

| 钢筋级别 | 弯心直径 | 弯曲角(°) | 钢筋级别 | 弯心直径 | 弯曲角(°) |
|---|---|---|---|---|---|
| Ⅰ级 | $2d$ | 90 | HRB400 | $5d$ | 90 |
| HRB335 | $4d$ | 90 | HRB500 | $7d$ | 90 |

注:1. $d$ 为钢筋直径(mm)。

2. 直径大于28mm的钢筋对焊接头,弯曲试验时弯心直径应增加1倍钢筋直径。

当试验结果有2个试件发生破断时,应再取6个试件进行复验,复验结果。当仍有3个试件发生破断,应确认该批接头为不合格品。

E.2 钢筋电弧焊接头

E.2.1 批量规定:以300个同类型接头为一批,不足300个时仍作为一批。

E.2.2 外观检查:应在接头清渣后逐个进行目测或量测,检查结果应符合下列要求:

1)焊缝表面平整,不得有较大的凹陷、焊瘤。

2)接头处不得有裂纹。

3)咬边深度,气孔、夹渣的数量和大小以及接头偏差,不得超过附表E-2-2所规定的数值。

**钢筋电弧焊接头尺寸偏差及缺陷允许值** 附表E-2-2

| 名 称 | 单位 | 接头形式 | | |
|---|---|---|---|---|
| | | 帮条焊 | 搭接焊 | 坡口焊及熔槽帮条焊 |
| 帮条沿接头中心线的纵向偏移 | mm | 0.5$d$ | | |
| 接头处弯折 | (°) | 4 | 4 | 4 |
| 接头处钢筋轴线的偏移 | (mm) | 0.1$d$ | 0.1$d$ | 0.1$d$ |
| | | 3 | 3 | 3 |
| 焊缝厚度 | (mm) | +0.05$d$<br>0 | +0.05$d$<br>0 | |
| 焊缝宽度 | (mm) | +0.1$d$<br>0 | +0.1$d$<br>0 | |

805

续上表

| 名　称 | | 单位 | 接头形式 | | |
|---|---|---|---|---|---|
| | | | 帮条焊 | 搭接焊 | 坡口焊及熔槽帮条焊 |
| 焊缝长度 | | mm | $-0.5d$ | $0.5d$ | |
| 横向咬边深度 | | mm | 0.5 | 0.5 | 0.5 |
| 在长 $2d$ 的焊缝表面上 | 数量 | 个 | 2 | 2 | |
| | 面积 | mm | 6 | 6 | |
| 在全部焊缝上 | 数量 | 个 | | | 2 |
| | 面积 | mm | | | 6 |

注：1. $d$ 为钢筋直径(mm)。
　　2. 低温焊接接头的咬边深度不得大于 0.2mm。

4）坡口焊及槽帮条焊接头，其焊缝加强高度不大于 3mm。

外观检查不合格的接头，经修整或补强后，可再次提交二次验收。

E.2.3　强度检验试验：从成品中每批切取 3 个接头做拉伸试验，试验结果应符合下列要求：

1）3 个热轧钢筋接头试件的抗拉强度均不得低于该级别钢筋的规定抗拉强度值，余热处理Ⅲ级钢筋接头试件抗拉强度均不得小于 HRB500 钢筋规定的抗拉强度。

2）至少有 2 个试件呈塑性断裂，3 试件均断于焊缝之外。

当检验结果有 1 个试件的抗拉强度低于规定指标或有 2 个试件发生脆性断裂时，应取双倍数量的试件进行复验，复验结果若仍有 1 个试件的抗拉强度低于规定指标，或有 1 个试件断于焊缝或有 3 个试件呈脆性断裂时，则该批接头即为不合格品。

模拟试件数量和要求应与从成品中切取时相同，当模拟试件试验结果不符合要求时，复验应再从成品中切取，其数量和要求应与开始试验时相同。

E.3　焊接骨架和焊接网片

E.3.1　焊接骨架和焊接网片应按下列规定进行质量检验：

1）外观检查应按同一类型制品分批抽验，一般制品每批抽查 5%；梁柱、骨架等重要制品每批抽查 10%；均不得少于 3 件。

2）强度检验时，试件应从每批成品中切取。切取过试件的制品，应补焊取试件的尺寸不能满足试验要求或受力钢筋直径大于 8mm 时，可在生产过程中焊接试验用网片，从中切取试件，试件尺寸见附图 E-2-1。

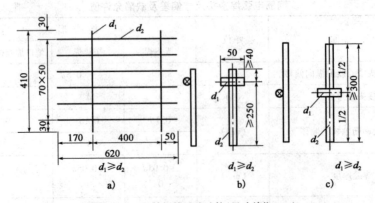

附图 E-2-1　钢筋焊接试验试件（尺寸单位：mm）
a）焊接网片试验简图；b）钢筋焊点抗剪试件；c）钢筋焊点拉伸试件

3)热轧钢筋焊点应做抗剪试验,试件为 3 件;冷拔碳钢丝焊点,除做抗剪试验外,还应对较小钢丝做抗拉伸试验,试件各为 3 件。

4)焊接制品由几种钢筋组合时,每种组合均做强度试验。

5)凡钢筋级别、直径及尺寸均相同的焊接制品,即为同一类制品,每 200 件为 1 批。

E.3.2 焊接骨架和焊接网片的外观质量检查,应符合下列要求:

1)焊点外溶化金属均匀。

2)热轧钢筋点焊时,压入深度为较小钢筋直径的 30% ~45%;冷拔低碳钢丝点焊时,压入深度为较小钢丝直径的 30% ~35%。

3)焊点无脱落、漏焊、裂纹、多孔性缺陷及明显的烧伤现象。

焊接骨架的长度、宽度的允许偏差见现行《公路工程质量检验评定标准》(JTG F80/1—2004)的要求。当外观检查结果不符合上述要求时,则逐件检查,并剔出不合格品。对不合格品经整修后,可再次提交验收。

E.3.3 焊点的抗剪试验结果应符合附表 E-2-3 规定的数值。拉伸试验结果不得小于冷拔低碳钢丝乙级规定的抗压强度。

**钢筋焊点抗剪指标**(单位:N)  附表 E-2-3

| 钢筋级别 | 较小一根钢筋直径(mm) | | | | | | | | |
|---|---|---|---|---|---|---|---|---|---|
| | 3 | 4 | 5 | 6 | 6.5 | 8 | 10 | 12 | 14 |
| I 级 | | | | 6 640 | 7 800 | 11 810 | 18 460 | 26 580 | 36 170 |
| HRB335 | | | | | | 16 840 | 26 310 | 37 890 | 51 560 |
| 冷拔低碳钢丝 | 2 530 | 4 490 | 7 020 | | | | | | |

试验结果,如 1 个试件达不到上述要求,则取双倍数量的试件进行复验,复验结果,若仍有 1 个试件不能达到上述要求,则该批制品即为不合格品。对于不合格品,经采取加固处理后,可再次提交验收。

当模拟试件试验结果达不到规定要求,复验试件应从成品中切取,试件数量和要求应与初始试验时相同。

焊接网片的质量验收内容和标准应符合现行《钢筋焊接及验收规程》(JGJ 18)的规定。

E.4 预埋件钢筋 T 形接头

E.4.1 预埋件钢筋 T 形接头的外观检查,应从同一台班内完成的同一类型预埋件中抽查 10%,且不得小于 10 件。

E.4.2 当进行力学性能试验时,应以 300 件同类型预埋件作为 1 批。

一周内连续焊接时,可累计计算。当不足 300 件时,亦应按 1 批计算。应从每批预埋件中随机切取 3 个试件进行拉伸试验,试件的钢筋长度应大于或等于 200mm,钢板的长度和宽度均应大于或等于 60mm(附图 E-2-2)。

E.4.3 预埋件钢筋手工电弧焊接头外观检查结果应符合下列要求:

1)当采用I级钢筋时,角焊缝焊脚 K 不得小于钢筋直径的 0.5 倍;采用 HRB335 钢筋时,焊脚 K 不得小于钢筋直径的 0.6 倍。

2)穿孔塞焊焊缝表面平顺,局部下凹不得大于 1mm。

3)焊缝不得有裂纹。

4)焊缝表面不得有 3 个直径大于 1.5mm 的气孔。

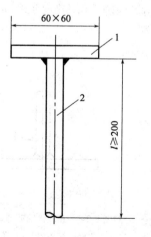

附图 E-2-2 预埋件 T 形接头拉伸试件(尺寸单位:mm)

5)钢筋咬边深度不得超过0.5mm。

6)钢筋相对钢板的直角偏差不得大于4°。

7)钢筋间距偏差不应大于10mm。

E.4.4 预埋件钢筋埋弧压力焊接头外观检查结果应符合下列要求:

1)四周焊包凸出钢筋表面的高度应符合如下要求:

敲去渣壳,四周焊包应较均匀,凸出钢筋表面的高度应大于或等于4mm(附图E-2-3)。

2)钢筋咬边深度不得超过0.5mm。

3)与钳口接触外钢筋表面应无明显烧伤。

4)钢板应无焊穿,根部应无凹陷现象。

5)钢筋相对钢板的直角偏差不得大于4°。

6)钢筋间距偏差不应大于10mm。

E.4.5 预埋件外观检查结果,当有1个接头不符合上述要求时,应逐个进行检查,并剔出不合格品。不合格接头经焊补后可得提交二次验收。

E.4.6 预埋件钢筋T形接头3个试件拉伸试验结果,其抗拉强度应符合下列要求:

1)Ⅰ级钢筋接头均不得小于350MPa。

2)HRB335钢筋接头均不得小于490MPa。

当试验结果有1个试件的抗拉强度小于规定值时,应再取6个试件进行复验,复验结果,当仍有1个试件的抗拉强度小于规定值时,应确认该批接头为不合格品。对于不合格品采取补强焊接后,可提交二次验收。

E.5 电渣压力焊

E.5.1 接头质量检查

电渣压力焊接头应逐个进行外观检查。定做力学性能试验时,从每批接头中随机切取3个试件做拉伸试验。

1)在一般构筑物中,以300个同级别钢筋接头作为一批。

2)在现浇钢筋混凝土结构中,每一施工区段中以300个同级别钢筋接头作为1批,不足300个接头仍作为1批。

E.5.2 外观检查质量要求

电渣压力焊接头外观检查结果应符合下列要求:

1)接头焊毕,应停歇适当时间,才可回收焊剂和卸下焊接夹具。敲去渣壳,四周焊包应较均匀,凸出钢筋表面的高度至少4mm,确保焊接质量,见附图E-2-4。

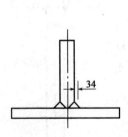

附图E-2-3 预埋件钢筋埋弧压力焊接头(尺寸单位:mm)

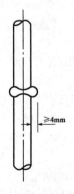

附图E-2-4 钢筋电渣压力焊接头

2)电极与钢筋接触处,无明显的烧伤缺陷。

3)接头处的弯折角不大于4°。

4)接头外的轴线偏移不超过0.1倍钢筋直径,同时不大于2mm。外观检查不合格的接头应切除重焊,或采取补强措施。

E.5.3 拉伸试验质量要求

电渣压力焊接头拉伸试验结果,3个试件的抗拉强度均不得低于该级别钢筋规定的抗拉强度值。

当试验结果有1个试件的抗拉强度低于规定指标,应取6个试件进行复验,复验结果,若仍有1个试件的抗拉强度低于规定指标,该批接头为不合格品。

E.6 气压焊

E.6.1 接头质量检查

气压焊接头应逐个进行外观检查。当进行力学性能试验时,应从每批接头中随机切取3个接头做拉伸试验。在梁、板的水平钢筋连接中,应另取3个接头做变曲试验,且应按下列规定抽取试件:以300个接头作为一批,不足300个接头仍作为一批。

E.6.2 外观检查质量要求

气压焊接头外观检查结果应符合下列要求:

(1)偏心量$e$不得大于钢筋直径的0.15倍,同时不得大于4mm,见附图E-2-5a),当不同直径钢筋相焊接时,按较小钢筋直径计算。当超过限量时,应切除重焊。

(2)两钢筋轴线弯折角不得大于4°。当超过限量时,应重新加热矫正。

(3)镦粗直径$d_e$不得小于钢筋直径的1.4倍,见附图E-2-5b)。当小于此限量时,应重新加热镦粗。

(4)镦粗长度$l_e$不得小于钢筋直径的1.2倍,且凸起部分平缓圆滑,见附图E-2-5c)。当小于此限量时,应重新加热镦长。

(5)压焊面偏移$d_h$不得大于钢筋直径的0.2倍,见附图E-2-5d)。

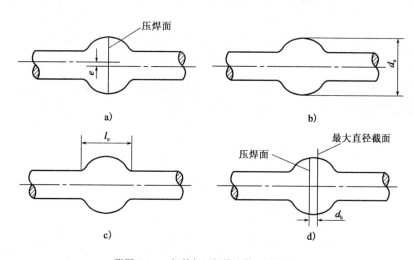

附图 E-2-5 钢筋气压焊接头外观质量图解
a)偏心量;b)镦粗直径;c)镦粗长度;d)压焊面偏移

E.6.3 拉伸试验质量要求

气压焊接头拉伸试验结果,3个试件的抗拉强度均不得低于该级别钢筋规定的抗拉强度值,并断于压焊面之外,呈延性断裂。若有1个试件不符合要求时,应切取6个试件进行复验;复验结果,若仍有1个试件不符合要求,该批接头为不合格品。

E.6.4 弯曲试验质量要求

气压焊接头弯曲试验时,应将试件受压面的凸起部分除去,与钢筋外表面齐平。

弯心直径应符合附表E-2-4的规定。

气压焊接头弯曲试验弯心直径　　　　附表 E-2-4

| 钢筋等级 | 弯心直径 | |
|---|---|---|
| | $D \leqslant 25mm$ | $D > 25mm$ |
| I | $2d$ | $3d$ |
| HRB335 | $4d$ | $5d$ |
| HRB400 | $5d$ | $6d$ |

弯曲试验可在万能试验机、手动或电动液压弯曲试验器上进行,压焊面应处在弯曲中心点,弯至 90°,3 个试件均不得在压焊面发生破断。

当试验结果有 1 个试件不符合要求,应切取 6 个试件进行复验,复验结果,若仍有 1 个试件不符合要求,该批接头为不合格品。

**【注意事项】**

(1)钢筋焊接前必须根据施工条件进行试焊,按不同的焊接方法至少抽取每组 3 个试样进行基本力学性能检验,合格后方可正式施焊。

(2)钢筋接头采用搭接或帮条电弧焊时,宜采用双面焊缝,双面焊缝困难时,可采用单面焊缝。

(3)钢筋接头采用搭接电弧焊时,两钢筋搭接端部应预先折向一侧,使两接合钢筋轴线一致。接头双面焊缝的长度不应小于 $5d$,单面焊缝的长度不应小于 $10d$($d$ 为钢筋直径)。

(4)钢筋接头采用帮条电弧焊时,帮条应采用与主筋同级别的钢筋,其总截面面积不应小于被焊钢筋的截面积。帮条长度,如用双面焊缝不应小于 $5d$,如用单面焊缝不应小于 $10d$($d$ 为钢筋直径)。

(5)电渣压力焊只适用于竖向钢筋的连接,不能用作水平钢筋和斜筋的连接。

(6)凡施焊的各种钢筋、钢板均应有材质证明书或试验报告单。焊条、焊剂应有合格证,各种焊接材料的性能应符合现行《钢筋焊接及验收规程》(JGJ 18)的规定。各种焊接材料应分类存放和妥善管理,并应采取防止腐蚀、受潮变质的措施。

# 第十三章 桥涵工程试验检测

## 第一节 概 述

桥涵工程试验检测是各类桥涵施工质量控制和各类旧桥健康状况评估工作的重要手段。对在建桥涵工程进行客观、准确、及时地检测,可以确保工程质量,有时甚至是施工必不可少的步骤之一。对已正在使用的各类桥梁进行定期检查检测,是保证桥梁安全运营的重要措施之一。

### 一、桥涵工程试验检测的内容

桥涵工程试验检测的内容随桥涵所处的位置、结构形式和所用材料不同而异,应根据所建桥涵的具体情况按有关标准规范选定试验检测项目。一般常规试验检测主要包括以下内容。

(一)施工准备阶段的试验检测项目
(1)桥位放样测量。
(2)钢材原材料试验。
(3)钢结构连接性能试验。
(4)预应力锚具、夹具和连接器试验。
(5)水泥性能试验。
(6)混凝土粗、细集料试验。
(7)混凝土配合比试验。
(8)砌体材料性能试验。
(9)台后压实标准试验。
(10)其他成品、半成品试验检测。
(二)施工过程中的试验检测
(1)地基承载力试验检测。
(2)基础位置、尺寸和标高检测。
(3)钢筋位置、尺寸和标高检测。
(4)钢筋加工检测。
(5)混凝土强度抽样试验。
(6)砂浆强度抽样试验。
(7)桩基检测。
(8)墩、台位置,尺寸和标高检测。
(9)上部结构(构件)位置、尺寸检测。
(10)预制构件张拉、运输和安装强度控制试验。

(11)预应力张拉控制检测。
(12)桥梁上部结构标高、变形、内力(应力)监测。
(13)支架内力、变形和稳定性监测。
(14)钢结构连接加工检测。
(15)钢构件防护涂装检测。
(三)施工完成后的试验检测
(1)桥梁总体检测。
(2)桥梁荷载试验。
(3)桥梁使用性能监测。

## 二、桥涵工程试验检测的依据

公路桥涵工程试验检测应以国家和交通部颁布的有关公路工程的法规、技术标准、设计施工规范和材料试验规程为依据进行。对于某些新结构以及采用新材料和新工艺的桥梁,有关的公路工程规范、规程暂无相关条款规定时,可以借鉴执行国外或国内其他行业的相关规范、规程的有关规定。

# 第二节 地基承载力检测

桥涵地基的容许承载力可根据地质勘测、原位测试、野外荷载试验以及邻近旧桥涵调查对比,由经验和理论公式计算综合分析确定。当缺乏上述资料时可按《公路桥涵地基与基础设计规范》(JTG D63—2007)推荐的方法确定地基容许承载力。对地质和结构复杂的桥涵地基应根据现场荷载试验确定容许承载力。

## 一、地基岩土分类、工程特性与地基承载力(JTG D63—2007)

3 地基岩土分类、工程特性与地基承载力
  3.1 地基岩土分类
    3.1.1 公路桥涵地基的岩土可分为岩石、碎石土、砂土、粉土、黏性土和特殊性岩土。
    3.1.2 岩石为颗粒间连接牢固、呈整体或具有节理裂隙的地质体。作为公路桥涵地基,除应确定岩石的地质名称外,尚应按本规范第3.1.3条、第3.1.4条、第3.1.5条和第3.1.6条规定划分其坚硬程度、完整程度、节理发育程度、软化程度和特殊性岩石。
    3.1.3 岩石的坚硬程度应根据岩块的饱和单轴抗压强度标准值 $f_{rk}$ 按表3.1.3分为坚硬岩、较硬岩、较软岩、软岩和极软岩5个等级。当缺乏有关试验数据或不能进行该项试验时,可按本规范附录表A.0.1-1定性分级。岩石的风化程度可按本规范附录表A.0.1-2分为未风化、微风化、中风化、强风化、全风化5个等级。

岩石坚硬程度分级 表3.1.3

| 坚硬程度类别 | 坚硬岩 | 较硬岩 | 较软岩 | 软 岩 | 极软岩 |
|---|---|---|---|---|---|
| 饱和单轴抗压强度标准值 $f_{rk}$(MPa) | $f_{rk}>60$ | $60 \geqslant f_{rk}>30$ | $30 \geqslant f_{rk}>15$ | $15 \geqslant f_{rk}>5$ | $f_{rk} \leqslant 5$ |

注:岩石饱和单轴抗压强度试验要点,见本规范附录B。

**3.1.4** 岩体完整程度根据完整性指数按表3.1.4分为完整、较完整、较破碎、破碎和极破碎5个等级。当缺乏有关试验数据时，可按本规范附录表A.0.1-3划分。

岩体完整程度划分　　　　　　表3.1.4

| 完整程度等级 | 完整 | 较完整 | 较破碎 | 破碎 | 极破碎 |
|---|---|---|---|---|---|
| 完整性指数 | >0.75 | 0.75~0.55 | 0.55~0.35 | 0.35~0.15 | <0.15 |

注：完整性指数为岩体纵波波速与岩块纵波波速之比的平方。

**3.1.5** 岩体节理发育程度根据节理间距按表3.1.5分为节理很发育、节理发育、节理不发育3类。

岩体节理发育程度的分类　　　　　　表3.1.5

| 程　　度 | 节理不发育 | 节理发育 | 节理很发育 |
|---|---|---|---|
| 节理间距(mm) | >400 | 200~400 | 20~200 |

**3.1.6** 岩石按软化系数可分为软化岩石和不软化岩石，当软化系数等于或小于0.75时，应定为软化岩石，大于0.75时，定为不软化岩石。

当岩石具有特殊成分、特殊结构或特殊性质时，应定为特殊性岩石，如易溶性岩石、膨胀性岩石、崩解性岩石、盐渍化岩石等。

**3.1.7** 碎石土为粒径大于2mm的颗粒含量超过总质量50%的土。碎石土可按表3.1.7分为漂石、块石、卵石、碎石、圆砾和角砾6类。

碎石土的分类　　　　　　表3.1.7

| 土的名称 | 颗 粒 形 状 | 粒 组 含 量 |
|---|---|---|
| 漂石 | 圆形及亚圆形为主 | 粒径大于200mm的颗粒含量超过总质量50% |
| 块石 | 棱角形为主 | |
| 卵石 | 圆形及亚圆形为主 | 粒径大于20mm的颗粒含量超过总质量50% |
| 碎石 | 棱角形为主 | |
| 圆砾 | 圆形及亚圆形为主 | 粒径大于2mm的颗粒含量超过总质量50% |
| 角砾 | 棱角形为主 | |

注：碎石土分类时应根据粒组含量从大到小以最先符合者确定。

**3.1.8** 碎石土的密实度，可根据重型动力触探锤击数$N_{63.5}$按表3.1.8分为松散、稍密、中密、密实4级。当缺乏有关试验数据时，碎石土平均粒径大于50mm或最大粒径大于100mm时，按本规范附录表A.0.2鉴别其密实度。

碎石土的密实度　　　　　　表3.1.8

| 锤击数$N_{63.5}$ | 密实度 | 锤击数$N_{63.5}$ | 密实度 |
|---|---|---|---|
| $N_{63.5} \leq 5$ | 松散 | $10 < N_{63.5} \leq 20$ | 中密 |
| $5 < N_{63.5} \leq 10$ | 稍密 | $N_{63.5} > 20$ | 密实 |

注：1. 本表适用于平均粒径小于或等于50mm且最大粒径不超过100mm的卵石、碎石、圆砾、角砾。
　　2. 表内$N_{63.5}$为经修正后锤击数的平均值，锤击数的修正按本规范附录C进行。

**3.1.9** 砂土为粒径大于2mm的颗粒含量不超过总质量50%、粒径大于0.075mm的颗粒超过总质量50%的土。砂土可按表3.1.9分为砾砂、粗砂、中砂、细砂和粉砂5类。

砂 土 分 类　　　　　表 3.1.9

| 土的名称 | 粒组含量 |
|---|---|
| 砾砂 | 粒径大于 2mm 的颗粒含量占总质量 25%~50% |
| 粗砂 | 粒径大于 0.5mm 的颗粒含量超过总质量 50% |
| 中砂 | 粒径大于 0.25mm 的颗粒含量超过总质量 50% |
| 细砂 | 粒径大于 0.075mm 的颗粒含量超过总质量 85% |
| 粉砂 | 粒径大于 0.075mm 的颗粒含量超过总质量 50% |

3.1.10 砂土的密实度可根据标准贯入锤击数按表 3.1.10 分为松散、稍密、中密、密实 4 级。

砂 土 的 密 实 度　　　　　表 3.1.10

| 标准贯入锤击数 $N$ | 密实度 | 标准贯入锤击数 $N$ | 密实度 |
|---|---|---|---|
| $N \leq 10$ | 松散 | $15 < N \leq 30$ | 中密 |
| $10 < N \leq 15$ | 稍密 | $N > 30$ | 密实 |

3.1.11 粉土为塑性指数 $I_P \leq 10$ 且粒径大于 0.075mm 的颗粒含量不超过总质量 50% 的土。

3.1.12 粉土的密实度应根据孔隙比 $e$ 划分为密实、中密和稍密；其湿度应根据天然含水率 $w(\%)$ 划分为稍湿、湿、很湿。密实度和湿度的划分应分别符合表 3.1.12-1 和表 3.1.12-2 的规定。

粉土密实度分类　　表 3.1.12-1

| 孔隙比 $e$ | 密实度 |
|---|---|
| $e < 0.75$ | 密实 |
| $0.75 \leq e \leq 0.90$ | 中密 |
| $e > 0.9$ | 稍密 |

粉土湿度分类　　表 3.1.12-2

| 天然含水率 $w(\%)$ | 湿度 |
|---|---|
| $w < 20$ | 稍湿 |
| $20 \leq w \leq 30$ | 湿 |
| $w > 30$ | 很湿 |

3.1.13 黏性土为塑性指数 $I_P > 10$ 且粒径大于 0.075mm 的颗粒含量不超过总质量 50% 的土。黏性土根据塑性指数按表 3.1.13 分为黏土和粉质黏土。

3.1.14 黏性土的软硬状态可根据液性指数 $I_L$ 按表 3.1.14 分为坚硬、硬塑、可塑、软塑、流塑 5 种状态。

黏性土的分类　　表 3.1.13

| 塑性指数 $I_P$ | 土的名称 |
|---|---|
| $I_P > 17$ | 黏土 |
| $10 < I_P \leq 17$ | 粉质黏土 |

注：液限和塑限公别按 76g 锥试验确定。

黏 性 土 的 状 态　　　　　表 3.1.14

| 液性指数 $I_L$ | 状态 | 液性指数 $I_L$ | 状态 |
|---|---|---|---|
| $I_L \leq 0$ | 坚硬 | $0.75 < I_L \leq 1$ | 软塑 |
| $0 < I_L \leq 0.25$ | 硬塑 | $I_L > 1$ | 流塑 |
| $0.25 < I_L \leq 0.75$ | 可塑 | | |

3.1.15 黏性土可根据沉积年代按表 3.1.15 分为老黏性土、一般黏性土和新近沉积黏性土。

3.1.16 特殊性岩土是具有一些特殊成分、结构和性质的区域性地基土，包括软土、膨胀土、湿陷性土、红黏土、冻土、盐渍土和填土等。

黏性土的沉积年代分类　　表 3.1.15

| 沉积年代 | 土的分类 |
|---|---|
| 第四纪晚更新世($Q_3$)及以前 | 老黏性土 |
| 第四纪全新世($Q_4$) | 一般黏性土 |
| 第四纪全新世($Q_4$)以后 | 新近沉积黏性土 |

3.1.17 软土为滨海、湖沼、谷地、河滩等处天然含水率高、天然孔隙比大、抗剪强度低的细粒土,其鉴别指标应符合表 3.1.17 的规定,包括淤泥、淤泥质土、泥炭、泥炭质土等。

**软土地基鉴别指标** 表 3.1.17

| 指标名称 | 天然含水率 $w(\%)$ | 天然孔隙比 $e$ | 直剪内摩擦角 $\varphi(°)$ | 十字板剪切强度 $C_u$ (MPa) | 压缩系数 $a_{1-2}$ (MPa$^{-1}$) |
|---|---|---|---|---|---|
| 指标值 | ≥35 或液限 | ≥1.0 | 宜小于 5 | <35kPa | 宜大于 0.5 |

3.1.18 淤泥为在静水或缓慢的流水环境中沉积,并经生物化学作用形成,其天然含水率大于液限、天然孔隙比大于或等于 1.5 的黏性土。

天然含水率大于液限而天然孔隙比大于 1.5 但大于或等于 1.0 的黏性土或粉土为淤泥质土。

3.1.19 膨胀土为土中黏粒成分主要由亲水性矿物组成,同时具有显著的吸水膨胀和失水收缩特性,其自由膨胀率大于或等于 40% 的黏性土。

3.1.20 湿陷性土为浸水后产生附加沉降,其湿陷系数大于或等于 0.015 的土。

3.1.21 红黏土为碳酸盐岩系的岩石经红土化作用形成的高塑性黏土,其液限一般大于 50。红黏土经再搬运后仍保留其基本特征且其液限大于 45 的土为次生红黏土。

3.1.22 盐渍土为土中易溶盐含量大于 0.3%,并具有溶陷、盐胀、腐蚀等工程特性的土。

3.1.23 填土根据其组成和成因,可分为素填土、压实填土、杂填土、冲填土。

素填土为由碎石土、砂土、粉土、黏性土等组成的填土。经过压实或夯实的素填土为压实填土。杂填土为含有建筑垃圾、工业废料、生活垃圾等杂物的填土。冲填土为由水力冲填泥沙形成的填土。

3.1.24 软弱地基系指主要由淤泥、淤泥质土、冲填土、杂填土或其他高压缩性土层构成的地基。

## 3.2 工程特性指标

3.2.1 土的工程特性指标包括抗剪强度指标、压缩性指标、动力触探锤击数、静力触探探头阻力、载荷试验承载力以及其他特性指标。

3.2.2 地基土工程特性指标的代表值应分别为标准值、平均值及容许值。强度指标应取标准值;压缩性指标应取平均值;承载力指标应取容许值。

3.2.3 土的载荷试验应包括浅层平板载荷试验和深层平板载荷试验。两种载荷试验要点应分别符合本规范附录 D、附录 E 的规定。岩基载荷试验要点应符合本规范附录 F 的规定。

3.2.4 土的抗剪强度指标,可采用原状土室内剪切试验、无侧限抗压强度试验、现场剪切试验、十字板剪切试验等方法测定。当采用室内剪切试验确定土的抗剪强度指标时,室内试验抗剪强度指标黏聚力标准值 $c_k$、内摩擦角标准值 $\varphi_k$,可按本规范附录 G 确定。

3.2.5 土的压缩性指标可采用原状土室内压缩试验、原位浅层或深层平板载荷试验、旁压试验确定。当采用室内压缩试验确定压缩模量时,试验所施加的最大压力应超过土自重压力与预计附加压力之和,试验成果用 $e-p$ 曲线表示。地基土的压缩性可按 $p_1$ 为 100kPa,$p_2$ 为 200kPa 相对应的压缩系数值 $a_{1-2}$ 划分为低、中、高压缩性,且应按以下规定进行评价:

1 当 $a_{1-2} < 0.1$MPa$^{-1}$ 时,为低压缩性土;

2 当 $0.1$MPa$^{-1} \leq a_{1-2} < 0.5$MPa$^{-1}$ 时,为中压缩性土;

3 当 $a_{1-2} \geq 0.5$MPa$^{-1}$ 时,为高压缩性土。

## 3.3 地基承载力

3.3.1 地基承载力的验算,应以修正后的地基承载力容许值 $[f_a]$ 控制。该值系在地基原位测试或本规范给出的各类岩土承载力基本容许值 $[f_{a0}]$ 的基础上,经修正而得。

3.3.2 地基承载力容许值应按以下原则确定:

1 地基承载力基本容许值应首先考虑由载荷试验或其他原位测试取得,其值不应大于地基极限承载力的 1/2。

对中小桥、涵洞,当受现场条件限制,或载荷试验和原位测试确有困难时,也可按照本规范第3.3.3条有关规定采用。

2 地基承载力基本容许值尚应根据基底埋深、基础宽度及地基土的类别按照本规范第3.3.4条规定进行修正。

3 软土地基承载力容许值可按照本规范第3.3.5条确定。

4 其他特殊性岩土地基承载力基本容许值可参照各地区经验或相应的标准确定。

3.3.3 地基承载力基本容许值$[f_{a0}]$可根据岩土类别、状态及其物理力学特性指标按表3.3.3-1~表3.3.3-7选用。

1 一般岩石地基可根据强度等级、节理按表3.3.3-1确定承载力基本容许值$[f_{a0}]$。对于复杂的岩层(如溶洞、断层、软弱夹层、易溶岩石、软化岩石等)应按各项因素综合确定。

岩石地基承载力基本容许值$[f_{a0}]$　　　　表3.3.3-1

| $[f_{a0}]$(kPa) 　　节理发育程度<br>坚硬程度 | 节理不发育 | 节理发育 | 节理很发育 |
|---|---|---|---|
| 坚硬岩、较硬岩 | >3 000 | 3 000~2 000 | 2 000~1 500 |
| 较软岩 | 3 000~1 500 | 1 500~1 000 | 1 000~800 |
| 软岩 | 1 200~1 000 | 1 000~800 | 800~500 |
| 极软岩 | 500~400 | 400~300 | 300~200 |

2 碎石土地基可根据其类别和密实程度按表3.3.3-2确定承载力基本容许值$[f_{a0}]$。

碎石土地基承载力基本容许值$[f_{a0}]$　　　　表3.3.3-2

| $[f_{a0}]$(kPa)　　密实程度<br>土名 | 密实 | 中密 | 稍密 | 松散 |
|---|---|---|---|---|
| 卵石 | 1 200~1 000 | 1 000~650 | 650~500 | 500~300 |
| 碎石 | 1 000~800 | 800~550 | 550~400 | 400~200 |
| 圆砾 | 800~600 | 600~400 | 400~300 | 300~200 |
| 角砾 | 700~500 | 500~400 | 400~300 | 300~200 |

注:1. 由硬质岩组成,填充砂土者取高值;由软质岩组成,填充黏性土者取低值。
　　2. 半胶结的碎石土,可按密实的同类土的$[f_{a0}]$值提高10%~30%。
　　3. 松散的碎石土在天然河床中很少遇见,需特别注意鉴定。
　　4. 漂石、块石的$[f_{a0}]$值,可参照卵石、碎石适当提高。

3 砂土地基可根据土的密实度和水位情况按表3.3.3-3确定承载力基本容许值$[f_{a0}]$。

砂土地基承载力基本容许值$[f_{a0}]$　　　　表3.3.3-3

| $[f_{a0}]$(kPa)　　密实度<br>土名及水位情况 | | 密实 | 中密 | 稍密 | 松散 |
|---|---|---|---|---|---|
| 砾砂、粗砂 | 与湿度无关 | 550 | 430 | 370 | 200 |
| 中砂 | 与湿度无关 | 450 | 370 | 330 | 150 |
| 细砂 | 水上 | 350 | 270 | 230 | 100 |
| | 水下 | 300 | 210 | 190 | — |
| 粉砂 | 水上 | 300 | 210 | 190 | — |
| | 水下 | 200 | 110 | 90 | — |

4 粉土地基可根据土的天然孔隙比 $e$ 和天然含水率 $w(\%)$ 按表3.3.3-4确定承载力基本容许值$[f_{a0}]$。

粉土地基承载力基本容许值$[f_{a0}]$　　　　表3.3.3-4

| $e$ \ $[f_{a0}]$(kPa) \ $w(\%)$ | 10 | 15 | 20 | 25 | 30 | 35 |
|---|---|---|---|---|---|---|
| 0.5 | 400 | 380 | 355 | — | — | — |
| 0.6 | 300 | 290 | 280 | 270 | — | — |
| 0.7 | 250 | 235 | 225 | 215 | 205 | — |
| 0.8 | 200 | 190 | 180 | 170 | 165 | — |
| 0.9 | 160 | 150 | 145 | 140 | 130 | 125 |

5 老黏性土地基可根据压缩模量 $E_s$ 按表3.3.3-5确定承载力基本容许值$[f_{a0}]$。

老黏性土地基承载力基本容许值$[f_{a0}]$　　　　表3.3.3-5

| $E_s$(MPa) | 10 | 15 | 20 | 25 | 30 | 35 | 40 |
|---|---|---|---|---|---|---|---|
| $[f_{a0}]$(kPa) | 380 | 430 | 470 | 510 | 550 | 580 | 620 |

注：当老黏性土 $E_s<10$MPa时，承载力基本容许值$[f_{a0}]$按一般黏性土（表3.3.3-6）确定。

6 一般黏性土可根据液性指数 $I_L$ 和天然孔隙比 $e$ 按表3.3.3-6确定地基承载力基本容许值$[f_{a0}]$。

一般黏性土地基承载力基本容许值$[f_{a0}]$　　　　表3.3.3-6

| $e$ \ $[f_{a0}]$(kPa) \ $I_L$ | 0 | 0.1 | 0.2 | 0.3 | 0.4 | 0.5 | 0.6 | 0.7 | 0.8 | 0.9 | 1.0 | 1.1 | 1.2 |
|---|---|---|---|---|---|---|---|---|---|---|---|---|---|
| 0.5 | 450 | 440 | 430 | 420 | 400 | 380 | 350 | 310 | 270 | 240 | 220 | — | — |
| 0.6 | 420 | 410 | 400 | 380 | 360 | 340 | 310 | 280 | 250 | 220 | 200 | 180 | — |
| 0.7 | 400 | 370 | 350 | 330 | 310 | 290 | 270 | 240 | 220 | 190 | 170 | 160 | 150 |
| 0.8 | 380 | 330 | 300 | 280 | 260 | 240 | 230 | 210 | 180 | 160 | 150 | 140 | 130 |
| 0.9 | 320 | 280 | 260 | 240 | 220 | 210 | 190 | 180 | 160 | 140 | 130 | 120 | 100 |
| 1.0 | 250 | 230 | 220 | 210 | 190 | 170 | 160 | 150 | 140 | 120 | 110 | — | — |
| 1.1 | — | — | 160 | 150 | 140 | 130 | 120 | 110 | 100 | 90 | — | — | — |

注：1. 土中含有粒径大于2mm的颗粒质量超过总质量30%以上者，$[f_{a0}]$可适当提高。

2. 当 $e<0.5$ 时，取 $e=0.5$；当 $I_L<0$ 时，取 $I_L=0$。此外，超过表列范围的一般黏性土，$[f_{a0}]=57.22E_s^{0.57}$。

7 新近沉积黏性土地基可根据液性指数 $I_L$ 和天然孔隙比 $e$ 按表3.3.3-7确定承载力基本容许值$[f_{a0}]$。

新近沉积黏性土地基承载力基本容许值$[f_{a0}]$　　　　表3.3.3-7

| $e$ \ $[f_{a0}]$(kPa) \ $I_L$ | ≤0.25 | 0.75 | 1.25 |
|---|---|---|---|
| ≤0.8 | 140 | 120 | 100 |
| 0.9 | 130 | 110 | 90 |
| 1.0 | 120 | 100 | 80 |
| 1.1 | 110 | 90 | — |

3.3.4 修正后的地基承载力容许值$[f_{a0}]$按式(3.3.4)确定。当基础位于水中不透水地层上时,$[f_{a0}]$按平均常水位至一般冲刷线的水深每米再增大10kPa。

$$[f_a] = [f_{a0}] + k_1\gamma_1(b-2) + k_2\gamma_2(h-3) \quad (3.3.4)$$

式中:$[f_a]$——修正后的地基承载力容许值,kPa;

　　　$b$——基础底面的最小边宽,m;当$b<2$m时,取$b=2$m;当$b>10$m时,取$b=10$m;

　　　$h$——基底埋置深度,m,自天然地面起算,有水流冲刷时自一般冲刷线起算;当$h<3$m时,取$h=3$m;当$h/b>4$时,取$h=4b$;

　　　$k_1$、$k_2$——基底宽度、深度修正系数,根据基底持力层土的类别按表3.3.4确定;

　　　$\gamma_1$——基底持力层土的天然重度,kN/m³;若持力层在水面以下且为透水者,应取浮重度;

　　　$\gamma_2$——基底以上土层的加权平均重度,kN/m³;换算时若持力层在水面以下,且不透水时,不论基底以上土的透水性质如何,一律取饱和重度;当透水时,水中部分土层则应取浮重度。

**地基土承载力宽度、深度修正系数 $k_1$、$k_2$**　　表3.3.4

| 土类 | 黏性土 | | | 粉土 | 砂土 | | | | | | 碎石土 | | | |
|---|---|---|---|---|---|---|---|---|---|---|---|---|---|---|
| | 老黏性土 | 一般黏性土 | | 新近沉积黏性土 | — | 粉砂 | | 细砂 | | 中砂 | | 砾砂、粗砂 | 碎石、圆砾、角砾 | 卵石 |
| | | $I_L \geq 0.5$ | $I_L < 0.5$ | | | 中密 | 密实 | 中密 | 密实 | 中密 | 密实 | 中密 | 密实 | 中密 | 密实 | 中密 | 密实 |
| 系数 | | | | | | | | | | | | | | | |
| $k_1$ | 0 | 0 | 0 | 0 | — | 1.0 | 1.2 | 1.5 | 2.0 | 2.0 | 3.0 | 3.0 | 4.0 | 3.0 | 4.0 | 3.0 | 4.0 |
| $k_2$ | 2.5 | 1.5 | 2.5 | 1.0 | 1.5 | 2.0 | 2.5 | 3.0 | 4.0 | 4.0 | 5.5 | 5.0 | 6.0 | 5.0 | 6.0 | 6.0 | 10.0 |

注:1. 对于稍密和松散状态的砂、碎石土,$k_1$、$k_2$值可采用表列中值的50%。
　　2. 强风化和全风化的岩石,可参照所风化成的相应土类取值;其他状态下的岩石不修正。

3.3.5 软土地基承载力容许值$[f_a]$按下列规定确定:

1 软土地基承载力基本容许值$[f_{a0}]$应由载荷试验或其他原位测试取得。载荷试验和原位测试确有困难时,对于中小桥、涵洞基底未经处理的软土地基,承载力容许值$[f_a]$可采用以下两种方法确定:

1)根据原状土天然含水率$w$,按表3.3.5确定软土地基承载力基本容许值$[f_{a0}]$,然后按式(3.3.5-1)计算修正后的地基承载力容许值$[f_a]$:

$$[f_a] = [f_{a0}] + \gamma_2 h \quad (3.3.5-1)$$

式中,$\gamma_2$、$h$的意义同式(3.3.4)。

**软土地基承载力基本容许值$[f_{a0}]$**　　表3.3.5

| 天然含水率$w(\%)$ | 36 | 40 | 45 | 50 | 55 | 65 | 75 |
|---|---|---|---|---|---|---|---|
| $[f_{a0}]$(kPa) | 100 | 90 | 80 | 70 | 60 | 50 | 40 |

2)根据原状土强度指标确定软土地基承载力容许值$[f_a]$:

$$[f_a] = \frac{5.14}{m}k_p C_u + \gamma_2 h \quad (3.3.5-2)$$

$$k_p = \left(1 + 0.2\frac{b}{l}\right)\left(1 - \frac{0.4H}{blC_u}\right) \quad (3.3.5-3)$$

式中:$m$——抗力修正系数,可视软土灵敏度及基础长宽比等因素选用1.5~2.5;

$C_u$——地基土不排水抗剪强度标准值,kPa;
$k_p$——系数;
$H$——由作用(标准值)引起的水平力,kN;
$b$——基础宽度,m,有偏心作用时,取 $b - 2e_b$;
$l$——垂直于 $b$ 边的基础长度,m,有偏心作用时,取 $l - 2e_l$;
$e_b$、$e_l$——偏心作用在宽度和长度方向的偏心距;
$\gamma_2$、$h$——意义同式(3.3.4)。

2 经排水固结方法处理的软土地基,其承载力基本容许值$[f_{a0}]$应通过载荷试验或其他原位测试方法确定;经复合地基方法处理的软土地基,其承载力基本容许值应通过载荷试验确定,然后按式(3.3.5-1)计算修正后的软土地基承载力容许值$[f_a]$。

3.3.6 地基承载力容许值$[f_a]$应根据地基受荷阶段及受荷情况,乘以下列规定的抗力系数 $\gamma_R$。

1 使用阶段:
1)当地基承受作用短期效应组合或作用效应偶然组合时,可取 $\gamma_R = 1.25$;但对承载力容许值 $[f_a]$ 小于150kPa的地基,应取 $\gamma_R = 1.0$。
2)当地基承受的作用短期效应组合仅包括结构自重、预加力、土重、土侧压力、汽车和人群效应时,应取 $\gamma_R = 1.0$。
3)当基础建于经多年压实未遭破坏的旧桥基(岩石旧桥基除外)上时,不论地基承受的作用情况如何,抗力系数均可取 $\gamma_R = 1.5$;对 $[f_a]$ 小于150kPa的地基,可取 $\gamma_R = 1.25$。
4)基础建于岩石旧桥基上,应取 $\gamma_R = 1.0$。

2 施工阶段:
1)地基在施工荷载作用下,可取 $\gamma_R = 1.25$。
2)当墩台施工期间承受单向推力时,可取 $\gamma_R = 1.5$。

## 二、荷载板试验

荷载板试验是原位测试方法之一。原位测试是指在岩土体原有的位置上,在保持土的天然结构、天然含水量以及天然应力状态条件下测定岩土性质。

(一)试验原理

荷载板试验就是在欲试验的土层表面放置一定规格的方形或圆形承压板,在其上逐级施加荷载,每级荷载增量持续时间相同或接近。测记每级荷载作用下荷载板沉降量的稳定值,加载至总沉降量为25mm,或达到加载设备的最大容量为止。然后卸载,记录土的回弹值,持续时间不应小于一级荷载增量的持续时间。根据试验记录绘制荷载 $P$ 和沉降量 $s$ 的关系曲线(图13-1),分析研究地基土的强度与变形特性,求得地基土容许承载力与变形模量等力学数据。

地基在荷载作用下达到破坏状态的过程可以分为三个阶段(图13-1):

(1)压密阶段(直线变形阶段):相当于 $P$-$s$ 曲线上的 $oa$ 段。$P$-$s$ 曲线接近于直线,土中各点的剪应力均小于土的抗剪强度,土体处于弹性平衡状态,这一阶段荷载板的沉降主要是由于土中孔隙的减少而引起,土颗粒

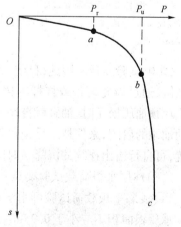

图 13-1 荷载强度与沉降量的关系

主要是竖向变位,且随时间渐趋稳定而土体压密,所以也称压密阶段。曲线上相应于 $a$ 点的荷载称为比例界限 $P_r$。

(2)剪切阶段:相当于 $P$-$s$ 曲线上的 $ab$ 段。这一阶段 $P$-$s$ 曲线已不再保持线性关系,沉降的增长率 $\frac{\Delta s}{\Delta P}$ 先随荷载的增加而增大。在这个阶段,除土体的压密外,在承压板边缘已有小范围局部土体的剪应力达到或超过了土的抗剪强度,并开始向周围土体发生剪切破坏(产生塑性变形区);土体的变形是由土中孔隙的压缩和土颗粒剪切移动同时引起的,土粒同时发生竖向和侧向变位,且随时间不易稳定,故称之为局部剪切阶段。随着荷载的继续增加,土中塑性区的范围也逐步扩大,直到土中形成连续的滑动面,由荷载板两侧挤出而破坏。因此,剪切阶段也是地基中塑性区的发生及发展阶段。相应于 $P$-$s$ 曲线上 $b$ 点的荷载称为极限荷载 $P_u$。

(3)破坏阶段:相当于 $P$-$s$ 曲线上的 $bc$ 段。当荷载超过极限荷载后,荷载板急剧下沉,即使不增加荷载,沉降也不能稳定,同时土中形成连续的滑动面,土从承压板下挤出,在承压板周围土体发生隆起及环状或放射状裂隙,故称之为破坏阶段。该阶段,在滑动土体范围内各点的剪应力达到或超过土体的抗剪强度;土体变形主要由土颗粒剪切变位引起,土粒主要是侧向移动,且随时间不能达到稳定,地基土失稳而破坏。

(二)试验设备

图 13-2 是目前常用的载荷板试验时加载方式之一。根据现场具体情况,还可采用地锚代替荷重的方式,也可以二者兼用,但总的原则是:加荷、卸荷既简便又安全,同时对沉降量的观测无影响。

荷载板一般用刚性的方形板或圆形板,其面积依据不同的荷载试验种类要求而不同。对于浅层平板荷载试验,其面积应为 2 500cm² 或 5 000cm²;对于深层平板荷载试验,其面积应为 5 024cm²;对于岩基荷载试验,其面积应为 706.5cm²。

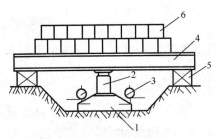

图 13-2 现场荷载试验
1-荷载板;2-千斤顶;3-百分表;4-反力架;5-枕木垛;6-压重

用油压千斤顶加荷、卸荷虽然方便,但由于受力后地锚的上拔、设备本身的变形、千斤顶的漏油和荷载板的下沉,在试验过程中,千斤顶的压力不易稳定,会出现松压现象,因此必须随时调节压力以保持一定的恒压。最简单的方法是在千斤顶加压把手上吊一重物并由人工调节,或直接用人控制千斤顶加压把手不时调节,但这样操作实际上使加荷过程出现不断跳动现象,既不方便,又影响试验质量。因此,目前已有一些勘察单位研制成几种类型的稳压器。有的增加一活塞油缸,通过齿轮齿条或杠杆等传动方式,加一定压力于活塞上,使油缸内的油压保持一定。当千斤顶油压松压时,油缸就自动补给千斤顶,使千斤顶保持恒压。有的则是通过继电器控制电动油泵的启闭,来保持千斤顶恒压,稳压精度达 1.8%。同时,还研制了沉降观测自动记录装置,可自行给出连续的沉降与时间关系曲线,进一步保证了操作安全和试验质量。

(三)浅层平板荷载试验要点

(1)浅层平板载荷试验可用于确定浅部地基、承压板下应力主要影响范围内土层的承载力。承压板面积不应小于 0.25m²,对于软土地基不应小于 0.5m²。

(2)试验基坑宽度不应小于承压板宽度 $b$ 或直径 $d$ 的 3 倍,应保持试验土层的原状结构和天然湿度。宜在拟试压表面用厚度不超过20mm的粗砂或中砂层找平。

(3)加荷分级不应少于8级。最大加载量不应小于设计要求的2倍。

(4)每级加载后,按间隔10min、10min、10min、15min、15min,以后为每隔半小时测读一次沉降量。当在连续两小时内,每小时的沉降量小于0.1mm时,则认为已趋稳定,可加下一级荷载。

(5)当出现下列情况之一时,即可终止加载:

①承压板周围的土明显的侧向挤出。

②沉降$s$急骤增大,荷载—沉降($P$-$s$)曲线出现陡降段。

③在某一级荷载下,24h内沉降速率不能达到稳定。

④沉降量与承压板宽度或直径之比大于或等于0.06。

当满足前三种情况之一时,其对应的前一级荷载定为极限荷载。

(6)承载力基本容许值的确定应符合下列规定:

①当$P$-$s$曲线上有比例界限时,取该比例界限所对应的荷载值。

②当极限荷载小于对应比例界限的荷载值的2倍时,取极限荷载值的一半。

③当不能按上述两款要求确定时,当压板面积为0.25~0.50m²时,可取$s/b$(或$s/d$)=0.01~0.015所对应的荷载,但其值不应大于最大加载量的一半。

(7)同一土层参加统计的试验点不应少于三点。当试验实测值的极差不超过其平均值的30%时,取此平均值作为该土层的地基承载力基本容许值$[f_{a0}]$。

(四)深层平板荷载试验要点

(1)深层平板载荷试验可用于确定深部地基及大直径桩桩端在承压板压力主要影响范围内土层的承载力。

(2)深层平板载荷试验的承压板采用直径为0.8m的刚性板,紧靠承压板周围外侧的土层高度不应小于0.8m。

(3)加荷等级可按预估极限承载力的1/10~1/15分级施加。

(4)每级加荷后,第一个小时内按间隔10min、10min、10min、15min、15min,以后为每隔半小时测读一次沉降。当在连续两小时内,每小时的沉降量小于0.1mm时,则认为已趋稳定,可加下一级荷载。

(5)当出现下列情况之一时,可终止加载:

①沉降$s$急骤增大,荷载—沉降($P$-$s$)曲线上有可判定极限承载力的陡降段,且沉降量超过0.04$D$($D$为承压板直径)。

②在某级荷载下,24h内沉降速率不能达到稳定。

③本级沉降量大于前一级沉降量的5倍。

④当持力层土层坚硬,沉降量很小时,最大加载量不小于设计要求的2倍。

(6)承载力基本容许值的确定应符合下列规定:

①当$P$-$s$曲线上有比例界限时,取该比例界限所对应的荷载值。

②满足第E.0.5条前三款终止加载条件之一时,其对应的前一级荷载定为极限荷载;当该值小于对应比例界限的荷载值的2倍时,取极限荷载值的一半。

③不能按上述两款要求确定时,可取$s/d$=0.01~0.015所对应的荷载值,但其值不应大于最大加载量的一半。

(7)同一土层参加统计的试验点不应少于三点。当试验实测值的极差不超过平均值的

30%时,取此平均值作为该土层的地基承载力基本容许值$[f_{a0}]$。

(五)岩基荷载试验要点

(1)本试验要点适用于确定完整、较完整、较破碎岩基作为天然地基或桩基础持力层时的承载力。

(2)采用圆形刚性承压板,直径为300mm。当岩石埋藏深度较大时,可采用钢筋混凝土桩,但桩周需采取措施以消除桩身与土之间的摩擦力。

(3)测量系统的初始稳定读数观测:加压前,每隔10min读数一次,连续三次读数不变可开始试验。

(4)加载方式:单循环加载,荷载逐级递增直到破坏,然后分级卸载。

(5)荷载分级:第一级加载值为预估设计荷载的1/5,以后每级为1/10。

(6)沉降量测读:加载后立即读数,以后每10min读数一次。

(7)稳定标准:连续三次读数之差均不大于0.01mm。

(8)当出现下述现象之一时,即可终止加载:

①沉降量读数不断变化,在24h内,沉降速率有增大的趋势。

②压力加不上或勉强加上而不能保持稳定。

注:若限于加载能力,荷载也应增加到不少于设计要求的两倍。

(9)卸载观察:每级卸载为加载时的两倍,如为奇数,第一级可为三倍。每级卸载后,隔10min测读一次,测读三次后可卸下一级荷载。全部卸载后,当测读到半小时回弹量小于0.01mm时,即认为稳定。

(10)岩石地基承载力的确定:

①对应于$P\text{-}s$曲线上起始直线段的终点为比例界限。符合终止加载条件的前一级荷载为极限荷载。将极限荷载除以3的安全系数,所得值与对应于比例界限的荷载相比较,取小值。

②每个场地载荷试验的数量不应少于3个,取最小值作为岩石地基承载力的容许值。

③岩石地基承载力不进行深度修正。

**【注意事项】**

(1)荷载板试验的受荷面积比较小,加荷后受影响的深度不会超过2倍承压板边长或直径,而且加荷时间也比较短,因此不能通过荷载板试验提供建筑物的长期沉降资料。

(2)在沿海软黏土分布地区,地表往往有一层"硬壳层",当用小尺寸的承压板时,常常受压范围还在地表"硬壳层"内,其下软弱土层还未受到承压板的影响;而对于实际建筑物的大尺寸基础,下部软弱土层对建筑物沉降起着主要的影响。因此,静力载荷试验资料的应用是有条件的,在进行载荷试验时,要充分估计到试验影响范围的局限性,注意分析试验成果与实际建筑地基之间可能存在的差异。

(3)当地基压缩层范围内土层单一而且均匀时,可以直接在基础埋置标高处进行荷载板试验;如果地基压缩层范围内土层是成层变化的,或者是不均匀的,则要进行不同尺寸承压板或不同深度的荷载板试验。遇到这种情况时,可以采用其他原位测试和室内土试验来确定荷载板试验影响不到的土层的工程力学性质。

(4)如果地基土层起伏变化很大时,还应在不同地点做荷载板试验。

## 三、标准贯入试验

标准贯入试验(SPT)是采用质量为 63.5kg 的穿心锤,以 76cm 的落距,将一定规格的标准贯入器先打入土中 15cm,然后开始记录锤击数,将标准贯入器再打入土中 30cm,用此 30cm 的锤击数作为标准贯入试验的指标。标准贯入试验是国内外广泛应用的一种现场原位测试手段。该试验法方便经济,不仅用于砂土,亦可用于黏性土的测试。标准贯入锤击数 $N$,可用于判定砂土的密实度、黏性土的稠度、地基土的容许承载力、砂土的振动液化、桩基承载力等,也是检验地基处理效果的重要手段。

(一)试验设备

标准贯入试验设备主要由标准贯入器、触探杆和穿心锤等部件组成(图 13-3)。

(1)贯入器:标准规格的圆筒形探头,尺寸见图 13-3,是由两个半圆管合成的取土器。

(2)落锤:重 63.5kg,自由落距 76cm。

(3)触探杆:外径 42mm 的钻杆。

(4)锤垫、导向杆和自动落锤装置等。

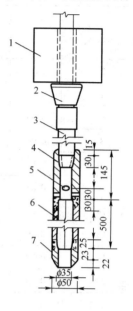

图 13-3 标准贯入试验设备
(尺寸单位:mm)
1-穿心锤;2-锤垫;3-触探杆;4-贯入器头;5-出水孔;6-由两半圆管合成的贯入器身;7-贯入器靴

(二)试验方法

(1)用钻机先钻到需要进行标准贯入试验的土层,清孔后,换用标准贯入器,并量得深度尺寸。

(2)将贯入器垂直打入试验土层中,先打入 15cm,不计击数,继续贯入土中 30cm,记录其锤击数,此数即为标准贯入击数 $N$。

若遇比较密实的砂层,贯入不足 30cm 的锤击数已超过 50 击时,应终止试验,并记录实际贯入深度 $\Delta S$ 和累计锤击数 $n$,按下式换算成贯入 30cm 的锤击数 $N$:

$$N = \frac{30n}{\Delta s} \tag{13-1}$$

式中:$n$——所选取的任意贯入量的锤击数;

$\Delta s$——对应锤击数 $n$ 的贯入量,cm。

(3)提出贯入器,将贯入器中土样取出,进行鉴别描述、记录,然后换以钻探工具继续钻进,至下一需要进行试验的深度,再重复上述操作。一般可每隔 1.0~2.0m 进行一次试验。

(4)在不能保持孔壁稳定的钻孔中进行试验时,应下套管以保护孔壁,但试验深度必须在套管口 75cm 以下,或采用泥浆护壁。

(5)由于钻杆的弹性压缩会引起能量损耗,钻杆过长时传入贯入器的动能降低,因而减少每击的贯入深度,亦即提高了锤击数,所以需要根据杆长对锤击数进行修正。

①当采用重型圆锥动力触探确定碎石土密实度或其他指标时,锤击数 $N_{s,63.5}$ 可按下式修正:

$$N_{63.5} = \alpha_1 \cdot N_{s,63.5} \tag{13-2}$$

式中:$N_{63.5}$——修正后的重型圆锥动力触探锤击数;

$\alpha_1$——修正系数,按表 13-1 取值;
$N_{s,63.5}$——实测重型圆锥动力触探锤击数。

重型圆锥动力触探锤击数修正系数 $\alpha_1$  表 13-1

| $N_{s,63.5}$ \ $L$(m) | 5 | 10 | 15 | 20 | 25 | 30 | 35 | 40 | ≥50 |
|---|---|---|---|---|---|---|---|---|---|
| 2 | 1.00 | 1.00 | 1.00 | 1.00 | 1.00 | 1.00 | 1.00 | 1.00 | — |
| 4 | 0.96 | 0.95 | 0.93 | 0.92 | 0.90 | 0.89 | 0.87 | 0.86 | 0.84 |
| 6 | 0.93 | 0.90 | 0.88 | 0.85 | 0.83 | 0.81 | 0.79 | 0.78 | 0.75 |
| 8 | 0.90 | 0.86 | 0.83 | 0.80 | 0.77 | 0.75 | 0.73 | 0.71 | 0.67 |
| 10 | 0.88 | 0.83 | 0.79 | 0.75 | 0.72 | 0.69 | 0.67 | 0.64 | 0.61 |
| 12 | 0.85 | 0.79 | 0.75 | 0.70 | 0.67 | 0.64 | 0.61 | 0.59 | 0.55 |
| 14 | 0.82 | 0.76 | 0.71 | 0.66 | 0.62 | 0.58 | 0.56 | 0.53 | 0.50 |
| 16 | 0.79 | 0.73 | 0.67 | 0.62 | 0.57 | 0.54 | 0.51 | 0.48 | 0.45 |
| 18 | 0.77 | 0.70 | 0.63 | 0.57 | 0.53 | 0.49 | 0.46 | 0.43 | 0.40 |
| 20 | 0.75 | 0.67 | 0.59 | 0.53 | 0.48 | 0.44 | 0.41 | 0.39 | 0.36 |

注:表中 $L$ 为杆长。

② 当采用超重型圆锥动力触探确定碎石土密度或其他指标时,实测锤击数 $N_{s,120}$ 数按下式修正:

$$N_{120} = \alpha_2 \cdot N_{s,120} \tag{13-3}$$

式中:$N_{120}$——修正后的超重型圆锥动力触探锤击数;
$\alpha_2$——修正系数,按表 13-2 取值;
$N_{s,120}$——实测超重型圆锥动力触探锤击数。

超重型圆锥动力触探锤击数修正系数 $\alpha_2$  表 13-2

| $N_{s,120}$ \ $L$(m) | 1 | 3 | 5 | 7 | 9 | 10 | 15 | 20 | 25 | 30 | 35 | 40 |
|---|---|---|---|---|---|---|---|---|---|---|---|---|
| 1 | 1.00 | 1.00 | 1.00 | 1.00 | 1.00 | 1.00 | 1.00 | 1.00 | 1.00 | 1.00 | 1.00 | 1.00 |
| 2 | 0.96 | 0.92 | 0.91 | 0.90 | 0.90 | 0.90 | 0.90 | 0.89 | 0.89 | 0.88 | 0.88 | 0.88 |
| 3 | 0.94 | 0.88 | 0.86 | 0.85 | 0.84 | 0.84 | 0.84 | 0.83 | 0.82 | 0.82 | 0.81 | 0.81 |
| 5 | 0.92 | 0.82 | 0.79 | 0.78 | 0.77 | 0.77 | 0.76 | 0.75 | 0.74 | 0.73 | 0.72 | 0.72 |
| 7 | 0.90 | 0.78 | 0.75 | 0.74 | 0.73 | 0.72 | 0.71 | 0.70 | 0.68 | 0.68 | 0.67 | 0.66 |
| 9 | 0.88 | 0.75 | 0.72 | 0.70 | 0.69 | 0.68 | 0.67 | 0.66 | 0.64 | 0.63 | 0.62 | 0.62 |
| 11 | 0.87 | 0.73 | 0.69 | 0.67 | 0.66 | 0.66 | 0.64 | 0.62 | 0.61 | 0.60 | 0.59 | 0.58 |
| 13 | 0.86 | 0.71 | 0.67 | 0.65 | 0.64 | 0.63 | 0.61 | 0.60 | 0.58 | 0.57 | 0.56 | 0.55 |
| 15 | 0.86 | 0.69 | 0.65 | 0.63 | 0.62 | 0.61 | 0.59 | 0.58 | 0.56 | 0.55 | 0.54 | 0.53 |
| 17 | 0.85 | 0.68 | 0.63 | 0.61 | 0.60 | 0.60 | 0.57 | 0.56 | 0.54 | 0.53 | 0.52 | 0.50 |
| 19 | 0.84 | 0.66 | 0.62 | 0.60 | 0.58 | 0.58 | 0.56 | 0.54 | 0.52 | 0.51 | 0.50 | 0.48 |

注:表中 $L$ 为杆长。

(6)对于同一土层应进行多次试验,然后取锤击数的平均值。

(三)试验数据整理

(1)标准贯入试验数据整理时,以下资料应当齐全,包括钻孔孔径、钻进方式、护孔方式、落锤方式、地下水位及孔内水位(或泥浆高程)、初始贯入度、预打击数、试验标贯击数、记录深度、贯入器所取扰动土样的鉴别描述等。

(2)绘制标贯击数 $N$ 与深度的关系曲线,或在地质剖面图上标出试验深度处的 $N$ 值。

(3)结合钻探及其他原位试验,依据 $N$ 值在深度上的变化,对各土层的 $N$ 值进行统计。统计时,要剔除个别异常值。

(四)试验结果应用

标准贯入试验国内外已积累了大量的实践资料,给出了砂土和黏性土的一些物理性质和标准贯入试验锤击数的经验关系,可供工程中使用。

(1)根据 $N$ 估计砂土的密实度,见表13-3。

**砂土的密实度表**  表13-3

| 分级 | 相对密度 $D_r$ | 实测平均锤击数 $N$ | 分级 | | 相对密度 $D_r$ | 实测平均锤击数 $N$ |
|---|---|---|---|---|---|---|
| 密实 | $D_r \geq 0.67$ | 30~50 | 松散 | 稍松 | $0.33 > D_r \geq 0.20$ | 5~9 |
| 稍密 | $0.67 > D_r \geq 0.33$ | 10~29 | | 极松 | $D_r < 0.20$ | <5 |

(2)根据 $N$ 估计天然地基的容许承载力 $[\sigma_0]$,见表13-4和表13-5。

**砂土的容许承载力 $[\sigma_0]$(单位:kPa)**  表13-4

| $N$ | 10~15 | 5~30 | 30~50 |
|---|---|---|---|
| $[\sigma_0]$ | 140~180 | 180~340 | 340~500 |

**一般黏性土和老黏性土的容许承载力 $[\sigma_0]$(单位:kPa)**  表13-5

| $N$ | 3 | 5 | 7 | 9 | 11 | 13 | 15 | 17 | 19 | 21 | 23 |
|---|---|---|---|---|---|---|---|---|---|---|---|
| $[\sigma_0]$ | 120 | 160 | 200 | 240 | 280 | 320 | 360 | 420 | 500 | 580 | 660 |

(3)根据 $N$ 估计黏性土的状态,见表13-6(冶金工业武汉勘察公司资料)。

**$N$ 与黏性土稠度状态的关系**  表13-6

| $N$ | <2 | 2~4 | 4~7 | 7~18 | 18~35 | >35 |
|---|---|---|---|---|---|---|
| 液性指数 $I_L$ | >1 | 1~0.75 | 0.75~0.5 | 0.5~0.25 | 0.25~0 | <0 |
| 稠度状态 | 流塑 | 软塑 | 可塑 | 可塑~硬塑 | 硬塑 | 坚硬 |

(4)根据 $N$ 估计土的内摩擦角 $\varphi$,见表13-7。

**$N$ 与土的内摩擦角 $\varphi$ 的关系**  表13-7

| 研究者 \ $N$ | <4 | 4~10 | 10~30 | 30~50 | >50 |
|---|---|---|---|---|---|
| Peck | <28.5° | 28.5°~30° | 30°~36° | 36°~41° | >41° |
| Meyerhof | <30° | 30°~35° | 35°~40° | 40°~45° | >45° |

**【注意事项】**

(1) 重视钻进工艺及清孔质量,对贯入器开始贯入15cm的击数也予以记录,以判断孔底是否有残土或土的扰动程度。

(2) 注意钻杆及导向杆垂直,防止在孔内摇晃。

(3) 对试验段(即贯入15~45cm部分)要求测定每锤击一次后的累计贯入量。一次贯入量不足2cm时,记录每贯入10cm的锤击数。绘制锤击数与累计贯入量的关系曲线,以分析土层是否均匀,最后选取30cm试验段的锤击数作为N值记录下来。

## 第三节 泥浆原料性能要求和泥浆性能指标检测(JTG/T F50—2011)

### 一、泥浆性能指标

钻孔灌注桩调制的护壁泥浆一般由水、黏土(或膨润土)和添加剂按适当配合比配制而成,应根据钻孔方法和地层情况采用不同的性能指标,具体指标可参照表13-8选用。

泥浆性能指标选择　　　　表13-8

| 钻孔方法 | 地层情况 | 泥浆性能指标 | | | | | | | |
|---|---|---|---|---|---|---|---|---|---|
| | | 相对密度 | 黏度(Pa·s) | 含砂率(%) | 胶体率(%) | 失水率(mL/30min) | 泥皮厚(mm/30min) | 静切力(Pa) | 酸碱度(pH) |
| 正循环 | 一般地层 | 1.05~1.20 | 16~22 | 8~4 | ≥96 | ≤25 | ≤2 | 1.0~2.5 | 8~10 |
| | 易坍地层 | 1.20~1.45 | 19~28 | 8~4 | ≥96 | ≤15 | ≤2 | 3~5 | 8~10 |
| 反循环 | 一般地层 | 1.02~1.06 | 16~20 | ≤4 | ≥95 | ≤20 | ≤3 | 1~2.5 | 8~10 |
| | 易坍地层 | 1.06~1.10 | 18~28 | ≤4 | ≥95 | ≤20 | ≤3 | 1~2.5 | 8~10 |
| | 卵石上 | 1.10~1.15 | 20~35 | ≤4 | ≥95 | ≤20 | ≤3 | 1~2.5 | 8~10 |
| 推钻冲抓 | 一般地层 | 1.10~1.20 | 18~24 | ≤4 | ≥95 | ≤20 | ≤3 | 1~2.5 | 8~11 |
| 冲击 | 易坍地层 | 1.20~1.40 | 22~30 | ≤4 | ≥95 | ≤20 | ≤3 | 3~5 | 8~11 |

**【注意事项】**

(1) 地下水位高或其流速大时,指标取高限,反之取低限。

(2) 地质状态较好,孔径或孔深较小的取低限,反之取高限。

(3) 在不易坍塌的黏质土层中,使用推钻冲抓、反循环回转钻进时,可用清水提高水头(≥2m)维护孔壁。

(4) 若当地缺乏优良黏质土,远运膨润土亦很困难,调制不出合格泥浆时可掺用添加剂改善泥浆性能。

(5) 对于大直径或超长钻孔灌注桩,泥浆的选择应根据钻孔的工程地质情况、孔位、钻机性能、泥浆材料条件等确定。在地质复杂,覆盖层较厚,护筒下沉不到岩层的情况下,宜使用丙烯酰胺即PHP泥浆。此泥浆的特点是不分散、低固相、高黏度。

### 二、泥浆原料和外加剂的性能要求及需要量计算方法

(一) 泥浆原料黏质土的性能要求

一般可选用塑性指数大于25,粒径小于0.074mm的黏粒含量大于50%的黏质土制浆。当缺少上述性能的黏质土时,可用性能略差的黏质土,并掺入30%的塑性指数大于25的黏质土。

当采用性能较差的黏质土调制的泥浆性能指标不符合要求时,可在泥浆中掺入$Na_2CO_3$(俗称碱粉或纯碱)、氢氧化钠(NaOH)或膨润土粉末,以提高泥浆性能指标。掺入量与原泥浆性能有关,宜经过试验决定。一般碳酸钠的掺入量约为孔中泥浆土量的0.1%~0.4%。

(二)泥浆原料膨润土的性能和用量

膨润土分为钠质膨润土和钙质膨润土两种。前者质量较好,大量用于炼钢、铸造中,钻孔泥浆中用量也很大。膨润土泥浆具有相对密度低、黏度低、含砂量少、失水量少、泥皮薄、稳定性强、固壁能力高、钻具回转阻力小、钻进率高、造浆能力大等优点。一般用量为水的8%,即8kg的膨润土可掺100L的水。对于黏质土地层,用量可降低到3%~5%。较差的膨润土用量为水的12%左右。

(三)泥浆外加剂及其掺量

(1)CMC(Carboxy Methyl Celluose),全名羧甲基纤维素,可增加泥浆黏性,使土层表面形成薄膜而防护孔壁剥落并有降低失水量的作用。掺入量为膨润土的0.01%~0.05%。

(2)FCI,又称铬铁木质素磺酸钠盐,为分散剂,可改善因混杂有土、砂粒、碎、卵石及盐分等而变质的泥浆性能,可使上述钻渣等颗粒聚集而加速沉淀,改善护壁泥浆的性能指标,使其继续循环使用。掺量为膨润土的0.1%~0.3%。

(3)硝基腐殖碳酸钠(简称煤碱剂),其作用与FCI相似。它具有很强的吸附能力,在黏质土表面形成结构性溶剂水化膜,防止自由水渗透,能使失水量降低,使黏度增加,若掺入量少,可使黏度不上升,具有部分稀释作用,掺用量与FCI同。两种分散剂可任选一种。

(4)碳酸钠($Na_2CO_3$),又称碱粉或纯碱。它的作用可使pH值增大到10。泥浆中pH值过小时,黏土颗粒难以分解,黏度降低,失水量增加,流动性降低;小于7时,还会使钻具受到腐蚀;若pH过大,则泥浆将渗透到孔壁的黏土中,使孔壁表面软化,黏土颗粒之间凝聚力减弱,造成裂解而使孔壁坍塌。pH值以8~10为宜,这时可增加水化膜厚度,提高泥浆的胶体率和稳定性,降低失水量。掺入量为膨润土的0.3%~0.5%。

(5)PHP,即聚丙烯酰胺絮凝剂。它的作用为,在泥浆循环中能清除劣质钻屑,保存造浆的膨润土粒;具有低固相、低相对密度、低失水、低矿化、泥浆触变性能强等特点。掺入量为孔内泥浆的0.003%。

(6)重晶石细粉($BaSO_4$),可将泥浆的相对密度增加到2.0~2.2,提高泥浆护壁作用。为提高掺入重晶粉后泥浆的稳定性,降低其失水性,可同时掺入0.1%~0.3%的氢氧化钠(NaOH)和0.2%~0.3%的橡胶粉。掺入上述两种外加剂后,最适用于膨胀的黏质塑性土层和泥质页岩土层。重晶石粉掺量根据原泥浆相对密度和土质情况检验决定。

(7)纸浆、干锯末、石棉等纤维质物质,其掺量为水量的1%~2%,其作用是防止渗水并提高泥浆循环效果。

以上各种外加剂掺入量,宜先做试配,试验其掺入外加剂后的泥浆性能指标是否有所改善,并符合要求。

各种外加剂宜先制成小剂量溶剂,按循环周期均匀加入,并及时测定泥浆性能指标,防止掺入外加剂过量。每循环周期相对密度差不宜超过0.01。

(四)调制泥浆的原料用量计算

在黏质土层中钻孔,钻孔前只需调制不多的泥浆。以后可在钻进过程中,利用地层黏质土造浆、补浆。

在砂类土、砾石土和卵石土中钻孔时,钻孔前应备足造浆原料,其数量可按以下公式和原则计算:

$$m = V\rho_1 = \frac{\rho_1 - \rho_3}{\rho_1 - \rho_2}\rho_1 \tag{13-4}$$

$$\rho_2 = V\rho_1 + (1 - V)\rho_3 \tag{13-5}$$

式中:$m$——每立方米泥浆所需原料的质量,t;

$V$——每立方米泥浆所需原料的体积,$m^3$;

$\rho_1$——原料的密度,$t/m^3$;

$\rho_2$——要求的泥浆密度,$t/m^3$;

$\rho_3$——水的密度,取 $\rho_3 = 1t/m^3$。

若造成的泥浆的黏度为 20~22s 时,则各种原料造浆能力为:黄土胶泥 1~3$m^3$/t;白土、陶土、高岭土 3.5~8$m^3$/t;次膨润土 9$m^3$/t;膨润土 15$m^3$/t。

从以上资料得知,膨润土的造浆能力为黄土胶泥的 5~7 倍。

### 三、泥浆性能指标检测

(一)相对密度 $\rho_x$

泥浆的相对密度可用泥浆相对密度计测定。将要量测的泥浆装满泥浆杯,加盖并洗净从小孔溢出的泥浆,然后置于支架上,移动游码,使杠杆呈水平状态(即水平泡位于中央),读出游码左侧所示刻度,即为泥浆的相对密度 $\rho_x$。

若工地无以上仪器,可用一口杯先称其质量设为 $m_1$,再装满清水称其质量 $m_2$,再倒去清水,装满泥浆并擦去杯周溢出的泥浆,称其质量设为 $m_3$,则

$$\rho_x = \frac{m_3 - m_1}{m_2 - m_1} \tag{13-6}$$

(二)黏度 $\eta(s)$

泥浆的黏度用工地标准漏斗黏度计测定,黏度计如图 13-4 所示。用两端开口量杯分别量取 200mL 和 500mL 泥浆,通过滤网滤去大砂粒后,将 700mL 泥浆均注入漏斗,然后使泥浆从漏头流出,流满 500mL 量杯所需时间(s),即为所测泥浆的黏度。

校正方法:漏斗中注入 700mL 清水,流出 500mL,所需时间应是 15s,其偏差如超过 ±1s,测量泥浆黏度时应校正。

(三)含砂率

含砂率在工地可用含砂率计(图 13-5)测定。量测时,把调好的泥浆 50mL 倒进含砂率计,然后再倒进清水,将仪器口塞紧摇动 1min,使泥浆与水混合均匀。再将仪器垂直静放 3min,仪器下端沉淀物的体积(由仪器刻度上读出)乘 2 就是含砂率(有一种大型的含砂率计,内装 900mL 的,从刻度读出的数不乘 2 即为含砂率)。

(四)胶体率(%)

胶体率是泥浆中土粒保持悬浮状态的性能。测定方法为:将 100mL 泥浆倒入 100mL 的量杯中,用玻璃片盖上,静置 24h 后,量杯上部泥浆可能澄清为水,测量时其体积如为 5mL,则胶体率为 100 - 5 = 95,即 95%。

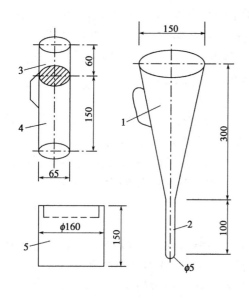
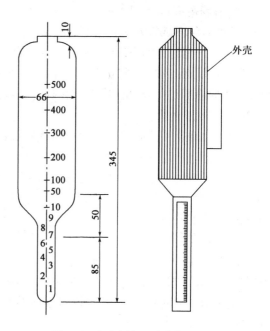

图 13-4 黏度计(尺寸单位:mm)　　　　　图 13-5 含砂率计(尺寸单位:mm)
1-漏斗;2-管子;3-量杯 200mL;4-量杯 500mL 部分;
5-筛网及杯

（五）失水量(mL/30min)和泥皮厚(mm)

用一张 120mm×120mm 的滤纸,置于水平玻璃板上,中央画一直径 30mm 的圆圈,将 2mL 的泥浆滴于圆圈中心,30min 后,量算湿润圆圈的平均半径减去泥浆坍平成为泥饼的平均半径 (mm)即失水量,算出的结果(mm)值代表失水量,单位为 mL/min。在滤纸上量出泥饼厚度 (mm)即为泥皮厚。泥皮愈平坦、愈薄,则泥浆质量愈高,一般不宜厚于 2~3mm。

【注意事项】

(1) 无论采用何种方法清孔,清孔后泥浆试样应从孔底提出,进行性能指标检测,检测结果应符合表 13-8 的规定。

(2) 在吊入钢筋骨架后,灌注水下混凝土之前,应再次检查孔内泥浆性能指标和孔底沉淀厚度,如超过规定,应进行第二次清孔,符合要求后方可灌注水下混凝土。

## 第四节　混凝土灌注桩检测

混凝土钻孔灌注桩是桥梁及其他建筑结构物常用的基桩形式之一。这主要是由于桩能将上部结构的荷载传递到深层稳定的土层上去,从而大大减少基础沉降和建筑物的不均匀沉降,实践也证明它的确是一种极为有效、安全可靠的基础形式。但是,灌注桩的成桩过程是在桩位处的地面下或水下完成,施工工序多,质量控制难度大,稍有不慎极易产生断桩等严重缺陷。据统计,国内外钻孔灌注桩的事故率高达 5%~10%。因此,灌注桩的质量检测就显得格外重要。

目前,工程中常用的钻孔灌注桩质量的检测方法有以下几种。

### (一)静荷载试验

各种静荷载试验方法是截至目前确定灌注桩质量的最可靠方法,但静荷载试验方法周期长、费用高,并且只能在试桩上进行。而公路桥梁基桩检验在多数地区实行普查,以便及时对发现问题采取相应措施,防止工程事故的发生。并且随着长、大桩径及高承载力桩基础迅速增加,传统的静压桩试验已很难实施,因此就出现了以下几种方法。

### (二)钻芯检验法

由于大直径钻孔灌注桩的设计荷载一般较大,用静力试桩法有许多困难,所以常用地质钻机在桩身上沿长度方向钻取芯样,通过对芯样的观察和测试确定桩的质量。

但这种方法只能反映钻孔范围内的小部分混凝土质量,而且设备庞大、费工费时、价格昂贵,不宜作为大面积检测方法,而只能用于抽样检查,一般抽检总桩量的3%~5%,或作为对无损检测结果的校核手段。

### (三)振动检验法

所谓振动检验法就是各种动测法。它是在桩顶用各种方法(例如锤击、敲击、电磁激振器、电水花等)施加一个激振力,使桩体乃至桩土体系产生振动,或在桩内产生应力波,通过对波动及振动参数的种种分析,以推定桩体混凝土质量及总体承载力的一类方法。这类方法主要有以下四种。

#### 1. 敲击法和锤击法

用力棒或锤子打击桩顶,在桩内激励振动,用加速度传感器接收桩头的响应信号,信号经处理后被显示或记录,通过对信号的时域及频域分析,可确定桩尖或缺陷的反射信号,据此可判断桩内是否存在缺陷。当锤击力足以引起桩土体系的振动时,根据所测得的振动参数,可计算桩的动刚度和承载力。

#### 2. 稳态激振机械阻抗法

在桩顶用电磁激振器激振,该激振力是一幅值恒定,频率从20~1 000Hz变化的简谐力。量测桩顶的速度响应信号。作用在简谐振动体系上的作用力 $F$,与该体系上某点的速度之比,称为机械阻抗。机械阻抗的倒数称为导纳(Mobility)。用所记录的力和速度经仪器合成,描绘出导纳曲线,还可求得应力波在桩身混凝土中的波速、特征导纳、实测导纳及动刚度等动参数。据此,可判断是否有断桩、缩径、鼓肚、桩底沉渣太厚等缺陷,并可由动刚度估算单桩容许承载力。

#### 3. 瞬态激振机械阻抗法

用力棒等对桩顶施加一个冲击脉冲力,这个脉冲力包含了丰富的频率成分。通过力传感器和加速度传感器,记录力信号和加速度信号,然后把两种信号输入信号处理系统,进行快速傅立叶变换,把时域变成频域,信号合成后同样可得到桩的导纳曲线,从而判断桩的质量。

#### 4. 水电效应法

在桩顶安装一高约1m 的水泥圆筒,筒内充水,在水中安放电极和水听器。电极高压放电,瞬时释放大电流产生声学效应,给桩顶一冲击能量,由水听器接收桩土体系的响应信号,对信号进行频谱分析,根据频谱曲线所含有的桩基质量信息,判断桩的质量和承载力。

### (四)超声脉冲检验法

该法是在检测混凝土缺陷技术的基础上发展起来的。其方法是在桩的混凝土灌注前沿桩的长度方向平行预埋若干根检测用管道,作为超声发射和接收换能器的通道。检测时探头分别在两个管子中同步移动,沿不同深度逐点测出横截面上超声脉冲穿过混凝土时的各项参数,并按超声测缺原理分析每个断面上混凝土的质量。

(五)射线法

该法是以放射性同位素辐射线在混凝土中的衰减、吸收、散射等现象为基础的一种方法。当射线穿过混凝土时,因混凝土质量不同或因存在缺陷,接收仪所记录的射线强弱发生变化,据此来判断桩的质量。

由于射线的穿透能力有限,一般用于单孔测量,采用散射法,以便于了解孔壁附近混凝土的质量,扩大钻芯法检测的有效半径。

# 一、试桩试验办法(JTG/T F50—2011 附录B)

## 附录B 试桩试验办法

B.1 一般规定

B.1.1 本办法适用于施工阶段检验性的试桩,其内容包括工艺试验、动力试验及静压、静拔和静推试验。但在多年冻土、湿陷性黄土等地层的试桩试验,不适用本办法。

B.1.2 试桩的位置应符合设计要求,设计无要求时,宜选择在有代表性地质的地方,并尽量靠近地质钻孔或静力触探孔,其间距一般不宜大于5m或小于1m。

试桩的桩径、测试内容应符合设计要求。

B.1.3 勘测设计阶段的试桩数量由设计部门确定,施工阶段的试桩数量规定如下:

1 静压试验应按施工合同规定的数量进行试桩,可按下列规定进行:

1)试桩的数量应根据设计要求和工程地质条件确定,但不宜少于2根。

2)位于深水处的试桩,根据具体情况,由主管单位研究确定。

2 静拔、静推试验根据合同要求进行办理。

3 工艺试验由施工单位拟定,报主管单位批准。

B.1.4 试桩前应进行下列准备工作:

1 试桩的桩顶如有破损或强度不足时,应将破损和强度不足段凿除后,修补平整。

2 做静推试验的桩,如系空心桩,则应于直接受力部位填充混凝土。

3 做静压、静拔的试桩,为便于在原地面处施加荷载,在承台底面以上部分或局部冲刷线以上部分设计不能考虑的摩擦力应予扣除。

4 做静压、静拔的试桩,桩身需通过尚未固结新近沉积的土层或湿陷性黄土、软土等土层对桩侧产生向上的负摩擦力部分,应在桩表面涂设涂层,或设置套管等方法予以消除。

5 在冰冻季节试桩时,应将桩周围的冻土全部融化,其融化范围:静压、静拔试验时,离试桩周围不小于1m;静推试验时,不小于2m。融化状态应保持到试验结束。

在结冰的水域做试验时,桩与冰层间应保持不小于100mm的间隙。

B.2 工艺试验和冲击试验

B.2.1 施工阶段的工艺试验和冲击试验的主要目的:

(1)选择合理的施工方法和机具设备。

(2)检验桩沉入土中的深度能否达到设计要求。

(3)选定锤击沉桩时的锤垫、桩垫及其参数。

(4)利用静压试验等方法,验证选用的动力公式在该地质条件下的准确程度。

(5)选定射水设备及射水参数(水量、水压等)。

(6)查定沉桩时有无"假极限"或"吸入"现象,并确定是否需要复打以及决定复打前的"休止"天数。

(7)确定施工工艺和停止沉桩的控制标准。

**B.2.2** 冲击试验的程序按下列规定执行：

1 使用蒸汽锤时，预先将汽锤加热。

2 用单动汽锤、坠锤沉桩时，记录桩身每下沉1.0m的锤击数和全桩的总锤击数，并测量锤击每米沉桩平均落锤高度；用双动汽锤、柴油锤、振动锤沉桩时，记录桩身每下沉1.0m的锤击（或振动）时间和全桩的总锤击（或总振动）时间。

3 当桩沉至接近设计标高附近（约1.0m左右）时，用单动汽锤、坠锤沉桩，记录每100mm的锤击数，至设计标高时，最后加打5锤，记录桩的下沉量，算出每锤平均值（以mm/击计），作为停锤贯入度；用双动汽锤、柴油锤、振动锤沉桩，记录每100mm的锤击（或振动）时间，算出最后100mm每分钟平均值（以mm/min计），作为停锤贯入度。

4 冲击（复打）试验和注意事项：

1）冲击试验应经过"休止"后进行，"休止"时间按照本条第6款的规定。

2）用沉桩时达到最后贯入度相同的功能（用坠锤、单动汽锤或柴油锤时，使落锤高度相同；用双动汽锤时，使汽压相同，并迅速送汽锤击；用振动锤时使其各项技术条件相同）和相同的设备（包括桩锤规格、桩帽、锤热、桩垫等）进行锤击或振动。

3）用坠锤、单动汽锤沉桩，着实的锤击5锤取其平均贯入度；用双动汽锤、柴油锤、振动锤沉桩，取其最后100mm的锤击、振动时间的每分钟平均贯入度作为最终贯入度；贯入度的单位分别为mm/击，mm/min。

5 填写沉桩试验记录

6 "休止"时间应按土质不同而异，可由试验确定，一般不少于下列天数：

1）桩穿过砂类土，桩尖位于大块碎石土、紧密的砂类土或坚硬的黏质土上，不少于1d。

2）在粗、中砂和细砂里，不少于3d。

3）在黏质土和饱和的粉质土里，不少于6d。

**B.3** 静压试验

**B.3.1** 试验目的：通常用来确定单桩承载力和荷载与位移的关系，以及校核动力公式的准确程度。

**B.3.2** 试验方法：采用慢速维持荷载法，若设计无特殊要求时，用单循环加载试验。

**B.3.3** 试验时间：静压试验应在冲击试验后立即进行。对于钻（挖）孔灌注桩，须持混凝土达到能承受设计要求荷载后，才可进行试验。

**B.3.4** 试验加载装置：一般采用油压千斤顶加载。千斤顶的反力装置可根据现场的实际条件选用下列三种形式之一：

1 锚桩承载梁反力装置：锚桩承载梁反力装置能提供的反力，应不小于预估最大试验荷载的1.3～1.5倍。

锚桩一般采用4根，如入土较浅或土质松软时可增至6根。锚桩与试桩的中心间距，当试桩直径（或边长）小于或等于80mm时，可为试桩直径（或边长）的5倍；当试桩直径大于800mm时，上述距离不得小于4m。

2 压重平台反力装置：利用平台上压重作为对桩静压试验的反力装置。压重不得小于预估最大试验荷载的1.3倍，压重应在试验开始前一次加上。

试桩中心至压重平台支承边缘的距离与上述试桩中心至锚桩中心距离相同。

3 锚桩压重联合反力装置：当试桩最大加载量超过锚桩的抗拔能力时，可在承载梁上放置或悬挂一定重物，由锚桩和重物共同承受千斤顶反力。

**B.3.5** 测量位移装置：测量仪表必须精确，一般使用1/20mm光学仪器或力学仪表，如水平仪、挠度仪、偏移计等。支承仪表的基准架应有足够的刚度和稳定性。基准梁的一端在其支承上可以自由移动，不受温度影响引起上拱或下挠。基准桩应埋入地基表面以下一定深度，不受气候条件等影响。基准桩中心与试桩、锚桩中心(或压重平台支承边缘)之间的距离宜符合附表 B.3.5 的规定。

**基准桩中心至试桩、锚桩中心(或压重平台支承边)的距离**　　附表 B.3.5

| 反 力 系 统 | 基准桩与试桩 | 基准桩与锚桩(或压重平台支承边) |
|---|---|---|
| 锚桩承载梁反力装置 | ≥4d | ≥4d |
| 压重平台反力装置 | ≥2.0m | ≥2.0m |

注:表中为试桩的直径或边长 $d$≤80mm 的情况;若试桩直径 $d$>800mm 时,基准桩中心至试桩中心(或压重平台支承边)的距离不宜小于 4.0m。

B.3.6　加载方法

1　加载重心应与试桩轴线相一致。加载时应分级进行,使荷载传递均匀,无冲击。加载过程中,不使荷载超过每级的规定值。

2　加载分级:每级加载量为预估最大荷载的 1/10~1/15。当桩的下端埋入巨粒土、粗粒土以及坚硬的黏质土中时,第一级可按 2 倍的分级荷载加载。

3　预估最大荷载:对施工检验性试验,一般可采用设计荷载的 2.0 倍。

B.3.7　沉降观测

1　下沉未达稳定不得进行下一级加载。

2　每级加载的观测时间规定为:每级加载完毕后,每隔 15min 观测一次;累计 1h 后,每隔 30min 观测一次。

B.3.8　稳定标准:每级加载下沉量,在下列时间内如不大于 0.1mm 时即可认为稳定:

1　桩端下为巨粒土、砂类土、坚硬黏质土,最后 30min。

2　桩端下为半坚硬和细粒土,最后 1h。

B.3.9　加载终止及极限荷载取值

1　总位移量大于或等于 40mm,本级荷载的下沉量大于或等于前一级荷载的下沉量的 5 倍时,加载即可终止。取此终止时荷载小一级的荷载为极限荷载。

2　总位移量大于或等于 40mm,本级荷载加上后 24h 未达稳定,加载即可终止。取此终止时荷载小一级的荷载为极限荷载。

3　巨粒土、密实砂类土以及坚硬的黏质土中,总下沉量小于 40mm,但荷载已大于或等于设计荷载 X 设计规定的安全系数,加载即可终止。取此时的荷载为极限荷载。

4　施工过程中的检验性试验,一般加载应继续到桩的 2 倍的设计荷载为止。如果桩的总沉降量不超过 40mm,及最后一级加载引起的沉降不超过前一级加载引起的沉降的 5 倍,则该桩可以予以检验。

5　极限荷载的确定有时比较困难,应绘制荷载—沉降曲线($P$-$s$ 曲线)、沉降—时间曲线($s$-$t$ 曲线)确定,必要时还应绘制 $s$-$\lg t$ 曲线、$s$-$\lg P$ 曲线(单对数法)、$s[1-P/P_{max}]$ 曲线(百分率法)等综合比较,确定比较合理的极限荷载取值。

B.3.10　桩的卸载和回弹量观测

1　卸载应分级进行,每级卸载量为两个加载级的荷载值。每级荷载卸载后,应观测桩顶的回弹量,观测办法与沉降相同。直到回弹稳定后,再卸下一级荷载。回弹稳定标准与下沉稳定标准相同。

2　卸载到零后,至少在 2h 内每 30min 观测一次;如果桩尖下为砂类土,则开始 30min 内,每 15min 观测一次;如果桩尖下为黏质上,第一小时内,每 15min 观测一次。

B.3.11　试验记录:所有试验数据应按附表 B.3.11 及时填写记录,绘制静压试验曲线,如附图 B.3.11 所示,并编写试验报告。

| | 静压试验记录表 | | 附表 B.3.11 |

线_____桥_____号试桩　　地质情况_____
沉桩方法及设备型号_____　　桩的类型、截面尺寸及长度_____
桩的入土深度_____(m)　设计荷载_____(kN)　最终贯入度_____(mm/击)
加载方法_____　　加载顺序_____

| 荷载编号 | 起止时间 | | | 间歇时间(min) | 每级荷载(kN) | 各表读数(mm) | | | 平均读数(mm) | 位移(mm) | | | 气温(℃) | 备注 |
|---|---|---|---|---|---|---|---|---|---|---|---|---|---|---|
| | 日 | 时 | 分 | | | 1号 | 2号 | 3号 | | 下沉 | 上拔 | 水平 | | |
| | | | | | | | | | | | | | | |
| | | | | | | | | | | | | | | |
| | | | | | | | | | | | | | | |
| | | | | | | | | | | | | | | |
| | | | | | | | | | | | | | | |

其他记录：

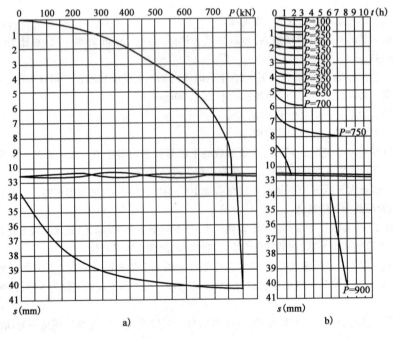

附图 B.3.11　静压试验曲线
a)$P\text{-}s$ 曲线；b)$s\text{-}t$ 曲线

**B.4　静拔试验**

B.4.1　试验目的：在个别桩基中设计承受拉力时，用以确定单桩抗拔容许承载力。

B.4.2　试验时间：一般可按复打规定的"休止"时间以后进行。对于钻（挖）孔灌注桩，须待灌注的混凝土强度达到设计要求的强度后才可进行。静拔试验也可在静压试验后进行。

B.4.3　加载装置：可采用油压千斤顶加载。千斤顶的反力装置一般采用两根锚桩和承载梁组成，试桩和承载梁用拉杆连接，将千斤顶置于两根锚桩之上，顶推承载梁，引起试桩上拔。试桩与锚桩间中心距离可按 B.3.4 条第 1 款确定。

B.4.4　加载方法：一般采用慢速维持荷载法进行。施加的静拔力必须作用于桩的中轴线。加载应均匀、无冲击。每级加载量不大于预计最大荷载的 1/10～1/15。

B.4.5 位移观测:按 B.3.7 条沉降观测规定办理。

B.4.6 稳定标准:位移量小于或等于 0.1mm/h,即可认为稳定。

B.4.7 加载终止:勘测设计阶段,总位移大于或等于 25mm,加载即可终止;施工阶段,加载不应大于设计容许抗拔荷载。

B.4.8 试验记录:所有试验观测数据应按附表 B.3.11 及时填写记录,并绘制如附图 B.3.11 所示曲线(代表拔出位移的纵坐标改为向上)。

B.5 静推试验

B.5.1 试验目的及试验方法:试验目的主要是确定桩的水平承载力、桩侧地基土水平抗力系数的比例系数。试验方法,对于承受反复水平荷载的基桩,采用多循环加卸载方法;对于承受长期水平荷载的基桩,采用单循环加载方法。

B.5.2 加载装置

1 一般采用两根单桩通过千斤顶相互顶推加载;或在两根锚桩间平放一根横梁,用千斤顶向试桩加载;有条件时可利用墩台或专设反力座以千斤顶向试桩加载。在千斤顶与试桩接触处宜安设一球形铰座,保证千斤顶作用力能水平通过桩身轴线。

2 加载反力结构的承载能力应为预估最大试验荷载的 1.3～1.5 倍,其作用方向的刚度不应小于试桩。反力结构与试桩之间净距按设计要求确定。

3 固定百分表的基准桩宜设在桩侧面靠位移的反方向,与试桩净距不小于试桩直径的 1 倍。

B.5.3 多循环加卸载试验法按下列规定进行:

1 加载分级:可按预计最大试验荷载的 1/10～1/15,一般可采用 5～10kN,过软的土可采用 2kN 级差。

2 加载程序与位移观测:各级荷载施加后,恒载 4min 测读水平位移,然后卸载至零,2min 后测读残余水平位移,至此完成一个加载循序,如此循环 5 次,便完成一级荷载的试验观测。加载时间应尽量缩短,测量位移间隔时间应严格准确,试验不得中途停歇。

3 加载终止条件:当出现下列情况之一时即可终止加载

(1)桩顶水平位移超过 20～30mm(软土取 40mm)。

(2)桩身已经断裂。

(3)桩侧地表明显裂纹或隆起。

B.5.4 多循环加卸载法的资料整理

单桩水平静推试验记录参照附表 B.5.4。

单桩水平静推试验记录    附表 B.5.4

试桩号:　　　　　　　　　上下表距:

| 荷载(kN) | 观测时间 d/h/min | 循环数 | 加载 | | 卸载 | | 水平位移(mm) | | 加载上下表读数差 | 转角 | 备注 |
|---|---|---|---|---|---|---|---|---|---|---|---|
| | | | 上表 | 下表 | 上表 | 下表 | 加载 | 卸载 | | | |
| | | | | | | | | | | | |
| | | | | | | | | | | | |
| | | | | | | | | | | | |
| | | | | | | | | | | | |
| | | | | | | | | | | | |

试验_____　　记录_____　　校核_____　　施工负责人_____

由试验记录绘制水平荷载—时间—桩顶位移关系曲线($H$-$t$-$x$ 曲线),见附图 B.5.4-1,水平荷载—位移梯度关系曲线($H$-$\Delta x/\Delta H$ 曲线),见附图 B.5.4-2。

当桩身具有应力量测资料时，尚应绘制应力沿桩身分布和水平力—最大弯矩截面钢筋应力关系曲线（$H$-$\sigma_g$ 曲线），见图 B.5.4-3。

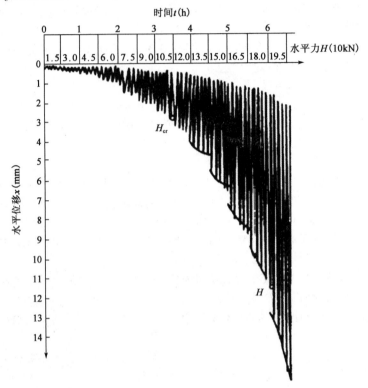

附图 B.5.4-1　$H$-$t$-$x$ 曲线

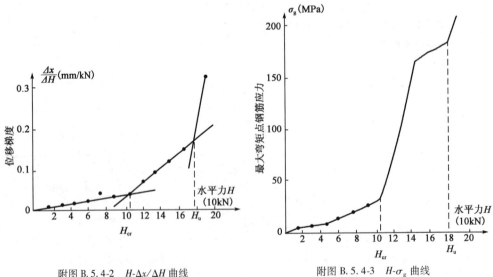

附图 B.5.4-2　$H$-$\Delta x/\Delta H$ 曲线　　　　附图 B.5.4-3　$H$-$\sigma_g$ 曲线

B.5.5　多循环加卸载临界荷载（$H_{cr}$）、极限荷载（$H_u$）及水平抗推容许承载力

1　临界荷载 $H_{cr}$：相当于桩身开裂，受拉混凝土不参加工作时的桩顶水平力，其数值可按下列方法综合确定：

（1）取 $H$-$t$-$x$ 曲线出现突变点的前一级荷载。

（2）取 $H$-$\Delta x/\Delta H$ 曲线的第一直线段的终点所对应的荷载。

（3）取 $H$-$\sigma_g$ 曲线第一突变点对应的荷载。

2 极限荷载 $H_u$:其数值可按下列方法综合确定。

(1)取 $H$-$t$-$x$ 曲线明显陡降的前一级荷载。

(2)取 $H$-$t$-$x$ 曲线各级荷载下水平位移包络线向下凹曲的前一级荷载。

(3)取 $h$-$\Delta x/h\Delta$ 曲线第二直线终点所对应的荷载。

(4)桩身断裂或钢筋应力达到流限的前一级荷载。

3 水平抗推容许荷载:为水平极限荷载除以设计规定的安全系数。

B.5.6 单循环加载试验法可按下列规定执行:

1 加载分级与多循环加卸载试验方法相同。

2 加载后测读位移量与静压试验测读的方法相同。

3 静推稳定标准:如位移量小于或等于 0.05mm/h 即可认为稳定。

4 终止加载条件:勘测设计阶段的试验,水平力作用点处位移大于或等于 50mm,加载即可终止;施工检验性试验,加载不应超过设计的容许荷载。

5 试验记录:所有试验观测数据应填写记录,并绘制如附图 B.3.11 所示曲线图。将水平位移量改为横坐标,荷载改为纵坐标。

【注意事项】

(1)加载装置要安全可靠,保证有足够的加载量,不能发生加载量达不到要求而中途停止试验的事故。

(2)设置基准点时应满足以下几个条件:基准点本身不变动,没有被接触或遭破损的危险,附近没有振源,不受直射阳光与风雨等干扰,不受试桩下沉的影响。

(3)当量测桩位移用的基准梁采用钢梁时,为保证测试精度需采取下述措施:基准梁的一端固定,另一端必须自由支承,防止基准梁受日光直接照射;基准梁附近不设照明及取暖炉,必要时基准梁可用聚苯乙烯等隔热材料包裹起来,以消除温度影响。

(4)测量仪器安装前应予校验,擦干润滑。

# 二、基桩静载试验 自平衡法(JT/T 738—2009)

## 基桩静载试验 自平衡法

1 范围

本标准规定了基桩自平衡法静载试验的试验原理、试验要求、试验方法、数据处理和检测报告等。

本标准适用于软土、黏性土、粉土、砂土、碎石土、岩层以及特殊性岩土中的钻孔灌注桩、人工挖孔桩、管桩的竖向抗压静载试验和竖向抗拔静载试验。其他深基础(沉井、地下连续墙等)的承载力测试可参照执行。

2 术语、定义和符号

2.1 术语和定义

下列术语和定义适用于本标准。

2.1.1

基桩 foundation pile

桩基础中的单桩。

2.1.2

自平衡法 self-balanced method

基桩静载试验的一种方法。将荷载箱置于桩身平衡点处,通过试验数据绘制上、下段桩的荷载—位移曲线,从而得到试桩的极限承载力。

2.1.3

平衡点 balanced point position

基桩桩身某一位置,其上段桩桩身自重及桩侧极限摩擦阻力之和与下段桩桩侧极限摩擦阻力及极限桩端阻力之和基本相等。

2.1.4

荷载箱 load cell

自平衡法试验中特制的加载装置,它主要由活塞、顶盖、底盖及箱壁四部分组成。

2.2 符号

下列符号适用于本标准。

$P$——单桩竖向极限承载力,kN;

$[P]$——单桩竖向容许承载力,kN;

$P_{uk}$——单桩竖向极限承载力标准值,kN;

$Q_{uu}$——上段桩的极限加载值,kN;

$Q_{lu}$——下段桩的极限加载值,kN;

$W$——荷载箱上部桩的自重,kN;

$\gamma$——修正系数;

$\lambda$——折减系数;

$s$——桩顶位移或荷载箱处向上或向下位移,mm;

$\sigma$——桩端土极限承载力,kPa;

$\tau$——桩侧摩擦阻力,kPa;

$Q_n$——桩端的轴力,kN;

$L$——上段桩长度,m;

$E_P$——桩身弹性模量,kPa;

$A_P$——桩身截面面积,m²;

$u$——桩身周长,m。

3 试验原理

自平衡试桩法是接近于竖向抗压(拔)桩的实际工作条件的试验方法。把一种特制的加载装置——荷载箱,预先放置在桩身指定位置,将荷载箱的高压油管和位移杆引到地面(平台)。由高压油泵在地面(平台)向荷载箱充油加载,荷载箱将力传递到桩身,其上部桩侧极限摩擦阻力及自重与下部桩侧极限摩擦阻力及极限桩端阻力相平衡来维持加载,从而获得桩的承载力。其测试原理见图1。

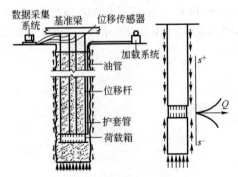

图1 基桩自平衡法静载试验示意图

4 试验要求

4.1 试桩数量

工程总桩数在50根以内时不宜少于2根,其他条件下不宜少于3根。

### 4.2 试桩位置

试桩位置应符合设计要求。设计无要求时,宜选择在有代表性地质的地方,并尽量靠近钻探孔或静力触探孔,其间距不宜大于5m。

### 4.3 试桩加载值

4.3.1 为设计提供依据的试桩,应加载至破坏。最大双向加载值可取按地质报告计算的单桩极限承载力的1.2~1.5倍。

4.3.2 对工程桩抽样检测时,最大双向加载值不应小于设计要求的单桩极限承载力。

### 4.4 工程桩试验

若在工程桩上进行试验,试验完后应在荷载箱处进行高压注浆,确保桩基安全。

### 4.5 检测机构、人员及检测程序和要求

检测机构、人员及检测程序和要求应符合附录A的要求。

## 5 试验方法

### 5.1 仪器设备

#### 5.1.1 荷载箱

荷载箱的生产和标定应遵守以下规定:

a) 组成荷载箱的千斤顶应经法定检测单位标定。荷载箱出厂前应试压,试压值不得小于额定加载值,且应维持2h以上。

b) 荷载箱额定加载值对应的油压值不宜大于45MPa,最大单向加载值对应的油压值不宜大于55MPa。

c) 荷载箱在工厂试压和现场试验应采用同一型号的油压表。

d) 荷载采用联于荷载箱的油压表测定油压,根据荷载箱率定曲线换算荷载。

e) 油压表应经法定计量部门标定,且在规定的有效期内使用。

#### 5.1.2 位移传感器

5.1.2.1 位移传感器一般采用电子百分表或电子千分表,分辨率优于或等于0.01mm。

5.1.2.2 每根试桩应布置两组(每组两个,对称布置)位移传感器,分别用于测定荷载箱处的向上、向下位移。桩径较大时应增加传感器数量。

5.1.2.3 每根试桩桩顶应布置一组位移传感器,用来测定桩顶位移。

5.1.2.4 固定和支承位移传感器的夹具和基准梁在构造上应确保不受气温、振动及其他外界因素的影响,以防止发生竖向变位。

5.1.2.5 位移传感器应经法定计量部门标定,且在规定的有效期内使用。

#### 5.1.3 钢筋计

5.1.3.1 钢筋计用于测试桩身内力,并由桩身内力推算各土层的抗压或抗拔侧摩擦阻力。常用的钢筋计有钢弦式和应变式两种。

5.1.3.2 钢筋计宜放在两种不同土层的界面处,距桩底、桩顶和荷载箱的距离不宜小于1倍桩径。同一断面处可对称设置2~4个。

5.1.3.3 钢弦式钢筋计的直径应与主筋相同,宜焊接在主筋上。

5.1.3.4 应变式钢筋计(包括其连接电缆)应有可靠的防潮绝缘保护措施。

#### 5.1.4 数据采集系统

数据采集系统包含数据采集仪、计算机、稳压电源、不间断电源等。

### 5.2 设备安装

#### 5.2.1 荷载箱的埋设位置

5.2.1.1 极限桩端阻力小于桩侧极限摩擦阻力时,荷载箱置于平衡点处,使上、下段桩的极限承载力基本相等,以维持加载。

5.2.1.2 极限桩端阻力大于桩侧极限摩擦阻力时,荷载箱置于桩端,根据桩的长径比、地质情况采取以下措施:

a)桩顶提供一定量的配重。

b)用小直径桩模拟,先测出极限桩端承载力,再根据实际尺寸换算总的桩端阻力值。

5.2.1.3 试桩为抗拔桩时,荷载箱直接置于桩端。

5.2.1.4 有特殊需要时,可采用双荷载箱或多荷载箱,以分别测试桩的极限桩端阻力和各段桩的极限侧摩擦阻力。荷载箱的埋设位置则根据特殊需要确定。

5.2.2 荷载箱的连接

5.2.2.1 荷载箱应平放于桩的中心,其位移方向与桩身轴线夹角不应大于5°。

5.2.2.2 对于灌注桩,荷载箱的上下板分别与上下钢筋笼的钢筋焊接。钢筋笼之间设置喇叭筋,喇叭筋的一端与主筋焊接,一端焊在环形荷载箱板内圆边缘处,其数量和直径同主筋。喇叭筋与荷载箱的夹角应大于60°。

5.2.2.3 对于管桩,采用荷载箱与土、下段桩焊接。

5.2.3 位移杆与护套管

5.2.3.1 位移杆把荷载箱处的位移传递到地面(平台),应具有一定的刚度。桩长小于或等于40m,可用直径25~30mm的钢管作为位移杆;桩长大于40m,则宜用位移钢丝代替位移杆。

5.2.3.2 保护位移杆的护套管,应与荷载箱顶盖焊接,焊缝应满足强度要求,并确保护套管不渗漏水泥浆。

5.2.3.3 在保证位移传递达到足够精度的前提下,也可采用其他形式的位移传递系统。

5.2.4 基准桩和基准梁

5.2.4.1 基准桩与试桩之间的中心距离应大于或等于3倍试桩直径或不小于4.0m;基准桩应具有充分的稳定性,打入地面或河(海)床面以下足够的深度,陆上一般不小于1m。

5.2.4.2 基准桩和基准梁都应有一定的刚度。基准梁的截面高度不应小于其跨度的1/40,基准桩的线刚度不应小于基准梁线刚度的3倍。

5.2.4.3 基准梁的一端应固定在基准桩上,另一端应简支在基准桩上(能沿其轴线方向自由移动)。

5.3 现场检测

5.3.1 加卸载

5.3.1.1 加载应分级进行。每级加载量为预估最大加载量的1/10~1/15。当桩端为巨粒土、粗粒土或坚硬黏质土时,第一级可按两倍分级荷载加载。

5.3.1.2 卸载也应分级进行。每级卸载量为2~3个加载级的荷载值。

5.3.1.3 加卸载应均匀连续,每级荷载在维持过程中的变化幅度不得超过分级荷载的10%。

5.3.2 位移观测和稳定标准

5.3.2.1 位移观测

采用慢速维持荷载法。每级加(卸)载后第1h内应在第5min、10min、15min、30min、45min、60min测读位移,以后每隔30min测读一次,达到相对稳定后方可加(卸)下一级荷载。卸载到零后应至少观测2h,测读时间间隔同加载。

5.3.2.2 稳定标准

每级加(卸)载的向上、向下位移量在下列时间内均不大于0.1mm:

a)桩端为巨粒土、粗粒土或坚硬黏质土,最后30min。

b)桩端为半坚硬黏质土或细粒土,最后1h。

5.3.3 终止加载条件及极限加载值

5.3.3.1 向上、向下两个方向应分别判定和取值,平衡状态下两个方向都达到终止加载条件再终止加载。

5.3.3.2 每个方向的加载终止条件和相应的极限加载值的取值按以下规定：

a) 总位移量大于或等于40mm,且本级荷载的位移量大于或等于前一级荷载的位移量的5倍时,加载即可终止。取此终止时荷载小一级的荷载为极限加载值。

b) 总位移量大于或等于40mm,且本级荷载加上24h后未达稳定,加载即可终止。取此终止时荷载小一级的荷载为极限加载值。

c) 巨粒土、密实砂类土以及坚硬的黏质土中,总位移量小于40mm,但荷载已大于或等于设计荷载乘以设计规定的安全系数,加载即可终止。取此时的荷载为极限加载值。

d) 施工过程中的检验性试验,一般加载应继续到桩两倍的设计荷载为止。如果桩的总位移量不超过40mm,以及最后一级加载引起的位移不超过前一级加载引起的位移的5倍,则该桩可予以检验。

e) 极限荷载难以确定时,应绘制荷载—位移曲线($Q$-$s$曲线)、位移—时间曲线($s$-$t$曲线)确定,必要时还应绘制$s$-$\lg t$曲线、$s$-$\lg Q$曲线(单对数法)、$s$-$[1-Q/Q_{max}]$曲线(百分率法)等综合比较,确定比较合理的极限荷载取值。

## 6 数据处理

### 6.1 数据图表

#### 6.1.1 原始数据记录表和汇总表

将实测的原始数据编制成表,格式见表1和表2。一般由数据采集软件根据采集的检测数据自动编制。

**单桩竖向静载试验记录表** 表1

| 试桩编号 | | 试桩类型 | | 桩径(mm) | | | | 桩长(m) | | | |
|---|---|---|---|---|---|---|---|---|---|---|---|
| 桩端持力层 | | 成桩日期 | | 测试日期 | | | | 加载方法 | | | |
| 荷载编号 | 荷载值(kN) | 记录时间(d h min) | 间隔(min) | 各表读数(mm) | | | | | | 位移(mm) | | 温度(℃) |
| | | | | 1 | 2 | 3 | 4 | 5 | 6 | 下沉 | 上拔 | 桩顶 |
| | | | | | | | | | | | | |
| | | | | | | | | | | | | |

试验: 　　　　　　　　资料整理: 　　　　　　　　校核:

**单桩竖向静载试验结果汇总表** 表2

| 试桩名称 | | | 工程地点 | | |
|---|---|---|---|---|---|
| 建设单位 | | | 施工单位 | | |
| 桩型 | | 桩径(mm) | | 桩长(m) | 桩顶高程(m) |
| 成桩日期 | | 测试日期 | | 加载方法 | |

| 荷载编号 | 加载值(kN) | 加载历时(min) | | 向上位移(mm) | | 向下位移(mm) | | 桩顶位移(mm) | |
|---|---|---|---|---|---|---|---|---|---|
| | | 本级 | 累计 | 本级 | 累计 | 本级 | 累计 | 本级 | 累计 |
| | | | | | | | | | |
| | | | | | | | | | |

试验: 　　　　　　　　资料整理: 　　　　　　　　校核:

#### 6.1.2 相关曲线

根据实测的原始数据绘制 $Q\text{-}s$、$s\text{-}\lg t$、$s\text{-}\lg Q$ 等曲线。一般由数据采集仪器根据采集的检测数据自动绘制。

#### 6.1.3 等效转换曲线

将自平衡法测得的上下两段 $Q\text{-}s$ 曲线,等效转换为常规方法桩顶加载的一条 $P\text{-}s$ 曲线,转换方法见附录 B。

#### 6.1.4 桩身轴力图和各岩土层摩擦阻力图

当进行分层摩擦阻力测试时,还应绘制各级荷载下桩身轴力变化曲线及各岩土层相应的侧摩擦阻力图。

### 6.2 承载力确定

#### 6.2.1 试桩的极限承载力

根据试桩的加载极限值,可按下式确定试桩 $i$ 的极限承载力:

a) 抗压

$$P_{ui} = \frac{Q_{uui} - W_i}{\gamma_i} + Q_{lui} \tag{1}$$

b) 抗拔

$$P_{ui} = Q_{uui} \tag{2}$$

式中:$P_{ui}$——试桩 $i$ 的单桩极限承载力,kN;

$Q_{uui}$——试桩 $i$ 上段桩的加载极限值,kN;

$Q_{lui}$——试桩 $i$ 下段桩的加载极限值,kN;

$W_i$——试桩 $i$ 荷载箱上部桩自重,单位为千牛(kN),若荷载箱处于透水层,取浮自重;

$\gamma_i$——试桩 $i$ 的修正系数,根据荷载箱上部土的类型确定:黏性土、粉土 $\gamma_i = 0.8$,砂土 $\gamma_i = 0.7$,岩石 $\gamma_i = 1$,若上部有不同类型的土层,$\gamma_i$ 取加权平均值。

#### 6.2.2 单桩竖向极限承载力标准值

单桩竖向极限承载力标准值应根据试桩位置、实际地质条件、施工情况等综合确定。当各试桩条件基本相同时,单桩竖向极限承载力标准值可按下列步骤与方法确定:

a) 计算试桩极限承载力平均值。

$$P_{um} = \frac{1}{n}\sum_{i=1}^{n} P_{ui} \tag{3}$$

b) 计算试桩 $i$ 的极限承载力与平均值之比。

$$\alpha_i = \frac{P_{ui}}{P_{um}} \tag{4}$$

下标 $i$ 根据 $Q_{ui}$ 值由小到大的顺序确定。

c) 计算 $\alpha_i$ 的标准差 $S_n$。

$$S_n = \sqrt{\sum_{i=1}^{n}\frac{(\alpha_i - 1)^2}{(n-1)}} \tag{5}$$

d) 确定单桩竖向极限承载力标准值 $P_{uk}$。

当 $S_n \leqslant 0.15$ 时,$P_{uk} = P_{um}$;

当 $S_n > 0.15$ 时,$P_{uk} = \lambda P_{um}$。

#### 6.2.3 折减系数 $\lambda$

a) 试桩数 $n = 2$ 时,$\lambda$ 按表 3 确定。

**折减系数 $\lambda$（$n=2$）**　　　　　　　　　　　　　　　　　表3

| $\alpha_2-\alpha_1$ | 0.21 | 0.24 | 0.27 | 0.3 | 0.33 | 0.36 | 0.39 | 0.42 | 0.45 | 0.48 | 0.51 |
|---|---|---|---|---|---|---|---|---|---|---|---|
| $\lambda$ | 1 | 0.99 | 0.97 | 0.96 | 0.94 | 0.93 | 0.91 | 0.9 | 0.88 | 0.87 | 0.85 |

b）试桩数 $n=3$ 时，$\lambda$ 按表4确定。

**折减系数 $\lambda$（$n=3$）**　　　　　　　　　　　　　　　　　表4

| $\alpha_2$ | $\alpha_3-\alpha_1$ | | | | | | | |
|---|---|---|---|---|---|---|---|---|
| | 0.30 | 0.33 | 0.36 | 0.39 | 0.42 | 0.45 | 0.48 | 0.51 |
| 0.84 | — | — | — | — | — | — | 0.93 | 0.92 |
| 0.92 | 0.99 | 0.98 | 0.98 | 0.97 | 0.96 | 0.95 | 0.94 | 0.93 |
| 1.00 | 1.00 | 0.99 | 0.98 | 0.97 | 0.96 | 0.95 | 0.93 | 0.92 |
| 1.08 | 0.98 | 0.97 | 0.95 | 0.94 | 0.93 | 0.91 | 0.90 | 0.88 |
| 1.16 | — | — | — | — | — | — | 0.86 | 0.84 |

c）试桩数 $n\geq 4$ 时，按下式计算：

$$A_0+A_1\lambda+A_2\lambda^2+A_3\lambda^3+A_4\lambda^4=0 \tag{6}$$

其中：

$$A_0=\sum_{i=1}^{n-m}\alpha_i^2+\frac{1}{m}\left(\sum_{i=1}^{n-m}\alpha_i\right)^2 \tag{7}$$

$$A_1=-\frac{2n}{m}\sum_{i=1}^{n-m}\alpha_i \tag{8}$$

$$A_2=0.127-1.127n+\frac{n^2}{m} \tag{9}$$

$$A_3=0.147\times(n-1) \tag{10}$$

$$A_4=-0.042\times(n-1) \tag{11}$$

取 $m=1,2,\cdots,n$，满足式（6）的 $\lambda$ 值即为所求。

**6.2.4** 单桩竖向极限承载力容许值

$$[P_k]=\frac{P_{ak}}{2} \tag{12}$$

# 7 检测报告

检测报告应包含以下内容：

a）工程名称、地点、建设、勘察、设计、监理和施工单位，检测目的、依据、数量和检测日期。

b）地质条件描述，土的力学指标，试桩平面位置图和相应的地质剖面图或柱状图。

c）试桩的施工记录。

d）检测方法、检测仪器设备和检测过程描述。

e）原始数据记录表、汇总表和相应的 $Q$-$s$、$s$-$\lg t$、$s$-$\lg Q$ 等曲线；转换为桩顶加载的等效转换数据表和等效转换 $P$-$s$ 曲线；若布置桩身应力传感器，还应绘制桩身内力图和各岩土层摩擦阻力图。

f）与检测内容相应的检测结论。

# 附 录 A
# 检测机构、人员及检测程序和要求

A.1 检测机构和人员

A.1.1 检测机构

检测机构应具有基桩静载试验的资质,并通过省级及以上计量行政主管部门的计量认证。

A.1.2 人员

从事基桩静载试验自平衡法的检测人员,除具有一般基桩检测上岗证外,还应经过基桩静载试验自平衡法的培训,且考核合格。

A.2 检测程序和要求

A.2.1 检测方案应包含以下内容:

a) 工程概况,地质条件(各岩土层与桩基有关的参数、各试桩位置的地质剖面图或柱状图),试验目的、要求及依据。

b) 每桩荷载箱的个数(一般一个,有特殊要求时可两个或多个)、位置和最大加载值。

c) 试桩的施工要求和需施工单位配合的机械、人工等。

d) 安全措施和质保体系。

e) 试验周期和进度。

A.2.2 检测开始时间应同时符合下列规定:

a) 混凝土强度达到设计强度的70%以上或按该强度算得的桩身承载力大于单向最大加载值的1.5倍。

b) 检测前土体的休止时间达到:砂土7d,粉土10d,非饱和黏土15d,饱和黏土25d。

# 附 录 B
# 等效转换方法

B.1 等效转换方法

本方法适用于单荷载箱,对于多荷载箱可参照单荷载箱的方法分段进行转换。

将自平衡法获得的向上、向下两条 $Q$-$s$ 曲线等效转换为相应传统静载试验的一条 $P$-$s$ 曲线,以确定桩顶位移,见图 B.1。

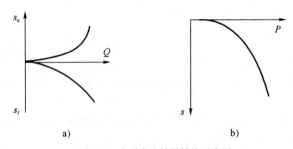

图 B.1 自平衡法结果转换示意图
a) 自平衡法曲线;b) 等效转换曲线

B.2 转换假定

B.2.1 桩为弹性体。

B.2.2 等效的试桩分为上、下段桩,分界截面即为自平衡桩的平衡点 a 截面。

B.2.3 自平衡法的下段桩与等效受压桩下段的位移相等,即 $s_a = s_l$。

B.2.4 自平衡法中,桩端的承载力—位移量关系及不同深度的桩侧摩擦阻力—变位量关系与传统试验法是相同的。

B.2.5 桩上段的桩身压缩量 $\Delta s$ 为荷载箱下段荷载及上段荷载引起的上段桩的弹性压缩变形之和,即:

$$\Delta s = \Delta s_1 + \Delta s_2 \tag{B.1}$$

式中:$\Delta s_1$——受压桩上段在荷载箱下段力作用下产生的弹性压缩变形量;

$\Delta s_2$——受压桩上段在荷载箱上段力作用下产生的弹性压缩变形量。

B.2.6 计算上段桩弹性压缩变形量 $\Delta s_2$ 时,侧摩擦阻力使用平均值 $q_{sm}$。

B.2.7 可由单元上下两面的轴向力和平均断面刚度来求各单元应变。

### B.3 桩身无轴力实测值

B.3.1 根据假定 B.2.5 和 B.2.6:

$$\Delta s_1 = \frac{Q_1 L}{E_p A_p} \tag{B.2}$$

$$\Delta s_2 = \frac{(Q_u - W)L}{2 E_p A_p \gamma} \tag{B.3}$$

式中:$Q_1$——荷载箱向下荷载,kN,可直接测定;

$Q_u$——对应于自平衡法 $Q_u$-$s_u$ 曲线中上段桩位移绝对值等于 $s_u$ 时的上段桩荷载,kN;

$L$——上段桩长度,m;

$E_p$——桩身弹性模量,kPa;

$A_p$——桩身截面面积,m²;

$W$——试桩 $i$ 荷载箱上部桩自重,kN;

$\gamma$——修正系数,根据荷载箱上部土的类型确定:黏性土、粉土 $\gamma = 0.8$,砂土 $\gamma = 0.7$,岩石 = 1;若上部有不同类型的土层,$\gamma$ 取加权平均值。

$Q_u$ 的取值对于自平衡法而言,每一加载等级由荷载箱产生的向上、向下的力是相等的,但所产生的位移量是不相等的。因此,$Q_u$ 应该是对应于自平衡法 $Q_u$-$s_u$ 曲线中上段桩位移绝对值等于 $s_l$ 时的上段桩荷载,亦即在自平衡法向上的 $Q_u$-$s_u$ 曲线上使 $s_u = s_l$ 时所对应的荷载。

B.3.2 将式(B.2)、式(B.3)代入式(B.1),可得桩身的弹性压缩量为:

$$\Delta s = \Delta s_1 + \Delta s_2 = \frac{\left[\dfrac{(Q_u - W)}{\gamma} + 2Q_1\right]L}{2 E_p A_p} \tag{B.4}$$

桩顶等效荷载为:

$$P = \frac{(Q_u - W)}{\gamma} + Q_1 \tag{B.5}$$

根据假定 B.2.3,与等效桩顶荷载 $P$ 对应的桩顶位移 $s$ 为:

$$s = s_1 + \Delta s \tag{B.6}$$

式中:$s_1$——荷载箱向下位移,可直接测定。

### B.4 桩身轴向力实测值

B.4.1 根据假定 B.2.7,将荷载箱以上部分分割成 $n$ 个单元,任意一单元 $i$ 的桩轴向力 $Q(i)$ 和变位量 $s(i)$ 可用下式表示(示意图见图 B.2):

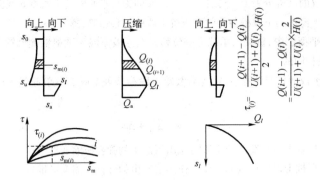

图 B.2 自平衡法的轴向力、桩侧摩擦阻力与变位量的关系

$s_0$-桩头变位;$s_u$、$s_l$-荷载箱变位量;$s_a$-桩端变位量;$Q_l$-荷载箱荷载;$Q_a$-桩端力

$$Q(i) = Q_j + \sum_{m=i}^{n} \tau(m)\{U(m) + U(m+1)\}h(m)/2 \quad (B.7)$$

$$s(i) = s_j + \sum_{m=i}^{n} \frac{Q(m) + Q(m+1)}{A_p(m)E_p(m) + A_p(m+1)E_p(m+1)}h(m)$$

$$= s(i+1) + \frac{Q(i) + Q(i+1)}{A_p(i)E_p(i) + A_p(i+1)E_p(i+1)}h(i) \quad (B.8)$$

式中:$Q_j$——$i=n+1$点(荷载箱深度)桩的轴向力(荷载箱荷载),kN;

$s_j$——$i=n+1$点桩向下的变位量,m;

$\tau_m$——$m$点($i \sim n$之间的点)的桩侧摩擦阻力(假定向上为正值),kPa;

$U(m)$——$m$点处桩周长,m;

$A_p(m)$——$m$点处桩截面面积,$m^2$;

$E_p(m)$——$m$点处桩弹性模量,kPa;

$h(m)$——分割单元$m$的长度,m。

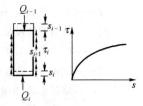

图 B.3 转换单元示意图

B.4.2 单元$i$(图B.3)的中点变位量$s_m(i)$可用下式表示:

$$s_m(i) = s(i+1) + \frac{Q(i) + 3Q(i+1)}{A_p(i)E_p(i) + 3A_p(i+1)E_p(i+1)} \times \frac{h(i)}{2} \quad (B.9)$$

将式(B.6)代入式(B.7)和式(B.8)中,可得:

$$s(i) = s(i+1) + \frac{h(i)}{A_p(i)E_p(i) + A_p(i+1)E_p(i+1)}\{2Q_j + \sum_{m=i+1}^{n}\tau(m)[U(m) +$$

$$U(m+1)]h(m) + \tau(i)[U(i) + U(i+1)]\frac{h(i)}{2}\} \quad (B.10)$$

$$s_m(i) = s(i+1) + \frac{h(i)}{A_p(i)E_p(i) + 3A_p(i+1)E_p(i+1)}\{2Q_j + \sum_{m=i+1}^{n}\tau(m)[U(m) +$$

$$U(m+1)]h(m) + \tau(i)[U(i) + U(i+1)]\frac{h(i)}{4}\} \quad (B.11)$$

当$i = n$时,则:

$$s(n)=s_j+\frac{h(n)}{A_p(n)E_p(n)+A_p(n+1)E_p(n+1)}\{2Q_j+\tau(n)[U(n)+$$

$$U(n+1)]\frac{h(n)}{2}\} \tag{B.12}$$

$$s_m(n)=s_j+\frac{h(n)}{A_p(n)E_p(n)+3A_p(n+1)E_p(n+1)}\{2Q_j+\tau(n)[U(n)+$$

$$U(n+1)]\frac{h(n)}{4}\} \tag{B.13}$$

用以上公式,由自平衡法测试出的桩侧摩擦阻力$\tau(i)$与变位量$s_m(i)$的关系曲线,可将$\tau(i)$作为$s_m(i)$的函数,对于任意$s_m(i)$,可求出$\tau(i)$,还可由荷载箱荷载$Q_j$与位移量$s_j$的关系曲线求出$Q_j$。所以,对于$s(i)$和$s_m(i)$的$2n$个未知数,可建立$2n$个联立方程式。当荷载还没有传到荷载箱处时,直接采用荷载箱上段曲线$Q^+$-$s^+$进行转换。

### 三、高应变动力检测法(JTG/T F81-01—2004)

随着我国基本建设事业的飞速发展,桩基工程日益增多,桩的检测工作量很大。传统的静载试验方法,由于其费用高、时间长,通常检测数量只能达到总桩数的1%左右;而且随着桩径桩长的增大,静载试验从其实施规模、消耗资金和需要时间来看,均已到了难以接受的程度。而高应变动力检测法以其技术相对先进、操作较为简便、占用时间较短、所需费用较低等优点,近年来得到了广泛的推广和应用。

(一)适用范围

(1)本方法适用于检测混凝土灌注桩、预制桩和钢桩的单桩轴向抗压极限承载力和桩身完整性;监测混凝土预制桩和钢桩打入时桩身应力和锤击能量传递比,为选择沉桩工艺参数及桩长选择提供依据。

(2)进行单桩的轴向抗压极限承载力检测应具有相同条件下的动静试验对比资料和现场工程实践经验。

(3)超长桩、大直径扩底桩和嵌岩桩不宜采用本方法进行单桩的轴向抗压极限承载力检测。

(二)检测仪器与设备

(1)检测系统包括信号采集及分析仪、传感器、激振设备和贯入度测量仪等(图13-6)。

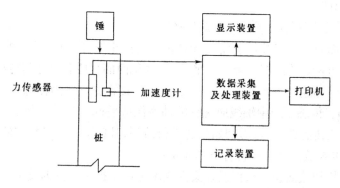

图13-6 仪器设备装置框图

(2)信号采集器和传感器的性能应符合下列规定:

①信号采样点数不应少于1 024点,采样间隔宜取100~200μs。当用曲线拟合法推算被检桩的极限承载力时,信号记录长度应确保桩端反射后不小于20ms或达到$5L/c$。

②信号采集器的采样频率应可调,其模—数转换精度不应低于12bit,通道之间的相位差不应大于50μs。

③力信号宜采用工具式应变传感器测量,其安装谐振频率应大于2kHz,在1 000με范围内的非线性误差不应大于±1%。

④速度信号宜采用压电式加速度传感器测量,其安装谐振频率应大于10kHz,且在1~3 000Hz范围内灵敏度变化不大于±5%,在冲击加速度量程范围内非线性误差不大于±5%。

⑤传感器的灵敏度系数应计量检定。

(3)激振宜采用由铸铁或铸钢整体制作的自由落锤。锤体应材质均匀、形状对称、底面平整,高径比不得小于1。

(4)检测单桩轴向抗压承载力时,激振锤的重量不得小于基桩极限承载力的1.2%。

(5)桩的贯入度应采用精密仪器测定。

(三)现场检测技术

(1)检测混凝土预制桩和钢桩的极限承载力的最短休止期应满足下列条件:砂土7d,粉土10d,非饱和黏性土15d,饱和黏性土25d。

(2)检测混凝土灌注桩的极限承载力时,其桩身混凝土强度等级应达到设计要求,且应满足上述规定的最短休止期。

(3)检测前的桩头处理应符合下列规定:

①桩顶面应平整,桩头高度应满足安装锤击装置和传感器的要求,锤重心应与桩顶对中。
②加固处理桩头时应满足下列要求:

a. 新接桩头顶面应平整且垂直于被检桩轴线,侧面应平直,截面积应与被检桩相同,所用混凝土的强度应高于被检桩的强度;

b. 被检桩主筋应全部接至新接桩头内,并设置间距不大于150mm的箍筋及上下间距不应大于120mm的2~3层钢筋网片。

(4)检测时在桩顶面应铺设锤垫。锤垫宜由10~30mm厚的木板或胶合板等匀质材料制作,垫面略大于桩顶面积。

(5)传感器的安装应符合下列规定(图13-7):

①桩顶下两侧面应对称安装加速度传感器和应变传感器各1只,其与桩顶的距离不应小于1.5倍的桩径或边长。传感器安装面应平整,所在截面的材质和尺寸与被检桩相同。

②应变传感器与加速度传感器的中心应位于同一水平线上,同侧两种传感器间的水平距离不宜大于100mm。传感器的中轴线应与桩的轴线保持平行。

③在安装应变式传感器时,应对初始应变进行监测,其值不得超过规定的限值。

(6)被检桩基本参数的设定应符合下列规定:

①测点以下桩长和截面积可根据设计文件或施工记录提供的数据设定。
②桩身材料质量密度$\rho$宜按表13-9取值。

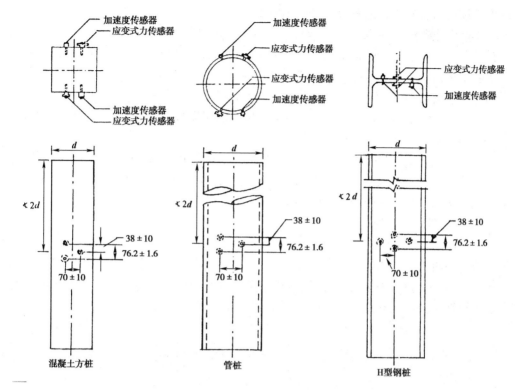

图 13-7 测点处传感器安装(尺寸单位:mm)

**桩身材料质量密度 $\rho$ (kg/m³)**　　　　表 13-9

| 混凝土灌注桩 | 混凝土预制桩 | 预应力混凝土管桩 | 钢　桩 |
| --- | --- | --- | --- |
| 2 400 | 2 450~2 500 | 2 550~2 600 | 7 850 |

③桩身平均波速可结合本地经验或按同场地同类型已检桩的平均波速初步设定,现场检测完成后应根据实测结果予以调整。

④传感器安装位置处的桩身截面面积应按实际直径或边长计算确定,波速的设定宜综合考虑材料的设计强度和龄期的影响。

⑤桩身材料的弹性模量应按下式计算:

$$E = \rho \cdot c^2 \tag{13-7}$$

式中:$E$——桩材弹性模量,MPa;

　　$c$——桩身内应力波传播速度,m/s;

　　$\rho$——桩材质量密度,kg/m³。

(7)激振应符合下列要求:

①采用自由落锤为激振设备时,宜重锤低击,锤的最大落距不宜大于2.0m。

②对于斜桩,应采用相应的打桩机械或类似装置沿桩轴线激振。

③实测桩的单击贯入度应确认与所采集的振动信号相对应。用于推算桩的极限承载力时,桩的单击贯入度不得低于2mm且不宜大于6mm。

④检测桩的极限承载力时,锤击次数宜为2~3击。

(8)检测桩身完整性和承载力时,应及时分析实测信号质量、桩顶最大锤击力和动位移、贯入度以及桩身最大拉(压)应力、桩身缺陷程度及其发展情况等,并由此综合判定本次采集信号的有效性。每根被检桩的有效信号数不应少于 2 组。

(9) 出现下列情况之一时，采集的信号不得作为有效信号：

①传感器安装处混凝土开裂或出现严重的塑性变形，使力信号最终未归零。

②信号采集后发现传感器已有松动或损坏现象。

③锤击严重偏心，一侧力信号呈现严重的受拉特征。

(10) 试打桩用于评价其承载力时，应按桩端进入的土层逐一进行测试；当持力层较厚时，应在同一土层中进行多次测试。

(11) 桩身锤击应力监测应包括桩身最大锤击拉应力和最大锤击压应力两部分。桩身锤击拉应力宜在预计桩端进入软土层或桩端穿过硬土层进入软夹层时测试；桩身锤击压应力宜在桩端进入硬土层或桩侧土阻力较大时测试。

(四) 检测数据分析与判定

(1) 锤击信号选取与调整应符合下列规定：

①分析被检桩的承载力时，宜在第一和第二击实测有效信号中选取能量和贯入度较大者。

②桩身波速平均值可根据已知桩长、力和速度信号上的桩端反射波时间或下行波上升沿的起点到上行波下降沿的起点之间的时差确定 (图 13-8)。

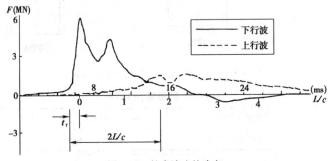

图 13-8 桩身波速的确定
$F$-锤击力；$L$-测点下桩长；$c$-桩身波速

③传感器安装位置处原设定波速可不随调整后的桩身平均波速而改变。确有合理原因需作调整时，应对传感器安装处桩身的弹性模量按式 (13-7) 重新设置，且应对原实测力信号进行修正。

④力和振动速度信号的上升沿重合性差时，应分析原因，不得随意调整。

(2) 推算被检桩的极限承载力前，应结合工程地质条件和设计参数，利用实测信号特征对桩的荷载传递性状、桩身缺陷程度和位置及连续锤击时缺陷的逐渐扩大或闭合情况进行定性判别。

(3) 采用实测曲线拟合法推算被检桩的极限承载力应符合下列规定：

①采用的桩和土的力学模型应能分别反映被检桩和地基土的物理力学性状；在各计算单元中，所用土的弹性极限位移不应超过相应桩单元的最大计算位移。

②曲线拟合时间段长度在 $t_1 + 2L/c$ 后的延续时间不应小于 20ms 或 $3L/c$ 中的较大值。

③分析所用的模型参数应在岩土工程的合理范围内，可根据工程地质和施工工艺条件进行桩身阻抗变化或裂隙拟合。

④拟合曲线应与实测曲线基本吻合，贯入度的计算值应与实测值基本一致，且整体曲线的拟合质量系数宜控制在合适的范围之内。

(4)采用凯司法推算单桩的极限承载力时,应符合下列规定:
①只适用于桩侧和桩端土阻力均已充分发挥的摩擦型桩。
②用于混凝土灌注桩时,桩身材质、截面应基本均匀。
③单桩轴向抗压极限承载力可按下列公式计算:

$$Q_{uc} = \frac{1}{2}\left\{(1-J_c)\left[F(t_1) + Z \cdot V(t_1)\right] + (1+J_c)\left[F\left(t_1 + \frac{2L}{c}\right) - Z \cdot V\left(t_1 + \frac{2L}{c}\right)\right]\right\} \tag{13-8}$$

$$Z = A \cdot \frac{E}{c} \tag{13-9}$$

式中:$Q_{uc}$——单桩轴向抗压极限承载力,kN;
　　　$J_c$——凯司法阻尼系数;
　　　$t_1$——速度信号第一峰对应的时刻,ms;
　　$F(t_1)$——$t_1$时刻的锤击力,kN;
　　$V(t_1)$——$t_1$时刻的振动速度,m/s;
　　　$Z$——桩身截面力学阻抗,kN·s/m;
　　　$E$——桩身材料弹性模量,kPa;
　　　$A$——桩身截面面积,m²;
　　　$c$——桩身波速,m/s;
　　　$L$——测点以下桩长,m。

④$J_c$应根据基本相同条件下桩的动-静载对比试验结果确定,或由不少于50%被检桩的曲线拟合结果推算,但当其极差相对于平均值大于30%时不得使用。

(5)对于等截面桩,测点下第一个缺陷可根据桩身完整性系数$\beta$值按表13-10判定。

桩身完整性判定　　　　　　　　　表13-10

| 类　别 | $\beta$ 值 | 类　别 | $\beta$ 值 |
|---|---|---|---|
| Ⅰ | $0.95 < \beta \leq 1.0$ | Ⅲ | $0.60 \leq \beta < 0.80$ |
| Ⅱ | $0.80 \leq \beta \leq 0.95$ | Ⅳ | $\beta < 0.60$ |

①桩顶下第一个缺陷的结构完整性系数$\beta$值可按下式计算:

$$\beta = \frac{\dfrac{[F(t_1) + Z \cdot V(t_1)]}{2} - \Delta R + \dfrac{[F(t_x) + Z \cdot V(t_x)]}{2}}{\dfrac{[F(t_1) + Z \cdot V(t_1)]}{2} - \dfrac{[F(t_x) + Z \cdot V(t_x)]}{2}} \tag{13-10}$$

式中:$\beta$——桩身结构完整性系数;
　　　$t_1$——速度第一峰所对应的时刻,ms;
　　　$t_x$——缺陷反射峰所对应的时刻,ms;
　　$\Delta R$——缺陷以上部位土阻力的估计值,等于缺陷反射起始点的锤击力与速度乘以桩身截面力学阻抗之差值,取值方法见图13-9。

②桩身缺陷位置可按下式计算:

$$x = \frac{c \cdot (t_x - t_1)}{2\,000} \tag{13-11}$$

式中：$x$——测点至桩身缺陷之间的距离，m；
$t_x$——速度信号第一峰对应的时刻，ms；
$t_1$——缺陷反射峰对应的时刻，ms。

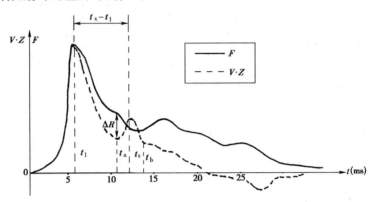

图 13-9 桩身结构完整性系数计算

(6)出现下列情况之一时，应按工程地质和施工工艺条件，采用实测曲线拟合法或其他检测方法综合判定桩身完整性：

①桩身有扩径、截面渐变或多变的混凝土灌注桩。

②桩身存在多处缺陷的桩。

③力和速度曲线在上升沿或峰值附近出现异常，桩身浅部存在缺陷或波阻抗变化复杂的桩。

(7)试打桩分析时，桩端持力层的判定应综合考虑岩土工程勘察资料，并应对推算的单桩极限承载力进行复打校核。

(8)桩身最大锤击拉应力和桩身最大锤击压应力可分别按下列公式计算：

①桩身最大锤击拉应力：

$$\sigma_t = \frac{1}{2A}\max\left[Z\cdot V\left(t_1+\frac{2L}{c}\right)-F\left(t_1+\frac{2L}{c}\right)-Z\cdot V\left(t_1+\frac{2L-2x}{c}\right)-F\left(t_1+\frac{2L-2x}{c}\right)\right]$$
(13-12)

式中：$\sigma_t$——桩身最大锤击拉应力，kPa；
$x$——测点至计算点之间的距离，m；
$A$——桩身截面面积，$m^2$；
$Z$——桩身截面力学阻抗，kN·s/m；
$c$——桩身波速，m/s；
$L$——完整桩桩长，m。

②桩身最大锤击压应力

$$\sigma_p = \frac{F_{\max}}{A}$$
(13-13)

式中：$\sigma_p$——桩身最大锤击压应力，kPa；
$F_{\max}$——实测最大锤击力，kN；
$A$——桩身截面面积，$m^2$。

(9)桩锤实际传递给桩的能量可按下列公式计算：

$$E_n = \int_0^T FV\mathrm{d}t \tag{13-14}$$

式中：$F_n$——桩锤传递给桩的实际能量，J；

$T$——采样结束的时刻，s；

$F$——桩顶锤击力信号，N；

$V$——桩顶实测振动速度信号，m/s。

(10)检测报告应包括下列内容：

①实测力和速度信号曲线及由加速度信号经两次积分后得到的桩顶位移信号曲线；拟合曲线、模拟的静荷载—沉降曲线、土阻力和桩身阻抗沿深度的变化曲线。

②凯司法中所取定的 $J_c$ 值。

③试打桩和打桩监控所采用的桩锤和锤垫类型，监测得到的锤击数、桩侧和桩端阻力、桩身锤击拉(压)应力、能量传递比等随入土深度的变化关系。

④试桩附近的地质柱状图及土的物理力学性能指标。

⑤检测报告格式见附录Ⅳ。

**【注意事项】**

(1)高应变动力检测最主要的功能是判定单桩竖向极限承载力，如果仅为了检测桩身结构完整性，采用高应变动力检测是不适宜的，而应采用低应变动力检测的方法，因为后者比前者检测速度要快得多，检测费用大幅度降低。

(2)检测前应具备的资料必须完整，若资料不全，将会影响对检测结果的分析、判定；同时也不能满足检测报告的要求。

(3)无论采用何种锤击设备，都应保证重锤自由下落并对中锤击桩顶。

(4)为了保证贯入度的测量精度，应采用精密水准仪、激光挠度仪等光学仪器测定。若采用传统的设置基准梁、基准桩的方法，由于重锤对桩的冲击使桩周土产生振动，会使贯入度测量带来较大误差。

(5)对混凝土灌注桩桩头进行处理时，应特别注意，必须先剔除原桩顶浮浆层，否则有可能使检测工作无法进行。

(6)凯司法推算被检桩轴向抗压极限承载力的公式(13-8)是基于以下三个假定推导出的：①桩身阻抗沿深度保持不变；②土的全部动阻力集中在桩端且只与桩端质点运动速度成正比；③土阻力在时刻 $t_2 = t_1 + 2L/c$ 已充分发挥。显然，它较适用于摩擦型的中、小直径的非超长预制桩以及桩身波阻抗沿深度较均匀的灌注桩。公式结构还表明，除实测信号外，阻尼系数 $J_c$ 的经验取值是否合理将在很大程度上决定着凯司法推算被检桩极限承载力的可靠性。由于具有这些局限性，在公路工程中，凯司法只能被用于检测群桩中单桩的极限承载力，而不得用于检测一柱一桩等重要部位的工程桩。

### 四、低应变反射波法(JTG/T F81-01—2004)

公路桥梁基桩检验多数地区实行普查，基桩低应变动力检测法以其设备轻便灵活、现场检测工作量小、检测效率高、检测费用低等优点得到了广泛应用。

(一)基本原理

反射波法源于应力波理论，基本原理是在桩顶进行竖向激振，弹性波沿着桩身向下传播，在桩身存在明显波阻抗界面(如桩底、断桩或严重离析等部位)或桩身截面积变化(如缩径或扩径)部位,将产生反射波。经接收、放大滤波和数据处理,可识别来自桩身不同部位的反射信息,据此计算桩身波速、判断桩身完整性。

(二)适用范围

(1)反射波法是通过分析实测桩顶速度响应信号的特征来检测桩身的完整性,判定桩身缺陷位置及影响程度,判断桩端嵌固情况。

(2)反射波法适用于混凝土灌注桩和预制桩等刚性材料桩的桩身完整性检测。

(3)使用反射波法时,被检桩的桩端反射信号应能有效识别。

(三)检测仪器与设备

(1)反射波法检测系统由传感器、激振锤、一体化检测仪和打印机等组成,其中一体化检测仪由信号采集及处理仪和相应的分析软件等组成(图13-10)。

(2)信号采集及处理仪应符合下列规定:

①数据采集装置的模-数转换器不得低于12bit。

②采样间隔宜为 10~500μs,可调。

③单通道采样点不少于1 024点。

④放大器增益宜大于60dB,可调,线性度良好,其频响范围应满足 5Hz~5kHz。

(3)传感器的性能应符合下列规定:

①传感器宜选用压电式加速度传感器或磁电式速度传感器,频响曲线的有效范围应覆盖整个测试信号的频带范围。

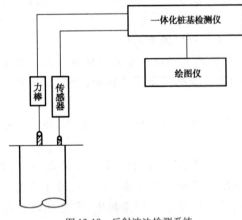

图13-10 反射波法检测系统

②加速度传感器的电压灵敏度应大于100mV/g,电荷灵敏度应大于20PC/g,上限频率不应小于5kHz,安装谐振频率不应小于6kHz,量程应大于100g。

③速度传感器的固有谐振频率不应大于30Hz,灵敏度应大于200mV/(cm·s),上限频率不应小于1.5kHz,安装谐振频率不应小于1.5kHz。

(4)根据桩型和检测目的,宜选择不同材质和质量的力锤或力棒,以获得所需的激振频率和能量。

(四)现场检测技术

(1)检测前准备工作应符合下列规定:

①检测前首先应搜集有关技术资料。

②根据现场实际情况选择合适的激振设备、传感器及检测仪,检查测试系统各部分之间是否连接良好,确认整个测试系统处于正常工作状态。

③桩顶应凿至新鲜混凝土面,并用打磨机将测点和激振点磨平。

④应测量并记录桩顶截面尺寸。

⑤混凝土灌注桩的检测宜在成桩14d以后进行。

⑥打入或静压式预制桩的检测应在相邻桩打完后进行。

(2)传感器安装应符合下列规定:

①传感器的安装可采用石膏、黄油、橡皮泥等耦合剂,黏结应牢固,并与桩顶面垂直。

②对混凝土灌注桩,传感器宜安装在距桩中心 1/2～2/3 半径处,且距离桩的主筋不宜小于 50mm。当桩径不大于 1 000mm 时不宜少于 2 个测点;当桩径大于 1 000mm 时不宜少于 4 个测点。

③对混凝土预制桩,当边长不大于 600mm 时不宜少于 2 个测点;当边长大于 600mm 时不宜少于 3 个测点。

④对预应力混凝土管桩不应少于 2 个测点。

(3)激振时应符合下列规定:

①混凝土灌注桩、混凝土预制桩的激振点宜在桩顶中心部位;预应力混凝土管桩的激振点和传感器安装点与桩中心连线的夹角不应小于 45°。

②激振锤和激振参数宜通过现场对比试验选定。短桩或浅部缺陷桩的检测宜采用轻锤短脉冲激振;长桩、大直径桩或深部缺陷桩的检测宜采用重锤宽脉冲激振,也可采用不同的锤垫来调整激振脉冲宽度。

③采用力棒激振时,应自由下落;采用力锤敲击时,应使其作用力方向与桩顶面垂直。

(4)检测工作应遵守下列规定:

①采样频率和最小的采样长度应根据桩长和波形分析确定。

②各测点的重复检测次数不应少于 3 次,且检测波形具有良好的一致性。

③当干扰较大时,可采用信号增强技术进行重复激振,提高信噪比;当信号一致性差时,应分析原因,排除人为和检测仪器等干扰因素,重新检测。

④对存在缺陷的桩应改变检测条件重复检测,相互验证。

(五)检测数据分析与判定

(1)桩身完整性分析宜以时域曲线为主,辅以频域分析,并结合施工情况、岩土工程勘察资料和波型特征等因素进行综合分析判定。

(2)桩身波速平均值的确定:

①当桩长已知、桩端反射信号明显时,选取相同条件下不少于 5 根 I 类桩的桩身波速按下式计算其平均值:

$$c_m = \frac{1}{n}\sum_{i=1}^{n} c_i \tag{13-15}$$

$$c_i = \frac{2L \times 1\,000}{\Delta T} = 2L \cdot \Delta f \tag{13-16}$$

式中:$c_m$——桩身波速平均值,m/s;

$c_i$——第 $i$ 根桩的桩身波速计算值,m/s;

$L$——完整桩桩长,m;

$\Delta T$——时域信号第一峰与桩端反射波峰间的时间差,ms;

$\Delta f$——幅频曲线桩端相邻谐振峰间的频差,Hz,计算时不宜取第一与第二峰;

$n$——基桩数量($n \geq 5$)。

②当桩身波速平均值无法按上述方法确定时,可根据本地区相同桩型及施工工艺的其他桩基工程的测试结果,并结合桩身混凝土强度等级与实践经验综合确定。

(3)桩身缺陷位置应按下列公式计算:

$$x = \frac{1}{2\,000} \cdot \Delta t_x \cdot c = \frac{1}{2} \cdot \frac{c}{\Delta f_x} \tag{13-17}$$

式中：$x$——测点至桩身缺陷之间的距离，m；

$\Delta t_x$——时域信号第一峰与缺陷反射波峰间的时间差，ms；

$\Delta f_x$——幅频曲线所对应缺陷的相邻谐振峰间的频差，Hz；

$c$——桩身波速，m/s；无法确定时用 $c_m$ 值替代。

（4）混凝土灌注桩采用时域信号分析时，应结合有关施工和岩土工程勘察资料，正确区分由扩径处产生的二次同相反射与因桩身截面渐扩后急速恢复至原桩径处的一次同相反射，以避免对桩身完整性的误判。

（5）对于嵌岩桩，当桩端反射信号为单一反射波且与锤击脉冲信号同相时，应结合岩土工程勘察和设计等有关资料以及桩端同相反射波幅的相对高低来推断嵌岩质量，必要时采取其他合适方法进行核验。

（6）桩身完整性的分析当出现下列情况之一时，宜结合其他检测方法：

①超过有效检测长度范围的超长桩，其测试信号不能明确反映桩身下部和桩端情况。

②桩身截面渐变或多变，且变化幅度较大的混凝土灌注桩。

③当桩长的推算值与实际桩长明显不符，且又缺乏相关资料加以解释或验证。

④实测信号复杂、无规律，无法对其进行准确的桩身完整性分析和评价。

⑤对于预制桩，时域曲线在接头处有明显反射，但又难以判定是断裂错位还是接桩不良。

（7）桩身完整性类别应按下列原则判定：

Ⅰ类桩：桩端反射较明显，无缺陷反射波，振幅谱线分布正常，混凝土波速处于正常范围。

Ⅱ类桩：桩端反射较明显，但有局部缺陷所产生的反射信号，混凝土波速处于正常范围。

Ⅲ类桩：桩端反射不明显，可见缺陷二次反射波信号，或有桩端反射但波速明显偏低。

Ⅳ类桩：无桩端反射信号，可见因缺陷引起的多次强反射信号，或按平均波速计算的桩长明显短于设计桩长。

（8）检测报告应包括下列内容：

①桩身混凝土波速值。

②桩身完整性描述，包括缺陷位置、性质及类别。

③时域曲线图，并注明桩底反射位置。

④桩位编号及平面布置示意图、地质柱状图。

⑤检测报告格式参照附录Ⅳ。

【注意事项】

（1）由于桩身缺陷种类复杂，实测曲线的解释是一项较为困难的工作，与判读人员的技术水平和经验密切相关，因此检测人员必须善于总结经验，最好能在有试验桩的单位实测已知不同缺陷的试验桩，体会不同缺陷的反射波曲线特征。

（2）对桩身反射信号，有的是真正的桩身缺陷，但也有的是由土层分层界面和桩身结构产生的。从目前的工程实践来看，仅运用本方法来较为准确地判定出引起桩身反射的确切原因还是有一定的困难。目前通常是根据反射波信号峰值的大小来判定桩身缺陷的程度，它除受缺陷程度高低的影响外，还与桩侧土性质及缺陷所处的深度有关。相同程度的缺陷因桩侧土性或埋深不同，其反射波峰值的大小存在明显的差异，因此，如何正确判定桩身缺陷的严重程度并确定属何类质量的桩，应仔细认真对照设计桩型、工程地质条件和施工情况等进行综合分析判断。不仅如此，缺陷桩的类别划分还应结合基础和上部结构形式对桩的沉降和承载力的要求,考虑桩身缺陷引发桩身结构破坏可能性的大小,不宜单凭测试信号定论。如果对缺陷程度和质量类别的判别确有困难,除了进行复测以确认曲线的真实性外,还应及时与委托单位联系,以采用其他有效方法进一步验证。

(3)对于嵌岩桩,由于桩端嵌入基岩之中,往往存在桩材料与基岩广义波阻抗相接近的情况,使得在时域曲线上桩端反射不明显或基本无法识别,这时就应结合岩土工程勘察资料和实测时域曲线来判断桩端嵌固情况。

(4)当实测曲线中出现多个反射波时,需判别它是同一缺陷面的多次反射,还是桩间多处缺陷的多层反射。前者即缺陷反射波在桩顶面与缺陷面间来回反射,其主要特征是:反射波至时间成倍增加(倍程),反射波能量有规律递减;后者往往是杂乱无章的,不具有上述规律性。

(5)多次反射现象的出现,一般表明缺陷在浅部,或反射系数较大(如断桩),它是桩顶存在严重离析或断裂(断层)的有力证据。多层反射不只表明缺陷可能有多处,而且由下层缺陷反射波在能量上的相对差异,可推测上部缺陷的性质及相对规模。

(6)预制桩在贯入过程中,桩头可能产生破损,灌注桩在破桩头时,桩头表面可能松散,这将使弹性波能量很快衰减,从而削弱桩间及桩底反射信息,影响波形的识别。有效途径是:将破损处或松散处铲去。

(7)影响基桩质量检测波形的因素较多,工作中应逐一排除。当时域信号一致性差或干扰严重时,可结合频域曲线中相邻谐振峰所对应的频率差来进行缺陷估判。

### 五、超声波法(JTG/T F81-01—2004)

声波透射法适用于检测桩径大于0.8m的混凝土灌注桩的完整性。

(一)基本原理

钻孔灌注桩超声脉冲检测法的基本原理与超声测缺和测强技术基本相同。但由于桩深埋土内,而检测只能在地面上进行,因此又有其特殊性。在钻孔灌注桩的检测中所依据的基本物理量有以下四个:

1. 声时值

由于钻孔桩的混凝土缺陷主要是由于灌注时混入泥浆或混入自孔壁坍落的泥、砂所造成的,缺陷区的夹杂物声速较低,或声阻抗明显低于混凝土的声阻抗。因此,超声脉冲穿过缺陷或绕过缺陷时,声时值增大。增大的数值与缺陷尺度大小有关,所以声时值是判断缺陷有无和计算缺陷大小的基本物理量。

2. 波幅

当波束穿过缺陷区时,部分声能被缺陷内含物所吸收,部分声能被缺陷的不规则表面反射和散射,到达接收探头的声能明显减少,反映为波幅降低。实践证明,波幅对缺陷的存在非常敏感,是在桩内判断缺陷有无的重要参数。

3. 接收信号的频率变化

当超声脉冲穿过缺陷区时,声脉冲中的高频部分首先被衰减,导致接收信号主频下降,即所谓频漂,其下降百分率与缺陷的严重程度有关。接收频率的变化实质上是缺陷区声能衰减作用的反映,它对缺陷也较敏感,而且测量值比较稳定,因此,也可作为桩内缺陷判断的重要依据。

4. 接收波形的畸变

接收波形产生畸变的原因较复杂,一般认为是由于缺陷区的干扰,部分超声脉冲波被多次反射而滞后到达接收探头。这些波束的前锋到达接收探头的时间参差不齐,相位也不尽一致,叠加后造成接收波形的畸变。因此,接收波形上带有混凝土内部的丰富信息。如能对波形进行信息处理,搞清波束在混凝土内部反射和叠加机理,则可确切地进行缺陷定量分析。但目前,波形信息处理方法未能解决,一般只能将波形畸变作为缺陷定性分析依据以及判断缺陷的参考指标。

在检测时,探头在声测管中逐点测量各深度的声时、波幅(或衰减)、接收频率及波形畸变位置等。然后,可绘成"声时—深度曲线"、"波幅—深度曲线"及"接收频率变化率—深度曲线"等,供分析使用。

(二)检测方式

为了使超声脉冲能横穿各不同深度的横截面,必须使超声探头深入桩体内部。为此,须事先预埋声测管,作为探头进入桩内的通道。根据声测管埋置的不同情况,可以有如下三种检测方式:

1. 双孔检测

在桩内预埋两根以上的管道,把发射探头和接收探头分别置于两根管道中[图13-11a)]。检测时超声脉冲穿过两管道之间的混凝土,实际有效范围即为超声脉冲从发射到接收探头所扫过的面积。为了尽可能扩大在桩横截面上的有效检测控制面积,必须使声测管的布置合理。双孔测量时根据两探头相对高程的变化,又可分为平测、斜测、扇形扫测等方式,在检测时视实际需要灵活运用。

2. 单孔检测

在某些特殊情况下,只有一个孔道可供检测使用。例如在钻孔取芯后需进一步了解芯样周围混凝土的质量,以扩大取芯检测后的观察范围,这时可采用单孔测量方式[图13-11b)],换能器放置在一个孔中,探头之间的用隔声材料隔离。这时声波从水中及混凝土中分别绕射到接收换能器,接收信号为从水及混凝土等不同声通路传播而来的信号的叠加。分析这一叠加信号,并测出不同声通路的声时及波幅等物理量,即可分析孔道周围混凝土的质量。运用这一检测方式时,必须运用信号分析技术,排除管中的混响干扰。当孔道内有钢质套管时,不能用此法检测。

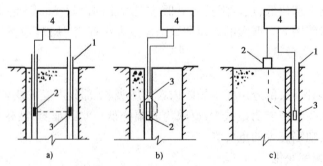

图13-11 钻孔灌注桩超声脉冲检测方式
a)双孔检测;b)单孔检测;c)桩外孔检测
1-声测管;2-发射探头;3-接收探头;4-超声波检测仪

3. 桩外孔检测

当桩的上部结构已施工,或桩内未预埋管道时,可在桩外的土基中钻一孔作为检测通道。检测时在桩顶上放置一较强功率的低频平探头,向下沿桩身发射超声脉冲,接收探头从桩外孔中慢慢放下。超声脉冲沿桩身混凝土并穿过桩与测孔之间的土进入接收探头,逐点测出声时波高等参数,作为判断依据[图13-11c)]。这种方式的可测深度受仪器发射功率的限制,一般只能测到10m左右。

以上三种方式中,双孔检测是桩基超声脉冲检测的基本形式,其他两种方式在检测和结果分析上都比较困难,只能作为特殊情况下的补救措施。

(三)检测仪器与设备

目前常用的检测装置有两种。一种是用一般超声检测仪和发射及接收探头所组成。探头在声测管内的移动由人工操作,数据读出后再输入计算机处理。这套装置与一般超声检测装置通用,但检测速度慢、效率较低。

另一种是全自动智能化测桩专用的检测装置(图13-12)。它由超声发射及接收装置、探头自动升降装置、测量控制装置、数据处理计算机系统等四大部分所组成。

数据处理计算机系统是测控装置的主控部件,具有人机对话,发布各类指令,进行数据处理等功能。它通过总线接口与测量控制装置连接,发出测量的控制命令,以及进行信息交换;升降机构根据指令通过步进电机进行上升、下降及定位等动作,移动探头至各测量点;发射和接收装置发射并接收超声波,取得测量数据,传

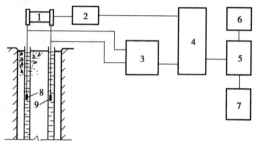

图13-12 全自动智能化测桩专用
检测装置原理框图

1-探头升降机构;2-步进电机驱动电源;3-发射和接收装置;4-测孔接口;5-计算机;6-磁带机;7-打印机;8、9-发射、接收探头

送到数据处理计算机,进行数据处理、存储、显示和打印。由于测试系统由计算机控制,测量过程无须人工干预,因此可自动、迅速地完成全桩测量工作。

声波检测仪器的技术性能应符合下列规定:

(1)检测仪系统应包括信号放大器、数据采集及处理存储器、径向振动换能器等。

(2)检测仪应具有一发双收功能。

(3)声波发射应采用高压阶跃脉冲或矩形脉冲,其电压最大值不应小于1 000V,且分档可调。

(4)接收放大与数据采集器应符合下列规定:

①接收放大器的频带宽度为$5\sim 200kHz$,增益不应小于100dB,放大器的噪声有效值不大于$2\mu$,波幅测量范围不小于80dB,测量误差小于1dB。

②计时显示范围应大于$2\,000\mu s$,精度优于$0.5\mu s$,计时误差不应大于2%。

③采集器模—数转换精度不应低于8bit,采样频率不应小于10MHz,最大采样长度不应小于32kB。

(5)径向振动换能器应符合下列规定:

①径向水平面无指向性。

②谐振频率宜大于25kHz。

③在1MPa水压下能正常工作。

④收、发换能器的导线均应有长度标注,其标注允许偏差不应大于10mm。

⑤接收换能器宜带有前置放大器,频带宽度宜为$5\sim 60kHz$。

⑥单孔检测采用一发双收一体型换能器,其发射换能器至接收换能器的最近距离不应小于30cm,两接收换能器的间距宜为20cm。

(四)测前准备和要求

(1)预埋检测管应符合下列规定:

①当桩径不大于 1 500mm 时,应埋设三根管;当桩径大于 1 500mm 时,应埋设四根管(图 13-13)。

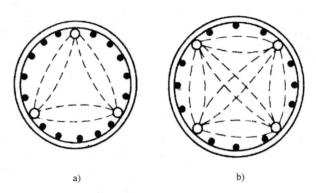

图 13-13 声波透射法埋管编组
a)三管;b)四管

②声测管宜采用金属管,其内径应比换能器外径大 15mm,管的连接宜采用螺纹连接,且不漏水。

③声测管应牢固焊接或绑扎在钢筋笼的内侧,且互相平行、定位准确,并埋设至桩底,管口宜高出桩顶面 300mm 以上。

④声测管管底应封闭,管口应加盖。

⑤声测管的布置以路线前进方向的顶点为起始点,按顺时针旋转方向进行编号和分组,每两根编为一组。

(2)检测前的准备应符合下列规定:

①被检桩的混凝土龄期应大于 14d。

②声测管内应灌满清水,且保证畅通。

③标定超声波检测仪发射至接收的系统延迟时间 $t_0$。

④准确量测声测管的内、外径和两相邻声测管外壁间的距离,量测精度为 ±1mm。

⑤取芯孔的垂直度误差不应大于 0.5%,检测前应进行孔内清洗。

(3)检测方法应符合下列要求:

①测点间距不宜大于 250mm。发射与接收换能器应以相同标高同步升降,其累计相对高差不应大于 20mm,并随时校正。

②在对同一根桩的检测过程中,声波发射电压应保持不变。

③对于声时值和波幅值出现异常的部位,应采用水平加密、等差同步或扇形扫测等方法进行细测,结合波形分析确定桩身混凝土缺陷的位置及其严重程度。

④现场检测前测定声波检测仪发射至接收系统的延迟时间 $t_0$,并应按下式计算声时修正值 $t'$:

$$t' = \frac{D-d}{v_t} + \frac{d-d'}{v_w} \tag{13-18}$$

式中:$t'$——声时修正值,$\mu s$;

$D$——检测管外径,mm;

$d$——检测管内径,mm;
$d'$——换能器外径,mm;
$v_t$——检测管壁厚度方向声速,km/s;
$v_w$——水的声速,km/s。

⑤混凝土中声波的传播时间和速度按下式计算:

$$t = t_i - t_0 - t' \tag{13-19}$$

$$v_i = \frac{l}{t_i} \tag{13-20}$$

$$v_m = \sum_{i=1}^{n} \frac{v_i}{n} \tag{13-21}$$

式中:$t$——声时值,μs;
$t_i$——超声波第$i$测点声时值,μs;
$t_0$——声波检测仪发射至接收系统的延迟时间,μs;
$t'$——声时修正值,μs;
$v_i$——第$i$个测点声速值,km/s;
$l$——两根检测管外壁间的距离,mm;
$v_m$——混凝土声速平均值,km/s;
$n$——测点数。

⑥单孔折射法的声时、声速值应按下列公式计算:

$$\Delta t = t_2 - t_1 \tag{13-22}$$

$$v_i = \frac{h}{\Delta t} \tag{13-23}$$

式中:$\Delta t$——两个接收换能器间的声时差,μs;
$t_1$——近道接收换能器声时,μs;
$t_2$——远道接收换能器声时,μs;
$v_i$——第$i$个测点声速值,km/s;
$h$——两个接收换能器间的距离,mm。

(五)现场检测步骤

(1)将装设有扶正器的接收及发射换能器置于检测管内,调试仪器的有关参数,直至显示出清晰的接收波形,且使最大波幅达到显示屏的三分之二左右为宜。

(2)检测宜由检测管底部开始,将发射与接收换能器置于同一标高,测取声时、波幅或频率,并进行记录。

(3)发射与接收换能器应同步升降,测量点距小于或等于250mm,各测点发射与接收换能器累计相对高差不应大于20mm,并应随时校正;发现读数异常时,应加密测量点距。

(4)一根桩有多根检测管时,按分组进行测试(图13-13)。

(六)检测数据的处理与桩身完整性判定

1. 声速判据

当实测混凝土声速值低于声速临界值时应将其作为可疑缺陷区。

$$v_i < v_D \tag{13-24}$$

式中:$v_i$——第$i$个测点声速值,km/s;

$v_D$——声速临界值，km/s。

声速临界值采用正常混凝土声速平均值与2倍声速标准差之差，即：

$$v_D = \bar{v} - 2\sigma_v \tag{13-25}$$

$$\bar{v} = \sum_{i=1}^{n} \frac{v_i}{n} \tag{13-26}$$

$$\sigma_v = \sqrt{\frac{\sum_{i=1}^{n}(v_i - \bar{v})^2}{n-1}} \tag{13-27}$$

式中：$n$——测点数；

$v_i$——混凝土中第$i$测点声速值，km/s；

$\bar{v}$——声速平均值，km/s；

$\sigma_v$——声速标准差。

2. PSD 判据法

设测点的深度为$H$，相应的声时值为$t$，则声时值因混凝土中存在缺陷或其他因素的影响，而随深度变化的关系，可用如下的函数式表达：

$$t = f(H) \tag{13-28}$$

当桩内存在缺陷时，由于在缺陷与完好混凝土界面处声时值的突变，从理论上说，该函数应是不连续函数。在缺陷的界面上，当深度增量（即测点间距）$\Delta H \to 0$ 时，而且由于缺陷表面的凹凸不平以及孔洞等缺陷是由于波线曲折而引起声时变化的，所以在 $t = f(H)$ 的实测曲线中，在缺陷处只表现为斜率的变化。该斜率可用相邻测点的声时差值与测点间距离之比求得，即

$$S_i = \frac{t_i - t_{i-1}}{H_i - H_{i-1}} \tag{13-29}$$

式中：$i$——测点位置或序号；

$S_i$——第 $i-1$ 至 $i$ 测点之间的斜率；

$t_i$、$t_{i-1}$——相邻两测点的声时值；

$H_i$、$H_{i-1}$——相邻两测点的深度。

但是，斜率只反映了相邻两测点声时值的变化速率。实测时往往采用不同的测点间距，因此，虽然所求出的 $S_i$ 相同，但所对应的声时差值可能是不同的。正如图13-14中所示的两条 $t$-$H$ 曲线，在 $M$ 和 $M'$ 的 $S_i$ 相同，但声时差值不同，而声时差值是与缺陷大小有关的参数。为了使判据进一步反映缺陷的大小，就必须加大声时差值在判据中的权数。因此判据可写成：

$$K_i = S_i(t_i - t_{i-1}) = \frac{(t_i - t_{i-1})^2}{H_i - H_{i-1}} \tag{13-30}$$

式中：$K_i$——$i$ 点的 PSD 判据值。

其余各符号同前。

显然当 $i$ 处相邻两测点的声时值没有变化时，$K_i = 0$；当有变化时，由于 $K_i$ 与 $(t_i - t_{i-1})^2$ 成正比，因而 $K_i$ 将大幅度变化。

实践证明，PSD 判据对缺陷十分敏感，而对于因声测管不平行或混凝土强度不均匀等原因所引起的声时

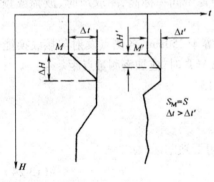

图 13-14 $t$-$H$ 曲线

变化基本上没有反映。这是由于非缺陷因素所引起的声时变化都是渐变过程,虽然总的声时变化量可能很大,但相邻测点间的声时差却很小,因而 $S$ 值很小,所以采用 PSD 判据基本上消除了声测管不平行或混凝土不均质等因素所造成的声时变化对缺陷判断的影响。

**3. 波幅(衰减量)判据法**

用波幅平均值减 6dB 作为波幅临界值,当实测波幅低于波幅临界值时,应将其作为可疑缺陷区。

$$A_D = A_m - 6 \quad (13\text{-}31)$$

$$A_m = \sum_{i=1}^{n} \frac{A_i}{n} \quad (13\text{-}32)$$

式中:$A_D$——波幅临界值,dB;
$A_m$——波幅平均值,dB;
$A_i$——第 $i$ 个测点相对波幅值,dB;
$n$——测点数。

**4. 缺陷性质和大小的细测判断**

所谓细测判断,就是在运用 PSD 判据确定有缺陷存在的区段内,综合运用声时、波幅、接收频率、波形(或频谱)等物理量,找出缺陷所造成的声阴影的范围,从而准确地判定缺陷的位置、性质和大小。

双管对测时,各种缺陷的细测判断法示于图 13-15 ~ 图 13-18。其基本方法是将一个探头固定,另一探头上下移动,找出声阴影所在边界位置。在混凝土中,由于各种不均匀界面的漫射和低频波的绕射等原因,使阴影边界十分模糊,但通过上述物理量的综合运用仍可定出其范围。

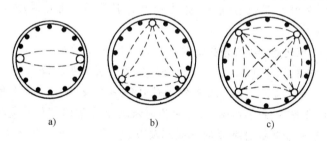

图 13-15 缺陷性质和大小的细测判断
a)双管;b)三管;c)四管

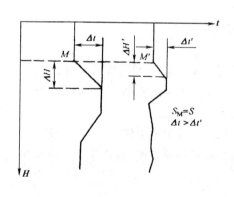

图 13-16 断层位置的细测判断

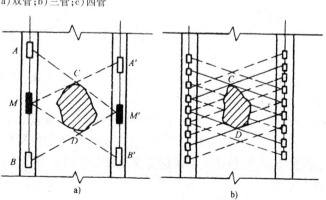

图 13-17 厚夹层上下界面的细测判断
a)扇形扫描;b)加密测点平行扫测

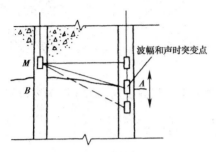

图 13-18 颈缩现象的细测判断

在运用上述分析判断方法时,应注意排除声测管和耦合水声时值、管内混响、箍筋等因素的影响,而且检测龄期应在 7d 以上。

显然,PSD 判据也可应用于其他结构物大面积扫测时的缺陷判别,即将扫测网络中每条测线上的数据,用 PSD 判据处理,然后把各测线处理结果综合在一起,同样可定出缺陷的性质、大小及位置。

5. 桩身完整性评价

桩身完整性类别判定:

Ⅰ类桩:各声测剖面每个测点的声速、波幅均大于临界值,波形正常。

Ⅱ类桩:某一声测剖面个别测点的声速、波幅略小于临界值,但波形基本正常。

Ⅲ类桩:某一声测剖面连续多个测点或某一深度桩截面处的声、波幅值小于临界值,PSD 值变大,波形畸变。

Ⅳ类桩:某一声测剖面连续多个测点或某一深度桩截面处的声速、波幅值明显小于临界值,PSD 值突变,波形严重畸变。

(七)检测报告

检测报告应包括每根被检桩各剖面的声速-深度、波幅-深度曲线及各自的临界值,声速、波幅的平均值,桩身缺陷位置及程度的分析说明。检测报告格式参照附录Ⅳ。

【注意事项】

(1)检测过程中,发射电压值应固定,并应始终保持不变,放大器增益值也应始终固定不变。

(2)检测前应对 $t_0$ 值进行标定,并在仪器参数设置时予以调整。

(3)检测过程中,若发现异常现象,应先检查两探头是否同步升降。

(4)每组检测管测试完成后,应随机重复抽测 10%~20% 测点。其声时相对标准差不应大于 5%,波幅相对标准差不应大于 10%,并对声时及波幅异常的部位重复抽测。

(5)由于超声波只能检测桩身部分的混凝土质量,对于支承桩或嵌岩桩,宜同时采用低应变反射波法检测桩端的支承情况,确保基桩承载力满足设计要求。

## 第五节 桥梁支座检测

桥梁支座设置在梁板式体系中主梁与墩台之间,其主要功能是将上部结构的各种荷载传递给墩台,并能适应上部结构的荷载、温度变化、混凝土收缩等各种因素所产生的自由变形(水平位移及转角),使上、下部结构的实际受力情况符合设计计算图式。

桥梁支座按其材料可划分为小桥涵上使用的简易垫层支座,大中桥上使用的钢板支座、钢筋混凝土支座、铸钢或不锈钢支座。目前使用极为广泛的是板式橡胶支座、盆式橡胶支座和球型支座等。

### 一、板式橡胶支座检测(JT/T 4—2004)

桥梁板式橡胶支座构造简单、加工方便、成本低、安装方便,目前已实现了产品的标准化、系列化,也是我国桥梁支座的发展方向。

(一)基本常识

1.产品分类

(1)按结构形式分类:

①普通板式橡胶支座分为矩形板式橡胶支座和圆形板式橡胶支座。

②四氟滑板式橡胶支座分为矩形四氟滑板式橡胶支座和圆形四氟滑板式橡胶支座。

(2)按支座材料和适用温度分类:

①氯丁橡胶支座(CR),适用温度 -25~60℃。

②天然橡胶支座(NR),适用温度 -35~60℃。

2.产品代号

支座代号表示方法示例:

例1:公路桥梁矩形普通氯丁胶支座,短边尺寸为300mm、长边尺寸为400mm、厚度为47mm 的支座,表示为:GJZ300×400×47(CR)。

例2:公路桥梁矩形四氟滑板天然胶支座,短边尺寸为300mm、长边尺寸为400mm、厚度为49mm 的支座,表示为:GJZ $F_4$ 300×400×49(NR)。

例3:公路桥梁圆形天然胶支座,直径为300mm、厚度为52mm 的支座,表示为:GYZ 300×52(NR)。

例4:公路桥梁圆形四氟滑板天然胶支座,直径为300mm、厚度为54mm 的支座,表示为:GYZ $F_4$ 300×54(NR)。

3.结构形式

板式橡胶支座(图13-19、图13-20)通常由若干层橡胶片与薄钢板为刚性加劲物组合而成,各层橡胶与上下钢板经加压硫化牢固地黏结成为一体。支座在竖向荷载作用下,具有足够的刚度,主要是由于嵌入橡胶片之间的钢板限制橡胶的侧向膨胀。在水平力作用下,支座的水平位移量取决于橡胶片的净厚度。在运营期间为防止嵌入钢板的锈蚀,支座的上下面及四边都有橡胶保护层。

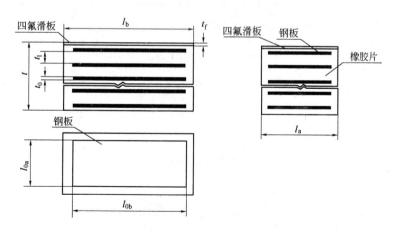

图13-19 矩形四氟滑板橡胶支座

(二)成品支座力学性能、外观质量和解剖检验要求

交通部行业标准《公路桥梁板式橡胶支座》(JT/T 4—2004)中规定桥梁板式橡胶支座成

品力学性能及有关质量指标应符合表 13-11 ~ 表 13-15 中的要求,支座抗压弹性模量 $E$ 和支座形状系数 $S$ 应按下列公式计算:

$$E = 5.4GS^2 \tag{13-33}$$

矩形支座

$$S = \frac{l_{0a} \times l_{0b}}{2t_1(l_{0a} + l_{0b})} \tag{13-34}$$

圆形支座

$$S = \frac{d_0}{4t_1} \tag{13-35}$$

式中:$E$——支座抗压弹性模量,MPa;
　　　$G$——支座抗剪弹性模量,MPa;
　　　$S$——支座形状系数;
　　　$l_{0a}$——矩形支座加劲钢板短边尺寸,mm;
　　　$l_{0b}$——矩形支座加劲钢板长边尺寸,mm;
　　　$t_1$——支座中间单层橡胶片厚度,mm;
　　　$d_0$——圆形支座加劲钢板直径,mm。

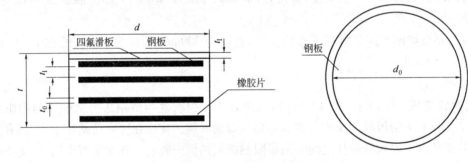

图 13-20　圆形四氟滑板橡胶支座

成品支座力学性能指标　　　　　　　　　　　　　　　表 13-11

| 项　目 | 指　标 | 项　目 | | 指　标 |
|---|---|---|---|---|
| 极限抗压强度 $R_u$(MPa) | ≥70 | 实测转角正切值 $\tan\theta$ | 混凝土桥 | ≥1/300 |
| 实测抗压弹性模量 $E_1$(MPa) | $E \pm E \times 20\%$ | | 钢桥 | ≥1/500 |
| 实测抗剪弹性模量 $G_1$(MPa) | $G \pm G \times 15\%$ | 实测四氟板与不锈钢板表面摩擦系数 $\mu_f$(加硅脂时) | | ≤0.03 |
| 实测老化后抗剪弹性模量 $G_2$(MPa) | $G \pm G \times 15\%$ | | | |

成品支座平面尺寸偏差范围(单位:mm)　　　　　　　　　表 13-12

| 矩形支座 | | 圆形支座 | |
|---|---|---|---|
| 长边范围($l_b$) | 偏差 | 直径范围($d$) | 偏差 |
| $l_b \leq 300$ | +2.0 | $d \leq 300$ | +2.0 |
| $300 < l_b \leq 500$ | +4.0 | $300 < d \leq 500$ | +4.0 |
| $l_b > 500$ | +5.0 | $d > 500$ | +5.0 |

**成品支座厚度偏差范围**(单位:mm)　　　　　　　　　　　　　　　　表 13-13

| 矩 形 支 座 | | 圆 形 支 座 | |
|---|---|---|---|
| 厚度范围($t$) | 偏差 | 厚度范围($t$) | 偏差 |
| $t \leqslant 49$ | +1.0 | $t \leqslant 49$ | +1.0 |
| $49 < t \leqslant 100$ | +2.0 | $49 < t \leqslant 100$ | +2.0 |
| $100 < t \leqslant 150$ | +3.0 | $100 < t \leqslant 150$ | +3.0 |
| $t > 150$ | +4.0 | $t > 150$ | +4.0 |

**成品支座外观质量要求**　　　　　　　　　　　　　　　　　　　　表 13-14

| 名　　称 | 成 品 质 量 标 准 |
|---|---|
| 气泡、杂质 | 气泡、杂质总面积不得超过支座平面面积的0.1%,且每一处气泡、杂质面积不能大于50mm²,最大深度不超过2mm |
| 凹凸不平 | 当支座平面面积小于0.15m²时,不多于两处;大于0.15m²时,不多于四处,且每处凹凸高度不超过0.5mm,面积不超过6mm² |
| 四侧面裂纹、钢板外露 | 不允许 |
| 掉块、崩裂、机械损伤 | 不允许 |
| 钢板与橡胶黏结处开裂或剥离 | 不允许 |
| 支座表面平整度 | 1. 橡胶支座:表面不平整度不大于平面最大长度的0.4%;<br>2. 四氟滑板支座:表面不平整度不大于四氟滑板平面最大长度的0.2% |
| 四氟滑板表面划痕、碰伤、敲击 | 不允许 |
| 四氟滑板与橡胶支座粘贴错位 | 不得超过橡胶支座短边或直径尺寸的0.5% |

**成品支座解剖检验要求**　　　　　　　　　　　　　　　　　　　　表 13-15

| 名　　称 | 解 剖 检 验 标 准 |
|---|---|
| 锯开后胶层厚度 | 胶层厚度应均匀,$t_1$为5mm或8mm时,其偏差为±0.4mm;$t_1$为11mm时,其偏差不得大于±0.7mm;$t_1$为15mm时,其偏差不得大于±1.0mm |
| 钢板与橡胶黏结 | 钢板与橡胶黏结应牢固,且无离层现象,其平面尺寸偏差为±1mm;上下保护层偏差为(+0.5,0)mm |
| 剥离胶层(应按HG/T 2198规定制成试样) | 剥离胶层后,测定的橡胶性能与表2的规定相比,拉伸强度的下降不应大于15%,扯断伸长率的下降不应大于20% |

(三)支座外形尺寸、外观质量和解剖检测

支座外形尺寸应用钢直尺量测,厚度应用游标卡尺或量规量测。对矩形支座,除应在四边上量测长短边尺寸外,还应量测平面与侧面对角线尺寸,厚度应在四边中点及对角线中心处量测;对圆形支座,其直径、厚度应至少量测四次,测点应垂直交叉,并量测圆心处厚度。外形尺寸和厚度取其实测值的平均值,其尺寸偏差应符合表 13-12 和表 13-13 的规定。

支座外观质量用目测方法或量具逐块进行检查。每块支座不允许有表 13-14 规定的两项以上缺陷存在。

支座用钢锯锯开后应满足表 13-15 中的要求。

(四)支座力学性能检测方法

1. 试样、试验条件和试验设备要求

(1) 试样

试样应随机抽取实样,每种规格试样数量为三对,各种试验试样通用。凡与油及其他化学药品接触过的支座不得用作试样。试样试验前应暴露在标准温度 23℃ ±5℃下,停放 24h 以使试样内外温度一致。

(2) 试验条件

试验室的标准温度为 23℃ ±5℃,且不能有腐蚀性气体及影响检测的振动源。

(3) 仪器设备

试验机宜具备下列功能:微机控制,能自动、平稳连续加载、卸载,且无冲击和颤动现象,自动持荷(试验机满负荷保持时间可不少于 4h,且试验荷载的示值变动不应大于 0.5%),自动采集数据,自动绘制应力-应变图,自动储存试验原始记录及曲线图和自动打印结果的功能。试验用承载板应具有足够的刚度,其厚度应大于其平面最大尺寸的 1/2,且不能用分层垫板代替。平面尺寸必须大于被测试试样的平面尺寸,在最大荷载下不应发生挠曲。

进行剪切试验时,其剪切试验机构的水平油缸、负荷传感器的轴线应和中间钢拉板的对称轴相重合,确保被测试样水平轴向受力。

试验机的级别为 I 级,示值相对误差最大允许值为 ±1.0%,试验机正压力使用可在最大力值的 0.4%～90%范围内,水平力的使用可在最大力值的 1%～90%范围内,其示值的准确度和相关的技术要求应满足 JJG 175 的规定。

测量支座试样变形量的仪表量程应满足测量支座试样变形量的需要,测量转角变形量的分度值为 0.001mm,测量竖向压缩变形量和水平位移变形量的分度值为 0.01mm。

2. 试验方法

A.4.1 抗压弹性模量试验

A.4.1.1 抗压弹性模量应按下列步骤进行试验(图 A.1):

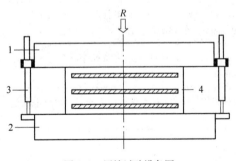

图 A.1 压缩试验设备图

1-上承载板;2-下承载板;3-位移传感器;4-支座试样

a) 将试样置于试验机的承载板上,上下承载板与支座接触面不得有油渍;对准中心,精度应小于1%的试件短边尺寸或直径。缓缓加载至压实力为 1.0MPa 且稳压后,核对承载板四角对称安置的四只位移传感器,确认无误后,开始预压。

b) 预压。将压应力以(0.03～0.04)MPa/s 速率连续地增至平均压应力 $\sigma$ = 10MPa,持荷 2min,然后以连续均匀的速度将压应力卸至 1.0MPa,持荷 5min,记录初始值,绘制应力—应变图,预压三次。

c) 正式加载。每一加载循环自 1.0MPa 开始,将压应力以(0.03～0.04)MPa/s 速率均匀加载至 4MPa,持荷 2min 后,采集支座变形值,然后以同样速率每 2MPa 为一级逐级加载,每级持荷 2min 后,采集支座变形数据直至平均压应力 $\sigma$ 为止,绘制的应力—应变图应呈线性关系。然后以连续均匀的速度卸载至压应力为 1.0MPa。10min 后进行下一加载循环。加载过程应连续进行三次。

d) 以承载板四角所得的变化值的平均值,作为各级荷载下试样的累计竖向压缩变形 $\Delta_c$,按试样橡胶层的总厚度 $t_e$ 求出在各级试验荷载作用下,试样的累计压缩应变 $\varepsilon_i = \Delta_{ei}/t_e$。

A.4.1.2 试样实测抗压弹性模量应按下列公式计算:

$$E_1 = \frac{\sigma_{10} - \sigma_4}{\varepsilon_{10} - \varepsilon_4} \tag{A.1}$$

式中：$E_1$——试样实测的抗压弹性模量计算值，精确至 1MPa；

$\sigma_4$、$\varepsilon_4$——第 4MPa 级试验荷载下的压应力和累积压缩应变值；

$\sigma_{10}$、$\varepsilon_{10}$——第 10MPa 级试验荷载下的压应力和累积压缩应变值。

A.4.1.3 结果

每一块试样的抗压弹性模量 $E_1$ 为三次加载过程所得的三个实测结果的算术平均值。但单项结果和算术平均值之间的偏差不应大于算术平均值的 3%，否则应对该试样重新复核试验一次，如果仍超过 3%，应由试验机生产厂专业人员对试验机进行检修和检定，合格后再重新进行试验。

A.4.2 抗剪弹性模量试验

A.4.2.1 抗剪弹性模量应按下列步骤进行试验（图 A.2）：

a) 在试验机的承载板上，应使支座顺其短边方向受剪，将试样及中间钢拉板按双剪组合配置好，使试样和中间钢拉板的对称轴和试验机承载板中心轴处在同一垂直面上，精度应小于 1% 的试件短边尺寸。为防止出现打滑现象，应在上下承载板和中间钢拉板上粘贴高摩擦板，以确保试验的准确性。

b) 将压应力以 (0.03～0.04)MPa/s 的速率连续地增至平均压应力 $\sigma$，绘制应力—时间图，并在整个抗剪试验过程中保持不变。

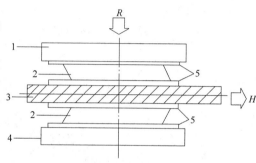

图 A.2 剪切试验设备图

1-上承载板；2-支座试样；3-中间钢拉板；4-下承载板；5-防滑摩擦板

c) 调整试验机的剪切试验机构，使水平油缸、负荷传感器的轴线和中间钢拉板的对称轴重合。

d) 预加水平力。以 (0.002～0.003)MPa/s 的速率连续施加水平剪应力至剪应力 $\tau = 1.0$MPa，持荷 5min，然后以连续均匀的速度卸载至剪应力为 0.1MPa 持荷 5min，记录初始值，绘制应力-应变图。预载三次。

e) 正式加载。每一加载循环自 $\tau_1 = 0.1$MPa 开始，每级剪应力增加 0.1MPa，持荷 1min，采集支座变形数据，至 $\tau = 1.0$MPa 为止，绘制的应力—应变图应呈线性关系。然后以连续均匀的速度卸载至剪应力为 0.1MPa。10min 后进行下一循环试验。加载过程应连续进行三次。

f) 将各级水平荷载下位移传感器所测得的试样累计水平剪切变形 $\Delta_s$，按试样橡胶层的总厚度 $t_e$ 求出在各级试验荷载作用下，试样的累积剪切应变 $\gamma_i = \Delta_s / t_e$。

A.4.2.2 试样的实测抗剪弹性模量应按下列公式计算：

$$G_1 = \frac{\tau_{1.0} - \tau_{0.3}}{\gamma_{1.0} - \gamma_{0.3}} \tag{A.2}$$

式中：$G_1$——试样的实测抗剪弹性模量计算值，精确至 1%，MPa；

$\tau_{1.0}$、$\gamma_{1.0}$——第 1.0MPa 级试验荷载下的剪应力和累计剪切应变值，MPa；

$\tau_{0.3}$、$\gamma_{0.3}$——第 0.3MPa 级试验荷载下的剪应力和累计剪切应变值，MPa。

A.4.2.3 结果

每对检验支座所组成试样的综合抗剪弹性模量 $G_1$，为该对试件三次加载所得到的三个结果的算术平均值。但各单项结果与算术平均值之间的偏差应不大于算术平均值的 3%，否则应对该试样重新复核试验一次，如果仍超过 3%，应请试验机生产厂专业人员对试验机进行检修和检定，合格后再重新进行试验。

A.4.3 抗剪黏结性能试验

整体支座抗剪黏结性能试验方法与抗剪弹性模量试验方法相同,将压应力以(0.03~0.04)MPa/s速率连续地增至平均压应力$\sigma$,绘制应力—时间图,并在整个试验过程中保持不变,然后以(0.002~0.003)MPa/s的速率连续施加水平力,当剪应力达到2MPa,持荷5min后,水平力以连续均匀的速度连续卸载,在加、卸载过程中绘制应力—应变图。试验中随时观察试件受力状态及变化情况,水平力卸载后试样是否完好无损。

A.4.4 抗剪老化试验

将试样置于老化箱内,在70℃±2℃温度下经72h后取出,将试样在标准温度23℃±5℃下,停放48h,再在标准试验室温度下进行剪切试验,试验与标准抗剪弹性模量试验方法步骤相同。老化后抗剪弹性模量$G_2$的计算方法与标准抗剪弹性模量计算方法相同。

A.4.5 摩擦系数试验

A.4.5.1 摩擦系数应按下列步骤进行试验(图A.3):

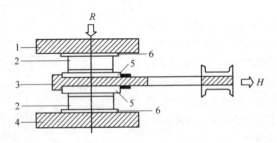

图A.3 摩擦系数试验设备图

1-试验机上承载板;2-四氟滑板支座试样;3-中间钢拉板;4-试验机下承载板;5-不锈钢板试样;6-防滑摩擦板

a)将四氟滑板支座与不锈钢板试样按规定摆放,对准试验机承载板中心位置,精度应小于1%的试件短边尺寸。试验时应将四氟滑板试样的储油槽内注满5201-2硅脂油。

b)将压应力以(0.03~0.04)MPa/s的速率连续地增至平均压应力$\sigma$,绘制应力—时间图,并在整个摩擦系数试验过程中保持不变。其预压时间为1h。

c)以(0.002~0.003)MPa/s的速率连续地施加水平力,直至不锈钢板与四氟滑板试样接触面间发生滑动为止,记录此时的水平剪应力作为初始值。试验过程应连续进行三次。

A.4.5.2 摩擦系数应按下列公式计算:

$$\mu_f = \frac{\tau}{\sigma} \tag{A.3}$$

$$\tau = \frac{H}{A_0} \tag{A.4}$$

$$\sigma = \frac{R}{A_0} \tag{A.5}$$

式中:$\mu_f$——四氟滑板与不锈钢板表面的摩擦系数,精确至0.01;

$\tau$——接触面发生滑动时的平均剪应力,MPa;

$\sigma$——支座的平均压应力,MPa;

$H$——支座承受的最大水平力,kN;

$R$——支座最大承压力,kN;

$A_0$——支座有效承压面积,$mm^2$。

A.4.5.3 结果

每对试样的摩擦系数为三次试验结果的算术平均值。

A.4.6 转角试验

A.4.6.1 试验原理

施加压应力至平均压应力 $\sigma$,则试样产生垂直压缩变形;用千斤顶对中间工字梁施加一个向上的力 $P$,工字梁产生转动,上下试样边缘产生压缩及回弹两个相反变形。由转动产生的支座边缘的变形必须小于由垂直荷载和强制转动共同影响下产生的压缩变形(图 A.4、图 A.5)。

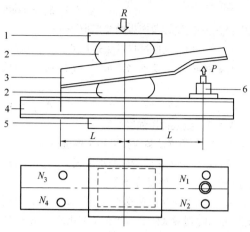

图 A.4 转角试验设备图

1-试验机上承载板;2-试样;3-中间工字梁(假想梁体);4-承载梁(板);5-试验机下承载板;6-千斤顶

A.4.6.2 试验步骤

转角试验应按下列步骤进行:

a)将试样按图 A.4 规定摆放,对准中心位置,精度应小于1%的试件短边尺寸。在距试样中心 $L$ 处,安装使梁产生转动用的千斤顶和测力计,并在承载梁(或板)四角对称安置四只高精度位移传感器(精度 0.001mm)。

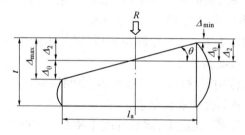

图 A.5 转角计算图

b)预压。将压应力以(0.03~0.04)MPa/s 的速率连续地增至平均压应力 $\sigma$,绘制应力—时间图,维持 5min,然后以连续均匀的速度卸载至压应力为 1.0MPa,如此反复三遍。检查传感器是否灵敏准确。

c)加载。将压应力按照抗压弹性模量试验要求增至 $\sigma$,采集支座变形数据,绘制应力—应变图,并在整个试验过程中维持 $\sigma$ 不变。用千斤顶对中间工字梁施加一个向上的力 $P$,使其达到预期转角的正切值(偏差不大于5%),停5min 后,记录千斤顶力 $P$ 及传感器的数值。

A.4.6.3 计算

a)实测转角的正切值应按下列公式计算:

$$\tan\theta = \frac{\Delta_1^2 + \Delta_3^4}{2L} \tag{A.6}$$

式中:$\tan\theta$——试样实测转角的正切值;

$\Delta_1^2$——传感器 $N_1$、$N_2$ 处的变形平均值,mm;

$\Delta_3^4$——传感器 $N_3$、$N_4$ 处的变形平均值,mm;

$L$——转动力臂。

b)各种转角下,由于垂直承压力和转动共同影响产生的压缩变形值应按下式计算:

$$\Delta_2 = \Delta_c - \Delta_1 \tag{A.7}$$

$$\Delta_1 = (\Delta_1^2 - \Delta_3^4)/2 \tag{A.8}$$

式中:$\Delta_c$——支座最大承压力 $R$ 时试样累积压缩变形值,mm;

$\Delta_1$——转动试验时,试样中心平均回弹变形值,mm;

$\Delta_2$——垂直承压力和转动共同影响下试验中心处产生的压缩变形值,mm。

c)各种转角下,试样边缘换算变形值应按下式计算:

$$\Delta_\theta = \tan\theta \cdot l_a / 2 \tag{A.9}$$

式中：$\Delta_\theta$——实测转角产生的变形值，mm；

$l_a$——矩形支座试样的短边尺寸，mm；圆形支座采用直径 $d$，mm。

d）各种转角下，支座边缘最大、最小变形值应按下列公式计算：

$$\Delta_{max} = \Delta_2 + \Delta_\theta \tag{A.10}$$
$$\Delta_{min} = \Delta_2 - \Delta_\theta \tag{A.11}$$

A.4.7 极限抗压强度试验

极限抗压强度试验应按下列步骤进行：

a）将试样放置在试验机的承载板上，上下承载板与支座接触面不得有油污，对准中心位置，精度应小于 1% 的试件短边尺寸。

b）以 0.1MPa/s 的速率连续地加载至试样极限抗压强度 $R_u$ 不小于 70MPa 为止，绘制应力—时间图，并随时观察试样受力状态及变化情况，试样是否完好无损。

3. 判定规则

（1）实测抗压弹性模量 $E_1$、抗剪弹性模量 $G_1$、试样老化后的抗剪弹性模量 $G_2$ 和四氟滑板试样与不锈钢板的摩擦系数应满足表 13-11 中的要求。

（2）支座在不小于 70MPa 压应力时，橡胶层未被挤坏，中间层钢板未断裂，四氟板与橡胶未发生剥离，则试样的抗压强度满足要求。

（3）支座在两倍剪应力作用下，橡胶层未被剪坏，中间层钢板未断裂错位，卸载后，支座变形恢复正常，认为试样抗剪黏结性能满足要求。

（4）试样的容许转角正切值，混凝土、钢筋混凝土桥在 1/300，钢桥在 1/500 时，试样边缘最小变形值大于或等于零时，则试样容许转角满足要求。

（5）三块（或三对）试样中，有两块（或两对）不能满足要求时，则认为该批产品不合格。若有一块（或一对）试样不能满足要求时，则应从该批产品中随机再取双倍试样对不合格项目进行复验，若仍有一项不合格，则判定该批产品不合格。

【注意事项】

（1）橡胶对温度比较敏感，因此送检样品必须在标准室温下静放 24h 再做检测。

（2）做抗剪弹性模量检测时有两个剪切面，因此计算推力时要注意。

## 二、盆式橡胶支座检测（JT/T 391—2009）

盆式支座结构紧凑，摩擦系数小，承载能力大，重量轻，结构高度小，转动及滑动灵活，成本较低，是一种有发展前途的大、中型桥梁支座。

（一）基本常识

1. 分类

（1）按使用性能分类

①双向活动支座：具有竖向承载、竖向转动和双向滑移性能，代号为 SX。

②单向活动支座：具有竖向承载、竖向转动和单方向滑移性能，代号为 DX。

③固定支座：具有竖向承载和竖向转动性能，代号为 GD。

④减震型固定支座：具有竖向承载、竖向转动和减震性能，代号为 JZGD。

⑤减震型单向活动支座：具有竖向承载、竖向转动、单一方向滑移和减震性能，代号为 JZDX。

（2）按适用温度范围分类

①常温型支座:适用于 -25 ~ +60℃ 使用。

②耐寒型支座:适用于 -40 ~ +60℃ 使用。

2. 型号

支座型号表示方法见图 13-21。

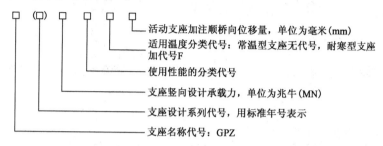

图 13-21 支座型号表示方法

例1:××××年设计系列,设计竖向承载力为 15MN 的双向活动耐寒型顺桥向位移为 ±100mm 的盆式支座,其型号表示为 GPZ(××××)15SXF±100。

例2:××××年设计系列,设计竖向承载力为 35MN 的单向活动常温型顺桥向位移为 ±50mm 的盆式支座,其型号表示为 GPZ(××××)35DX±50。

例3:××××年设计系列,设计竖向承载力为 50MN 的常温型固定盆式支座,其型号表示为 GPZ(××××)50GD。

例4:××××年设计系列,设计竖向承载力为 40MN 的减震型固定盆式支座,其型号表示为 GPZ(××××)40JZGD。

例5:××××年设计系列,设计竖向承载力为 35MN 的减震型单向活动常温型顺桥位移为 ±150mm 的盆式支座,其型号表示为 GPZ(××××)35JZDX±150。

3. 结构形式

双向活动支座和单向活动支座由顶板、不锈钢冷轧钢板、聚四氟乙烯板、中间钢板、黄铜密封圈、橡胶板、钢盆、锚固螺栓、防尘圈和防尘围板等组成。

固定支座由顶板、黄铜密封圈、橡胶板、钢盆、锚固螺栓、防尘圈和防尘围板等组成。

各支座结构示意见图 13-22 ~ 图 13-26。图 13-22 ~ 图 13-26 均未示出防尘围板。

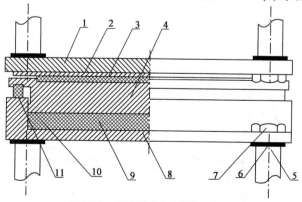

图 13-22 双向活动支座结构示意图

1-顶板;2-不锈钢冷轧钢板;3-聚四氟乙烯板;4-中间钢板;5-套筒;6-垫圈;7-锚固螺栓;8-钢盆;9-橡胶板;10-黄铜密封圈;11-防尘圈

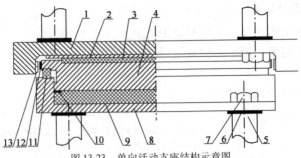

图 13-23 单向活动支座结构示意图

1-顶板;2-不锈钢冷轧钢板;3-聚四氟乙烯板;4-中间钢板;5-套筒;6-垫圈;7-锚固螺栓;8-钢盆;9-橡胶板;10-黄铜密封圈;11-防尘圈;12-SF-1 导向滑条;13-侧向不锈钢条

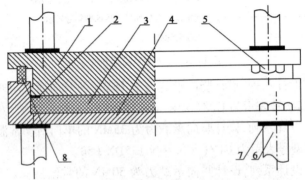

图 13-24 固定支座结构示意图

1-顶板;2-黄铜密封圈;3-橡胶板;4-钢盆;5-锚固螺栓;6-套筒;7-垫圈;8-防尘圈

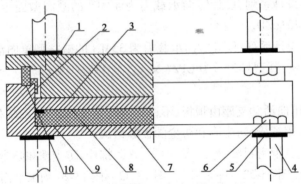

图 13-25 减震型固定支座结构示意图

1-顶板;2-高阻尼橡胶;3-下衬板;4-套筒;5-垫圈;6-锚固螺栓;7-钢盆;8-橡胶板;9-黄铜密封圈;10-防尘圈

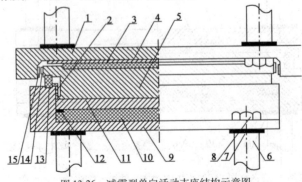

图 13-26 减震型单向活动支座结构示意图

1-顶板;2-高阻尼橡胶;3-不锈钢冷轧钢板;4-聚四氟乙烯板;5-中间钢板;6-套筒;7-垫圈;8-锚固螺栓;9-钢盆;10-橡胶板;11-下衬板;12-黄铜密封圈;13-防尘圈;14-SF-1 导向滑条;15-侧向不锈钢条

4.成品支座力学性能要求

(1)竖向承载力

支座竖向承载力分为33级,即0.4MN,0.5MN,0.6MN,0.8MN,1MN,1.5MN,2MN,2.5MN,3MN,3.5MN,4MN,5MN,6MN,7MN,8MN,9MN,10MN,12.5MN,15MN,17.5MN,20MN,22.5MN,25MN,27.5MN,30MN,32.5MN,35MN,37.5MN,40MN,45MN,50MN,55MN,60MN。

在竖向设计承载力作用下,支座压缩变形不大于支座总高度的2%,钢盆盆环上口径向变形不大于盆环外径的0.05%。

(2)水平承载力

固定支座和单向活动支座非滑移方向的水平承载力均不小于支座竖向承载力的10%。

减震型固定支座和减震型单向活动支座非滑移方向的水平承载力均不小于支座竖向承载力的20%。

(3)转角

支座竖向转动角度不小于0.02rad。支座正常工作时,支座竖向转动角度不大于0.02rad。

(4)摩擦系数

加5201硅脂润滑后,常温型活动支座摩擦系数不大于0.03;加5201硅脂润滑后,耐寒型活动支座摩擦系数不大于0.06。

(5)位移

双向活动支座和单向活动支座顺桥向位移量分为五级:±50mm,±100mm,±150mm,±200mm,±250mm;双向活动支座横桥向位移量为±50mm,当有特殊需要时,可按实际需要调整位移量,调整位移级差为±50mm。

(二)成品支座力学性能检测方法

成品支座力学性能测试应在专门的试验机构进行,条件许可时也可在支座生产厂进行。

成品支座试验内容包括:支座竖向承载力试验、支座摩擦系数试验和支座转动试验。

1.成品支座竖向承载力试验

(1)试样

盆式支座竖向承载力试验应采用实体支座进行。如受试验设备能力限制时,经与用户协商可选用小型支座进行试验。

试验支座的材质应符合本标准要求,支座各部件及支座外形尺寸应符合设计要求。

(2)试验内容

支座竖向承载力试验测试内容包括:

①在竖向荷载作用下,测试荷载—支座竖向压缩变形曲线。

②在竖向荷载作用下,测试荷载—盆环径向变形曲线。

(3)试验方法

支座检验荷载为支座竖向设计承载力的1.5倍,并将检验荷载均分为10级,逐级对支座加载。

在支座顶、底板间对称安装4只百分表,测试支座竖向压缩变形。在盆环上口相互垂直的直径方向安装4只千分表,测试支座盆环径向变形。

加载试验前,应对支座进行预压,预压荷载为支座竖向设计承载力,预压次数为3次。

试验时以支座竖向设计承载力的1.4%作为初始压力,然后逐级加载。每级荷载稳压

2min 后读取百分表和千分表数据,加载至检验荷载时稳压 3min 后卸载至初始压力,测定残余变形,一个加载程序完毕。一个支座需往复加载 3 次。

试验条件许可时,也可采用自动化设备进行试验。自动化设备试验时,一个加载过程为 10~15min。

(4)试验结果

支座竖向压缩变形取每级加载 4 只百分表的算术平均值,作为该次该级加载的测试结果,取 3 次测试结果的平均值,作为该支座的测试结果。

盆环径向变形取每级加载同一直径方向的两只千分表实测结果的绝对值之和作为该直径方向的变形。两个直径方向变形的平均值作为该次该级加载的测试结果。取 3 次测试结果的平均值,作为该支座的测试结果。

根据每级加载的实测结果,绘制荷载—支座竖向压缩变形曲线和荷载—盆环径向变形曲线。

测试结果应满足:在竖向设计承载力作用下,支座压缩变形不大于支座总高度的 2%,钢盆盆环上口径向变形不大于盆环外径的 0.05%。

(5)试验报告

试验结束后,测试单位应提交试验报告。试验报告应包括以下内容:

①试验装置及试验概况。试验设备、试验荷载、试验室温度;试验支座形式及规格,实测支座高度及盆环外径。

②描述试验过程及试验结果,记录试验过程中的异常情况。

③提供支座在设计荷载作用下,竖向压缩变形与支座高度比值的百分比,支座在设计荷载作用下盆环上口径向变形与盆环外径比值的百分比,支座卸载至初始压力时的残余变形及残余变形与设计荷载下相应变形的百分比,并对试验结果作出评定。

④试验照片。包括试验支座加载及试验中的异常情况。

2. 成品支座摩擦系数试验

(1)试样

成品支座摩擦系数试验,原则上应采用实体支座,如果受试验设备的限制,经与用户协商可选用小型支座。试件用材及内在质量虽应符合本标准的有关规定。试件几何尺寸及组装后的高度偏差应符合设计图纸和本标准的技术要求。

(2)试件数量

为测试方便,试件选用两个同规格的双向活动支座。

(3)试验方法

试验方法如下:

①成品支座摩擦系数试验应在专用试验机上进行,试验装置见图 13-27。

②试验前将试件储脂坑内涂满 5201-2 硅脂。支座对中后,先对支座进行预压,预压荷载为支座设计竖向承载力。预压 3 次,每次加载稳压 3min 后卸载至初始荷载,初始荷载为支座设计承载力的 1.0%,或由试验机的精度确定。

③试验时,试验机对支座加载至竖向设计承载力,然后用千斤顶对支座施加水平力,并用专用的压力传感器记录水平力大小,支座发生滑移即停止施加水平力,同时计算出支座的初始摩擦系数。然后重复以上试验,记录每次施加的水平力。要求至少重复 3 次,将各次测试平均值作为支座的实测摩擦系数。支座摩擦系数应满足:加 5201 硅脂润滑后,常温型活动支座摩

擦系数不大于0.03;加5201硅脂润滑后,耐寒型活动支座摩擦系数不大于0.06。

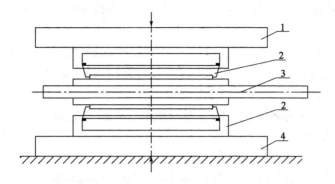

图13-27 成品支座摩擦系数试验装置
1-试验机上承压板;2-试验支座;3-水平力加载装置;4-试验机下承压板

(4)试验报告

试验报告应包括以下内容:

①试验概况。试验设备、试验温度及试验支座规格、试验荷载等。

②试验过程描述。试验中如有异常情况发生,应详细描述异常情况发生的过程。

③给出每次试验的实测结果,并计算出支座的平均摩擦系数。

④试验现场照片。

3.成品支座转动试验

(1)试样

成品支座转动试验,原则上应采用实体支座,如受试验设备的限制,经与用户协商可选用小型支座。试验支座用材及内在质量应符合本标准的有关规定。试件几何尺寸及组装后的高度偏差应符合设计图纸和本标准的技术要求。

(2)试件数量

为测试方便,试件选用两个同规格的固定支座,也可选用两个双向活动支座。

(3)试验方法

支座转动试验应在专用试验机上进行,试验装置见图13-28。试验方法如下:

①试验时将试件按图13-28所示位置摆放在试验机台座上,并对准中心位置。在距试件中心一定距离处,安装使加载横梁产生转动的千斤顶和测力计。在试验台座上与加载横梁两端对应的适当位置,分别安装两只位移传感器或千分表。

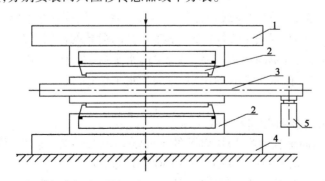

图13-28 成品支座转动试验装置
1-试验机上承压板;2-试验支座;3-加载横梁;4-试验机下承压板;5-加载千斤顶

②转动试验前,应对支座进行预压,预压荷载为试验支座的竖向设计承载力,预压 3 次。每次加载稳压 3min 后卸载至初始荷载。初始荷载为支座设计承载力的 1.0%,或由试验机的精度确定。

③试验机对试验支座加载至设计荷载时,顶起加载横梁,使支座分别产生 0.010rad、0.015rad、0.020rad 转角,每次达到要求的转角后,稳压 30min。加到最大转角时稳压 30min 后卸载。

④支座卸载后,将支座各部件拆解,观察聚四氟乙烯板、黄铜密封圈、橡胶板、钢件等,看各部件有无永久变形及损坏。

(4)试验结果

支座转动试验后,要求聚四氟乙烯板和钢件无损伤,橡胶板没有被挤出,黄铜密封圈也没有明显损伤。

(5)试验报告

试验报告应包括以下内容:

①试验概况。试验设备、试验温度及试验支座规格、试验荷载等。

②试验过程有无异常情况,如有异常,描述异常发生的过程。

③实测支座转动试验结果及各部件变形、损伤情况。

④试验现场照片。

**【注意事项】**

(1)试验样品原则上应选实体支座,如试验设备不允许对大型支座进行试验,经协商可选用小型支座代替。

(2)在预压过程中注意四只百分表的读数增量,当其相差较大时支座位置应予以调整,直到四只百分表读数增量基本相同时为止。

### 三、球型支座检测(GB/T 17955—2009)

球型支座通过球面传力,因此作用到支承混凝土上的反力比较均匀;转动力矩小,设计转角可达 0.06rad;各向转动性能一致,适用于曲线桥和宽桥;不使用橡胶,因此不存在橡胶老化、变硬等问题对支座转动的影响,特别适用于低温地区。这是另一种极有发展前途的桥梁支座。

(一)基本常识

(1)分类

球型支座具有承受额定竖向荷载并各向转动的功能,一般按其水平向位移特性予以分类:

①双向活动支座:具有双向位移性能,不承担水平向荷载的作用,代号 SX。

②单向活动支座:具有单向位移性能,承受单向水平荷载的作用,代号 DX。

③固定支座:承受各向水平荷载的作用,各向无水平位移,代号 GD。

(2)型号

支座型号表示方法如图 13-29 所示。

例 1:支座设计竖向承载力为 30 000kN 的单向活动球型支座,其纵向位移量为 ±150mm,转角 0.05rad,其型号表示为 QZ30000DX/Z±150/R0.05。

例 2:支座设计竖向承载力为 20 000kN 的双向活动球型支座,其纵向位移量为 ±100mm、横向位移量为 ±40mm、转角 0.02rad,其型号表示为 QZ20000SX/Z±100/H±40/R0.02。

(3) 规格

①支座的规格系列按承受的竖向荷载大小共分为 29 级(kN):1 500,2 000,2 500,3 000,3 500,4 000,4 500,5 000,6 000,7 000,8 000,9 000,10 000,12 500,15 000,17 500,20 000,22 500,25 000,27 500,30 000,32 500,35 000,37 500,40 000,45 000,50 000,55 000,60 000。

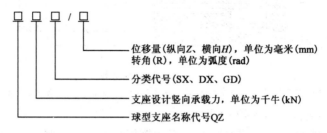

图 13-29　支座型号表示方法

②双向活动支座与单向活动支座顺结构主位移方向的位移量分为 6 级(mm):±50,±100,±150,±200,±250,±300。双向活动支座的横向位移量为 ±40mm,单向活动支座的横向位移限值为 ±3mm。位移量可根据实际需要进行调整。

③支座的转角分为 5 级(rad):0.02,0.03,0.04,0.05,0.06。

(4) 结构形式

球型支座一般由上支座板(含不锈钢板)、平面聚四氟乙烯板、球冠衬板、球面聚四氟乙烯板、下支座板及防尘结构组成。

①双向活动支座结构示意图见图 13-30。

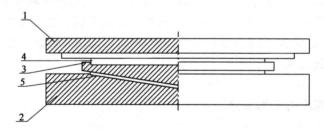

图 13-30　双向活动支座结构示意图
1-上支座板;2-下支座板;3-球冠衬板;4-平面聚四氟乙烯板;5-球面聚四氟乙烯板

②单向活动支座结构示意图见图 13-31。

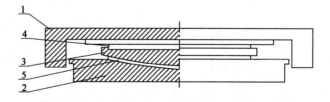

图 13-31　单向活动支座结构示意图
1-上支座板;2-下支座板;3-球冠衬板;4-平面聚四氟乙烯板;5-球面聚四氟乙烯板

③固定支座结构示意图见图 13-32。

(5) 成品支座性能要求

①在竖向设计承载力的作用下,支座的竖向压缩变形不应大于支座总高度的 1%,盆环径向变形不应大于盆环外径的 0.05%。

②固定支座和单向活动支座非滑移方向的水平承载力均不应小于竖向设计承载力的10%。

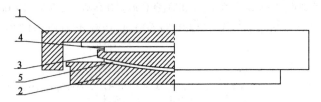

图13-32 固定支座结构示意图

1-上支座板;2-下支座板;3-球冠衬板;4-平面聚四氟乙烯板;5-球面聚四氟乙烯板

③支座适用的温度范围为 -40~60℃。

④在竖向设计荷载作用下,当镀铬钢板、不锈钢板与聚四氟乙烯板间加有5201硅脂润滑后,温度适用范围在 -25~60℃时,设计摩擦系数取0.03;当温度适用范围在 -40~25℃时,设计摩擦系数取0.05。

⑤支座设计转动力矩按下式计算:

$$M_\theta = R_{ck} \cdot \mu_f \cdot R \tag{13-36}$$

式中:$R_{ck}$——支座竖向设计承载力,kN;

$\mu_f$——球面镀铬钢衬板的镀铬层与球面聚四氟乙烯板间的设计摩擦系数;

$R$——球面镀铬钢衬板的球面半径,mm。

(二)整体支座力学性能检测方法

整体支座的试验应在制造厂或专门的试验机构进行。支座的承载力试验一般应采用实体支座进行。当受试验设备能力限制时,经业主同意可选用有代表性的小型支座进行试验。支座摩擦系数、转动性能试验,当受试验设备能力限制时,可选用有代表性的小型支座进行试验。

1. 支座竖向承载力试验

(1)试验条件

试验室的标准温度为23℃±5℃。

(2)试样停放

试验前将试样直接暴露在标准温度下,停放24h。

(3)试验方法

按图13-33放置试样后,按下列步骤进行支座竖向承载力试验:

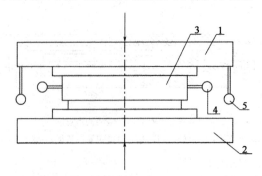

图13-33 支座竖向承载力试验放置试样示意图

1-上承载板;2-下承载板;3-试样;4-千分表;5-位移传感器

①将试样置于试验机的承载板上,试样中心与承载板中心位置对准,偏差小于1%球型支

座直径。试验荷载为支座竖向承载力的1.5倍。加载至设计承载力的0.5%后,核对承载板四边的位移传感器和千分表,确认无误后进行预压。

②预压。将支座竖向设计承载力以连续均匀的速度加满,反复3次。

③正式加载。将试验荷载由零至试验荷载均匀分为10级。试验时以设计承载力的0.5%作为初始荷载,然后逐级加载。每级荷载稳压2min后记录位移传感器和千分表数据,直至检验荷载,稳压3min后卸载。加载过程连续进行3次。

④竖向压缩变形分别取4个位移传感器读数的算术平均值,绘制荷载—竖向压缩变形曲线。盆环径向变形分别取4个千分表读数的算术平均值,绘制荷载—盆环径向变形曲线。变形曲线应呈线性关系。

⑤测试结果应满足:在竖向设计承载力的作用下,支座的竖向压缩变形不应大于支座总高度的1%,盆环径向变形不应大于盆环外径的0.05%。

(4)试验报告

试验报告应包括以下内容:

①试件概况描述:包括支座型号、设计竖向承载力、转角、位移,并附简图。

②试验机性能及配置描述。

③试验过程中出现异常现象描述。

④试验记录完整,并计算支座在试验荷载作用下,竖向压缩变形值与支座总高度的百分比;计算支座盆环径向变形与盆环外径的百分比,评定试验结果。

⑤附试验照片。

2. 支座水平承载力试验

(1)试验条件

试验室的标准温度为23℃±5℃。

(2)试样停放

试验前将试样直接暴露在标准温度下,停放24h。

(3)试验方法

按图13-34放置试样后,按下列步骤进行支座水平承载力试验:

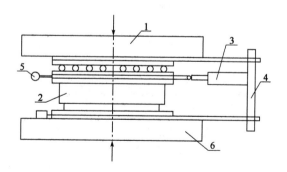

图13-34 支座水平承载力试验放置试样示意图
1-上承载板;2-试样;3-水平力试验装置;4-自平衡反力架;5-百分表;6-下承载板

①将试样置于试验机的承载板上,将自平衡反力架及水平力试验装置组合配置好。试验荷载为支座水平承载力的1.2倍。加载至水平承载力的0.5%后,核对水平方向百分表及水平千斤顶数据,确认无误后,进行预推。

②预推。将支座竖向承载力加至设计承载力的50%,用水平承载力的20%进行预推,反复进行3次。

③正式加载。将试验荷载由零至试验荷载均匀分为10级。试验时先将竖向承载力加至50%后,再以支座设计水平力的0.5%作为初始推力;然后逐级加载,每级荷载稳压2min后,记录百分表数据;待设计水平力达到90%后,再将竖向承载力加至设计承载力,然后将水平承载力加至试验荷载稳压3min后卸载。加载过程连续进行3次。

④水平力作用下变形分别取2个百分表的平均值,绘制荷载—水平变形曲线。变形曲线应呈线性关系。

⑤水平力应满足:固定支座和单向活动支座非滑移方向的水平承载力均不应小于竖向设计承载力的10%。

⑥支座水平承载力试验,在拆除装置后,检查支座变形是否恢复。变形不能恢复的产品为不合格。

(4)试验报告

试验报告应包括以下内容:

①试件概况描述:包括支座型号、设计承载力、转角、位移,并附简图。

②试验机性能及配置描述。

③试验过程中出现异常现象描述。

④试验记录完整,评定试验结果。

⑤附试验照片。

3. 支座摩擦系数试验

(1)试验条件

试验室的标准温度为23℃±5℃。

(2)试样停放

试验前将试样直接暴露在标准温度下,停放24h。

(3)试验方法

按图13-35放置试样后,按下列步骤进行支座摩擦系数试验:

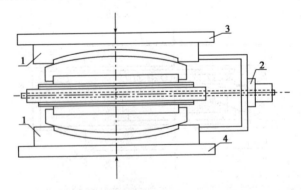

图13-35 支座摩擦系数试验放置试样示意图
1-试样;2-水平力加载装置;3-上承载板;4-下承载板

①将试样按双剪组合置于试验机的承载板上,试样中心与承载板中心位置对准,精度小于1%球型支座直径。

②将支座竖向设计荷载以连续均匀的速度加满,在整个摩擦系数试验过程中保持不变。

其预压时间为1h。

③正式加载。用水平力加载装置连续均匀地施加水平力,由专用的压力传感器记录水平力大小,支座一旦发生滑动即停止施加水平力,由此计算出支座的初始摩擦系数。试验过程连续进行5次。

④以实测第二次至第五次滑动摩擦系数的平均值,作为支座的实测摩擦系数。

⑤支座摩擦系数应满足:在竖向设计荷载作用下,当镀铬钢板、不锈钢板与聚四氟乙烯板间加有5201硅脂润滑后,温度适用范围在 -25~60℃时,设计摩擦系数取0.03;当温度适用范围在 -40~25℃时,设计摩擦系数取0.05。

(4)试验报告

试验报告应包括以下内容:

①试件概况描述:包括支座型号、设计承载力、转角、位移,并附简图。

②试验机性能、配置及加载速度描述。

③试验过程中出现异常现象描述。

④试验记录完整,并计算摩擦系数,评定试验结果。

⑤附试验照片。

4.支座转动性能试验

(1)试验条件

试验室的标准温度为23℃±5℃。

(2)试样停放

试验前将试样直接暴露在标准温度下,停放24h。

(3)试验方法

按图13-36放置试样后,按下列步骤进行支座转动性能试验:

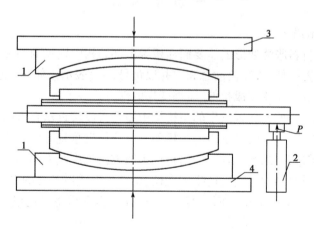

图13-36 支座转动性能试验放置试样示意图
1-试样;2-加载装置;3-上承载板;4-下承载板

①将试样按图13-36置于试验机的承载板上,试样中心与承载板中心位置对准,精度小于1%球型支座直径。

②将支座竖向设计荷载以连续均匀的速度加满,并在整个转动试验过程中保持不变。

③正式加载。用千斤顶以5kN/min的速率施加转动力矩,直至支座发生转动后千斤顶卸载,记录支座发生转动瞬间的千斤顶最大荷载。试验过程连续进行3次。

④支座实测转动力矩为 $M_\theta = P \cdot l/2$，取其3次的试验平均值。
⑤支座实测转动力矩应小于按公式(13-36)设计的转动力矩。

(4)试验报告

试验报告应包括以下内容：
①试件概况描述：包括支座型号、设计承载力、转角、位移，并附简图。
②试验机性能及配置描述。
③试验过程中出现异常现象描述。
④试验记录完整，并计算转动力矩，评定试验结果。
⑤附试验照片。

**【注意事项】**

(1)试验试样一般应采用实体支座。受试验设备能力限制时，可选用有代表性的小型支座进行试验，小型支座的竖向承载力不宜小于2 000kN。

(2)在预压过程中注意四只百分表的读数增量，当其相差较大时支座位置应予以调整，直到四只百分表读数增量比较接近。

(3)转动试验装置所选用的转动力臂应具有较大的刚度；测力传感器应具有记录最大力功能。

## 第六节 公路桥梁伸缩装置检测

为使车辆平稳通过桥面并满足桥梁上部结构变形的需要，在桥梁伸缩缝处设置的由橡胶和钢材等组成的各种装置总称为桥梁伸缩装置(JT/T 327—2004)。

### 一、基本常识

(一)常用名词术语

伸缩缝：为适应材料胀缩变形的需要而在桥梁上部结构中设置的间隙。
伸缩量：伸缩装置拉伸、压缩值的总和。并以负号(－)表示拉伸，以正号(＋)表示压缩。
伸缩体：伸缩装置中能够完成拉伸、压缩变形的部分。
伸缩装置横向错位：伸缩装置发生的与桥梁中线垂直或接近垂直方向的错位。
伸缩装置竖向错位：伸缩装置发生的与桥面垂直或接近垂直方向的错位。
伸缩装置纵向错位：伸缩装置发生的沿桥梁中线或接近中线方向的错位。
富裕量：因考虑桥梁结构的挠度产生的变位、由结构形式应考虑的必需余量以及伸缩装置加工和安装时的误差等因素的影响而预留之余量，称之为富裕量。这里的富裕量包括伸缩装置拉开与压缩两种状态下的预留量值。
初始压缩量：对于橡胶型伸缩装置，在设置时，必须预先压缩其伸长量，以使在最大间隙时，橡胶伸缩体不出现拉力作用，而在最小间隙时，橡胶伸缩体不致出现挤压鼓出现象，这时的压缩量称为初始压缩量。对板式橡胶型伸缩装置，当在低于设计安装温度的情况下安装时，预先拉开一定的伸长量，也可称为初始预拉量。其他形式的伸缩装置，出厂前按设计要求的初始定位值，也可称为初始压缩量。

(二)伸缩装置的分类

伸缩装置按照伸缩体结构的不同分为四类：

1. 模数式伸缩装置

伸缩体由中钢梁和 80mm 的单元橡胶密封带组合而成的伸缩装置,适用于伸缩量为 160~2 000mm 的公路桥梁工程。

2. 梳齿板式伸缩装置

伸缩体由钢制梳齿板组合而成的伸缩装置,一般适用于伸缩量不大于 300mm 的公路桥梁工程。

3. 橡胶式伸缩装置

橡胶式伸缩装置分板式橡胶伸缩装置和组合式橡胶伸缩装置两种:

(1)伸缩体由橡胶、钢板或角钢硫化为一体的板式橡胶伸缩装置,适用于伸缩量小于 60mm 的公路桥梁工程;

(2)伸缩体中橡胶板和钢托板组合而成的组合式伸缩装置,适用于伸缩量不大于 120mm 的公路桥梁工程。

橡胶式伸缩装置不宜用于高速公路、一级公路上的桥梁工程。

4. 异型钢单缝式伸缩装置

伸缩体完全由橡胶密封带组成的伸缩装置。由单缝钢和橡胶密封带组成的单缝式伸缩装置,适用于伸缩量不大于 60mm 的公路桥梁工程。由边梁钢和橡胶密封带组成的单缝式伸缩装置,适用于伸缩量不大于 80mm 的公路桥梁工程。

(三)产品代号表示示例

例 1:采用交通行业标准,产品名称代号为 GQF-C 型,伸缩量为 50mm 的三元乙丙橡胶伸缩装置表示为:GQF-C50(EPDM)。

例 2:采用交通行业标准,产品名称代号为 GQF-MZL 型,伸缩量 400mm 的天然橡胶伸缩装置表示为:GQF-MZL400(NR)。

例 3:采用交通行业标准,产品名称代号为 J-75 型,伸缩量 480mm 的氯丁橡胶伸缩装置表示为:J-75 480(CR)。

(四)伸缩装置的技术要求

伸缩装置所使用的材料、加工工艺和成品的整体性能、外观质量及解剖检验等均应符合交通部颁布的现行标准 JT/T 327—2004,其中部分指标见表 13-16 ~ 表 13-20。

1. 整体性能要求

伸缩装置整体性能要求见表 13-16。

伸缩装置整体性能要求    表 13-16

| 序号 | 项目 | | 模数式 | | 梳齿板式 | 橡胶式 | | 异型钢单缝式 |
|---|---|---|---|---|---|---|---|---|
| | | | | | | 板式 | 组合式 | |
| 1 | 拉伸、压缩时最大水平摩阻力(kN/m) | | ≤4 | | ≤5 | <18 | ≤8 | |
| 2 | 拉伸、压缩时变位均匀性(mm) | 每单元最大偏差值 | $-2~2$ | | | | | |
| | | 总变位最大偏差值 | $e \leq 480$ | $-5~5$ | $e \leq 80$ | ±1.5 | | |
| | | | $480 < e \leq 800$ | $-10~10$ | $e > 80$ | ±2.0 | | |
| | | | $e > 80$ | $-15~15$ | | | | |

续上表

| 序号 | 项 目 | | 模数式 | 梳齿板式 | 橡胶式 | | 异型钢单缝式 |
|---|---|---|---|---|---|---|---|
| | | | | | 板式 | 组合式 | |
| 3 | 拉伸、压缩时最大竖向偏差或变形(mm) | | 1~2 | 0.3~0.5 | -3~3 | -2~2 | |
| 4 | 相对错位后拉押、压缩试验(满足1、2项要求前提下) | 纵向错位 | 支承横梁倾斜角度下小于2.5° | | | | |
| | | 竖向错位 | 相当顺桥向产生5%坡度 | | | | |
| | | 横向错位 | 两支承横梁3.6m范围内两端相差80mm | | | | |
| 5 | 最大荷载时中梁应力、横梁应力、应变测定、水平力(模拟制动力) | | 满足设计要求 | | | | |
| 6 | 防水性能 | | 注满水24h无渗漏 | | | | 注满水24h无渗漏 |

2. 尺寸偏差要求

(1) 橡胶伸缩装置的尺寸偏差

橡胶伸缩装置的尺寸偏差应满足表13-17要求。

橡胶伸缩装置的尺寸偏差(单位:mm)　　　表13-17

| 长度范围 | 偏差 | 宽度范围 | 偏差 | 厚度范围 | 偏差 | 螺孔中距 $l_1$ 偏差 |
|---|---|---|---|---|---|---|
| $l=1\,000$ | -1, +2 | $a \leqslant 80$ | -2.0, +1.0 | $t \leqslant 80$ | -1.0, +1.8 | <1.5 |
| | | $80 < a \leqslant 240$ | -1.5, +2.0 | $t > 280$ | -1.5, +2.3 | |
| | | $a > 240$ | -2.0, +2.0 | — | — | |

注:宽度范围正偏差用于伸缩体顶面,负偏差用于伸缩体底面。

(2) 密封橡胶带的尺寸偏差

在自然状态下,伸缩装置中使用的单元密封橡胶带尺寸(不包括锚固部分)的偏差应满足表13-18的要求。

单元密封橡胶带尺寸(不包括锚固部分)偏差(单位:mm)　　　表13-18

| 图 示 | 宽度范围 | 偏差 | 厚度范围 | 偏差 |
|---|---|---|---|---|
| | $a = 80$ | +3, 0 | $b \geqslant 7$ | 0, +1.0 |
| | | | $b_1 \geqslant 4$ | 0, +0.3 |
| | $a < 80$ | +2, 0 | $b \geqslant 6$ | 0, +0.5 |
| | | | $b_1 \geqslant 3$ | 0, +0.2 |

(3)其他偏差要求

伸缩装置中使用的钢构件应按设计图纸要求加工制造,其偏差应满足设计要求。未注公差尺寸的加工件其极限偏差应符合 GB/T 1804 的 V 级规定;未注形状和位置的公差应符合 GB/T 1184 中的 L 级规定。

3. 外观质量

(1)橡胶伸缩装置、密封橡胶带的外观质量应满足表13-19 的要求。

橡胶伸缩装置、密封橡胶带的外观质量要求  表 13-19

| 缺陷名称 | 质量标准 |
| --- | --- |
| 骨架钢板外露 | 不允许 |
| 钢板与黏结处开裂或剥离 | 不允许 |
| 喷霜、发脆、裂纹 | 不允许 |
| 明疤缺胶 | 面积不超过 30mm×5mm,深度不超过 2mm 缺陷,每延米不超过 4 处 |
| 气泡、杂质 | 不超过成品表面面积的 0.5%,且每处不大于 25mm²,深度不超过 2mm |
| 螺栓定位孔歪斜及开裂 | 不允许 |
| 连接榫槽开裂、闭合不准 | 不允许 |

(2)伸缩装置的异型钢、型钢、钢板等外观应光洁、平整。表面不得有大于 0.3mm 的凹坑、麻点、裂纹、结疤、气泡和夹杂,不得有机械损伤。上下表面应平行,端面应平整,长度大于 0.5mm 的毛刺应清除。

4. 内在质量

板式橡胶伸缩装置解剖后,其内在质量应满足表13-20 的要求。

解剖检验结果要求  表 13-20

| 名称 | 质量要求 |
| --- | --- |
| 锯开后钢板,角钢位置 | 钢板、角钢位置要求准确,其平面位置偏差为 ±3mm,高度位置偏差应在 −1~2mm 之间 |
| 钢板与橡胶黏结 | 钢板与橡胶黏结应牢固且无离层现象 |

## 二、整体力学性能试验

(一)试样

试验设备应能对整体组装后的伸缩装置进行力学性能试验。如果受试验设备限制,不能对整体伸缩装置进行试验时,则对模数式伸缩装置的新产品或老产品转厂生产的试制定型鉴定可取不小于 4m 长并具有 4 个单元变位、支承横梁间距等于 1.8m 的组装试样进行试验;梳齿板式伸缩装置应取单元加工长度不小于 2m 组装试样进行试验;橡胶伸缩装置应取 1m 长的试样进行试验;异型钢单缝伸缩装置应取组装试样进行试验。

(二)试验设备

成品力学性能试验需在专用的试验台架上进行。试验台可边固定边移动。伸缩装置试样用定位螺栓或其他有效方法与锚固板联结。试验的拉伸和压缩,可用千斤顶施加荷载,荷载大小通过荷载传感器进行控制。试验台座设导向装置,并用刚度较大的钢梁把位移控制箱连成整体。图13-37为伸缩装置的加载示意图。在加载台架上可以模拟伸缩装置的拉伸、压缩与纵向、竖向、横向错位,实测拉压过程中的水平摩擦阻力和变位均匀性。

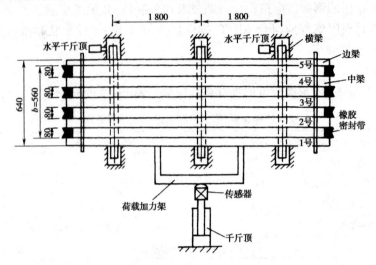

图13-37 伸缩装置加载示意图(尺寸单位:mm)

(三)试验检测项目

(1)模数式伸缩装置应进行拉伸、压缩,纵向、竖向、横向错位试验,测定水平摩擦阻力、变位均匀性。应按实际受力荷载测定中梁、支承横梁及其连接部件应力、应变值。并应对试样进行振动冲击试验,对橡胶密封带进行防水试验。

(2)梳齿板式伸缩装置应进行拉伸、压缩试验,测定水平摩擦阻力、变位均匀性。

(3)橡胶伸缩装置应进行拉伸、压缩试验,测定水平摩擦阻力及垂直变形;且试验应在15~28℃温度下进行。

(4)异型钢单缝伸缩装置应进行橡胶密封带防水试验。

(5)尺寸偏差。

(6)外观质量、内在质量和原材料。

(四)试验检测方法

1.最大拉伸、压缩时,伸缩装置水平摩擦阻力、变位均匀性试验

桥梁伸缩装置的最大拉伸、压缩时的水平摩擦阻力大小、变位均匀性,是衡量伸缩装置性能好坏、伸缩机构设计是否合理灵活的重要技术指标。它反映伸缩装置对桥梁结构由温度变化、混凝土收缩徐变、墩台沉降和梁端转动等产生变形的适应能力。这是一项最基本的,也是极为重要的试验项目。

进行水平摩擦阻力、变位均匀性试验时,首先在试验段两端和中间作好明显标记,按照已选定的预紧力把各组支座预紧固定好,用标定过的卡尺准确测定将拉伸到最大伸缩量的位置时标记处的总宽和每条缝隙宽度的初始值,经过核对后,开始分级加力,往返预拉、预压后,正式加力读取加力值和量测伸缩装置两端总宽和每条缝隙宽度变化值,测定摩擦阻力大小和变位均匀性。

2.中梁、横梁截面应力和垂直变形试验

将伸缩装置拉伸到最大伸缩量,在中梁上模拟汽—超20级荷载压力分级进行加载测试,试验测点布置及加载方式如图13-38所示。中梁及横梁应力用电阻应变片进行测试,垂直变

形用机电百分表测试。

对于板式或组合式的橡胶伸缩装置,只需用机电百分表测试最大拉伸、压缩时垂直变形。

3.伸缩装置纵向、竖向及横向相对错位试验

桥梁结构在受力过程中,由于构造及环境影响,常产生不对称变形。尤其高速公路和高等级公路的弯、坡、斜、宽桥数量较多,矛盾更为突出。所以要求伸缩装置能够吸收三个方向的变形,同时也应能适应加工组装及施工等产生的误差。

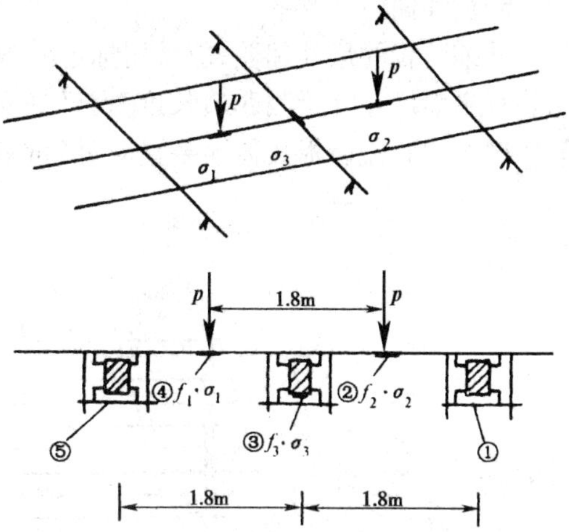

(1)纵向错位试验

当伸缩装置受到车辆制动力作用和在弯桥上安装时,伸缩装置两端产生放射状错位,形成扇形张开。

试验时,使试件在4m范围两端产生80mm的差值,伸缩装置形成扇形张开,然后固定锚固箱,进行拉伸、压缩试验,实测摩擦阻力大小和变位均匀性数值。纵向错位试验见图13-39。

图13-38 中梁和横梁的应力、挠度测点布置示意图

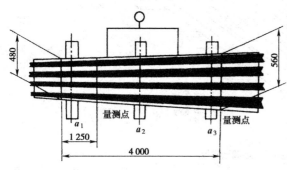

图13-39 纵向错位试验示意图(尺寸单位:mm)

(2)竖向错位试验

桥梁由于支座沉降及安装误差等会使伸缩装置产生竖向错位。竖向错位试验如图13-40所示。

试验时,将试验段一侧位移控制箱放松后用千斤顶将其顶高,垫入楔形垫块,使两侧位移控制箱形成5%的高差,再将位移控制箱固定,进行拉伸、压缩试验,测定摩擦阻力大小和变位均匀性。

(3)横向错位试验

首先将试验段一侧位移控制箱放松,用水平千斤顶对放松的位移控制箱施加水平力,使其横梁倾斜角度达到2.5°后固定位移控制箱,再进行拉伸压缩试验,实测拉压过程中摩擦阻力大小和变位均匀性。横向错位试验见图13-41。

4.最大水平制动力时,中梁变位、连动机构应力测试

最大水平制动力试验,主要模拟汽—超20级荷载在伸缩装置一根中梁上紧急刹车时,测试中梁水平变位值和连动机构应力。

试验时,用两个水平千斤顶模拟两个车轮在伸缩装置处于最大拉伸状态时,在中梁的支承横梁跨间中点施加水平制动力;在中梁两端安装百分表,测试中梁变位;在连动机构上粘贴应变片,测试其应力。卸载后观测其恢复状况。试验重复三次。水平力加载如图13-42所示。

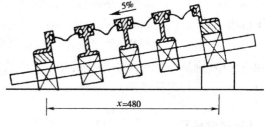

图13-40 竖向错位试验示意图(尺寸单位:mm)

5.尺寸偏差检测

伸缩装置的尺寸偏差,应采用标定的钢直尺、游标卡尺、平整度仪、水准仪等量测。橡胶伸缩装置平面尺寸除量测四边长度外,还应量测对角线尺寸,厚度应在四边量测 8 点取其平均值。模数式和梳齿板式伸缩装置应每 2m 取其断面量测后,取其平均值。

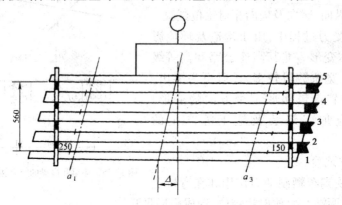

图 13-41　横向错位试验示意图(尺寸单位:mm)

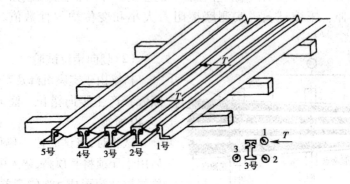

图 13-42　水平力试验加载示意图

6.外观质量、内在质量和原材料检测

产品外观质量,应用目测方法和相应精度的量具逐步进行检测,不合格产品可进行一次修补;橡胶板式伸缩装置内在质量通过解剖检验,应每 100 块取一块,沿中横向锯开进行规定项目检验;伸缩装置中使用的钢材、橡胶、不锈钢板、聚四氟乙烯板、硅脂等应按 JT/T 327—2004 中规定的方法进行试验。

(五)判定规则

(1)进厂原材料检验应全部项目合格后方可使用,不合格材料不能应用于生产。

(2)出厂检验时,若有一项指标不合格,则应从该批产品中再随机抽取双倍数目的试样,对不合格项目进行复检,若仍有一项不合格则判定该批产品不合格。

(3)型式检验时,整体性能试验全部项目满足表 13-16 中的要求为合格。若检验项目中有一项不合格,则从该批产品中再随机抽取双倍数目的试样,对不合格项目进行复检,若仍有一项目不合格,则判定该批产品不合格。

【注意事项】

(1)橡胶式伸缩装置的试验应在 15~28℃ 温度下进行。

(2)对单组、多组模数式伸缩装置橡胶密封带,应进行防水试验。
(3)所有形式伸缩装置应做零部件安装、更换方便性试验。
(4)橡胶的硬度、拉伸强度、扯断伸长率、恒定压缩永久变形测定、脆性温度、耐臭氧老化、热空气老化试验、橡胶与钢板黏结剥离强度的测定应按 JT/T 4 规定的方法进行。
(5)橡胶的耐水性、耐油性试验应按 GB 1690 规定的方法进行。

## 第七节　预应力筋用锚具、夹具和连接器检测(GB/T 14370—2007)

预应力混凝土结构由于有许多优点,目前在土木工程中应用十分广泛。在施加预应力的过程中,无论是先张法对预应力钢筋的临时固定,还是后张法对预应力钢筋的永久性锚固,都需要有锚具或夹具。因此锚夹具作为保证预应力混凝土结构安全可靠的关键之一,必须满足受力安全可靠、预应力损失小、张拉锚固方便迅速等要求。

### 一、基本常识

(一)术语和定义

1. 预应力

在结构和构件承受其他作用前,预先施加的作用力所产生的应力。

2. 后张预应力

先浇注混凝土的构件,待达到规定强度后,再施加的预应力。

3. 锚具

在后张法结构或构件中,用于保持预应力筋的拉力并将其传递到混凝土(或钢结构)上所用的永久性锚固装置。锚具可分为两类:

(1)张拉端锚具:安装在预应力筋端部且可用以张拉的锚具;

(2)固定端锚具:安装在预应力筋端部,通常埋入混凝土中且不用以张拉的锚具。

4. 夹具

在先张法构件施工时,为保持预应力筋的拉力并将其固定在生产台座(或设备)上的临时性锚固装置;在后张法结构或构件施工时,在张拉千斤顶或设备上夹持预应力筋的临时性锚固装置(又称工具锚)。

5. 连接器

用于连接预应力筋的装置。

6. 预应力钢材

各种预应力混凝土用的钢丝、钢绞线或钢筋等的统称。

7. 预应力筋

在预应力结构中用于建立预加应力的单根或成束的预应力钢丝、钢绞线或钢筋等。有黏结预应力筋是和混凝土直接黏结的或是在张拉后通过灌浆使之与混凝土黏结的预应力筋;无黏结预应力筋是用塑料、油脂等涂包的预应力筋,可以布置在混凝土结构体内或体外,且不能与混凝土黏结,这种预应力筋的拉力永远只能通过锚具和变向装置传递给混凝土。

8. 预应力筋—锚具组装件

单根或成束的预应力筋和安装在端部的锚具组合装配而成的受力单元。

9. 预应力筋—夹具组装件

单根或成束的预应力筋和安装在端部的夹具组合装配而成的受力单元。

10. 预应力筋—连接器组装件

单根或成束的预应力筋和连接器组合装配而成的受力单元。

11. 锚固区

结构中能够支承锚具荷载并将其传递给结构的局部区域。

12. 受力长度

锚具、夹具、连接器试验时,预应力筋两端的锚具、夹具之间或锚具与连接器之间的净距。

13. 预应力筋—锚具组装件的实测极限拉力

预应力筋—锚具组装件在静载试验过程中达到的最大拉力。

14. 预应力筋—夹具组装件的实测极限拉力

预应力筋—夹具组装件在静载试验过程中达到的最大拉力。

15. 预应力筋的效率系数

受预应力钢材根数、试验装置及初应力调整等因素的影响,考虑预应力筋拉应力不均匀的系数。

16. 内缩

预应力筋在锚固过程中,由于锚具各零件之间、锚具与预应力筋之间的相对位移和局部塑性变形所产生的预应力筋的回缩现象。

(二)符号定义

$A_{pk}$——预应力钢材单根试件的特征(公称)截面面积。

$A_p$——预应力筋—锚具、夹具组装件中各根预应力钢材特征(公称)截面面积之和。

$f_{ptk}$——预应力钢材的抗拉强度标准值。

$f_{pm}$——试验所用预应力钢材(截面以 $A_{pk}$ 计)的实测极限抗拉强度平均值。

$F_{pm}$——预应力筋的实际平均极限拉应力,由预应力钢材试件实测破断荷载平均值计算得出。

$F_{apu}$——预应力筋—锚具组装件的实测极限拉力。

$F_{gpu}$——预应力筋—夹具组装件的实测极限拉力。

$\varepsilon_{apu}$——预应力筋—锚具组装件达到实测极限拉力时预应力筋的总应变。

$\eta_a$——预应力筋—锚具组装件静载试验测得的锚具效率系数。

$\eta_g$——预应力筋—夹具组装件静载试验测得的夹具效率系数。

$\eta_p$——预应力筋的效率系数。

(三)产品分类、代号

1. 产品分类

锚具、夹具和连接器按锚固方式不同,可分为夹片式(单孔和多孔夹片锚具)、支承式(镦头锚具、螺母锚具等)、锥塞式(钢质锥形锚具等)和握裹式(挤压锚具、压花锚具等)四种基本类型。

2. 代号

锚具、夹具或连接器的总代号可以分别用汉语拼音字母 M、J、L 表示,各类锚固方式的分类代号,如表 13-21 所示。

锚具、夹具和连接器的代号　　　　　　表 13-21

| 分类代号 | | 锚具 | 夹具 | 连接器 |
|---|---|---|---|---|
| 夹片式 | 圆形 | YJM | YJJ | YJL |
| | 扁形 | BJM | | |
| 支承式 | 镦头 | DTM | DTJ | DTL |
| | 螺母 | LMM | LMJ | LML |
| 锥塞式 | 钢质 | GZM | — | |
| | 冷铸 | LZM | | |
| | 热铸 | RZM | | |
| 握裹式 | 挤压 | JYM | JMJ | JYL |
| | 压花 | YHM | — | — |

注：连接器的代号以续接段端部锚固方式命名。

3. 标记

锚具、夹具或连接器的标记（图 13-43）由产品代号、预应力钢材直径、预应力钢材根数三部分组成（生产企业的体系代号只在需要时加注）：

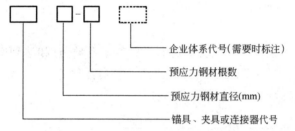

图 13-43　锚具、夹具或连接器的标记

例 1：锚固 12 根直径 15.2mm 预应力混凝土用钢绞线的圆形夹片式群锚锚具，标记为"YJM15-12"。

例 2：预应力筋为 12 根直径 12.7mm 钢绞线，用于固定端的挤压式锚具，标记为"JYM13-12"，需要时可续注企业体系代号。

例 3：用挤压头方法连接 12 根直径 15.2mm 钢绞线的连接器，标记为"JYL15 - 12"。

特殊的或有必要阐明特点的新产品，可增加文字或图样以准确表达。

（四）检测项目及抽样方法

1. 检验项目

出厂检验和型式检验的检验项目应符合表 13-22 的规定。

产品检验项目　　　　　　表 13-22

| 锚具、夹具、连接器类别 | 出厂检验项目 | 型式检验项目 |
|---|---|---|
| 锚具及永久留在混凝土结构或构件中的连接器 | 外观<br>硬度<br>静载性能检验 | 外观<br>硬度<br>静载性能检验<br>疲劳性能检验<br>周期荷载性能检验<br>辅助性试验（选项） |
| 夹具及张拉后将要放张和拆卸的连接器 | 外观<br>硬度<br>静载性能检验 | 外观<br>硬度<br>静载性能检验 |

2. 组批和抽样

（1）锚具及永久留在混凝土结构或构件中的连接器的型式检验，每批零件产品的数量是指同一种产品，同一批原材料，用同一种工艺一次投料生产的数量。每个抽检组批不得超过2 000件(套)，外观检验抽取5%～10%。对有硬度要求的零件应做硬度检验，按热处理每炉装炉量的3%～5%抽样。静载试验用的锚具、夹具或连接器按成套产品抽样，应在外观及硬度检验合格后的产品中抽取，每生产组批抽取3个组装件的用量。

（2）疲劳试验、周期荷载试验及辅助性试验(选项)抽取各3个组装件用的样品。

## 二、技术要求

锚具、夹具和连接器的外观及尺寸应符合设计图样规定，全部产品均不得有裂纹出现。产品零件的表面及芯部硬度、硬度允许偏差应符合设计图样规定。

锚具、夹具和连接器应具有可靠的锚固性能、足够的承载能力和良好的适用性，以保证充分发挥预应力筋的强度，并安全地实现预应力张拉作业。

（一）锚具的基本性能要求

1. 静载锚固性能

用预应力筋—锚具组装件静载试验测定的锚具效率系数 $\eta_a$ 和达到实测极限拉力时组装件受力长度的总应变 $\varepsilon_{apu}$，来判断锚具的静载锚固性能是否合格。

锚具效率系数 $\eta_a$ 按式(13-37)计算：

$$\eta_a = \frac{F_{apu}}{\eta_p F_{pm}} \tag{13-37}$$

$\eta_p$ 的取用：预应力筋—锚具组装件中预应力钢材为1至5根时，$\eta_p = 1$；6至12根时，$\eta_p = 0.99$；13至19根时，$\eta_p = 0.98$；20根以上时，$\eta_p = 0.97$。

锚具的静载锚固性能应同时满足下列两项要求：

$$\eta_a \geq 0.95 \tag{13-38}$$

$$\varepsilon_{apu} \geq 2.0\% \tag{13-39}$$

预应力筋—锚具组装件的破坏形式应是预应力钢材的断裂(逐根或多根同时断裂)，锚具零件的变形不应过大或碎裂，且应按本标准6.2.5的规定确认锚固的可靠性。

2. 疲劳荷载性能

预应力筋—锚具组装件，除必须满足静载锚固性能外，尚需满足循环次数为200万次的疲劳性能试验。

当锚固的预应力筋为钢丝、钢绞线或热处理钢筋时，试验应力上限为预应力钢材抗拉强度标准值 $f_{ptk}$ 的65%，疲劳应力幅度不应小于80MPa。工程有特殊需要时，试验应力上限及疲劳应力幅度取值可另定。

当锚固的预应力筋为有明显屈服台阶的预应力钢材时，试验应力上限应为预应力钢材抗拉强度标准值 $f_{ptk}$ 的80%，疲劳应力幅度宜取80MPa。

试件经受200万次循环荷载后，锚具零件不应疲劳破坏。预应力筋因锚具夹持作用发生疲劳破坏的截面面积不应大于试件总截面面积的5%。

3. 周期荷载性能

在有抗震要求的结构中使用的锚具，预应力筋—锚具组装件还应满足循环次数为50次的周期荷载试验。

当锚固的预应力筋为钢丝、钢绞线或热处理钢筋时,试验应力上限应为预应力筋抗拉强度标准值$f_{ptk}$的80%,下限应为预应力钢材抗拉强度标准值$f_{ptk}$的40%。

当锚固的预应力筋为有明显屈服台阶的预应力钢材时,试验应力上限应为预应力钢材抗拉强度标准值的90%,下限应为预应力钢材抗拉强度标准值的40%。

试件经50次的循环荷载后预应力筋在锚具夹持区域不应发生破坏。

4. 辅助性能要求

新研制的锚具应进行本项试验。进行型式试验的产品,可选择部分或全部项目试验。并根据试验所测定的平均内缩量和锚固端的预应力摩阻损失与设计规范的对比结果,对施工张拉力进行适当修正。

(1)锚具内缩量测定

预应力筋张拉应力达到$0.8f_{ptk}$后放张,测定锚固过程中预应力筋的内缩量(以mm计),取平均值。

(2)锚固端摩阻损失测定

从张拉千斤顶工具锚至喇叭形垫板收口处,预应力筋有一次或两次弯折。张拉时会产生预应力摩阻损失,并能降低自锚功能。测定张拉力达到$0.8f_{ptk}A_p$时的预应力损失(以张拉应力的百分率计)取平均值。

(3)张拉锚固工艺要求

为了证实锚具在预应力工程中的可操作性和适用性,应按研制要求,使用预应力张拉锚固体系的全套机具进行张拉锚固工艺试验。

5. 其他性能要求

(1)锚具应满足分级张拉及补张拉预应力筋的要求。

(2)需要孔道灌浆的锚具或其附件上宜设置灌浆孔或排气孔,灌浆孔的孔位及孔径应符合灌浆工艺要求,且应有与灌浆管连接的构造。

(3)用于低应力可更换型拉索的锚具,应有防松、可更换的构造措施。

(4)锚具应有防腐措施,且能满足工程建设的耐久性要求。

(二)夹具的基本性能要求

(1)夹具的静载锚固性能,应由预应力筋—夹具组装件静载锚固试验测定的夹具效率系数$\eta_g$按式(13-40)确定:

$$\eta_g = \frac{F_{gpu}}{F_{pm}} \tag{13-40}$$

夹具的静载锚固性能应满足$\eta_g \geq 0.92$。

(2)在预应力筋—夹具组装件达到实测极限拉力时,应当是由预应力筋的断裂,而不应当是由夹具的破坏所导致。夹具的全部零件均应有重复使用的品质,且应有可靠的自锚性能、良好的松锚性能和重复使用性能。夹具在使用过程中,应能保证操作人员的安全。

(三)连接器的基本性能要求

在先张法或后张法施工中,在张拉预应力后永久留在混凝土结构或构件中的连接器,都必须符合锚具的性能要求。如在张拉后还须放张和拆卸的连接器,则必须符合夹具的性能要求。

## 三、试 验 方 法

(一)试验要求

(1)试验用的预应力筋—锚具、夹具或连接器组装件应由产品零件和预应力筋组装而成。

试验用的零件应是经过外观检查和硬度检验合格的产品。组装时应将锚固零件上的油污擦拭干净(允许残留微量油膜),不得在锚固零件上添加影响锚固性能的物质。组装件中组成预应力筋的各根钢材应等长平行、初应力均匀,且其受力长度不应小于3m。

单根钢绞线的组装件试件及钢绞线母材力学性能试验用的试件,不包括夹持部位的受力长度不应小于0.8m;其他单根预应力钢材的组装件及母材试件最小长度可按照试验设备及相关标准确定。

对于预应力钢材在锚具夹持部位不弯折的组装件(全部锚筋孔均与锚板底面垂直),各根预应力钢材平行受拉,侧面不应设置有碍受拉或产生摩擦的接触点(图13-44),如预应力钢材的夹持部位与试件轴线有转向角度(锚筋孔与锚板底面倾斜或倾斜安装挤压头的连接器等)时,应在设计转角处加装转向约束钢环,试件受拉力时,该约束环不应与预应力钢材产生滑动摩擦。

(2)试验用预应力钢材应有良好的匀质性,可由锚具生产厂或检验单位提供,同时还应提供该批钢材的质量合格证明书。所选用的预应力钢材,其直径公差应在受检锚具、夹具或连接器设计的匹配范围之内。试验用预应力钢材应根据抽样标准,先在有代表性的部位取至少6根试件进行母材力学性能试验,试验结果应符合国家现行标准的规定(供需双方也可协议采用其他国家的相关标准)。此外,其实测抗拉强度平均值($f_{pm}$)在相关钢材标准中的等级应与受检锚具、夹具或连接器的设计等级相同,超过该等级时不应采用。用某一中间强度等级的预应力钢材试验合格的锚具,在实际工程中,可用于不高于该强度等级的预应力筋。已受损伤的预应力钢材不应用于组装件试验。

(3)试验用的测力系统,其不确定度不应大于2%;测量总应变的量具,其标距的不确定度不应大于标距的0.2%,指示应变的不确定度不应大于0.1%。

(二)静载试验

(1)预应力筋—锚具或夹具组装件应按图13-44的装置进行静载试验;预应力筋—连接器组装件应按图13-45的装置进行静载试验;被连接段预应力筋安装预紧时,可在试验连接器下临时加垫对开垫片,加荷后适时撤除。锚具、夹具或连接器在试验装置上的支承条件(方式、部位、面积等)应与工程实际情况一致。

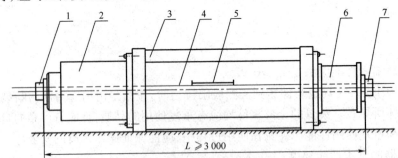

图13-44 预应力筋—锚具(夹具)组装件静载试验装置

1-张拉端试验锚具或夹具;2-加荷载用千斤顶;3-承力台座;4-预应力筋;5-测量总应变的装置;6-荷载传感器;7-固定端试验锚具或夹具

(2)各种测量仪表应在加载之前安装调试正确,各根预应力钢材的初应力调试均匀,初应力可取钢材抗拉强度标准值$f_{ptk}$的5%~10%。测量总应变$\varepsilon_{apu}$的量具标距不宜小于1m。如采用测量加荷千斤顶活塞伸长量($\Delta L$)计算$\varepsilon_{apu}$时,应减去承力台座的弹性压缩、缝隙并紧量和试验锚具(夹具或连接器)的实测内缩量。而预应力筋的计算长度应为两端锚具(夹具或连接器)的起夹点之间的距离。

(3)施加试验荷载步骤:按预应力钢材抗拉强度标准值$f_{ptk}$的20%、40%、60%、80%,分4级等速加载,加载速度宜为100MPa/min左右,达到80%后,持荷1h;随后用低于100MPa/min的加载速度缓慢加载至完全破坏,使荷载达到最大值$F_{apu}$。对于仅要求达到合格标准的试件,可以在$\eta_a$、$\varepsilon_{apu}$、$\eta_g$满足式(13-37)或式(13-40)后停止试验。

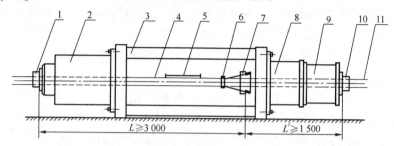

图13-45 预应力筋-连接器组装件静载试验装置

1-张拉端试验锚具;2-加荷载用千斤顶;3-承力台座;4-续接段预应力筋;5-测量总应变的装置;6-转向约束钢环;7-试验连接器;8-附加承力圆筒或穿心式千斤顶;9-荷载传感器;10-固定端锚具;11-被接段预应力筋

(4)用试验机或承力台座进行单根预应力筋—锚具组装件静载试验时,加荷速度可以加快,但不应超过200MPa/min。在应力达到$0.8f_{ptk}$时,持荷时间可以缩短,但不应少于10min。应力超过$0.8f_{ptk}$后,加荷速度不应超过100MPa/min。

(5)试验过程中应测量、观察的项目和对实验结果的要求见图13-46。

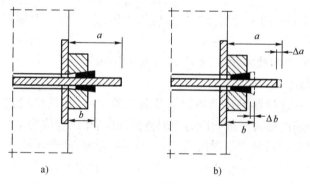

图13-46 试验期间预应力筋及锚具零件的位移示意图
a)锚固之前,预应力筋顶紧之后;b)加荷之中及锚固之后

①选取有代表性的若干根预应力钢材,按施加荷载的前4级,逐级测量其与锚具(夹具、连接器)之间的相对位移$\Delta a$。$\Delta a$应与预应力筋的受力增量成比例变化;如不成比例,应检查预应力钢材是否失锚滑动。

②选取锚具(夹具、连接器)若干有代表性的零件,按施加荷载的前4级,逐级测量其间的相对位移$\Delta b$。$\Delta b$应与预应力筋的受力增量成比例变化;如不成比例,应检查相关零件(锚环、锚板等)是否发生了塑性变形。

③在预应力筋应力达到$0.8f_{ptk}$时,在持荷1h期间,$\Delta a$、$\Delta b$应保持稳定。如继续增加、不能稳定,表明已失去可靠锚固能力。

④试件达到最大拉力时,应记录极限拉力$F_{apu}$(或$F_{gpu}$)和预应力筋自由长度的总应变$\varepsilon_{apu}$。该测定值应满足式(13-37)或式(13-40)的规定。

⑤夹片式锚具的夹片在预应力筋应力达到$0.8f_{ptk}$时不允许出现裂纹和破断。在满足式

(13-37)或式(13-40)后,允许出现微裂和纵向断裂,不允许横向、斜向断裂及碎断。因受预应力筋多根或整束激烈破断的冲击引起夹片的破坏或断裂属正常情况。预应力筋拉力达到极限破断时,锚板及其锥形锚孔不允许出现过大塑性变形,锚板中心残余变形不应出现明显挠度。$\Delta b$ 如比预应力筋应力为 $0.8f_{ptk}$ 时倍增加,表明已经失去可靠的锚固能力。

⑥预应力筋在未达到式(13-37)或式(13-40)的要求之前发生破断时,如是预应力钢材对焊接口或损伤因而被拉断的情况,此试件应报废,另补试件重做试验。握裹式锚具的静载试验,在满足 $\eta_a \geq 0.95$、$\varepsilon_{apu} \geq 2.0\%$ 的条件下失去握裹力时,属正常情况。

(6)静载试验应连续进行三个组装件的试验,全部试验结果均应做出记录。据此应进行如下计算分析和评定:

按式(13-37)计算锚具(或连接器)的锚具效率系数 $\eta_a$;按式(13-40)计算夹具效率系数 $\eta_g$;最后对试验结果做出是否合格的结论。三个试验结果均应满足标准的规定,不得以平均值作为试验结果。检验单位应向受检单位提出完整的检验报告,其中包括破坏部位及形式的图像记录,并有准确的文字述评。

(三)疲劳试验

(1)预应力筋—锚具或连接器组装件的疲劳试验应在疲劳试验机上进行。当疲劳试验机能力不够时,可以按试验结果有代表性的原则,在实际锚板上少安装预应力钢材,或用本系列中较小规格的锚具组装成试验组装件,但预应力钢材根数不应少于实际根数的1/10。为了保证试验结果具有代表性,直线形及有转折(如果锚具有斜孔时)的预应力钢材都应包括在试验用组装件中。

(2)以约100MPa/min 的速度加荷至试验应力上限值,调节应力幅度使其达到规定值后,开始记录循环次数。

(3)选择疲劳试验机的脉冲频率,不应超过 500 次/min。

(四)周期荷载试验

预应力筋—锚具或连接器组装件的周期荷载试验,可以在试验机或承力台座上进行,以100~200MPa/min 的速度加荷至试验应力上限值,再卸荷至试验应力下限值为第1周期,然后荷载自下限值经上限值再回复到下限值为第2个周期,重复50个周期。

经疲劳荷载试验合格后且完整无损的预应力筋—锚具组装件,可用于本项试验。

(五)外观、尺寸及硬度检验

(1)产品外观用目测法检验,裂缝可用有刻度或无刻度放大镜检验。

(2)产品尺寸按机械制造常规方法用直尺、游标卡尺、螺旋千分尺和塞环规等量具检验。

(3)硬度检验按产品零件设计图样规定的硬度值种类,选用相应的硬度测量仪器进行检验。

(六)辅助性试验

(1)锚具的内缩量试验

本项试验可用单根或小规格锚具配合预应力筋,在 5~10m 长的台座或构件的预应力孔道上多次张拉和放张,直接测得锚具内缩量(以 mm 计);张拉应力为预应力筋的 $0.8f_{ptk}$。用传感器测量锚固前后预应力筋拉力差值,也可计算求得内缩量。试验用的试件每个规格不得少于 3 个,取平均值。

(2)锚固端摩阻损失试验

本项试验是测定张拉千斤顶工具锚下至喇叭形垫板收口处的预应力损失。它包括预应力筋在锚具中的摩阻损失和在喇叭形垫板中两次弯折所引起的拉力损失。

试验可在模拟锚固区的混凝土块体或张拉台座上进行,锚具、垫板及附件应安装齐备,两端安装千斤顶及传感器,张拉力按预应力筋的 $0.8f_{ptk}A_p$ 取用。用传感器测出锚具前后两侧拉力差值即可算出锚固端摩阻损失,通常以张拉力的百分率计。试验用的试件可在锚具规格系列中选取三种规格,试件数量不应少于 3 个,取平均值。

(3)张拉锚固工艺试验

根据预应力张拉锚固体系的构造安排,设计制作专门的钢筋混凝土模拟块体,作为试验平台,混凝土块体中,应包含多种弯曲和直线孔道、喇叭形垫板或垫板连体式锚板,各种塑料预埋件均应埋入混凝土中。用该体系的张拉设备进行分级张拉、多次张拉和放松操作。最大张拉力为预应力筋的 $0.8f_{ptk}A_p$。

通过张拉锚固工艺试验应能证明:
①本预应力体系具有分级张拉或因张拉设备倒换行程需要临时锚固的可能性。
②经过多次张拉锚固后,预应力筋内各根预应力钢材受力仍是均匀的。
③在张拉发生故障时,有将预应力筋全部放松的措施。
④单根垫板连体式锚具,有能使预应力筋在锥形夹片孔中自由对中的构造及不顶压锚固的可靠性。

### 四、检测结果判定

(一)外观检验

受检零件的外形尺寸和外观质量应符合图样规定。全部样品不得有裂纹出现,如发现一件有裂纹,即应对本批全部产品进行逐件检验,合格者方可使用。

(二)硬度检验

按设计图样规定的表面位置和硬度范围检验和判定,如有 1 个零件不合格,则应另取双倍数量的零件重做检验;如仍有 1 个零件不合格,则应对本批零件逐个检验,合格者方可使用。

(三)静载试验、疲劳荷载试验及周期荷载试验

如符合技术要求的规定,应判为合格;如有 1 个试件不符合要求,即判定为不合格。但允许另取双倍数量的试件重做试验,若全部试件合格,即可判定本批产品合格;如仍有 1 个试件不合格,则该批产品为不合格品。

辅助性试验为测定参数及检验工艺设备的项目,不做合格与否的判定。

【注意事项】

(1)静载锚固性能检验时,加载之前各根预应力钢材的初应力调匀是非常重要的,否则将会得出错误的结果和结论。

(2)式(13-37)和式(13-40)中的 $F_{pm}$ 是按预应力钢材试件实测破断荷载平均值计算的预应力筋的实际平均极限抗拉力,因此在静载锚固性能试验前,必须先做预应力筋的抗拉性能试验,且抗拉性能试验的试件必须与静载锚固性能试验的试件是从同一盘(批)中抽取的。

(3)注意安全。

## 第八节 张拉设备校验及张拉力控制

桥梁工程中施加预应力所用的机具设备通常称为张拉设备。常用的张拉设备由油压千斤顶和配套的高压油泵、压力表及外接油管等组成。油压千斤顶按其构造可分为台座式(普通

油压千斤顶)、穿心式、锥锚式和拉杆式。由于每台千斤顶油压配合面实际尺寸和表面粗糙度不同,密封圈和防尘圈松紧程度不同,造成千斤顶内摩擦阻力不同,而且摩阻要随油压高低和使用时间的变化而改变。所以,千斤顶、油压表、油泵及油管一起要定期进行配套校验,以减少累积误差,提高施加预应力时张拉力的控制精度。

## 一、张拉设备校验

(一)校验条件

(1)新千斤顶初次使用前。
(2)油压表指针不能退回零点时。
(3)千斤顶、油压表和油管进行过更换或维修后。
(4)当千斤顶使用超过6个月或张拉超过200次以上。
(5)在使用过程中出现其他不正常现象。

(二)校验方法

校验应在经主管部门授权的法定计量技术机构进行。校验时,应将千斤顶、油泵及油压表一起配套进行。校验用的标准仪器可选用材料试验机,或压力(拉力)传感器。该标准仪器的精度不得低于±2%,压力表的精度不宜低于1.5级,最大量程不宜小于设备额定张拉力的1.3倍。校验时,千斤顶活塞的运行方向应与实际张拉工作状态一致。

1. 用长柱压力试验机校验

校验时,应采取被动校验法,即在校验时用千斤顶顶试验机,这样活塞运行方向、摩擦阻力的方向与实际工作时相同,校验比较准确。

在进行被动校验时,压力试验机本身也有摩擦阻力,且与正常使用时相反,故试验机表盘读数反映的也不是千斤顶的实际作用力。因此,用被动法校验千斤顶时,必须事先用具有足够吨位的标准测力计对试验机进行被动标定,以确定试验机的度盘读数值。标定后在校验千斤顶时,就可以从试验机度盘上直接读出千斤顶的实际作用力以及相应的油压表的准确读数。

用压力试验机校验的步骤如下。

(1)千斤顶就位

当校验穿心式千斤顶时[图13-47a)],将千斤顶放在试验机台面上,千斤顶活塞面或撑套与试验机压板紧密接触,并使千斤顶与试验机的受力中心线重合。

当校验拉杆式千斤顶时[图13-47b)],先把千斤顶的活塞杆推出,取下封尾板,在缸体内放入一根厚壁无缝钢管,然后将千斤顶两脚向下立于试验机的中心线部位。放好后,调整试验机,使钢管的上端与试验机上压板接紧,下端与缸体内活塞面接紧,并对准缸体中心线。

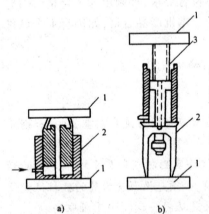

图13-47 用压力试验机校验拉伸机
a)校验穿心式千斤顶;b)校验拉杆式千斤顶
1-试验机上下压板;2-拉伸机;3-无缝钢管

(2)校验千斤顶

开动油泵,千斤顶进油,使活塞杆上升,顶试验机上压板。在千斤顶顶试验机且使荷载平缓增加的过程中(此时不得用试验机压千斤顶),自零位到最大吨位,将试验机被动标定的结果逐点标记到千斤顶的油压表上。标定点应均匀地分布在整个测量范围内,且不少于5点。当采用最小二乘法回归分析千斤顶的标定经验公式时需10~20点。各标定点重复标定3次,取平均值,并且只测读进程,不得读回程。

对千斤顶校验数值采用表13-23记录,并可根据校验结果绘制千斤顶校验曲线供预应力筋钢材张拉时使用;亦可采用最小二乘法求出千斤顶校验的经验公式,供预应力筋张拉时使用。

张拉设备校验记录表　　　　　　　　　　　　　　　　　　　表13-23

| 张拉设备 | 油压千斤顶 | 名　称 | 型号规格 | 精度等级 | 制　造　厂 | 出厂编号 |
|---|---|---|---|---|---|---|
| | 高压油泵 | | | | | |
| | 油压表 | | | | | |
| | 检定吨位(kN) | 油压表校验读数 | | | | |
| | | (一) | (二) | (三) | 平　　均 | |
| | | | | | | |
| | | | | | | |
| | | | | | | |
| | | | | | | |
| | | | | | | |
| | | | | | | |
| | | | | | | |
| 试验机 | 型号规格 | | | | | |
| | 精度等级 | | | | | |
| | 制造厂 | | | | | |
| | 出厂编号 | | | | | |
| | 备　　注 | | | | | |

送检单位:　　　　　　　　　　　　　检定日期:
检定地点:　　　　　　　　　　　　　有效期至:
检定时室温:　　　　　　　　　　　　检定单位(盖章):

2. 用标准测力计校验

用水银压力计、测力环、弹簧拉力计等标准测力计校验千斤顶,是一种简单可靠的方法。校验穿心式千斤顶时的装置如图13-48(校验拉杆式千斤顶的附加装置与压力试验机校验时相同)。校验时,开动油泵,千斤顶进油,活塞杆推出,顶压测力计。当测力计达到一定吨位 $T_1$ 时,立即读出千斤顶油压表相应读数 $P_1$,同样方法可得 $T_2$、$P_2$、$T_3$、$P_3$……此时 $T_1$、$T_2$、$T_3$……即为相应于油压表读数为 $P_1$、$P_2$、$P_3$……时的实际作用力。将测得的各值绘成曲线。实际使用时,即可由此曲线找出要求的 $T$ 值和相应的 $P$ 值。

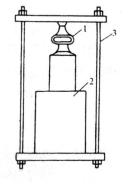

图13-48　标准测力计校验
1-标准测力计;2-千斤顶;3-框架

(三)校验结果的回归计算

千斤顶的作用力 $T$ 和油缸的油压 $P$ 的关系是线性关系。考虑活塞

和油缸之间的摩擦阻力后,它们的关系可以表示为:

$$T = AP + B \tag{13-41}$$

可以利用千斤顶检验测得的作用力和油压$(T_1、P_1)$、$(T_2、P_2)$、$(T_3、P_3)$、……、$(T_n、P_n)$,对式(13-42)进行线性回归,利用最小二乘原理求式(13-42)的回归值:

$$\hat{T} = \hat{A}P + \hat{B} \tag{13-42}$$

式中:$\hat{A} = L_{PT}/L_{PP}$;

$\hat{B} = \bar{T} - \hat{A}\bar{P}$;

$\bar{P} = \dfrac{1}{n}\sum\limits_{i=1}^{n}P_i$;

$\bar{T} = \dfrac{1}{n}\sum\limits_{i=1}^{n}T_i$;

$L_{PP} = \sum\limits_{i=1}^{n}P_i^2 - \dfrac{1}{n}(\sum\limits_{i=1}^{n}P_i)^2$;

$L_{PT} = \sum\limits_{i=1}^{n}P_iT_i - \dfrac{1}{n}(\sum\limits_{i=1}^{n}P_i)(\sum\limits_{i=1}^{n}T_i)$。

**【注意事项】**

(1)施加预应力所用的张拉设备及仪表应由专人使用和管理,并应定期维护和校验,以提高施加预应力时张拉力的控制精度。

(2)千斤顶与压力表应配套校验,配套使用。即在使用时严格按照标定报告上注明的油泵号、油表号和千斤顶号配套安装成张拉系统使用。

## 二、张拉力控制

预应力钢材的张拉力控制一般采用"双控"的方法,即采用预应力钢材张拉控制应力乘以预应力筋截面积得到张拉控制力$F_y$,再根据千斤顶校验公式求出相应的油表压力$P$,进行张拉时实测预应力钢材伸长量进行校验。

(1)预应力筋的张拉控制应力应符合设计要求。当施工中预应力筋需要超张拉或计入锚圈口预应力损失时,可比设计要求提高5%,但在任何情况下不得超过设计规定的最大张拉控制应力。

(2)预应力筋采用应力控制方法张拉时,应以伸长值进行校核,实际伸长值与理论伸长值的差值应符合设计要求;设计无规定时,实际伸长值与理论伸长值的差值应控制在6%以内,否则应暂停张拉,待查明原因并采取措施予以调整后,方可继续张拉。

(3)预应力筋的理论伸长值$\Delta L$(mm)可按式(13-43)计算:

$$\Delta L = \dfrac{P_p L}{A_p E_p} \tag{13-43}$$

式中:$P_p$——预应力筋的平均张拉力,N;

$L$——预应力筋的长度,mm;

$A_p$——预应力筋的截面面积,mm$^2$;

$E_p$——预应力筋的弹性模量,N/mm$^2$。

预应力筋的平均张拉力按下式计算:

$$P_{\mathrm{p}} = \frac{P[1 - \mathrm{e}^{-(kx+\mu\theta)}]}{kx + \mu\theta} \tag{13-44}$$

式中：$P$——预应力筋张拉端的张拉力，N；

$x$——从张拉端至计算截面的孔道长度，m；

$\theta$——从张拉端至计算截面曲线孔道部分切线的夹角之和，rad；

$k$——孔道每米局部偏差对摩擦的影响系数，参见表13-24；

$\mu$——预应力筋与孔道壁的摩擦系数，参见表13-24。

系数 $k$ 及 $\mu$ 值表　　　　表13-24

| 孔道成型方式 | $k$ | $\mu$ 值 | | |
|---|---|---|---|---|
| | | 钢丝束、钢绞线、光面钢筋 | 带肋钢筋 | 精轧螺纹钢筋 |
| 预埋铁皮管道 | 0.0030 | 0.35 | 0.40 | — |
| 抽芯成型孔道 | 0.0015 | 0.55 | 0.60 | — |
| 预埋金属螺旋管道 | 0.0015 | 0.20~0.25 | — | 0.50 |

(4) 实际伸长量的测量。

预应力筋张拉时，应先调整到初应力 $\sigma_0$。该初应力宜为张拉控制应力 $\sigma_{\mathrm{con}}$ 的 10%~15%，伸长值应从初应力时开始量测。力筋的实际伸长量为量测的伸长值与初应力时的推算伸长值之和。对后张法构件，在张拉过程中产生的弹性压缩值一般可省略。

预应力筋张拉的实际伸长值 $\Delta L$(mm)，可按式(13-45)计算：

$$\Delta L = \Delta L_1 + \Delta L_2 \tag{13-45}$$

式中：$\Delta L_1$——从初应力至最大张拉应力间的实测伸长值，mm；

$\Delta L_2$——初应力时的推算伸长值，mm；可采用相邻级的伸长值。

(5) 必要时，应对锚圈口及孔道摩阻损失进行测定，张拉时予以调整。

①锚圈口摩阻损失的测定方法。

用油压千斤顶测定时，可在张拉台上或用一根直孔道钢筋混凝土柱进行。两端均用锥形锚时，其测定步骤如下：

a. 两端同时充油，油表数值均保持4MPa，然后将甲端封闭作为被动端，乙端作为主动端，张拉至控制吨位。设乙端控制吨位为 $N_{\mathrm{a}}$ 时，甲端相应吨位为 $N_{\mathrm{b}}$，则锚圈口摩擦阻力：

$$N_0 = N_{\mathrm{a}} - N_{\mathrm{b}} \tag{13-46}$$

克服锚圈口摩擦阻力的超张拉系数：$n_0 = \sqrt{\dfrac{N_{\mathrm{a}}}{N_{\mathrm{b}}}}$。

测试反复进行三次，取平均值。

b. 乙端封闭，甲端张拉，同样按上述方法进行三次，取平均值。

c. 两次的 $N_0$ 和 $n_0$ 平均值，再予以平均，即为测定值。

②孔道摩阻损失的测定。

用千斤顶测定曲线孔道摩阻时，测试步骤如下：

a. 梁的两端装千斤顶后同时充油，保持一定数值(约4MPa)。

b. 甲端封闭，乙端张拉。张拉时分级升压，直至张拉控制应力。如此反复进行三次，取两端压力差的平均值。

c. 仍按上述方法，但乙端封闭，甲端张拉，取两端三次压力差的平均值。

d. 将上述两次压力差平均值再次平均，即为孔道摩擦阻力的测定值。如两端为锥形锚，上述测定值应扣除锚圈口摩擦阻力。

（6）预应力筋的锚固，应在张拉控制应力处于稳定状态下进行。锚固阶段张拉端预应力筋的内缩量，应不大于设计规定或不大于表13-25所列容许值。

锚具变形、预应力筋回缩和接缝压缩容许值（单位:mm） 表13-25

| 锚具、接缝类型 | | 变形形式 | 容许值 $\Delta L$ |
|---|---|---|---|
| 钢制锥形锚具 | | 力筋回缩、锚具变形 | 6 |
| 夹片式锚具（用于预应力钢绞线） | | 力筋回缩、锚具变形 | 6 |
| 镦头锚具 | | 缝隙压密 | 1 |
| JM15锚具 | 用于预应力钢丝时 | 力筋回缩、锚具变形 | 3 |
| | 用于预应力钢绞线时 | | 6 |
| 粗钢筋锚具（用于精轧螺纹钢筋） | | 力筋回缩、锚具变形 | 1 |
| 每块后加垫板的缝隙 | | 缝隙压密 | 1 |
| 水泥砂浆接缝 | | 封隙压密 | 1 |
| 环氧树脂砂浆接缝 | | 缝隙压缩 | 1 |

**【注意事项】**

（1）后张预应力筋当两端同时张拉时，两端千斤顶升降压、画线、测伸长、插垫等工作应基本一致。

（2）先张预应力筋当同时张拉多根时，应预先调整其初应力，使相互之间的应力一致；张拉过程中，应使活动横梁与固定横梁始终保持平行，并应抽查力筋的预应力值，其偏差的绝对值不得超过按一个构件全部力筋预应力总值的5%。

## 第九节 混凝土构件检测及质量评定方法

桥涵混凝土结构、钢筋混凝土结构或预应力混凝土结构或构件的检验，依据交通部的有关标准，主要包括三个方面：一是施工阶段的质量控制，包括原材料的试验检测、混凝浇注前的检查等；二是外观质量检测，主要是在构件成型达到一定强度后检测结构实物的尺寸和位置偏差，混凝土表面平整度、蜂窝、麻面、露筋及裂缝等；三是构件混凝土的强度等级，通常以立方体试件的抗压强度来反映。当对某一方面的检验内容产生怀疑时，如构件的强度离散大、强度不足、振捣不密实或存在其他缺陷时，通常还需要采用无破损的方法进行专项检验或荷载试验来判定。无损检测的方法很多，下面介绍常用的几种方法。

### 一、钻芯法（CECS 03—2007）

钻芯法检验混凝土强度是从混凝土结构物中钻取芯样来测定混凝土的抗压强度，是一种直观准确的方法。钻芯法还可以检测混凝土的裂缝、接缝、分层、孔洞或离析等缺陷，具有直观、精度高等特点，因而被广泛应用于土木工程中混凝土结构或构筑物的质量检测。

（一）适用情况

（1）对试块抗压强度的测试结果有怀疑时。

（2）因材料、施工或养护不良而发生混凝土质量问题时。

（3）混凝土遭受冻害、火灾、化学侵蚀或其他损害时。
（4）需检测经多年使用的建筑结构或构筑物中混凝土强度时。

（二）芯样钻取

1. 主要设备要求

（1）钻取芯样及芯样加工、测量的主要设备与仪器均应有产品合格证,计量器具应有检定证书并在有效使用期内。
（2）钻芯机应具有足够的刚度、操作灵活、固定和移动方便,并应有水冷却系统。
（3）钻取芯样时宜采用人造金刚石薄壁钻头。钻头胎体不得有肉眼可见的裂缝、缺边、少角、倾斜及喇叭口变形。
（4）锯切芯样时使用的锯切机和磨平芯样的磨平机,应具有冷却系统和牢固夹紧芯样的装置;配套使用的人造金刚石圆锯片应有足够的刚度。
（5）芯样宜采用补平装置（或研磨机）进行芯样端面加工。补平装置除应保证芯样的端面平整外,尚应保证芯样端面与芯样轴线垂直。
（6）探测钢筋位置的定位仪,应适用于现场操作,最大探测深度不应小于60mm,探测位置偏差不宜大于±5mm。

2. 钻前准备资料

（1）工程名称（或代号）及设计、施工、建设单位名称。
（2）结构或构件种类,外形尺寸及数量。
（3）设计采用的混凝土强度等级。
（4）结构龄期,原材料（水泥品种,粗集料粒径等）和混凝土试块抗压强度试验报告。
（5）结构或构件质量状况和施工中存在问题的记录。
（6）有关的结构设计图和施工图等。

3. 钻取芯样部位

（1）结构或构件受力较小的部位。
（2）混凝土强度质量具有代表性的部位。
（3）便于钻芯机安放与操作的部位。
（4）避开主筋、预埋件和管线的位置,并尽量避开其他钢筋。
（5）用钻芯法和非破损法综合测定强度时,应与非破损法取同一测区。

4. 钻取芯样时注意问题

（1）钻芯机就位并安放平稳后,应将钻芯机固定。固定的方法应根据钻芯机的构造和施工现场的具体情况确定。
（2）钻芯机在未安装钻头之前,应先通电检查主轴旋转方向（三相电动机）。
（3）钻芯时用于冷却钻头和排除混凝土碎屑的冷却水的流量宜为3~5L/min。
（4）钻取芯样时应控制进钻的速度。

（三）芯样要求

1. 芯样数量

钻芯确定单个构件的混凝土强度推定值时,有效芯样试件的数量不应少于三个;对于较小构件,有效芯样试件的数量不得少于两个。

钻芯法确定检测批的混凝土强度推定值时,取样应遵守下列规定:
（1）芯样试件的数量应根据检测批的容量确定。标准芯样试件的最小样本量不宜少于

15个,小直径芯样试件的最小样本量应适当增加。

(2)芯样应从检测批的结构构件中随机抽取,每个芯样应取自一个构件或结构的局部部位,且取芯位置应符合上述要求。

2.芯样直径

抗压试验的芯样试件宜使用标准芯样试件,其公称直径不宜小于集料最大粒径的3倍;也可采用小直径芯样试件,但其公称直径不应小于70mm且不得小于集料最大粒径的2倍。

3.芯样高度

芯样抗压试件的高度和直径之比宜为1。

4.芯样外观检查

每个芯样应详细描述有关裂缝、分层、麻面或离析等,并估计集料的最大粒径、形状种类及粗细集料的比例与级配,检查并记录存在气孔的位置、尺寸与分布情况,必要时应进行拍照。

5.芯样测量

(1)平均直径:用游标卡尺测量芯样中部,在相互垂直的两个位置上,取其两次测量的算术平均值,精确至0.5mm。

(2)芯样高度:用钢卷尺或钢板尺进行测量,精确至1mm。

(3)垂直度:用游标量角器测量两个端面与母线的夹角,精确至0.1°。

(4)平整度:用钢板尺或角尺紧靠在芯样试件端面上,一面转动钢板尺,一面用塞尺测量钢板尺与芯样试件端面之间的缝隙;也可采用其他专用设备量测(图13-49)。

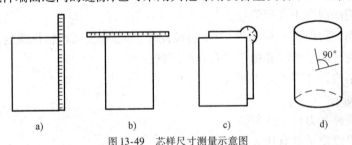

图13-49 芯样尺寸测量示意图

a)测高度;b)测平整度;c)测垂直度;d)测平均直径

6.芯样试件尺寸偏差及外观质量超过下列数值时,相应的测试数据无效:

①芯样试件的实际高径比($H/d$)小于要求高径比的0.95或大于1.05。

②沿芯样试件高度的任一直径与平均直径相差大于2mm。

③抗压芯样试件端面的平整度在100mm长度内不大于0.1mm。

④芯样试件端面与轴线的垂直度不大于1°。

⑤芯样有裂缝或有其他较大缺陷。

7.芯样端面补平方法

锯切后的芯样应进行端面处理,宜采取在磨平机上磨平端面的处理方法。承受轴向压力芯样试件的端面,也可采取以下处理方法:用环氧胶泥或聚合物水泥砂浆补平;抗压强度低于40MPa的芯样试件,可采用水泥砂浆、水泥净浆或聚合物水泥砂浆补平,补平层厚度不宜大于5mm,也可采用硫黄胶泥补平,补平层厚度不宜大于1.5mm。

(1)硫黄胶泥(或硫黄)补平

①补平前先将芯样端面污物清除干净,然后将芯样垂直地夹持在补平器的夹具中,并提升到一定高度(图13-50)。

②在补平器底盘上涂上一层很薄的矿物油或其他脱模剂,以防硫黄胶泥与底盘黏结。

③将硫黄胶泥置放于容器中加热溶化。待硫黄胶泥溶液由黄色变成棕色时(约150℃),倒入补平器底盘中,然后转动手轮使芯样下移并与底盘接触。待硫黄胶泥凝固后,反向转动手轮,把芯样提起,打开夹具取出芯样。然后,按上述步骤补平该芯样的另一端面。

(2)用水泥砂浆(或水泥净浆)补平

①补平前先将芯样端面污物消除干净,然后将端面用水湿润。

②在平整度为每长100mm不超过0.05mm的钢板上涂一薄层矿物没或其他脱模剂,然后倒上适量水泥砂浆摊成薄层,稍许用力将芯样压入水泥砂浆之中,并应保持芯样与钢板垂直。待两小时后,再补另一端面。仔细消除侧面多余水泥砂浆,在室内静放一昼夜后送入养护室内养护。待补平材料强度不低于芯样强度时,方能进行抗压试验(图13-51)。

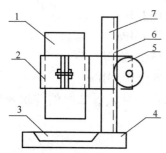

图13-50 硫黄胶泥补平示意图

1-芯样;2-夹具;3-硫黄液体;4-底盘;5-手轮;
6-齿条;7-立柱

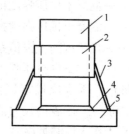

图13-51 水泥砂浆(或水泥净浆)补平示意图

1-芯样;2-套具;3-支架;4-水泥砂浆;5-钢板

(四)抗压强度试验

(1)芯样试件应在自然干燥状态下进行抗压试验。

(2)当结构工作条件比较潮湿,需要确定潮湿状态下混凝土的强度时,芯样试件宜在20℃±5℃的清水中浸泡40~48h,从水中取出后立即进行试验。

(3)芯样试件抗压试验的操作应符合现行国家标准《普通混凝土力学性能试验方法标准》(GB/T 50081)中对立方体试块抗压试验的规定。

(五)芯样强度计算

芯样试件的混凝土抗压强度值可按下式计算:

$$f_{cu,cor} = \frac{F_c}{A} \tag{13-47}$$

式中:$f_{cu,cor}$——芯样试件的混凝土抗压强度值,MPa;

$F_c$——芯样试件的抗压试验测得的最大压力,N;

$A$——芯样试件抗压截面面积,$mm^2$。

(六)钻芯确定混凝土强度推定值

(1)检测批混凝土强度的推定值应按下列方法确定。

①检测批的混凝土强度推定值应计算推定区间,推定区间的上限值和下限值按下列公式计算:

上限值

$$f_{cu,e1} = f_{cu,cor,m} - k_1 S_{cor} \tag{13-48}$$

下限值

$$f_{cu,e2} = f_{cu,cor,m} - k_2 S_{cor} \tag{13-49}$$

平均值

$$f_{cu,cor,m} = \frac{\sum_{i=1}^{n} f_{cu,cor,i}}{n} \tag{13-50}$$

标准差

$$S_{cor} = \sqrt{\frac{\sum_{i=1}^{n}(f_{cu,cor,i} - f_{cu,cor,m})^2}{n-1}} \tag{13-51}$$

式中：$f_{cu,cor,m}$——芯样试件的混凝土抗压强度平均值，MPa，精确至 0.1MPa；

$f_{cu,cor,i}$——单个芯样试件的混凝土抗压强度值，MPa，精确至 0.1MPa；

$f_{cu,e1}$——混凝土抗压强度推定上限值，MPa，精确至 0.1MPa；

$f_{cu,e2}$——混凝土抗压强度推定下限值，MPa，精确至 0.1MPa；

$k_1$、$k_2$——推定区间上限值系数和下限值系数，按表 13-26 查得；

$S_{cor}$——芯样试件抗压强度样本的标准差，MPa，精确至 0.1MPa。

② $f_{cu,e1}$ 和 $f_{cu,e2}$ 所构成推定区间的置信度宜为 0.85，$f_{cu,e1}$ 与 $f_{cu,e2}$ 之间的差值不宜大于 5.0MPa 和 $0.10 f_{cu,cor,m}$ 两者的较大值。

③ 宜为 $f_{cu,e1}$ 作为检测批混凝土强度的推定值。

上、下限值系数　　　　　　　　表 13-26

| 试件数 n | $k_1$(0.10) | $k_2$(0.05) | 试件数 n | $k_1$(0.10) | $k_2$(0.05) |
|---|---|---|---|---|---|
| 15 | 1.222 | 2.566 | 37 | 1.360 | 2.149 |
| 16 | 1.234 | 2.524 | 38 | 1.363 | 2.141 |
| 17 | 1.244 | 2.486 | 39 | 1.366 | 2.133 |
| 18 | 1.254 | 2.453 | 40 | 1.369 | 2.125 |
| 19 | 1.263 | 2.423 | 41 | 1.372 | 2.118 |
| 20 | 1.271 | 2.396 | 42 | 1.375 | 2.111 |
| 21 | 1.279 | 2.371 | 43 | 1.378 | 2.105 |
| 22 | 1.286 | 2.349 | 44 | 1.381 | 2.098 |
| 23 | 1.293 | 2.328 | 45 | 1.383 | 2.092 |
| 24 | 1.300 | 2.309 | 46 | 1.386 | 2.086 |
| 25 | 1.306 | 2.292 | 47 | 1.389 | 2.081 |
| 26 | 1.311 | 2.275 | 48 | 1.391 | 2.075 |
| 27 | 1.317 | 2.260 | 49 | 1.393 | 2.070 |
| 28 | 1.322 | 2.246 | 50 | 1.396 | 2.065 |
| 29 | 1.327 | 2.232 | 60 | 1.415 | 2.022 |
| 30 | 1.332 | 2.220 | 70 | 1.431 | 1.990 |
| 31 | 1.336 | 2.208 | 80 | 1.444 | 1.964 |
| 32 | 1.341 | 2.197 | 90 | 1.454 | 1.944 |
| 33 | 1.345 | 2.186 | 100 | 1.463 | 1.927 |
| 34 | 1.349 | 2.176 | 110 | 1.471 | 1.912 |
| 35 | 1.352 | 2.167 | 120 | 1.478 | 1.899 |
| 36 | 1.356 | 2.158 | | | |

(2)钻芯确定检测批混凝土强度推定值时,可剔除芯样试件抗压强度样本中的异常值。剔除规则应按现行国家标准《数据的统计处理和解释 正态样本异常值的判断和处理》(GB/T 4883—2008)的规定执行。当确有试验依据时,可对芯样试件抗压强度样本的标准差 $S_{cor}$ 进行符合实际情况的修正或调整。

(3)钻芯确定单个构件的混凝土强度推定值时,单个构件的混凝土强度推定值不再进行数据的舍弃,而应按有效芯样试件混凝土抗压强度值中的最小值确定。

(七)钻芯修正方法

(1)对间接测强方法进行钻芯修正时,宜采用修正量的方法,也可采用其他形式的修正方法。

(2)当采用修正量的方法时,芯样试件的数量和取芯位置应符合下列要求:

①标准芯样试件的数量不应少于6个,小直径芯样试件数量宜适当增加。

②芯样应从采用间接检测方法的结构构件中随机抽取,取芯位置应符合上述取芯部位的规定。

③当采用的间接检测方法为无损检测方法时,钻芯位置应与间接检测方法相应的测区重合。

④当采用的间接检测方法对结构构件有损伤时,钻芯位置应布置在相应测区的附近。

(3)钻芯修正后的换算强度可按下列公式计算:

$$f_{cu,i0}^c = f_{cu,i}^c + \Delta f \tag{13-52}$$

$$\Delta f = f_{cu,cor,m} - f_{cu,mj}^c \tag{13-53}$$

式中:$f_{cu,i0}^c$——修正后的换算强度;

$f_{cu,i}^c$——修正前的换算强度;

$\Delta f$——修正量;

$f_{cu,mj}^c$——所用间接检测方法对应芯样测区的换算强度的算术平均值。

(4)由钻芯修正方法确定检测批的混凝土强度推定值时,应采用修正后的样本算术平均值和标准差,其值按前述规定的方法确定。

【注意事项】

(1)芯样试件内不宜含有钢筋。当不能满足此项要求时,抗压试件应符合下列要求:

①标准芯样试件,每个试件内最多只允许有2根直径小于10mm的钢筋。

②公称直径小于100mm的芯样试件,每个试件内最多只允许有一根直径小于10mm的钢筋。

③芯样内的钢筋应与芯样试件的轴线基本垂直并离开端面10mm以上。

(2)将芯样取出并稍晾干后,应标上芯样的编号,并应记录取芯构件名称、取芯位置、芯样长度及外观质量等,必要时应拍摄照片。当所取芯样高度和质量不能满足要求时,则应重新钻取芯样。

(3)芯样在搬运之前应采用草袋废水泥袋等材料仔细包装,以免碰坏。

(4)芯样有裂缝或有其他较大缺陷时不得用于抗压强度试验。

(5)钻芯后留下的孔洞应及时进行修补。

(6)钻芯操作应遵守国家有关安全生产和劳动保护的规定,并应遵守钻芯现场安全生产的有关规定。在钻芯工作完毕后,应对钻芯机和芯样加工设备进行维修保养。

(7)硫黄胶泥(或硫黄)补平法一般适用于自然干燥状态下抗压试验的芯样试件补平,水泥砂浆(或水泥净浆)补平法一般适用于潮湿状态下抗压试验的芯样试件补平。

(8)补平层应与芯样结合牢固,以使受压时补平层与芯样的结合面不提前破坏。

# 二、回弹法(JGJ/T 23—2011)

回弹法是用弹簧驱动重锤,通过弹击杆弹击混凝土表面,并测出重锤被反弹回来的距离,以回弹值(反弹距离与弹簧初始长度之比)作为与强度相关的指标,来推定混凝土强度的一种方法。回弹法在我国使用已达五十余年,而且越用越广泛,这不仅是因为回弹法简便、灵活、符合国情,更主要是由于我国已解决了回弹法使用精度不高和不能普遍推广的关键问题。我国最新修定的《回弹法检测混凝土抗压强度技术规程》于2011年12月1日施行。

## 1 总则

1.0.1 为统一使用回弹仪检测普通混凝土抗压强度的方法,保证检测精度,制定本规程。

1.0.2 本规程适用于普通混凝土抗压强度(以下简称混凝土强度)的检测,不适用于表层与内部质量有明显差异或内部存在缺陷的混凝土强度检测。

1.0.3 使用回弹法进行检测的人员,应通过专门的技术培训。

1.0.4 回弹法检测混凝土强度除应符合本规程外,尚应符合国家现行有关标准的规定。

## 2 术语和符号

### 2.1 术语

2.1.1 测区 test area

检测构件混凝土强度时的一个检测单元。

2.1.2 测点 test point

测区内的一个回弹检测点。

2.1.3 测区混凝土强度换算值 conversion value of concrete compressive strength of test area

由测区的平均回弹值和碳化深度值通过测强曲线或测区强度换算表得到的测区现龄期混凝土强度值。

2.1.4 混凝土强度推定值 estimation value of strength for concrete

相应于强度换算值总体分布中保证率不低于95%的构件中的混凝土强度值。

### 2.2 符号

$d_m$——测区的平均碳化深度值。

$f_{cu,i}^c$——测区混凝土强度换算值。

$f_{cor,m}$——芯样试件混凝土强度平均值。

$f_{cu,m}$——同条件立方体试块混凝土强度平均值。

$f_{cu,m0}^c$——对应于钻芯部位或同条件试块回弹测区混凝土强度换算值的平均值。

$f_{cor,i}$——第$i$个混凝土芯样试件的抗压强度。

$f_{cu,i}$——第$i$个混凝土立方体试块的抗压强度。

$f_{cu,i0}^c$——修正前第$i$个测区的混凝土强度换算值。

$f_{cu,i1}^c$——修正后第$i$个测区的混凝土强度换算值。

$f_{cu,min}^c$——构件中测区混凝土强度换算值的最小值。

$f_{cu,e}$——构件混凝土强度推定值。

$m_{f_{cu}^c}$——测区混凝土强度换算值的平均值。

$s_{f_{cu}^c}$——构件测区混凝土强度换算值的标准差。

$R_i$——测区第$i$个测点的回弹值。

$R_m$——测区或试块的平均回弹值。

$R_a^b$——回弹仪非水平方向检测时,测区的平均回弹值。

$R_m^t$——回弹仪在水平方向检测混凝土浇筑表面时,测区的平均回弹值。

$R_\mathrm{m}^\mathrm{b}$——回弹仪在水平方向检测混凝土浇筑底面时,测区的平均回弹值。

$R_\mathrm{a}^\mathrm{t}$——回弹仪检测混凝土浇筑表面时,回弹值的修正值。

$R_\mathrm{a}^\mathrm{b}$——回弹仪检测混凝土浇筑底面时,回弹值的修正值。

$R_{\partial\mathrm{a}}$——非水平方向检测时,回弹值的修正值。

$\Delta_\mathrm{tot}$——测区混凝土强度修正量。

## 3 回弹仪

### 3.1 技术要求

3.1.1 回弹仪可为数字式的,也可为指针直读式的。

3.1.2 回弹仪应具有产品合格证及计量检定证书,并应在回弹仪的明显位置上标注名称、型号、制造厂名(或商标)、出厂编号等。

3.1.3 回弹仪除应符合现行国家标准《回弹仪》(GB/T 9138)的规定外,尚应符合下列规定:

1) 水平弹击时,在弹击锤脱钩瞬间,回弹仪的标称能量应为2.207J。

2) 在弹击锤与弹击杆碰撞的瞬间,弹击拉簧应处于自由状态,且弹击锤起跳点应位于指针指示刻度尺上的"0"处。

3) 在洛氏硬度HRC为60±2的钢砧上,回弹仪的率定值应为80±2。

4) 数字式回弹仪应带有指针直读示值系统;数字显示的回弹值与指针直读示值相差不应超过1。

3.1.4 回弹仪使用时的环境温度应为-4~40℃。

### 3.2 检定

3.2.1 回弹仪检定周期为半年,当回弹仪具有下列情况之一时,应由法定计量检定机构按现行行业标准《回弹仪》(JJG 817)进行检定:

1) 新回弹仪启用前。

2) 超过检定有效期限。

3) 数字式回弹仪数字显示的回弹值与指针直读示值相差大于1。

4) 经保养后,在钢砧上的率定值不合格。

5) 遭受严重撞击或其他损害。

3.2.2 回弹仪的率定试验应符合下列规定。

1) 率定试验应在室温为5~35℃的条件下进行。

2) 钢砧表面应干燥、清洁,并应稳固地平放在刚度大的物体上。

3) 回弹值应取连续向下弹击三次的稳定回弹结果的平均值。

4) 率定试验应分四个方向进行,且每个方向弹击前,弹击杆应旋转90°,每个方向的回弹平均值均应为80±2。

3.2.3 回弹仪率定试验所用的钢砧应每2年送授权计量检定机构检定或校准。

### 3.3 保养

3.3.1 当回弹仪存在下列情况之一时,应进行保养:

1) 回弹仪弹击超过2 000次。

2) 在钢砧上的率定值不合格。

3) 对检测值有怀疑。

3.3.2 回弹仪的保养应按下列步骤进行:

1) 先将弹击锤脱钩,取出机芯,然后卸下弹击杆,取出里面的缓冲压簧,并取出弹击锤、弹击拉簧和拉簧座。

2) 清洁机芯各零部件,并应重点清理中心导杆、弹击锤和弹击杆的内孔及冲击面。清理后,应在中心导杆上薄薄涂抹钟表油,其他零部件不得抹油。

3) 清理机壳内壁,卸下刻度尺,检查指针,其摩擦力应为0.5~0.8N。

4) 对于数字式回弹仪,还应按产品要求的维护程序进行维护。
5) 保养时,不得旋转尾盖上已定位紧固的调零螺丝,不得自制或更换零部件。
6) 保养后应按本规程第3.2.2条的规定进行率定。

3.3.3 回弹仪使用完毕,应使弹击杆伸出机壳,并应清除弹击杆、杆前端球面以及刻度尺表面和外壳上的污垢、尘土。回弹仪不用时,应将弹击杆压入机壳内,经弹击后按下按钮,锁住机芯,然后装入仪器箱。仪器箱应平放在干燥阴凉处。当数字式回弹仪长期不用时,应取出电池。

# 4 检测技术

## 4.1 一般规定

4.1.1 采用回弹法检测混凝土强度时,宜具有下列资料:
1) 工程名称、设计单位、施工单位。
2) 构件名称、数量及混凝土类型、强度等级。
3) 水泥安定性、外加剂、掺合料品种、混凝土配合比等。
4) 施工模板,混凝土浇筑、养护情况及浇筑日期等。
5) 必要的设计图纸和施工记录。
6) 检测原因。

4.1.2 回弹仪在检测前后,均应在钢砧上做率定试验,并应符合本规程第3.1.3条的规定。

4.1.3 混凝土强度可按单个构件或按批量进行检测,并应符合下列规定:
1) 单个构件的检测应符合本规程第4.1.4条的规定。
2) 对于混凝土生产工艺、强度等级相同,原材料、配合比、养护条件基本一致且龄期相近的一批同类构件的检测应采用批量检测。按批量进行检测时,应随机抽取构件,抽检数量不宜少于同批构件总数的30%且不宜少于10件。当检验批构件数量大于30个时,抽样构件数量可适当调整,并不得少于国家现行有关标准规定的最少抽样数量。

4.1.4 单个构件的检测应符合下列规定:
1) 对于一般构件,测区数不宜少于10个。当受检构件数量大于30个且不需提供单个构件推定强度或受检构件某一方向尺寸不大于4.5m且另一方向尺寸不大于0.3m时,每个构件的测区数量可适当减少,但不应少于5个。
2) 相邻两测区的间距不应大于2m,测区离构件端部或施工缝边缘的距离不宜大于0.5m,且不宜小于0.2m。
3) 测区宜选在能使回弹仪处于水平方向的混凝土浇筑侧面。当不能满足这一要求时,也可选在使回弹仪处于非水平方向的混凝土浇筑表面或底面。
4) 测区宜布置在构件的两个对称的可测面上,当不能布置在对称的可测面上时,也可布置在同一可测面上,且应均匀分布。在构件的重要部位及薄弱部位应布置测区,并应避开预埋件。
5) 测区的面积不宜大于$0.04m^2$。
6) 测区表面应为混凝土原浆面,并应清洁、平整,不应有疏松层、浮浆、油垢、涂层以及蜂窝、麻面。
7) 对于弹击时产生颤动的薄壁、小型构件,应进行固定。

4.1.5 测区应标有清晰的编号,并宜在记录纸上绘制测区布置示意图和描述外观质量情况。

4.1.6 当检测条件与本规程第6.2.1条和第6.2.2条的适用条件有较大差异时,可采用在构件上钻取的混凝土芯样或同条件试块对测区混凝土强度换算值进行修正,对同一强度等级混凝土修正时,芯样数量不应少于6个,公称直径宜为100mm,高径比应为1。芯样应在测区内钻取,每个芯样应只加工一个试样。同条件试块修正时,试块数量不应少于6个,试块边长应为150mm。计算时,测区混凝土强度修正量及测区混凝土强度换算值的修正应符合下列规定:

1) 修正量应按下列公式计算:

$$\Delta_{tot} = f_{cor,m} - f_{cu,m0}^c \tag{4.1.6-1}$$

$$\Delta_{\text{tot}} = f_{\text{cu,m}} - f_{\text{cu,m0}}^c \tag{4.1.6-2}$$

$$f_{\text{cor,m}} = \frac{1}{n}\sum_{i=1}^{n} f_{\text{cor},i} \tag{4.1.6-3}$$

$$f_{\text{cu,m}} = \frac{1}{n}\sum_{i=1}^{n} f_{\text{cu},i} \tag{4.1.6-4}$$

$$f_{\text{cu,m0}}^c = \frac{1}{n}\sum_{i=1}^{n} f_{\text{cu},i}^c \tag{4.1.6-5}$$

式中：$\Delta_{\text{tot}}$——测区混凝土强度修正量，MPa，精确到 0.1MPa；

$f_{\text{cor,m}}$——芯样试件混凝土强度平均值，MPa，精确到 0.1MPa；

$f_{\text{cu,m}}$——150mm 同条件立方体试块混凝土强度平均值，MPa，精确到 0.1MPa；

$f_{\text{cu,m0}}^c$——对应于钻芯部位或同条件立方体试块回弹测区混凝土强度换算值的平均值，MPa，精确到 0.1MPa；

$f_{\text{cor},i}$——第 $i$ 个混凝土芯样试件的强度；

$f_{\text{cu},i}$——第 $i$ 个混凝土立方体试块的抗压强度；

$f_{\text{cu},i}^c$——对应于第 $i$ 个芯样部位或同条件立方体试块测区回弹值和碳化深度值的混凝土强度换算值，可按本规程附录 A 或附录 B 取值；

$n$——芯样或试块数量。

2） 测区混凝土强度换算值的修正应按下式计算：

$$f_{\text{cu},i1}^c = f_{\text{cu},i0}^c + \Delta_{\text{tot}} \tag{4.1.6-6}$$

式中：$f_{\text{cu},i0}^c$——第 $i$ 个测区修正前的混凝土强度换算值，MPa，精确到 0.1MPa；

$f_{\text{cu},i1}^c$——第 $i$ 个测区修正后的混凝土强度换算值，MPa，精确到 0.1MPa。

## 4.2 回弹值测量

**4.2.1** 测量回弹值时，回弹仪的轴线应始终垂直于混凝土检测面，并应缓慢施压、准确读数、快速复位。

**4.2.2** 每一测区应读取 16 个回弹值，每一测点的回弹值读数应精确至 1。测点宜在测区范围内均匀分布，相邻两测点的净距离不宜小于 20mm；测点距外露钢筋、预埋件的距离不宜小于 30mm；测点不应在气孔或外露石子上，同一测点应只弹击一次。

## 4.3 碳化深度值测量

**4.3.1** 回弹值测量完毕后，应在有代表性的测区上测量碳化深度值，测点数不应少于构件测区数的 30%，应取其平均值作为该构件每个测区的碳化深度值。当碳化深度值极差大于 2.0mm 时，应在每一测区分别测量碳化深度值。

**4.3.2** 碳化深度值的测量应符合下列规定：

1） 可采用工具在测区表面形成直径约 15mm 的孔洞，其深度应大于混凝土的碳化深度。
2） 应清除孔洞中的粉末和碎屑，且不得用水擦洗。
3） 应采用浓度为 1%~2% 的酚酞酒精溶液滴在孔洞内壁的边缘处，当已碳化与未碳化界线清晰时，应采用碳化深度测量仪测量已碳化与未碳化混凝土交界面到混凝土表面的垂直距离，并应测量 3 次，每次读数应精确至 0.25mm。
4） 应取三次测量的平均值作为检测结果，并应精确至 0.5mm。

## 4.4 泵送混凝土的检测

**4.4.1** 检测泵送混凝土强度时，测区应选在混凝土浇筑侧面。

# 5 回弹值计算

**5.0.1** 计算测区平均回弹值时，应从该测区的 16 个回弹值中剔除 3 个最大值和 3 个最小值，其余的 10 个回弹值按下式计算：

$$R_{\text{m}} = \frac{\sum_{i=1}^{10} R_i}{10} \tag{5.0.1}$$

式中:$R_m$——测区平均回弹值,精确至0.1;
$R_i$——第$i$个测点的回弹值。

5.0.2 非水平方向检测混凝土浇筑侧面时,测区的平均回弹值应按下式修正:

$$R_m = R_{ma} + R_{\partial a} \tag{5.0.2}$$

式中:$R_{ma}$——非水平方向检测时测区的平均回弹值,精确至0.1;
$R_{\partial a}$——非水平方向检测时回弹值修正值,应按本规程附录C取值。

5.0.3 水平方向检测混凝土浇筑表面或浇筑底面时,测区的平均回弹值应按下列公式修正:

$$R_m = R_m^t + R_a^t \tag{5.0.3-1}$$

$$R_m = R_m^b + R_a^b \tag{5.0.3-2}$$

式中:$R_m^t$、$R_m^b$——水平方向检测混凝土浇筑表面、底面时,测区的平均回弹值,精确至0.1;
$R_a^t$、$R_a^b$——混凝土浇筑表面、底面回弹值的修正值,应按本规程附录D取值。

5.0.4 当回弹仪为非水平方向且测试面为混凝土的非浇筑侧面时,应先对回弹值进行角度修正,并应对修正后的回弹值进行浇筑面修正。

# 6 测强曲线

## 6.1 一般规定

6.1.1 混凝土强度换算值可采用下列测强曲线计算:
1) 统一测强曲线:由全国有代表性的材料、成型工艺制作的混凝土试件,通过试验所建立的测强曲线。
2) 地区测强曲线:由本地区常用的材料、成型工艺制作的混凝土试件,通过试验所建立的测强曲线。
3) 专用测强曲线:由与构件混凝土相同的材料、成型养护工艺制作的混凝土试件,通过试验所建立的测强曲线。

6.1.2 有条件的地区和部门,应制定本地区的测强曲线或专用测强曲线。检测单位宜按专用测强曲线、地区测强曲线、统一测强曲线的顺序选用测强曲线。

## 6.2 统一测强曲线

6.2.1 符合下列条件的非泵送混凝土,测区强度应按本规程附录A进行强度换算:
1) 混凝土采用的水泥、砂石、外加剂、掺合料、拌合用水符合国家现行有关标准。
2) 采用普通成型工艺。
3) 采用符合国家标准规定的模板。
4) 蒸汽养护出池经自然养护7d以上,且混凝土表层为干燥状态。
5) 自然养护且龄期为14~1 000d。
6) 抗压强度为10.0~60.0MPa。

6.2.2 符合本规程第6.2.1条的泵送混凝土,测区强度可按本规程附录B的曲线方程计算或按本规程附录B的规定进行强度换算。

6.2.3 测区混凝土强度换算表所依据的统一测强曲线,其强度误差值应符合下列规定:
1) 平均相对误差($\delta$)不应大于±15.0%。
2) 相对标准差($e_r$)不应大于18.0%。

6.2.4 当有下列情况之一时,测区混凝土强度不得按本规程附录A或附录B进行强度换算:
1) 非泵送混凝土粗骨料最大公称粒径大于60mm,泵送混凝土粗骨料最大公称粒径大于31.5mm。
2) 特种成型工艺制作的混凝土。
3) 检测部位曲率半径小于250mm。
4) 潮湿或浸水混凝土。

## 6.3 地区和专用测强曲线

**6.3.1** 地区和专用测强曲线的强度误差应符合下列规定：
1) 地区测强曲线：平均相对误差($\delta$)不应大于±14.0%，相对标准差($e_r$)不应大于17.0%。
2) 专用测强曲线：平均相对误差($\delta$)不应大于±12.0%，相对标准差($e_r$)不应大于14.0%。
3) 平均相对误差($\delta$)和相对标准差($e_r$)的计算应符合本规程附录E的规定。

**6.3.2** 地区和专用测强曲线应按本规程附录E的方法制定。使用地区或专用测强曲线时，被检测的混凝土应与制定该类测强曲线混凝土的适应条件相同，不得超出该类测强曲线的适应范围，并应每半年抽取一定数量的同条件试件进行校核，当存在显著差异时，应查找原因，不得继续使用。

## 7 混凝土强度的计算

**7.0.1** 构件第 $i$ 个测区混凝土强度换算值，可按本规程第5章所求得的平均回弹值($R_m$)及按本规程第4.3条所求得的平均碳化深度值($d_m$)由本规程附录A、附录B查表或计算得出。当有地区或专用测强曲线时，混凝土强度的换算值宜按地区测强曲线或专用测强曲线计算或查表得出。

**7.0.2** 构件的测区混凝土强度平均值应根据各测区的混凝土强度换算值计算。当测区数为10个及以上时，还应计算强度标准差。平均值及标准差应按下列公式计算：

$$m_{f_{cu}^c} = \frac{\sum_{i=1}^{n} f_{cu,i}^c}{n} \tag{7.0.2-1}$$

$$s_{f_{cu}^c} = \sqrt{\frac{\sum_{i=1}^{n}(f_{cu,i}^c)^2 - n(m_{f_{cu}^c})^2}{n-1}} \tag{7.0.2-2}$$

式中：$m_{f_{cu}^c}$——构件测区混凝土强度换算值的平均值，MPa，精确至0.1MPa；

$n$——对于单个检测的构件，取该构件的测区数；对批量检测的构件，取所有被抽检构件测区数之和；

$s_{f_{cu}^c}$——结构或构件测区混凝土强度换算值的标准差，MPa，精确至0.01MPa。

**7.0.3** 构件的现龄期混凝土强度推定值($f_{cu,e}$)应符合下列规定：
1) 当构件测区数少于10个时，应按下式计算

$$f_{cu,e} = f_{cu,min}^c \tag{7.0.3-1}$$

式中：$f_{cu,min}^c$——构件中最小的测区混凝土强度换算值。

2) 当构件的测区强度值中出现小于10.0MPa时，应按下式确定：

$$f_{cu,e} < 10.0 \text{MPa} \tag{7.0.3-2}$$

3) 当构件测区数不少于10个时，应按下式确定：

$$f_{cu,e} = m_{f_{cu}^c} - 1.645 s_{f_{cu}^c} \tag{7.0.3-3}$$

4) 当批量检测时，应按下式计算：

$$f_{cu,e} = m_{f_{cu}^c} - k s_{f_{cu}^c} \tag{7.0.3-4}$$

式中：$k$——推定系数，宜取1.645。当需要进行推定强度区间时，可按国家现行有关标准的规定取值。

注：构件的混凝土强度推定值是指相应于强度换算值总体分布中保证率不低于95%的构件中混凝土抗压强度值。

**7.0.4** 对按批量检测的构件，当该批构件混凝土强度标准差出现下列情况之一时，该批构件应全部按单个构件检测：
1) 当该批构件混凝土强度平均值小于25MPa、$s_{f_{cu}^c}$大于4.5MPa时。
2) 当该批构件混凝土强度平均值不小于25MPa且不大于60MPa、$s_{f_{cu}^c}$大于5.5MPa时。

**7.0.5** 回弹法检测混凝土抗压强度报告可按本规程附录F的格式编写。

**【注意事项】**

(1) 该规范中涉及的所有附录见本手册附录Ⅲ。

(2)回弹法测强的误差比较大,因此对比较重要的构件或结构物强度检测必须慎重使用。

(3)回弹仪的质量及测试性能直接影响混凝土强度推定结果的准确性。因此当钢砧率定值达不到规定值时,不允许用混凝土试块上的回弹值予以修正,更不允许旋转调零螺丝人为地使其达到率定值。试验表明上述方法不符合回弹仪测试性能,破坏了零点起跳亦即使回弹仪处于非标准状态。此时,可按规程中的技术要求进行常规保养,若保养后仍不合格,可送检定单位检定。

(4)必须了解水泥的安定性。如水泥安定性不合格则不能检测;如不能确切提供水泥安定性合格与否,则应在检测报告上说明,以免产生由于后期混凝土强度因水泥安定性不合格而降低或丧失所引起的事故责任不清的问题。另外,也应了解清楚混凝土成型日期,这样可以推算出检测时构件混凝土的龄期。

(5)当检测条件与测强曲线的适用条件有较大差异时,可以采用钻取混凝土芯样或同条件试块进行修正。需要指出的是,每一个钻取芯样的部位均应在回弹测区内,先测定测区回弹值、碳化深度值,然后再钻取芯样。不可以将较长芯样沿长度方向截取为几个芯样试件来计算修正值。

(6)泵送混凝土的测区应选在混凝土浇筑侧面。这是因为泵送混凝土的流动性大,其浇筑面的表面和底面性能相差较大,由于缺乏足够的具有说服力的实验数据,故规定测区应选在混凝土浇筑侧面。

(7)注意测区混凝土强度平均值及标准差的计算方法。需要说明的是,在计算标准差时,强度平均值应精确至0.01MPa,否则会因二次数据修约而增大计算误差。

(8)当测区间的标准差过大时,说明已有某些系统误差因素起作用,例如构件不是同一强度等级、龄期差异较大等,不属于同一母体,因此不能按批进行推定。

### 三、超声法(CECS 21—2000)

混凝土超声检测是混凝土无损检测技术中一项十分重要的检测方法,检测范围非常广泛,既可以检测混凝土的强度,又可以检测混凝土裂缝、混凝土均匀性、混凝土结合面质量、混凝土中不密实区和空洞、混凝土破坏层厚度和混凝土弹性参数等等,探测距离已达20m,是一种极具生命力的检测方法。

(一)超声波检测仪

超声波检测仪是超声检测的基本装置。它的作用是产生重复的电脉冲去激励发射换能器,发射换能器发射的超声波经耦合进入混凝土,在混凝土中传播后为接收换能器所接收并转换成电信号,电信号被送至超声波检测仪,经放大后显示在示波屏上。超声波检测仪除了产生、接收、显示超声波外,还具有测量超声波有关参数,如声传播时间、接收波振幅、频率等功能。

1.对超声检测仪的技术要求

(1)具有波形清晰、显示稳定的示波装置。

(2)声时最小分度为0.1μs。

(3)数字显示稳定,在2h内数字变化应不大于±0.2μs。

(4)具有最小分度为1dB的衰减系统。

(5)接收放大器频响范围10~500kHz,总增益不小于80dB;接收灵敏度(在信噪比为3:1时)不大于50μV。

(6)在温度为-10~+40℃、相对湿度小于或等于90%、电源电压在220V±22V(直流供电电压±11V)的环境下能正常工作;连续正常工作时间不少于4h。

(7)对于数字式超声波检测仪还应满足下列要求:

①具有手动游标测读和自动测读方式;当自动测读时,在同一测试条件下,1h内每隔5min测读一次声时的差异应不大于±2个采样点。

②波形显示幅度分辨率应不低于1/256,并具有可显示、存储和输出打印数字化波形的功能,波形最大存储长度不宜小于4kB。

③自动测读方式下,在显示的波形上应有光标指示声时、波幅的测读位置。

④宜具有幅度谱分析功能(FFT功能)。

2. 对换能器的技术要求

(1)根据不同的测试需要,换能器可具备两种类型,厚度振动方式和径向振动方式。

(2)厚度振动方式换能器的频率宜选用20～250kHz;径向振动方式换能器的频率宜选用20～60kHz,直径不宜大于32mm,当接收信号较弱时,宜选用带前置放大器的接收换能器。

(3)换能器的实测主频与标称频率相差应不大于±10%。对用于水中的换能器,其水密性应在1MPa水压下不渗漏。

3. 设备使用前的检验

超声波检测仪在使用前可通过测量空气声速进行自身校验,其方法如下。

(1)取常用的厚度振动式(平面式)换能器一对,接于超声仪器上,开机预热10min,将两个换能器的辐射面相互对准,以一定间距放置在空气中(图13-52),将接收信号尽量放大,依次在间距为50mm、100mm、150mm、200mm……,读取相应声时值 $t_1$、$t_2$、$t_3$……,同时测量空气的温度 $T$(精确至0.5℃)。

(2)空气声速测量值计算。

以测距 $l_i$ 为纵坐标,以声时读数 $t_i$ 为横坐标,绘制"时-距"坐标图(图13-53);或用统计方法求出 $l_i$ 与 $t_i$ 之间的回归直线方程 $l = a + bt$(式中:$a$、$b$ 为待求的回归系数)。坐标图中直线 $AB$ 的斜率或直线方程的回归系数 $b$ 即为空气声速的测量值 $v_c$。

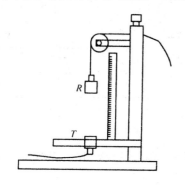

图13-52 换能器悬挂装置图

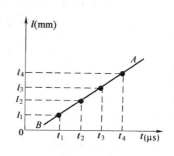

图13-53 测空气声速的"时—距"图

(3)空气声速的计算值。

空气的声速计算值应按下式计算:

$$v_j = 331.4\sqrt{1 + 0.00367T} \tag{13-54}$$

式中:$v_j$——空气声速的计算值,m/s;

$T$——空气的温度,℃。

(4)空气声速测量值的误差。

空气声速测量值$v_c$与空气声速计算值$v_j$之间的相对误差$e_\gamma$,应按下式计算:

$$e_\gamma = \frac{v_c - v_j}{v_c} \times 100\% \qquad (13\text{-}55)$$

其计算的相对误差$e_\gamma$不得大于±0.5%。

【注意事项】

(1)两换能器间距的测量误差应不大于±0.5%。

(2)换能器宜悬空相对放置(图13-52),若置于地板或桌面时,应在换能器下面垫以海绵或橡胶板。

(3)测点数应不少于10个。

4.径向振动式换能器声时初读数($t_0$)的测量方法

将两个径向振动式换能器保持其轴线相互平行,置于清水中同一水平高度,逐次调节两个换能器轴线间距,并测量其距离$l_i$和读取相应的声时值$t_i(i=1,2)$。由仪器、换能器及其高频电缆所产生的声时初读数$t_0$应按下式计算:

$$t_0 = \frac{l_1 \times t_2 - l_2 \times t_1}{l_1 - l_2} \qquad (13\text{-}56)$$

径向振动式换能器在钻孔中进行对测时,声时初读数$t_{00}$应按下式计算:

$$t_{00} = t_0 + \frac{d_1 - d_2}{v_w} \qquad (13\text{-}57)$$

式中:$t_{00}$——孔中测试的声时初读数,μs;

$t_0$——仪器设备的声时初读数,μs;

$d_1$——钻孔直径,mm;

$d_2$——换能器直径,mm;

$v_w$——水中的声速,按表13-27取值。

水中声速与水温的关系　　　　表13-27

| 水温(℃) | 5 | 10 | 15 | 20 | 25 | 30 |
|---|---|---|---|---|---|---|
| 声速(km/s) | 1.45 | 1.46 | 1.47 | 1.48 | 1.49 | 1.50 |

【注意事项】

当采用一只厚度振动式换能器和一只径向振动式换能器进行检测时,声时初读数可取该厚度振动式换能器和该径向振动式换能器的初读数之和的一半。

(二)超声法检测混凝土构件缺陷

在混凝土结构物的施工及使用过程中,往往会造成一些缺陷和损伤。形成这些缺陷和损伤的原因是多种多样的。一般而言,主要有四方面的原因:其一是施工原因,例如振捣不足、钢筋网过密而集料最大粒径选择不当、模板漏浆等所造成的内部孔洞、不密实区、蜂窝及保护层不足、钢筋外露等;其二是由于混凝土非外力作用形成的裂缝,例如在大体积混凝土中因水泥水化热积蓄过多,在凝固及散热过程中的不均匀收缩而造成的温度裂缝,混凝土干缩及碳化收缩所造成的裂缝;其三是长期在腐蚀介质或冻融作用下由表及里的层状疏松;其四是受外力作用所产生的裂缝,例如因龄期不足即行吊装而产生的吊装裂缝等。这些缺陷和损伤往往会严重影响结构物的承载能力和耐久性,因此在事故处理、施工验收、旧有建筑物安全性鉴定、维修和补强设计时必须进行检测,以确定混凝土内部缺陷的存在的大小、位置和性质。

1. 测前准备

(1)测前应掌握和取得的有关结构情况的资料

①工程和结构名称。

②混凝土原材料品种和规格。

③混凝土浇筑和养护情况。

④结构尺寸和配筋施工图或钢筋隐蔽图。

⑤结构外观质量及存在的问题。

(2)对检测面的要求

测区混凝土表面应清洁、平整,必要时可用砂轮磨平或用高强度等级快凝砂浆抹平。换能器应通过耦合剂与结构表面接触,耦合层中不得夹杂泥沙或空气。

(3)测点间距

普测的测点间距宜为 200~500mm(平测法例外);对出现可疑数据的区域,应加密布点进行细测。

(4)换能器频率的选择

换能器频率的选择可参照表13-28。

**换能器频率选择** 表13-28

| 测距(cm) | 选用换能器频率(kHz) | 最小横截面尺寸(cm) |
|---|---|---|
| 10~20 | 100~200 | 10 |
| 20~100 | 50~100 | 20 |
| 100~300 | 50 | 20 |
| 300~500 | 30~50 | 30 |
| >500 | 20 | 50 |

(5)换能器布置方式

由于混凝土非匀质性,一般不能像金属探伤那样,利用脉冲波在缺陷界面的反射信号作为判别缺陷状态的依据,而是利用超声脉波透过混凝土的信号来判别缺陷状况。一般根据被测结构或构件的形状、尺寸及所处环境,确定具体的换能器布置方式。常有的换能器布置方式大致分为以下几种:

①对测法:发射换能器 T 和接收换能器 R 分别置于被测结构相互平行的两个表面,且两个换能器的轴线位于同一直线上,见图13-54a)。

②斜测法:一对发射和接收换能器分别置于被测结构的两个表面,但两个换能器的轴线不在同一直线上,见图13-54b)。

③平测法:一对发射和接收换能器置于被测结构同一个接收表面上进行测试,见图13-54c)。

④钻孔法:一对换能器分别置于两个对应钻孔中,采用孔中对测(两个换能器位于同一高度进行测试)、孔中斜测(一对换能器分别置于两个对应钻孔中,但不在同一高度而是在保持一定高程差的条件下进行测试)和孔中平测(一对换能器置于同一钻孔中,以一定的高程差同

步移动进行测试)。

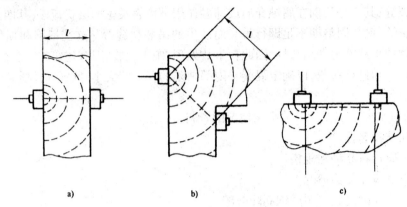

图 13-54 换能器布置方式
a)对法;b)斜法;c)平法

2. 混凝土相对均匀性检测
(1)适用情况
需要了解结构混凝土各部位的相对匀质性时。
(2)检测要求
①被检测的部位应具有相对平行的测试面。
②测点应在被测部位上均匀布置,测点的间距一般为 200~500mm。
③测点布置时,应避开与声波传播方向相一致的主钢筋。
(3)检测方法
①在检测部位的测试面上画间距为 200~500mm 的网格并编号。
②用钢卷尺测量两个换能器之间的距离,测量误差不应大于 ±1%。
③逐点测量声时值 $t_1$、$t_2$、$t_3$、$\cdots$、$t_n$。
(4)数据处理及判定
①各测点的混凝土声速值应按下式计算:

$$v_i = \frac{l_i}{t_{ci}} \tag{13-58}$$

式中:$v_i$——第 $i$ 点混凝土声速值,km/s;
$l_i$——第 $i$ 点测距值,mm;
$t_{ci}$——第 $i$ 点混凝土声时值,μs。

②各测点混凝土声速的平均值 $m_v$ 和标准差 $S_v$ 及离差系数 $C_v$ 应按下式分别计算:

$$m_v = \frac{1}{n}\sum_{i=1}^{n} v_i \tag{13-59}$$

$$S_v = \sqrt{\frac{\sum v_i^2 - nm_v^2}{n-1}} \tag{13-60}$$

$$C_v = \frac{S_v}{m_v} \tag{13-61}$$

式中:$v_i$——第 $i$ 个测点混凝土声速值,km/s;
$n$——测点数。

③根据声速的标准差和离差系数的大小,可以相对比较相同测距的同类结构或各部位混凝土质量均匀性的优劣。

**【注意事项】**

(1)构件上各测点声速值波动变化反映了混凝土质量的波动变化,因此用声速统计的$S_v$和$C_v$也反映了均匀性。但是,由于混凝土的声速与其强度之间并非线性关系,以声速统计的标准差和离差系数与现行施工验收规范中以标准试块强度值统计的标准差和离差系数不是同一标准,且以声速统计的标准差和离差系数的数值还随测试距离(构件尺寸)而变。因此,只能作同类结构、相同测距混凝土均匀性的相对比较,而不能用于均匀性等级的评定。

(2)当具有超声测强曲线时,可先计算出测点混凝土强度值,然后再进行匀质性评价。

3. 混凝土表面损伤层检测

(1)适用情况

需要了解因冻害、高温或化学侵蚀等所引起的混凝土表面损伤厚度时。

(2)检测要求

①根据结构的损伤情况和外观质量选取有代表性的部位布置测区。
②结构被测表面应平整并处于自然干燥状态,且无接缝和饰面层。
③测点布置时应避免T、R换能器的连线方向与附近主钢筋的轴线平行。

(3)检测方法

测试时T换能器应耦合好保持不动,然后将R换能器依次耦合在测点1、2、3、……位置上,如图13-55所示。读取相应的声时值$t_1$、$t_2$、$t_3$……,并测量每次R、T换能器之间的距离$l_1$、$l_2$、$l_3$……。R换能器每次移动的距离不宜大于100mm,每一测区的测点数不得少于6个。

(4)数据处理及判定

①以各测点的声时值$t_i$和相应测距值$l_i$绘制"时—距"坐标图,如图13-56所示。由图可得到声速改变所形成的拐点,并可按式(13-62)和式(13-63)计算出该点前、后分别表示损伤和未损伤混凝土的$l$和$t$的相关直线。

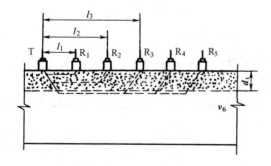

图13-55 损伤层检测换能器布置  图13-56 损伤层检测"时-距"图

损伤混凝土
$$l_f = a_1 + b_1 t_f \tag{13-62}$$

未损伤混凝土
$$l_a = a_2 + b_2 t_a \tag{13-63}$$

式中：$l_f$——拐点前各测点的距离，mm；对应于图中的 $l_1$、$l_2$、$l_3$；

$t_f$——拐点前各测点的声时，μs；对应于图 13-56 中的 $t_1$、$t_2$、$t_3$；

$l_a$——拐点后各测点的距离，mm；对应于图 13-56 中的 $l_4$、$l_5$、$l_6$；

$t_a$——拐点后各测点的声时，μs；对应于图 13-56 中的 $t_4$、$t_5$、$t_6$；

$a_1$、$b_1$、$a_2$、$b_2$——回归系数，即图 13-56 中损伤和未损伤混凝土直线的截距和斜率。

②损伤层厚度应按下式计算：

$$l_0 = \frac{a_1 b_2 - a_2 b_1}{b_2 - b_1} \tag{13-64}$$

$$h_f = \frac{l_0}{2}\sqrt{\frac{b_2 - b_1}{b_2 + b_1}} \tag{13-65}$$

式中：$h_f$——损伤层厚度。

**【注意事项】**

(1) 表面损伤层检测宜选用频率较低的厚度振动式换能器。

(2) 当结构的损伤层厚度不均匀时，应适当增加测区数。

4. 浅裂缝检测

1) 适用情况

当结构混凝土开裂深度小于或等于 500mm 时。

2) 检测要求

(1) 需要检测的裂缝中，不得充水或泥浆。

(2) 如有主钢筋穿过裂缝且与 T、R 换能器的连线大致平行，布置测点时应注意使 T、R 换能器连线至少与该钢筋轴线相距 1.5 倍的裂缝预计深度。

3) 检测方法

(1) 平测法

当结构的裂缝部位只有一个可测表面，可采用平测法。平测时应在裂缝的被测部位以不同的测距同时按跨缝和不跨缝布置测点进行声时测量。其测量步骤如下所述。

①不跨缝声时测量：将 T 和 R 换能器置于裂缝同一侧，以两个换能器内边缘间距（$l'$）等于 100mm、150mm、200mm、250mm……分别读取声时值 $t_i$，绘制"时—距"坐标图（图 13-57）或用统计的方法求出两者的关系式。

$$l_i = a + bt_i \tag{13-66}$$

每测点超声波实际传播距离 $l_i$ 为：

$$l_i = l' + |a| \tag{13-67}$$

式中：$l_i$——第 $i$ 点的超声波实际传播距离，mm；

$l'$——第 $i$ 点的 R、T 换能器内边缘间距，mm；

$a$——"时—距"图中 $l'$ 轴的截距或回归直线方程的常数项，mm。

不跨缝平测的混凝土声速值为：

$$v = \frac{l'_n - l'_1}{t'_n - t'_1} \tag{13-68}$$

或

$$v = b \tag{13-69}$$

式中：$l'_n$、$l'_1$——第 $n$ 点和第 1 点的测距，mm；

$t'_n$、$t'_1$——第 $n$ 点和第 1 点读取的声时值，μs；

$b$——回归系数。

②跨缝声时测量：如图 13-58 所示，将 T、R 换能器分别置于以裂缝为轴线的对称两侧，两换能器中心连线垂直于裂缝走向，以 $l' = 100\text{mm}$、$150\text{mm}$、$200\text{mm}$、$250\text{mm}$、$300\text{mm}$……分别读声时值 $t_i^0$，同时观察首波相位的变化。

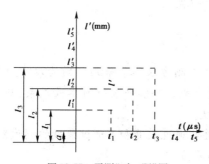

图 13-57　平测"时—距"图

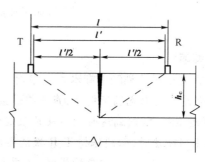

图 13-58　绕过裂缝示意图

③平测法检测裂缝深度按下式计算：

$$h_{ci} = \frac{l_i}{2} \sqrt{\left(\frac{t_i^0 v}{l_i}\right)^2 - 1} \tag{13-70}$$

$$m_{bc} = \frac{1}{n} \sum_{i=1}^{n} h_{ci} \tag{13-71}$$

式中：$l_i$——不跨缝平测时第 $i$ 点的超声波实际传播距离，mm；

$h_{ci}$——第 $i$ 点计算的裂缝深度值，mm；

$t_i^0$——第 $i$ 点跨缝平测的声时值，μs；

$m_{bc}$——各测点计算裂缝深度的平均值，mm；

$n$——测点数。

④裂缝深度的确定方法如下：

a. 跨缝测量中，当在某测距发现首波反相时，可用该测距及两个相邻测距的测量值按式（13-64）计算 $h_{ci}$ 值，取此三点 $h_{ci}$ 的平均值作为该裂缝的深度值 $h_c$。

b. 跨缝测量中如难以发现首波反相，则以不同测距按式（13-70）、式（13-71）计算 $h_{ci}$ 及其平均值 $m_{bc}$。将各测距 $l'_i$ 与 $m_{bc}$ 相比较，凡测距 $l'_i$ 小于 $m_{bc}$ 和大于 $3m_{bc}$，应剔除该组数据，然后取余下 $h_{ci}$ 的平均值，作为该裂缝的深度值 $h_c$。

（2）双面斜测法

当结构的裂缝部位具有两个相互平行的测试表面时，可采用双面穿透斜测法检测。测点布置如图 13-59 所示，将 T、R 换能器分别置于两测试表面对应测点 1、2、3……的位置，读取相应声时值 $t_i$、波幅值 $A_i$ 及主频率 $f_i$。如 T、R 换能器的连线通过裂缝，则接收信号的波幅和频率明显降低。根据波幅和频率的突变,可以判定裂缝深度以及是否在平面方向贯通。

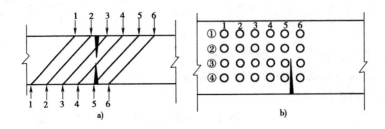

图 13-59 斜测裂缝测点布置示意图
a)平面图;b)立面图

**【注意事项】**

(1)当需要检测的裂缝中有水或泥浆时,上述检测方法不能采用。因为以声时推算浅裂缝深度,是假定裂缝中充满了气体,声波绕过裂缝末端传播。若裂缝有水或泥浆,则声波经水介质耦合穿过裂缝,首波到达时间不反映裂缝深度。

(2)采用斜测法时,必须保持T、R换能器的连线通过裂缝和不通过裂缝的测试距离相等、倾斜角一致的条件下,读取相应的声时、波幅和频率值。

**5. 深裂缝检测**

(1)适用情况

对于大体积混凝土,当预计开裂深度大于 500mm 时。

(2)检测要求

①需要检测的裂缝中,不得有水或泥浆。

②允许在裂缝两旁钻测试孔。

③孔径应比换能器直径大 5~10mm。

④孔深应至少比裂缝预计深度深 700mm,经测试如浅于裂缝深度,则应加深钻孔。

⑤对应的两个测试孔,必须始终位于裂缝两侧,其轴线应保持平行。

⑥两个对应测试孔的间距宜为 2 000mm,同一结构的各对应测孔间距应相同。

⑦孔中粉末碎屑应清理干净。

⑧如图 13-60a)所示,宜在裂缝一侧多钻一个较浅的孔,测试无缝混凝土的声学参数供对比判别之用。

(3)检测方法

①选用频率为 20~60kHz 的径向振动式换能器,并在其连接线上作出等距离标志(一般间隔 100~400mm)。

②测试前应先向测试孔中注满清水,然后将 T、R 换能器分别置于裂缝两侧的对应孔中,以相同高程等间距从上至下同步移动,逐点读取声时、波幅和换能器所处的深度[图 13-60b)]。

(4)裂缝深度判定

以换能器所处深度 $h$ 与对应的波幅值 $A$ 绘制 $h$-$A$ 坐标图(图 13-61),随着换能器位置的下移,波幅逐渐增大。当换能器下移至某一位置后,波幅达到最大并基本稳定。该位置所对应的深度便是裂缝深度 $h_c$。

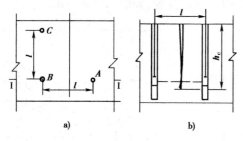
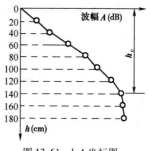

图 13-60　钻孔测裂缝深度示意图
a)平面图($C$ 为比较孔);b)I—I 剖面图

图 13-61　$h$-$A$ 坐标图

**【注意事项】**

(1)向测孔中灌的水必须是清水,无悬浮泥沙。

(2)测点间隔宜 20cm 左右,深度大的裂缝测量间隔可适当大一些。换能器上下移动到位后,使其处于钻孔中心,为此换能器应套上橡皮的"扶正器"再置于钻孔中使用。

(3)当放置 T、R 换能器的测孔之间混凝土质量不均匀或者存在不密实和空洞时,将使 $h$-$A$ 曲线偏离原来趋向。此时应注意识别和判断,以免产生误判。

(4)由于大体积混凝土本身存在较大的体积变形,当温度升高而膨胀时,其裂缝变窄甚至完全闭合。当结构混凝土在外力作用下,其受压区的裂缝也会产生类似变化。在这种情况下进行超声检测,难以正确判断裂缝深度。因此,最好在气温较低的季节或结构卸荷状态下进行裂缝检测。

(5)当有主钢筋穿过裂缝且靠近一对测孔,T、R 换能器又处于该钢筋的高度时,大部分超声波将沿钢筋传播到接收换能器,波幅测值难以反映裂缝的存在,检测时应注意判别。

(6)当裂缝中充满水时,绝大部分超声波经水穿过裂缝传播到接收换能器,使得有无裂缝的波幅值无明显差异,难以判断裂缝深度。因此,检测时被测裂缝中不应填充水或泥浆。

6.不密实区和空洞检测

1)适用情况

当结构混凝土因振捣不够、漏浆或石子架空等原因造成混凝土局部区域呈蜂窝状、空洞等缺陷时。

2)检测要求

(1)被测部位应具有一对(或两对)相互平行的测试面;

(2)测试范围除应大于有怀疑的区域外,还应有同条件的正常混凝土进行对比,且对比测点数不应少于 20。

(3)在测区布置测点时,应避免 T、R 换能器的连线与附近的主钢筋轴线平行。

3)检测方法

(1)根据被测结构实际情况,可按下列方法之一布置换能器。

①结构具有两对互相平行的测试面时可采用对测法,其测试方法如图 13-62 所示。在测区的两对相互平行的测试面上,分别画间距为 100～300mm 的网格;然后编号,确定对应的测点位置。

②结构中只有一对相互平行的测试面时,可采用对测和斜测相结合的方法。即在测区的两个相互平行的测试面上,分别画出交叉测试的两组测点位置,如图13-63所示。

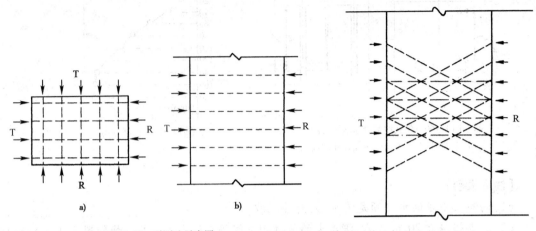

图13-62 对测法示意图
a)平面图;b)立面图

图13-63 斜测法示意图

③当测距较大时,可采用钻孔或预埋管测法,如图13-64所示。在测位预埋声测管或钻出竖向测试孔,预埋管内径或钻孔直径宜比换能器直径大5~10mm,预埋管或钻孔间距宜为2~3m,其深度可根据测试需要确定。检测时可用两个径向振动式换能器分别置于两测孔中进行测试,或用一个径向振动式与一个厚度振动式换能器,分别置于测孔中和平行于测孔的侧面进行测试。

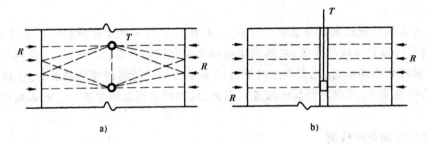

图13-64 钻孔法示意图
a)平面图;b)立面图

(2)按规定测量每一测点的声时、波幅、频率和测距。

4)数据处理及判定

(1)测区混凝土声时(或声速)、波幅、频率测量值的平均值 $m_x$ 和标准差 $S_x$ 应按下式计算:

$$m_x = \frac{1}{n}\sum_{i=1}^{n} X_i \tag{13-72}$$

$$S_x = \sqrt{\frac{\sum_{i=1}^{n} X_i^2 - nm_x^2}{n-1}} \tag{13-73}$$

式中:$X_i$——第 $i$ 点的声时(或声速)、波幅、频率的测量值;
　　　$n$——测区参与统计的测点数。

(2)测区中的异常数据可按以下方法判别。

①如果测得测区各测点的波幅、频率或(由声时计算的)声速值,则将他们由大至小按顺

序排列,即 $X_1 \geq X_2 \geq \cdots \geq X_n \geq X_{n+1} \geq \cdots$。将排在后面明显小的数据视为可疑值,再将这些可疑值中最大的一个(假定为 $X_n$)连同其前面的数据按式(13-72)和式(13-73)计算出 $m_x$ 及 $S_x$ 值,并代入式(13-74),计算出异常情况的判断值($X_0$)。

$$X_0 = m_x - \lambda_1 S_x \tag{13-74}$$

式中:$\lambda_1$——异常值判定系数,应按表13-29取值。

统计数的个数 $n$ 与对应的 $\lambda_1$、$\lambda_2$ 和 $\lambda_3$ 的值　　　　表13-29

| $n$ | 20 | 22 | 24 | 26 | 28 | 30 | 32 | 34 | 36 | 38 |
|---|---|---|---|---|---|---|---|---|---|---|
| $\lambda_1$ | 1.65 | 1.69 | 1.73 | 1.77 | 1.80 | 1.83 | 1.86 | 1.89 | 1.92 | 1.94 |
| $\lambda_2$ | 1.25 | 1.27 | 1.29 | 1.31 | 1.33 | 1.34 | 1.36 | 1.37 | 1.38 | 1.39 |
| $\lambda_3$ | 1.05 | 1.07 | 1.09 | 1.11 | 1.12 | 1.14 | 1.16 | 1.17 | 1.18 | 1.19 |
| $n$ | 40 | 42 | 44 | 46 | 48 | 50 | 52 | 54 | 56 | 58 |
| $\lambda_1$ | 1.96 | 1.98 | 2.00 | 2.02 | 2.04 | 2.05 | 2.07 | 2.09 | 2.10 | 2.12 |
| $\lambda_2$ | 1.41 | 1.42 | 1.43 | 1.44 | 1.45 | 1.46 | 1.47 | 1.48 | 1.49 | 1.49 |
| $\lambda_3$ | 1.20 | 1.22 | 1.23 | 1.25 | 1.26 | 1.27 | 1.28 | 1.29 | 1.30 | 1.31 |
| $n$ | 60 | 62 | 64 | 66 | 68 | 70 | 72 | 74 | 76 | 78 |
| $\lambda_1$ | 2.13 | 2.14 | 2.15 | 2.17 | 2.18 | 2.19 | 2.20 | 2.21 | 2.22 | 2.23 |
| $\lambda_2$ | 1.50 | 1.51 | 1.52 | 1.53 | 1.53 | 1.54 | 1.55 | 1.56 | 1.56 | 1.57 |
| $\lambda_3$ | 1.31 | 1.32 | 1.33 | 1.34 | 1.35 | 1.36 | 1.36 | 1.37 | 1.38 | 1.39 |
| $n$ | 80 | 82 | 84 | 86 | 88 | 90 | 92 | 94 | 96 | 98 |
| $\lambda_1$ | 2.24 | 2.25 | 2.26 | 2.27 | 2.28 | 2.29 | 2.30 | 2.30 | 2.31 | 2.31 |
| $\lambda_2$ | 1.58 | 1.58 | 1.59 | 1.60 | 1.60 | 1.61 | 1.61 | 1.62 | 1.62 | 1.63 | 1.63 |
| $\lambda_3$ | 1.39 | 1.40 | 1.41 | 1.42 | 1.42 | 1.43 | 1.44 | 1.45 | 1.45 | 1.45 |
| $n$ | 100 | 105 | 110 | 115 | 120 | 125 | 130 | 140 | 150 | 160 |
| $\lambda_1$ | 2.32 | 2.35 | 2.36 | 2.38 | 2.40 | 2.41 | 2.43 | 2.45 | 2.48 | 2.50 |
| $\lambda_2$ | 1.64 | 1.65 | 1.66 | 1.67 | 1.68 | 1.69 | 1.71 | 1.73 | 1.75 | 1.77 |
| $\lambda_3$ | 1.46 | 1.47 | 1.48 | 1.49 | 1.51 | 1.53 | 1.54 | 1.56 | 1.58 | 1.59 |

将判断值 $X_0$ 与可疑数据的最大值 $X_n$ 相比较,如 $X_n$ 小于或等于 $X_0$,则 $X_n$ 及排列于其后的各数据均为异常值;当 $X_n$ 大于 $X_0$,应再将 $X_{n+1}$ 放进去重新进行统计计算和判别。

②当测位中判出异常测点时,可根据异常测点的分布情况,按下式进一步判别其相邻测点是否异常:

$$X_0 = m_x - \lambda_2 S_x \quad \text{或} \quad X_0 = m_x - \lambda_3 S_x \tag{13-75}$$

式中,$\lambda_2$、$\lambda_3$ 按表13-29取值。当测点布置为网格状时取 $\lambda_2$,当单排布置测点时(如在声测孔中检测)取 $\lambda_3$。

(3)当测区中某些测点的声时值(或声速值)、波幅值(或频率值)被判为异常值时,可结合异常测点的分布及波形状况确定混凝土内部存在不密实区和空洞的范围。

5)空洞尺寸估算

当判定缺陷是空洞时,可采用以下方法估算其空洞尺寸的大小。

如图13-65所示,设检测距离为 $l$,空洞中心(在另一对测试面上,声时最长的测点位置)距一个测试面的垂直距离为 $l_h$,声波在空洞附近无缺陷混凝土中传播的时间平均值为 $m_{ta}$,绕空洞传播的时间(空洞处的最大声时)为 $t_h$,空洞半径为 $r$。

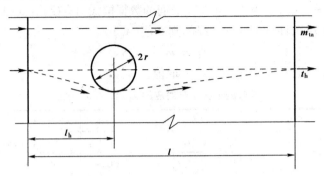

图 13-65 空洞尺寸估算原理

根据 $l_h/l$ 值和 $(t_h-m_{ta})/m_t \times 100\%$ 值,可由表 13-30 查得空洞半径 $r$ 与测距 $l$ 的比值,再计算空洞的大致尺寸 $r$。

空洞半径 $r$ 与测距 $l$ 的比值　　　　　　　　　　　表 13-30

| x\z y | 0.05 | 0.08 | 0.10 | 0.12 | 0.14 | 0.16 | 0.18 | 0.20 | 0.22 | 0.24 | 0.26 | 0.28 | 0.30 |
|---|---|---|---|---|---|---|---|---|---|---|---|---|---|
| 0.10(0.9) | 1.42 | 3.77 | 6.26 | — | — | — | — | — | — | — | — | — | — |
| 0.15(0.85) | 1.00 | 2.56 | 4.06 | 5.97 | 8.39 | — | — | — | — | — | — | — | — |
| 0.2(0.8) | 0.78 | 2.03 | 3.18 | 4.62 | 6.36 | 8.44 | 10.9 | 13.9 | — | — | — | — | — |
| 0.25(0.75) | 0.67 | 1.72 | 2.69 | 3.90 | 5.34 | 7.03 | 8.98 | 11.2 | 13.8 | 16.8 | — | — | — |
| 0.3(0.7) | 0.60 | 1.53 | 2.40 | 3.46 | 4.73 | 6.21 | 7.91 | 9.38 | 12.0 | 14.4 | 17.1 | 20.1 | 23.6 |
| 0.35(0.65) | 0.55 | 1.41 | 2.21 | 3.19 | 4.35 | 5.70 | 7.25 | 9.00 | 10.9 | 13.1 | 15.5 | 18.1 | 21.0 |
| 0.4(0.6) | 0.52 | 1.34 | 2.09 | 3.02 | 4.12 | 5.39 | 6.84 | 8.48 | 10.3 | 12.3 | 14.5 | 16.9 | 19.8 |
| 0.45(0.55) | 0.50 | 1.30 | 2.03 | 2.92 | 3.99 | 5.22 | 6.62 | 8.20 | 9.95 | 11.9 | 14.0 | 16.3 | 18.8 |
| 0.5 | 0.50 | 1.28 | 2.02 | 2.89 | 3.94 | 5.16 | 6.55 | 8.11 | 9.84 | 11.8 | 13.3 | 16.1 | 18.6 |

注:表中 $x=(t_h-m_{tu})/t_{tu} \times 100\%$;$y=l_h/l$;$z=r/l$。

如被测部位只有一对可供测试的表面,空洞尺寸可按下式计算:

$$r = \frac{l}{2}\sqrt{\left(\frac{t_h}{m_{ta}}\right)^2 - 1} \tag{13-76}$$

式中:$r$——空洞半径,mm;
　　　$l$——T、R 换能器之间的距离,mm;
　　　$t_h$——缺陷处的最大声时值,μs;
　　　$m_{ta}$——无缺陷区的平均声时值,μs。

【注意事项】

(1)一般情况下用波幅、频率和声时的差异来判别不密实和空洞等缺陷较为有效。

(2)若耦合条件保证不了波幅稳定,则波幅值不能作为统计法的判据。

(3)有时由于一个构件的整体质量差,各测点的声速、波幅测量值的标准差较大,如按上述判别易产生漏判。此时,可利用一个同条件(混凝土的材料、龄期、配合比及配筋相同,测距一致)混凝土的声速、波幅的平均值和标准差来判别。

## 7. 混凝土结合面质量检测

(1) 适用情况

需要了解前后两次浇筑的混凝土之间接触面的质量,如施工缝、修补加固等时。

(2) 检测要求

①测试前应查明结合面的位置及走向,以正确确定被测部位及布置测点。

②结构的被测部位应具有使声波垂直或斜穿结合面的一对平行测试面。

③所布置的测点应避开平行声波传播方向的主钢筋或预埋铁件。

(3) 检测方法

混凝土结合面质量检测采用对测法和斜测法,按图 13-66a) 或图 13-66b) 布置测点。按布置好的测点分别测出各点的声时、波幅和频率值。

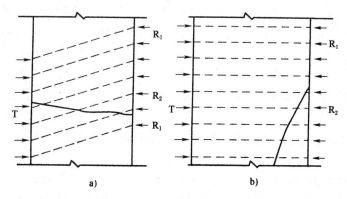

图 13-66 混凝土结合面质量检测示意图
a) 对测法;b) 斜测法

布置测点时应注意以下几点:

①使测试范围覆盖全部结合面或有怀疑的部位。

②各对 T、R 换能器连线的倾斜角及测距应相等。

③测点的间距视结构尺寸和结合面外观质量情况而定,一般控制在 100~300mm。

(4) 数据处理及判定

①按式(13-72)、式(13-73)和式(13-74)对某一测区各测点声时、波幅或频率值分别进行统计和异常值判断。当通过结合面的某些测点的数据被判为异常,并查明无其他因素影响时,可判定混凝土结合面在该部位结合不良。

②当测点数无法满足统计法判断时,可按 $T\text{-}R_2$ 的声速、波幅等声学参数与 $T\text{-}R_1$ 进行比较,若 $T\text{-}R_2$ 的声学参数比 $T\text{-}R_1$ 显著低时,则该点可判为异常测点。

**【注意事项】**

(1) 利用超声波检测两次浇筑的混凝土结合面的质量,主要采用对比的方法。因此,在同一测区必须有通过结合面和不通过结合面的测点。为保证各测点具有一定的可比性,每一对测点都应保持倾斜度一致,测距相等。

(2) 如果发现声时明显偏长或波幅及频率偏低的可疑点,则应查明测试表面是否平整、干净,并作必要的处理后再进行重测和细测。

## 8. 钢管混凝土缺陷检测

(1) 适用情况

本检测方法仅适用于管壁与混凝土胶结良好的钢管混凝土缺陷检测。

(2) 检测要求

所用钢管的外表面应光洁,无严重锈蚀。

(3) 检测方法

①钢管混凝土检测应采用径向对测的方法,如图 13-67 所示。

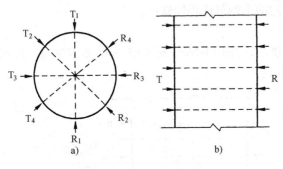

图 13-67　钢管混凝土检测示意图
a)平面图；b)立面图

②应选择钢管与混凝土胶结良好的部位布置测点。

③布置测点时,可先测量钢管实际周长,再将圆周等分,在钢管测试部位画出若干根母线和等间距的环向线,线间距宜为 150~300mm。

④检测时可先作径向对测,在钢管混凝土每一环线上保持 T、R 换能器连线通过圆心,沿环向测试,逐点读取声时、波幅和主频。

(4) 数据处理与判断

①同一测距的声时、波幅和频率的统计计算及异常值判别按式(13-72)、式(13-73)和式(13-74)规定进行。

②当同一测位的测试数据离散性较大或数据较少时,可将怀疑部位的声速、波幅、主频与相同直径钢管混凝土的质量正常部位的声学参数相比较,综合分析判断所测部位的内部质量。

【注意事项】

(1) 检测过程中应注意防止首波信号经由钢管壁传播。

(2) 对于直径较大的钢管混凝土,也可采用预埋声测管的方法检测。

### 四、超声回弹综合法（CECS 02—2005）

超声回弹综合法是指采用超声仪和回弹仪,在结构混凝土同一测区分别测量声时值和回弹值,然后利用已建立起来的测强公式推算该测区混凝土强度的一种方法。与单一回弹法或超声法相比,超声回弹综合法具有受混凝土龄期和含水率的影响小、测试精度高、适用范围广、能够较全面地反映结构混凝土的实际质量等优点。

超声回弹综合法检测混凝土强度技术规程（CECS 02—2005）

1　总则

1.0.1　为了统一采用中型回弹仪、混凝土超声波检测仪综合检测并推断混凝土结构中普通混凝土抗压强度的方法,做到技术先进、安全可靠、经济合理、方便使用,制定本规程。

1.0.2　在正常情况下,混凝土强度的验收和评定应按现行有关国家标准执行。当对结构中的混凝土有强度检测要求时,可按本规程进行检测,并推定结构混凝土的强度,作为混凝土结构处理的一个依据。

1.0.3　本规程不适用于检测因冻害、化学侵蚀、火灾、高温等已造成表面疏松、剥落的混凝土。

1.0.4　按本规程进行工程检测的人员,应通过专业培训并持有相应的资格证书。

1.0.5　采用超声回弹综合法检测及推定混凝土强度,除应遵守本规程外,尚应符合现行有关强制性标准的规定。

## 2 术语、符号

### 2.1 术语

**2.1.1 检测单元 Detective element**

按照检测要求确定的混凝土结构的组成单元。

**2.1.2 测区 Detecting region**

在进行结构或构件混凝土强度检测时确定的检测区域。

**2.1.3 测点 Detecting point**

测区内的检测点。

**2.1.4 超声回弹综合法 Ultrasonic-rebound combined method**

根据实测声速值和回弹值综合推定混凝土强度的方法。本方法采用带波形显示器的低频超声波检测仪，并配置频率为 50~100kHz 的换能器，测量混凝土中的超声波声速值，以及采用弹击锤冲击能量为 2.207J 的混凝土回弹仪，测量回弹值。

**2.1.5 超声波速度 Velocity of ultrasonic wave**

在混凝土中，超声脉冲波单位时间内的传播距离。

**2.1.6 波幅 Amplitude of wave**

超声脉冲波通过混凝土被换能器接收后，由超声波检测仪显示的首波信号的幅度。

**2.1.7 测区混凝土抗压强度换算值 Conversion value for the compression strength of concrete at detecting region**

根据测区混凝土中的声速代表值和回弹代表值，通过测强曲线换算所得的该测区现龄期混凝土的抗压强度值。

**2.1.8 混凝土抗压强度推定值 Inferable value for compression strength of concrete**

根据测区混凝土抗区强度换算值推定的结构或构件中现龄期混凝土的抗压强度值。

### 2.2 主要符号

$e_r$——相对误差。

$f_{cu,i}^c$——结构或构件第 $i$ 个测区的混凝土抗压强度换算值。

$f_{cu,e}$——结构混凝土抗压强度推定值。

$f_{cu,min}^c$——结构或构件最小的测区混凝土抗压强度换算值。

$f_{cu}^o$——混凝土立方体试件的抗压强度实测值。

$f_{cor}^o$——混凝土芯样试件的抗压强度实测值。

$l_i$——第 $i$ 个测点的超声测距。

$m_{f_{cu}^c}$——结构或构件测区混凝土抗压强度换算值的平均值。

$n$——测区数，测点数，立方体试件数，芯样试件数。

$R_i$——第 $i$ 个测点的有效回弹值。

$R$——测区回弹代表值。

$R_a$——修正后的测区回弹代表值。

$R_{a\alpha}$——测试角度为 $\alpha$ 时的测区回弹修正值。

$R_a^t$、$R_a^b$——测量混凝土浇筑顶面或底面时的测区回弹修正值。

$s_{f_{cu}^c}$——结构或构件测区混凝土抗压强度换算值的标准差。

$T_k$——空气的摄氏温度。

$t_i$——第 $i$ 个测点的声时读数。

$t_0$——声时初读数。

$v$——测区混凝土中声速代表值。

$v_a$——修正后的测区混凝土中声速代表值。

$v_k$——空气中声速计算值。

$v^o$——空气中声速实测值。

$v_i$——第 $i$ 点个测点的混凝土中声速值。

$\alpha$——回弹仪测试角度。

$\beta$——超声测试面的声速修正系数。

$\eta$——修正系数。

$\lambda$——平测声速修正系数。

## 3 回弹仪

### 3.1 一般规定

**3.1.1** 所采用的回弹仪应符合国家计量检定规程《混凝土回弹仪》(JJG 817)的要求,并通过技术鉴定,必须具有产品合格证明和检定证,并应具有中国计量器具制造 CMC 许可证标志。

**3.1.2** 所采用的回弹仪应符合下列标准状态的要求:

1) 水平弹击时,在弹击锤脱钩的瞬间,回弹仪弹击锤的冲击能量应为 2.207J。

2) 弹击锤与弹击杆碰撞的瞬间,弹击拉簧应处于自由状态,检定器上批针滑块刻线应置于"0"处。

3) 在洛氏硬度 HRC 为 60±2 的钢砧上,回弹仪的率定值应为 80±2。

**3.1.3** 回弹仪使用时,环境温度应为 -4～40℃。

### 3.2 检定要求

**3.2.1** 回弹仪有下列情况之一时,应经检定单位检定后方可使用:

1) 新回弹仪启用前。

2) 超过检定有效期。

3) 累计弹击次数超过 6 000 次。

4) 经常规保养后,钢砧率定值不合格。

5) 遭受严重撞击或其他损害。

**3.2.2** 回弹仪应由有资格的检定单位按照现行国家计量检定规程《混凝土回弹仪》(JJG 817)的规定进行检定。

**3.2.3** 在下列情况之一时,回弹仪应在钢砧上进行率定试验:

1) 回弹仪当天使用前后。

2) 测试过程中对回弹仪性能有怀疑时。

当回弹仪率定值不在 80±2 范围内时,应按本规程第 3.3 节的要求,对回弹仪进行常规保养后再进行率定。若再次率定仍达不到要求,则应送检定单位检定。

**3.2.4** 回弹仪率定试验宜在干燥、室温 5～35℃ 条件下进行。率定时,钢砧应稳固地平放在刚度大的物体上。测定回值时,取连续向下弹击三次的稳定回弹值计算平均值。弹击杆应分三次旋转,每次宜旋转 90°。每旋转一次弹击杆,率定平均值应为 80±2。

### 3.3 维护保养

**3.3.1** 回弹仪有下列情况之一时,应进行常规保养:

1) 弹击超过 2 000 次。

2) 对检测值有怀疑时。

3) 钢砧上的率定值不符合要求。

**3.3.2** 回弹仪的常规保养应符合下列规定:

1) 使弹击锤脱钩后取出机芯,卸下弹击杆,取出缓冲压簧,并取出弹击拉簧和拉簧座。

2) 清洗机芯各零部件,重点清洗中心导杆、弹击锤和弹击杆的内孔和冲击面。清洗后在中心导杆上薄薄涂抹钟表油,其他零部件均不得抹油。

3) 清理机壳内壁,卸下刻度尺,并检查指针,其摩擦力应为 0.5～0.8N。

4) 不得旋转尾盖上已定位紧固的调零螺丝。
5) 不得自制或更换零部件。
6) 保养后按本规程第3.2.4条的要求进行率定试验。

3.3.3 回弹仪使用完毕后,应使弹击杆伸出机壳,清除弹击杆、杆前端球面、刻度尺表面和外壳上的污垢、尘土。回弹仪不使用时,应将弹击杆压入仪器内,经弹击后用按钮锁住机芯,将回弹仪装入仪器箱,平放在干燥阴凉处。

# 4 混凝土超声波检测仪器

## 4.1 一般规定

4.1.1 所采用的混凝土超声波检测仪应通过技术鉴定,必须具有产品合格证和检定证。

4.1.2 用于混凝土的超声波检测仪可分为下列两类:
1) 模拟式:接收的信号为连续模拟量,可由时域波形信号测读声学参数。
2) 数字式:接收的信号转化为离散数字量,具有采集、储存数字信号、测读声学参数和对数字信号处理的智能化功能。

4.1.3 所采用的超声波检测仪应符合现行行业标准《混凝土超声波检测仪》(JG/T 5004)的要求,并在计量检定有效期内使用。

4.1.4 超声波检测仪应满足下列要求:
1) 具有波形清晰、显示稳定的示波装置。
2) 声时最小分度值为0.1μs。
3) 具有最小分度值为1dB的信号幅度调整系统。
4) 接收放大器频响范围10~500kHz,总增益不小于80dB,接收灵敏度(信噪比3:1时)不大于50μV。
5) 电源电压波动范围在标称值±10%情况下能正常工作。
6) 连续正常工作时间不少于4h。

4.1.5 模拟式超声波检测仪还应满足下列要求:
1) 具有手动游标和自动整形两种声时测读功能。
2) 数字显示稳定,声时调节在20~30μs范围内,连续静置1h数字变化不超过±0.2μs。

4.1.6 数字式超声波检测仪还应满足下列要求:
1) 具有采集、储存数字信号并进行数据处理的功能。
2) 具有手动游标测读和自动测读两种方式。当自动测读时,在同一测试条件下,在1h内每5min测读一次声时值的差异不超过±0.2μs。
3) 自动测读时,在显示器的接收波形上,有光标指示声时的测读位置。

4.1.7 超声波检测仪器使用时,环境温度应为0~40℃。

## 4.2 换能器技术要求

4.2.1 换能器的工作频率宜在50~100kHz范围内。

4.2.2 换能器的实测主频与标称频率相差不应超过±10%。

## 4.3 校准和保养

4.3.1 超声波检测仪的声时计量检验,应按"时—距"法测量空气中声速实测值$v^0$(附录E),并与按下列公式计算的空气中声速计算值$v_k$相比较,二者的相对误差不应超过±0.5%。

$$v_k = 331.4\sqrt{1 + 0.00367 T_k} \tag{4.3.1}$$

式中:331.4——0℃时空气中的声速值,m/s;
$v_k$——温度为$T_k$时空气中的声速计算值,m/s;
$T_k$——测试时空气的温度,℃。

4.3.2 检测时,应根据测试需要在仪器上配置合适的换能器和高频电缆线,并测定声时初读

数 $t_0$。检测过程中如更换换能器或高频电缆线,应重新测定 $t_0$。

4.3.3 超声波检测仪应定期保养。

## 5 测区回弹值和声速值的测量及计算

### 5.1 一般规定

5.1.1 测试前宜具备下列资料:

1) 工程名称和设计、施工、建设、委托单位名称。
2) 结构或构件名称、施工图纸和混凝土设计强度等级。
3) 水泥的品种、强度等级和用量,砂石的品种、粒径,外加剂或掺合料的品种、掺量和混凝土配合比等。
4) 模板类型,混凝土浇筑、养护情况和成型日期。
5) 结构或构件检测原因的说明。

5.1.2 检测数量应符合下列规定:

1) 按单个构件检测时,应在构件上均匀布置测区,每个构件上测区数量不应少于 10 个。
2) 同批构件按抽样检测时,构件抽样数不应少于同批构件的 30%,且不应少于 10 件;对一般施工质量的检测和结构性能的检测,可按照现行国家标准《建筑结构检测技术标准》(GB/T 50344)的规定抽样。
3) 对某一方向尺寸不大于 4.5m 且另一方向尺寸不大于 0.3m 的构件,其测区数量可适当减少,但不应少于 5 个。

5.1.3 按批抽样检测时,符合下列条件的构件可作为同批构件:

1) 混凝土设计强度等级相同。
2) 混凝土原材料、配合比、成型工艺、养护条件和龄期基本相同。
3) 构件种类相同。
4) 施工阶段所处状态基本相同。

5.1.4 构件的测区布置宜满足下列规定:

1) 在条件允许时,测区宜优先布置在构件混凝土浇筑方向的侧面。
2) 测区可在构件的两个对应面、相邻面或同一面上布置。
3) 测区宜均匀布置,相邻两测区的间距不宜大于 2m。
4) 测区应避开钢筋密集区和预埋件。
5) 测区尺寸宜为 200mm×200mm;采用平测时宜为 400mm×400mm。
6) 测试面应清洁、平整、干燥,不应有接缝、施工缝、饰面层、浮浆和油垢,并应避开蜂窝、麻面部位。必要时,可用砂轮片清除杂物和磨平不平整处,并擦净残留粉尘。

5.1.5 结构或构件上的测区应编号,并记录测区位置和外观质量情况。

5.1.6 对结构或构件的每一测区,应先进行回弹测试,后进行超声测试。

5.1.7 计算混凝土抗压强度换算值时,非同一测区内的回弹值和声速值不得混用。

### 5.2 回弹测试及回弹值计算

5.2.1 回弹测试时,应始终保持回弹仪的轴线垂直于混凝土测试面。宜首先选择混凝土浇筑方向的侧面进行水平方向测试。如不具备浇筑方向侧面水平测试的条件,可采用非水平状态测试,或测试混凝土浇筑的顶面或底面。

5.2.2 测量回弹值应在构件测区内超声波的发射和接收面各弹击 8 点;超声波单面平测时,可在超声波的发射和接收测点之间弹击 16 点。每一测点的回弹值,测读精确度至 1。

5.2.3 测点在测区范围内宜均匀布置,但不得布置在气孔或外露石子上。相邻两测点的间距不宜小于 30mm;测点距构件边缘或外露钢筋、铁件的距离不应小于 50mm,同一测点只允许弹击一次。

5.2.4 测区回弹代表值应从该测区的 16 个回弹值中剔除 3 个较大值和 3 个较小值,根据其他 10 个有效回弹值按下列公式计算：

$$R = \frac{1}{10}\sum_{i=1}^{10} R_i \qquad (5.2.4)$$

式中：$R$——测区回弹代表值，取有效测试数据的平均值，精确至 0.1；

$R_i$——第 $i$ 个测点的有效回弹值。

5.2.5 非水平状态下测得的回弹值，应按下列公式修正：

$$R_a = R + R_{a\alpha} \qquad (5.2.5)$$

式中：$R_a$——修正后的测区回弹代表值；

$R_{a\alpha}$——测试角度为 α 时的测区回弹修正值，按表 5.2.5 的规定采用。

**非水平状态下测试时的回弹修正值 $R_{a\alpha}$**　　表 5.2.5

| 测试角度 $R$ | 回弹仪向上 +90 | +60 | +45 | +30 | 回弹仪向下 −30 | −45 | −60 | −90 |
|---|---|---|---|---|---|---|---|---|
| 20 | −6.0 | −5.0 | −4.0 | −3.0 | +2.5 | +3.0 | +3.5 | +4.0 |
| 25 | −5.5 | −4.5 | −3.8 | −2.8 | +2.3 | +2.8 | +3.3 | +3.8 |
| 30 | −5.0 | −4.0 | −3.5 | −2.5 | +2.0 | +2.5 | +3.0 | +3.5 |
| 35 | −4.5 | −3.8 | −3.3 | −2.3 | +1.8 | +2.3 | +2.8 | +3.3 |
| 40 | −4.0 | −3.5 | −3.0 | −2.0 | +1.5 | +2.0 | +2.5 | +3.0 |
| 45 | −3.8 | −3.3 | −2.8 | −1.8 | +1.3 | +1.8 | +2.3 | +2.8 |
| 50 | −3.5 | −3.0 | −2.5 | −1.5 | +1.0 | +1.5 | +2.0 | +2.5 |

注：1. 当测试角度等于 0 时，修正值为 0；$R$ 小于 20 或大于 50 时，分别按 20 或 50 查表。
　　2. 表中未列数值，可采用内插法求得，精确至 0.1。

5.2.6 在混凝土浇筑的顶面或底面测得的回弹值，应按下列公式修正：

$$R_a = R + (R_a^t + R_a^b) \qquad (5.2.6)$$

式中：$R_a^t$——测量顶面时的回弹修正值，按表 5.2.6 的规定采用；

$R_a^b$——测量底面时的回弹修正值，按表 5.2.6 的规定采用。

**测试混凝土浇筑顶面或底面时的回弹修正值 $R_a^t$、$R_a^b$**　　表 5.2.6

| 测试面 $R$ 或 $R_a$ | 顶面 $R_a^t$ | 底面 $R_a^b$ |
|---|---|---|
| 20 | +2.5 | −3.0 |
| 25 | +2.0 | −2.5 |
| 30 | +1.5 | −2.0 |
| 35 | +1.0 | −1.5 |
| 40 | +0.5 | −1.0 |
| 45 | 0 | −0.5 |
| 50 | 0 | 0 |

注：1. 在侧面测试时，修正值为 0；$R$ 小于 20 或大于 50 时，分别按 20 或 50 查表。
　　2. 当先进行角度修正时，采用修正后的回弹代表值 $R_a$。
　　3. 表中未列数值，可采用内插法求得，精确至 0.1。

5.2.7 测试时回弹仪处于非水平状态,同时测试面又非混凝土浇筑方向的侧面,则应对测得的回弹值先进行角度修正,然后对角度修正后的值再进行顶面或底面修正。

### 5.3 超声测试及声速值计算

5.3.1 超声测点应布置在回弹测试的同一测区内,每一测区布置3个测点。超声测试宜优先采用对测或角测,当被测构件不具备对测或角测条件时,可采用单面平测(附录B)。

5.3.2 超声测试时,换能器辐射面应通过耦合剂与混凝土测试面良好耦合。

5.3.3 声时测量应精确至 $0.1\mu s$,超声测距测量应精确至 $1.0mm$,且测量误差不应超过 $\pm 1\%$。声速计算应精确至 $0.01km/s$。

5.3.4 当在混凝土浇筑方向的侧面对测时,测区混凝土中声速代表值应根据该测区中3个测点的混凝土中声速值,按下列公式计算:

$$v = \frac{1}{3}\sum_{i=1}^{3}\frac{l_i}{t_i - t_0} \tag{5.3.4}$$

式中:$v$——测区混凝土中声速代表,km/s;
$l_i$——第$i$个测点的超声测距,mm。角测时测距按本规程附录B第B.1节计算;
$t_i$——第$i$个测点的声时读数,$\mu s$;
$t_0$——声时初读数,$\mu s$。

5.3.5 当在混凝土浇筑的顶面或底面测试时,测区声速代表值应按下列公式修正:

$$v_a = \beta \cdot v \tag{5.3.5}$$

式中:$v_a$——修正后的测区混凝土中声速代表值,km/s;
$\beta$——超声测试面的声速修正系数,在混凝土浇筑的顶面和底面间对测或斜测时,$\beta = 1.034$;在混凝土浇灌的顶面或底面平测时,测区混凝土中声速代表值应按本规程附录B第B.2节计算和修正。

## 6 结构混凝土强度推定

6.0.1 本规程规定的强度换算方法适用于符合下列条件的普通混凝土:

1) 混凝土用水泥应符合现行国家标准《硅酸盐水泥、普通硅酸盐水泥》(GB 175)、《矿渣硅酸盐水泥、火山灰质硅酸盐水泥及粉煤灰硅酸盐水泥》(GB 1344)和《复合硅酸盐水泥》(GB 12958)的要求。
2) 混凝土用砂、石骨料应符合现行行业标准《普通混凝土用砂石质量标准及检验方法》的要求。
3) 可掺或不掺矿物掺合料、外加剂、粉煤灰、泵送剂。
4) 人工或一般机械搅拌的混凝土或泵送混凝土。
5) 自然养护。
6) 龄期7~2 000d。
7) 混凝土强度10~70MPa。

6.0.2 结构或构件中第$i$个测区的混凝土抗压强度换算值,可按本规程第5.2节和第5.3节的规定求得修正后的测区回弹代表值$R_{ai}$和声速代表值$v_{ai}$后,优先采用专用测强曲线或地区测强曲线换算而得。

6.0.3 当无专用和地区测强曲线时,按本规程附录D通过验证后,可按附录C规定的全国统一测区混凝土抗压强度换算表换算,也可按下列全国统一测区混凝土抗压强度换算公式计算:

1) 当粗骨料为卵石时:

$$f_{cu,i}^c = 0.005\,6\,v_{ai}^{1.439}R_{ai}^{1.769} \tag{6.0.3-1}$$

2) 当粗骨料为碎石时:

$$f_{cu,i}^c = 0.016\,2\,v_{ai}^{1.656}R_{ai}^{1.410} \tag{6.0.3-2}$$

式中：$f^c_{cu,i}$——第 $i$ 个测区混凝土抗压强度换算值，MPa，精确至 0.1MPa。

**6.0.4** 专用测强曲线或地区测强曲线应按本规程附录 A 的规定制定，并经工程质量监督主管部门组织审定和批准实施。专用或地区测强曲线的抗压强度相对误差 $e_r$ 应符合下列规定：

专用测强曲线　相对误差 $e_r \leqslant 12\%$；
地区测强曲线　相对误差 $e_r \leqslant 14\%$。

其中，相对误差 $e_r$ 应按式（A.0.8-2）计算。

**6.0.5** 当结构或构件中的测区数不少于 10 个时，各测区混凝土抗压强度换算值的平均值和标准差应按下列公式计算：

$$m_{f^c_{cu}} = \frac{1}{n}\sum_{i=1}^{n} f^c_{cu,i} \tag{6.0.5-1}$$

$$s_{f^c_{cu}} = \sqrt{\frac{\sum_{i=1}^{n}(f^c_{cu,i})^2 - n(m_{f^c_{cu}})^2}{n-1}} \tag{6.0.5-2}$$

式中：$f^c_{cu,i}$——结构或构件第 $i$ 个测区的混凝土抗压强度换算值，MPa；

$m_{f^c_{cu}}$——结构或构件测区混凝土抗压强度换算值的平均值，MPa，精确至 0.1MPa；

$s_{f^c_{cu}}$——结构或构件测区混凝土抗压强度换算值的标准差，MPa，精确至 0.01MPa；

$n$——测区数。对单个检测的构件，取一个构件的测区数；对批量检测的构件，取被抽检构件测区数之总和。

**6.0.6** 当结构或构件所采用的材料及其龄期与制定测强曲线所采用的材料及其龄期有较大差异时，应采用同条件立方体试件或从结构或构件测区中钻取的混凝土芯样试件的抗压强度进行修正。试件数量不应少于 4 个。此时，采用式（6.0.3）计算测区混凝土抗压强度换算值应乘以下列修正系数 $\eta$。

1) 采用同条件立方体试件修正时：

$$\eta = \frac{1}{n}\sum_{i=1}^{n}\frac{f_{cu,i}}{f^c_{cu,i}} \tag{6.0.6-1}$$

2) 采用混凝土芯样试件修正时：

$$\eta = \frac{1}{n}\sum_{i=1}^{n}\frac{f^o_{cor,i}}{f^c_{cu,i}} \tag{6.0.6-2}$$

式中：$\eta$——修正系数，精确至小数点后两位；

$f^c_{cu,i}$——对应于第 $i$ 个立方体试件或芯样试件的混凝土抗压强度换算值，MPa，精确至 0.1MPa；

$f_{cu,i}$——第 $i$ 个混凝土立方体（边长 150mm）试件的抗压强度实测值，MPa，精确至 0.1MPa；

$f^o_{cor,i}$——第 $i$ 个混凝土芯样（$\phi 100 \times 100$mm）试件的抗压强度实测值，MPa，精确至 0.1MPa；

$n$——试件数。

**6.0.7** 结构或构件混凝土抗压强度推定值 $f_{cu,e}$，应按下列规定确定：

1) 当结构或构件的测区抗压强度换算值中出现小于 10.0MPa 的值时，该构件的混凝土抗压强度推定值 $f_{cu,e}$ 取小于 10MPa。

2) 当结构或构件中测区数少于 10 个时

$$f_{cu,e} = f^c_{cu,min} \tag{6.0.7-1}$$

式中：$f^c_{cu,min}$——结构或构件最小的测区混凝土抗压强度换算值，MPa，精确至 0.1MPa。

3) 当结构或构件中测区数不少于 10 个或按批量检测时

$$f_{cu,e} = m_{f_{cu}} - 1.645 s_{f_{cu}} \quad (6.0.7\text{-}2)$$

**6.0.8** 对按批量检测的构件,当一批构件的测区混凝土抗压强度标准差出现下列情况之一时,该批构件应全部重新按单个构件进行检测:

1) 一批构件的混凝土抗压强度平均值 $m_{f_{cu}} < 25.0$ MPa,标准差 $s_{f_{cu}} > 4.50$ MPa。
2) 一批构件的混凝土抗压强度平均值 $m_{f_{cu}} = 25.0 \sim 50.0$ MPa,标准差 $s_{f_{cu}} > 5.50$ MPa。
3) 一批构件的混凝土抗压强度平均值 $m_{f_{cu}} > 50.0$ MPa,标准差 $s_{f_{cu}} > 6.50$ MPa。

**【注意事项】**

(1) 操作回弹仪时,回弹仪的轴线始终应与测试面垂直。

(2) 超声声时测量时,换能器与混凝土之间的良好耦合十分重要。

(3) 如缺少专用或地区测强曲线时,在采用附录中的附表Ⅲ-2和附表Ⅲ-3的全国统一测强曲线前,应进行验证。验证方法如下:

①选用本地区常用的混凝土原材料,按最佳配合比配制强度等级为 C15、C20、C30、C40、C50、C60 的混凝土,制作边长为150mm的立方体试件各3组(共18组),7d潮湿养护后再用自然养护。

②所采用的回弹仪和超声波检测仪技术标准应符合规程要求。

③按龄期为28d、60d和90d进行综合法测试和试件抗压试验。

④根据每个试件测得的回弹值 $R_a$、声速值 $v_a$,由附录中的附表Ⅲ-2和附表Ⅲ-3查出该试件的抗压的抗压强度换算值 $f_{cu}^c$。

⑤将试件抗压试验所得的抗压强度实测值 $f_{cu}^c$ 和按附录中的附表Ⅲ-2和附表Ⅲ-3查得的相应抗压强度换算值 $f_{cu,i}^c$,代入下式计算相对误差:

$$e_r = \sqrt{\frac{\sum_{i=1}^{n}\left(\frac{f_{cu}^c}{f_{cu,i}^c} - 1\right)^2}{n - 1}} \times 100\% \quad (13\text{-}77)$$

如所得相对误差 $e_r \leq 15\%$,则可使用全国统一测强曲线;如所得相对误差 $e_r > 15\%$,则应另行建立专用或地区测强曲线。

(4) 当结构或构件被测部位只有两个相邻表面可供检测时,可采用角测方法测量混凝土中声速。每个测区布置3个测点,换能器布置如图13-68所示,并注意以下问题:

①布置超声角测点时,换能器中心与构件边缘的距离 $l_1$、$l_2$ 不宜小于200m。

②角测时超声测距应按下列公式计算:

$$l_i = \sqrt{l_{1i}^2 + l_{2i}^2} \quad (13\text{-}78)$$

式中:$l_i$——角测第 $i$ 个测点换能器的超声测距,mm;

$l_{1i}$、$l_{2i}$——角测第 $i$ 个测点换能器与构件边缘的距离,mm。

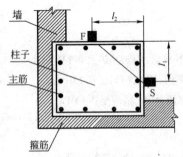

图13-68 超声波角测示意图

③角测时,混凝土中声速代表值应按下列公式计算:

$$v = \frac{1}{3}\sum_{i=1}^{3}\frac{l_i}{t_i - t_0} \quad (13\text{-}79)$$

式中:$v$——角测时混凝土中声速代表值,km/s;

$t_i$——角测第 $i$ 个测点的声时读数，μs；

$t_0$——声时初读数，μs。

(5) 当结构或构件被测部位只有一个表面可供检测时，可采用平测方法测量混凝土中声速。每个测区布置3个测点。换能器布置如图13-69所示，并注意以下问题：

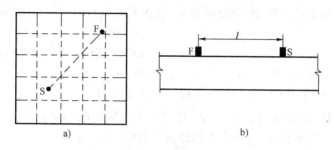

图13-69 超声波平面示意图
a) 平面示意图；b) 立面示意图
F-发射换能器；S-接收换能器

① 布置超声平测点时，宜使发射和接收换能器的连线与附近钢筋轴线成 40°~50°，超声测距 $l$ 宜采用 350~450mm。

② 宜采用同一构件的对测声速 $v_d$ 与平测声速 $v_p$ 之比求得修正系数 $\lambda(\lambda = v_d/v_p)$，对平测声速进行修正。

③ 当被测结构或构件不具备对测与平测的对比条件时，宜选取有代表性的部位，以测距 $l=200mm$、$250mm$、$300mm$、$350mm$、$400mm$、$450mm$、$500mm$，逐点测读相应声时值 $t$，用回归分析方法求出直线方程 $l=a+bt$。以回归系数 $b$ 代替对测声速 $v_d$，再用上述方法对各平测声速进行修正。

④ 平测时，修正后的混凝土中声速代表值应按下列公式计算：

$$v_a = \frac{\lambda}{3} \sum_{i=1}^{3} \frac{l_i}{t_i - t_0} \tag{13-80}$$

式中：$v_a$——修正后的平测时混凝土中声速代表值，km/s；

$l_i$——平测第 $i$ 个测点的超声测距，mm；

$t_i$——平测第 $i$ 个测点的声时读数，μs；

$\lambda$——平测声速修正系数。

⑤ 平测声速可采用直线方程 $l=a+bt$，根据混凝土浇筑的顶面或底面平测数据求得，修正后混凝土中声速代表值应按下列公式计算：

$$v = \frac{\lambda \beta}{3} \sum_{i=1}^{3} \frac{l_i}{t_i - t_0} \tag{13-81}$$

式中：$\beta$——超声测试面的声速修正系数，顶面平测 $\beta=1.05$，底面平测 $\beta=0.95$。

### 五、混凝土强度评定方法（JTG/T F50—2011）

(一) 取样原则

对混凝土的强度，应制取试件检验其在标准养护条件下 28d 龄期的抗压极限强度。试件制取组数应符合下列规定：

(1)不同强度等级及不同配合比的混凝土应分别制取试件,试件应在浇筑地点或拌和地点随机制取。

(2)浇筑一般体积的结构物(如基础、墩台等)时,每一单元结构物应制取2组。

(3)桩身混凝土抗压强度应符合设计规定,并按下列要求制取试件:每根钻孔桩至少应制取2组;桩长20m以上者不少于3组;桩径大、浇筑时间很长时,不少于4组。如换工作班时,每班应制取2组。

(4)连续浇筑大体积结构物混凝土时,每80~200m³或每一工作班应制取2组。

(5)上部构造,主要构件长16m以下应制取1组,16~30m制取2组,31~50m制取3组,50m以上者不少于5组。小型构件每批或每一工作班应制取不少于2组。

(6)小型构筑物(小桥涵、挡土墙)每一座或每工作班制取不少于2组;当原材料和配合比相同,并由同一拌合站拌制时,可几座或几处合并制取2组。

(二)质量标准

混凝土抗压强度应以标准条件下养护28d龄期试件的抗压强度进行评定,其合格条件如下:

(1)应以强度等级相同、龄期相同以及生产工艺条件和配合比相同的混凝土组成同一验收批,同一验收批的混凝土强度应以同批内所有各组标准尺寸试件的强度测定值(当为非标准尺寸试件时应进行强度换算)为代表值。

(2)大桥等重要工程及中小桥、涵洞工程的试件大于或等于10组时,应以数理统计方法按下述条件评定:

$$R_n - K_1 S_n \geq 0.9R \tag{13-82}$$

$$R_{\min} \geq K_2 R \tag{13-83}$$

式中:$R_n$——同批 $n$ 组试件强度的平均值,MPa;

$n$——同批混凝土试件组数;

$S_n$——同批 $n$ 组试件强度的标准差,MPa,当 $S_n < 0.06R$ 时,取 $S_n = 0.06R$;

$R$——设计的混凝土强度等级,MPa;

$R_{\min}$——$n$ 组试件中强度最低一组的值,MPa;

$K_1$、$K_2$——合格判定系数,见表13-31。

$K_1$、$K_2$ 的 值　　　　　　　　　　表13-31

| $n$ | 10~14 | 15~24 | ≥25 |
|---|---|---|---|
| $K_1$ | 1.70 | 1.65 | 1.60 |
| $K_2$ | 0.9 | 0.35 | |

(3)中小桥及涵洞等工程,同批混凝土试件少于10组时,可用非统计方法按下述条件进行评定:

$$R_n \geq 1.15R \tag{13-84}$$

$$R_{\min} \geq 0.95R \tag{13-85}$$

(4)当混凝土强度按试件强度进行评定达不到合格条件时,可采用非破损或局部破损的检测方法(回弹法超声回弹综合法、钻芯法、后装拔出法等),按国家现行有关标准的规定对结构构件中的混凝土强度进行推定,并作为判断结构是否需要处理的依据。如需要处理的,应由有关单位共同研究决定。

**【注意事项】**

(1)同批试件是指:梁可以每孔或每二、三孔(较窄桥时)作为一批,中、小跨径桥的桩、盖梁,可以数孔作为一批。每批的混凝土试件组数也不宜太多,一般不超过80~100组。

(2)如果在一些构件浇筑后较长时间才浇筑另一些同类构件,或者时间虽不久,但温度等气候条件变化较大时,则不应视作同批,而应分别评定。

(3)只要材料和配合比不变,混凝土构件如桩、盖梁和梁等的混凝土强度都应尽可能采用数理统计方法评定。

## 第十节 大梁静载试验方法

在工程实践中,由于各种原因,经常需要检验钢筋混凝土和预应力钢筋混凝土单片成品梁的实际承载能力,以及校核在设计荷载下梁的强度、刚度及抗裂性能。这就需要进行单片梁的静载试验。

### 一、静载试验的适用范围

公路桥梁使用的大梁多数都在临时预制场制作,在施工和养护过程中稍有不慎,就会出现这样或那样的缺陷。这些缺陷的存在对大梁的正常使用有无影响,一般通过静载试验来鉴定。静载试验是鉴定成品梁实际承载能力最可靠的方法。在工程实践中,通常有以下几种情况可考虑采用静载试验:

(1)为了鉴定梁在设计与施工中有无问题,一般随意抽取每一种类型的梁各1~3片进行试验;抽样是任意选择的,不能故意选择,这样具有较好的代表性。

(2)预留试块强度不够,或对预留试块强度有怀疑,需要了解大梁混凝土的实际强度时。

(3)大梁脱膜后发现局部漏振、漏浆时。

(4)由于各种原因在梁的不同部位出现了不同程度的裂缝时。

(5)发现板梁顶板厚度小于设计尺寸时。

(6)对于存在某些重大缺陷的梁,在按规定进行补救以后。

### 二、静载试验的准备

(一)收集技术资料

试验前应将各试验梁的设计与施工资料尽可能收集到。设计资料主要是指设计图纸、计算书等。施工资料包括材料试验报告、钢筋骨架验收记录及各项施工记录等。在收集和分析试验梁的各项资料的同时,还应对梁体的几何尺寸、材料状况、施工质量、表面缺陷等进行认真细致的检查,并作详细记录,必要时可拍照。对梁体在试验中可能产生的问题应事先考虑周到,以免试验中发生故障而影响试验的进行。

(二)确定试验荷载

试验荷载一般包括二期恒载(桥面系)和活荷载(汽车、挂车)。由于加载测试前梁的一期恒载(自重)已作用在梁体上,因此试验荷载产生的弯矩应等效于最不利荷载组合产生的弯矩(除去一期恒载)。

例如,某30m箱梁试验荷载的计算方法如下。

1.依据梁的截面形状和几何尺寸计算单梁的几何特性

$I = 0.284\ 2\text{m}^4$

$A = 0.875\ 4\text{m}^2$

$Y_s = 0.601\ 4\text{m}$

$Y_x = 0.998\ 5\text{m}$

### 2. 依据梁在桥面的安装位置计算活载的横向分布系数

汽车　　0.657 1

挂车　　0.338 5

### 3. 计算在设计活荷载作用下梁的内力和位移包络图

计算在汽车—超20级和挂车—120活荷载作用下,单梁的弯矩、剪力和位移包络图。由此可对梁的内力分布状况一目了然,可以确定最不利内力的断面位置。

### 4. 试验弯矩的确定

预制梁安装就位后,正常使用荷载作用下单梁跨中截面的弯矩有:

二期恒载弯矩:1 075kN·m

汽车—超20级最不利弯矩:1 890kN·m

挂车—120最不利弯矩:2 115kN·m

两种组合值分别为:

二期恒载 + 汽车:$M_1 = 1\ 075 + 1\ 890 = 2\ 965(\text{kN} \cdot \text{m})$

二期恒载 + 挂车:$M_2 = 1\ 075 + 2\ 115 = 3\ 190(\text{kN} \cdot \text{m})$

因此,最不利弯矩组合值为3 190kN·m。依据交通部公路科学研究所、交通部公路局技术处、交通部公路规划设计院编写的《大跨径混凝土桥梁的试验方法》中的规定,试验荷载的效率系数值应在0.80~1.05之间。为了确保试验荷载的有效性,大梁试验荷载的效率系数尽量取上限值1.05。故试验最大弯矩值为$3\ 190 \times 1.05 = 3\ 349.5(\text{kN} \cdot \text{m})$。

## (三)确定加载方式

现场静载试验的加载方式一般因地制宜,通常采用以下三种方式。

### 1. 荷重块加载

荷重块加载是利用物体的重力对梁产生作用力。其装置比较简单,如利用铁块、石块、混凝土预制块、钢绞线和沙袋、水泥袋等加载,也可以用水箱装水加载。重力荷载一般适用于施加均布荷载或较小的集中荷载。用作加载的物体,要求选用相对密度大、重力恒定、在试验期间内不会有明显变化、形状规则(以便堆放)的物体。荷重块应按区格成垛堆放,见图13-70。垛与垛之间间隙不宜小于50mm,以免形成拱作用。

### 2. 千斤顶荷载加载

千斤顶荷载是利用千斤顶对梁施加作用力。千斤顶荷载装置主要包括千斤顶、反力梁及力传感器三部分。千斤顶一般采用手动油压千斤顶。由于千斤顶的型号很多,起重量自几吨至几百吨不等,工作压力达40~50MPa,活塞行程为200~300mm,因此可根据梁的加载量大小选用。反力梁是限制千斤顶活塞运动而对梁施加作用力时所用的设备。反力梁的强度和刚度均应大于试验梁,地锚一定要牢

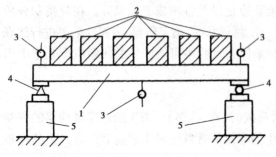

图13-70　均布荷载

1-试验梁;2-荷重块垛;3-百分表或位移传感器;

4-支架;5-支墩

固。这样才能保证在试验过程中不仅不会损坏,而且变形也很小。其设计计算可根据一般结构设计规范进行。

千斤顶的加荷值宜采用荷载传感器测量,其加荷装置见图 13-71。

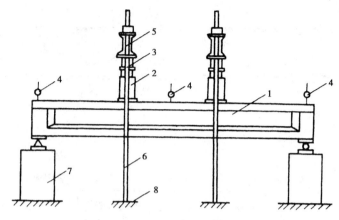

图 13-71 千斤顶加荷

1-试验梁;2-千斤顶;3-力传感器;4-百分表或位移计;5-横梁;6-拉杆;7-支墩;8-试验台座或地锚

3. 梁压梁加载

如果梁厂(场)有龙门吊或现场有大吨位吊车,可将一片梁吊起悬在试验梁上方,在中间放上荷载传感器(也可配以千斤顶)来控制力的大小。这种加、卸载方式既方便,又稳定,如图 13-72 所示。

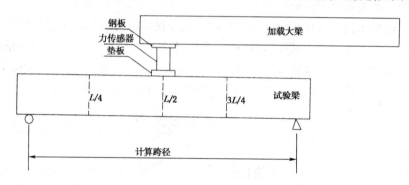

图 13-72 梁压梁加载示意图

### 三、观测项目、测点布置及量测仪器

(一)挠度

梁在各级荷载下的挠度,不仅可以反映出梁的刚度、弹性和非弹性变形,而且还能反映出梁体在荷载下的整体工作状况。挠度观测是梁的静载试验的主要观测项目。

梁的挠度一般用机电百分表测定。测点一般可设置在跨中、支点和四分点处,对较大跨径的梁在八分点处应增设测点。试验时,还应量测支点的沉陷。对宽度较大的梁,应在每一量测截面的两边或两肋布置测点,并取其量测结果的平均值作为该处的挠度。

(二)应变

在试验荷载作用下,简支梁跨中断面和四分点断面上下缘应变的大小是验证梁强度是否满足设计要求的主要指标。

测定梁体混凝土应变的测点一般可设置在跨中和四分点处上下缘(图 13-73)。应变片的标距不宜太小，一般要大于混凝土粗骨料粒径的 2~4 倍。

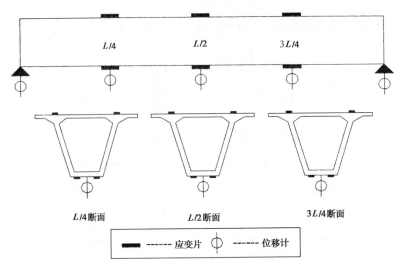

图 13-73 测点布置示意图

（三）裂缝

梁体混凝土在荷载作用下出现的裂缝能直接反映出梁的抗裂性能。将第一条裂缝出现时的开裂荷载与设计的抗裂荷载加以比较，就可知道梁的抗裂安全度的大小。因此，及时发现受拉区出现的第一条裂缝是十分重要的。

裂缝宽度可采用精度为 0.05mm 的刻度放大镜等仪器进行观测。裂缝的测量一般只需测出几条严重的裂缝尺寸。对正截面裂缝，应量测受拉主筋处的最大裂缝宽度；对斜截面裂缝，应量测腹部斜裂缝的最大裂缝宽度。当确定受拉主筋处的裂缝宽度时，应在梁侧面量测。

监视梁上已有裂缝变化的可靠办法，是在梁的裂缝处贴上裂缝应变计。

## 四、现场试验步骤

（一）试验梁就位

尽可能选择地基沉降小，又便于加载的场地，将试验梁支起。注意支梁的枕木垛上最好放一块大钢板，钢板上再放好支座，应完全模拟梁的实际工作状况。

（二）安装检测仪表

按设计测点位置安装机电百分表，粘贴应变片（或应变计），然后接线，调试仪器。

（三）预载

由于混凝土在首次受力时的变形与荷载关系是不稳定的，所以在正式试验前，必须通过预载使结构进入正常工作状态。同时通过预载，还可对整个试验装置和测量仪器仪表进行检验，以保证试验的正常进行。预载的最大加载量可与设计加载量相同。

（四）正式加载观测

一般试验中加卸载应分级进行。加载时每级量可取总加载量的 20%~30%，卸载时每级量可取 50%，也可一次卸载。每级荷载间应有足够的间歇时间，以便正确测定梁在各级荷载下的变形情况。钢筋混凝土梁的荷载间歇时间，一般不少于 10min。在保持恒载比较困难的情况下，为避免仪器读数不稳定，间歇时间可以缩短，但不宜少于 3~5min。当加载量达到设计加载量后，应有足够的满载时间，一般应不少于 30min。若达到规定满载间歇时间时，梁的变形仍有较显著的发展,则应延长满载间歇时间至变形稳定为止。若在三倍的满载间歇时间后变形仍有较显著的发展,则认为该梁不合格。为了正确测定梁的残余变形,卸荷后应有足够的零载时间,然后观测残余变形。零载时间可取 1.5 倍的满载间歇时间。为了解变形的恢复情况,在零载时间内也应等间隔读数。

观测记录一般在荷载过程中的恒载时间内选定。每加完一级荷载马上就进行一次观测读数,到下一级荷载加上去之前再观测读数一次。如果间歇时间较长,在满载间歇或卸载后的空载间歇中,则应间隔时间观测读数一次,而每次的间隔时间要尽可能一致。

在观测过程中,观测人员应对观测结果随时加以分析。如发现反常情况,则应及时查明原因并加以消除。

在整个试验过程中,对每项试验项目都应当有正式记录,其中包括文字记录、插图和照片等。在试验结束后,对梁体应作一次全面检查,并应将检查结果列入正式记录中备查。

正式加载观测一般重复进行 2~3 次。

## 五、试验结果分析

通过试验观测可获得大量各项原始记录试验资料。由于它是在分析梁的工作状况与作技术结论时的最重要、最可靠的依据,因此必须加以重视。但原始资料十分繁杂,所以在试验结束后,对原始资料要认真地进行整理和加工。应当去伪存真,凡无参考价值的资料一律剔除,从而使试验资料能更集中明确地反映出试验的真正结果。根据这些资料就不难对梁的工作状况作出正确的结论。

试验资料的整理和试验结果的分析可按下列步骤进行。

(一)试验数据的修正

根据各类仪表的标定结果进行测试数据的修正,如考虑机械式仪表校正系数、电测仪表率定系数、电阻应变片的灵敏系数、电阻应变观测的导线电阻影响等等。当这类因素对测值的影响小于 1% 时可不予修正。

1. 支点沉降影响的修正

一般支点都有不同程度的沉降,应修正其对挠度值的影响,修正量 $C$ 可按下式计算:

$$C = \frac{l-x}{l}a + \frac{x}{l}b \tag{13-86}$$

式中:$C$——测点的支点沉降影响修正量;

$l$——$A$ 支点到 $B$ 支点的距离;

$x$——挠度测点到 $A$ 支点的距离;

$a$——$A$ 支点沉降量;

$b$——$B$ 支点沉降量。

2. 应变片灵敏系数和导线电阻修正

$$\varepsilon = \frac{K_y}{K_p}\left(1 + \frac{2\Delta R}{R}\right)\varepsilon' \tag{13-87}$$

式中:$K_y$——应变仪灵敏系数;

$K_p$——应变片灵敏系数;

$\Delta R$——一根导线的电阻值;

$R$——应变片电阻值;
$\varepsilon'$——应变仪应变读数;
$\varepsilon$——大梁实际应变值。

(二)各测点变位(挠度、位移、沉降)与应变的计算

根据测量数据进行下列计算:

总变位(或总应变)$S_t$:

$$S_t = S_l - S_i \tag{13-88}$$

弹性变位(或弹性应变)$S_e$:

$$S_e = S_l - S_u \tag{13-89}$$

残余变位(或残余应变)$S_p$:

$$S_p = S_t - S_e \tag{13-90}$$

以上各式中:$S_i$——加载前测值;
$S_l$——加载达到稳定时测值;
$S_u$——卸载后达到稳定时测值。

相对残余变位(或残余应变)按下式计算:

$$S'_p = \frac{S_p}{S_t} \times 100\% \tag{13-91}$$

式中:$S'_p$——相对残余变位(或残余应变);
$S_p$、$S_t$ 意义同前。

(三)试验结果分析及评定

(1)计算校验系数

为了评定大梁受力性能,需对大梁荷载试验结果与理论分析值比较,以检验大梁承载力是否达到设计要求。比较时可以将结构位移、应变等试验值与理论计算值列表进行比较。为了量化,以及描述试验值与理论分析值比较的结果,此处引入结构校验系数:

$$\eta = \frac{S_e}{S_s} \tag{13-92}$$

式中:$S_s$——试验荷载作用下的理论计算变位(或应变)值;
$S_e$ 意义同前。

校验系数 $\eta$ 是评定大梁承载能力的一个重要指标。一般要求 $\eta$ 值不大于1。$\eta$ 值越小梁的安全储备越大。

(2)绘制梁的挠度—荷载关系曲线

参照梁的挠度—荷载关系曲线图,就可以推断梁在各级荷载作用下的工作状况。通过梁的实测最大挠度与跨径的比值,就可以鉴定出梁的刚度是否能满足设计要求。

还可在试验过程中,将观测到的梁在各级荷载作用下各测点的挠度连成曲线,得出梁在各级荷载作用下的挠度曲线。梁的挠度曲线表明梁在荷载作用下不同断面的挠度变化,正常的梁具有平滑的弹性曲线。

(3)裂缝

在试验荷载作用下的预应力混凝土梁不应出现裂缝,钢筋混凝土结构裂缝不应超过规范的规定值,见表13-32。

$$\delta_{max} \leq [\delta] \tag{13-93}$$

裂 缝 限 值 表  表13-32

| 结构类别 | 裂缝部位 | 允许最大缝宽(mm) | 其他要求 |
|---|---|---|---|
| 钢筋混凝土梁 | 主筋附近竖向裂缝 | 0.25 | |
| | 腹板斜向裂缝 | 0.30 | |
| | 组合梁结合面 | 0.50 | 不允许贯通结合面 |
| | 横隔板与梁体端部 | 0.30 | |
| | 支座垫石 | 0.50 | |
| 预应力混凝土梁 | 梁体竖向裂缝 | 不允许 | |
| | 梁体纵向裂缝 | 0.20 | |

(四)试验报告

(1)工程概况(线路、桥梁名称,桥梁结构形式和设计荷载等级等)。
(2)试验的原因和目的。
(3)梁在试验前的状况。
(4)试验方法。
(5)梁在试验后的状况。
(6)试验结果分析。
(7)技术结论。
(8)附录:包括整理的试验数据表格、试验过程的照片和有关原始记录等。

【注意事项】

(1)大梁是桥梁结构物上的重要构件,当某梁由于种种原因出现各种缺陷时,鉴定该梁能否用于实桥最可靠的方法就是大梁静载试验。
(2)试验梁的支点应完全模拟梁的实际工作状况,正交正支,斜交斜支。
(3)在梁跨中加集中荷载时,要在梁跨中放一根枕木(正交正放,斜交斜放),然后再放钢板和其他设备。
(4)应变片灵敏系数和导线电阻的修正一般在开始调试仪器时就可在仪器里设定。
(5)梁的静载试验一般是露天进行。在刮风下雨的情况下,不仅会影响到观测结果的准确性,而且往往会因此造成事故,所以在天气恶劣时不得进行试验。在试验过程中,要求气温基本上保持恒定,这一点对应变观测特别重要。
(6)注意安全,特别是用荷重块加载时(沙袋、水泥尤应注意)。

# 第十四章　土工合成材料

　　土工合成材料是一种新型的岩土工程材料,是以人工合成的聚合物(如塑料、化纤、合成橡胶等)为原材料,制成各种类型的产品,置于土体内部、表面或各层土体之间,起加强和保护土体的作用。

　　土工合成材料品种繁多,《土工合成材料应用技术规范》(GB 50290—2014)将其分为:土工织物、土工膜、特种土工合成材料和复合型土工合成材料四大类,见图14-1。

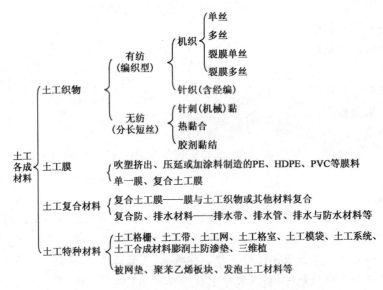

图 14-1　土工合成材料的分类

　　考虑到交通行业的标准在土工合成材料部分已形成了比较完整的体系,本次修订主要采用交通行业标准。

## 第一节　土 工 织 物

　　土工织物的制造是先把聚合物原料加工成丝、短纤维、纱或条带,然后再制成平面结构的土工织物。土工织物按制造方法可分为有纺(织造)土工织物和无纺(非织造)土工织物(图14-2)。

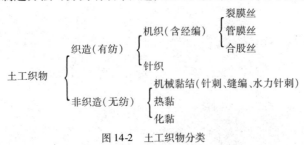

图 14-2　土工织物分类

土工织物突出的优点是重量轻,整体连续性好(可做成较大面积的整体),施工方便,抗拉强度较高,耐腐蚀和抗微生物侵蚀性好;缺点是未经特殊处理,抗紫外线能力低,如暴露在外,受紫外线直接照射容易老化,但如不直接暴露,则其抗老化及耐久性能仍较高。

土工布又称土工织物,它是由合成纤维通过针刺或编织而成的透水性土工合成材料。成品为布状,宽度一般为4~6m,长度为50~100m。土工布分为有纺土工布和无纺土工布。土工布具有良好的过滤、隔离、加固防护作用,其抗拉强度高、渗透性好、耐高温、抗冷冻、耐老化、耐腐蚀。

无纺土工布是由长丝或短纤维经过不同的设备和工艺铺排成网状,再经过针刺等工艺让不同的纤维相互交织在一起,相互缠结固着使织物规格化,让织物柔软、丰满、厚实、硬挺,以达到不同的厚度满足使用要求。无纺土工布纤维柔软具有一定的抗撕裂能力、很好的变形适应能力、很好的平面排水能力,表面柔软多间隙且有很好的摩擦系数,能够增加土粒等的附着能力,可以防止细小颗粒通过而阻止颗粒物的流失,同时排除了多余水分,表面松软,有很好的保护能力。根据用丝的长短无纺土工布可分为长丝无纺土工布或短丝无纺土工布。它们都能起到很好的过滤、隔离、加筋、防护等功效,是一种应用广泛的土工合成材料。长丝的抗拉强度高于短丝,可根据具体要求选择使用。

有纺土工布是由至少两组平行的纱线(或扁丝)组成,一组沿织机的纵(织物行进的方向)称经纱,另一组横向布置称为纬纱。用不同的编织设备和工艺将经纱与纬纱交织在一起织成布状,并可根据不同的使用范围编织成不同的厚度与密实度。一般有纺土工布较薄,纵、横向都具有相当强的抗拉强度(经度大于纬度),具有很好的稳定性能。有纺土工布根据编织工艺和使用经纬的不同分为加筋土工布和不加筋土工布两大类,加筋土工布的经向抗拉强度远远大于普通土工布。有纺土工布具有平面隔离与保护功能,不具备平面排水功能一般用于加筋增强。

## 一、有纺土工织物

(一)分类

有纺土工织物(代号W)按编织类型分为两类:即机织有纺土工织物,代号WJ;针织有纺土工织物,代号WZ。

机织有纺土工织物是由两组或两组以上纱线、条带或其他线条状物通过垂直相交编织而成。机织型土工织物的当量空隙直径小,渗透性好,能与土很好地结合;缺点是原材料未经特殊处理,抗紫外线能力低,但如不暴露在外,其抗老化和耐久性仍是很高的。

针织有纺土工织物由一根或多根纱线或其他成分弯曲成圈,并互相穿套而成。

(二)规格、尺寸偏差

机织有纺土工织物和针织有纺土工织物按标称纵、横向拉伸强度分别分为9个规格,见表14-1。尺寸偏差应符合表14-2的规定。

有纺土工织物的产品规格(JT/T 514—2004)　　表14-1

| 有纺土工织物类型 | 型 号 规 格 | | | | | | | | |
|---|---|---|---|---|---|---|---|---|---|
| 机织有纺土工织物 | WJ20 | WJ35 | WJ50 | WJ65 | WJ80 | WJ100 | WJ120 | WJ150 | WJ180 |
| 针织有纺土工织物 | WZ20 | WZ35 | WZ50 | WZ65 | WZ80 | WZ100 | WZ120 | WZ150 | WZ180 |
| 标称纵、横向拉伸强度(kN/m) | ≥20 | ≥35 | ≥50 | ≥65 | ≥80 | ≥100 | ≥120 | ≥150 | ≥180 |

有纺土工织物尺寸偏差(JT/T 514—2004)　　　　　　　表 14-2

| 单位面积质量相对偏差(%) | ±7 |
|---|---|
| 幅宽(m) | ≥2 |
| 幅宽偏差(%) | +3 |

### (三)技术要求

有纺土工织物的物理性能参数应符合表 14-3 的规定,高分子有机合成材料有纺土工织物抗光老化等级应符合表 14-4 的规定。

有纺土工织物物理性能参数(JT/T 514—2004)　　　　　　　表 14-3

| 项　目 | 型　号　规　格 | | | | | | | |
|---|---|---|---|---|---|---|---|---|
| | WJ20<br>WZ20 | WJ35<br>WZ35 | WJ50<br>WZ50 | WJ65<br>WZ65 | WJ80<br>WZ80 | WJ100<br>WZ100 | WJ120<br>WZ120 | WJ150<br>WZ150 | WJ180<br>WZ180 |
| 标称纵、横向拉伸强度(kN/m) | ≥20 | ≥35 | ≥50 | ≥65 | ≥80 | ≥100 | ≥120 | ≥150 | ≥180 |
| 纵、横向拉伸断裂伸长率(%) | ≤30 | | | | | | | | |
| CBR 顶破强度(kN) | ≥1.6 | ≥2 | ≥4 | ≥6 | ≥8 | ≥11 | ≥13 | ≥17 | ≥21 |
| 纵、横向梯形撕破强度(kN) | ≥0.3 | ≥0.5 | ≥0.8 | ≥1.1 | ≥1.3 | ≥1.5 | ≥1.7 | ≥2.0 | ≥2.3 |
| 垂直渗透系数(cm/s) | $5 \times (10^{-4} \sim 10^{-1})$ | | | | | | | | |
| 等效孔径 $O_{95}$(mm) | 0.07 ~ 0.5 | | | | | | | | |

土工织物抗光老化等级(JT/T 514—2004)　　　　　　　表 14-4

| 抗光老化等级 | Ⅰ | Ⅱ | Ⅲ | Ⅳ |
|---|---|---|---|---|
| 光照辐射强度为 550W/m² 照射 150h,拉伸强度保持率(%) | <50 | 50 ~ 80 | 80 ~ 95 | >95 |
| 炭黑含量(%) | — | | 2 + 0.5 | |
| 炭黑在有纺土工织物材料中的分布要求 | | | 均匀,无明显聚块或条状物 | |

注:对不含炭黑或不采用炭黑作抗光老化助剂的土工有织布,其抗光老化等级的确定参照执行。

### (四)外观质量

有纺土工织物的外观质量应符合表 14-5 的规定。

外观质量(JT/T 514—2004)　　　　　　　表 14-5

| 序号 | 项目 | 要求 |
|---|---|---|
| 1 | 经、纬密度偏差 | 在 100mm 内与公称密度相比不允许缺两根以上 |
| 2 | 断丝 | 在同一处不允许有两根以上的断丝,同一处断丝两根以内(包括两根),100mm² 内不超过六处 |
| 3 | 蛛丝 | 不允许有大于 50mm² 的蛛网,100mm² 内不超过三个 |
| 4 | 布边不良 | 整卷不允许连续出现长度大于 2 000mm 的毛边、散边 |

## 二、无纺土工织物

无纺土工织物是把纤维作定向或随意的排列,再经过加工而成。按照联结纤维的方法不同,可分为化学(黏结剂)联结、热力联结和机械联结三种联结方式。

(一)分类与结构

1. 分类

无纺土工织物,代号为T,纤丝的类型有长丝(C)、短丝(D)之分,工艺类型有热轧(Z)、热黏(N)、化黏、(H)针刺(C)等。按纤丝的类型和固着成型工艺分为八类:

长丝热轧,代号:CZ　　　　长丝热黏,代号:CN
长丝化黏,代号:CH　　　　长丝针刺,代号:CC
短纤热轧,代号:DZ　　　　短纤热黏,代号:DN
短纤化黏,代号:DH　　　　短纤针刺,代号:DC

2. 结构

(1)长丝无纺土工织物

由高分子聚合物材料喷丝经一定处理后形成的无限长的细丝,按照定向排列或任意连接并结合在一起的平面结构织物,代号为TCZ。

(2)短纤无纺土工织物

由高分子聚合物材料喷丝经一定处理后形成的无限长的细丝,再将细丝切割成短丝,按照定向排列或任意连接并结合在一起的平面结构织物,代号为TDZ。

(3)针刺无纺土工织物

由长丝或短纤按一定要求和工艺的铺置成纤网,利用带刺口的针对纤网上下反复穿刺,使纤维相互缠结固着而形成的土工织物,代号为TCC或TDC。

(4)热黏无纺土工织物

由长丝或短纤按一定要求和工艺的铺置成纤网,让纤网在一定温度下热黏,使纤维之间相互黏合固着而形成的土工织物,代号为TCN或TDN。

(5)化黏无纺土工织物

由长丝或短纤按一定要求和工艺的铺置成纤网,对纤网加化学黏合剂使纤维之间相互黏结固着而形成的土工织物,代号为TCN或TDN。

(二)规格与尺寸偏差

无纺土工织物的产品规格见表14-6,无纺土工织物厚度不小于0.5mm,尺寸偏差应符合表14-7的规定。

**无纺土工织物的产品规格**(JT/T 667—2006)　　　　表14-6

| 类　型 | 型　号　规　格 | | | | | | | | | |
|---|---|---|---|---|---|---|---|---|---|---|
| 长丝热轧 | TCZ3 | TCZ4 | TCZ6 | TCZ8 | TCZ10 | TCZ15 | TCZ20 | TCZ25 | TCZ30 | TCZ40 |
| 长丝热黏 | TCN3 | TCN4 | TCN6 | TCN8 | TCN10 | TCN15 | TCN20 | TCN25 | TCN30 | TCN40 |
| 长丝化黏 | TCH3 | TCH4 | TCH6 | TCH8 | TCH10 | TCH15 | TCH20 | TCH25 | TCH30 | TCH40 |
| 长丝针刺 | TCC3 | TCC4 | TCC6 | TCC8 | TCC10 | TCC15 | TCC20 | TCC25 | TCC30 | TCC40 |
| 短纤热轧 | TDZ3 | TDZ4 | TDZ6 | TDZ8 | TDZ10 | TDZ15 | TDZ20 | TDZ25 | TDZ30 | TDZ40 |
| 短纤热黏 | TDN3 | TDN4 | TDN6 | TDN8 | TDN10 | TDN15 | TDN20 | TDN25 | TDN30 | TDN40 |
| 短纤化黏 | TDH3 | TDH4 | TDH6 | TDH8 | TDH10 | TDH15 | TDH20 | TDH25 | TDH30 | TDH40 |
| 短纤针刺 | TDC3 | TDC4 | TDC6 | TDC8 | TDC10 | TDC15 | TDC20 | TDC25 | TDC30 | TDC40 |

无纺土工织物尺寸允许偏差(JT/T 667—2006) 表14-7

| 项 目 | 偏差值(%) | 项 目 | 偏差值(%) |
|---|---|---|---|
| 单位面积质量 | ±10 | 幅宽 | +0.5 |
| 厚度 | ±15 | | |

(三)技术要求

无纺土工织物的物理力学性能指标应符合表14-8的规定,抗光老化等级应符合表14-9的规定。

物理力学性能指标(JT/T 667—2006) 表14-8

| 项 目 | 型 号 规 格 | | | | | | | | | |
|---|---|---|---|---|---|---|---|---|---|---|
| | TCZ3 | TCZ4 | TCZ6 | TCZ8 | TCZ10 | TCZ15 | TCZ20 | TCZ25 | TCZ30 | TCZ40 |
| | TCN3 | TCN4 | TCN6 | TCN8 | TCN10 | TCN15 | TCN20 | TCN25 | TCN30 | TCN40 |
| | TCH3 | TCH4 | TCH6 | TCH8 | TCH10 | TCH15 | TCH20 | TCH25 | TCH30 | TCH40 |
| | TCC3 | TCC4 | TCC6 | TCC8 | TCC10 | TCC15 | TCC20 | CC25 | TCC30 | TCC40 |
| | TDZ3 | TDZ4 | TDZ6 | TDZ8 | TDZ10 | TDZ15 | TDZ20 | TDZ25 | TDZ30 | TDZ40 |
| | TDN3 | TDN4 | TDN6 | TDN8 | TDN10 | TDN15 | TDN20 | TDN25 | TDN30 | TDN40 |
| | TDH3 | TDH4 | TDH6 | TDH8 | TDH10 | TDH15 | TDH20 | TDH25 | TDH30 | TDH40 |
| | TDC3 | TDC4 | TDC6 | TDC8 | TDC10 | TDC15 | TDC20 | TDC25 | TDC30 | TDC40 |
| 纵、横向拉伸强度(kN/m) ≥ | 3 | 4 | 6 | 8 | 10 | 15 | 20 | 25 | 30 | 40 |
| CBR顶破强度(kN) ≥ | 0.5 | 0.7 | 1.0 | 1.2 | 1.7 | 2.5 | 3.5 | 4.0 | 5.5 | 7.0 |
| 纵、横向梯形撕破强度(kN) ≥ | 0.10 | 0.12 | 0.16 | 0.2 | 0.25 | 0.4 | 0.5 | 0.6 | 0.8 | 1.0 |
| 纵、横向拉伸断裂伸长率(%) | 25~100 | | | | | | | | | |
| 等效孔径 $O_{95}$ (mm) | 0.07~0.3 | | | | | | | | | |

无纺土工织物抗光老化等级(JT/T 667—2006) 表14-9

| 抗光老化等级 | I | II | III | IV |
|---|---|---|---|---|
| 光照辐射强度为550W/m² 照射150h,拉伸强度保持率(%) | <50 | 50~80 | 80~95 | >95 |
| 炭黑含量(%) | — | | 2.0~2.5 | |

注:对不含炭黑或不采用炭黑作抗光老化助剂的无纺土工织物,其抗光老化等级的确定参照执行。

(四)外观质量

无纺土工织物的色泽应均匀,无明显油污,无损伤、破损,其外观质量还应符合表14-10的要求。

**外观质量**(JT/T 667—2006)　　　　　　　　　　　　　　　　　　　表14-10

| 序号 | 疵点名称 | 轻缺陷 | 备注 |
|---|---|---|---|
| 1 | 布面不均、折痕 | 轻微 | — |
| 2 | 杂物 | 软质,粗≤5mm | — |
| 3 | 边不良 | ≤300cm时,每50cm计一处 | — |
| 4 | 破损 | 0.5cm | 以疵点最大长度计 |
| 要求 | | 在一卷无纺土工织物上不允许存重缺陷,轻缺陷每200m² 应不超过5个 | |

### 三、长丝纺黏针刺非织造土工布

(一)分类

长丝纺黏针刺非织造土工布产品代号为FNG。按纤维品种分为聚酯、聚丙烯、聚乙烯长丝纺黏针刺非织造土工布,按用途分为沥青铺面用和路基用。

(二)规格与尺寸偏差

长丝纺黏针刺非织造土工布按单位面积的质量分为8个规格,产品规格与尺寸偏差应符合表14-11的规定。

**长丝纺黏针刺非织造土工布的规格与尺寸偏差**(JT/T 519—2004)　　表14-11

| 项目 | 规格 ($g/m^2$) | | | | | | | |
|---|---|---|---|---|---|---|---|---|
| | 150 | 200 | 250 | 300 | 350 | 400 | 450 | 500 |
| 单位面积的质量($g/m^2$) | 150 | 200 | 250 | 300 | 350 | 400 | 450 | 500 |
| 单位面积的质量偏差(%) | −10 | −6 | −5 | −5 | −5 | −5 | −5 | −4 |
| 厚度(mm) ≥ | 1.7 | 2.0 | 2.2 | 2.4 | 2.5 | 3.1 | 3.5 | 3.8 |
| 厚度偏差(%) | 15 | | | | | | | |
| 宽度(m) | ≥3.0 | | | | | | | |
| 标称宽度偏差(%) | −0.5 | | | | | | | |

注:1. 规格按单位面积的质量,实际规格介于表中相邻规格之间时,按内插法计算相应的考核指标。
　　2. 采用聚酯材料制造的150$g/m^2$长丝纺黏针刺非织造土工布用于沥青铺面用。

(三)技术要求

长丝纺黏针刺非织造土工布的性能指标应符合表14-12的规定。

**长丝纺黏针刺非织造土工布性能指标**(JT/T 519—2004)　　表14-12

| 性能 | | 规格 ($g/m^2$) | | | | | | | |
|---|---|---|---|---|---|---|---|---|---|
| | | 150 | 200 | 250 | 300 | 350 | 400 | 450 | 500 |
| 纵、横向 | 断裂强度(kN/m) ≥ | 7.5 | 10.0 | 12.5 | 15.0 | 17.5 | 20.5 | 22.5 | 25.5 |
| | 断裂延伸率(%) | 30~80 | | | | | | | |
| CBR顶破强度(kN) ≥ | | 1.4 | 1.8 | 2.2 | 2.6 | 3.0 | 3.5 | 4.0 | 4.7 |
| 等效孔径 $O_{90}(O_{95})$(mm) | | 0.08~0.20 | | | | | | | |
| 垂直渗透系数(cm/s) | | $5×10^{-2} ~ 5×10^{-1}$ | | | | | | | |
| 纵、横向 | 撕破强度(kN) ≥ | 0.21 | 0.28 | 0.35 | 0.42 | 0.49 | 0.56 | 0.63 | 0.70 |

### (四)外观质量

长丝纺黏针刺非织造土工布的外观疵点按表 14-13 评定。

长丝纺黏针刺非织造土工布外观疵点评定(JT/T 519—2004)　　表 14-13

| 疵点名称 | 轻缺陷 | 重缺陷 | 要求 |
|---|---|---|---|
| 布面不匀、折痕 | 轻微 | 严重 | |
| 杂物、僵丝 | 软质,粗≤5mm | 硬质,软质,粗>5mm | |
| 边不良 | ≤300cm 时,每 50cm 计一处 | >300cm | |
| 破损 | ≤0.5cm | >0.5cm,破洞 | 以疵点最大长度计 |
| 其他 | 按相似疵点评定 | | |

## 四、短纤针刺非织造土工布

### (一)分类

短纤针刺非织造土工布产品代号为 SNG。按纤维品种分为聚酯、聚丙烯、聚酰胺、聚乙烯短纤针刺非织造土工布。

### (二)规格及尺寸偏差

短纤针刺非织造土工布按单位面积质量分为 7 个规格。产品规格与尺寸偏差应符合表 14-14 的规定。

短纤针刺非织造土工布的产品规格与尺寸偏差(JT/T 520—2004)　　表 14-14

| 项　目 | 规　格 ($g/m^2$) | | | | | | |
|---|---|---|---|---|---|---|---|
| | 200 | 250 | 300 | 350 | 400 | 450 | 500 |
| 单位面积的质量($g/m^2$) | 200 | 250 | 300 | 350 | 400 | 450 | 500 |
| 单位面积的质量偏差(%) | -8 | -8 | -7 | -7 | -7 | -7 | -6 |
| 厚度(mm) ≥ | 2.0 | 2.2 | 2.4 | 2.7 | 3.1 | 3.5 | 3.8 |
| 厚度偏差(%) | 15 | | | | | | |
| 宽度(m) ≥ | 3.0 | | | | | | |
| 标称宽度偏差(%) | -0.5 | | | | | | |

### (三)技术要求

短纤针刺非织造土工布的性能指标应符合表 14-15 的规定。

短纤针刺非织造土工布的性能指标(JT/T 520—2004)　　表 14-15

| 性　能 | | 规　格 ($g/m^2$) | | | | | | |
|---|---|---|---|---|---|---|---|---|
| | | 200 | 250 | 300 | 350 | 400 | 450 | 500 |
| 纵、横向 | 断裂强度(kN/m) ≥ | 6.5 | 8.0 | 9.5 | 11.0 | 12.5 | 14.0 | 16.0 |
| | 断裂延伸率(%) | 30~80 | | | | | | |
| CBR 顶破强度(kN) ≥ | | 0.9 | 1.2 | 1.5 | 1.8 | 2.1 | 2.4 | 2.7 |
| 等效孔径 $O_{90}(O_{95})$(mm) | | 0.08~0.20 | | | | | | |
| 垂直渗透系数(cm/s) | | $5 \times 10^{-2} \sim 5 \times 10^{-1}$ | | | | | | |
| 纵、横向 | 撕破强度(kN) ≥ | 0.16 | 0.20 | 0.24 | 0.28 | 0.33 | 0.38 | 0.42 |

## (四)外观质量

短纤针刺非织造土工布外观疵点按表14-16的规定评定。

**短纤针刺非织造土工布外观疵点评定**(JT/T 520—2004)　　　表14-16

| 疵点名称 | 轻缺陷 | 重缺陷 | 要　求 |
|---|---|---|---|
| 布面不匀、折痕 | 轻微 | 严重 | |
| 杂物、僵丝 | 软质,粗≤5mm | 硬质,软质,粗>5mm | |
| 边不良 | ≤300cm时,每50cm计一处 | >300cm | |
| 破损 | ≤0.5cm | >0.5cm,破洞 | 以疵点最大长度计 |
| 其他 | 按相似疵点评定 | | |

# 第二节　土　工　膜

土工膜(代号为M)分为沥青和聚合物(合成高聚物)两大类。为了适应工程应用中不同强度和变形的需要,各又有不加筋(单一或混合材料)和加筋或组合的类型。

含沥青土工膜多为复合性的(含编织型或无纺型土工织物),沥青作为浸润黏结剂。

聚合物土工膜视主材料的不同分为塑性土工膜、弹性土工膜和组合土工膜。

土工膜生产分为厂制和现场制两种。土工膜的主要特点是透水性极低,有很好的弹性和适应变形的能力,能承受不同的施工条件和工作应力,有良好的抗老化能力,处于水中或水下的土工膜耐久性更为突出。

土工膜的不透水性很好,弹性和适应变形的能力很强,能适用于不同的施工条件和工作应力,具有良好的耐老化能力,处于水下和土中的土工膜的耐久性尤为突出。土工膜具有良好的防渗和防水性能。

## 一、土工膜的规格和尺寸偏差

《公路工程土工合成材料　土工膜》(JT/T 518—2004)按土工膜的标称厚度,将土工膜产品分为9个规格,见表14-17,各规格的尺寸偏差应符合表14-18的规定。

**土工膜产品规格**(JT/T 518—2004)　　　表14-17

| 型　号 | M0.3 | M0.4 | M0.5 | M0.6 | M1 | M1.5 | M2 | M2.5 | M3 |
|---|---|---|---|---|---|---|---|---|---|
| 标称厚度(mm) | 0.3 | 0.4 | 0.5 | 0.6 | 1 | 1.5 | 2 | 2.5 | 3 |

注:1.工程单一使用的土工膜,则土工膜厚度不得小于0.5mm。
　　2.M为土工膜的代号

**土工膜尺寸偏差**(JT/T 518—2004)　　　表14-18

| 幅宽(m) | ≥3 |
|---|---|
| 幅宽偏差(%) | +2.5 |
| 厚度偏差(%) | +24 |

## 二、技　术　要　求

### (一)理化性能

土工膜的物理性能参数应符合表14-19的规定,土工膜抗光老化等级应符合表14-20的规定。

**土工膜物理性能参数(JT/T 518—2004)**　　　　　　　　　　　　表14-19

| 项　目 | 参　数 | | | | | | | | |
|---|---|---|---|---|---|---|---|---|---|
| 型号 | M0.3 | M0.4 | M0.5 | M0.6 | M1 | M1.5 | M2 | M2.5 | M3 |
| 纵、横向拉伸强度(kN/m) ≥ | 3 | 5 | 6 | 8 | 12 | 17 | 18 | 19 | 20 |
| 纵、横向拉伸断裂延伸率(%) ≥ | 100 | | | | 300 | | 500 | | |
| 纵、横向直角撕裂强度(N/mm) ≥ | 10 | 15 | 20 | 30 | 40 | 80 | 100 | 120 | 150 |
| CBR顶破强度(kN) ≥ | 1 | 1.5 | 2.5 | 3 | 4 | 5 | 6 | 7 | 8 |
| 低温弯折性(-20℃) | 无裂纹 | | | | | | | | |
| 纵、横向尺寸变化率(%) ≤ | 5 | | | | | | | | |

**土工膜抗光老化等级(JT/T 518—2004)**　　　　　　　　　　　　表14-20

| 抗光老化等级 | Ⅰ | Ⅱ | Ⅲ | Ⅳ |
|---|---|---|---|---|
| 光照辐射强度为550W/m² 照射150h,标称拉伸强度保持率(%) | <50 | 50~80 | 80~95 | >95 |
| 炭黑含量(%) | — | | 2+0.5 | |
| 炭黑在土工膜材料中的分布要求 | 均匀、无明显聚块或条状物 | | | |

注:对不含炭黑或不采用炭黑作抗光老化助剂的土工膜,其抗光老化等级的确定参照执行。

### (二)水力学性质

土工膜耐静水压力和抗渗性应符合表14-21的规定。

**土工膜耐静水压力和抗渗性(JT/T 518—2004)**　　　　　　　　　　　表14-21

| 项　目 | 型号规格 | | | | | | | | |
|---|---|---|---|---|---|---|---|---|---|
| | M0.3 | M0.4 | M0.5 | M0.6 | M1 | M1.5 | M2 | M2.5 | M3 |
| 耐静水压力(MPa) ≥ | 0.3 | 0.5 | 0.7 | 0.8 | 1.5 | 2.0 | 2.5 | 3.0 | 3.5 |
| 垂直渗透系数(cm/s) ≤ | $5 \times 10^{-11}$ | | | | | | | | |

## 三、外 观 质 量

土工膜应色泽均匀,无明显油污,无损伤、破裂,无气泡,不黏结,无孔洞,不应有接头、断头和永久性皱褶。外观质量还应符合表14-22的规定。

**土工膜外观质量(JT/T 518—2004)**　　　　　　　　　　　　表14-22

| 序号 | 项　目 | 要　求 |
|---|---|---|
| 1 | 切口 | 平直、无明显锯齿现象 |
| 2 | 水云、云雾和机械划痕 | 不明显 |
| 3 | 杂质和僵块 | 直径0.6~2.0mm的杂质和僵块,允许每平方米20个以内;直径2.0mm以上的,不允许出现 |
| 4 | 卷端和错位 | ≤50mm |

## 第三节　特种土工材料

土工合成材料由于其原材料具有可塑性,因而可做成板、带、条、丝等各种材料,进一步加工又可制成种类繁多的各种产品。

## 一、土 工 格 栅

土工格栅是由规则的网状抗拉条带形成的用于加筋的土工合成材料。它是先在经挤压成型的聚合物板上打孔,然后在拉伸机上冷拉,使圆孔拉成长孔或方形孔,孔眼变大而制得。与其他土工合成材料相比,它具有独特的性能与功效,常用作加筋土结构的筋材或复合材料的筋材等。土工格栅分为聚酯纤维(塑料)类和玻璃纤维类两种类型。

塑料类土工格栅是经过拉伸形成的具有六方形或矩形的聚合物网材,按其制造时的拉伸方向的不同可分为单向拉伸和双向拉伸两种。它是在经挤压制出的聚合物板材(原料多为聚丙烯或高密度聚乙烯)上冲孔,然后在加热条件下施行定向拉伸而成。单向拉伸格栅只沿板材长度方向拉伸制成,而双向拉伸格栅是继续将单向拉伸的格栅再沿与其长度垂直的方向拉伸制成。

由于土工格栅在制造中聚合物的高分子会随加热延伸过程而重新排列定向,加强了分子链间的联结力,从而达到了提高其强度的目的,其延伸率只有原板材的10%~15%。如果在土工格栅中加入炭黑等抗老化材料,可使其具有较好的耐酸、耐碱、耐腐蚀和抗老化等耐久性能。

玻璃纤维类土工格栅以高强度玻璃纤维为材质,有时配合自黏感压胶和表面沥青浸渍处理,使格栅和沥青路面紧密结合成一体。由于土石料在土工格栅网格内互锁力增高,它们之间的摩擦系数显著增大,土工格栅埋入土中的抗拔力,由于格栅与土体间的摩擦咬合力较强而显著增大,因此它是一种很好的加筋材料。同时土工格栅是一种质量轻,具有一定柔性的塑料平面网材,易于现场裁剪和连接,也可重叠搭接,施工简便,不需要特殊的施工机械和专业技术人员。

(一)分类

土工格栅按制造时的拉伸方向分为单向(沿长度方向)拉伸和双向(先沿长度方向拉伸,再沿垂直长度方向拉伸)拉伸。

《交通工程土工合成材料 土工格栅》(JT/T 480—2002)按使用受力的方向将土工格栅分为两类:单向土工格栅,代号为GD;双向土工格栅,代号为GS。

(二)规格及尺寸偏差

定向拉伸土工格栅的产品规格见表14-23,尺寸偏差应符合表14-24、表14-25的规定。

**产品规格**(JT/T 480—2002) 表14-23

| 格栅种类 | 代号 | 标称每延米抗拉强度(kN/m) | | | | | | |
|---|---|---|---|---|---|---|---|---|
| 单向拉伸土工格栅 | GDL | 20 | 35 | 50 | 80 | 100 | 125 | 150 |
| 双向拉伸土工格栅 | GSL | 20 | 35 | 50 | 80 | 100 | 125 | 150 |
| 单向经编土工格栅 | CDJ | 25 | 40 | 60 | 80 | 100 | 125 | 150 |
| 双向经编土工格栅 | GSJ | 25 | 40 | 60 | 80 | 100 | 125 | 150 |
| 单向黏结、焊接土工格栅 | GDZ | 25 | 40 | 60 | 80 | 100 | 125 | 150 |
| 双向黏结、焊接土工格栅 | GSZ | 25 | 40 | 60 | 80 | 100 | 125 | 150 |

**单向和双向拉伸、黏焊土工格栅尺寸及偏差**（JT/T 480—2002） 表14-24

| 标称单位面积质量相对偏差(%) | ±5.0 | 宽度偏差(mm) | +20 |
|---|---|---|---|
| 单向土工格栅宽度(m) | ≥1.0 | 单向土工格栅网孔中心最小净空尺寸(mm) | 12+2 |
| 双向土工格栅宽度(m) | ≥2.0 | 双向土工格栅网孔中心最小净空尺寸(mm) | 20+2 |

**单向和双向经编、玻纤土工格栅尺寸及偏差**（JT/T 480—2002） 表14-25

| 标称单位面积质量相对偏差(%) | ±5.0 | 宽度偏差(mm) | +19 |
|---|---|---|---|
| 单向土工格栅宽度(m) | ≥1.0 | 网孔中心纵、横向最小净空尺寸(mm) | 9.0+0.5 |
| 双向土工格栅宽度(m) | ≥2.0 | | |

（三）技术要求

1. 物理力学性能

土工格栅的物理力学性能应符合表14-26～表14-31的规定。

**单向拉伸(GDL)和高强聚酯长丝经编(GDJ)土工格栅技术参数**（JT/T 480—2002） 表14-26

| 项目 | 规格 | | | | | | |
|---|---|---|---|---|---|---|---|
| 标称 GDL 或 GDJ | 20 | 35 | 50 | 80 | 100 | 125 | 150 |
| 每延米极限抗拉强度(kN/m) | ≥20 | ≥35 | ≥50 | ≥80 | ≥100 | ≥125 | ≥150 |
| 标称抗拉强度下的伸长率(%) | ≤12 | ≤12 | ≤12 | ≤13 | ≤13 | ≤13 | ≤13 |
| 2%伸长率时的拉伸力(kN/m) | ≥6 | ≥10 | ≥15 | ≥24 | ≥30 | ≥37 | ≥45 |
| 5%伸长率时的拉伸力(kN/m) | ≥12 | ≥20 | ≥28 | ≥45 | ≥59 | ≥78 | ≥96 |

**双向拉伸(GSL)和高强聚酯长丝经编(GSJ)土工格栅技术参数**（JT/T 480—2002） 表14-27

| 项目 | 规格 | | | | | | |
|---|---|---|---|---|---|---|---|
| 标称 GSL 或 GSJ | 20 | 35 | 50 | 80 | 100 | 125 | 150 |
| 每延米纵、横向极限抗拉强度(kN/m) | ≥20 | ≥35 | ≥50 | ≥80 | ≥100 | ≥125 | ≥150 |
| 纵、横向标称抗拉强度下的伸长率(%) | ≤13 | ≤13 | ≤13 | ≤13 | ≤13 | ≤14 | ≤14 |
| 纵、横向2%伸长率时的拉伸力(kN/m) | ≥7 | ≥12 | ≥17 | ≥28 | ≥35 | ≥43 | ≥52 |
| 纵、横向5%伸长率时的拉伸力(kN/m) | ≥14 | ≥24 | ≥34 | ≥56 | ≥70 | ≥86 | ≥104 |

**单向经编玻纤土工格栅(GDB)技术参数**（JT/T 480—2002） 表14-28

| 项目 | 规格 | | | | | | |
|---|---|---|---|---|---|---|---|
| 标称 GDB | 25 | 40 | 60 | 80 | 100 | 125 | 150 |
| 每延米拉伸断裂强度(kN/m) | ≥25 | ≥40 | ≥60 | ≥80 | ≥100 | ≥125 | ≥150 |
| 断裂伸长率(%) | ≤4 | | | | | | |

**双向经编玻纤土工格栅(GSB)技术参数**（JT/T 480—2002） 表14-29

| 项目 | 规格 | | | | | | |
|---|---|---|---|---|---|---|---|
| 标称 CSB | 25 | 40 | 60 | 80 | 100 | 125 | 150 |
| 每延米纵、横向拉伸断裂强度(kN/m) | ≥25 | ≥40 | ≥60 | ≥80 | ≥100 | ≥125 | ≥150 |
| 纵、横向断裂伸长率(%) | ≤4 | | | | | | |

单向黏焊土工格栅(GDZ)技术参数(JT/T 480—2002)　　　表14-30

| 项　目 | 规　格 | | | | | | |
|---|---|---|---|---|---|---|---|
| 标称 GDZ | 25 | 40 | 60 | 80 | 100 | 125 | 150 |
| 每延米纵向极限抗拉强度(kN/m) | ≥25 | ≥40 | ≥60 | ≥80 | ≥100 | ≥125 | ≥150 |
| 纵向标称抗拉强度下的伸长率(%) | ≤10 | ≤10 | ≤10 | ≤11 | ≤11 | ≤11 | ≤11 |
| 纵向2%伸长率时的拉伸力(kN/m) | ≥10 | ≥20 | ≥22 | ≥35 | ≥55 | ≥60 | ≥85 |
| 纵向5%伸长率时的拉伸力(kN/m) | ≥15 | ≥25 | ≥40 | ≥55 | ≥65 | ≥90 | ≥100 |
| 黏、焊点极限剥离力(N) | ≥30 | | | | | | |

双向黏焊土工格栅(GSZ)技术参数(JT/T 480—2002)　　　表14-31

| 项　目 | 规　格 | | | | | | |
|---|---|---|---|---|---|---|---|
| 标称 GSZ | 25 | 40 | 60 | 80 | 100 | 125 | 150 |
| 每延米纵、横向极限抗拉强度(kN/m) | ≥25 | ≥40 | ≥60 | ≥80 | ≥100 | ≥125 | ≥150 |
| 纵、横向标称抗拉强度下的伸长率(%) | ≤12 | ≤12 | ≤12 | ≤13 | ≤13 | ≤13 | ≤13 |
| 纵、横向2%伸长率时的拉伸力(kN/m) | ≥10 | ≥20 | ≥22 | ≥35 | ≥55 | ≥60 | ≥85 |
| 纵、横向5%伸长率时的拉伸力(kN/m) | ≥15 | ≥25 | ≥40 | ≥55 | ≥65 | ≥90 | ≥100 |
| 黏、焊点极限剥离力(N) | ≥30 | | | | | | |

2. 光老化等级

光老化等级应符合表14-32的规定。

土工格栅光老化等级(JT/T 480—2002)　　　表14-32

| 光老化等级 | Ⅰ | Ⅱ | Ⅲ | Ⅳ |
|---|---|---|---|---|
| 紫外线辐射强度为550W/m² 照射150h强度保持率(%) | <50 | 50~80 | 80~95 | >95 |
| 工程情况 | 无光老化要求 | 0.5~1年临时工程 | 1~3年施工期 | 3~8年保质工程 |
| 炭黑含量(%) | | | | ≥2.5±0.5 |
| 炭黑粒径($10^{-9}$m) | — | | | ≤25.0 |
| 炭黑在格栅材料中的分布要求 | | 均匀、无明显聚块或条状物 | | |

(四)外观质量

(1)产品颜色应色泽均匀,无明显油污。

(2)产品无破损、无破裂。

(3)尺寸:宽度不小于标称值;每卷的纵向基本长度不允许小于50m,卷中不得有拼段。

## 二、土　工　模　袋

土工模袋是一种由双层聚合化纤织物制成的连续(或单独)袋状材料,利用高压泵将混凝土或砂浆灌入模袋中,形成板状或其他形状结构,常用于护坡或其他地基处理工程。模袋根据其材质和加工工艺的不同,分为机制和简易模袋两大类。机制模袋按其有无反滤排水点和充胀后的形状又可分为反滤排水点模袋、无反滤排水点模袋、无排水点混凝土模袋、铰链块型模袋。

(一)分类

按土工模袋(代号为F)编织的类型分为两类:一类是机织布土工模袋,代号为FJ;一类是针织布土工模袋,代号为FZ。

(二)规格

土工模袋产品按模袋布拉伸强度分为9个规格,规格见表14-33,尺寸偏差见表14-34。

**土工模袋产品规格(JT/T 515—2004)** 表14-33

| 项 目 | 型 号 规 格 | | | | | | | | |
|---|---|---|---|---|---|---|---|---|---|
| | FJ40 | FJ50 | FJ60 | FJ70 | FJ80 | FJ100 | FJ120 | FJ150 | FJ180 |
| | FZ40 | FZ50 | FZ60 | FZ70 | FZ80 | FZ100 | FZ120 | FZ150 | FZ180 |
| 模袋布拉伸强度(kN/m) ≥ | 40 | 50 | 60 | 70 | 80 | 100 | 120 | 150 | 180 |

**土工模袋产品规格(JT/T 515—2004)** 表14-34

| 单位面积质量相对偏差(%) | +2.5 |
|---|---|
| 宽度(m) | ≥5 |
| 宽度偏差(%) | +3 |

(三)土工模袋的几何形状、最大填充厚度及填充物

(1)几何形状:矩形、铰链形、哑铃形、梅花形、框格形等。

(2)最大填充厚度:100mm、150mm、200mm、250mm、300mm、350mm、400mm、500mm。

(3)填充物:混凝土、砂浆、土。

(四)技术要求

土工模袋的理化性质应符合表14-35、表14-36的规定。

**土工模袋物理性能参数(JT/T 515—2004)** 表14-35

| 项 目 | 型 号 规 格 | | | | | | | | |
|---|---|---|---|---|---|---|---|---|---|
| | FJ40<br>FZ40 | FJ50<br>FZ50 | FJ60<br>FZ60 | FJ70<br>FZ70 | FJ80<br>FZ80 | FJ100<br>FZ100 | FJ120<br>FZ120 | FJ150<br>FZ150 | FJ180<br>FZ180 |
| 标称纵、横向拉伸强度(kN/m) ≥ | 40 | 50 | 60 | 70 | 80 | 100 | 120 | 150 | 180 |
| 纵、横向拉伸断裂延伸率(%) ≤ | 30 | | | | | | | | |
| CBR顶破强度(kN) ≥ | 5 | | | | | | | | |
| 纵、横向梯形撕破强度(kN) ≥ | 0.9 | | | 1 | | | 1.1 | | |
| 垂直渗透系数(cm/s) | $5 \times (10^{-4} \sim 10^{-2})$ | | | | | | | | |
| 落锤穿透直径(mm) ≤ | 6 | | | | | | | | |
| 等效孔径 $O_{95}$ (mm) | 0.07 ~ 0.25 | | | | | | | | |

**土工模袋抗光老化等级(JT/T 515—2004)** 表14-36

| 抗光老化等级 | Ⅰ | Ⅱ | Ⅲ | Ⅳ |
|---|---|---|---|---|
| 光照辐射强度为550W/m² 照射150h,拉伸强度保持率(%) | <50 | 50~80 | 80~95 | >95 |
| 炭黑含量(%) | — | | 2+0.5 | |
| 炭黑在土工模袋材料中的分布要求 | 均匀、无明显聚块或条状物 | | | |

注:对不含炭黑或不采用炭黑作抗光老化助剂的土工模袋,其抗光老化等级的确定参照执行。

（五）外观质量

土工模袋产品应色泽均匀，无明显油污，无破损、破裂。土工模袋外观质量还应符合表14-37的规定。

土工模袋外观质量（JT/T 515—2004） 表14-37

| 序号 | 项目 | 要求 |
|---|---|---|
| 1 | 经、纬密度偏差 | 在100mm内与公称密度相比不允许缺两根以上 |
| 2 | 断丝 | 在同一处不允许有两根以上的断丝，同一处断丝两根以内（包括两根），100mm² 内不超过六处 |
| 3 | 蛛丝 | 不允许有大于50mm²的蛛网，100mm²内不超过三个 |
| 4 | 模袋边不良 | 整卷模袋不允许连续出现2 000mm的毛边、散边 |
| 5 | 接口缝制 | 不允许有断口和开口，若有断线必须重合缝制，重合缝制长度不小于200mm |
| 6 | 布边抽缩和边缘不良 | 允许距土工模袋边缘200mm内有布边抽缩和边缘不良 |

## 三、土 工 网

土工网是由两组合成材料股以一定的角度（一般为60°~90°）交叉黏结而成的网状结构材料。其强度和模量比土工格栅低，主要用于坡面防护，也可用作加筋材料。

土工网的特性随网孔形状、大小、厚度及制造方法的不同而性能差别很大，我国引进的主要是Netlon土工网生产线。

（一）分类

土工网的代号为N，按结构形式分为四类：

（1）塑料平面土工网，代号为NSP。
（2）塑料三维土工网，代号为NSS。
（3）经编平面土工网，代号为NJP。
（4）经编三维土工网，代号为NJS。

（二）规格与尺寸偏差

土工网的产品规格见表14-38，单位面积质量及尺寸偏差应满足表14-39的规定。

土工网的产品规格（JT/T 513—2004） 表14-38

| 土工网类型 | 型 号 规 格 | | | | | | |
|---|---|---|---|---|---|---|---|
| 塑料平面土工网 | NSP2 | NSP3 | NSP5 | NSP6 | NSP8 | NSP10 | NSP15 |
| 塑料三维土工网 | NSS0.8 | NSS1.5 | NSS2 | NSS3 | NSS4 | NSS5 | NSS6 |
| 经编平面土工网 | NJP2 | NJP3 | NJP5 | NJP6 | NJP8 | NJP10 | NJP15 |
| 经编三维土工网 | NJS0.8 | NJS1.5 | NJS2 | NJS3 | NJS4 | NJS5 | NJS6 |

土工网单位面积质量及尺寸偏差（JT/T 513—2004） 表14-39

| 单位面积质量相对偏差（%） | 平面土工网 | ±8 |
|---|---|---|
| | 三维土工网 | ±10 |
| 土工网网孔中心最小净孔尺寸（mm） | 平面土工网 | ≥4 |
| | 三维土工网 | ≥4 |

续上表

| 土工网厚度(mm) | 塑料三维土工网 | ≥10 |
|---|---|---|
| | 经编三维土工网 | ≥8 |
| 土工网宽度(mm) | | ≥1 |
| 土工网宽度偏差(mm) | | +60 |

(三)技术要求

1. 理化性能

土工网的机械性能参数应符合表14-40～表14-43的规定。

n 层平面网组成的塑料平面土工网的物理性能参数(JT/T 513—2004)　　表14-40

| 项目 | 型号 | | | | | | |
|---|---|---|---|---|---|---|---|
| | NSP2 (n) | NSP3 (n) | NSP5 (n) | NSP6 (n) | NSP8 (n) | NSP10 (n) | NSP15 (n) |
| 纵、横向拉伸强度(kN/m) | ≥2 | ≥3 | ≥5 | ≥6 | ≥8 | ≥10 | ≥15 |
| 纵、横向10%拉伸率下的拉伸力(%) | ≥1.2 | ≥2 | ≥4 | ≥5 | ≥7 | ≥9 | ≥13 |
| 多层平网之间焊点抗拉力(N) | ≥0.8 | ≥1.4 | ≥2 | ≥3 | ≥4 | ≥5 | ≥8 |

n 层平面网组成的经编平面土工网的物理性能参数(JT/T 513—2004)　　表14-41

| 项目 | 型号 | | | | | | |
|---|---|---|---|---|---|---|---|
| | NJP2 (n) | NJP3 (n) | NJP5 (n) | NJP6 (n) | NJP8 (n) | NJP10 (n) | NJP15 (n) |
| 纵、横向拉伸强度(kN/m) | ≥2 | ≥3 | ≥5 | ≥6 | ≥8 | ≥10 | ≥15 |
| 经编无碱玻璃纤维平面土工网断裂伸长率(%) | ≤4 | | | | | | |

n 层平面网 k 层非平面网组成的塑料三维土工网物理性能参数(JT/T 513—2004)　　表14-42

| 项目 | 型号 | | | | | | |
|---|---|---|---|---|---|---|---|
| | NSS0.8 (n-k) | NSS1.5 (n-k) | NSS2 (n-k) | NSS3 (n-k) | NSS4 (n-k) | NSS5 (n-k) | NSS6 (n-k) |
| 纵、横向拉伸强度(kN/m) | ≥2 | ≥3 | ≥5 | ≥6 | ≥8 | ≥10 | ≥15 |
| 平网与非平网之间焊点抗拉力(N) | ≥0.6 | ≥0.9 | ≥4 | | | ≥8 | |

n 层平面网 k 层非平面网组成的经编三维土工网物理性能参数(JT/T 513—2004)　　表14-43

| 项目 | 型号 | | | | | | |
|---|---|---|---|---|---|---|---|
| | NJS0.8 (n-k) | NJS1.5 (n-k) | NJS2 (n-k) | NJS3 (n-k) | NJS4 (n-k) | NJS5 (n-k) | NJS6 (n-k) |
| 纵向拉伸强度(kN/m) ≥ | 0.6 | 1.5 | 2 | 3 | 4 | 5 | 6 |
| 横向拉伸强度(kN/m) ≥ | 0.6 | 0.8 | 1 | 1.8 | 2.5 | 4 | 6 |

## 2. 光老化等级

塑料土工网抗光老化等级应符合表 14-44 的规定。

**塑料土工网抗光老化等级**（JT/T 513—2004）  表 14-44

| 抗光老化等级 | Ⅰ | Ⅱ | Ⅲ | Ⅳ |
|---|---|---|---|---|
| 辐射强度为 550W/m² 照射 150h，标称拉伸强度保持率(%) | <50 | 50~80 | 80~95 | >95 |
| 炭黑含量(%) | — | \multicolumn{3}{c}{2+0.5} |||
| 炭黑在土工网材料中的分布要求 | \multicolumn{3}{c}{均匀、无明显聚块或条状物} ||||

注：对不含炭黑或不采用炭黑作抗光老化助剂的土工网，其抗光老化等级的确定参照执行。

### （四）外观质量

土工网产品应色泽均匀，无明显油污，无损伤、破裂。每卷的纵向基本长度不允许小于 30m，卷中不得有拼段。

## 四、土工网垫和土工格室

土工网垫和土工格室都是用合成材料特制的三维结构土工合成材料。前者多为长丝结合而成的三维透水聚合物网垫，后者是由土工织物、土工格栅或土工膜、条带聚合物构成的蜂窝状或网格状三维结构。格室中填充土石或混凝土材料，构成具有强大侧向限制和大刚度的结构体，常用于防冲蚀和保土工程。刚度大、侧限能力高的产品多则用于地基加筋垫层、路基基床或道床中或支挡结构中，也可以铺设在坡面上构成防护结构。

### （一）分类与结构

土工格室分为塑料土工格室和增强土工格室两类，代号为 GC。塑料土工格室由长条形的塑料片材，通过超声波焊接等方法连接而成，展开后是蜂窝状的立体网格；增强土工格室是在塑料片材中加入低伸长率的钢丝、玻璃纤维、碳纤维等筋材所组成的复合片材，通过插件或扣件等形式连接而成，展开后是蜂窝状的立体网格。格室在未展开时，在同一片材的同一侧，相邻两连接处之间的距离为连接距离。

### （二）规格与尺寸偏差

#### 1. 规格

高度一般为 50~300mm，单组格室的展开面积应不小于 4m×5m，格室片边缘接近焊接处的距离不大于 100mm。

#### 2. 尺寸偏差

塑料土工格室的尺寸偏差应符合表 14-45 的规定，增强土工格室的尺寸偏差应符合表 14-46 的规定。

**塑料土工格室的尺寸偏差**（JT/T 516—2004）  表 14-45

| 序号 | 格室高度 H | | 格室片厚度 T | | 焊接距离 A | |
|---|---|---|---|---|---|---|
| | 标称值 | 偏差 | 标称值 | 偏差 | 标称值 | 偏差 |
| 1 | H≤100 | ±1 | 1.1 | +0.3 | 340~800 | ±30 |
| 2 | 100<H≤200 | ±2 | | | | |
| 3 | 200<H≤300 | ±2.5 | | | | |

增强土工格室的尺寸偏差(JT/T 516—2004) 表14-46

| 序 号 | 格室高度 H | | 格室片厚度 T | | 焊接距离 A | |
|---|---|---|---|---|---|---|
| | 标称值 | 偏差 | 标称值 | 偏差 | 标称值 | 偏差 |
| 1 | 100 | ±2 | 1.5 | +0.3 | 400~800 | ±2 |
| 2 | 150 | | | | | |
| 3 | 200 | | | | | |
| 4 | 300 | | | | | |

(三)技术要求

1. 力学性能

塑料土工格室的力学性能应符合表14-47的规定,增强土工格室的力学性能应符合表14-48的规定。

塑料土工格室的力学性能(JT/T 516—2004) 表14-47

| 序 号 | 测试项目 | | | 材质为PP的土工格室 | 材质为PE的土工格室 |
|---|---|---|---|---|---|
| 1 | 格室片单位宽度的断裂拉力(N/m) | | ≥ | 275 | 220 |
| 2 | 格室片的断裂伸长率(%) | | ≤ | 10 | 10 |
| 3 | 焊接处抗拉强度(N/cm) | | ≥ | 100 | 100 |
| 4 | 格室组间连接处抗拉强度(N/cm) | 格室片边缘 | ≥ | 120 | 120 |
| 5 | | 格室片中间 | ≥ | 120 | 120 |

增强土工格室的力学性能(JT/T 516—2004) 表14-48

| 序 号 | 型 号 | 格室片单位宽度的断裂拉力(N/m) | 格室片的断裂伸长率(%) | 格室组间连接处连接件的抗剪切力(N) |
|---|---|---|---|---|
| 1 | GC100 | ≥300 | ≤3 | ≥3 000 |
| 2 | GC150 | | | ≥4 500 |
| 3 | GC200 | | | ≥6 000 |
| 4 | GC300 | | | ≥9 000 |

2. 光老化等级

塑料土工格室抗光老化等级应符合表14-49的规定。

塑料土工格室抗光老化等级(JT/T 516—2004) 表14-49

| 抗光老化等级 | Ⅰ | Ⅱ | Ⅲ | Ⅳ |
|---|---|---|---|---|
| 紫外线辐射强度为550W/m² 照射150h,格室片的拉伸屈服强度保持率(%) | <50 | 50~80 | 80~95 | >95 |
| 炭黑含量(%) | — | ≥2.0+0.5 | | |

注:1. 对于高速公路、一级公路的边坡绿化,才需要做紫外线辐射试验,其他情况该指标仅做参考。
2. 采用其他抗老化外加剂的土工格室无指标要求。

(四)外观质量

塑料土工格室片为黑色或其他颜色,表面应平整、无气泡;增强土工格室片为黑色,外观应色泽均匀,不应有裂缝、损伤、穿孔、沟痕和露筋等缺陷。

## 五、保温隔热材料

采用高分子聚合物为原料与适量的化学发泡剂、催化剂、稳定剂、溶剂等为辅助料,经过发泡而制成的一种软质或硬质闭孔状材料,代号为 H。

### (一)分类

按保温隔热材料的软、硬(板状)和成型工艺,保温隔热材料分为:
(1)软质模塑保温隔热材料,代号为 HRM。
(2)软质挤塑保温隔热材料,代号为 HRJ。
(3)硬质模塑保温隔热材料,代号为 HYM。
(4)硬质挤塑保温隔热材料,代号为 HYJ。

### (二)产品规格与尺寸允许偏差

保温隔热材料产品的规格见表14-50。保温隔热材料的尺寸允许偏差应符合表14-51的规定。

**产品规格系列**(JT/T 668—2006) 表14-50

| 类 型 | 产 品 规 格 | | | | | | |
|---|---|---|---|---|---|---|---|
| 软质模塑型 | HRM0.1 | HRM0.05 | HRM0.04 | HRM0.035 | HRM0.03 | HRM0.025 | HRM0.02 |
| 软质挤塑型 | HRJ0.1 | HN0.05 | HRJ0.04 | HRJ0.035 | HRJ0.03 | HRJ0.025 | HRJ0.02 |
| 硬质模塑型 | HYM0.1 | HYM0.05 | HYM0.04 | HYM0.035 | HYM0.03 | HYM0.025 | HYM0.02 |
| 硬质挤塑型 | HYJ0.1 | HYJ0.05 | HYJ0.04 | HYJ0.035 | HYJ0.03 | HYJ0.025 | HYJ0.02 |

**保温隔热材料的尺寸允许偏差**(JT/T 668—2006) 表14-51

| 项 目 | 允许偏差(%) | 项 目 | 允许偏差(%) |
|---|---|---|---|
| 厚度 | +5 | 硬质材料长度 | +1.0 |
| 宽度(幅宽) | +2.5 | | |

### (三)材料成品

保温隔热材料成品的密度、质量和尺寸应符合表14-52的规定。

**保温隔热材料成品的密度、质量和尺寸的允许值**(JT/T 668—2006) 表14-52

| 检 测 项 目 | 允 许 值 | 检 测 项 目 | 允 许 值 |
|---|---|---|---|
| 密度($kg/m^3$) | ≤70 | 软质材料幅宽(m) | ≥1.1 |
| 单位面积质量相对偏差(%) | ±2.5 | 软质材料纵向长度(m) | ≥20 |

### (四)物理力学性能

保温隔热材料的物理力学性能指标应符合表14-53或表14-54的规定。

**软质保温隔热材料技术性能指标**(JT/T 668—2006) 表14-53

| 项 目 | 型 号 规 格 | | | | | |
|---|---|---|---|---|---|---|
| | HRM0.05<br>HRJ0.05 | HRM0.04<br>HRJ0.04 | HRM0.035<br>HRJ0.035 | HRM0.03<br>HRJ0.03 | HRM0.025<br>HRJ0.025 | HRM0.02<br>HRJ0.02 |
| 导热系数[W/(m·K)] | ≤0.05 | ≤0.04 | ≤0.035 | ≤0.03 | ≤0.025 | ≤0.02 |
| CBR 顶破力(N) | ≥350 | | | | | |

续上表

| 项目 | 型号规格 | | | | | |
|---|---|---|---|---|---|---|
| | HRM0.05 | HRM0.04 | HRM0.035 | HRM0.03 | HRM0.025 | HRM0.02 |
| | HRJ0.05 | HRJ0.04 | HRJ0.035 | HRJ0.03 | HRJ0.025 | HRJ0.02 |
| 纵、横向撕破力(N) | ≥100 | | | | | |
| 抗压强度(10%变形)(kPa) | ≥200 | | | | | |
| 纵、横向拉伸抗力(kN/m) | ≥4 | | | | | |
| 纵、横向拉伸断裂伸长率(%) | ≥150 | | | | | |
| 垂直渗透系数(cm/s) | $\leq 10^{-7}$ | | | | | |
| 耐静水压力(MPa) | ≥0.2 | | | | | |
| 工作温度(℃) | −40 ~ +70 | | | | | |
| 温度稳定性(%) | ≤4 | | | | | |
| 浸水96h的吸水率(%) | ≤1.5 | | | | | |
| 低温弯折性(−20℃) | 无裂纹 | | | | | |
| 纵、横向尺寸变化率(%) | ≤2 | | | | | |

**硬质保温隔热材料技术性能指标(JT/T 668—2006)**　　表 14-54

| 项目 | 型号规格 | | | | | |
|---|---|---|---|---|---|---|
| | HYM0.05 | HYM0.04 | HYM0.035 | HYM0.03 | HYM0.025 | HYM0.02 |
| | HYJ0.05 | HYJ0.04 | HYJ0.035 | HYJ0.03 | HYJ0.025 | HYJ0.02 |
| 导热系数 W/(m·K) | ≤0.05 | ≤0.04 | ≤0.035 | ≤0.03 | ≤0.025 | ≤0.02 |
| CBR顶破力(kN) | ≥3 | ≥4.5 | ≥6 | ≥7.5 | ≥9 | ≥10.5 |
| 抗压强度(10%变形)(kPa) | ≥300 | | | | | |
| 拉伸强度(kPa) | ≥450 | | | | | |
| 纵、横向拉伸断裂伸长率(%) | ≥10 | | | | | |
| 垂直渗透系数(cm/s) | $\leq 10^{-11}$ | | | | | |
| 耐静水压力(MPa) | ≥0.2 | | | | | |
| 工作温度(t) | −50 ~ +70 | | | | | |
| 温度稳定性(%) | ≤4 | | | | | |
| 浸水96h的吸水率(%) | ≤1 | | | | | |
| 纵、横向尺寸变化率(%) | ≤5 | | | | | |

(五)外观质量

保温隔热材料的外观质量指标应符合表 14-55 或表 14-56 的规定。

**软质保温隔热材料外观质量指标**（JT/T 668—2006） 表 14-55

| 序号 | 项 目 | 要 求 |
|---|---|---|
| 1 | 切口 | 平直，无明显锯齿现象 |
| 2 | 颜色 | 色泽均匀、无明显油污 |
| 3 | 外观 | 无损伤、无破裂、不黏结、无孔洞、无接头和断头、无永久性皱褶 |
| 4 | 水云、云雾和机械划痕 | 不明显 |
| 5 | 杂质和僵块 | 直径 0.6~2.0mm 的杂质和僵块，允许每平方米 20 个以内，直径 20mm 以上的不允许出现 |
| 6 | 卷端面错位 | ≤10mm |

**硬质保温隔热材料外观质量**（JT/T 668—2006） 表 14-56

| 序号 | 项 目 | 要 求 |
|---|---|---|
| 1 | 切口 | 平直，无明显锯齿现象 |
| 2 | 颜色 | 色泽均匀、无明显油污 |
| 3 | 外观 | 无损伤、无破裂、不黏结、无孔洞 |
| 4 | 水云、云雾和机械划痕 | 不明显 |
| 5 | 杂质和僵块 | 直径 0.6~2.0mm 的杂质和僵块，允许每平方米 20 个以内，直径 20mm 以上的不允许出现 |
| 6 | 端面错位 | ≤10mm |

## 六、轻型硬质泡沫材料

采用高分子聚合物为原料与适量的化学发泡剂、催化剂、稳定剂、溶剂等为辅助料，经过发泡而制成的一种硬质闭孔状材料，是近年来发展起来的超轻型土工合成材料。它具有质量轻、耐热、抗压性能好、吸水率低、自立性好等优点，常用作铁路路基的填料。

（一）分类

轻型硬质泡沫材料的代号为 S。轻型硬质泡沫材料按产品发泡成型工艺地点的不同分为两类：

（1）工厂发泡的轻型硬质泡沫材料，代号为 SG。
（2）现场发泡的轻型硬质泡沫材料，代号为 SX。

（二）规格与尺寸允许偏差

轻型硬质泡沫材料的产品规格见表 14-57。轻型硬质泡沫材料的密度要求不大于 $0.05 g/cm^3$，质量、尺寸的允许偏差应符合表 14-58 规定。

**轻型硬质泡沫材料产品规格**（JT/T 666—2006） 表 14-57

| 类 型 | 产 品 规 格 | | | | | | | |
|---|---|---|---|---|---|---|---|---|
| 工厂发泡的泡沫板 | SG0.1 | SG0.15 | SG0.2 | SG0.25 | SG0.5 | SG1.0 | SG1.5 | SG2.0 | SG3.0 |
| 现场发泡的泡沫板 | SX0.1 | SX0.15 | SX0.2 | SX0.25 | SX0.5 | SX1.0 | SX1.5 | SX2.0 | SX3.0 |

轻型硬质泡沫材料质量、尺寸的允许偏差(JT/T 666—2006)　　　　表14-58

| 项　目 | 允　许　值 | 项　目 | 允　许　值 |
|---|---|---|---|
| 单位面积质量相对偏差(%) | ±2 | 工厂生产的泡沫板长度(m) | ≥1.5 |
| 厚度相对偏差(%) | +5 | 对角线偏差(%) | ≤0.2 |
| 宽度相对偏差(%) | +3 | | |

(三)技术要求

轻型硬质泡沫材料的理化性能指标应符合表14-59的规定。轻型硬质泡沫材的抗光老化等级应符合表14-60的规定。

轻型硬质泡沫材料的理化性能指标(JT/T 666—2006)　　　　表14-59

| 项　目 | 规　格 | | | | | | | | |
|---|---|---|---|---|---|---|---|---|---|
| | SG0.1 | SG0.15 | SG0.2 | SG0.25 | SG0.5 | SG1.0 | S01.5 | SG2.0 | SG3.0 |
| | SX0.1 | SX0.15 | SX0.2 | SX0.25 | SX0.5 | SX1.0 | SX1.5 | SX2.0 | SX3.0 |
| 压应变10%时的耐压力(MPa) | 0.1 | 0.15 | 0.2 | 0.25 | 0.5 | 1.0 | 1.5 | 2.0 | 3.0 |
| 湿度100%温度 −60~+90℃环境下尺寸稳定性(%) | ≤±1 | | | | | | | | |
| 吸水率(24h)(%) | ≤5 | | | | | | | | |

轻型硬质泡沫材料抗光老化等级(JT/T 666—2006)　　　　表14-60

| 项　目 | 要　求 | | | |
|---|---|---|---|---|
| | Ⅰ | Ⅱ | Ⅲ | Ⅳ |
| 光老化等级 | | | | |
| 辐射强度为550W/m²,照射150h拉伸强度保持率(%) | <50 | 50~80 | 80~95 | >95 |
| 炭黑含量(%) | — | | 2.0~2.5 | |

注:对采用非炭黑作抗光老化助剂的轻型硬质泡沫材料,光老化等级参照执行。

(四)外观质量

产品应色泽均匀,边缘整齐、无明显油污,无损伤、破裂。轻型硬质泡沫材料外观质量还应符合下列要求:

(1)无永久性皱褶、杂质、胶块、凹痕、孔洞和散布材料颗粒。

(2)切口平直,无明显锯齿现象。

## 第四节　土工复合材料

土工织物、土工膜等某些土工特种材料和其他一些材料,由其中两种或两种以上组合起来的复合材料,称为土工复合材料。其功能包括过滤、排水、隔离、加筋、防渗和防护等。

(一)分类

复合材料的代号为O,按公路工程土工合成材料单项产品在复合材料中的功能分为若干个亚类。复合材料亚类标注顺序的规定见表14-61。

**复合材料亚类标注顺序的规定**(JT/G 669—2006)　　　　表14-61

| 标注顺序 | 材料名称 | 代号 | 标注顺序 | 材料名称 | 代号 |
|---|---|---|---|---|---|
| 1 | 土工格栅 | G | 6 | 土工防水材 | R |
| 2 | 土工网 | N | 7 | 土工排水材 | D |
| 3 | 有纺土工织物 | W | 8 | 土工轻型硬质泡沫板 | S |
| 4 | 无纺土工织物 | T | 9 | 保温隔热材料 | H |
| 5 | 土工膜 | M | 10 | 土工模袋 | F |

注:1.平面复合材料若在上下两个表面使用的是同一种产品材料,则应以小标称规格在前排序;若上下两个表面的产品及标称规格相同,则再按第二复合层排序,并以此类推。
　　2.未列产品材料名称,其名称应特殊说明,具体参照公路工程土工合成材料系列产品标准。

(二)产品允许尺寸偏差

复合材料单位面积质量、尺寸允许偏差应符合表14-62的规定。

**单位面积质量、尺寸允许偏差**(JT/G 669—2006)　　　　表14-62

| 项　目 | 允许相对偏差(%) | 项　目 | 允许相对偏差(%) |
|---|---|---|---|
| 单位面积质量 | ±5 | 宽度 | +2 |
| 厚度 | +5 | | |

(三)技术要求

复合材料的性能技术指标应符合相应的土工合成材料产品标准JT/T 480、JT/T 513、JT/T 514、JT/T 515、JT/T 518、JT/T 664、JT/T 665、JT/T 666、T/T 667和JT/T 668的规定。

复合材料力学性能指标还应满足表14-63的规定。

**力学性能指标**(JT/G 669—2006)　　　　表14-63

| 项　目 | 指　标 |
|---|---|
| 剥离强度(kN/m) | 大于两相邻土工合成材料中拉伸强度最小的那种材料规定标识拉伸强度的35% |
| 复合后主要功能指标 | 按主要功能材料的测试规定进行;若有多种主要功能,则分别按主要功能产品的功能性指标测试规定进行 |

(四)外观质量

(1)产品应色泽均匀,无明显油污,无损伤、破裂。
(2)对不同类型的复合材料还应符合各单类产品的技术规定。

## 一、复合土工膜

复合土工膜是用土工织物或其他材料与土工膜结合而成的不透水性材料。根据主要功能的不同,复合土工膜可划分为加筋型和横向排水型两种。

加筋型土工膜具有较高的强度和模量，以满足工程中防渗与受力的要求。氯丁橡胶土工膜和经编土工膜均属于这一类型。横向排水型土工膜一般由无纺土工织物与土工膜复合而成，常见的有"一布一膜"、"两布一膜"。其中，无纺土工织物一方面具有横向排水作用，另一方面对土工膜起保护作用。

由于复合土工膜是由土工膜和另外一种或数种土工合成材料组合而成，复合土工膜的特性保留了原合成材料各自的特性。

## 二、复合排水材料

（一）产品分类

排水材料的代号为 D，按应用种类分为下列四类：

1. 排水带（代号：DD）

以透水土工织物为滤材，包裹不同形状的具有纵向排水通道的高分子聚合物芯板，组合成的具有一定宽度的复合型带状排水结构体，又称排水板。产品克服了土工织物沿织物平面方向排水能力小的缺点，可以沿产品水平方向芯材的排水通道通畅地排水，而外包的土工织物作为滤层可以阻止土颗粒进入阻塞排水通道。根据主要功能的不同，复合排水板分为以下几种类型：双面反滤排水、单面反滤排水、一面反滤排水，另一面隔离防渗、加筋兼反滤排水。

复合排水板的优点是质量轻、耐久性好、施工方便，主要用于软土地基上，作为横向排水垫层，引排地下水或地表水；支挡结构物与填料之间的反滤排水；隧道衬砌后的防渗、反滤排水等。

2. 长丝热黏排水体（代号：DC）

由高分子聚合物长丝经热黏堆缠成不同几何形状的排水芯体，外包土工织物作滤材，组合成的具有一定断面尺寸的排水结构体，又称速排龙。

3. 透水软管（代号：DR）

以经防腐处理、外覆高分子聚合物的弹簧钢丝或其他高强材料丝卷为骨架，外管壁采用复合包裹组成的土工透水软管，又称软式透水管。

排水软管主要用于深软土路基基底横向排水，有地下水出露的陡坡路堤地段的路基处理及盲沟排水、滑坡治理、墩台背排水等。

4. 透水硬管（代号：DY）

以高分子聚合物或其他材料制成的多孔管材为排水芯体，外包的土工织物为滤材，组成的圆形土工复合硬式管状制品，又称硬式透水管。

（二）横截面形状

排水带（DD）芯体横截面形状见表 14-64。

**排水带芯体横截面形状（JT/T 665—2006）** 表 14-64

| 横截面形状 | 代　号 | 横截面形状 | 代　号 |
| --- | --- | --- | --- |
| 双面槽形 | C | 丁字形 | D |
| 城墙形 | Q | 长丝交叠形 | L |
| 波形 | B | | |

长丝热黏排水体（DC）芯体横截面形状见表 14-65。

**长丝热黏排水体芯体横截面形状**（JT/T 665—2006） 表 14-65

| 横截面形状 | 代 号 | 横截面形状 | 代 号 | 横截面形状 | 代 号 |
|---|---|---|---|---|---|
| 矩形实芯 | J0 | 圆形实芯 | Y0 | 圆形三柱支撑 | Z3 |
| 矩形单孔 | J1 | 圆形单孔 | Y1 | 圆形四柱支撑 | Z4 |
| 矩形双孔 | J2 | 圆形三孔 | Y3 | 圆形五柱支撑 | Z5 |
| 矩形四孔 | J4 | 圆形五孔 | Y5 | 圆形六柱支撑 | Z6 |

注：未列横截面状况的排水芯体应特殊说明。

透水软管（DR）管簧圈代号见表 14-66，透水硬管（DY）材料代号见表 14-67。

**透水软管簧圈代号**（JT/T 665—2006） 表 14-66

| 簧圈材料 | 代 号 |
|---|---|
| 钢丝簧圈 | G |
| 高强合成树脂簧圈 | H |

**透水硬管材料代号**（JT/T 665—2006） 表 14-67

| 硬管材料 | 代 号 |
|---|---|
| 合成树脂多孔管 | H |
| 水泥多孔管 | S |
| 钢花管 | G |

（三）规格及尺寸偏差

排水材料产品规格见表 14-68，尺寸允许偏差应符合表 14-69 的规定。

**排水材料产品规格**（JT/T 665—2006） 表 14-68

| 类 型 | 代 号 | 产 品 规 格 | | | | | | | | |
|---|---|---|---|---|---|---|---|---|---|---|
| 排水带 | D | DD30 | DD40 | DD50 | DD60 | DD70 | DD80 | DD100 | DD120 | DD180 |
| 长丝热黏排水体 | C | DC0.5 | DC1.0 | DC1.5 | DC3 | DC5 | DC10 | DC15 | DC20 | DC25 |
| 透水软管 | R | DR1.5 | DR6 | DR10 | DR30 | DR70 | DR110 | DR150 | DR200 | DR250 |
| 透水硬管 | Y | DY5 | DY10 | DY15 | DY20 | DY50 | DY100 | DY150 | DY200 | DY50 |

**轮廓尺寸允许偏差**（JT/T 665—2006） 表 14-69

| 类 型 | 项 目 | 允许偏差（%） |
|---|---|---|
| 排水带或长丝热黏排水体 | 芯体纵向单位长度质量 | +5 |
| | 芯体外轮廓厚度（芯体横断面最小几何尺寸） | ±5 |
| | 芯体宽度（芯体横断面最大几何尺寸） | +3 |
| 透水软管 | 软管外径尺寸 | ±2.5 |
| 透水硬管（花管） | 硬管（花管）外径尺寸 | +2.5 |
| 外包裹滤布 | 滤布的尺寸偏差按 JT/T 667（无纺土工织物）或 JT/T514 选用 | |

(四)技术要求

排水材料的物理力学性能应符合表14-70～表14-74的规定。

排水带芯板技术性能指标(JT/T 665—2006)　　　　表14-70

| 项 目 | 型 号 | | | | | | | | |
|---|---|---|---|---|---|---|---|---|---|
| | DD30 | DD40 | DD50 | DD60 | DD70 | DD80 | DD100 | DD120 | DD180 |
| 纵向通水量($cm^3/s$) ≥ | 30 | 40 | 50 | 60 | 70 | 80 | 100 | 120 | 180 |
| 纵向拉伸强度(kN/10cm) ≥ | 2 | | | | | | | | |
| 延伸率(%) ≥ | 6 | | | | | | | | |
| 抗弯折性能 | 180°对折10次无断裂 | | | | | | | | |

长丝热黏排水体(速排龙)芯体技术性能指标(JT/T 665—2006)　　　　表14-71

| 项 目 | | 型 号 | | | | | | | |
|---|---|---|---|---|---|---|---|---|---|
| | | DC0.5 | DC1.0 | DC1.5 | DC3 | DC5 | DC10 | DC15 | DC20 | DC25 |
| 纵向通水量($m^3/h$) ≥ | | 0.5 | 1.0 | 1.5 | 3 | 5 | 10 | 15 | 20 | 25 |
| 耐压力(kPa) | 压应变10%时 | ≥100 | | | ≥70 | | | ≥50 | | |
| | 压应变20%时 | ≥180 | | | ≥110 | | | ≥90 | | |
| 塑丝抗弯折性能 | | 180°对折8次无断裂 | | | | | | | | |
| 实体(管壁)孔隙率(%) | | ≥70 | | | | | | | | |

透水软管技术性能指标(JT/T 665—2006)　　　　表14-72

| 项 目 | | 型 号 | | | | | | | |
|---|---|---|---|---|---|---|---|---|---|
| | | DR1.5 | DR6 | DR10 | DR30 | DR70 | DR110 | DR150 | DB200 | DB250 |
| 纵向通水量($m^3/h$) ≥ | | 1.5 | 6 | 10 | 30 | 70 | 110 | 150 | 200 | 250 |
| 扁平耐压力(kN/m) ≥ | 1% | 0.10 | 0.18 | 0.40 | 0.78 | 1.00 | 1.15 | 1.30 | 1.55 | 1.80 |
| | 2% | 0.18 | 0.40 | 0.78 | 1.00 | 1.20 | 1.35 | 1.50 | 1.75 | 2.00 |
| | 3% | 0.40 | 0.78 | 1.20 | 1.40 | 1.70 | 1.75 | 1.85 | 1.90 | 1.95 |
| | 4% | 0.70 | 1.20 | 1.50 | 1.80 | 2.10 | 2.15 | 2.30 | 2.55 | 2.80 |
| | 5% | 1.20 | 1.50 | 1.80 | 2.00 | 2.30 | 2.55 | 2.80 | 3.10 | 3.40 |

透水硬管(渗水管或花管)技术性能指标(JT/T 665—2006)　　　　表14-73

| 项 目 | 型 号 | | | | | | | |
|---|---|---|---|---|---|---|---|---|
| | DY5 | DY10 | DY15 | DY20 | DY50 | DY100 | DY150 | DY200 | DY250 |
| 纵向通水量($m^3/h$) | ≥5 | ≥10 | ≥15 | ≥20 | ≥50 | ≥100 | ≥150 | ≥200 | ≥250 |
| 管壁开孔率(%) | ≥30 | | | | | | | | |

**透水硬管（渗水管或花管）的环刚度指标**（JT/T 665—2006）　　　表 14-74

| 项　目 | | 壁　厚　（mm） | | | | | | |
|---|---|---|---|---|---|---|---|---|
| 外径（mm） | 50 | 2.0 | 2.0 | 2.0 | 2.1 | 2.2 | 2.3 | 2.4 |
| | 63 | 2.0 | 2.2 | 2.5 | 2.6 | 2.7 | 2.8 | 3.0 |
| | 75 | 2.3 | 2.6 | 2.9 | 3.0 | 3.2 | 3.4 | 3.6 |
| | 90 | 2.8 | 3.1 | 3.5 | 3.7 | 3.9 | 4.1 | 4.3 |
| 环刚度（kN/m²） | | ≥2 | ≥3 | ≥4 | ≥5 | ≥6 | ≥7 | ≥8 |

注：对于表中无相应管材规格尺寸时，应采用内差法取高值确定环刚度指标。

## 三、防 水 材 料

（一）分类

防水材料的代号为 R，按产品种类分为下列三类：

1. 防水卷材（代号：BJ）

采用高分子聚合物、改性材料、合成高分子复合材料，加入一定的功能性助剂等为辅料，以优质毡或复合毡为胎体，辅以功能性防水材料为覆面制成的平面防水片状卷材制品。

2. 防水涂料（代号：RT）

采用高分子聚合物及其改性材料以及合成高分子材料为原料，加入一定的功能性助剂等为辅料制成的防水糊状制品。

3. 防水板（代号：RB）

以高分子聚合物及其改性材料以及合成高分子材料为原料，加入一定的功能性助剂等为辅料，经挤出成型的平面板状防水材料。

（二）产品规格与尺寸允许偏差

防水材料产品规格见表 14-75。尺寸允许偏差应符合表 14-76 的规定。

**产品规格系列**（JT/T 664—2006）　　　表 14-75

| 类　型 | 产　品　规　格 | | | | | |
|---|---|---|---|---|---|---|
| 防水卷材 | BJ0.1 | BJ0.2 | BJ0.3 | BJ0.4 | BJ0.5 | BJ0.6 |
| 防水涂料 | RT0.1 | RT0.2 | RT0.3 | RT0.4 | RT0.5 | RT0.6 |
| 防水板 | RB0.1 | RB0.2 | RB0.3 | RB0.4 | RB0.5 | RB0.6 |

**尺寸允许偏差**（JT/T 664—2006）　　　表 14-76

| 类　型 | 项　目 | 允许偏差 |
|---|---|---|
| 防水卷材 | 单位面积质量（%） | ±5 |
| | 厚度（%） | +10 |
| | 宽度（%） | +3 |
| 防水板 | 厚度（%） | +10 |

(三)技术要求
1. 理化性能
防水材料物理力学性能指标应满足表 14-77~表 14-79 的规定。

防水卷材技术性能指标(JT/T 664—2006) 表 14-77

| 项 目 | | 规 格 | | | | | |
|---|---|---|---|---|---|---|---|
| | | RJ0.1 | RJ0.2 | RJ0.3 | RJ0.4 | RJ0.5 | RJ0.6 |
| 耐静水压力(MPa) | ≥ | 0.1 | 0.2 | 0.3 | 0.4 | 0.5 | 0.6 |
| 纵、横向拉伸强度(kN/m) | ≥ | 7 | | | | | |
| 纵、横向拉伸强度时的伸长率(%) | ≥ | 30 | | | | | |
| 纵、横向撕裂力(N) | | 30 | | | | | |
| -15℃环境180°角弯折两次的柔度 | | 无裂纹 | | | | | |
| 90℃环境保持2h的耐热度 | | 无滑动、流淌与滴落 | | | | | |
| 黏结剥离强度(kN/m) | ≥ | 0.8 | | | | | |
| 胎体增强材料的质量 | | 增强胎体基布的技术性能按 JT/T 514 或 JT/T 664 选用 | | | | | |

防水涂料技术性能指标(JT/T 664—2006) 表 14-78

| 项 目 | 规 格 | | | | | |
|---|---|---|---|---|---|---|
| | RT0.1 | RT0.2 | RT0.3 | RT0.4 | RT0.5 | RT0.6 |
| 耐静水压力(MPa) | 0.1 | 0.2 | 0.3 | 0.4 | 0.5 | 0.6 |
| 可操作时间(min) | ≥30 | | | | | |
| 潮湿基面黏结强度(MPa) | ≥0.3 | | | | | |
| 表面干燥时间(h) | ≤28 | | | | | |
| 实体干燥时间(h) | ≤24 | | | | | |
| 浸水 168h 后抗拉强度(MPa) | ≥0.5 | | | | | |

防水板技术性能指标(JT/T 664—2006) 表 14-79

| 项 目 | | 规 格 | | | | | |
|---|---|---|---|---|---|---|---|
| | | RB0.1 | RB0.2 | RB0.3 | RB0.4 | RB0.5 | RB0.6 |
| 耐静水压力(MPa) | ≥ | 0.1 | 0.2 | 0.3 | 0.4 | 0.5 | 0.6 |
| 抗拉强度(MPa) | ≥ | 30 | | | | | |
| 抗拉强度时的伸长率(%) | ≥ | 300 | | | | | |
| -20℃环境180°角弯折两次的柔度 | | 无裂纹 | | | | | |
| 热处理尺寸变化率(%) | ≤ | 2 | | | | | |

2. 抗光老化性能
防水材料的抗光老化性能指标应符合表 14-80 的规定。

**防水材料抗光老化性能指标（JT/T 664—2006）** 表14-80

| 项　目 | 要　求 | | | |
|---|---|---|---|---|
| 光老化等级 | Ⅰ | Ⅱ | Ⅲ | Ⅳ |
| 辐射强度为550W/m²，照射150h，拉伸强度保持率(%) | <50 | 50~80 | 80~95 | >95 |
| 炭黑含量(%) | 2.0~2.5 | | | |

注：对采用非炭黑作抗光老化助剂的防水材料，光老化等级参照执行。

（四）外观质量

防水材料外观质量应符合表14-81的要求。

**外观质量（JT/T 664—2006）** 表14-81

| 类　型 | 要　求 |
|---|---|
| 防水卷材 | 无断裂、皱褶、折痕、杂质、胶块、凹痕、孔洞、剥离、边缘不整齐、胎体露白、未浸透、散布材料颗粒，卷端面错位不大于50mm，切口平直，无明显锯齿现象 |
| 防水涂料 | 包装和商品标识完好无损、经搅拌分散均匀、无明显丝团等 |
| 防水板 | 无损伤、破裂、气泡、不黏结，无孔洞、接头、断头和永久性皱褶，切口平直、无明显锯齿现象，直径0.6~2.0mm的杂质和僵块允许每平方米20个以内，直径2.0mm以上的不允许出现 |

## 四、复合土工布

（一）经编复合土工布

经编复合土工布是以玻璃纤维（或合成纤维）为增强材料，通过与短纤针刺无纺布复合而成的新型土工材料。

经编复合土工布不同于一般机织布，其最大特点是经线与纬线的交叉点不弯曲，各自处于平直状态。用捆绑线将两者捆扎牢固，可全面均匀同步地承受外力，分布应力，且当施加的外力撕裂材料的瞬时，纱线会沿初裂口拥集，增加抗撕裂强度。

经编复合时，利用经编绑线在经、纬纱与短纤针刺土工布的纤维层间反复穿行，使三者编结为一体，因此经编复合土工布既具有高抗拉强度，低延伸率的特点，又兼有针刺非织造布的性能，这使得经编复合土工布可用于加筋增强，隔离防护，并具有三维整体聚水、排水的作用。由于其固体基质和气孔均呈连续相，它还具有多孔隙过滤效应，是一种多功能的土工复合材料。它是当今国际上高水平的应用土工复合的基材。

（二）防渗土工布

防渗土工布以塑料薄膜作为防渗基材，与无纺布复合而成的土工防渗材料，其防渗性能主要取决于塑料薄膜的防渗性能。目前，国内外防渗应用的塑料薄膜，主要有聚氯乙烯（PVC）和聚乙烯（PE）。它们是一种高分子化学柔性材料，比重较小，延伸性较强，适应变形能力高，耐腐蚀，耐低温，抗冻性能好。其主要机理是以塑料薄膜的不透水性隔断土坝漏水通道，以其较大的抗拉强度和延伸率承受水压和适应坝体变形。而无纺布亦是一种高分子短纤维化学材料，通过针刺或热黏成形，具有较高的抗拉强度和延伸性，它与塑料薄膜结合后，不仅增大了塑料薄膜的抗拉强度和抗穿刺能力，而且由于无纺布表面粗糙，增大了接触面的摩擦系数，有利于保持复合土工膜及保护层的稳定。同时，它们对细菌和化学作用有较好的耐侵蚀性，不怕酸、碱、盐类的侵蚀。

## 第五节 技术性质及试验方法

### 一、试样制备与数据处理

取样与试样准备

（JTG E50—2006  T 1101—2006）

1  适用范围

1.1  本方法规定了卷装土工合成材料的取样方法与试样准备方法，其他类型的土工合成材料可参照执行。

1.2  本方法的基本内容为后面各项试验均应遵守的共同规定。

2  引用标准

GB 6529    纺织品的调湿和试验用标准大气

GB/T 2918  塑料试样状态调节和试验的标准环境

3  取样程序

3.1  取卷装样品

3.1.1  取样的卷装数按相关文件规定。

3.1.2  所选卷装材料应无破损，卷装呈原封不动状。

3.2  裁取样品

3.2.1  全部试验的试样应在同一样品中裁取。

3.2.2  卷装材料的头两层不应取作样品。

3.2.3  取样时应尽量避免污渍、折痕、孔洞或其他损伤部分，否则要加放足够数量。

3.3  样品的标记

3.3.1  样品上应标明下列内容：

(1)商标、生产商、供应商；

(2)型号；

(3)取样日期；

(4)要加标记表示样品的卷装长度方向。

3.3.2  当样品两面有显著差异时，在样品上加注标记，标明卷装材料的正面或反面。

3.3.3  如果暂不制备试样，应将样品保存在洁净、干燥、阴凉避光处，并且避开化学物品侵蚀和机械损伤。样品可以卷起，但不能折叠。

4  试样准备

4.1  用于每次试验的试样，应从样品长度和宽度方向上均匀地裁取，但距样品幅边至少10cm。

4.2  试样不应包含影响试验结果的任何缺陷。

4.3  对同一项试验，应避免两个以上的试样处在相同的纵向或横向位置上。

4.4  试样应沿着卷装长度和宽度方向切割，需要时标出卷装的长度方向。除试验有其他要求，样品上的标志必须标到试样上。

4.5  样品经调湿后，再制成规定尺寸的试样。

4.6  在切割结构型土工合成材料时可制定相应的切割方案。

4.7  如果制样造成材料破碎，发生损伤，可能影响试验结果，则将所有脱落的碎片和试样放到一起，用于备查。

5  调湿和状态调节

5.1 土工织物

试样应在标准大气条件下调湿24h,标准大气按GB 6529规定的三级标准:温度20℃±2℃、相对湿度65%±5%。

5.2 塑料土工合成材料

按GB/T 2918标准中第6条规定,在温度23℃±2℃的环境下,进行状态调节,时间不少于4h。

5.3 如果确认试样不受环境影响,则可省去调湿和状态调节的处理程序,但应在记录中注明试验时的温度和湿度。

6 试验报告

试验报告应包括以下内容:

(1)试样的制取与准备方法;

(2)试样选择、制取、准备过程中观察到的详细情况,和做同一试验时在纵向和横向位置上的取样情况;

(3)任何与取样程序规定不符的详情;

(4)制样的日期,所选卷的来源;

(5)样品的名称、规格、供应商、生产商和型号。

【注意事项】

(1)土工合成材料试验所用试样应具有代表性。如果试验是针对某种特殊情况的土工合成材料(如折痕、损伤)等,取样可不受本规定的限制。

(2)从同一母体中剪取两个以上的试样时,为避免试样位于相同的纵向或横向位置上,采用梯形取样法。当不可避免时(如卷装幅宽较窄),应在试验报告中说明情况。

(3)饱和的目的是排除试样中的空气,以免过水面积减小。试样饱和主要有两种方法:一是将试样浸泡于水中人工挤压排气,另一种是试样在真空容器中抽气后充无气水饱和法。后者饱和处理效果最好。有条件时应采用真空抽气饱和法。

# 试验数据整理与计算
## (JTG E50—2006 T 1102—2006)

1 适用范围

1.1 本方法规定了土工合成材料试验数据的整理和计算。

1.2 规定了算术平均值 $\bar{X}$、标准差 $\sigma$ 和变异系数 $C_v$ 的计算方法。

1.3 给出了异常试验数据的取舍原则。

1.4 本方法内容适用于所有土工合成材料试验,是后面各项试验均应遵守的共同规定。

2 算术平均值

算术平均值 $\bar{X}$ 按下式计算:

$$\bar{X} = \frac{\sum_{i=1}^{n} X_i}{n} \tag{T 1102-1}$$

式中:$n$——试样个数;

$X_i$——第 $i$ 块试样的试验值;

$\bar{X}$——$n$ 块试样值的算术平均值。

3 标准差

标准差 $\sigma$ 按下式计算：

$$\sigma = \sqrt{\sum_{i=1}^{n}(X_i - \overline{X})^2/(n-1)} \qquad (T\ 1102\text{-}2)$$

式中符号意义同式(T 1102-1)。

4 变异系数

变异系数 $C_v$ 按下式计算：

$$C_v = \frac{\sigma}{\overline{X}} \times 100\% \qquad (T\ 1102\text{-}3)$$

式中符号意义同式(T 1102-1)、式(T 1102-2)。

5 试验数据的取舍

试验异常数据的取舍，应按各章节的具体规定进行。如没有明确规定，可按 $K$ 倍标准差作为取舍标准，即舍去那些在 $\overline{X} \pm K\sigma$ 范围以外的测定值。试件数量不同，$K$ 值不同。$K$ 值按表 T 1102-1 选用。

统计量的临界值　　　表 T 1102-1

| 试件数量 | 3 | 4 | 5 | 6 | 7 | 8 | 9 | 10 | 11 | 12 | 13 | 14 |
|---|---|---|---|---|---|---|---|---|---|---|---|---|
| $K$ | 1.15 | 1.46 | 1.67 | 1.82 | 1.94 | 2.03 | 2.11 | 2.18 | 2.23 | 2.28 | 2.33 | 2.37 |

## 二、物理性能试验

### (一) 单位面积质量

单位面积质量是指在标准大气条件下单位面积土工合成材料所具有的质量。它反映材料多方面的性能，如抗拉强度、顶破强度等力学性能及孔隙率、渗透性等水力学性能。单位面积质量用称量法测定，以 $g/m^2$ 计。原材料、加工方法和用途不同，土工织物的单位面积质量也不同。

## 单位面积质量测定
### (JTG E50—2006　T 1111—2006)

1 适用范围

1.1 本方法规定了土工合成材料单位面积质量的测定方法。

1.2 本方法适用于土工织物、土工格栅，其他类型的土工合成材料可参照执行。

2 引用标准

GB 8170　数值修约规则

3 定义

单位面积质量：单位面积的试样，在标准大气条件下的质量。

4 仪器设备及材料

4.1 剪刀或切刀。

4.2 称量天平(感量为 0.01g)。

4.3 钢尺(刻度至毫米，精度为 0.5mm)。

5 试验步骤

5.1 取样：按本规程 T 1101—2006 的有关规定取样。

5.2 试样调湿和状态调节：按本规程 T 1101—2006 中的第 5 条规定进行。

5.3 试样制备

5.3.1 土工织物：除符合本规程 T 1101—2006 的有关规定外，用切刀或剪刀裁取面积为 10 000mm² 的试样 10 块，剪裁和测量精度为 1mm。

5.3.2 对于土工格栅、土工网这类孔径较大的材料，除符合本规程 T 1101—2006 的有关规定外,试样尺寸应能代表该种材料的全部结构。可放大试样尺寸,剪裁时应从肋间对称剪取,剪裁后应测量试样的实际面积。

### 5.4 称量

将裁剪好的试样按编号顺序逐一在天平上称量,读数精确到0.01g。

## 6 结果计算

### 6.1 按下式计算每块试样的单位面积质量,按 GB 8170 修约,保留小数一位:

$$G = \frac{m \times 10^6}{A} \tag{T 1111-1}$$

式中:$G$——试样单位面积质量,$g/m^2$;

$m$——试样质量,$g$;

$A$——试样面积,$mm^2$。

### 6.2 计算 10 块试样单位面积质量的平均值 $\bar{G}$,精确到 $0.1 g/m^2$;同时计算出标准差 $\sigma$ 和变异系数 $C_v$。

平均值 $\bar{G}$、标准差 $\sigma$ 和变异系数 $C_v$ 按本规程 T 1102—2006 的规定计算。

## 7 试验报告

试验报告应包括以下内容:

(1)试样名称、规格。

(2)试验结果。

(3)试验用大气条件。

(4)试验日期。

(5)试验中规定应注明的情况。

(6)任何偏离规定程序的详细说明。

**【注意事项】**

(1)采用称量法测定土工合成材料单位面积质量,测试环境、试样面积是影响试验结果的重要因素,试验时应严格控制。

(2)测试环境:试验规程规定温度为20℃±2℃,相对湿度为65%±2%,调湿时间为24h。

(3)试样面积:对较均匀的土工合成材料,试样面积可为10cm×10cm;对土工格栅,由于其孔径较大,考虑到试样剪取面积较小时结果的离散性较大,试验规程未规定具体尺寸。在剪裁试样时,应从肋间对称剪取。在剪裁后,应量测实际剪裁尺寸以便求出试样面积。

### (二)厚度

厚度是指在承受一定压力时正反面之间的垂直距离,以 mm 计。常规厚度在 2kPa 压力下测得的试样厚度。某些材料,如无纺织物和一些复合材料,受力时厚度变化很大,为标准起见需要测定固定压力下的厚度。土工合成材料的厚度用厚度试验仪或无侧限抗压强度试验仪测定。

## 厚 度 测 定

(JTG E50—2006  T 1112—2006)

### 一、土工织物厚度测定

## 1 适用范围

### 1.1 本方法规定了在一定压力下测定土工织物和相关产品厚度的试验方法。

1.2 本方法适用于土工织物及复合土工织物。

2 引用标准

　　GB 8170　数值修约规则

3 定义

　3.1 厚度:土工织物在承受规定的压力下,正反两面之间的距离。

　3.2 常规厚度:在2kPa压力下测得的试样厚度。

4 仪器设备及材料

　4.1 基准板:面积应大于2倍的压块面积。

　4.2 压块:圆形,表面光滑,面积为25cm$^2$,重为5N、50N、500N不等;其中常规厚度的压块为5N,对试样加2kPa±0.01kPa的压力。

　4.3 百分表:最小分度值0.01mm。

　4.4 秒表:最小分度值0.1s。

5 试验步骤

　5.1 取样:按本规程 T 1101—2006 的有关规定取样。

　5.2 试样调湿和状态调节:按本规程 T 1101—2006 中的第5条规定进行。

　5.3 试样制备:除符合本规程 T 1101—2006 的有关规定外,截取有代表性的试样10块,试样尺寸应不小于基准板的面积。

　5.4 测定2kPa压力下的常规厚度。

　　5.4.1 擦净基准板和5N的压块,压块放在基准板上,调整百分表零点。

　　5.4.2 提起5N的压块,将试样自然平放在基准板与压块之间,轻轻放下压块,使试样受到的压力为2kPa±0.01kPa,放下测量装置的百分表触头,接触后开始记时,30s时读数,精确至0.01mm。

　　5.4.3 重复上述步骤,完成10块试样的测试。

　5.5 根据需要选用不同的压块,使压力为20kPa±0.1kPa,重复5.4规定的程序,测定20kPa±0.1kPa压力下的试样厚度。

　5.6 根据需要选用不同的压块,使压力为200kPa±1kPa,重复5.4规定的程序,测定200kPa±1kPa压力下的试样厚度。

6 试验结果

　6.1 计算在同一压力下所测定的10块试样厚度的算术平均值$\bar{\delta}$,以毫米为单位,计算到小数点后三位,按GB 8170修约到小数点后两位。

　6.2 如果需要,同时计算出标准差$\sigma$和变异系数$C_v$。标准差$\sigma$和变异系数$C_v$按本规程 T 1102—2006的规定计算。

7 试验报告

　　试验报告应包括以下内容:

　　(1)试样名称、规格。

　　(2)本次试验所采用的压力、压脚尺寸。

　　(3)试验结果。

　　(4)试验用大气条件。

　　(5)试验日期、试验人员。

　　(6)试验中规定应说明的情况。

　　(7)任何偏离规定程序的详细说明。

## 二、土工膜厚度测定

1　适用范围

1.1 本方法规定了用机械测量法测定土工薄膜、薄片厚度的试验方法。

1.2 本方法适用于没有压花和波纹的土工薄膜、薄片。

2 引用标准

GB 8170 数值修约规则

3 仪器设备及材料

3.1 基准板:表面应平整光滑,并有足够的面积。

3.2 千分表:最小分度值0.001mm。

4 试验步骤

4.1 取样:除符合本规程 T 1101—2006 的有关规定外,沿样品的纵向距端部大约1m 的位置横向截取试样,试样条宽100mm,无折痕和其他的缺陷。

4.2 试样调湿和状态调节:按本规程 T 1101—2006 中的第5条规定进行。

4.3 基准板、试样和千分表表头应无灰尘、油污。

4.4 测量前将千分表放置在基准板上校准表读值基准点,测量后重新检查基准点是否变动。

4.5 测量厚度时,要轻轻放下表测头,待指针稳定后读值。

4.6 当土工膜(片)宽限大于2 000mm 时,每200mm 测量一点;膜(片)宽在300~2 000mm 时,以大致相间距测量10点;膜(片)宽在100~300mm 时,每50mm 测量一点;膜(片)宽小于100mm 时,至少测量3点。对于未裁毛边的样品,应在离边缘50m 以外进行测量。

5 试验结果

5.1 试验结果以试样的平均厚度和厚度的最大值、最小值表示,计算到小数点后4位,按 GB 8170 修约到小数点后3位,准确至0.001mm。

5.2 如果需要,按本规程 T 1102—2006 的规定计算平均厚度的标准偏差 $\sigma$ 和变异系数 $C_v$。

6 试验报告

试验报告应包括以下内容:

(1)试样名称、规格。

(2)样条的数量。

(3)试验结果。

(4)试验用大气条件。

(5)试验日期、试验人员。

(6)任何偏离规定程序的详细说明。

【注意事项】

(1)对于土工网和土工格栅,由于其厚度有一定的变化(如结点较厚,肋间较薄),这给厚度检测带来一定的困难;同时,考虑到厚度对于土工网和土工格栅无很大的实用意义,所以一般不检测土工网和土工格栅的厚度。

(2)通常情况下,土工合成材料的厚度是指在2kPa 压力下的厚度;另外,根据工程需要,还应测试在20kPa、200kPa 压力下的系列厚度。

(三)幅宽

整幅样品经调湿,除去张力后,与长度方向垂直的整幅宽度为幅宽。幅宽是土工合成材料规格中重要的指标之一,直接影响到产品的有效使用面积。

## 幅 宽 测 定

(JTG E50—2006 T 1113—2006)

1 适用范围

1.1 本方法规定了土工合成材料幅宽的测定方法。

1.2 本方法适用于土工织物,其他类型的土工合成材料可参照执行。

## 2 引用标准

GB 8170 数值修约规则

## 3 定义

幅宽:整幅样品经调湿,除去张力后,与长度方向垂直的整幅宽度为幅宽。

## 4 仪器设备及材料

4.1 钢尺:分度值为1mm,长度大于试样的宽度。

4.2 测定桌。

## 5 试验步骤

5.1 取样及试样准备:按本规程 T 1101—2006 的规定取样。

5.2 长度超过 5m 的样品

### 5.2.1 消除张力和临时标记

先将样品端头 1~2m 在测定桌上放平,除去张力,在离端头约1m处作第一对临时标记;然后经拉样品至中段在测定桌上放平,除去张力,作第二对临时标记;再拉样品到最后的 1~2m,在测定桌上放平,除去张力,作第三对临时标记。

### 5.2.2 调湿

样品除去张力后,将其充分暴露在标准大气中调湿。调湿,按本规程 T 1101—2006 中的第 5 条规定进行,时间至少 24h,直到连续测量 3 对临时标记处幅宽的差异小于每个标记处幅宽的 0.25% 为止。

### 5.2.3 测量

将样品的临时标记抹去,放在测定桌上,以大致相等的间距(不超过 10cm)测量样品的幅宽至少 5 处,测点离样品头尾端至少 1m,测量精确到 1mm。

5.3 长度小于 5m 的样品

将样品平放在测定桌上,除去张力,以大致相等的相距标出至少 4 个标记,但第一个和最后一个标记不应标距样品两端小于样品长度五分之一处。测量每一标记处的幅宽,测量精确到 1mm。

## 6 试验结果

6.1 对长度超过 5m 的样品,用 5.2 测得的幅宽值计算算术平均值 $\overline{w}$。

6.2 对长度小于 5m 的样品,用 5.3 测得的幅宽值计算算术平均值 $\overline{w}$。

6.3 计算精确度

计算精确到 1mm。按表 T 1113-1 所列,分档按 GB 8170 规定进行修约。

修 约 表　　　　　　　　表 T 1113-1

| 幅宽(mm) | 100~500 | 500~1 000 | 1 000 以上 |
|---|---|---|---|
| 精确度(mm) | 1 | 5 | 10 |

6.4 如需要,按本规程 T 1102—2006 规定计算标准差 $\sigma$ 和变异系数 $C_v$。

## 7 试验报告

试验报告包括以下内容:

(1)样品名称、规格。

(2)试验日期。

(3)样品幅宽。

(4)样品最大和最小幅宽。

(5)测定的方法。

(6)任何偏离规定程序的详细说明。

## (四)土工格栅、土工网网孔尺寸

在工程应用中,需要测定土工网、土工格栅等大孔径网状材料的孔径。由于这类材料的孔径比较大,而且也不规则,无法采用筛分法或显微镜法等方法测定,所以试验规程对这类材料的网孔尺寸试验规定了专门的试验方法。网孔尺寸大小用当量孔径 $D_e$ 表示。当量孔径是将各种不同形状的土工网材孔径换算成等面积圆的直径。

## 土工格栅、土工网网孔尺寸测定
## (JTG E50—2006  T 1114—2006)

1 适用范围

1.1 本方法规定了土工格栅、土工网网孔尺寸的测定方法。

1.2 本方法适用于各类孔径较大的土工格栅、土工网,其他相同类型的土工合成材料可参照执行。

2 引用标准

GB 8170 数值修约规则

3 定义

当量孔径:土工格栅、土工网等大孔径的土工合成材料,其网孔尺寸是通过换算折合成与其面积相当的圆形孔的孔径来表示的,称为当量孔径。

4 仪器设备及材料

4.1 游标卡尺:量程200mm,精度0.02mm。

4.2 其他:坐标纸、铅笔、求积仪。

5 试验步骤

5.1 取样:按本规程 T 1101—2006 的规定取样。

5.2 试样调湿和状态调节:按本规程 T 1101—2006 中的第5条规定进行。

5.3 试样制备:除符合本规程 T 1101—2006 的规定外,每块试样应至少包括10个完整的有代表性的网孔。

5.4 测试方法

5.4.1 对较规则网孔的试样(图 T 1114-1),当网孔为矩形或偶数多边形时,测量相互平行的两边之间的距离;当网孔为三角形或奇数多边形时,测量顶点与对边的垂直距离。同一测点平行测定两次,两次测定误差应小于5%,取均值;每个网孔至少测3个测点读数精确到0.1mm,取均值。

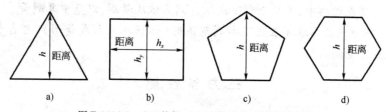

图 T 1114-1 土工格栅、土工网网孔尺寸测试示意图

5.4.2 对于孔边呈弧线或不规则网孔的试样,检测时应将试样平整地放在坐标纸上固定好,用削尖的铅笔紧贴网孔内壁将网孔完整地描画在坐标纸上,用同一坐标纸一次描出所有的应测孔,每个网孔测描两次。

6 结果计算

6.1 计算网孔面积。

6.1.1 对较规则网孔,按下列公式计算网孔面积:

三角形网孔：
$$A = 0.5774h^2$$

矩形网孔：
$$A = h_x h_y$$

五边形网孔：
$$A = 0.7265h^2$$

六边形网孔：
$$A = 0.8860h^2$$

以上式中：$A$——网孔面积，$mm^2$；
　　　　　$h$——网孔高度，mm。

6.1.2 对不规则网孔，用求积仪测出坐标纸上每个网孔两次测描的面积，两次测量值误差应小于3%，取均值。

6.2 按下式计算网孔的当量孔径，计算精确到0.1mm：

$$D_e = 2 \times \sqrt{\frac{A}{\pi}} \tag{T 1114-1}$$

按本规程 T 1102—2006 的规定计算 10 个网孔当量孔径的平均值 $\bar{D}_e$，按 GB 8170 规定修约，精确到1mm。

标准差 $\sigma$ 和变异系数 $C_v$ 按本规程 T 1102—2006 的规定计算。

## 7 试验报告

试验报告应包括以下内容：
(1)试样名称、规格。
(2)本次试验所采用的试验方法。
(3)试验结果。
(4)试验用大气条件。
(5)试验日期。
(6)试验中规定应说明的情况。
(7)任何偏离规定程序的详细说明。

**【注意事项】**

(1)除坐标纸外，也可用有一定强度的白纸。
(2)在用卡尺量测时，应注意卡角紧贴孔边但不能使孔边受力变形；在用铅笔描画时，也要求如此。在量测或描画中，可从上到下或从左到右依次量测，以免重复测量。
(3)当土工网材网孔形状不在规范所列范围时(如正八边形或菱形)，可自己推导面积公式或用求积仪直接量测面积。

## 三、力 学 性 能

### (一)拉伸性能

土工合成材料是柔性材料，通过抗拉强度承受荷载以发挥其工程作用，因此抗拉强度和变形是土工合成材料的主要力学性能指标。土工合成材料的抗拉强度受试样宽度、形状、约束条件影响，且在试验过程中厚度是变化的，故其抗拉强度以单位宽度所承受的力表示，称条带拉伸强度，以 kN/m 或 N/m 计。

抗拉强度试样分宽条试样和窄条试样，在测定抗拉强度的同时，还可测定延伸率。伸长率是对应最大拉力时的应变量。

1. 宽条拉伸

由于土工合成材料在拉伸过程中产生明显的横向(宽度方向)收缩,试验结果不能真实地反映材料的实际受拉性能,所以试验采用较宽的试样、较慢的拉伸速度进行试验,故称宽条拉伸。它适用于大多数土工合成材料,包括土工织物及复合土工织物,也适用于土工格栅。

## 宽条拉伸试验
### (JTG E50—2006 T 1121—2006)

1 适用范围

1.1 本方法规定了用宽条试样测定土工织物及其有关产品拉伸性能的试验方法。

1.2 本方法适用于大多数土工合成材料,包括土工织物及复合土工织物,也适用于土工格栅。

1.3 本方法包括测定调湿和浸湿两种试样拉伸性能的程序,包括单位宽度的最大负荷和最大负荷下的伸长率以及特定伸长率下的拉伸力的测定。

2 引用标准

GB/T 6682 分析试验用水—规格和试验方法

3 定义

3.1 名义夹持长度

3.1.1 用伸长计测量时,名义夹持长度:在试样的受力方向上,标记的两个参考点间的初始距离,一般为60mm(两边距试样对称中心为30mm),记为 $L_0$。

3.1.2 用夹具的位移测量时,名义夹持长度:初始夹具间距,一般为100mm,记为 $L_0$。

3.2 隔距长度:试验机上下两夹持器之间的距离,当用夹具的位移测量时,隔距长度即为名义夹持长度。

3.3 预负荷伸长:在相当于最大负荷1%的外加负荷下,所测的夹持长度的增加值,以 mm 表示(见图 T 1121-1 中的 $L_0'$)。

3.4 实际夹持长度:名义夹持长度加上预负荷伸长(预加张力夹持时)。

3.5 最大负荷:试验中所得到的最大拉伸力,以 kN 表示(见图 T 1121-1 中的 $D$ 点)。

3.6 伸长率:试验中试样实际夹持长度的增加与实际夹持长度的比值,以%表示。

3.7 最大负荷下伸长率:在最大负荷下试样所显示的伸长率,以%表示。

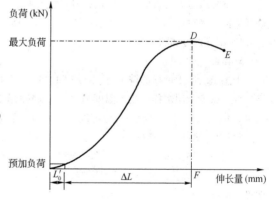

图 T 1121-1 松式夹持试样的负荷—伸长曲线图

3.8 特定伸长率下的拉伸力:试样被拉伸至某一特定伸长率时每单位宽度的拉伸力,以kN/m表示。

3.9 拉伸强度:试验中试样拉伸直至断裂时每单位宽度的最大拉力,以 kN/m 表示。

4 仪器设备及材料

4.1 拉伸试验机:具有等速拉伸功能,拉伸速率可以设定,并能测读拉伸过程中试样的拉力和伸长量,记录拉力—伸长曲线。

4.2 夹具:钳口表面应有足够宽度,至少应与试样200mm同宽,以保证能够夹持试样的全宽,并采取适当的措施避免试样滑移和损伤。

注:对大多数材料宜使用压缩夹具,但对那些使用压缩式夹具出现过钳口断裂或滑移的材料,可采用绞盘

式夹具。

4.3 伸长计：能够测量试样上两个标记点之间的距离，对试样无任何损伤和滑移，能反映标记点的真实动程。伸长计包括力学、光学或电子形式的。伸长计的精度应不超过±1mm。

4.4 蒸馏水：仅用于浸湿试样，见 GB/T 6682。

4.5 非离子润湿剂：仅用于浸湿试样。

## 5 试样制备

5.1 取样：按本规程 T 1101—2006 的规定取样。

5.2 试样数量：纵向和横向各剪取至少 5 块试样。

5.3 试样尺寸

5.3.1 无纺类土工织物试样宽为 200mm±1mm（不包括边缘），并有足够的长度以保证夹具间距 100mm；为控制滑移，可沿试样的整个宽度与试样长度方向垂直地画两条间隔 100mm 的标记线（不包含绞盘夹具）。

5.3.2 对于机织类土工织物，将试样剪切约 220mm 宽，然后从试样的两边拆去数目大致相等的边线以得到 200mm±1mm 的名义试样宽度，这有助于保持试验中试样的完整性。

注：当试样的完整性不受影响时，则可直接剪切至最终宽度。

5.3.3 对于土工格栅，每个试样至少为 200mm 宽，并具有足够长度。试样的夹持线在节点处，除被夹钳夹持住的节点或交叉组织外，还应包含至少 1 排节点或交叉组织；对于横向节距大于或等于 75mm 的产品，其宽度方向上应包含至少两个完整的抗拉单元。

如使用伸长计，标记点应标在试样的中排抗拉肋条的中心线上，两个标记点之间应至少间隔 60mm，并至少含有 1 个节点或 1 个交叉组织。

5.3.4 对于针织、复合土工织物或其他织物，用刀或剪子切取试样可能会影响织物结构，此时允许采用热切，但应在试验报告中说明。

5.3.5 当需要测定湿态最大负荷和干态最大负荷时，剪取试样长度至少为通常要求的两倍。将每个试样编号后对折剪切成两块，一块用于测定干态最大负荷，另一块用于测定湿态最大负荷，这样使得每一对拉伸试验是在含有同样纱线的试样上进行的。

5.4 试样调湿和状态调节

5.4.1 土工织物

干态试验所用试样的调湿，按本规程 T 1101—2006 中的第 5.1 条规定进行。

湿态试验所用试样应浸入温度为 20℃±2℃的蒸馏水中，浸润时间应足以使试样全润湿或者至少 24h。为使试样完全湿润，也可以在水中加入不超过 0.05% 的非离子型润湿剂。

5.4.2 塑料土工格栅

塑料土工格栅试样状态调节按本规程 T 1101—2006 中的第 5.2 规定进行。

5.4.3 如确认试样不受环境影响，则可不进行调湿和状态调节，但应在报告中注明试验时的温度和湿度。

## 6 试验步骤

6.1 拉伸试验机的设定

土工织物，试验前将两夹具间的隔距调至 100mm±3mm；土工格栅按本方法 5.3.3 规定进行。选择试验机的负荷量程，使断裂强力在满量程负荷的 30%～90% 之间。设定试验机的拉伸速度，使试样的拉伸速率为名义夹持长度的(20%±1%)/min。

如使用绞盘夹具，在试验前应使绞盘中心间距保持最小，并且在试验报告中注明使用了绞盘夹具。

6.2 夹持试样

将试样在夹具中对中夹持，注意纵向和横向的试样长度应与拉伸力的方向平行。合适的方法是将预先画好的横贯试件宽度的两条标记线尽可能地与上下钳口的边缘重合。对湿态试样，从水中取出后 3min 内进行试验。

### 6.3 试样预张

对已夹持好的试件进行预张,预张力相当于最大负荷的 1%,记录因预张试样产生的夹持长度的增加值 $L_0'$。

### 6.4 使用伸长计时

在试样上相距 60mm 处分别设定标记点(分别距试样中心 30mm),并安装伸长计,注意不能对试样有任何损伤,并确保试验中标记点无滑移。

### 6.5 测定拉伸性能

开动试验机连续加荷直至试样断裂,停机并恢复到初始标距位置。记录最大负荷,精确至满量程的 0.2%;记录最大负荷下的伸长量 $\Delta L$,精确到小数点后一位。

如试样在距钳口 5mm 范围内断裂,结果应予剔除;纵横向每个方向至少试验 5 块有效试样。如试样在夹具中滑移,或者多于 1/4 的试样在钳口附近 5mm 范围内断裂,可采取下列措施:

(1) 夹具内加衬垫。
(2) 对夹在钳口内的试样加以涂层。
(3) 改进夹具钳口表面。

无论采用了何种措施,都应在试验报告中注明。

### 6.6 测定特定伸长率下的拉伸力

使用合适的记录测量装置测定在任一特定伸长率下的拉伸力,精确至满量程的 0.2%。

## 7 结果计算

### 7.1 拉伸强度

使用公式(T 1121-1)计算每个试样的拉伸强度:

$$\alpha_f = F_f C \tag{T 1121-1}$$

式中:$\alpha_f$——拉伸强度,kN/m;

$F_f$——最大负荷,kN;

$C$——由式(T 1121-2)或式(T 1121-3)求出。

对于非织造品、高密织物或其他类似材料:

$$C = \frac{1}{B} \tag{T 1121-2}$$

式中:$B$——试样的名义宽度,m。

对于稀松机织土工织物、土工网、土工格栅或其他类似的松散结构材料:

$$C = \frac{N_m}{N_s} \tag{T 1121-3}$$

式中:$N_m$——试样 1m 宽度内的拉伸单元数;

$N_s$——试样内的拉伸单元数。

### 7.2 最大负荷下的伸长率(图 T 1121-1)

使用公式(T 1121-4)计算每个试样的伸长率:

$$\varepsilon = \frac{\Delta L}{L_0 + L_0'} \times 100 \tag{T 1121-4}$$

式中:$\varepsilon$——伸长率,%;

$L_0$——名义夹持长度(使用夹具时为 100mm,使用伸长计时为 60mm);

$L_0'$——预负荷伸长量,mm;

$\Delta L$——最大负荷下的伸长量,mm。

### 7.3 特定伸长率下的拉伸力

计算每个试样在特定伸长率下的拉伸力,用公式(T 1121-5)计算,用 kN/m 表示。

例如,伸长率 2% 时的拉伸力:

$$F_{2\%} = f_{2\%} C \qquad (T\ 1121\text{-}5)$$

式中：$F_{2\%}$——对应2%伸长率时每延米拉伸力，kN/m；

　　　$f_{2\%}$——对应2%伸长率时试样的测定负荷，kN；

　　　$C$——由式（T 1121-2）或式（T 1121-3）求出。

### 7.4 平均值和变异系数

7.4.1 按本规程 T 1102—2006 的规定分别对纵向和横向两组试样的拉伸强度、最大负荷下伸长率及特定伸长率下的拉伸力计算平均值和变异系数，拉伸强度和特定伸长率下的拉伸力精确至3位有效数字，最大负荷下伸长率精确至0.1%，变异系数精确至0.1%。

7.4.2 每组有效试样为5块。

## 8 试验报告

试验报告应包括以下内容：

(1)试样名称、规格。

(2)试样状态，湿样或干样。

(3)每个方向的试样数量。

(4)纵向和横向的拉伸强度。

(5)纵向和横向最大负荷下的伸长率。

(6)如果需要，分别计算出与2%、5%和10%的伸长率相对应的拉伸力。

(7)测定值的标准偏差或变异系数。

(8)试验机的型号。

(9)夹具形式，包括夹具尺寸、钳口表面形式、变形测量系统和初始夹具隔距。

(10)如果需要，给出典型的负荷—伸长曲线。

(11)任何偏离规定程序的详细说明。

## 2. 条带拉伸

与宽条拉伸类似，只是宽条样法用于土工织物、复合土工织物，也包括土工格栅；条带拉伸适用于单筋、单条拉伸试验，用于各类土工格栅和土工加筋带。

# 条带拉伸试验
## （JTG E50—2006　T 1123—2006）

### 1 适用范围

1.1 本方法规定了单筋、单条试样测定土工合成材料拉伸性能的试验方法。

1.2 本方法适用于各类土工格栅、土工加筋带。

### 2 引用标准

GB 8170　数值修约规则

### 3 定义

#### 3.1 名义夹持长度

3.1.1 用伸长计测量时，名义夹持长度：在试样的受力方向上，标记的两个参考点间的初始距离，一般为60mm（两边距试样对称中心为30mm），记为 $L_0$。

3.1.2 用夹具的位移测量时，名义夹持长度：初始夹具的间距，一般为100mm，记为 $L_0$。

#### 3.2 预负荷伸长

在相当于最大负荷1%的外加负荷下，所测的夹持长度的增加值，以 mm 表示（见图 T 1123-1 中的 $L'_0$）。

### 3.3 隔距长度

试验机上下两夹持器之间的距离。当用夹具的位移测量时,隔距长度即为名义夹持长度。

### 3.4 实际夹持长度

名义夹持长度加预负荷伸长(预加张力夹持时)。

### 3.5 最大负荷

试验中所得到的最大拉伸力,以 kN/m 表示(见图 T 1123-1 中的 $D$ 点)。

### 3.6 伸长率

试验中试样实际夹持长度内变形的增加量与实际夹持长度的比值,以%表示。

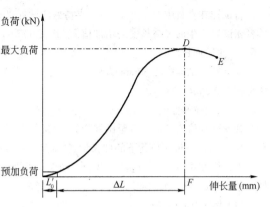

图 T 1123-1 松式夹持试样的负荷—伸长曲线图

### 3.7 最大负荷下伸长率

在最大负荷下试样所显示的伸长率,以%表示。

### 3.8 拉伸强度

土工格栅试样被拉伸直至断裂时每单位宽度的最大拉伸力,以 kN/m 表示。

### 3.9 断裂拉力

土工加筋带单条试样被拉伸直至断裂过程中所能承受的最大拉力,以 kN 表示。

## 4 仪器设备及材料

**4.1** 拉伸试验机:具有等速拉伸功能,拉伸速率可以设定,并能测读拉伸过程中试样的拉力和伸长量,记录拉力—伸长曲线。

**4.2** 夹具:钳口应有足够的约束力,允许采用适当措施避免试样滑移和损伤。

注:对大多数材料宜使用压缩式夹具,但对那些使用压缩式夹具出现过钳口断裂或滑移的材料,可采用绞盘式夹具。

**4.3** 伸长计:能够测量试样上两个标记点之间的距离,对试样无任何损伤和滑移,能反映标记点的真实动程。伸长计包括力学、光学或电子形式的,精度应不超过 ±1mm。

## 5 试样制备

**5.1** 取样:按本规程 T 1101—2006 的规定取样。

**5.2** 试样数量:土工格栅纵向和横向各裁取至少 5 根单筋试样;土工加筋带裁取至少 5 条试样。

**5.3** 试样尺寸

**5.3.1** 对于土工格栅,单筋试样应有足够的长度,试样的夹持线在节点处,除被夹钳夹住的节点或交叉组织外,还应包含至少 1 个节点或交叉组织。

如使用伸长计,标记点应标在筋条试样的中心上,两个标记点之间应至少间隔60mm,并至少含有 1 个节点或 1 个交叉组织,夹持长度应为数个完整节距。

**5.3.2** 对于土工加筋带,试样应有足够的长度以保证夹具间距 100mm。为控制滑移,可沿试样的整个宽度与试样长度方向垂直地画两条间隔 100mm 的标记线(不包含绞盘夹具)。

**5.4** 试样调湿和状态调节:按本规程 T 1101—2006 中的第 5 条规定进行。

## 6 试验步骤

**6.1** 拉伸试验机的设定

选择试验机的负荷量程,使断裂强力在满量程负荷的 30%~90% 之间。设定试验机的拉伸速度,使试样的拉伸速率为名义夹持长度的 (20%±1%)/min。如使用绞盘夹具,在试验前应使绞盘中心间距保持最小,并且在试验报告中注明使用了绞盘夹具。

**6.2** 试样的夹持和预张

将试样在夹具中对中夹持,对已夹持好的试件进行预张,预张力相当于最大负荷的 1%,记录因预张试样产生的夹持长度的增加值 $L_0'$(图 T 1123-1)。

### 6.3 使用伸长计时

在分别距试样中心 30mm 的两个标记点处安装伸长计,不能对试样有任何损伤,并确保试验中标记点无滑移。

### 6.4 测定拉伸性能

开动试验机连续加荷直至试样断裂,停机并恢复至初始标距位置,记录最大负荷,精确至满量程的 0.2%;记录最大负荷下的伸长量,精确到小数点后 1 位。

如试样在距钳口 5mm 范围内断裂,结果应予剔除。如试样在夹具中滑移,或者多于 1/4 的试样在钳口附近 5mm 范围内断裂,可采取下列措施:

(1)夹具内加衬垫;
(2)对夹在钳口内的试样加以涂层;
(3)改进夹具钳口表面。

无论采用了何种措施,都应在试验报告中注明。

### 6.5 测定特定伸长率下的拉伸力

使用合适的记录测量装置测定在任一特定伸长率下的拉伸力,精确至满量程的 0.2%。

## 7 结果计算

### 7.1 拉伸强度

7.1.1 土工格栅试样拉伸强度按式(T 1123-1)计算:

$$\alpha_f = \frac{fn}{L} \tag{T 1123-1}$$

式中:$\alpha_f$——拉伸强度,kN/m;
$f$——试件的最大拉伸力,kN;
$n$——样品宽度上的筋数;
$L$——样品宽度,m。

7.1.2 土工加筋带试样断裂拉力,以试件最大拉伸力表示,单位为 kN。

### 7.2 试样最大负荷下的伸长率按式(T 1123-2)计算(图 T 1123-1):

$$\varepsilon = \frac{\Delta L}{L_0 + L_0'} \tag{T 1123-2}$$

式中:$\varepsilon$——最大负荷下的伸长率,%;
$L_0$——名义夹持长度(使用夹具时为 100mm,使用伸长计时为 60mm);
$L_0'$——预负荷伸长量,mm;
$\Delta L$——最大负荷下的伸长量,mm。

### 7.3 特定伸长率下的拉伸力

7.3.1 土工格栅试样特定伸长率下的拉伸力按式(T 1123-3)计算。
例如,伸长率为 2% 时的拉伸力:

$$F_{2\%} = \frac{f_{2\%} n}{L} \tag{T 1123-3}$$

式中:$F_{2\%}$——对应 2% 伸长率时每延米拉伸力,kN/m;
$f_{2\%}$——对应 2% 伸长率时试件的拉伸力,kN;
$n$——样品宽度上的筋数;
$L$——样品宽度,m。

7.3.2 土工加筋带试样特定伸长率下的拉伸力以试件特定伸长率下的拉力表示,单位为 kN。

### 7.4 平均值和变异系数

7.4.1 按本规程 T 1102—2006 的规定对土工格栅的拉伸强度、最大负荷下伸长率和特定伸长率下的拉伸力计算平均值和变异系数。

7.4.2 按本规程 T 1102—2006 的规定对土工加筋带的断裂拉力、最大负荷下伸长率和特定伸长率下的拉伸力计算平均值和变异系数。

7.4.3 拉伸强度、断裂拉力和特定伸长率下的拉伸力精确至 3 位有效数字,最大负荷下伸长率计算到小数点后 1 位,按 GB 8170 修约到整数,变异系数精确至 0.1%。

7.4.4 每组有效试样为 5 个。

## 8 试验报告

试验报告应包括以下内容:

(1)试样名称、规格型号。
(2)试样状态。
(3)每个方向的试样数量。
(4)纵向和横向的平均拉伸强度。
(5)纵向和横向最大负荷下的伸长率。
(6)如果需要,计算特定伸长率下的拉伸力。
(7)标准偏差或变异系数。
(8)试验机的型号。
(9)夹具型式,包括夹具尺寸、钳口表面型式、变形测量系统和初始夹具隔距。
(10)任何偏离规定程序的详细说明。

### 3.接头/接缝宽条拉伸

土工合成材料就单卷而言整体性能比较好,但施工难免存在接头或接缝,而接头或接缝处便成了薄弱部位,所以技术标准对接头或接缝的处理规定了具体的质量要求,试验规程也规定了相应的试验方法。

接头/接缝宽条拉伸试验方法适用于含有接头/接缝的土工织物和土工格栅,即对现成的接缝样品进行测试,对于无接头或接缝的样品不适用。这是因为试验方法中没有规定接头/接缝形式。另外,试验不计算伸长率。

# 接头/接缝宽条拉伸试验
## (JTG E50—2006  T 1122—2006)

### 1 适用范围

1.1 本方法规定了用宽条样测定土工合成材料接头和接缝拉伸性能的试验方法。方法包括测定调湿和浸湿两种试样拉伸性能的程序。

1.2 本方法适用于大多数土工合成材料,包括土工织物、土工复合材料,也适用于土工格栅,但试样尺寸要作适当改变。

### 2 引用标准

CB/T 6682 分析试验用水—规格和试验方法。

### 3 定义

3.1 接缝

两块或多块土工合成材料缝合起来的连续缝迹。

3.2 接头

两块或多块分开的土工合成材料,由除缝合外的其他方法接合起来的联结处。

3.3 接头/接缝强度

由缝合或接合两块或多块土工合成材料所形成的联结处的最大抗拉力,以 kN/m 为单位。

### 3.4 接头/接缝效率

接头/接缝强度与在同方向上所测定的土工合成材料的强度之比,以%表示。

## 4 仪器设备及材料

4.1 拉伸试验机:具有等速拉伸功能,拉伸速率可以设定,并能测读拉伸过程中试样的拉力和伸长量,记录拉力-伸长曲线。

4.2 夹具:钳口应有足够宽度,至少应与试样同宽(200mm),以保证能够夹持试样的全宽,并采用适当措施避免试样滑移和损伤。

4.3 蒸馏水:符合 GB/T 6682 的要求。

4.4 非离子润湿剂。

## 5 试样制备

5.1 取样:按本规程 T 1101—2006 的规定取样。

5.2 试样数量:剪取含接头/接缝试样至少 5 块,每块试样含有一个接缝或接头,如需要湿态试验,另增加 5 块试样。

5.3 制样:如样品无接缝或接头,需要制备接缝或接头时,应根据施工实际中接头/接缝的形式和有关方面的协议制备试样。剪取试样单元至少 10 个(每两个为一组),每个单元尺寸应满足制备后的试样尺寸符合测定的要求。

注:试样制备时,两个接合或缝合在一起的单元应是同一方向(纵向或横向),而且接头/接缝应垂直于受力方向。为控制滑移,可沿试样的整个宽度与试样长度方向垂直地画两条间隔100mm的标记线。

5.4 试样尺寸

5.4.1 从接合或缝合的样品中剪取试样,每块试样的长度不少于200mm,接头/接缝应在试样的中间部位,并垂直受力方向,每块试样最终宽度为200mm,按图 T 1122-1 所示剪取试样,$A$ 角为90°。

5.4.2 对于机织土工织物,在距试样中心线 $25mm + b/2$ 的距离处剪 25mm 长的切口,以便拆去边纱得到200mm 的名义宽度(图 T 1122-1)。

5.4.3 对于土工格栅和土工网,试样宽度至少为200mm,包含不少于 5 个拉伸单元,长度应大于100mm 加接头宽度,接头两侧应含有至少一排节点或交叉组织,这些节点或交叉组织不应包括被夹钳夹持住的及形成接头的节点或交叉组织,剪去离该排节点 10mm 处的肋条或交叉组织(图 T 1122-2)。试样的交叉组织至少应比被测试的拉伸单元宽 1 个节距,以利形成接头。

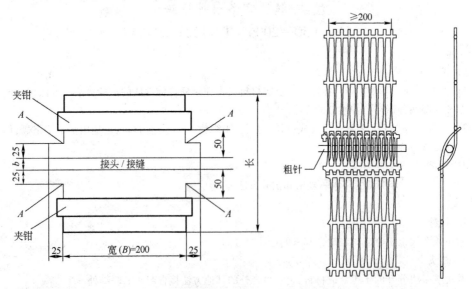

图 T 1122-1　土工织物试样图(尺寸单位:mm)　　图 T 1122-2　土工格栅试样图
(尺寸单位:mm)

5.4.4 对于针织土工织物、复合土工织物或其他土工织物,用刀剪切试样可能会影响其结构,此时可采用热切,但应避免损伤图 T 1122-1 中 A 的部位。

5.5 试样调湿和状态调节:按本规程 T 1121—2006 中的 5.4 条规定进行。

## 6 试验步骤

6.1 拉伸试验机的设定

调整两夹具间的隔距为 100mm±3mm 再加上接缝或接头宽度,土工格栅、土工网除外。选择试验机的负荷量程,使断裂强力在满量程负荷的 30%~90% 之间。设定试验机的拉伸速度,使试样的拉伸速率为名义夹持长度的(20%±1%)/min。

6.2 夹持试样

将试样放入夹钳中心位置,长度方向与受力方向平行,保证标记线与钳口吻合,以便观察试验过程中试样是否出现打滑。

对于湿态试样,从水中取出后 3min 内进行试验。

6.3 测定接头/接缝拉伸强度

开启拉伸试验机,直至接头/接缝或材料本身断裂,记录最大负荷,精确至满量程的 2%,观察和记录断裂原因:

(1)试样断裂。
(2)缝线断裂。
(3)试样与接头/接缝滑脱。
(4)接缝开裂。
(5)上述两种或多种组合。
(6)其他。

如果试样是从图 T 1122-1 中 A 点处开始断裂,或试样在夹具中打滑,则应剔除该试验结果并另取一试样进行测试。

## 7 结果计算

7.1 接头/接缝强度

按式(T 1122-1)分别计算纵向或横向的接头/接缝强度,精确至 3 位有效数字。

$$S_f = F_f C \tag{T 1122-1}$$

式中:$S_f$——接头/接缝强度,kN/m;
$F_f$——最大负荷,kN;
$C$——计算系数,由式(T 1122-2)或式(T 1122-3)求得。

对于土工织物或类似小孔结构材料:

$$C = \frac{1}{B} \tag{T 1122-2}$$

对于土工网、土工格栅或类似材料:

$$C = \frac{N_m}{N_s} \tag{T 1122-3}$$

式中:$B$——试样宽度,m;
$N_m$——样品 1m 宽内的拉伸单元数;
$N_s$——试样内的拉伸单元数。

7.2 按本规程 T 1102—2006 的规定计算 5 块试样的接头/接缝强度的平均值 $\overline{S}_f$、接头/接缝强度的变异系数 $C_v$。

7.3 接头/接缝效率

如果需要计算接头/接缝效率,按本规程 T 1121—2006(宽条拉伸试验方法)测定 5 块无接头/

接缝试样的平均拉伸强度 $\bar{\alpha}_f$,其拉伸方向应与接头/接缝试样相同。

按式(T 1122-4)计算接头/接缝效率,计算至小数点后1位。

$$E = \frac{\bar{S}_f}{\bar{\alpha}_f} \times 100 \tag{T 1122-4}$$

式中:$E$——接头/接缝效率,%;

$\bar{S}_f$——平均接头/接缝强度,kN/m;

$\bar{\alpha}_f$——无接头/接缝材料的平均拉伸强度,kN/m。

## 8 试验报告

试验报告应包括以下内容:

(1)样品名称、规格、产品的接合方法及方向、试样是否采用热切。

(2)试样的状态,即干态或湿态。

(3)拉伸试验机的类形及夹具形式。

(4)接头/接缝强度的单个值、平均值和变异系数。

(5)每一试样的断裂类型。

(6)如果需要的话,给出接头/接缝效率。

(7)任何偏离规定程序的详细说明。

### (二)黏焊点极限剥离力

土工格栅的生产分为冷拉和黏焊两种工艺,对于黏结格栅或焊接格栅,黏结和焊接点的强度是评价土工格栅性能的主要指标,用极限剥离力表示。

# 黏焊点极限剥离力试验
## (JTG E50—2006 T 1124—2006)

## 1 适用范围

1.1 本方法规定了测定黏焊土工格栅黏焊点极限剥离力的试验方法。

1.2 本方法适用于测定各类黏焊土工格栅黏焊点的极限剥离力,其他土工合成材料黏焊点极限剥离力的测定可参照执行。

## 2 引用标准

CB 8170 数值修约规则

## 3 仪器设备及材料

3.1 拉伸试验机:应具有等速拉伸功能,拉伸速率可以设定和控制。

3.2 剥离试验专用夹具:应有足够宽度,以能够夹持不同宽度试样,并能保持剥离时试样不滑移和损伤。

## 4 试样制备

4.1 取样:按本规程 T 1101—2006 的规定取样。

4.2 制样:单向格栅横向截取5个剥离试样,双向格栅纵横向各截取5个剥离试样,每个剥离试样都含一个黏焊点,试件见图 T 1124-1。

4.3 试样调湿和状态调节:按本规程 T 1101—2006 中的第5条规定进行。

## 5 试验步骤

5.1 拉伸试验机试验条件的设定

选择量程范围,使剥离最大负荷在满量程负荷的30%~90%范围之间,并设定拉伸速率为 50mm/min ± 5mm/min。

### 5.2 夹持试样

安装剥离拉伸试验专用夹具,将试样横向筋带夹持在夹具中,调整夹持器的间距,使夹具水平夹住试样黏焊点横向筋带的两端(靠近纵向筋带处),夹持长度为横向筋带宽度的两倍并且不小于 50mm,使两夹持面和剥离轴线处在同一平面上,以保证剥离时试样不发生扭曲,并使剥开面向着操作者(图 T 1124-1)。

### 5.3 启动试验机

启动拉伸试验机进行试样黏焊点的剥离试验,直到黏焊点完全剥离方可停机,记录剥离时的最大剥离力,以 N 为单位。

图 T 1124-1 剥离试样示意图

## 6 试验结果

### 6.1 黏焊点极限剥离力

单向格栅黏焊点极限剥离力,以横向 5 个试样最大剥离力的算术平均值表示。

双向格栅黏焊点极限剥离力,分别以横向 5 个、纵向 5 个试样的最大剥离力的算术平均值表示。

计算到小数点后 1 位,以 N 为单位,按 GB 8170 修约到整数。

### 6.2 如果需要,按本规程 T 1102—2006 的规定计算格栅黏焊点极限剥离力的变异系数 $C_v$,变异系数精确至 0.1%。

## 7 试验报告

试验报告应包括以下内容:

(1)样品名称、规格型号和状态描述。
(2)试验结果。
(3)试验日期。
(4)试验用的仪器类型。
(5)试验用的大气条件。
(6)试验中规定应注明的情况。
(7)任何偏离规定程序的详细说明。

### (三)梯形撕破力

撕破是土工合成材料试样在撕裂过程中抵抗扩大破损裂口的最大拉力,以 N 计。土工织物和土工膜在铺设和使用过程中常会受到剪切或刺破作用,出现这种现象后,土工合成材料的抗破裂强度则可能由撕破强度所控制。因此,撕破力反映材料抵抗扩大破损裂口的能力,是土工合成材料的重要力学指标。

撕破试验采用纺织品标准测试方法,按试样形状分为梯形法、翼形法和舌形法。目前大多采用梯形撕裂法测定撕裂强度,故称梯形撕裂力,加力方式类似于张拉试验。

## 梯形撕破强力试验
## (JTG E50—2006 T 1125—2006)

### 1 适用范围

1.1 本方法规定了用梯形试样测定土工织物撕破强力的方法。

1.2 本方法适用于测定土工织物的梯形撕破强力。

2 引用标准

　　GB 8170　数值修约规则

3 仪器设备及材料

3.1 拉伸试验机:应具有等速拉伸功能,拉伸速率可以设定,并能测读拉伸过程中的应力、应变量,记录应力—应变曲线。

3.2 夹具:钳口表面应有足够宽度,以保证能够夹持试样的全宽,并采用适当措施避免试样滑移和损伤。

4 试样制备

4.1 取样:按本规程 T 1101—2006 的规定取样。

4.2 制样:纵向和横向各取 10 块试样,试件尺寸见图 T 1125-1。试样上不得有影响试验结果的可见疵点。在每块试样的梯形短边正中处剪一条垂直于短边的 15mm 长的切口,并画上夹持线。

4.3 试样调湿和状态调节:按本规程 T 1101—2006 中的第 5 条规定进行。

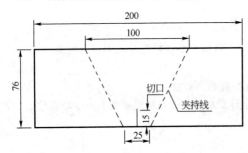

图 T 1125-1　梯形试样平面图(尺寸单位:mm)

5 试验步骤

5.1 调整拉伸试验机卡具的初始距离为 25mm,设定满量程范围,使试样最大撕破负荷在满量程负荷的 30%～90% 范围内,设定拉伸速率为 100mm/min±5mm/min。

5.2 将试样放入卡具内,使夹持线与夹钳钳口线相平齐,然后旋紧上、下夹钳螺栓,同时要注意试样在上、下夹钳中间的对称位置,使梯形试样的短边保持垂直状态。

5.3 开动拉伸试验机,直至试样完全撕破断开,记录最大撕破强力值,以 N 为单位。

5.4 如试样从夹钳中滑出或不在切口延长线处撕破断裂,则应剔除此次试验数值,并在原样品上再裁取试样,补足试验次数。

6 试验结果

6.1 按本规程 T 1102—2006 的规定分别计算纵、横向撕破强力的平均值和变异系数。

6.2 纵、横向撕破强力以各自 10 次试验的算术平均值表示,以 N 为单位,计算到小数点后 1 位,按 GB 8170 修约到整数;变异系数精确至 0.1%。

7 试验报告

　　试验报告应包括以下内容:

(1)样品名称、规格型号和状态描述。

(2)试验结果。

(3)试验日期。

(4)试验用的仪器类型。

(5)试验用的大气条件。

(6)试验中规定应注明的情况。

(7)任何偏离规定程序的详细说明。

【注意事项】

(1)拉伸速率:规程建议采用拉伸速率为 100mm/min 或 50mm/min。

(2)常用撕裂强度的取值方法有:

①在撕裂力—位移曲线上,取最大峰值和最小谷值的平均值。

②将撕裂力—位移曲线划分为 5 个区,取每个区峰值的算术平均值;取中值峰荷载作为撕

裂强度,在撕裂力—位移曲线上,用透明直尺平行于横轴慢慢移动,当尺达到某一位置时,尺的上部有一半峰值,下部有一半谷值,这时尺在荷载轴的位置即为中值峰荷载。

③取撕裂力—位移曲线的最大值作为撕裂强度,取值最为明确和方便,故规程中采用此法。

(四)抗粒料破坏性能

用于工程的土工织物和土工膜,处于不同粒径的材料之间,接触面凹凸不平,受到粒料的顶压作用,另外施工中还会受到抛填粒料引起的法向荷载。根据填土的粒径大小及形状,土工织物和土工膜接触面的受力特征和状态,上述破坏可分为顶破、刺破和穿透三种形式。

1. CBR 顶破强力

顶破强度是反映土工织物和土工膜抵抗垂直织物平面的法向压力作用的能力。顶破强度用圆球和CBR法测定。圆球顶破试验是一项简单易行的强度试验方法,试样在顶破力作用下呈双面拉伸破坏,可表征土工合成材料分散集中荷载的能力。CBR法模拟粗粒集料对土工合成材料的顶压作用,以评价工程应用中土工合成材料抵御粗粒料顶压的能力。CBR法利用土工试验中常用的CBR试验设备和试验方法进行试验,与刺破强度试验相比,压力作用面积相对较大,材料呈双向受力状态。

# CBR 顶破强力试验
## (JTG E50—2006　T 1126—2006)

1　适用范围

　　1.1　本方法规定了测定土工织物顶破强力、顶破位移和变形率的试验方法。

　　1.2　本方法适用于土工织物、土工膜及其复合产品。

2　引用标准

　　　CB 8170　数值修约规则

3　定义

　　3.1　顶破强力

　　　顶压杆顶压试样直至破裂过程中测得的最大顶压力。

　　3.2　顶破位移

　　　从顶压杆顶端开始与试样表面接触时起,直到达到顶破强力时,顶压杆顶进的距离。

　　3.3　变形率

　　　环形夹具内侧至顶压杆边缘之间试样的长度变化百分率。

4　仪器设备及材料

　　4.1　试验机:应具有等速加荷功能,加荷速率可以设定,并能测读加荷过程中的应变量,记录应力—应变曲线。

　　4.2　顶破夹具:夹具夹持环底座高度须大于100mm,环形夹具内径为150mm(图T 1126-1),其中心必须在顶压杆的轴线上。

　　4.3　顶压杆:直径为50mm、高度为100mm的圆柱体,顶端边缘倒成2.5mm半径的圆弧(图T 1126-2)。

5　试样制备

　　5.1　取样:按本规程 T 1101—2006 的规定取样。

　　5.2　制样:裁取 φ300mm 的圆形试样 5 块,试样上不得有影响试验结果的可见疵点,在每块试样离外圈50mm处均等开6条8mm宽的槽(图T 1126-3)。

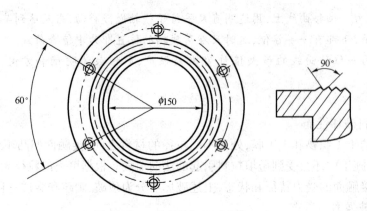

图 T 1126-1　夹持设备(尺寸单位:mm)

**5.3** 试样调湿和状态调节:按本规程 T 1101—2006 中的第 5 条规定进行。

## 6　试验步骤

**6.1** 试样夹持:将试样放入环形夹具内,使试样在自然状态下拧紧夹具,以避免试样在顶压过程中滑动或破损。

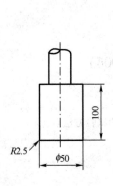

图 T 1126-2　顶压杆(尺寸单位:mm)　　　　图 T 1126-3　试样(尺寸单位:mm)

**6.2** 将夹持好试样的环形夹具对中放于试验机上,设定试验机满量程范围,使试样最大顶破强力在满量程负荷的 30%～90% 范围内,设定顶压杆的下降速度为 60mm/min±5mm/min。

**6.3** 启动试验机,直到试样完全顶破为止,观察和记录顶破情况,记录顶破强力(N)和顶破位移值(mm)。如土工织物在夹具中有明显滑动,则应剔除此次试验数据,并补做试验至 5 块。

## 7　结果计算

**7.1** 按本规程 T 1102—2006 的规定,分别计算 5 块试样的顶破强力(N)、顶破位移(mm)的平均值和变异系数 $C_v$。顶破强力和顶破位移计算至小数点后 1 位,按 GB 8170 修约到整数。

**7.2** 变形率计算至小数点后 1 位,按 GB 8170 修约到整数。

$$\varepsilon = \frac{L_1 - L_0}{L_0} \times 100 \quad\quad (\text{T 1126-1})$$

$$L_1 = \sqrt{h^2 + L_0^2} \quad\quad (\text{T 1126-2})$$

以上两式中:$h$——顶压杆位移距离,mm;

　　　　　　$L_0$——试验前夹具内侧到顶压杆顶端边缘的距离,mm;

　　　　　　$L_1$——试验后夹具内侧到顶压杆顶端边缘的距离,mm;

　　　　　　$\varepsilon$——变形率,%。

$h$、$L_0$、$L_1$ 见图 T 1126-4。

8 试验报告

试验报告应包括以下内容:
(1)样品名称、规格型号和状态描述。
(2)试验结果。
(3)试验日期。
(4)试验用仪器。
(5)试验用大气条件。
(6)任何偏离规定程序的详细说明。

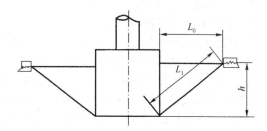

图 T 1126-4 顶破试验示意图(尺寸单位:mm)

**【注意事项】**

(1)环形夹具及圆球的尺寸:环形夹具内径及圆球尺寸对顶破强度的影响很大,同一圆球,夹具内径不同顶破力不同;同一夹具,球直径不同顶破力也不同。试验规程采用国际通用的 ASTMD—3787 规定的尺寸,即球直径 $\phi$ = 25.4mm,夹具内径为 44.5mm。

(2)试样夹持:安装试样时,要注意夹紧试样,有纺织物试样极易打滑,在夹不紧时测出的强度值偏低。

(3)加载速率:ASTMD—3787 中规定速率为 300mm/min,但目前国内一些拉力机达不到这个速率,故规定为 100mm/min。

(4)CBR 法的加荷系统、测力方式及夹具细部结构形式,可根据具体条件采用其他方式,但对夹具及顶压杆的尺寸均应遵照规范要求,否则对试验成果影响较大。量测系统如能改用电测方法,采用传感器量测则可提高精度。

(5)CBR 顶压速率对试验成果影响不大。

2.刺破强力

刺破强度是一刚性刺杆以规定速率垂直刺向土工合成材料平面将试验刺破时的最大作用力,以 N 计。刺破强度是反映土工织物和土工膜抵抗小面积集中荷载作用能力的指标。试验方法与圆球顶破试验相似,只是以金属杆代替圆球,模拟带有尖锐棱角的石子或树枝刺破土工合成材料时的受力状态。刺破试验中土工合成材料的破坏方式体现为纤维的张拉破坏,顶破试验采用金属的半圆球顶杆刺入有纺土工织物时,半圆球端头往往会产生滑动而不能将纤维拉断。刺破试验采用端部平头的金属顶杆,能将纤维顶断。刺破力以 N 或 kN 计。

刺破力的原理方法与 CBR 顶破力类似,但在顶杆直径、试样面积和顶压速率上有所不同。刺破力反映的是土工合成材料抵抗小面积集中负荷的能力,适用于各种机织土工织物、针织土工织物、非织造土工织物、土工膜和复合土工织物等产品,但对一些较稀松或孔径较大的机织物不适用。土工网和土工格栅一般不进行该项试验。

# 刺破强力试验
## (JTG E50—2006  T 1127—2006)

1 适用范围

1.1 本方法规定了测定土工织物刺破强力的试验方法。

1.2 本方法适用于土工织物、土工膜,及其复合产品。

## 2 引用标准

GB 8170 数值修约规则

## 3 仪器设备及材料

3.1 试验机:应具有等速加荷功能,加载速率可以设定,能测读加载过程中的应力、应变,记录应力—应变曲线,要求行程大于100mm,加载速率能达到300mm/min±10mm/min。

3.2 环形夹具:内径45mm±0.025mm,底座高度大于顶杆长度,有较高的支撑力和稳定性。

3.3 平头顶杆:钢质实心杆,直径8mm±0.01mm,顶端边缘倒角0.5mm×45°。

## 4 试样制备

4.1 取样:按本规程T 1101—2006的规定取样。

4.2 制样:裁取圆形试样10块,直径不小于100mm,试样上不得有影响试验结果的可见疵点,根据夹具的具体结构在对应螺栓的位置处开孔。

4.3 试样调湿和状态调节:按本规程T 1101—2006中的第5条规定进行。

## 5 试验步骤

5.1 试样夹持,将试样放入环形夹具内,使试样在自然状态下拧紧夹具(图T 1127-1)。

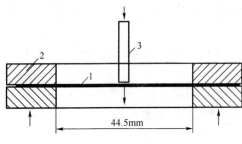

图 T 1127-1 刺破试验示意图
1-试样;2-环形夹具;3-φ8mm 平头顶杆

5.2 将装好试样的环形夹具对中放于试验机上,夹具中心应在顶杆的轴心线上。

5.3 设定试验机的满量程范围,使试样最大刺破力在满量程负荷的30%~90%范围内,设定加载速率为300mm/min±10mm/min。

5.4 对于湿态试样,从水中取出后3min内进行试验。

5.5 开机,记录顶杆顶压试样时的最大压力值即为刺破强力。如土工织物在夹具中有明显滑移则应剔除此次试验数据。

5.6 按照上述步骤,测定其余试样,直至得到10个测定值。

## 6 结果计算

按本规程T 1102—2006的规定计算10块试样刺破强力的平均值(N),按GB 8170修约到3位有效数字。如果需要,按本规程T 1102—2006的规定计算刺破强力的变异系数$C_v$,精确至0.1%。

## 7 试验报告

试验报告应包括以下内容:

(1)样品名称、规格型号和状态描述。

(2)试验日期。

(3)试验用仪器。

(4)试验用大气条件。

(5)试样刺破强力的平均值。

(6)如果需要,给出刺破强力的变异系数。

(7)任何偏离规定程序的详细说明。

【注意事项】

速率:在国际通用标准中,一般规定速率采用300mm/min,试验规程也采用300mm/min的顶刺速率。若无法达到可适当降低,一般说来速率低时强度有所降低。

## 3.落锤穿透

合成材料在与其相互垂直的点荷载作用下(如抛石),点荷载周围的纤维分离,并穿透成一个小洞,抛石或许不能通过,但孔洞的存在,将影响材料的水力特性(如防渗)。

落锤穿透试验就是模拟具有尖角的石块或锐利物掉落在土工合成材料上时,土工合成材料抵御落物穿透作用的能力,用锤落穿透试验所得孔眼的大小(以 mm 计)评价土工织物和土工膜抵御穿透的能力。由于土工格栅和土工网本身具有网格形状,所以落锥穿透试验不适用于这类产品。

## 落锥穿透试验
(JTG E50—2006  T 1128—2006)

1 适用范围

1.1 本方法规定了测定土工织物及其有关产品抵抗从固定高度落下钢锥穿透能力的方法。

1.2 本方法适用于土工织物、土工膜,及其复合产品。

2 引用标准

　　GB 8170　数值修约规则

3 仪器设备及材料

3.1 环形夹具:夹具的内径为150mm ± 0.5mm。

3.2 落锥架:支撑环形夹具的框架和从 500mm ± 2mm 的高度处(锥尖至试样的距离)释放落锥至试样中心的位置(图 T 1128-1)。

　　注:可采用不限制落锥下落速率的导杆或借助于机械释放系统,以保证落锥锥尖朝下自由下落。

3.3 不锈钢落锥:锥角45°,最大直径为50mm,表面抛光,总质量为 1 000g ± 5g。

3.4 量锥:顶角比落锥小,最大直径为50mm,质量为600g ± 5g,标有刻度(图 T 1128-2)。

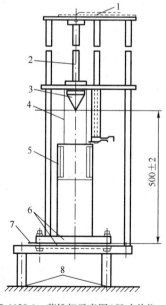

图 T 1128-1　落锥架示意图(尺寸单位:mm)
1-释放系统;2-导杆;3-落锥;4-金属屏蔽;5-屏蔽;6-夹持环;7-试样;8-水平调节螺丝

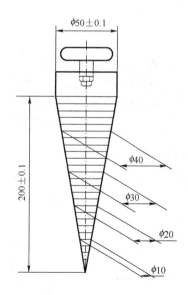

图 T 1128-2　量锥示意图(尺寸单位:mm)

4 试样制备

4.1 取样:按本规程 T 1101—2006 的规定取样。

4.2 制样:裁取圆形试样10块,大小应与所用试验装置相适应,试样上不得有影响试验结果的可见疵点。如果已知被测试样品两面的特性不同,应对两面分别试验10块试样,并在试验报告中说明,给出每面的试验结果。

4.3 试样调湿和状态调节:按本规程 T 1101—2006 中的第5条规定进行。

## 5 试验步骤

5.1 将试样无褶皱地在环形夹具中夹紧,避免对试样施加预张力,并防止试验过程中试样的滑移。

5.2 将装有试样的环形夹具放置在框架上(图 T 1128-1),采用适当的方法,保证夹具在框架中对中水平放置。

5.3 释放落锥,从锥尖离试样 500mm ± 2mm 的高度自由跌落在试样上,记录任何不正常的现象。如落锥在试样上跳动,第2次落下形成又一个破洞,在这种情况下,测量较大的破洞。

5.4 立即从破洞中取出落锥,将量锥在自重的作用下放入破洞,10s 后测读该洞的直径,读数精确至毫米。测量值应当是在量锥处于垂直位置时的最大可见直径。如果材料的各向异性明显,即纵向和横向的性能不同,除测量较大的破洞外,有必要对其他破洞孔径进行说明。如完全穿透试样,则不需测量,记录为完全穿透。

## 6 试验结果的计算

按本规程 T 1102—2006 的规定计算 10 块试样破洞直径的算术平均值(mm)和变异系数 $C_v$,破洞直径计算至小数点后1位,按 CB 8170 修约到整数。

注:如果落锥完全穿透一块或多块试样,造成 50mm 的破洞,则不需计算平均值和变异系数。这种情况下,应在试验报告中报出单值,并就该性能作出专门的说明。

## 7 试验报告

试验报告应包括以下内容:

(1)样品名称、规格型号和状态描述;
(2)试验日期;
(3)试验用仪器;
(4)试验大气条件;
(5)破洞直径的平均值、变异系数;
(6)不正常的状态,如第2次穿透;
(7)根据破洞形状指出材料各向异性的程度;
(8)任何偏离规定程序的详细说明。

【注意事项】

(1)在试验过程中,由于落锥穿透破洞的大小是评定试验结果的最终指标,所以破洞的测量精度很重要,必须使用专用量锥进行测量,不能用长度测量工具代替,两者的测量结果一般是不一致的。

(2)在放置量锥时,不要转,不要压,使其在自重的作用下自然垂直地进入破洞。

### (五)界面摩擦性

土工合成材料作为加筋材料,处于土内或表面,与周围土体构成复合体系,在荷载或自重作用下产生变形时,将沿其界面发生相互作用。土与土工合成材料相互作用的形式为沿界面的相互摩擦或合成材料从土中拔出,因此界面摩擦性用直剪摩擦和拉拔摩擦表征。

1. 直剪摩擦性能

土与土工合成材料界面之间摩擦特性用类似土工试验中的直接剪切仪试验。结果用不同压力下的压力与剪切强度值关系曲线,求得的黏着力与摩擦角,或似摩擦系数(界面上的摩擦剪切强度与法向力的比值)表示。但当直剪试验用于工程设计时,需使用现场砂土,直剪仪剪切盒的位移速率、法向加荷值均应根据实际情况而定,在这种情况下的试验结果无可比性。

# 直剪摩擦特性试验
## (JTG E50—2006  T 1129—2006)

1 适用范围

1.1 本方法规定了使用直剪仪和标准砂土测定土工合成材料摩擦特性的试验方法。

1.2 本方法适用于所有土工合成材料,当使用刚性基座试验土工格栅时,摩擦结果应进行校正。

2 定义

2.1 相对位移($\Delta L$)

剪切试验中试样与砂土之间的位移(mm)。

2.2 法向力($P$)

对试样施加的恒定垂直力(kN)。

2.3 剪切力($T$)

恒速位移条件下剪切试验中测得的水平力(kN)。

2.4 法向应力($\sigma$)

单位面积的法向力(kPa)。

2.5 剪应力($\tau$)

砂土/土工织物摩擦试验中单位面积的剪切力(kPa)。

2.6 最大剪应力($\tau_{max}$)

位移量在剪切面长度的 0~16.5% 范围内,沿砂土/土工织物界面产生的最大剪切力(kPa)。

2.7 摩擦角($\varphi_{sg}$)

土工织物和土之间的摩擦角,为最大剪应力对法向应力关系图中各点的"最佳拟合直线"的斜率(°)。

2.8 表观黏聚力($C_{sg}$)

土工织物与土之间的抱合力,为最佳拟合直线上法向应力等于 0 时的剪应力(kPa)。

2.9 砂土最大剪应力($\tau_{s,max}$)

砂土(在一定法向压力下)的最大剪应力(kPa)。

2.10 砂土/基座最大剪应力($\tau_{sup,max}$)

砂土/试样基座剪切试验中的最大剪应力(kPa)。

2.11 摩擦比$[f_g(\delta)]$

在相同的法向应力下,砂土/土工织物间最大剪应力 $\tau_{max}$ 与砂土最大剪应力 $\tau_{s,max}$ 之比。

3 仪器设备及材料

3.1 直剪仪

有接触面积不变和接触面积递减(标准土样直剪仪)两种直剪仪,分别见图 T 1129-1 和图 T 1129-2。

3.1.1 剪切盒

(1)接触面积不变的剪切盒:剪切盒应具有足够的刚性,在承受负荷时不发生变形,盒内部尺寸不小于 300mm×300mm,盒厚至少应为盒长的 50%,以便能容纳砂土层和加压系统。试验土工格栅时,剪切盒的最小尺寸还应该增加。

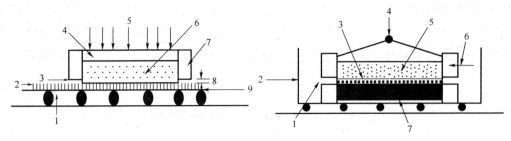

图 T 1129-1 接触面积不变直剪仪示意图　　　　图 T 1129-2 接触面积递减直剪仪示意图
1-刚性滑板;2-土工织物试样;3-水平反作用;4-法向力　　1-标准剪切盒;2-水平力;3-土工织物试样;4-法向力;
加载系统;5-法向力;6-标准砂土;7-刚性剪切盒;8-最大　　5-标准砂土;6-水平反作用;7-试样刚性基座
0.5mm 隔距;9-水平力

剪切盒下部为刚性滑板,滑板的长度至少为剪切盒长度加上试样尺寸的 16.5%,以确保在相对剪切位移达 16.5% 时试样和砂土之间完全接触。

(2)接触面积递减的剪切盒:上下剪切盒大小相等,尺寸至少为 300mm×300mm。

3.1.2 刚性滑板

剪切盒应装在刚性滑板上,刚性滑板由低摩擦滚排或轴承支撑在机座上,滑板可在剪切方向上自由滑动。

3.1.3 水平力加载装置

用于推动下剪切盒在水平方向上恒速位移,位移速率为 1mm/min±0.2mm/min。

3.1.4 施加法向力的装置

能均匀地对剪切面施加法向力,在下剪切盒恒速位移过程中法向力始终保持垂直,精度为 2%。

3.1.5 测定剪切力和相对位移的装置

剪切力测量装置的测量精度为 0.5%。

相对位移测量装置的测量精度为 0.02mm。

注:1.仪器的设计应考虑砂土膨胀,确保剪切盒上下部分之间的间隙等于试样厚度加 0.5mm。

2.填土及压密时上剪切盒与试样之间应装配密封条,以避免土粒堵塞上剪切盒和土工织物或土工格栅之间的间隙。

3.2 试样基座

用于放置试样,可为土质基座、硬木质基座、表面粒度为 P80 的氧化铝标准摩擦基座或其他刚性基座。

3.3 标准砂土

与试样接触的砂土应为标准细颗粒砂土。其粒径级配见表 T 1129-1。

标准砂土规格　　　　表 T 1129-1

| 筛网孔径(mm) | 筛余量(%) | 筛网孔径(mm) | 筛余量(%) |
|---|---|---|---|
| 2.00 | 0 | 0.50 | 67±5 |
| 1.60 | 7±5 | 0.16 | 87±5 |
| 1.00 | 33±5 | 0.08 | 99±5 |

如果观察到细砂在试验中有流失,砂土级配必须重新校正。

可以对砂土加水以避免砂粒分离,但含水率不得超过 2%。应使用标准土样直剪仪测量砂土在不同法向压力下的最大剪应力及内摩擦角。

4 试样制备

4.1 取样:按本规程 T 1101—2006 的规定取样。

4.2 试样数量和尺寸:每种样品,每个被测试方向取 4 块试样。试样的大小应适合于试验仪器的尺寸,宽度略大于剪切盒宽度。如果样品两面不同,两面都应试验,每面试验 4 块试样。

4.3 试样调湿和状态调节:按本规程 T 1101—2006 中的第 5 条规定进行。

## 5 试验步骤

5.1 将试样平铺在位于剪切盒下边部分内的刚性水平基座上,前端夹持在剪切区的前面。试样与基座之间用胶黏合(如使用 P80 氧化铝标准摩擦基座可不黏合)。黏合后试样应平整、没有折叠和褶皱。试验中试样和基座之间不允许产生相对滑移。

注:对于大孔径(大于 15mm)、高孔隙率(孔隙面积大于试样总面积的 50%)的土工格栅,也可选用砂土基座(将下剪切盒用标准砂土填充至规定密度)。当选用刚性板作为高孔隙率土工格栅(或土工织物)的基座时,必须进行砂土和基座之间的摩擦试验,求出与每个法向应力相对应的最大剪应力($\tau_{\text{sup,max}}$)。

5.2 安装上剪切盒:用预先称准质量的标准砂土填充上剪切盒。装填厚度为 50mm。砂土厚度应均匀,压密后的干密度为 1 750kg/m³。

5.3 安装水平力加载仪、位移测量仪(传感器或刻度表),并对试样施加 50kPa 的法向压力。

5.4 施加水平荷载,使上下剪切盒之间作速率为 1mm/min ± 0.2mm/min 的相对位移。连续或间隔测量剪切力 $T$,同时记录对应的相对位移 $\Delta L$,间隔时间为 12s,开始时也可视情况加密,直至达到剪切面长度的 16.5% 时结束试验。

5.5 卸下试样,仔细地除去被测试样上的标准砂土,检查和记录试样是否发生伸长、褶皱或损坏。

5.6 重复 5.1 ~ 5.5 步骤,在 100kPa、150kPa 和 200kPa 法向应力下再各试验一块试样。

5.7 如需要,试验样品的另一方向或另一面。

注:1. 应测定所用直剪仪的固有内阻。当固有内阻与剪切力相比不可忽略时,在进行数据处理时,应先从剪切力测量值中减去固有内阻对测量结果进行修正,再用修正后的结果进行计算。

2. 固有内阻测定方法:组装直剪仪,不放标准砂土,不加法向力,测定剪切盒以 1.0mm/min ± 0.2mm/min 速率移动 50mm 过程中的最大剪切力,即为直剪仪固有内阻。

## 6 结果计算

6.1 使用式(T 1129-1)计算每块试样的法向应力:

$$\sigma = \frac{P}{A} \tag{T 1129-1}$$

式中:$\sigma$——法向应力,kPa;

$P$——法向力,kN;

$A$——接触面积,m²。

6.2 使用式(T 1129-2)计算每块试样剪应力:

$$\tau = \frac{T}{A} \tag{T 1129-2}$$

式中:$\tau$——剪应力,kPa;

$T$——剪切力,kN;

$A$——试样接触面积,m²。

如果使用接触面积递减的仪器,试样接触面积则为变值,每次计算均应使用与最大剪切力出现时相对应的实际接触面积值。

6.3 根据剪应力和对应的相对位移作图 T 1129-3,求取每块试样的最大剪应力。当剪应力与位移关系曲线出现峰值时,该峰值即为最大剪应力;当关系曲线不出现峰值时,取位移量为剪切面积长度的 10% 时的剪应力作为最大剪应力。

6.4 对于所有试样(4 个),根据最大剪应力和对应的法向应力作图 T 1129-4,通过各点作出最佳拟合直线,直线与法向压力轴之间的夹角即为土工织物和砂土的摩擦角 $\varphi_{sg}$,最大剪应力轴上的截距为土工织物和砂土的表观黏聚力 $C_{sg}$。

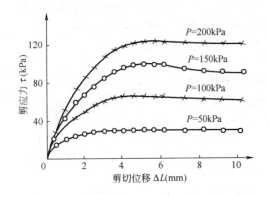
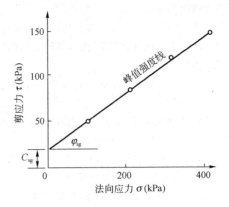

图 T 1129-3 剪应力与位移关系曲线　　　图 T 1129-4 最大剪应力与法向应力关系曲线

6.5 使用式(T 1129-3)计算每块试样的摩擦比 $f_{g(\delta)}$：

$$f_{g(\delta)} = \frac{\tau_{\max(\delta)}}{\tau_{s,\max(\delta)}} \tag{T 1129-3}$$

式中：$f_{g(\delta)}$——摩擦比；

$\tau_{\max(\delta)}$——在不同法向应力下的最大剪应力，kPa；

$\tau_{s,\max(\delta)}$——在不同法向应力下标准砂土的最大剪应力，kPa。

7　试验报告

试验报告应包括以下内容：

(1) 样品名称、规格型号和状态描述。

(2) 试验日期。

(3) 试验用仪器。

(4) 试验大气条件。

(5) 试样的被测方向(纵向或横向)、正面或反面。

(6) 剪应力与相对位移关系图，标示出计算中使用的最大剪应力。

(7) 最大剪应力与法向应力的关系图。

(8) 砂土直剪试验中剪应力与相对位移的关系图。

(9) 砂土直剪试验中最大剪应力与法向应力的关系图。

(10) 给出试样与标准砂土之间的黏聚力、摩擦角和摩擦比。

(11) 试验中是否有破损或不正常现象的观察记录。

(12) 任何偏离规定程序的详细说明。

【注意事项】

(1) 荷载控制：直剪试验施加水平荷载有应变控制和应力控制之分。应变控制式的优点是，能较准确测定剪应力和剪切位移曲线上的降值和最后值，且操作方便。

(2) 剪切盒规格：小尺寸剪切盒的边界影响大，有条件宜采用较大尺寸，但尺寸的增大会使试验设备复杂化，也带来一些其他问题。因此规程规定剪切盒尺寸不小于30cm×30cm，应视设备条件选用。

(3) 试样固定方法：织物试样有两种固定方法，一是在下盒中填土，试样固定在下盒的垂直壁上；另一种是预先制备刚性垫块，将试样粘贴在垫块顶面，然后放入下盒。两种方法各有优缺点，下盒内填土比较符合实际情况，但剪切过程中试验面可能向下挠曲，造成试验结果不稳定。如果采用刚性垫块，可保证剪切面水平，但离实际较远，每次试验后粘贴面要作处理，比较费事。

(4)如果现场织物处于地下水位以下或毛细管饱和区,试验时土料与织物应事先饱和。

(5)为避免上、下盒之间产生摩擦,要求两盒间应留有间隙,上盒边框与试样间不相接触。

2. 拉拔摩擦特性

处于土体内的土工合成材料,受到沿平面方向的拉力时,在拉力方向产生应力和变形由于有法向应力作用,受拉时上、下界面将产生摩擦阻力,此阻力即为拉拔摩擦阻力。土工合成材料的拉拔摩擦性用不同法向力作用下的压力与摩擦阻力关系曲线求得的黏结力和摩擦角表示。试验目的是测试土工合成材料从土中被拔出时与周围土体的摩擦特性。拉拔试验与直剪试验的机理不同,结果也存在差异,一般应视工程填土和土工合成材料的相对位移情况而选用。对单面的相对位移,直剪摩擦试验较能反应实际;双面均与土发生相对位移,则拉拔试验更为合适。

直剪摩擦试验的目的是评价土工合成材料的摩擦特性,使用直剪仪和标准砂土进行试验,试样的制备、调湿也有一定的规定,试验结果有可比性。而拉拔摩擦试验的目的则是通过试验,取得土工合成材料与现场土石料的摩擦剪切强度,以保证在工程设计中土工合成材料与周围土石料之间的摩擦剪切强度大于土石料之间的摩擦剪切强度,这样才能保证工程结构的稳定性。

拉拔摩擦试验原则上应模拟现场条件,须使用现场土样进行试验,剪切速率可根据现场土料的土性和排水条件选用,一般范围在0.2~3.0mm/min之间。另外,当土样固结速率较快时,可采用较高的拉拔速率;对于固结速率较慢的土样,宜采用较慢的速度进行拉拔。施加的法向加荷值要求最大一级荷载应大于设计荷载,所以同一种土工合成材料用于不同的工程,其拉拔摩擦试验的试验条件不同,试验结果也不同。

在拉拔试验中要求被测试样必须是被拔出的而不是被拉断的。当试样刚度较低时,试样在箱外的部分在拉力作用下会发生很大的变形,甚至被拉断。解决这个问题的办法是事先将试样的引出部分进行加固,可采用黏胶加固(如环氧树脂)或将加固板牢固地粘贴在织物上,以保证拉拔过程中不脱开。

# 拉拔摩擦特性试验
## (JTG E50—2006  T 1130—2006)

1 适用范围

1.1 本方法规定了测定土内土工合成材料与周围土体拉拔摩擦阻力的试验方法。

1.2 本方法适用于所有的土工合成材料。

2 定义

2.1 拉拔位移($\Delta L$)

拉拔试验中试样与砂土之间的位移(mm)。

2.2 法向力($P$)

对试样施加的恒定垂直力(kN)。

2.3 剪切力($T$)

恒速位移条件下,试验中测得的水平力(kN)。

2.4 法向应力($\sigma$)

单位面积的法向力(kPa)。

2.5 剪应力($\tau$)

土与土工合成材料拉拔试验中单位面积的剪切力(kPa)。

2.6 拉拔摩擦系数($f$)

土与土工合成材料在拉拔试验中测得的剪应力与法向应力的比值。

2.7 摩擦角($\varphi$)

土工织物和土之间的摩擦角,为最大剪应力对法向应力关系图中各点的"最佳拟合直线"的斜率(°)。

2.8 黏聚力($C_u$)

土工织物与土之间的抱合力,为最佳拟合直线上法向应力等于0时的剪应力(kPa)。

3 仪器设备及材料

3.1 试验箱:为一矩形箱体,侧壁有足够的刚度,受力时不变形,箱体尺寸不宜小于25cm×20cm×20cm(长×宽×高)。箱一面侧壁的半高处开一贯穿全宽的窄缝,高约5mm,供试样引出箱体用。紧贴窄缝内壁,安置一可上下抽动的插板,用于调整窄缝的缝隙大小,防止土粒漏出(图T 1130-1)。

3.2 加荷系统

3.2.1 法向压力的加压装置应在试验过程中保持恒压,且均匀地作用在土面上。

3.2.2 水平加荷装置应能进行应变控制加荷。

3.3 测量系统

3.3.1 法向和水平向测力装置可用拉压力传感器或其他测力装置。

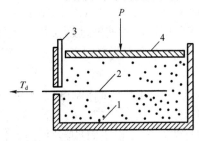

图 T 1130-1 拉拔试验箱示意图
1-土;2-试样;3-插板;4-加压板

3.3.2 垂直和水平位移用百分表或位移传感器,测量精度为0.01mm。

4 试件制备

4.1 取样:按本规程 T 1101—2006 的规定取样。

4.2 试样数量和尺寸:试样数量不少于5块,其宽度应小于试验箱宽度,长度视夹具情况而定,至少为200mm,应保证有足够的长度固定试样。

4.3 试样端部加固:从试验箱引出的试样应进行端部加固,可采用黏胶加固(如环氧树脂),将试样牢固地粘贴在加固板上。

5 试验步骤

5.1 将土料填入试验箱,按要求的密度分层压实,压实后,土面水平面略高于试验箱一侧窄缝下缘。

5.2 将试样平放于土面上,要求平整无皱。在长度方向,试样埋入土中的长度为100～150mm,并居中放置。试样一端从窄缝引出箱外,注意两边对称,并和水平夹具连接。插入可调整窄缝高度的插板,使插板下缘正好在试样表面之上,将插板固定。

5.3 继续往箱内填土,分层压实直至到要求的密度,压实后土面平整,并略低于箱顶,放加压板。

5.4 安装垂直和水平位移百分表。将垂直加荷千斤顶对中于试验箱,对加压板施加一微量的垂直荷载,使加压板与土面接触良好,将百分表读数调零。将夹有试样的夹具连接到水平加荷装置上。

5.5 施加要求的垂直荷载,使土料固结。固结时间视土性而定,对粒状土固结时间不少于15min;对黏性土,要求垂直变形增量每小时不大于0.00025$h$($h$为土样高度,mm),作为固结稳定标准,测量并记录相应的压缩量。施加一微量水平荷载,使水平加荷装置的各处受力绷紧,将百分表读数调整为零。

5.6 施加水平荷载,开始拉拔,测读并记录位移量和水平拉力。拉拔速率视土性而定,按应变控制加荷时,一般采用位移速率为 0.2~3.0mm/min;对砂性土,可采用 0.5mm/min。

5.7 试验进行到下列情况时方可结束:

5.7.1 如果水平荷载出现峰值,或试验进行至获得稳定值。

5.7.2 如果不出现峰值或试样被拉断,表明试样埋在土内的长度超过拔出长度,应缩短埋在土内的长度,并重新试验。

5.8 改变垂直荷载,重复 5.1~5.7 步骤,进行不同垂直荷载下相应的拉拔摩擦试验。为求得拉拔摩擦强度,要求在 4 级不同垂直荷载下进行试验,其中最大的一级荷载(压力)应不小于设计荷载。

6 结果计算

6.1 按下式计算界面上的法向应力 $\sigma$ 和剪应力 $\tau$:

$$\sigma = \frac{P}{A} \quad (T\ 1130\text{-}1)$$

$$\tau = 0.5 \times \frac{T_d}{LB} \quad (T\ 1130\text{-}2)$$

式中:$P$、$T_d$——分别为垂直荷载及水平荷载,kN;

$A$——试验箱的水平面积,m$^2$;

$L$、$B$——织物被埋在土内部分的长度和宽度,m;

$\sigma$——法向应力,kPa;

$\tau$——剪应力,kPa。

6.2 按下式计算界面上的拉拔摩擦系数 $f$:

$$f = \frac{\tau}{\sigma} \quad (T\ 1130\text{-}3)$$

6.3 绘制各级垂直应力下剪应力与相应水平位移 $\tau$-$\Delta L$ 的关系曲线(图 T 1130-2)。

6.4 绘制 $\tau$-$\sigma$ 曲线,求得界面的摩擦强度。

剪应力如有峰值时,绘制各级法向应力 $\sigma$ 和剪应力峰值 $\tau$ 的关系曲线(图 T 1130-3)。图中 $\varphi$ 为摩擦角,$C_u$ 为黏聚力。

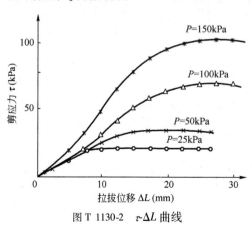

图 T 1130-2 $\tau$-$\Delta L$ 曲线

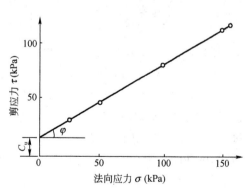

图 T 1130-3 $\tau$-$\sigma$ 曲线

7 试验报告

试验报告应包括以下内容:

(1)样品名称、规格型号和状态描述。

(2)试验日期。

(3)试验用仪器。

(4)试样夹持方式。
(5)试样拔出长度。
(6)剪应力与法向应力的关系曲线图。
(7)剪应力与拉拔位移的关系曲线图。
(8)黏聚力、摩擦角和拉拔摩擦系数。
(9)任何偏离规定程序的详细说明。

**【注意事项】**

(1)试验箱规格:一般试验箱尺寸愈大,愈接近工程实际,但要求的设备容量增大,试验更加复杂,费用提高。试验时可根据实际情况选择箱体尺寸,但箱体尺寸长×宽×高不小于 25cm×20cm×20cm。

(2)试样加固:进行拉拔试验时,引出试样箱外靠近夹具边缘和销钉孔处的织物试样处于薄弱部位,容易在该处产生过大变形或被拉断。拉拔试样要求织物必须是被拔出而不是被拉断的。同时,当试样刚度较低时,箱外的试样在拉力作用下会发生很大的变形,使试验设备有效位移工作范围大大减少。解决这个问题的办法是事先将织物引出部分进行加固。可采用黏胶加固(如环氧树脂),将加固板牢固地粘贴在织物上,要求拉拔过程中不脱开。

(3)拔出长度:试样的拔出长度可由试验确定,拉拔过程中,要求试样本身没有太大的变形,否则试样面积不易准确,且摩擦阻力分布更不均匀。对于强度低刚度小的试样,埋入长度小些为好。

(4)试验的处理:如果预计用作加筋的土工合成材料在现场将会处于饱水区或地下水位以下,在试验时,土料和土工合成材料应事先进行饱和处理。

(5)拉伸速率:拉伸速率原则上应模拟现场条件,一般为 0.02~3mm/min。具体数值根据土料的排水条件、土工合成材料导水性以及现场条件选用。在土样固结速率较快时,可采用较高的拉拔速率;对于固结速率较慢的土样,由于界面上孔隙水压力不能充分消散,宜采用较慢速度进行拉拔。

(6)对于一般工程,其垂直压力可采用 100kPa、200kPa、300kPa、400kPa 四级。在试验中,应保证轴向加荷,夹具要牢固,防止打滑。

(六)拉伸蠕变与拉伸蠕变断裂性能

土工合成材料的一个重要特性是在恒定荷载下其变形是时间的函数,即表现出明显的蠕变特性,所以蠕变是土工合成材料能否长期处于工作状态的重要性能之一。土工合成材料蠕变的大小与原材料的性质和生产工艺、荷载水平、环境温度等因素有关。蠕变性采用悬吊法测定,结果用规定静荷载作用下,经规定时间后的总应变量表示。

拉伸蠕变性能是指在静态小荷载下试样伸长与时间的关系,拉伸蠕变断裂性能是指在静态小荷载下试样直到断裂所需要的时间。

## 拉伸蠕变与拉伸蠕变断裂性能试验
### (JTG E50—2006　T 1131—2006)

**1 适用范围**

1.1 本方法规定了测定土工织物、土工格栅、土工网及其有关产品的拉伸蠕变和拉伸蠕变断裂性能的试验方法。

1.2 本方法的适用范围,限于由于其过早毁坏或由于其蠕变影响了在结构中的加强作用,而可能造成结构塌陷的产品。

2 定义

2.1 拉伸强度

试样被拉伸直至断裂时每单位宽度的最大抗拉力,以 kN/m 表示。

2.2 名义标记长度

未加预张力时,在平行于拉伸荷载方向的试样上两标记参考点之间的初始距离。

2.3 技术代表宽度

试样宽度小于 200mm,在规定的试验条件下,其拉伸断裂强力和伸长率与宽度为 200mm 试样相比,分别在 ±5% 和 ±20% 的范围内,则该宽度试样可进行拉伸蠕变试验,其宽度为技术代表宽度。

2.4 拉伸蠕变

在恒定的拉伸荷载下,试样随时间的拉伸变形。

2.5 拉伸蠕变断裂

在小于拉伸强度的恒定拉伸荷载下,试样的拉伸破坏。

2.6 拉伸蠕变荷载

施加在试样上每单位宽度的恒定的静荷载。

注:通常拉伸蠕变荷载以该样品的拉伸强度的百分比表示。拉伸蠕变荷载包括预荷载和加载装置所加的荷载。

2.7 加载时间

施加拉伸蠕变荷载至规定值所需的时间。

2.8 蠕变时间

从加载时间结束起到拉伸蠕变结束时所经历的时间。

2.9 蠕变断裂时间

从加载时间结束起直到试样发生拉伸蠕变断裂所经历的时间。

2.10 横向收缩

在拉伸试验过程中试样宽度的减小,以在预张力下标记长度中间的试样宽度的百分比表示。

3 仪器设备及材料

总体要求:仪器用具应包括夹持试样的装置、加载系统、变形测量系统和记时系统。

3.1 试样夹具

夹具应具有足够宽度以能够夹持试样的全宽,并能限制试样的滑移,而不损伤试样。

标记长度的标记点与两个夹持器的距离应不小于 20mm。

3.2 加载系统

加载框架应有足够的刚度,能支撑荷载。加载框架应与外部振动隔离,不受该框架上或相邻框架上其他试样断裂的影响。

拉伸蠕变荷载应恒定,并精确至 ±1%。

可直接使用重锤或通过杠杆系统,或使用机械、液压或气压系统施加拉伸蠕变荷载。每次试验前应校验加载系统,以确认所需的荷载加到试样上。

注:需要特别注意,在使用除恒载外的加载系统时,应保证拉伸蠕变荷载是恒定的,并在要求的精度内。

加载系统应具有对试样施加预张力的能力。

加载系统应使加载方便,加载时间不超过 60s。

3.3 变形测量系统

伸长计,能够测量试样上两参考点之间标记长度的变化,应能保证测量结果确实代表了参考点的真实动程。可使用任何仪器测量标记长度的变化,精度为标记长度的 ±0.1%。通常使用机械的、电子的或光学的伸长计测量仪器。

注：必须非常小心，保证读数的重现性和仪器的长期稳定性。仪器可连接到一个连续读数的系统上，或一个记录仪器上，也可按规定的时间间隔测量长度的变化。在试样上标记参考点时，应避免在试验过程中的位移或变形。

### 3.4 记时系统

记时系统的精度为1%，具有设定时间为零的能力，并能在发生蠕变断裂时记录即时时间。

## 4 试样制备

### 4.1 取样：按本规程 T 1101—2006 的规定取样。

### 4.2 试样数量

(1) 用于拉伸蠕变性能的测定：4块试样；
(2) 用于拉伸蠕变断裂的测定：12块试样；
(3) 用于拉伸强度的测定：按本规程 T 1121—2006 的规定。

注：如采用技术代表宽度的试样进行拉伸蠕变性能和拉伸蠕变断裂的测定，剪取试样时应考虑试样的数量。

### 4.3 试样尺寸

#### 4.3.1 试样尺寸的确定

(1) 与使用仪器的尺寸相适应。
(2) 与使用的测量装置的精度相适应。
(3) 根据技术代表宽度。
(4) 保证使标记长度的两个标记参考点与夹持器的距离不小于20mm。

#### 4.3.2 试样的最小标记长度

(1) 不小于200mm。
(2) 对土工格栅，不少于两个完整的网格。
(3) 对所有样品，能保证标记长度的测量精度为±0.1%。

#### 4.3.3 试样的宽度

(1) 对按本规程 T 1121—2006 的规定试验时表现出明显横向收缩（≥10%）的产品，样宽200mm。
(2) 对土工格栅：不少于3个完整的单元。
(3) 对其他所有的产品：一个技术代表宽度。

注：试样尺寸主要影响试验的可行性和精度，所需的荷载依赖于试样的宽度。

### 4.4 试样调湿和状态调节：按本规程 T 1101—2006 中的第5条规定进行。

## 5 试验步骤

### 5.1 拉伸蠕变性能的测定

在规定的温湿度环境条件下，将一恒定静荷载施加于试样上。荷载均匀分布于试样的整个宽度。连续记录或按规定的时间间隔记录试样的伸长，该荷载保持1 000h。如果不足1 000h 试样发生断裂，则记录断裂时间。

#### 5.1.1 按本规程 T 1121—2006 的规定测定样品的宽条拉伸特性，包括试样的拉伸强度、断裂伸长率和横向收缩率。

#### 5.1.2 按本规程 T 1121—2006 的规定测定技术代表宽度试样的拉伸强度和断裂伸长率。如果需要，评价所使用的技术代表宽度试样的有效性，详见条文说明中的计算示例。

#### 5.1.3 根据本方法4.3.2 要求的标记长度在试样上标记参考点后，将试样安装在夹具上。

#### 5.1.4 施加预张力，预张力值等于拉伸强度的1%，以 kN/m 表示。

#### 5.1.5 测定标记长度作为初始标记长度，精确至±0.1%。

#### 5.1.6 如适用，安装和固定伸长计，并设置初始伸长值为0。

5.1.7 从以下范围选择4档荷载进行试验：

拉伸强度的10%、20%、30%、40%、50%和60%。

4块试样分别施加4档不同的荷载，加载时间不超过60s。

5.1.8 加载结束时即为试验的零点时间。按下列时间测量标记长度的变化，精确至±0.1%：

(1)1、2、4、8、15、30、60(min)。

(2)2、4、8、24(h)。

(3)3、7、14、21、42(d)。

5.2 拉伸蠕变断裂的测定

在规定的温湿度环境下，将一恒定静荷载施加于试样上，荷载均匀地分布于试样整个宽度。该荷载保持到试样断裂，由试样断裂即停止记时的记时系统记录断裂时间。

5.2.1 按本规程T 1121—2006的规定测定样品的宽条拉伸特性，包括试样的拉伸强度、断裂伸长率和横向收缩率。

5.2.2 按本规程T 1121—2006的规定测定技术代表宽度试样的拉伸强度和断裂伸长率。如需要，评价所使用的技术代表宽度的试样的有效性。

5.2.3 将试样安装在夹具上。

5.2.4 从试样拉伸强度的30%~90%范围内选择4档荷载进行试验。3块试样施加一档荷载，即共计试验12块试样。加载结束时即为试验的零点时间。

注：选择4个等距对数时间，如100h、500h、2 000h、10 000h。估计有可能导致进行的3个平行试验在100h时断裂的荷载水平。根据该结果，对有可能导致在500h断裂的荷载进行估计。然后是其他两个荷载水平。

5.2.5 记录发生蠕变断裂时的时间。

6 技术代表宽度试样的使用规定

当使用小于200mm技术代表宽度的试样时，确定试样宽度的方法很重要。

6.1 土工格栅、土工网技术代表宽度的试样应满足下列条件：

按本规程T 1121—2006的规定测定宽条样的拉伸强度和伸长率，准备减宽试样，测量减宽试样的拉伸强度和伸长率。当减宽试样同时满足拉伸强度偏差不超出±5%、伸长率偏差不超出±20%时，可以确定为技术代表宽度。

计算拉伸强度时，还需确定每米宽度的拉伸单元。尽可能地把整卷宽度的样品放在一个平面上，使用长度至少1.5m的尺子测量1m内的拉伸单元所对应的宽度，以mm表示。根据该单元数计算每米宽度的拉伸单元个数，精确至0.1个单元。同时记录试样上的拉伸单元个数(详见条文说明中的示例1)。

6.2 土工织物技术代表宽度的确定。

准备减宽试样，其宽度应小于200mm、大于50mm；按本规程T 1121—2006的规定测定宽条样和减宽试样的拉伸强度和伸长率，分别计算两种宽度试样的拉伸强度和伸长率。减宽试样如同时满足拉伸强度偏差不超出±5%、伸长率偏差不超出±20%时，可以确定为技术代表宽度(详见条文说明中的示例2)。

7 试验报告

试验报告应包括以下内容：

(1)样品名称、规格型号和状态描述。

(2)试验开始和结束的日期。

(3)试验用仪器。

(4)试样调湿和试验用大气条件。

(5)宽条拉伸试验的平均拉伸强度、伸长率和试样的横向收缩。

(6)如果需要，提供判断使用技术代表宽度试样进行蠕变试验的详细资料。

(7)如果需要,按送样者的规定尺寸试样进行蠕变试验,计算平均拉伸强度和伸长率。

(8)加载方式的描述。

(9)拉伸蠕变荷载以第(5)项拉伸强度的百分比表示。

(10)测量的蠕变伸长和时间关系的结果表示。

(11)名义标记长度。

(12)每个试样在每一荷载下的变形—时间对数的关系曲线图,图中应包括所有的数据点。

(13)每个试样的拉伸蠕变断裂时间。

(14)任何偏离规定程序的详细说明。

**【注意事项】**

(1)温度:公路工程使用的土工合成材料一般在常温下使用,一般代表性试验温度为20℃。

(2)试样宽度:蠕变试验中,当土工合成材料抗拉强度较高时,宽条试样需大量的悬重物,有时甚至无法加荷,此时可选用窄条试样进行试验。

(3)荷载水平:蠕变试验荷载水平一般在最大抗拉强度的10%~70%范围内,考虑到蠕变试验耗时较长,荷载分级不宜太多。而且在应力水平较高时,部分土工合成材料在试验后期往往出现断裂,所以一般取20%、40%、60%极限抗拉强度的应力水平进行试验。

(4)初始长度量测:在测量初始长度前,应给试样一个微量荷载使试样绷紧,该荷载不宜过大,可在0.1~0.3kN/m范围内选择,可将下夹具和加荷盘的质量控制在20N左右,这样在下夹具和加荷盘挂上试样后即可量测初始长度。

(5)读数:由于土工合成材料的形变由急弹性形变、缓弹性形变及塑性形变三部分组成。蠕变试验主要针对后两部分进行,因此在施加预定荷载后,应待土工合成材料变形较为稳定时再读取数据,这样有利于提高试验精度。一般在加荷30s后开始进行读数较为合适。

(6)时间:蠕变试验主要是确定恒载作用下的长期影响。在有条件时,应尽量延长试验时间,一般最短试验时间不少于500h。

## 四、水 力 性 能

土工织物具有良好的透水性,并能有效地保持土体,被广泛地用于过滤和排水工程;土工膜具有良好的抗渗性能,被广泛用于防渗工程。因此土工合成材料的水力学性质也是其重要的技术性能:对土工织物包括两个方面,一是透水与导水能力,二是阻止土颗粒流失的能力;对土工膜主要是抗渗性能。

(一)垂直渗透性能

垂直于织物平面的渗透特性简称垂直渗透特性。土工织物用作反滤材料时,流水的方向垂直于土工织物的平面,此时要求土工织物既能阻止土颗粒随水流失,又具有一定的透水性。垂直渗透性能主要用于反滤设计,以确定土工织物的渗透性能。

垂直向渗透性能的测定包括两种方法:一种是恒水头法,另一种是降水头法。恒水头法是测土工织物在系列恒定水头下的垂直渗透特性;降水头法是测土工织物在连续下降水头下的垂直渗透特性。国内所有的标准均采用恒水头法。

为了避免厚度测量引起的误差,土工织物的透水性可采用透水率来表示。透水率是水头差等于1时的渗透流速,即单位时间、单位水头、单位面积流过织物的水量。

# 垂直渗透性能试验(恒水头法)
## (JTG E50—2006 T 1141—2006)

1 适用范围

1.1 本方法规定了土工织物及复合土工织物在系列恒定水头下垂直渗透性能的试验方法。

1.2 本方法适用于土工织物和复合土工织物。

2 引用标准

GB/T 7489  水质  溶解氧的测定  碘量法

GB 8170  数值修约规则

3 定义

3.1 流速指数

试样两侧50mm水头差下的流速,精确到1mm/s。

注:也可取100mm、150mm水头差下的流速,但应在报告中注明。

3.2 垂直渗透系数

在单位水力梯度下垂直于土工织物平面流动的水的流速(mm/s)。

3.3 透水率

垂直于土工织物平面流动的水,在水位差等于1时的渗透流速(1/s)。

4 仪器设备及材料

4.1 恒水头渗透仪(图 T 1141-1)

4.1.1 渗透仪夹持器的最小直径50mm;能使试样与夹持器周壁密封良好,没有渗漏。

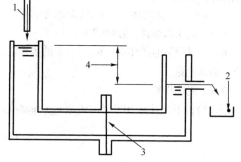

图 T 1141-1 水平式恒水头渗透仪示意图
1-进水系统;2-出水收集;3-试样;4-水头差

4.1.2 仪器能设定的最大水头差应不小于70mm,有溢流和水位调节装置,能够在试验期间保持试件两侧水头恒定,有达到250mm恒定水头的能力。

4.1.3 测量系统的管路应避免直径的变化,以减少水头损失。

4.1.4 有测量水头高度的装置,精确到0.2mm。

4.2 供水系统

4.2.1 试验用水应按GB/T 7489对水质的要求采用蒸馏水或经过过滤的清水,试验前必须用抽气法或煮沸法脱气,水中的溶解氧含量不得超过10m/kg。

4.2.2 溶解氧含量的测定在水入口处进行,溶解氧的测定仪器或仪表应符合GB/T 7489的有关规定。

4.2.3 水温控制在18~22℃。

注:由于温度校正(表 T 1141-1)只同层流相关,流动状态应为层流;工作水温宜尽量接近20℃,以减小因温度校正带来的不准确性。

4.3 其他用具

4.3.1 秒表,精确到0.1s。

4.3.2 量筒,精确到10mL。

4.3.3 温度计,精确到0.2℃。

5 试样制备

5.1 取样:按本规程 T 1101—2006 的规定取样。

5.2 试样数量和尺寸:试样数量不小于5块,其尺寸应与试验仪器相适应。

5.3 试样要求:试样应清洁,表面无污物,无可见损坏或折痕,不得折叠,并应放置于平处,上面不得施加任何荷载。

6 试验步骤

6.1 将试样置于含湿润剂的水中,至少浸泡12h直至饱和并赶走气泡。湿润剂采用0.1% V/V 的烷基苯磺酸钠。

6.2 将饱和试样装入渗透仪的夹持器内,安装过程应防止空气进入试样,有条件时宜在水下装样,并使所有的接触点不漏水。

6.3 向渗透仪注水,直到试样两侧达到50mm的水头差。关掉供水,如果试样两侧的水头在5min内不能平衡,查找是否有未排除干净的空气,重新排气,并在试验报告中注明。

6.4 调整水流,使水头差达到70mm±5mm,记录此值,精确到1mm。待水头稳定至少30s后,在规定的时间周期内,用量杯收集通过仪器的渗透水量,体积精确到10mL,时间精确到秒。收集渗透水量至少1 000mL,时间至少30s。如果使用流量计,流量计至少应有能测出水头差70mm时的流速的能力,实际流速由最小时间间隔15s的3个连续读数的平均值得出。

6.5 分别对最大水头差0.8、0.6、0.4和0.2倍的水头差,重复6.4的程序,从最高流速开始,到最低流速结束,并记录下相应的渗透水量和时间。如果使用流量计,适用同样的原则。

注:如土工织物总体渗透性能以确定,为控制产品质量也只可测50mm水头差下的流速。

6.6 记录水温,精确到0.2℃。

6.7 对剩下的试样重复6.2~6.6的步骤。

7 结果计算

7.1 流速指数

(1)按下式计算20℃时的流速$v_{20}$(mm/s):

$$v_{20} = \frac{VR_T}{At} \tag{T 1141-1}$$

式中:$V$——渗透水的体积,$m^3$;

$R_T$——$T$℃水温时的水温修正系数(表T 1141-1);

$A$——试样过水面积,$m^2$;

$t$——达到水体积$V$的时间,s。

如果使用流速仪,流速$v_T$直接测定,则按公式(T 1141-2)计算20℃时的流速$v_{20}$(mm/s):

$$v_{20} = v_T R_T \tag{T 1141-2}$$

(2)计算每块试样不同水头差下的流速$v_{20}$。

使用计算法或图解法,用水头差$h$对流速$v_{20}$通过原点作曲线。在一张图上绘出5个试样的水头差$h$对流速$v_{20}$的曲线5条。

(3)通过计算法或图解法求出5个试样50mm水头差的流速值,给出平均值和最大、最小值。平均值为该样品的流速指数,精确到1mm/s。

7.2 垂直渗透系数

按公式(T 1141-3)计算实际水温下的垂直渗透系数$k$:

$$k = \frac{v}{i} = \frac{v\delta}{\Delta h} \tag{T 1141-3}$$

式中:$k$——实际水温下的垂直渗透系数,mm/s;

$v$——垂直土工织物平面水的流动速度,mm/s;

$i$——土工织物上下两侧的水力梯度;

$\delta$——土工织物试样厚度,mm;

$\Delta h$——对土工织物试样施加的水头差,mm。

按公式(T 1141-4)计算20℃水温下的垂直渗透系数$k_{20}$:

$$k_{20} = kR_T \tag{T 1141-4}$$

式中：$k_{20}$——水温20℃时的垂直渗透系数，mm/s；
　　　$k$——实际水温下的垂直渗透系数，mm/s；
　　　$R_T$——$T$℃水温时的水温修正系数（表 T 1141-1）。

水温修正系数　　　　　　表 T 1141-1

| 温度(℃) | $R_T$ | 温度(℃) | $R_T$ |
|---|---|---|---|
| 18.0 | 1.050 | 20.5 | 0.988 |
| 18.5 | 1.038 | 21.0 | 0.976 |
| 19.0 | 1.025 | 21.5 | 0.965 |
| 19.5 | 1.012 | 22.0 | 0.953 |
| 20.0 | 1.000 | | |

注：水温修正系数 $R_T$ 即为水的动力黏滞系数比 $\eta_t/\eta_{20}$；$\eta_t$ 为试验水温 $t$℃时水的动力黏滞系数，$\eta_{20}$ 为试验水温20℃时水的动力黏滞系数。

### 7.3 透水率

按公式（T 1141-5）计算水温20℃时的透水率 $\theta_{20}$：

$$\theta_{20} = \frac{k_{20}}{\delta} = \frac{v_{20}}{\Delta h} \tag{T 1141-5}$$

式中：$\theta_{20}$——水温20℃时的透水率，1/s；
　　　$k_{20}$——水温20℃时的渗透系数，mm/s；
　　　$\delta$——土工织物厚度，mm；
　　　$v_{20}$——温度20℃时，垂直土工织物平面水的流动速度，mm/s；
　　　$\Delta h$——对土工织物试样施加的水头差，mm。

## 8 试验报告

试验报告应包括以下内容：
(1) 样品名称、规格型号和状态描述。
(2) 样品状态的描述。
(3) 试验日期。
(4) 渗透仪规格型号、主要技术指标。
(5) 试样有效过水面积。
(6) 测定全部渗透性能时，每个试样的流速对水头损失曲线的集合。
(7) 水头差50mm时的流速指数（$VI_{50}$），如需要，给出垂直渗透系数和透水率。
(8) 水温范围。
(9) 供水方式和溶解氧值。
(10) 任何偏离规定程序的详细说明。

## 【注意事项】

(1) 试件放在渗透仪夹持器中，要注意旋紧夹持器压盖，以防止水从试样被压部分的内层渗漏；同时要保持夹持器的压盖与试样盒内壁密封，防止侧漏影响试验结果。

(2) 试件必须进行浸泡处理，其目的在于排尽试样内部的空气，必要时可在浸泡过程中进行人工挤压排气，以保证试验结果的准确。

(3) 各种土工织物的渗透性能相差很大，统一规定只装一片饱和试样有的产品很难达到两侧50mm的水头差，可以考虑以满足试样两侧达到50mm的水头差为前提，确定采用单层还是多层试样进行试验。

(二)耐静水压

土工合成材料中的土工膜和复合土工膜,防渗性能是其重要的特征指标之一,在工程实际应用中对工程寿命有重要的影响。防渗性能通常可用耐静水压指标表征。

耐静水压试验方法的原理是:将样品置于规定的测试装置内,对其两侧施加一定水力压差并保持一定时间,逐级增加水力压差,直至样品出现渗水现象,记录其能承受的最大水头压差即为样品的耐静水压值;也可测定在要求的水力压差下样品是否有渗水现象,以判断其是否满足要求。

## 耐静水压试验
### (JTG E50—2006 T 1142—2006)

1 适用范围

1.1 本方法规定了土工合成材料防渗性能——耐静水压性能的试验方法。

1.2 本方法适用于土工膜和复合土工膜。

2 引用标准

　　GB 8170 数值修约规则

3 仪器设备及材料

耐静水压的测定装置应包括进水调压装置、试样夹持及加压装置、压力测定装置等。其主要部件及要求如下(图T 1142-1):

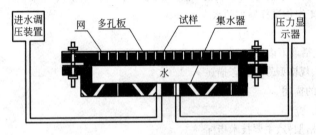

图 T 1142-1 耐静水压装置示意图

3.1 进水调压装置:包括水源、气源、调压阀等,调压范围至少 0~2.5MPa,应具有压力恒定功能,加压系统误差±2%。

3.2 试样夹持及加压装置:由集水器、支撑网和多孔板组成。集水器一般为圆筒状,内腔直径为 200mm±5mm;多孔板内均匀分布直径为 3mm±0.05mm 的小透孔,孔的中心间距离 6mm;试样夹持后应保证无漏水。

注:集水器内腔直径也可根据需要选用,但截面积不小于 200cm²。

3.3 压力测定装置:量程范围 0~2.5MPa,分辨率 0.05MPa。

3.4 具有相同效果的仪器装置均可使用,例如本规程 T 1141—2006 中规定的装置。

4 试样制备

4.1 取样:按本规程 T 1101—2006 的规定取样。

4.2 试样数量和尺寸:从样品上剪取 3 块试样,其大小应适合使用的仪器。试样上不能有损伤和疵点。

5 试验步骤

5.1 开启进水加压装置,使水缓慢地进入并充满集水器,直至刚好要溢出。

5.2 将试样无褶皱地平放在集水器内的网上,溢出多余水以确保集水器内无气泡;将多孔板盖上,均匀地夹紧试样。

对于由纺织材料与膜材复合的试样,应使膜材一面对水面;对于两面是纺织材料而膜处于中间的复合材料,可将面对水面一侧的纺织材料边缘相应于将被夹持的环形部分小心地剥去,也可在被夹持的环形部分涂上玻璃胶等黏合剂,以确保试样被夹持的部分不漏水。

5.3 缓慢调节加压装置,使集水器内的水压上升至0.1MPa;如能估计出样品耐静水压的大致范围,也可将水压直接加到该范围的下限,开始测试。

5.4 保持上述压力至少1h,观察多孔板的孔内是否有水渗出。

5.5 如试样未渗水,以每0.1MPa的级差逐级加压,每级均保持至少1h,直至有水渗出时,表明试样有渗水孔或已出现破裂,记录前一级压力即为该试样的耐静水压值,精确至0.1MPa。

5.6 如只需判断试样是否达到某一规定的耐静水压值,则可直接加压到此压力值并保持至少1h,如没有水渗出,则判定其符合要求。

注:多孔板的孔内出现水珠时,如将其擦去后不再有水渗出,则可判断这是由于试样边缘溢流造成的,可以继续试验;如果将其擦去后仍有水渗出,则可判断是由于试样渗水造成的,试验可以终止。

5.7 按照5.1~5.6步骤测定其余试样。

5.8 如果使用T 1141—2006中规定的装置,则以渗流量判断是否渗水。在一定水力压差下渗流量极小时(如小于$0.1cm^3/h$)则可认为没有渗水;当渗流量急速增加时,表明试样已出现破坏,试验可以终止。

6 试验结果

以3个试样测得耐静水压值中的最低值作为该样品的耐静水压值,按GB 8170规定修约至0.1MPa。

7 试验报告

试验报告应包括以下内容:

(1)样品名称、规格型号。

(2)样品状态的描述。

(3)试验日期。

(4)试验设备型号、主要技术指标。

(5)样品的耐静水压值(MPa)。

(6)任何不正常的状态,例如夹持装置边缘渗水等。

(7)任何偏离规定程序的详细说明。

【注意事项】

(1)多孔板上的小孔直径和分布间距会对试验结果产生较大的影响。小孔直径和分布间距不同,试验结果不同,没有可比性,所以要严格按标准要求制作多孔板。

(2)支撑网和多孔板表面应光滑无锐角,以免划伤试件造成漏水。

(3)当对两布一膜试样进行耐静水压试验时,要特别注意密封问题,将面对水面一侧的纺织纤维小心剥掉,以确保被夹持部分不漏水。

(4)试验结果是以3个试样中最低值作为样品的检测结果。这主要是考虑到样品可能存在不均匀性,而一处渗水就可能酿成大的工程事故,所以采用最低值作为样品的检测结果。

(三)塑料排水带芯带压屈强度与通水量

塑料排水板是由可以滤水的薄型土工织物(简称滤布)及形成骨架和排水通道的芯板组

成,随芯带断面形式的不同可分为长城型、口琴型等不同形式。

塑料排水带的测试项目应包括复合板带的抗拉强度、滤布的抗拉强度及延伸率、滤布的渗透性能和淤堵性能以及排水板的纵向通水量和芯带的压屈强度。除后两项外,其余试验项目在前面已分别作了介绍。此处仅对排水板的纵向通水量和芯带的压屈强度的试验方法加以介绍。

1. 芯带压屈强度

芯带是在侧向水土压力作用下工作的。如果芯带被压屈,则会大大缩小通水断面,降低通水能力。压屈强度试验就是检验影响通水能力的一个重要方面。

2. 纵向通水量

塑料排水带打入软土地基中,软土中的部分孔隙水通过排水带排出土体以外。仅当排水带纵向有足够的通水能力,土中水才能顺畅地排出而加固,因而纵向通水量是塑料排水的一项最重要的指标。

# 塑料排水带芯带压屈强度与通水量试验
## (JTG E50—2006  T 1143—2006)

1 目的和适用范围

 1.1 本方法规定了测定塑料排水带芯带压屈强度与复合体纵向通水量的试验方法。

 1.2 本方法适用于各种类型的塑料排水带。

2 引用标准

  GB 8170  数值修约规则

3 芯带压屈强度试验

 3.1 仪器设备及材料

  3.1.1 压力机:具有等速率加荷和恒压功能,能测读加压过程中的应力、应变量,绘制应力—应变曲线。

  3.1.2 其他能满足要求的加压设备,如杠杆式加压仪。

  3.1.3 百分表:量程为10mm,分度值为0.01mm。

 3.2 试样制备

  3.2.1 取样:按本规程 T 1101—2006 的规定取样。

  3.2.2 制样:裁取圆形试样3块,试样面积为30cm$^2$(直径6.18cm)或50cm$^2$(直径7.98cm)。

  3.2.3 试样调湿和状态调节:按本规程 T1101—2006 中的第5条规定进行。

 3.3 试验步骤

  3.3.1 将试样放在压力机上,上下垫刚性垫板,施加1kPa预压力,将百分表调零。

  3.3.2 对试样施加第一级压力(50kPa),随即记时,恒定压力,每10min从百分表上测读一次试样的压缩变形量。当相邻两次读数差小于试样厚的1%时,即以此读数作为该级压力下的压缩量。

  3.3.3 重复本节3.3.1~3.3.2的步骤分别对试样施加150kPa、250kPa、350kPa及450kPa压力,测记各级压力下的压缩量,精确到0.01mm。

  3.3.4 重复本节3.3.1~3.3.3的步骤对其余两块试样进行试验。

 3.4 结果计算

  3.4.1 按下式计算试样在各级压力下的压缩应变 $\varepsilon_i$:

$$\varepsilon_i = \frac{\Delta h_i}{h_0} \times 100 \qquad\qquad (\text{T 1143-1})$$

式中：$\varepsilon_i$——第 $i$ 级压力下的压缩应变，%；

$\Delta h_i$——第 $i$ 级压力下的压缩变形量，mm；

$h_0$——试样初始厚度，mm。

3.4.2 绘制试样的应力—应变曲线，取初始线性段的最大压力值作为芯带的压屈强度。

3.4.3 计算 3 块试样压屈强度的平均值(kPa)，按 GB 8170 修约到整数。

## 4 纵向通水量试验

### 4.1 仪器设备及用具

4.1.1 通水能力测定仪有立式和卧式两种(图 T 1143-1、图 T 1143-2)，应满足下列规定：

(1) 在试样样长范围内受到均匀且恒定的侧压力。

(2) 试样内部在常水头下进行渗流。

(3) 试样两端连接处，必须密封良好，在侧压力作用下不漏水。

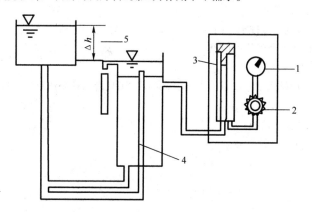

图 T 1143-1 立式通水能力测定仪
1-压力表；2-调压阀；3-体变管；4-排水带；5-水位差

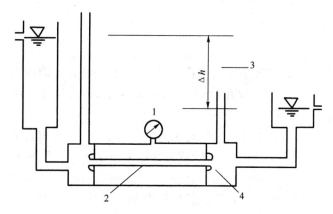

图 T 1143-2 卧式通水能力测定仪
1-压力表；2-排水带；3-水位差；4-端部密封

4.1.2 连接管路宜短而粗。

4.1.3 上下游水位容器应有溢水装置，保持常水头；水位容器应有较大容积，保证水流稳定。

4.1.4 包封排水带用的乳胶膜套，应弹性良好、不漏水，膜厚宜小于 0.3mm。

4.1.5 其他，如量筒、秒表、温度计、水桶等。

### 4.2 试样制备

4.2.1 取样：按本规程 T 1101—2006 的规定取样。

4.2.2 制样：沿排水带长度方向随机裁取两块试样，试样长度与通水能力测定仪相匹配。

4.3 试验步骤

4.3.1 将包有乳胶膜的排水带装入通水仪内,密封好两端接头,安装好连接部分。

4.3.2 对压力室施加侧压力,通用的侧压力为350kPa,在整个试验过程中保持恒压。

4.3.3 调节上、下游水位,使排水带在水力梯度 $i=0.5$ 条件下进行渗流。

4.3.4 在恒压及恒定水力梯度下渗流半小时后测量渗水量,并记录测量时间,以后每隔2h测量一次,直到前后两次通水量差小于前次通水量的5%为止,以此作为排水带的通水量。

4.3.5 重复4.3.1~4.3.4步骤,测定另一块排水带的通水量。

4.4 结果计算

4.4.1 按下式计算排水带通水量 $Q$：

$$Q = \frac{W}{ti} \tag{T 1143-2}$$

式中：$Q$——通水量，$cm^3/s$；

$W$——在 $t$ 时段内通过排水带的水量，$cm^3$；

$t$——通过水量 $W$ 所经历的时间，s；

$i$——水力梯度，设定 $i$ 为 0.5。

4.4.2 计算两块排水带通水量的平均值,按 GB 8170 修约到小数点后1位。

5 试验报告

试验报告应包括以下内容：

(1) 样品名称、规格型号。

(2) 样品状态的描述。

(3) 试验日期。

(4) 试验设备型号、主要技术指标。

(5) 样品的芯带压屈强度和复合体纵向通水量。

(6) 任何不正常的状态,如密封端渗水等。

(7) 任何偏离规定程序的详细说明。

(四) 有效孔径

土工织物具有各种形状和大小不同的孔径,其孔径大小的分布曲线类似于土的颗粒级配曲线。土工织物的孔径大小用等效孔径 $O_{95}$ 表示(单位为 mm),其含义接近于织物的最大孔径,即土颗粒能通过织物的最大粒径。

织物的孔径反映织物的透水性能与保持土颗粒的能力,是一个重要的特征指标。土工织物孔径的测定方法采用筛分法和显微镜法,规范规定采用筛分法。其测试原理是：用土工织物试样作为筛布,将已知粒径的标准颗粒材料放在土工织物上面振筛,称量通过土工织物的标准颗粒材料质量,计算出过筛率,调换不同粒径的标准颗粒进行试验,由此绘出有效孔径分布曲线,并求出有效孔径值。

目前测量有效孔径的方法主要有干筛法和湿筛法,其中干筛法较为常用。

## 有效孔径试验(干筛法)
### (JTG E50—2006 T 1144—2006)

1 适用范围

1.1 本方法规定了用干筛法测定土工织物孔径的试验方法。

1.2 本方法适用于土工织物和复合土工织物。

## 2 引用标准

GB/T 6005—1997　试验筛、金属丝编织网、穿孔板和电成型薄板筛孔的基本尺寸

GB 8170　　　　　数值修约规则

## 3 定义

### 3.1 标准颗粒材料

洁净的玻璃珠或天然砂粒,其粒径应符合本方法中4.3的粒径分组要求。

### 3.2 孔径

以通过其标准颗粒材料的直径表征的土工织物的孔眼尺寸。

### 3.3 有效孔径($O_e$)

能有效通过土工织物的近似最大颗粒直径,例如$O_{90}$表示土工织物中90%的孔径低于该值。

## 4 仪器设备及材料

### 4.1 筛子:直径200mm。

### 4.2 标准筛振筛机。

横向振动频率:220次/min±10次/min；回转半径:12mm±1mm。

垂直振动频率:150次/min±10次/min；振幅:10mm±2mm。

### 4.3 标准颗粒材料。

标准颗粒材料粒径分组如下:

0.045~0.063、0.063~0.071、0.071~0.090、0.090~0.125、0.125~0.180、0.180~0.250、0.250~0.280、0.280~0.355、0.355~0.500、0.500~0.710(mm)。

### 4.4 天平:称量200g,感量0.01g。

### 4.5 秒表、细软刷子、剪刀等。

## 5 试样制备

### 5.1 取样:按本规程T 1101—2006的规定取样。

### 5.2 试样数量及尺寸:剪取$5×n$块试样,$n$为选取粒径的组数;试样直径应大于筛子直径。

### 5.3 试样调湿:按本规程T 1101—2006中的第5.1条规定进行。当试样在间隔至少2h的连续称重中质量变化不超过试样质量的0.25%时,可认为试样已经调湿。

## 6 试验步骤

### 6.1 试验前应将标准颗粒材料与试样同时放在标准大气条件下进行调湿平衡。

### 6.2 将同组5块试样平整、无褶皱地放入能支撑试样而不致下凹的支撑筛网上。从较细粒径规格的标准颗粒中称50g,均匀地撒在土工织物表面上。

### 6.3 将筛框、试样和接收盘夹紧在振筛机上,开动振筛机,摇筛试样10min。

### 6.4 关机后,称量通过试样进入接收盘的标准颗粒材料质量,精确至0.01g。

### 6.5 更换新的一组试样,用下一较粗规格粒径的标准颗粒材料重复6.2~6.4步骤,直至取得不少于三组连续分级标准颗粒材料的过筛率,并有一组的过筛率达到或低于5%。

## 7 结果计算

### 7.1 按下式计算过筛率,结果按GB 8170修约到小数点后两位:

$$B = \frac{P}{T} \times 100 \qquad (T\ 1144\text{-}1)$$

式中:$B$——某组标准颗粒材料通过试样的过筛率,%；

　　　$P$——5块试样同组粒径过筛量的平均值,g；

　　　$T$——每次试验用的标准颗粒材料量,g。

### 7.2 以每组标准颗粒材料粒径的下限值作为横坐标(对数坐标),相应的平均过筛率作为纵坐标,描点绘制过筛与粒径的分布曲线。找出曲线上纵坐标10%所对应的横坐标值,即为$O_{90}$；找出曲线上纵坐标5%所对应的横坐标值,即为$O_{95}$,读取两位有效数字。

### 7.3 土工织物有效孔径分布曲线的绘制示例

#### 7.3.1 曲线的绘制

以每组标准颗粒材料粒径的下限值为横坐标、过筛率的平均值为纵坐标绘制有效径分布曲线（图 T 1144-1）。

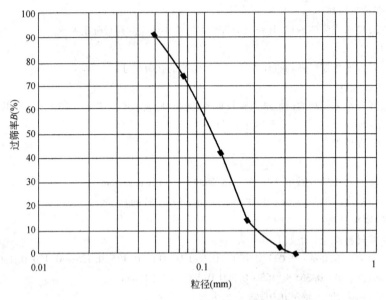

图 T 1144-1 有效孔径分布曲线

#### 7.3.2 $O_{90}$、$O_{95}$ 值的确定

$O_{90}$ 表示 90% 的标准颗粒材料留在土工织物上，其过筛率 $B$ 为 $1-90\%=10\%$，曲线纵坐标为 10% 点所对应的横坐标即定义为有效孔径 $O_{90}$，单位为 mm。

$O_{95}$ 表示 95% 的标准颗粒材料留在土工织物上，其过筛率 $B$ 为 $1-95\%=5\%$，曲线纵坐标为 5% 点所对应的横坐标即定义为有效孔径 $O_{95}$，单位为 mm。

### 8 试验报告

试验报告应包括以下内容：

(1) 样品名称、规格型号。
(2) 样品状态的描述。
(3) 试验日期。
(4) 试验设备型号、主要技术指标。
(5) 试验条件(标准颗粒材料的选用、摇筛时间等)。
(6) 试验结果(孔径分布曲线、有效孔径)。
(7) 任何偏离规定程序的详细说明。

【注意事项】

(1) 颗粒材料要求：颗粒材料可用石英砂或玻璃珠两种材料。为避免颗粒粒径太小时，由于静电影响造成试验结果反常，一般标准颗粒材料粒径的下限值，砂取 0.06mm，玻璃珠取 0.07mm。砂粒中应尽量避免含片状或针状云母，长石颗粒以及黏土矿物。

当相对湿度较大(大于 85%)，使用未经调湿处理的无纺织物试样，将使玻璃珠的过筛量大幅度减少，为消除湿度影响，可在试验前将织物试样和玻璃珠保存在低于 50℃ 的烘箱内。

(2) 颗粒材料投放量：筛中每次颗粒材料投放少时，不能铺满 200mm 外径的标准筛，如果投放量较多，振筛时颗粒相互干扰，过筛速率反而减慢，每次投放 50g 较为合适。在试验中，不采用混合粒径颗粒材料的原因是不同粒径的颗粒易堵塞织物的孔径,使试验结果受颗粒级配的影响。

(3)振筛时间:过筛率随振筛时间增长而加大,但过筛速率表现为初期较大,逐渐减小并趋于稳定,一般在20min左右可趋于稳定。在只需确定等效孔径$O_{95}$时,振筛时间长短的影响较小。

(五)淤堵

土工织物用作滤层时,水从被保护土中流过织物,在流动过程中使土颗粒积聚在织物表面的孔口上,堵塞水流通道的进口,或使细颗粒沉积在孔隙内部,逐渐减小通道的有效过水面积,降低排水效率。前者称为阻塞,后者称为淤堵。阻塞一般发生在渗流开始阶段,而淤堵随时间增长而加重。

目前判断织物滤层淤堵,还不能给出反映淤堵程度的允许值,只能通过被保护土与织物滤层的长期工作试验,观测渗透流量的变化与稳定情况来评估。渗流量及渗透系数不断减小,则为发生淤堵。但淤堵试验一般要进行很长的时间,和滤层的长期渗透试验相比较,梯度比试验因是测量土和土工织物系统中水位差的变化,试验周期短,更具有实验价值,所以试验规程采用梯度比表示织物的淤堵性。

梯度比是土工织物试样极其上方25mm土样的水力梯度$i_1$与织物上方从25~75mm之间土样的水力梯度$i_2$的比值。可理解为因织物的淤堵,土和织物系统渗透系数下降的倍数,一般使用的试验仪器与土工试验的粗颗粒垂直渗透仪类似。

## 淤 堵 试 验
(JTG E50—2006　T 1145—2006)

1　适用范围

1.1　本方法规定了采用梯度比方法测定一定水流条件下土与土工织物系统及其交界面上的渗透系数和渗透比,以及测定土工织物含泥量的试验方法。

1.2　本方法适用于土工织物及复合土工织物,以判断土工织物作为某种土的滤层时是否会产生不允许的淤堵。

2　定义

梯度比:淤堵试验中,土工织物试样至其上方25mm土样的水力梯度与织物上方从25~75mm之间土样的水力梯度的比值。

3　仪器设备及材料

3.1　梯度比渗透仪:

3.1.1　渗透仪筒体为内径100mm的透明圆筒,有夹持单片或多片土工织物试样的装置,周边应密封良好,圆筒应有一定的高度,织物上方的土样高为100mm,土样上方应有一定的空间使水流均匀稳定。

3.1.2　渗透仪圆筒侧壁的6根测压管,其内径不小于3mm,接头处应设滤层,防止土样堵塞管口。进水口、排水口、排气口及6根管的分布见图T 1145-1。

3.1.3　土工织物底部应放置具有一定刚度和孔径(6mm)的筛网,以支承土工织物。筛网与织物一起在夹持装置内密封。

3.2　供水系统:进水和出水装置均应有溢水口,保证常水头。

3.3　测压板:测压管固定在板上,应装有刻度尺,最小分度值为1mm。

3.4 其他：真空泵、水加热器、秒表、量筒、温度计、水桶等。

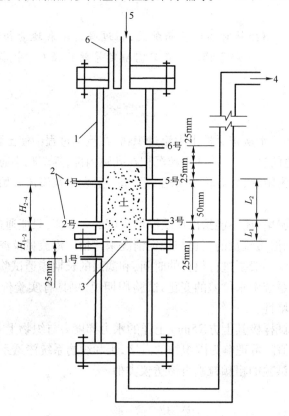

图 T 1145-1 梯度比装置示意图

1-内径100mm透明圆筒；2-测压管；3-土工织物；4-排水口；5-连常水头水容器；6-排气口

### 4 试样制备

4.1 取样：按本规程 T 1101—2006 的规定取样。

4.2 试样数量及尺寸：试样尺寸应与渗透仪尺寸相适应；试样数量根据试验组合和设计滤层中织物的层数而定。

4.3 试验前称量土工织物试样的质量，精确至 0.01g。

4.4 土料：将土料风干后进行筛分，剔除粒径大于 5mm 的颗粒。

4.5 试验用水：试验应用脱气水，水温宜比室温高 3~4℃。

### 5 试验步骤

5.1 将织物试样和筛网一起放在夹持装置内，并密封好。

5.2 装入土样，土样高为100mm。对于松土样，可用漏斗将风干土倒入渗透仪内整平即可；对于密实土样，应分层击实至要求的密度。装样过程中应防止测压管的进口被堵塞。

5.3 饱和土样。由排水口管进水，使水由试样底部缓慢流入，可控制进水水头小于 25mm，直至水位上升到土样顶面一定高度，始可从进水管注水，并使整个容器内充满水（为加速土样饱和，可采用真空泵抽气法或用充 $CO_2$ 的方法）。

5.4 调节水位，使水力梯度 $i$ 达 1.0，观察测压管内的水位变化。

5.5 当全部测压管读数达到稳定后，将上游进水容器保持常水头，打开出水口阀门，水流通过试样进行渗流。

5.6 每小时测读一次测压管水位和渗水量，同时记录渗水时间和水温，连续测读24h。如读数尚未完全稳定，可适当延长测读时间，直至稳定为止。

5.7 当 $i=1.0$ 时的试验结束后,调整水力梯度 $i$,分别对该试样进行 $i=2.5$、$i=4.0$ 及 $i=10.0$ 时的试验。当 $i$ 每增加一级后,应等测压管读数稳定,并在该级梯度下渗流达 1.5h 以上。当 $i$ 达 10.0 且测压管读数稳定后,重复 5.5~5.6 步骤。

5.8 试验结束,取出土工织物试样,轻轻清除表面浮土,烘干后称量土工织物及其内部含土的总质量,精确至 0.01g。

## 6 结果计算(图 T 1145-1)

6.1 按下式计算梯度比 GR:

$$GR = \frac{\dfrac{H_{1-2}}{L_1} + \delta}{\dfrac{H_{2-4}}{L_2}} \tag{T 1145-1}$$

式中:GR——梯度比;
  $\delta$——土工织物厚度,mm;
  $H_{1-2}$——测压管 1 号与 2 号间的水位差,mm;
  $H_{2-4}$——测压管 2 号与 4 号间的水位差,mm;
  $L_1$、$L_2$——渗径长,mm。

不计土工织物厚度时,GR 按下式计算:

$$GR = \frac{2H_{1-2}}{H_{2-4}} \tag{T 1145-2}$$

6.2 按下式计算土工织物单位体积试样中的含土量 $\mu$:

$$\mu = \frac{m_1 - m_0}{A\delta} \tag{T 1145-3}$$

式中:$\mu$——织物单位体积试样中的含土量,g/cm³;
  $m_0$——试验前织物试样的质量,g;
  $m_1$——试验后织物试样的烘干质量,g;
  $A$——织物试样面积,cm²;
  $\delta$——织物厚度,cm。

## 7 试验报告

试验报告应包括以下内容:
(1)样品名称、规格型号。
(2)土样状态的描述。
(3)试验日期。
(4)试验时试样的层数。
(5)梯度比及梯度比随时间的变化过程曲线。
(6)试样单位体积的含土量。
(7)任何偏离规定程序的详细说明。

【注意事项】

(1)铜筛网和玻璃珠的用途:在织物试样下方装两层铜筛网和玻璃珠的用途是使试样在土样压力和渗透压力作用下透水面积的损失不致过大,同时使其受力均匀。玻璃珠可用 5~10mm 粒径的砾石代替。

(2)判断标准:在不同类型的织物中,热黏无纺和扁丝有纺最易淤堵,针刺无纺织物一般能满足滤层要求,单丝有纺不易发生淤堵。对不同的被保护土,一般粉粒含量越大,梯度比越大,越容易产生不容许的淤堵。当 GR 大于 3 时,将发生较严重淤堵,渗透系数的下降将超过一个数量级,从而不能满足滤层的透水性要求。

(3)影响因素:一般较易产生淤堵的织物和土料,试验时间也越长。长时间的渗透试验会在土颗粒淤堵的同时,产生生物和化学的淤堵作用,增加试验的不确定性,同时土样和织物上可能积累气泡使渗透系数明显减少,因此在试验中要注意排除这些因素,如采用脱气水,采取消除电离、消毒杀菌、消除土中有机物的措施。

(4)含土量测定:淤堵试验结束后,为测定织物内部的含土量,可将织物试样与土接触的一面朝下放置在清水中浸泡30min,让织物试样面上的土自然沉淀,然后取出织物并烘干,测量织物质量,以便计算单位体积织物的含土量。由于该项指标难于测准,同时还不能用此指标判断淤堵程度,故仅作选材时的参考指标。

## 五、耐久性能

土工合成材料的耐久性包括很多方面,主要是指对紫外线(UV)辐射、温度变化、化学与生物侵蚀、干湿变化、冻融变化和机械磨损等外界因素变化的抗御能力。材料的耐久性主要与聚合物的类型及添加剂的性质有关。现将几种主要的耐久性试验方法分述如下:

(一)抗氧化性能

### 抗氧化性能试验
### (JTG E50—2006  T 1161—2006)

1 适用范围

1.1 本方法规定了聚丙烯和聚乙烯类土工合成材料抗氧化性能的试验方法。

1.2 本方法适用于以聚丙烯和聚乙烯为原料的土工合成材料,但不适用于土工膜。

2 引用标准

GB/T 3923.1    纺织品  织物拉伸性能(条样法)

GB 8170        数值修约规则

3 仪器设备及用具

3.1 拉伸试验机:应具有等速拉伸功能,拉伸速率可以设定,并能测读拉伸过程中的应力、应变量。

3.2 恒温烘箱:烘箱有可调节的通风口,箱内有足够的空间供悬挂试样,并能保持设定的温度,温度精度为±1℃。

3.3 耐热的试样夹持夹具:悬挂于烘箱内,能保持试样间有至少10mm的间隔,离烘箱壁的距离至少100mm。

4 试样制备

4.1 取样:按本规程 T 1101—2006 取样与试样准备规定的方法抽取样品。

4.2 试样数量和尺寸:从样品上剪取两组试样,一组用作加热老化的老化样;一组用作对照样。每组纵、横向各取5块试样,土工织物每块试样的尺寸至少300mm×50mm,土工格栅试样在宽度方向上应保持完整的抗拉单元,在长度方向至少有三个连接点,试样的中间有一个连接点。

注:建议多老化几块试样,作为机械性能试验失败时的备用样。

4.3 试样调湿和状态调节:

4.3.1 试样在入烘箱内老化前不需进行调湿和状态调节。

4.3.2 进行拉伸性能试验前,对老化样和对照样进行调湿和状态调节,按本规程 T 1101—2006 中的第5条规定进行。

## 5 试验步骤

5.1 设定烘箱温度:聚丙烯材料试样烘箱温度设定为110℃±1℃;聚乙烯材料试样烘箱温度设定为100℃±1℃。

5.2 当烘箱温度稳定后,将试样夹持在夹具上,悬挂在烘箱内,试样间彼此不接触,试样的总体积不超过烘箱内空间体积的10%,试样距烘箱壁的距离至少100mm。

5.3 对于起加强作用的土工合成材料试样,或使用时需要长时间拉伸的试样,聚丙烯材料试样需在烘箱内老化28d;聚乙烯材料试样老化56d。对于用作其他方面的土工合成材料试样,聚丙烯材料试样需老化14d;聚乙烯材料试样老化28d。

5.4 由于耐热试验过程中试样可能产生收缩,所以拉伸试验前应将对照样在烘箱相同温度下放置6h后,再调湿进行拉伸试验。

5.5 拉伸性能测定:当试样在烘箱中达到规定的时间后,把试样取出,按本规程 T 1101—2006 中的第5条规定进行调湿和状态调节。按《纺织品 织物拉伸性能(条样法)》(GB/T 3923.1)进行拉伸试验,拉伸速率为100mm/min。分别计算纵、横向断裂强力的平均值,对照样记为 $F_c$,老化样记为 $F_e$;分别计算纵、横向断裂伸长的平均值,对照样记为 $\varepsilon_c$,老化样记为 $\varepsilon_e$。如果其中一块试样的拉伸试验无效,则在相同方向上再取一块试样(经过相同处理)进行试验。

## 6 结果计算

6.1 按式(T 1161-1)计算断裂强力保持率,按 GB 8170 修约至1位小数:

$$R_F = \frac{F_e}{F_c} \times 100 \tag{T 1161-1}$$

式中:$R_F$——样品的断裂强力保持率,%;
$F_e$——老化样的平均断裂强力,N;
$F_c$——对照样的平均断裂强力,N。

6.2 按式(T 1161-2)计算断裂伸长的保持率,按 GB 8170 修约至1位小数:

$$R_\varepsilon = \frac{\varepsilon_e}{\varepsilon_c} \times 100 \tag{T 1161-2}$$

式中:$R_\varepsilon$——样品的断裂伸长保持率,%;
$\varepsilon_e$——老化样的平均断裂伸长,mm;
$\varepsilon_c$——对照样的平均断裂伸长,mm。

## 7 试验报告

试验报告应包括以下内容:
(1)样品名称、规格型号。
(2)样品状态的描述。
(3)试验日期。
(4)老化试验的时间。
(5)所用烘箱的型号。
(6)烘箱温度和最大偏差。
(7)温度对对照样的影响。
(8)断裂强力保持率 $R_F$。
(9)断裂伸长保持率 $R_\varepsilon$。
(10)任何偏离规定程序的详细说明。

**【注意事项】**

(1)试验中,烘箱的温度是关键。烘箱在整个试验过程中应保持恒温,以使试样的温度保持在规定试验温度的±1℃的范围内。在14d、28d 或更长时间的试验过程中,必须每天观察并记录试验温度,如发现温度达不到试验要求,应及时查找原因。

(2)聚丙烯或聚乙烯材料的试样在烘箱中长时间放置,可能会发生收缩,所以在剪取试样时可适当放大尺寸,但须使对照样和老化样这两组试样的尺寸完全一致,以保证试验结果有可比性。

(3)由于耐热试验过程中试样可能产生收缩,所以对照样必须在与老化样相同的烘箱中放置6h后,才能进行拉伸比对试验,而不能用原始样替代对照样直接进行试验。

(二)抗酸、碱液性能

在工程应用中,土工合成材料不可避免受酸碱溶液的侵蚀,抗酸、碱性能是土工合成材料耐久性能的重要指标之一。现行试验方法,仅限于通过试验筛选出抗酸、碱性能好的土工合成材料,并不能预估实际使用寿命。

## 抗酸、碱液性能试验
### (JTG E50—2006 T 1162—2006)

1 适用范围

1.1 本方法规定了土工合成材料抗酸、碱液性能的试验方法。

1.2 本方法适用于所有的土工合成材料。

注:本方法仅考虑试样全部浸渍于酸、碱液体中的情况。对于其他情况,可修改试验条件以符合特殊应用的要求。也可适用于某些方法预处理后的试样,例如经风化、水萃取处理或者安装时受损的试样。

2 引用标准

GB 8170　　　数值修约规则

GB/T 3923.1　纺织品　织物拉伸性能(条样法)

3 仪器设备及材料

3.1 拉伸试验机:应具有等速拉伸功能,拉伸速率可以设定,并能测读拉伸过程中的应力、应变。

3.2 试验容器应具有下列装置:

3.2.1 密封盖:以限制挥发性成分的蒸发,如果有必要的话,可使用回流冷凝器。

3.2.2 搅拌器(或等效装置):保持液体以及液体和试样间物质交换均匀。

3.2.3 试样架:确保试样位置适当,使试样间的距离至少为10mm。

3.2.4 在密封盖上至少有一个可关闭的小孔,以便注入液体,控制液体的浓度。

试验容器应有足够大的容积,并且能保持试液恒定的温度为60℃±1℃。容器和装置所用的材料应能抗试验用化学品的腐蚀,通常可用玻璃或不锈钢。

3.3 试液:

使用两种类型的液体:

(1)无机酸:0.025mol/L 的硫酸。

(2)无机碱:氢氧化钙[$Ca(OH)_2$]饱和悬浮液,例如可用约2.5g/L 的 $Ca(OH)_2$。

应使用化学纯的试剂,试验用水为3级水。

注:在浸渍试验期间,应保持媒介的组成不变。在有效元素浓度降低,或者相态体系发生变化的情况下,按常规方法调节浓度或更换液体。

4 试样制备

4.1 取样:按本规程 T 1101—2006 取样与试样准备规定的方法抽取样品。

4.2 试样的数量和尺寸

从样品上剪取三组试样,一组用作耐酸液的浸渍样;一组用作耐碱液的浸渍样;一组用作对照样。单位面积质量的测定:每组5块试样,每块试样的尺寸至少100mm×100mm;尺寸变化和拉伸性能的测定:纵横向应分别测定,试样的尺寸至少300mm×50mm。土工格栅试样在宽度上应保持完整的抗拉单元,在长度方向应至少有三个连接点,试样的中间有一个连接点。

注:1. 建议多备出几块试样,作为拉伸试验失败时的备用样。

2. 如果产品上有涂层,并且该涂层在使用过程中能够被溶液渗透,那么应分别对涂层试样和去掉涂层后试样进行试验。如果未按上述要求试验,就应在试验报告中注明:试样的涂层破损后有可能改变其抗化学性。

3. 复合产品应分别评定各层的耐酸、碱液性能。但应注意,复合材料的性能可能由于分成单层而受到影响。

## 5 试验步骤

### 5.1 浸渍前的测定

浸渍前的测定,试样应进行调湿和状态调节,按本规程 T 1101—2006 中的第 5 条规定进行。

#### 5.1.1 质量的测定

按本规程 T 1111—2006 单位面积质量规定的方法测定5块试样的单位面积质量,并计算其平均值 $G_0$。

#### 5.1.2 尺寸的测定

分别在5块试样的中部沿长度方向画一条中心线,在垂直于长度方向上作两条标记线,标记线间的距离至少250mm,沿中心线测量两个标记线之间的距离,并计算其平均值 $d_0$。

### 5.2 浸渍试验

5.2.1 试验用液体的量应是试样重量的30倍以上,并能使试样完全浸没。酸碱两种液体的温度均为60℃±1℃。

5.2.2 将耐酸液的浸渍样和耐碱液的浸渍样,在不受任何机械应力的情况下,分别放在盛硫酸溶液和氢氧化钙溶液的容器中,试样之间、试样与容器壁之间以及试样与液体表面之间的距离至少为10mm。不同材料的试样不应在同一个容器内试验。试样分别在两种液体中浸渍3d。

氢氧化钙溶液应连续搅拌,硫酸溶液每天至少搅拌一次,测定并记录液体的初始 pH 值。如液体连续使用,至少每7d要添加或者更换一次,以保持初始时的 pH 值。液体和试样应避光放置。

5.2.3 浸渍样从酸、碱溶液中取出后,先在水中清洗,然后在 0.01mol/L 的碳酸钠溶液中清洗,最后再在水中清洗,要保证清洗充分。

如是涤纶土工织物,从氢氧化钙浸渍液中取出后,需去除附着的对苯二酸钙晶体,可采用以下方法:在一个不断搅拌的装置中,在10%(按重量)的氮川三乙酸钠中清洗5min,然后在3%(按重量)的乙酸溶液中清洗,最后用水清洗。

5.2.4 将对照样在温度为60℃±1℃的清水中浸渍1h,试验用水为三级水。

5.2.5 浸渍样和对照样试样应在室温下干燥或在60℃温度下干燥,在干燥过程中不要对试样施加过大的应力。

### 5.3 浸渍后的测定

#### 5.3.1 表观检查

用肉眼检查酸、碱浸渍样与对照样的差异,例如变色等,并记录下来。

#### 5.3.2 质量的测定

按本规程 T 1111—2006 单位面积质量的测定方法,分别测定浸渍样和对照样的单位面积质量,并计算各自的平均值 $G_e$ 和 $G_c$。

#### 5.3.3 尺寸的测定

将浸渍样和水浸渍后的对照样,调湿后,沿中心线测量两个平行线之间的距离,并计算其平均值 $d_e$ 和 $d_c$。

#### 5.3.4 拉伸性能

按 GB/T 3923.1 分别进行浸渍样和对照样的拉伸性能试验,拉伸速率为 100mm/min。分别计算纵、横向断裂强力的平均值,浸渍样记为 $F_e$,对照样记为 $F_c$;计算断裂伸长的平均值,浸渍样记为 $\varepsilon_e$,对照样记为 $\varepsilon_c$。

#### 5.3.5 显微镜观察

用放大 250 倍的显微镜观察浸渍样和对照样之间的差异,并给出定性的结论。

注:该步骤用于评定有损伤试样的纱线破坏程度。

## 6 结果计算

分别计算试样在酸、碱液体浸渍后的性能变化。

### 6.1 质量的变化

按式(T 1162-1)计算质量变化率,按 GB 8170 修约到小数点后 1 位:

$$P_G = \frac{G_e - G_c}{G_0} \times 100 \tag{T 1162-1}$$

式中:$P_G$——样品的单位面积质量变化率,%;
$G_e$——浸渍样的平均单位面积质量,$g/m^2$;
$G_c$——对照样的平均单位面积质量,$g/m^2$;
$G_0$——浸渍前试样的平均单位面积质量,$g/m^2$。
$P_G$ 为负时表示质量损失,为正时表示质量增加。

### 6.2 尺寸的变化

按式(T 1162-2)计算尺寸变化率,按 GB 8170 修约到小数点后 1 位:

$$P_d = \frac{d_e - d_c}{d_0} \times 100 \tag{T 1162-2}$$

式中:$P_d$——样品的尺寸变化率,%;
$d_e$——浸渍样的平均尺寸,mm;
$d_c$——对照样的平均尺寸,mm;
$d_0$——浸渍前试样的平均尺寸,mm。
$P_d$ 为负时表示收缩,为正时表示伸长。

### 6.3 拉伸性能的变化

按式(T 1162-3)计算强力保持率,按 GB 8170 修约到小数点后 1 位:

$$R_F = \frac{F_e}{F_c} \times 100 \tag{T 1162-3}$$

式中:$R_F$——样品的强力保持率,%;
$F_e$——浸渍样的平均断裂强力,N;
$F_c$——对照样的平均断裂强力,N。

按式(T 1162-4)计算断裂伸长的保持率,按 GB 8170 修约到小数点后 1 位:

$$R_\varepsilon = \frac{\varepsilon_e}{\varepsilon_c} \times 100 \tag{T 1162-4}$$

式中:$R_\varepsilon$——样品断裂伸长的保持率,%;
$\varepsilon_e$——浸渍样的平均断裂伸长,mm;
$\varepsilon_c$——对照样的平均断裂伸长,mm。

## 7 试验报告

试验报告应包括以下内容:

(1)样品名称、规格型号。
(2)样品状态的描述。
(3)试验日期。
(4)视觉评定结果,如果使用显微镜观察,标明放大倍数。
(5)分别报出试样在酸、碱液中浸渍后的性能变化;质量变化率 $P_G$;尺寸变化率 $P_d$;强力保持率 $R_F$;断裂伸长保持率 $R_g$。
(6)任何偏离规定程序的详细说明。

**【注意事项】**
(1)由于没有定型仪器,可根据标准要求自行配置。试验容器应用不锈钢制作3个:酸容器、碱容器和水容器。
(2)裁样时必须使3组试样的尺寸完全一致,只有这样才能保证试验结果的可比性。
(3)在测定质量变化时,应以浸渍前试样的面积为准,不用考虑浸渍后的尺寸变化。
(4)由于浸渍样在浸渍的过程中可能产生收缩,所以对照样必须在相同温度的水中浸泡1h,而不能用原样直接作为对照样使用。

(三)抗紫外线性能

抗紫外线性能是土工合成材料耐久性能的重要指标之一,其试验方法有氙弧灯法和荧光紫外灯法。

氙弧灯法是用氙弧灯作为光源对试样进行暴晒,主要是模拟和强化自然气候中的光、热、湿气和雨水等老化因素,其光谱与自然光极为相似。采用氙弧灯对试样进行耐候性试验。氙弧灯经过滤后的辐射与太阳光极相似,在暴晒过程中,按一定时间周期进行喷淋,模拟自然界的气候条件。在对试样进行长时间的暴晒后,进行拉伸试验,比较暴晒前后材料性能的变化,测定试样强力和伸长的保持率。由于人工气候毕竟与实际气候有一定的差异,所以试验结果多用于评价其老化趋势。

荧光紫外灯法是在控制环境的荧光紫外灯气候箱中进行试样的暴露试验。

# 抗紫外线性能试验(氙弧灯法)
## (JTG E50—2006  T 1163—2006)

**1 适用范围**

1.1 本方法规定了土工合成材料抗紫外线性能的试验方法(氙弧灯法)。

1.2 本方法适用于所有的土工合成材料。

**2 引用标准**

GB/T 15596—1995　塑料暴露于玻璃下日光或自然气候或人工光后颜色和性能变化的测定

GB/T 16422.1—1996　塑料实验室光源暴露试验方法　第1部分:通则

**3 仪器设备及材料**

3.1 光源

3.1.1 石英套管氙弧灯的光谱范围包括波长大于270nm的紫外光、可见光和红外辐射。

为了模拟直接的自然暴露,辐射光源必须过滤,以便提供与地球上的日光相似的光谱能量分布(方法A),见表 T 1163-1。

人工气候老化的相对光谱辐照度(方法 A)　　　表 T 1163-1

| 波长 λ(nm) | 相对光谱辐照度① (%) |
|---|---|
| 290 < λ ≤ 800 | 100 |
| λ ≤ 290 | 0② |
| 290 < λ ≤ 320 | 0.6 ± 0.2 |
| 320 < λ ≤ 360 | 4.2 ± 0.5 |
| 360 < λ ≤ 400 | 6.2 ± 1.0 |

注：①290～800nm 间的光谱辐照度定为 100%。
②按方法 A 操作的氙弧灯光源发出少量低于 290nm 的辐射,在某些情况下这会引起试样在户外暴露时并不发生的降解反应。

采用可减少波长 320nm 以下光谱辐照度的滤光器来模拟透过窗玻璃滤光后的日光(方法 B),见表 T 1163-2。

透过窗玻璃的日光的相对光谱辐照度(方法 B)　　　表 T 1163-2

| 波长 λ(nm) | 相对光谱辐照度* (%) |
|---|---|
| 300 < λ ≤ 800 | 100 |
| λ ≤ 300 | 0 |
| 300 < λ ≤ 320 | <0.1 |
| 320 < λ ≤ 360 | 3.0 ± 0.5 |
| 360 < λ ≤ 400 | 6.0 ± 1.0 |

注：*300～800nm 间的光谱辐照度定为 100%。

当加热试样对光化学反应速度有不利影响,或在自然暴露下并不会引起热老化时,可以使用附加的滤光器来减少非光化作用的红外能量。

氙弧灯和滤光器的特性在使用时会因老化而变化,因此应定时更换。此外,氙弧灯和滤光器积聚污垢时也会改变其特性,因此应定时清洗。氙弧灯和滤光器的更换和清洗应按制造厂家的说明进行。

**3.1.2** 经滤光的氙弧灯光源的紫外光辐射分布和允差列于表 T 1163-1 和表 T 1163-2。表 T 1163-1 列出的适用于人工气候老化(方法 A),表 T 1163-2 列出的适用于透过窗玻璃日光的模拟暴露(方法 B)。

**3.1.3** 波长 290～800nm 之间的通带,选择 550W/m² 的辐照度用作暴露试验时参考。这不一定是首选的辐照度。若经有关方面协商,也可以选择其他的辐照度,但应在试验报告中说明所选择的辐照度和通带。

**3.1.4** 在平行于灯轴的试样架平面上的试样,其表面上任意两点之间的辐照度差别不应大于 10%。如果不能达到这个要求,应定期变换试样的位置,以保证试样在任意部位上有相同的暴露量。

注：只要所用试验箱满足 3.2 的设计要求,光谱辐照度可以是对时间的平均值。

**3.2　试验箱**

试验箱内有一个框架,该框架能按需要带动试样架转动,使试样表面空气流通以便对温度进行控制。

应相对于试样来确定辐射光源的位置,使试样表面的辐照度符合 3.1.3 和 3.1.4 的规定。

如果氙弧灯在工作时产生臭氧,应把灯和试样与操作人员隔离。如果空气流中存在臭氧,应抽风把它直接排出户外。

为了减少灯的偏心影响,或者在同一个试验箱中为增加辐照度而使用多支灯时,为改进暴露的均匀性,可以让框架携带试样围绕光源转动。如有需要,可定期变换每件试样的位置。

可以让试样架也围绕其自身的轴心转动,以使试样架上本来并不直接暴露的面能够直接暴露在光源的辐射下。

可以设定程序利用熄灭光源而得到黑暗循环,以模拟无日光辐射时的受控暴露条件。

无论使用何种操作方式或设定程序,都应在报告中详细说明。

### 3.3 辐射仪

辐射仪应可任意设定测量试件表面辐照度或辐照量,它是用一个光电传感器来测量辐照度和辐照量的仪器。光电传感器的安装必须使它接受的辐射与试样表面接受的相同。如果光电传感器与试样表面不处于同一位置,就必须有一个足够大的观测范围,并校定它处于试样表面相同距离时的辐照度。

辐射仪必须在使用的光源辐射区域内校定,每年至少进行一次全面的校定。

当进行辐照度测量时,必须报告有关双方商定的波长范围。通常使用 300～400nm 或 300～800nm 范围内的辐照度。

### 3.4 黑标准温度计或黑板温度计

#### 3.4.1 黑标准温度计

当黑标准温度计与试样在试样架同一位置受到辐射时,黑标准温度近似于导热性差的深色试样的温度。这种温度计是由长 70mm、宽 40mm、厚 1mm 的平面不锈钢制成。平板对光源的一面涂上一种耐老化的黑色平光涂层。涂覆后的黑板至少吸收 2 500nm 以内总入射光通量的 95%。用铂电阻传感器测量平板温度,传感器安装在背光源的一面,并与平板中心有良好的热接触。金属板的这一面用 5mm 厚的、有凹槽的聚偏二氟乙烯(PVDF)底座固定,使它仅在传感器范围形成空间。传感器与 PVDF 平板凹槽之间的距离约 1mm。PVDF 板的长度和宽度必须足够大,以确保在试验架上安装黑标准温度计时,金属板与试验架之间不存在金属接触。试验架上的金属支架与金属板的边缘至少相距 4mm。

为了测定试样表面的温度范围及更好地控制设备的辐照度和试验条件,除使用黑标准温度计外,还增加使用白标准温度计。白标准温度计和黑标准温度计设计相同,它用耐老化的白色涂层代替黑色平光涂层。白色涂层比黑色平光涂层在 300～1 000nm 范围内的吸收至少降低 90%,在 1 000～2 500nm 范围内至少降低 60%。

#### 3.4.2 黑板温度计

黑板温度计仍得到广泛应用,但各种型号的设备所使用的黑板温度计在设计上已有许多发展变化。黑板温度计是使用一种非绝热的黑色金属板底座。这就是黑板温度计与黑标准温度计的本质区别。在规定的操作条件下,黑板温度计的温度低于黑标准温度计所显示的温度。有一种黑板温度计是由一块长约 150mm、宽 70mm、厚 1mm 的平面不锈钢制成。平板对光源的一面涂上一层黑色平光涂层。涂覆后的黑板至少吸收 2 500nm 以内总入射光通量的 90%。平板温度的测量是通过一个位于板的中心并与黑板的对光面牢固连接的、已涂黑的杆状双金属盘式传感器来进行的,或是通过测温电阻传感器来进行。对于尺寸不同、传感元件不同和传感元件固定方式不同的黑板温度计,应在报告中说明。黑板温度计在试样架上安装的形式也应说明。

### 3.5 控湿装置

试样表面流通空气的相对湿度应予以控制,并用适当的仪器进行测量。该仪器在箱内应不受灯辐射的影响。

### 3.6 喷水系统

在规定条件下,可用蒸馏水或软化水间歇地喷淋试样表面。喷水系统应由不污染用水的惰性材料制成。喷水不应在试样面上留下明显的污迹和沉淀物,水的固体含量小于 1mg/L 或水的电导率小于 5μs/cm。使用蒸馏、去离子和反渗透方法能得到符合质量要求的水。在试验报告中要说明水的 pH 值。

### 3.7 试样架

试样架可以是有背板或无背板形式，应采用不影响试验结果的惰性材料（例如铝合金或不锈钢）制成。与试样接触的物件不应使用黄铜、钢或铜。使用有背板的暴露，可能会影响试验结果，特别是对透明试样，因此应由有关方面商定。

### 3.8 评定性能变化的设备

用于评定试样暴露后性能变化的设备应符合国家标准的规定，见 GB/T 15596。

## 4 试样制备

见 GB/T 16422.1。

## 5 试验条件

### 5.1 黑标准温度或黑板温度

选择以下两种黑标准温度用作暴露试验时的参考：65℃±3℃ 或 100℃±3℃。

注：较高的温度是为特殊试验而设置的，它有可能使试样更容易经受热降解而影响试验结果。

以上温度并不一定是首选的试验温度。当有关方面协商一致时，也可以选择其他温度，但应在试验报告中说明。

如果使用喷水系统，在无水周期内应保持温度恒定。如果温度计不能达到规定温度，应在试验报告中说明在无水期间所达到的最高温度。

暴露装置即使以交替方式工作，黑标准温度计也应以连续方式进行测量。

如果使用黑板温度计，应在试验报告中说明温度计的类型、安置方式和所选择的工作温度。

### 5.2 相对湿度

试验所用的相对湿度应由有关方面商定，但是最好选用以下任一种条件：50%±5% 或 65%±5%。

注：因为不同颜色和厚度的试样的温度不同，所以试验箱内测得的相对湿度不一定等于试样表面邻近空气的相对湿度。

### 5.3 喷水周期

试验所采用的喷水周期应由有关方面商定，但是最好选用以下的喷水周期：每次喷水时间 18min±0.5min；两次喷水之间的无水时间 102min±0.5min。

### 5.4 黑暗周期

5.1 和 5.3 所规定的条件适用于连续光照的试验。黑暗周期可选用更复杂的循环周期，比如具有较高相对湿度的黑暗周期，在该周期内提高试验箱温度并形成凝露。

应在试验报告中说明黑暗周期循环试验的具体条件。

## 6 试验步骤

### 6.1 试样固定

将试样以不受任何外加应力的方式固定于试样架上，每件试样应作不易消除的标记，标记不应标在后续试验要用的部位上。为了检查方便，可以设计试样放置的布置图。

如果有必要，在试样被用于测定颜色和外观的变化试验时，在整个试验期间可用不透明物遮盖每个试样的一部分，以比较遮盖面与暴露面，这对于检查试样的暴露过程是有用的。但试验结果应以试样暴露面与保存在暗处的对照试样的比较为准。

### 6.2 暴露

在试样投入试验箱前，应保证设备是在所选定的试验条件下运转（见本方法 5 试验条件），在试验过程中应保持恒定。

试样暴露应达到规定的暴露期。如果需要，可将辐照度测定装置同时暴露。最好是经常变换试样的位置，以减少任何暴露的局部不均匀性。变换试样的位置时，应保持试样初始固定时的取向。

如果需要取出试样作定期检查，应注意不要触摸或破坏试样表面。检查后，试样应按原状放回各自的试样架或试验箱，保持试验表面的取向与检查前一致。

### 6.3 辐射暴露的测量

如果使用光剂量测量仪,它的安装应使辐射计能够显示试样暴露面上的辐照度。

对于所选择的通带,在暴露周期内的辐照度,用在暴露平面上单位面积的入射光谱辐射能量表示,单位是 $J/m^2$。

6.4 试样暴露后性能变化的测定

按 GB/T 15596 的规定进行。

## 7 试验报告

试验报告应包括以下内容:

(1)样品名称、规格型号和状态描述;

(2)试验方法;

(3)试验箱型号、灯及滤光系统的详细说明,包括更换时间表和更换位置时间表、试样表面辐照度;

(4)黑标准温度计或黑板温度计型号及安装形式;

(5)黑标准温度或黑板温度及相对湿度的平均值和偏差、喷水和凝露周期;

(6)试样的背板、支撑架及附件的性质,试样转动条件;

(7)确定暴露阶段的方法,如果采用辐照量,说明其测量仪器;

(8)按 GB/T 15596 要求表示试验结果;

(9)如测定参照试样,应说明参照试样的变化情况;

(10)试验结果、试验人员、日期及其他。

# 抗紫外线性能试验(荧光紫外灯法)
# (JTG E50—2006  T 1164—2006)

## 1 适用范围

1.1 本方法规定了土工合成材料抗紫外线性能的试验方法(荧光紫外灯法)。

1.2 本方法适用于所有的土工合成材料。

## 2 引用标准

GB/T 9344—88　　　　　塑料氙灯光源暴露试验方法(neq ISO 4892—2:1994)

GB/T 15596—1995　　　　塑料暴露于玻璃下日光或自然气候或人工光后颜色和性能变化的测定

GB/T 16422.1—1996　　　塑料实验室光源暴露试验方法 第1部分:通则

## 3 定义

3.1 荧光紫外灯:发射 100nm 以下紫外光的能量至少占总输出光能 80% 的荧光灯。

3.2 Ⅰ型荧光紫外灯:发射 300nm 以下的光能低于总输出光能 2% 的一种荧光紫外灯。通常称为 UV-A 灯。

3.3 Ⅱ型荧光紫外灯:发射 600nm 以下的光能大于总输出光能 10% 的一种荧光紫外灯。通常称为 UV-B 灯。

3.4 冷凝暴露:试样表面经规定的辐照时间转入模拟夜间的无辐照状态,此时试样表面仍受暴露室内热空气和水蒸气的饱和混合物加热作用,而试样背面继续受到周围空间的空气冷却,形成试样表面凝露的暴露状态。

## 4 仪器设备及材料

### 4.1 光源

4.1.1 Ⅰ型灯是适用的,但Ⅰ型灯有多种不同的辐射光谱分布可供选择,通常可区分为 UV-A340、UV-A351、UV-A355 和 UV-A365,名称中数字表示发射峰的特征波长(nm)。其中 UV-A340 更能模拟日光的 300~340nm 光谱分布。采用不同光谱的灯组合时,应有使试样表面辐射均匀的规定,例如使试样绕灯连续移位。

4.1.2 Ⅱ型灯发射光谱分布具有接近313nm汞线的峰值,在日光截止波长300nm以下有大量的辐射,可引起材料在户外不发生的老化。这种灯可在双方同意下采用,但协商的意见应在试验报告中详述。

4.1.3 多数荧光灯在使用过程中输出光能会逐渐衰减,应按照设备厂家关于使用方法要求的说明保持所需要的辐射。

4.2 暴露室

4.2.1 暴露室可有不同的形式,但应以惰性材料构成,并能提供符合4.1的均匀辐射以及控制温度的装置。需要时应能使试样表面凝露或提供喷水,或者能提供暴露室内控制湿度的方法。

4.2.2 试样的安装应使暴露面处于均匀的辐照面上。正对灯管端部160mm范围和灯管排列面边上50mm范围的试样架四周边缘区不宜投放试样。为使所有试样能有均匀的辐照和温度,可规定灯管换位和试样重排的方法。可按照制造厂家说明进行灯管换位。

4.3 辐射计

不强制要求使用辐射计监测辐照强度和试样表面辐照量。但如采用某一种辐射计,则应符合本系列标准 GB/T 16422.1—1996 的 5.2 要求。

4.4 黑标准温度计或黑板温度计

黑标准温度计或黑板温度计应符合 GB/T 16422.1—1996 中 5.1.5 的要求。

4.5 供湿装置

4.5.1 在设备中通过湿气冷凝机理使试样暴露面凝露润湿。水蒸气是由设置在试样架下方的容器内的水加热而产生的。

4.5.2 当设备不符合4.5.1时,可采取提供控制暴露室内相对湿度的方法,或者用纯水或模拟酸雨的水溶液喷淋试样的方法。用水参照 GB/T 9344。

4.6 试样架

试样架应以不影响试验结果的惰性材料制成。背板的存在及其所用材料会影响试样的老化结果,因此,背板的采用应由双方商定。

4.7 评价性能变化的设备

根据要求监测的性能项目,按照国家标准的规定选用仪器设备(见 GB/T 15596)。

5 试样制备

见 GB/T 16422.1 的规定。

6 暴露条件

6.1 暴露方式1

试样经一段光暴露期后,继之为无辐照期(其时温度发生变化和在试样上形成凝露)的循环试验,试验期按有关标准规定。如未规定循环条件,推荐采用下述循环:在黑标准温度60℃±3℃下辐照暴露4h或8h;然后,在黑标准温度50℃±3℃下无辐照冷凝暴露4h。

注:有些聚合物(例如PVC)的老化降解对于温度很敏感。这种情况下建议采用低于60℃的辐照暴露温度(例如50℃),以模拟较冷的气候。

选用辐照暴露继之冷凝暴露的程序时,允许的辐照或冷凝暴露期最短为2h,以保证各暴露期条件达到平衡。

6.2 暴露方式2

试样连续进行辐照暴露且有定时喷水的循环试验,试验期按有关标准规定。如无规定,推荐如下的试验条件:在黑标准温度50℃±3℃、空气相对湿度10%±5%条件下辐照暴露5h;然后,在黑标准温度20℃±3℃下继续辐照暴露并喷水1h。

7 试验步骤

7.1 安放试样架,使试样暴露面朝向光源。如需要,用黑色平板填补所有空处以保证均匀的暴露条件。

7.2 按选定的条件和程序以及要求的循环次数连续进行试验。维护设备和检查试样的间断时间应尽量缩短。

8 试验报告

试验报告应包括以下内容：

(1)样品名称、规格型号和状态描述。

(2)试验方法。

(3)试验箱型号、灯及滤光系统的详细说明，包括更换时间表和更换位置时间表、试样表面辐照度。

(4)黑标准温度计或黑板温度计型号及安装形式。

(5)黑标准温度或黑板温度及相对湿度的平均值和偏差、喷水和凝露周期。

(6)试样的背板、支撑架及附件的性质，试样转动条件。

(7)确定暴露阶段的方法，如果采用辐照量，说明其测量仪器。

(8)如测定参照试样，应说明参照试样的变化情况。

(9)试验结果、试验人员、日期及其他。

**【注意事项】**

(1)规程推荐采用 UV-A 灯或 UV-A 组合灯。如采用不同光谱组合灯时，应保证试样表面所受的光谱辐照均匀，即应使试样围绕灯列连续移位。荧光紫外灯使用一种低压汞弧激发荧光物质而发射出紫外光，它能在较窄的波长区间产生连续光谱，通常只有一个波峰。其光谱分布是由荧光物质的发射光谱和玻璃的紫外透过性决定的。这种灯一般是使试样在某一局限光谱范围内的紫外光辐照下进行试验的。试验程序可以包括辐照强度和试样表面辐照量的测定。建议采用一种已知性能的类似材料作为参考，和受试材料同时暴露。在不同型号的设备上所得的试验结果不能作比较，除非受试材料在不同设备中的重现性已被确定。

(2)试样表面温度是一个重要的暴露参数。一般，温度高会使聚合物降解过程加快，允许的试验温度应根据受试材料和老化性能评价指标而定。荧光紫外灯发出的红外线比氙弧灯和碳弧灯少，试样表面的加热作用基本上是由热空气对流形成的，因此，黑板温度计、黑标准温度计、试样表面和暴露室空气之间的温差是很小的。推荐采用 6.1、6.2 两种暴露方式，暴露方式 1 和 2 分别相应于 4.5.1 和 4.5.2 所述的供湿装置。

(四)炭黑含量

聚烯烃材料包括聚丙烯、聚乙烯等烃类材料。炭黑是聚烯烃塑料制品中的重要助剂，产品中添加一定量的炭黑，有屏蔽紫外线防止老化的作用。对于用聚烯烃为原材料的土工合成材料产品，炭黑的含量对其防老化性能起着关键性作用。由于抗紫外线性能的试验方法、试验条件要求高，试验周期长，所以常用炭黑含量来评价和控制其抗紫外线老化性能。聚丙烯、聚乙烯塑料土工格栅和聚乙烯土工膜等产品标准规定，炭黑含量不低于2%。

炭黑含量用热失重法来测定，通过热裂解使聚烯烃成为低分子物质由氮气气流带走，然后通过煅烧使炭黑转化为二氧化碳，用裂解后的质量与煅烧后的质量之差得到样品中的炭黑含量值。

## 炭黑含量试验(热失重法)
### (JTG E50—2006　T 1165—2006)

1 适用范围

1.1 本方法规定了聚烯烃材料(含聚丙烯、聚乙烯)炭黑含量的试验方法。

1.2 本方法适用于聚烯烃塑料土工合成材料炭黑含量的测定。

## 2 仪器设备及材料

2.1 高纯度氮气(氮气中氧含量小于20mg/kg),储存于配有减压阀和流量表的钢瓶中。

2.2 石英样品舟:长50~60mm。

2.3 管式电炉:温度可达600℃以上,用于裂解试样。

2.4 马福炉:温度可达1 000℃以上,用于煅烧试样。

2.5 玻璃干燥器:用于放置样品舟。

2.6 天平:感量0.000 1g。

## 3 试样制备

3.1 取样:按本规程T 1101—2006取样与试样准备的有关规定进行。

3.2 制样:从样品中取3份样,粉碎后称量,每份约1g,准确至0.000 1g。

3.3 称量环境:温度为23℃±2℃。

## 4 试验步骤

4.1 将管式电炉升温至550℃±50℃。打开氮气钢瓶,使高纯度氮气进入管式电炉。调节流量计,使氮气通人管式电炉的流速为200mL/min,大约5min。

4.2 将装有样品的样品舟推入管式电炉的中心,调节高纯度氮气流速为100mL/min,于550℃±50℃的温度下热解45min。

4.3 热解终了时,将样品舟移回至管式电炉的低温部分,继续保持通入高纯度氮气10min。

4.4 取出样品舟,置于干燥器中冷却,称量,准确至0.000 1g。

4.5 将样品舟置于马福炉中煅烧,温度为900℃±50℃,直至炭黑全部消失为止。再放入干燥器中冷却,称量,准确至0.000 1g。

## 5 结果计算

炭黑含量$C(\%)$由式(T 1165-1)计算:

$$C = \frac{m_2 - m_3}{m_1} \times 100 \qquad (\text{T 1165-1})$$

式中:$m_1$——试样质量,g;

$m_2$——样品舟和试样在550℃热解后的质量,g;

$m_3$——样品舟和灰分在900℃煅烧后的质量,g。

取三个试验结果的算术平均值,保留两位有效数字。

其中灰分含量$C_1(\%)$由式(T 1165-2)计算:

$$C_1 = \frac{m_3 - m}{m_1} \times 100 \qquad (\text{T 1165-2})$$

式中:$m$——样品舟质量,g;

$m_1$——试样质量,g;

$m_3$——样品舟和灰分在900℃煅烧后的质量,g。

取三个试验结果的算术平均值,保留两位有效数字。

## 6 试验报告

试验报告应包括以下内容:

(1)样品名称、规格型号。

(2)样品状态的描述。

(3)试验日期。

(4)炭黑含量的平均值,以质量百分比表示。

(5)如果灰分含量大于试样质量的1%,则要报出灰分含量,并注明测定的炭黑含量可能超过实际值。

(6)本方法尚未列入的操作细节及可能影响测定结果的任何意外情况。

**【注意事项】**

(1)氮气中氧气含量的影响

普通氮气的纯度一般为99.9%,含有0.1%的氧气和其他成分。由于样品中的炭黑在裂解的过程中会与氮气中少量的氧气反应生成二氧化碳而逃逸,使得测试结果偏低。有试验数据表明,未经除氧的氮气所测得的炭黑含量只有实际含量的75%左右,而除氧的氮气,测试结果可达到实际含量的97%以上,故规定氮气中氧含量应小于20mg/kg。

(2)灰分含量的影响

如试样的灰分含量偏高,由于不能知道残留灰分原来的化学成分,不能排除其中含有可分解、吸收的杂质,这将直接影响测试结果的准确性。因此,规定当试样灰分含量大于试样质量的1%时,应在报告中注明。

(3)可分解添加物的影响

试样中若含有在550℃热解时不能分解,而在900℃煅烧时能分解的添加物(如碳酸钙等),则煅烧时由于添加物的分解、逸出,使质量差$m_2 - m_3$出现偏差,造成测试结果大于实际值。

# 第十五章 试验检测数据的处理方法

## 第一节 概 述

试验检测数据由于检测方法和检测设备的不完善,周围环境的影响以及受人们认识能力所限等,测量和试验所得数据和被测量的真值之间,不可避免地存在着差异,这在数值上即表现为误差。随着科学技术的日益发展和人们认识水平的不断提高,虽可将误差控制得愈来愈小,但终究不能完全消除它。因此就需要人们正确认识误差的性质,分析误差产生的原因,以消除或减小误差;正确处理测量和试验数据,合理计算所得结果,以便在一定条件下得到更接近于真值的数据;正确组织试验过程,合理设计仪器或选用仪器和测量方法,以便在最经济条件下,得到理想的检测结果;正确描述测量结果的可靠性、准确性,给出表征测量结果的质量指标(测量不确定度)。

### 一、基本概念

(一)误差

所谓误差就是测得值与被测量的真值之间的差,可以用下式表示:

$$\delta = x - a \tag{15-1}$$

式中:$\delta$——测量误差(又称真误差);

$x$——测量结果(由测量所得到的被测量值);

$a$——被测量的真值。

(二)真值

真值是与给定的特定量的定义一致的值。

任何量在特定的条件下(时间、空间、状态)都有其客观的实际值也即真值。有的量的真值是已知的,如三角形的内角和为180°,一个圆的圆心角为360°,按定义规定的国际千克基准的值可认为真值是1kg等,都是其真值,这种真值又称为理论真值。理论真值是已知的,但大多数的真值是不可知的、待估计的。

(三)约定真值

由于大多数真值无法获得,式(15-1)的误差就无法计算,也无法进一步进行误差的研究,因而必须找出真值的最佳估计值即约定真值。约定真值通常由以下方式获得:

在给定地点,取由参考标准复现而赋予该量的量值。在我国的计量检定系统表中,按1/3~1/10准则确定的高一级标准器具所复现的量值相对于低一级标准(或计量器具)的测量值来说,是约定真值。高一级标准器具的误差在这种条件下可忽略不计。

(四)残余误差

残余误差指测量结果减去被测量的最佳估计值,按下式计算:

$$v = x - \bar{x} \tag{15-2}$$

式中：$v$——残余误差（简称残差）；

$\bar{x}$——真值的最佳估计值（也即约定真值）。

式(15-2)是研究误差最常用的公式。

## 二、误差的表示方法

测量误差可用绝对误差表示，也可用相对误差表示。

（一）绝对误差

按式(15-1)定义的误差称为误差表示的绝对形式。

绝对误差可用作为同一数量级测量结果误差大小的比较。由式(15-1)可知，绝对误差可能是正值或负值。

（二）相对误差

绝对误差与被测量的真值之比值称为相对误差。若测得值与真值接近，故也可近似用绝对误差与测得值之比值作为相对误差，即

$$r = \frac{\delta}{a} \tag{15-3}$$

由于绝对误差可能为正值或负值，因此相对误差也可能为正值或负值。

相对误差是无名数，通常以百分数（%）来表示。例如用水银温度计测得某一温度为20.3°，该温度用高一等级的温度计测得值为20.2°C，因后者精度高，故可认为20.2°C接近真实温度，而水银温度计测量的绝对误差为0.1°C，其相对误差为0.1/20.2＝0.5%。

对于相同的被测量，绝对误差可以评定其测量精度的高低，但对于不同的被测量以及不同的物理量，绝对误差就难以评定其测量精度的高低，而采用相对误差来评定较为确切。

（三）引用误差

所谓引用误差指的是一种简化和实用方便的仪器仪表示值的相对误差。它是以仪器仪表某一刻度点的示值误差为分子，以测量范围上限值或全量程为分母，所得的比值称为引用误差，即

$$r_a = \frac{\Delta}{A} \tag{15-4}$$

式中：$r_a$——测量仪器的引用误差；

$\Delta$——测量仪器的误差，一般是指测量仪器的示值误差；

$A$——测量仪器的特定值，一般又称为引用值，通常是测量仪器的量程。

## 三、误差分类

按照误差的特点与性质，误差可分为系统误差、随机误差（也称偶然误差）和粗大误差三类。

（一）系统误差

在同一条件下，多次测量同一量值时，绝对值和符号保持不变，或在条件改变时，按一定规律变化的误差称为系统误差。例如标准量值的不准确、仪器刻度的不准确而引起的误差。

系统误差又可按下列方法分类:

1. 按对误差掌握的程度分

已定系统误差是指误差绝对值和符号已经确定的系统误差。

未定系统误差是指误差绝对值和符号未能确定的系统误差,但通常可估计出误差范围。

2. 按误差出现规律分

不变系统误差是指误差绝对值和符号为固定的系统误差。

变化系统误差是指误差绝对值和符号为变化的系统误差。按其变化规律,又可分为线性系统误差、周期性系统误差和复杂规律系统误差等。

(二)随机误差

在同一测量条件下,多次测量同一量值时,绝对值和符号以不可预定方式变化着的误差称为随机误差。例如仪器仪表中传动部件的间隙和摩擦、连接件的弹性变形等引起的示值不稳定。

(三)粗大误差

超出在规定条件下预期的误差称为粗大误差,或称"寄生误差"。此误差值较大,明显歪曲测量结果,如测量时对错了标志、读错或记错了数、使用有缺陷的仪器以及在测量时因操作不细心而引起的过失性误差等。

上面虽将误差分为三类,但必须注意各类误差之间在一定条件下可以相互转化。对某项具体误差,在此条件下为系统误差,而在另一条件下可为随机误差,反之亦然。如按一定基本尺寸制造的量块,存在着制造误差,对某一块量块的制造误差是确定数值,可认为是系统误差;但对一批量块而言,制造误差是变化的,又成为随机误差。在使用某一量块时,没有检定出该量块的尺寸偏差,而按基本尺寸使用,则制造误差属随机误差。若检定出量块的尺寸偏差,按实际尺寸使用,则制造误差属系统误差。掌握误差转化的特点,可将系统误差转化为随机误差,用数据统计处理方法减小误差的影响;或将随机误差转化为系统误差,用修正方法减小其影响。

总之,系统误差和随机误差之间并不存在绝对的界限。随着对误差性质认识的深化和测试技术的发展,有可能把过去作为随机误差的某些误差分离出来作为系统误差处理,或把某些系统误差当作随机误差来处理。

## 四、误 差 来 源

在测量过程中,误差产生的原因可归纳为以下四个方面。

(一)测量装置误差

1. 标准量具误差

以固定形式复现标准量值的器具,如氪86灯管、标准量块、标准电池、标准电阻、标准砝码等,它们本身体现的量值,不可避免地都含有误差。

2. 仪器误差

凡用来直接或间接将被测量和已知量进行比较的器具设备,称为仪器或仪表,如天平等比较仪器,压力表、温度计等指示仪表,它们本身都具有误差。

3. 附件误差

仪器的附件及附属工具,如测长仪的标准环规,千分尺的调整量棒等的误差,也会引起测量误差。

## (二)环境误差

环境误差指由于各种环境因素与规定的标准状态不一致而引起的测量装置和被测量本身的变化所造成的误差,如温度、湿度、气压、振动(外界条件及测量人员引起的振动)、重力加速度、电磁场等所引起的误差。通常仪器仪表在规定的正常工作条件所具有的误差称为基本误差,而超出此条件时所增加的误差称为附加误差。

## (三)方法误差

方法误差指由于测量方法不完善所引起的误差,如采用回弹法检测混凝土的强度,由于影响因素很多而造成的误差。

## (四)人员误差

人员误差指由于测量者受分辨能力的限制,因工作疲劳引起的视觉器官的生理变化,固有习惯引起的读数误差,以及精神上的因素产生的一时疏忽等所引起的误差。

总之,在计算测量结果的精度时,对于上述四个方面的误差来源,必须进行全面分析,力求不遗漏、不重复,特别要注意对误差影响较大的那些因素。

## 五、精　度

反映测量结果与真值接近程度的量,称为精度。它与误差的大小相对应,因此可用误差大小来表示精度的高低。误差小则精度高,误差大则精度低。精度可分为以下几种。

(1)精密度:它反映测量结果中随机误差的影响程度。

(2)准确度:它反映测量结果中系统误差的影响程度。

(3)精确度:它反映测量结果中系统误差和随机误差综合的影响程度,其定量特征可用测量的不确定度(或极限误差)来表示。

精度在数量上有时可用相对误差来表示,如相对误差为 0.01%,可笼统地说其精度为 $10^{-4}$;若纯属随机误差引起,则说其精密度为 $10^{-4}$;若是由系统误差与随机误差共同引起,则说其精确度为 $10^{-4}$。

对于具体的测量,精密度高的而准确度不一定高,准确度高的而精密度也不一定高,但精确度高,则精密度与准确度都高。

如图 15-1 所示的打靶结果,子弹落在靶心周围有三种情况,图 15-1a)的系统误差大而随机误差小,即准确度低而精密度高。图 15-1b)的系统误差小而随机误差大,即准确度高而精密度低。图 15-1c)的系统误差与随机误差都小,即精确度高。我们希望得到精确度高的结果。

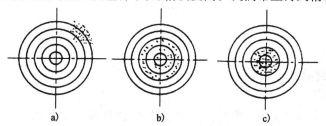

图 15-1　精密度、准确度与精确度的关系
a)精密度;b)准确度;c)精确度

## 六、表征测量结果质量的指标

描述测量结果的可靠性、准确性等质量指标一般用准确度和不确定度来描述。

## (一)测量准确度

准确度值测量结果与被测量的真值之间的一致程度。

准确度是描述测量结果质量的术语,其译义与习惯用语"精度"相同,但与"精密度"术语不同。精密度是指在重复性测量条件下,反映测量结果中随机误差的影响程度。

在实标使用中,可以说某测量结果准确度高或低,某仪器的准确度为1.0级,某量块的准确度为3等。但不能使用如下表述:某测量结果准确度为0.25%,某仪器的准确度为6mm或±6mm。

## (二)测量不确定度

不确定度指表征合理地赋予被测量之值的分散性,与测量结果相联系的参数。

不确定度是定量描述测量结果质量的指标,如某测量结果的不确定度为0.5mm,某仪器的扩展不确定度为25%,参数值一般是用标准差或其倍数,也可以是给定概率下置信区间的半宽,其值恒为正值。

不确定度的分类可按不确定度值的计算方法确定为A类评定不确定度和B类评定不确定度,简称A类不确定度与B类不确定度。

A类不确定度:通过对观测数列进行统计分析对标准不确定度进行估算的方法。

A类不确定度计算又称为不确定度的A类评定或估算,是根据一定样本容量的测量数据用统计公式计算出的,即标准差是根据测量数据直接计算出来的。

B类不确定度:通过对数据进行非统计方法的处理,对标准不确定度进行估算的一种方法。

B类不确定度计算又称为不确定度的B类评定或估算,是对数据和信息进行非统计方法处理和计算,获得标准不确定度值。标准不确定度即一倍标准偏差。

## 七、测量数据的统计特征量

用来表示测量数据统计分布及其某些特性的特征量分为两类:一类表示数据的集中位置,例如算术平均值、中位数等;一类表示数据的离散程度,主要有极差、标准误差、变异系数等。

### (一)算术平均值

算术平均值是表示一组数据集中位置最有用的统计特征量,通常在数据处理中所用的均值,指的是算术平均值。算术平均值 $m_x$ 按下式计算:

$$m_x = \frac{1}{n}\sum_{i=1}^{n} x_i \tag{15-5}$$

式中:$n$——观测次数;

$x_i$——第 $i$ 次测量值。

### (二)中位数

在一组数据 $x_1$、$x_2$、…、$x_n$ 中,按其大小次序排序,以排在正中间的一个数表示总体的平均水平,称之为中位数,或称中值,用 $\bar{x}$ 表示。$n$ 为奇数时,正中间的数只有一个;$n$ 为偶数时,正中间的数有两个,则取这两个数的平均值作为中位数,即:

$$\bar{x} = \begin{cases} x_{\frac{n+1}{2}} & (n \text{ 为奇数}) \\ \frac{1}{2}(x_{\frac{n}{2}} + x_{\frac{n}{2}+1}) & (n \text{ 为偶数}) \end{cases} \tag{15-6}$$

（三）极差

极差是表示数据离差的范围,也可用来度量数据的离散性。极差是测量数据中最大值和最小值之差。极差 $R$ 按下式计算：

$$R = x_{\max} - x_{\min} \tag{15-7}$$

（四）标准误差

标准误差也称均方根误差、标准离差、均方差。标准误差对测量值的分布状况十分敏感。在工程测试中,常用标准误差来表示误差的大小范围。

当测量次数为无限多时,用 $\sigma$ 表示标准误差。其 $\sigma$ 公式为：

$$\sigma = \sqrt{\frac{\sum_{i=1}^{n}(x_i - m_x)^2}{n}} = \sqrt{\frac{\sum_{i=1}^{n}x_i^2 - nm_x^2}{n}} \tag{15-8}$$

当测量次数为有限时,尤其是 $n > 5$ 时,其标准误差用 $s$ 表示,其公式为：

$$S = \sqrt{\frac{\sum_{i=1}^{n}(x_i - m_x)^2}{n-1}} = \sqrt{\frac{\sum_{i=1}^{n}x_i^2 - nm_x^2}{n-1}} \tag{15-9}$$

式中：$\sigma$、$S$——标准误差；
　　　$x_i$——各试验数据值；
　　　$m_x$——试验数值算术平均值；
　　　$n$——试验数据个数。

（五）变异系数

标准误差是反映数据绝对波动状况的指标,当测量较大的量值时,绝对误差一般较大；而测量较小的量值时,绝对误差一般较小。因此,用相对波动的大小,即变异系数更能反映样本数据的波动性。

$$C_v(\%) = \frac{S}{m_x} \times 100\% \tag{15-10}$$

式中：$C_v$——变异系数（100%）。

## 第二节　测量数据的预处理

在实际测量过程中得到的一组测量数据,一般先要进行预处理,即判别这组数据中是否存在系统误差和粗大误差。

### 一、系统误差的判别与处理

在实际测量过程中不仅存在随机误差,而且存在系统误差,在某些情况下的系统误差数值还比较大。因此测量结果的准确度,不仅取决于随机误差,还取决于系统误差的影响。由于随机误差和系统误差同时存在测量数据之中,且系统误差不易被发现,多次重复测量又不能减小它对测量结果的影响,这种潜伏性使得系统误差比随机误差具有更大的危险性。因此,研究系统误差的特征与规律,用一定的方法发现和减小或消除系统误差,就显得十分重要。否则,对随机误差的严格数学处理将失去意义。

（一）系统误差产生的原因

系统误差是由固定不变的或按确定规律变化的因素造成的,这些因素是可掌握的。

(1) 测量装置方面的因素有:仪器设计原理的缺陷,仪器零件制造和安装不正确,仪器附件制造偏差等。

(2) 环境方面的因素有:测量过程中温度、湿度、磁场等按一定规律变化引起的误差。

(3) 测量方法的因素有:采用近似的方式或近似的公式等引起的误差。

(4) 测量人员方面的因素有:由于测量者的个人特点,在刻度上估计读数时,习惯偏于某一方向;动态测量时,记录某一信号有滞后的倾向等。

(二) 系统误差的特征

系统误差的特征是在同一条件下多次测量同一量时,误差的绝对值和符号保持不变,或者在条件改变时,误差按一定的规律变化。

由系统误差的特征可知,在多次重复测量同一量值时,系统误差不具有抵偿性,它是固定的或服从一定函数规律的误差。

(三) 系统误差的发现

因为系统误差的数值往往较大,必须消除系统误差的影响,才能有效地提高测量的准确度。为了消除或减小系统误差,首先碰到的问题是如何发现系统误差。在测量过程中形成系统误差的因素是复杂的,通常人们还难于查明所有系统误差,也不可能全部消除系统误差的影响。发现系统误差必须根据具体测量过程和测量仪器进行全面地仔细的分析,这是一件困难而又复杂的工作。目前还没有能够适用于各种系统误差的普遍方法。下面只介绍适用于发现某些系统误差常用的几种方法。

1. 试验对比法

试验对比法是改变产生系统误差的条件进行不同条件的测量,如果两种测量条件下产生的测量值显著不同,则认为存在系统误差。这种方法适用于发现定值的系统误差。

2. 马利科夫准则

马利科夫准则又称残差校核法。它是用来发现线性系统误差的方法。其原理是:如果一组测量数据前半部分残差之和与后半部分残差之和的差显著不为零,则存在线性系统误差。

设 $x_1、x_2、\cdots、x_n$ 是对某量的一组测量值,相应的残差为 $v_1、v_2、\Lambda、v_n$。如果 $n$ 为偶数 $k=\frac{n}{2}$;$n$ 为奇数,$k=\frac{n+1}{2}$,则将中间的数的残差 $v_k$ 一分为二,一半放到前半部分,一半入到后半部分的残差和中。如果 $\sum_{i=1}^{k}v_i - \sum_{i=k+1}^{n}v_i$ 显著不为零就认为存在线性系统误差。

由于显著不为零的概念较模糊,为了确定怎样的程度才能算显著不为零,我们定义这样一个量 $\frac{n}{2}A$,其中 $n$ 为测量次数,$A$ 为测量数据末位的单位。

如果

$$\left|\sum_{i=1}^{n}v_i - \sum_{i=k+1}^{n}v_i\right| > \frac{A}{2}n \tag{15-11}$$

成立,就认为存在线性系统误差。

**例1** 对某恒温箱温度测量 10 次,测量数据为:20.06℃、20.07℃、20.06、20.08℃、20.10℃、20.12℃、20.14℃、20.18℃、20.18℃、20.21℃。试用马利科夫准则判别该组数据是否存在系统误差。

**解**:$\bar{x}=\frac{1}{10}\sum_{i=1}^{10}x_i=20.12℃$

相应的残差为：-0.06、-0.05、-0.06、-0.04、-0.02、0、0.02、0.06、0.06、0.09

由于 $n=10$  $k=\frac{n}{2}=5$  $A=0.01$

$$\frac{n}{2}A = \frac{10}{2} \times 0.01 = 0.05$$

$$\sum_{i=1}^{5} v_i = -0.06 - 0.05 - 0.06 - 0.04 - 0.02 = -0.23$$

$$\sum_{i=6}^{10} v_i = 0 + 0.02 + 0.06 + 0.06 + 0.09 = 0.23$$

$$\therefore |\sum_{i=1}^{5} v_i - \sum_{i=6}^{10} v_i| = |-0.23 - 0.23| = 0.46 > 0.05 = \frac{n}{2}A$$

故存在线性系统误差

3. 阿贝—赫尔默特准则

阿贝—赫尔默特准则用于发现周期性系统误差。设 $x_1, x_2, \cdots, x_n$ 为一等精度测量列，$v_1$、$v_2, \cdots, v_n$ 为相应的残差，$S$ 为标准差。

令

$$U = \sum_{i=1}^{n} v_i v_{i+1} \tag{15-12}$$

如果

$$|U| > 2\sqrt{n-1}S^2 \tag{15-13}$$

成立，则以95.44%的概率认为存在周期性系统误差。也有些教材中用判别式 $|U| > \sqrt{n-1}S^2$，即为68.27%的概率判定存在周期性系统误差。

4. 试验数据比较法

对同一量进行多组测量，得到很多数据，通过多组计算数据比较，如果不满足随机误差的条件，则认为存在系统误差。

若对同一量独立测得 $m$ 组结果：

$$x_{11}, x_{12}, \cdots, x_{1n_1} \quad \bar{X}_1, S_1$$
$$x_{21}, x_{22}, \cdots, x_{2n_2} \quad \bar{X}_2, S_2$$
$$\vdots \qquad\qquad \vdots$$
$$x_{m1}, x_{m2}, \cdots, x_{mn_m} \quad \bar{X}_m, S_m$$

其中 $\bar{x}_1、\bar{x}_2、\cdots、\bar{x}_m$ 为每组的算术平均值，$S_1、S_2、\cdots、S_m$ 为每组算术平均值的标准差，假定这 $m$ 组测量数据均服从正态分布。

如果

$$|\bar{x}_i - \bar{x}_j| > 2\sqrt{S_i^2 + S_j^2} \tag{15-14}$$

成立，则认为 $\bar{x}_i$ 与 $\bar{x}_j$ 间存在系统误差，否则无法判断。

5. 不同公式计算标准差比较法

对等精度测量，可用不同公式计算标准差，通过比较以发现系统误差。

按贝塞尔公式：

$$\sigma_1 = \sqrt{\frac{\sum_{i=1}^{n} v_i^2}{n-1}} \tag{15-15}$$

按别捷尔斯公式：

$$\sigma_2 = 1.253 \frac{\sum_{i=1}^{n} |v_i|}{\sqrt{n(n-1)}} \tag{15-16}$$

令

$$\frac{\sigma_2}{\sigma_1} = 1 + u$$

若

$$|u| \geq \frac{2}{\sqrt{n-1}} \tag{15-17}$$

则怀疑测量列中存在系统误差。

**6. $t$ 检验法**

$t$ 检验法也是一种判断两组数据之间是否存在系统误差的方法。设对某量进行两组测量值：

$$x_i \quad (i = 1、2、\cdots、n_x)$$
$$y_i \quad (i = 1、2、\cdots、n_y)$$

且这两组测量值均服从正态分布，利用 $t$ 分布的性质来判别这两组间是否在系统误差。为此，我们需作一个服从 $t$ 分布的统计量。$\bar{x}$、$\bar{y}$、$S_x$、$S_y$ 分别是这两组数值的算术平均值和单次测量列标准差。

令

$$t = (\bar{x} - \bar{y}) \sqrt{\frac{n_x n_y (n_x + n_y - 2)}{(n_x + n_y)[(n_x - 1)S_x^2 + (n_y - 1)S_y^2]}}$$

则可以证明 $t$ 服从自由度为 $n_x + n_y - 2$ 的 $t$ 分布。

选取一显著水平 $a$ 后，查 $t$ 分布得临界值 $t_a(n_x + n_y - 2)$。

如果

$$|t| > t_a(n_x + n_y - 2) \tag{15-18}$$

成立，则认为存在系统误差；否则无法判断。

**例2** 对某量测值两组数据见下表

| $x_i$(m) | 1.9 | 0.8 | 1.1 | 0.1 | -0.1 | 4.4 | 5.5 | 1.6 | 4.6 | 3.4 |
|---|---|---|---|---|---|---|---|---|---|---|
| $y_i$(m) | 0.7 | -1.6 | -0.2 | -1.2 | -0.1 | 3.4 | 3.7 | 0.8 | 0.0 | 2.0 |

试用 $t$ 检验法判别这两组数据之间是否存系统误差（$a = 0.05$）。

**解：**

$$\bar{x} = \frac{1}{10} \sum x_i = 2.33 \text{m}$$

$$(n_y - 1)S_x^2 = 36.1$$

$$\bar{y} = \frac{1}{10} \sum y_i = 0.75 \text{m}$$

$$(n_y - 1)S_y^2 = 28.9$$

$$\therefore t = (2.33 - 0.75) \sqrt{\frac{10 \times 10 \times (10 + 10 - 2)}{(10 + 10)(36.1 + 28.9)}} = 1.86$$

查 $v = 10 + 10 - 2 = 18$，$a = 0.05$ 的 $t$ 分布表得到临界值 $t_a(18) = 2.1 > 1.86 = |t|$，故无法判断。

上面介绍的六种方法,按其用途可分为两类:第一类用于发现测量列组内的系统误差,它包括前三种,即试验对比法、马利科夫准则、阿贝—赫尔默特准则;第二类用于发现两组之间的系统误差,包括后三种,即试验数据比较法、不同公式计算标准差比较法和 $t$ 检验法。这些方法是发现系统误差的普通方法。但它们有一个共同特点,如果根据这些判别方法判别出存在,则可以确定有系统误差存在;但如果不符合这些判别方法的判据,就不能判断这组数据没有系统误差,而只能得到无法判断的结论。

(四)系统误差的减小和消除

在测量过程中,发现有系统误差存在,必须进一步分析比较,找出可能产生系统误差的因素以及减小和消除系统误差的方法,但是这些方法和具体的测量对象、测量方法、测量人员的经验有关,因此要找出普遍有效的方法比较困难。下面介绍其中最基本的方法以及适应各种系统误差的特殊方法。

1. 从产生误差根源上消除系统误差

从产生误差根源上消除误差是最根本的方法,它要求测量人员对测量过程中可能产生的系统误差的环节作仔细分析,并在测量前就将误差从产生根源上加以消除。如为了防止调整误差,要正确调整仪器,选择合理的被测件的定位面或支承点;又如为了防止测量过程中仪器零位的变动,测量开始和结束时都需检查零位;再如为了防止在长期使用时,仪器精度降低,要严格进行周期的检定与修理。如果误差是由外界条件引起的,应在外界条件比较稳定时进行测量,当外界条件急剧变化时应停止测量,例如:在室外测量构件或结构物应变时,白天由于光照影响很大,可以选在晚上进行试验(如桥梁荷载试验)。

2. 用修正方法消除系统误差

这种方法是预先将测量器具的系统误差检定出来或计算出来,做出误差表或误差曲线,然后取其与误差数值大小相同而符号相反的值作为修正值,将实际测得值加上相应的修正值,即可得到不包含该系统误差的测量结果。如量块的实际尺寸不等于公称尺寸,若按公称尺寸使用,就要产生系统误差。因此应按经过检定的实际尺寸(即将量块的公称尺寸加上修正量)使用,就可避免此项系统误差的产生。

由于修正值本身也包含有一定误差,因此用修正值消除系统误差的方法,不可能将全部系统误差修正掉,总要残留少量系统误差。对这种残留的系统误差则应按随机误差进行处理。

3. 不变系统误差消除法

对测得值中存在固定不变的系统误差,常用以下几种消除法。

(1)替代法

替代法是进行两次测量,第一次测量达到平衡后,在不改变测量条件情况下,立即用一个已知标准量替代被测量。如果测量装置仍能达到平衡,则被测量就等于已知标准量。如果不能达到平衡,调整使之平衡,这时可得到被测量与标准量间的差值,即被测量=标准量+差值。

(2)抵偿法

抵偿法也是要求进行两次测量,且要求这两次测量得到的系统误差值大小相等、符号相反。取这两次测量的算术平均值作为测量结果,就可消除系统误差。

(3)交换法

交换法本质上也是抵消,但形式上是将测量中的某些条件,例如被测物的位置相互交换,使产生系统误差的原因对测量的结果起相反的作用,从而抵消了系统误差。

**例3** 在等臂天平上称重,由于制造原因,天平两臂长 $l_1 \neq l_2$ 为消除由于臂长不相等而产生的系统误差影响(图15-2)。可以第一次在右边称盘中放置被测物 $X$,左边称盘中放置砝码 $P$,使天平平衡,则

$$X = \frac{Pl_1}{l_2}$$

由于 $l_1 \neq l_2$,为抵消这一因素所引起的系统误差,我们将被测物与砝码互换位置。则此时天平不平衡,改变砝码质量并进行微调,使天平平衡,这时砝码质量为 $P'$,则

所以
$$X = \frac{P'l_1}{l_2}$$
$$X = \sqrt{PP'}$$

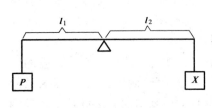

图 15-2

它与天平的臂长无关。

4. 可变系统误差消除法

(1)对称测量法

对称测量法是消除线性系统误差的有效方法,如图15-3所示。随着时间的变化被测量作线性增加,若选定某时刻为中点,则对称此点的系统误差算术平均值皆相等。即

$$\frac{\Delta l_1 + \Delta l_5}{2} = \frac{\Delta l_2 + \Delta l_4}{2} = \Delta l_3 \quad (15\text{-}19)$$

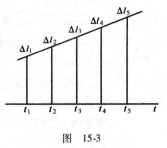

图 15-3

利用这一特点,可将测量对称安排,取各对称点两次读数的算术平均值作为测得值,即可消除线性系统误差。

(2)半周期法

对于周期性系统误差,可以相隔半个周期进行一次测量,取两次读数的平均值,即可消除周期性系统误差。

周期性系统误差一般可表示为:

$$\Delta l = a\sin\varphi$$

设 $\varphi = \varphi_1$ 时,误差为:

$$\Delta l_1 = a\sin\varphi_1$$

当 $\varphi_2 = \varphi_1 + \pi$ 时,即相差半周期的误差为:

$$\Delta l_2 = a\sin(\varphi_1 + \pi) = -a\sin\varphi_1 = -\Delta l_1$$

取两次读数平均值则有:

$$\frac{\Delta l_1 + \Delta l_2}{2} = \frac{\Delta l_1 - \Delta l_2}{2} = 0$$

由此可知半周期法能消除周期性误差。

例如仪器度盘安装偏心,测微表指针回转中心与刻度盘中心有偏心等引起的周期性误差,皆可用半周期法予以消除。

## 二、粗大误差的判别与处理

粗大误差的数值比较大,它会对测量结果产生明显的歪曲。一旦发现含有粗大误差的测量值,应将其从测量结果中剔除。

（一）粗大误差产生原因

产生粗大误差的原因是多方面的,大致可归纳为:

(1)测量人员的主观原因:由于测量者工作责任心不强,工作过于疲劳或者缺乏经验,操作不当或在测量时不小心、不耐心、不仔细等,从而造成了错误的读数或错误的记录,这是产生粗大误差的主要原因;

(2)客观外界条件的原因:由于测量条件意外地改变(如机械冲击、外界振动等),引起仪器示值或被测对象位置的改变而产生出粗大误差。

（二）防止与消除粗大误差的方法

对于粗大误差,除了设法从测量结果中发现和鉴别而加以剔除外,更重要的是加强测量者的工作责任心和以严格的科学态度对待测量工作;此外还要保证测量条件的稳定,或者应避免在外界条件发生激烈变化时进行测量。如能达到以上要求,一般情况下是可以防止粗大误差产生的。

在某些情况下,为了及时发现与防止测量值中含有粗大误差,可采用不等精度测量和互相之间进行校核的方法。

（三）判别粗大误差的准则

在判别某个测量值是否包含粗大误差时,要特别慎重,并作充分的分析和研究。一般我们采用粗大误差判别准则来判别。常用的粗大误差判别准则有:拉依达准则、格罗布斯准则和狄克松准则。

1. 拉依达准则（$3\sigma$ 准则）

拉依达准则是最常用也是最简单的判别粗大误差的准则。它是以测量次数充分大为前提,但通常测量次数皆较少,因此 $3\sigma$ 准则只是一个近似的准则。

对于某一测量列,若各测得值只含有随机误差,则根据随机误差的正态分布规律,其残余误差落在 $\pm 3\sigma$ 以外的概率约为 0.3%,即在 340 次测量中只有一次残余误差的绝对值大于 $3\sigma$。如果在测量列中,发现有大于 $3\sigma$ 的残余误差的测得值,即

$$|v_i| > 3\sigma \tag{15-20}$$

则可以认为它含有粗大误差,应予剔除。

**例4** 对某量进行 15 次等精度测量,测得值为:28.39、28.39、28.40、28.41、28.42、28.43、28.40、28.30、28.39、28.42、28.43、28.40、28.43、28.42、28.43。除了系统误差,试判别该测量数据中是否含有粗大误差。

**解:** 根据这组数据,我们可以计算得:

$$\bar{x} = \frac{1}{15}\sum_{i=1}^{15} x_i = 28.404$$

$$S = \sqrt{\frac{\sum_{i=1}^{n} v_i^2}{n-1}} = 0.033$$

$$3S = 3 \times 0.033 = 0.099$$

这组数据中的最大值 $x_{max} = 28.43$,最小值为 $x_{max} = 28.30$。

最小值的残差 $|v_6| = |28.43 - 28.404| = 0.026$。

最大值的残差 $|v_8| = 28.30 - 28.404 = 0.104$。

显然 $|v_8| > 3S$。

由实用拉依达准则可知,$x_8 = 28.30$ 为坏值,应予以剔除。

## 2. 格罗布斯准则

设对某量作多次等精度独立测量得 $x_1$、$x_2$、$\cdots$、$x_m$，且 $X_i$ 服从正态分布。

$$\bar{x} = \frac{1}{n}\sum_{i=1}^{n}x_i \tag{15-21}$$

$$v_i = x_i - \bar{x} \tag{15-22}$$

$$S = \sqrt{\frac{\sum_{i=1}^{n}v_i^2}{n-1}} \tag{15-23}$$

首先将 $x_i$ 按大小顺序排列成统计量 $x_{(i)}$，即：$x_{(1)} \leq x_{(2)} \leq \cdots \leq x_{(n)}$。格罗布斯导出了

$$g_{(n)} = \frac{x_{(n)} - \bar{x}}{S} \text{ 及 } g_{(i)} = \frac{\bar{x} - x_{(1)}}{S} \tag{15-24}$$

的分布。当选定显著度 $a$ 后，可得表 15-1 所列的临界值 $g_0(n,a)$。

若认为 $x_{(1)}$ 可疑，且

$$g_{(1)} \geq g_0(n,a) \tag{15-25}$$

成立，则认为 $x_{(n)}$ 为坏值，应剔除。

若认为 $x_{(n)}$ 可疑，且

$$g_{(n)} \geq g_0(n,a) \tag{15-26}$$

成立，则认为 $x_{(n)}$ 为坏值，应予以剔除。

而在实际判别中，只需利用残差绝对值最大的，也就是说用 $g_{(1)}$ 与 $g_{(n)}$ 中的大者与临界值 $g_0(n,a)$ 进行比较。这是因为在每次判别过程中，一次最多只能剔除一个坏值。

临界值 $g_0(n,a)$    表 15-1

| n | a 0.05 | a 0.01 | n | a 0.05 | a 0.01 |
|---|---|---|---|---|---|
| | $g_0(n,a)$ | | | $g_0(n,a)$ | |
| 3 | 1.15 | 1.16 | 17 | 2.48 | 2.78 |
| 4 | 1.46 | 1.49 | 18 | 2.50 | 2.82 |
| 5 | 1.67 | 1.75 | 19 | 2.53 | 2.85 |
| 6 | 1.82 | 1.94 | 20 | 2.56 | 2.88 |
| 7 | 1.94 | 2.10 | 21 | 2.58 | 2.91 |
| 8 | 2.03 | 2.22 | 22 | 2.60 | 2.94 |
| 9 | 2.11 | 2.32 | 23 | 2.62 | 2.96 |
| 10 | 2.18 | 2.41 | 24 | 2.64 | 2.99 |
| 11 | 2.23 | 2.48 | 25 | 2.66 | 3.01 |
| 12 | 2.28 | 2.55 | 30 | 2.74 | 3.10 |
| 13 | 2.33 | 2.61 | 35 | 2.81 | 3.18 |
| 14 | 2.37 | 2.66 | 40 | 2.87 | 3.24 |
| 15 | 2.41 | 2.70 | 50 | 2.96 | 3.34 |
| 16 | 2.44 | 2.75 | 100 | 3.17 | 3.59 |

**例 5** 仍取例 4 中的数据，用格罗布斯准则判别是否存在粗大无误差（$a = 0.5$）。

**解：**

$$\bar{x} = \frac{1}{n}\sum_{i=1}^{n}x_i = 28.404$$

$$S = \sqrt{\frac{\sum_{i=1}^{n} v_i^2}{n-1}} = 0.033$$

$$x_{(1)} = 28.30 \qquad x_{(15)} = 28.43$$

$$|v_{(1)}| = \bar{x} - x_{(1)} = 20.404 - 20.30 = 0.104$$

$$|v_{(15)}| = x_{(15)} - \bar{x} = 20.43 - 20.404 = 0.026$$

所以应先怀疑 $x_{(1)}$ 中是否含有粗大误差。

$$g_{(1)} = \frac{\bar{x} - x_{(1)}}{S} = \frac{0.104}{0.033} = 3.15$$

而 $g_0(15,0.05) = 2.14 < g_{(1)}$，故 $x_{(1)} = 28.30$ 为坏值，应予以剔除。

3. 狄克松准则

前面两种粗大误差判别准则均需先求出标准差 $\sigma$，在实际工作中这样做比较麻烦。而狄克松准则避免了这一缺点。它是用极差比的方法，得到简化而严密的结果。

狄克松研究了 $x_1$、$x_2$、$\Lambda$、$x_m$ 的顺序统计量 $x_{(i)}$ 的分布，当 $x_i$ 服从正态分布时，得到 $x_{(n)}$ 的统计量的分布。选定显著度 $a$，得到各统计量的临界值 $r_0(n,a)$（表15-2），当测量的统计值 $r_{ij}$ 大于临界值，则认为 $x_{(n)}$ 含有粗大误差。

$$\left.\begin{aligned} r_{10} &= \frac{x_{(n)} - x_{(n-1)}}{x_{(n)} - x_{(1)}} \\ r_{11} &= \frac{x_{(n)} - x_{(n-1)}}{x_{(n)} - x_{(2)}} \\ r_{21} &= \frac{x_{(n)} - x_{(n-2)}}{x_{(n)} - x_{(2)}} \\ r_{22} &= \frac{x_{(n)} - x_{(n-2)}}{x_{(n)} - x_{(3)}} \end{aligned}\right\} \qquad (15\text{-}27)$$

对最小值 $x_{(1)}$ 用同样的临界值进行检验，即有

$$\left.\begin{aligned} r_{10} &= \frac{x_{(1)} - x_{(2)}}{x_{(1)} - x_{(n)}} \\ r_{11} &= \frac{x_{(1)} - x_{(2)}}{x_{(1)} - x_{(n-1)}} \\ r_{21} &= \frac{x_{(1)} - x_{(3)}}{x_{(1)} - x_{(n-1)}} \\ r_{22} &= \frac{x_{(1)} - x_{(3)}}{x_{(1)} - x_{(n-2)}} \end{aligned}\right\} \qquad (15\text{-}28)$$

为了剔除粗大误差，狄克松认为：

$n \leq 7$ 时，使用 $r_{10}$ 效果好；

$8 \leq n \leq 10$ 时，使用 $r_{11}$ 效果好；

$11 \leq n \leq 13$ 时，使用 $r_{21}$ 效果好；

$n \geq 14$ 时，使用 $r_{22}$ 效果好。

临界值 $g_0(n,a)$  表15-2

| 统计量 | $n$ | $a$ | | 统计量 | $n$ | $a$ | |
| --- | --- | --- | --- | --- | --- | --- | --- |
| | | 0.01 | 0.05 | | | 0.01 | 0.05 |
| | | $r_0(n,a)$ | | | | $r_0(n,a)$ | |
| $r_{10} = \dfrac{x_{(n)} - x_{(n-1)}}{x_{(n)} - x_{(1)}}$ $\left[ r_{10} = \dfrac{x_{(1)} - x_{(2)}}{x_{(1)} - x_{(n)}} \right]$ | 3 | 0.988 | 0.341 | | 15 | 0.616 | 0.525 |
| | 4 | 0.889 | 0.765 | | 16 | 0.595 | 0.507 |
| | 5 | 0.780 | 0.642 | | 17 | 0.577 | 0.490 |
| | 6 | 0.698 | 0.560 | | 18 | 0.561 | 0.475 |
| | 7 | 0.637 | 0.507 | $r_{22} = \dfrac{x_{(n)} - x_{(n-2)}}{x_{(n)} - x_{(3)}}$ $\left[ r_{22} = \dfrac{x_{(1)} - x_{(3)}}{x_{(1)} - x_{(n-2)}} \right]$ | 19 | 0.547 | 0.462 |
| $r_{11} = \dfrac{x_{(n)} - x_{(n-1)}}{x_{(n)} - x_{(2)}}$ $\left[ r_{11} = \dfrac{x_{(1)} - x_{(2)}}{x_{(1)} - x_{(n-1)}} \right]$ | 8 | 0.683 | 0.554 | | 20 | 0.535 | 0.450 |
| | 9 | 0.635 | 0.512 | | 21 | 0.524 | 0.440 |
| | 10 | 0.597 | 0.477 | | 22 | 0.514 | 0.430 |
| $r_{21} = \dfrac{x_{(n)} - x_{(n-2)}}{x_{(n)} - x_{(2)}}$ $\left[ r_{21} = \dfrac{x_{(1)} - x_{(3)}}{x_{(1)} - x_{(n-1)}} \right]$ | 11 | 0.679 | 0.576 | | 23 | 0.505 | 0.421 |
| | 12 | 0.642 | 0.546 | | 24 | 0.497 | 0.413 |
| | 13 | 0.615 | 0.521 | | 25 | 0.489 | 0.406 |
| | 14 | 0.641 | 0.546 | | | | |

上面介绍的三种粗大误差的判别准则,其中拉依达准则适用测量次数较多(一般大于10次)的测量列。一般情况的测量次数皆较少,因而这种判别准则的可靠性不高,但它使用简便,不需查表,故在要求不高时经常应用。若需要从测量列中迅速判别含有粗大误差的测量值,则可采用狄克松准则。值得注意的是,按上述三种准则判别是否存在粗大误差时,如果存在两个以上的测量值含有粗大误差,此时只能先剔除含有最大误差的测量值,然后再重新计算判别,依此程序逐步剔除,直至所有测量值均不含粗大误差为止。

## 第三节 测量数据的修约规则与极限数值的表示和判定 (GB/T 8170—2008)

在测量过程中,一方面由于受到一系列不可控制、不可避免的主观和客观因素的影响,所获得的测量值必定含有误差,即获得的测量值仅仅是被测量的近似值。另一方面,在数据处理过程中引入的诸如 $\pi$、$\sqrt{2}$ 等常量,在大多数情况下,是以无穷小数的形式来表示,这就需要确定一项原则,将测得的或计算的数据截取到所需的位数。表示测量结果的位数不宜太多,也不宜太少,太多容易使人误认为测量精度很高,太少则会损失精度。

### 一、术 语

(一)数值修约

数值修约指通过省略原数值的最后若干位数字,调整所保留的末位数字,使最后所得到的值最接近原数值的过程。经数值修约后的数值称为(原数值的)修约值。

(二)修约间隔

修约间隔指修约值的最小数值单位。修约间隔的数值一经确定,修约值即为该数值的整数倍。

例1:如指定修约间隔为0.1,修约值应在0.1的整数倍中选取,相当于将数值修约到一位小数。

例2:如指定修约间隔为100,修约值应在100的整数倍中选取,相当于将数值修约到"百"数位。

(三)极限数值

极限数值指标准(或技术规范)中规定考核的以数量形式给出且符合该标准(或技术规范)要求的指标数值范围的界限值。

(四)有效位数

对没有小数位且以若干个零结尾的数值,从非零数字最左一位向右数得到的位数减去无效零(即仅为定位用的零)的个数即有效位数。对其他十进位数,从非零数字最左一位向右数而得到的位数,就是有效位数。在计量学中,一般不应给出非零有效数右边的无效零,而应是乘以10的幂。

例1:15 000,若有两个无效零,则为三位有效位数,在计量学中应写为$150\times10^2$;若有三个无效零,则为两位有效位数,应写为$15\times10^3$。

例2:2.6、0.26、0.026均为两位有效位数;2.60、0.260、0.026 0均为三位有效位数。

## 二、数值修约规则

(一)确定修约间隔

(1)指定修约间隔为$10^{-n}$($n$为正整数),或指明将数值修约到$n$位小数。

(2)指定修约间隔为1,或指明将数值修约到"个"数位。

(3)指定修约间隔为$10^n$($n$为正整数),或指明将数值修约到$10^n$数位,或指明将数值修约到"十"、"百"、"千"……数位。

(二)进舍规则

(1)拟舍弃数字的最左一位数字小于5,则舍去,保留其余各位数字不变。

例:将12.149 8修约到个数位,得12;将12.149 8修约到一位小数,得12.1。

(2)拟舍弃数字的最左一位数字大于5,则进一,即保留数字的末位数字加1。

例:将1 268修约到"百"数位,得$13\times10^2$(特定场合可写为1 300,"特定场合"系指修约间隔明确时)。

(3)拟舍弃数字的最左一位数字是5,且其后有非0数字时则进一,即保留数字的末位数字加1。

例:将10.500 2修约到个数位,得11。

(4)拟舍弃数字的最左一位数字为5,且其后无数字或皆为0时,若所保留的末位数字为奇数(1,3,5,7,9)则进一,即保留数字的末位数字加1;若所保留的末位数字为偶数(0,2,4,6,8),则舍去。

例1:修约间隔为0.1(或$10^{-1}$)。

| 拟修约数值 | 修约值 |
| --- | --- |
| 1.050 | $10\times10^{-1}$(特定场合可写成为1.0) |
| 0.35 | $4\times10^{-1}$(特定场合可写成为0.4) |

例2:修约间隔为1 000(或$10^3$)。

拟修约数值                                   修约值

2 500                                   $2 \times 10^3$（特定场合可写成为 2 000）

3 500                                   $4 \times 10^3$（特定场合可写成为 4 000）

(5)负数修约时，先将它的绝对值按 3.2.1～3.2.4 的规定进行修约，然后在所得值前面加上负号。

例1：将下列数字修约到"十"数位。

拟修约数值                                   修约值

$-355$                                   $-36 \times 10$（特定场合可写为 $-360$）

$-325$                                   $-32 \times 10$（特定场合可写为 $-320$）

例2：将下列数字修约到三位小数，即修约间隔为 $10^{-3}$。

拟修约数值                                   修约值

$-0.036\ 5$                              $-36 \times 10^{-3}$（特定场合可写为 $-0.036$）

(三)不允许连续修约

(1)拟修约数字应在确定修约间隔或指定修约数位后一次修约获得结果，不得多次连续修约。

例1：修约 97.46，修约间隔为 1。

正确的做法：97.46→97。

不正确的做法：97.46→97.5/98。

例2：修约 15.454 6，修约间隔为 1。

正确的做法：15.454 6→15。

不正确的做法：15.454 6→15.455/15.46/15.5/16。

(2)在具体实施中，有时测试与计算部门先将获得数值按指定的修约数位多一位或几位报出，而后由其他部门判定。为避免产生连续修约的错误，应按下述步骤进行。

①报出数值最右的非零数字为 5 时，应在数值右上角加"＋"或加"－"或不加符号，分别表明已进行过舍进、未舍、未进。

例：$16.50^+$ 表示实际值大于 16.50，经修约舍弃为 16.50；$16.50^-$ 表示实际值小于 16.50，经修约进一为 16.50。

②如需对报出值进行修约，当拟舍弃数字的最左一位数字为 5，且其后无数字或皆为零时，数值右上角有"＋"者进一，有"－"者舍去，其他仍按前述规定进行。

例：将下列数字修约到个数位（报出值多留一位至一位小数）。

| 实测值 | 报出值 | 修约值 |
|---|---|---|
| 15.454 6 | $15.5^-$ | 15 |
| $-15.454\ 6$ | $-15.5^-$ | $-15$ |
| 16.520 3 | $16.5^+$ | 17 |
| $-16.520\ 3$ | $-16.5^+$ | $-17$ |
| 17.500 0 | 17.5 | 18 |

(四)0.5 单位修约与 0.2 单位修约

在对数值进行修约时,若有必要,也可采用0.5单位修约或0.2单位修约。

(1)0.5单位修约(半个单位修约)

0.5单位修约是指按指定修约间隔对拟修约的数值0.5单位进行的修约。

0.5单位修约方法如下:将拟修约数值$X$乘以2,按指定修约间隔对$2X$依前述的规定修约,所得数值($2X$修约值)再除以2。

例:将下列数字修约到"个"数位的0.5单位修约。

| 拟修约数值 $X$ | $2X$ | $2X$ 修约值 | $X$ 修约值 |
|---|---|---|---|
| 60.25 | 120.50 | 120 | 60.0 |
| 60.38 | 120.76 | 121 | 60.5 |
| 60.28 | 120.56 | 121 | 60.5 |
| -60.75 | -121.50 | -122 | -61.0 |

(2)0.2单位修约。

0.2单位修约是指按指定修约间隔对拟修约的数值0.2单位进行的修约。

0.2单位修约方法如下:将拟修约数值$X$乘以5,按指定修约间隔对$5X$依前述的规定修约,所得数值($5X$修约值)再除以5。

例:将下列数字修约到"百"数位的0.2单位修约。

| 拟修约数值 $X$ | $5X$ | $5X$ 修约值 | $X$ 修约值 |
|---|---|---|---|
| 830 | 4 150 | 4 200 | 840 |
| 842 | 4 210 | 4 200 | 840 |
| 832 | 4 160 | 4 200 | 840 |
| -930 | -4 650 | -4 600 | -920 |

### 三、极限数值的表示和判定

(一)书写极限数值的一般原则

(1)标准(或其他技术规范)中规定考核的以数量形式给出的指标或参数等,应当规定极限数值。极限数值表示符合该标准要求的数值范围的界限值,它通过给出最小极限值和(或)最大极限值,或给出基本数值与极限偏差值等方式表达。

(2)标准中极限数值的表示形式及书写位数应适当,其有效数字应全部写出。书写位数表示的精确程度,应能保证产品或其他标准化对象应有的性能和质量。

(二)表示极限数值的用语

1.基本用语

(1)表达极限数值的基本用语及符号见表15-3。

**表达极限数值的基本用语及符号**　　　　　　　　　　　表15-3

| 基本用语 | 符号 | 特定情形下的基本用语 | | 备注 |
|---|---|---|---|---|
| 大于 $A$ | $>A$ | 多于 $A$ | 高于 $A$ | 测定值或计算值恰好为 $A$ 值时不符合要求 |
| 小于 $A$ | $<A$ | 少于 $A$ | 低于 $A$ | 测定值或计算值恰好为 $A$ 值时不符合要求 |

续上表

| 基本用语 | 符号 | 特定情形下的基本用语 | | | 备 注 |
|---|---|---|---|---|---|
| 大于或等于 $A$ | $\geq A$ | 不小于 $A$ | 不少于 $A$ | 不低于 $A$ | 测定值或计算值恰好为 $A$ 值时符合要求 |
| 小于或等于 $A$ | $\leq A$ | 不大于 $A$ | 不多于 $A$ | 不高于 $A$ | 测定值或计算值恰好为 $A$ 值时符合要求 |

注:1. $A$ 为极限数值。
 2. 允许采用以下惯用语表达极限数值:
  ①"超过 $A$",指数值大于 $A(>A)$。
  ②"不足 $A$",指数值小于 $A(<A)$。
  ③"$A$ 及以上"或"至少 $A$",指数值大于或等于 $A(\geq A)$。
  ④"$A$ 及以下"或"至多 $A$",指数值小于或等于 $A(\leq A)$。

例1:钢中磷的残量 $<0.035\%$,则 $A=0.035\%$。

例2:钢丝绳抗拉强度 $\geq 22 \times 10^2 (MPa)$,则 $A=22 \times 10^2 (MPa)$。

(2)基本用语可以组合使用,表示极限值范围。

对特定的考核指标 $X$,允许采用下列用语和符号(表 15-4)。同一标准中一般只能使用一种符号表示方式。

对特定的考核指标 $X$,允许采用的表达极限数值的组合用语及符号  表 15-4

| 组合基本用语 | 组合允许用语 | 符 号 | | |
|---|---|---|---|---|
| | | 表示方式Ⅰ | 表示方式Ⅱ | 表示方式Ⅲ |
| 大于或等于 $A$ 且小于或等于 $B$ | 从 $A$ 到 $B$ | $A \leq X \leq B$ | $A \leq \cdot \leq B$ | $A \sim B$ |
| 大于 $A$ 且小于或等于 $B$ | 超过 $A$ 到 $B$ | $A < X \leq B$ | $A < \cdot \leq B$ | $>A \sim B$ |
| 大于或等于 $A$ 且小于 $B$ | 至少 $A$ 不足 $B$ | $A \leq X < B$ | $A \leq \cdot < B$ | $A \sim <B$ |
| 大于 $A$ 且小于 $B$ | 超过 $A$ 不足 $B$ | $A < X < B$ | $A < \cdot < B$ | |

2. 带有极限偏差值的数值

(1)基本数值 $A$ 带有绝对极限上偏差值 $+b_1$ 和绝对极限下偏差值 $-b_2$,指从 $A-b_2$ 到 $A+b_1$ 符合要求,记为 $A^{+b_1}_{-b_2}$。

注:当 $b_1=b_2=b$ 时,$A^{+b_1}_{-b_2}$ 可简记为 $A \pm b$。

例:$80^{+2}_{-1}$ mm,指从 79mm 到 82mm 符合要求。

(2)基本数值 $A$ 带有相对极限上偏差值 $+b_1\%$ 和相对极限下偏差值 $-b_2\%$,指实测值或其计算值 $R$ 对于 $A$ 的相对偏差值 $[(R-A)/A]$ 从 $-b_2\%$ 到 $+b_1\%$ 符合要求,记为 $A^{+b_1}_{-b_2}\%$。

注:当 $b_1=b_2=b$ 时,$A^{+b_1}_{-b_2}\%$ 可简记为 $A(1 \pm b\%)$。

例:$510\Omega(1 \pm 5\%)$,指实测值或其计算值 $R(\Omega)$ 对于 $510\Omega$ 的相对偏差值 $[(R-510)/510]$ 从 $-5\%$ 到 $+5\%$ 符合要求。

(3)对基本数值 $A$,若极限上偏差值 $+b_1$ 和(或)极限下偏差值 $-b_2$ 使得 $A+b_1$ 和(或)$A-b_2$ 不符合要求,则应附加括号,写成 $A^{+b_1}_{-b_2}$(不含 $b_1$ 和 $b_2$)或 $A^{+b_1}_{-b_2}$(不含 $b_1$)、$A^{+b_1}_{-b_2}$(不含 $b_2$)。

例1:$80^{+2}_{-1}$(不含 2)mm,指从 79mm 到接近但不足 82mm 的范围符合要求。

例2:$510\Omega(1 \pm 5\%)$(不含 5%),指实测值或其计算值 $R(\Omega)$ 对于 $510\Omega$ 的相对偏差值 $[(R-510)/510]$ 从 $-5\%$ 到接近但不足 $+5\%$ 的范围符合要求。

(三)测定值或其计算值与标准规定的极限数值作比较的方法

1. 总则

(1) 在判定测定值或其计算值是否符合标准要求时,应将测试所得的测定值或其计算值与标准规定的极限数值作比较,比较的方法可采用全数值比较法和修约值比较法。

(2) 若标准或有关文件中对极限数值(包括带有极限偏差值的数值)无特殊规定时,均应使用全数值比较法。如规定采用修约值比较法,应在标准中加以说明。

(3) 若标准或有关文件规定了使用其中一种比较方法时,一经确定,不得改动。

2. 全数值比较法

将测试所得的测定值或计算值不经修约处理(或虽经修约处理,但应标明它是经舍、进或未进未舍而得),用该数值与规定的极限数值作比较,只要超出极限数值规定的范围(不论超出程度大小),都判定为不符合要求,示例见表15-5。

3. 修约值比较法

(1) 将测定值或其计算值进行修约,修约数位应与规定的极限数值数位一致。

当测试或计算精度允许时,应先将获得的数值按指定的修约数位多一位或几位报出,然后按前述的程序修约至规定的数位。

(2) 将修约后的数值与规定的极限数值进行比较,只要超出极限数值规定的范围(不论超出程度大小),都判定为不符合要求,示例见表15-5。

全数值比较法和修约值比较法的示例与比较　　　　　表15-5

| 项　目 | 极限数值 | 测定值或标准值 | 按全数值比较是否符合要求 | 修　约　值 | 按修约值比较是否符合要求 |
|---|---|---|---|---|---|
| 中碳钢抗拉强度(MPa) | ≥14×100 | 1 349 | 不符合 | 13×100 | 不符合 |
| | | 1 351 | 不符合 | 14×100 | 符合 |
| | | 1 400 | 符合 | 14×100 | 符合 |
| | | 1 402 | 符合 | 14×100 | 符合 |
| NaOH的质量分数(%) | ≥97.0 | 97.01 | 符合 | 97.0 | 符合 |
| | | 97.00 | 符合 | 97.0 | 符合 |
| | | 96.96 | 不符合 | 97.0 | 符合 |
| | | 96.94 | 不符合 | 96.9 | 不符合 |
| 中碳钢的硅的质量分数(%) | ≤0.5 | 0.452 | 符合 | 0.5 | 符合 |
| | | 0.500 | 符合 | 0.5 | 符合 |
| | | 0.549 | 不符合 | 0.5 | 符合 |
| | | 0.551 | 不符合 | 0.6 | 不符合 |
| 中碳钢的锰的质量分数(%) | 1.2~1.6 | 1.151 | 不符合 | 1.2 | 符合 |
| | | 1.200 | 符合 | 1.2 | 符合 |
| | | 1.649 | 不符合 | 1.6 | 符合 |
| | | 1.651 | 不符合 | 1.7 | 不符合 |
| 盘条直径(mm) | 10.0±0.1 | 9.89 | 不符合 | 9.9 | 符合 |
| | | 9.85 | 不符合 | 9.8 | 不符合 |
| | | 10.10 | 符合 | 10.1 | 符合 |
| | | 10.16 | 不符合 | 10.2 | 不符合 |

续上表

| 项 目 | 极 限 数 值 | 测定值或标准值 | 按全数值比较是否符合要求 | 修 约 值 | 按修约值比较是否符合要求 |
|---|---|---|---|---|---|
| 盘条直径(mm) | 10.0±0.1（不含0.1） | 9.94 | 符合 | 9.9 | 不符合 |
| | | 9.96 | 符合 | 10.0 | 符合 |
| | | 10.06 | 符合 | 10.1 | 不符合 |
| | | 10.05 | 符合 | 10.2 | 符合 |
| 盘条直径(mm) | 10.0±0.1（不含+0.1） | 9.94 | 符合 | 9.9 | 符合 |
| | | 9.86 | 不符合 | 9.9 | 符合 |
| | | 10.06 | 符合 | 10.1 | 不符合 |
| | | 10.05 | 符合 | 10.0 | 符合 |
| 盘条直径(mm) | 10.0±0.1（不含-0.1） | 9.94 | 符合 | 9.9 | 不符合 |
| | | 9.86 | 不符合 | 9.9 | 不符合 |
| | | 10.06 | 符合 | 10.1 | 符合 |
| | | 10.05 | 符合 | 10.0 | 符合 |

注：表中的示例并不表明这类极限数值都应采用全数值比较法或修约值比较法。

**4. 两种判定方法的比较**

对测定值或其计算值与规定的极限数值,在不同情形下,用全数值比较法和修约值比较法的比较结果的示例见表15-5。对同样的极限数值,若它本身符合要求,则全数值比较法相对较修约值比较法严格。

【注意事项】

(1)当在检测活动中得到的数值需要修约时,应按上述修约规则进行。

(2)上述数值修约规则与常用的"四舍五入"的方法区别在于,用"四舍五入"法对数值进行修约,从很多修约后的数值中得到的均值偏大。而用上述的修约规则,进舍的状况具有平衡性,进舍误差也具有平衡性,若干数值经过这种修约后,修约值之和变大的可能性与变小的可能性是一样的。

## 第四节 测量数据的表达方法

测量数据的表达方法通常有表格法、图示法和方程表示法等三种。它们各有优缺点,主要由需要和经验选择使用。

### 一、表 格 法

用表格来表示测量数据(或函数)的方法,在自然科学和工程技术上用得特别多。在科学试验中一系列测量数据都是首先列成表格,然后再进行其他处理。

(一)表格法的优缺点

表格法的优点是：

(1)简单易作,不需特殊的记录纸和仪器设备。

(2)形式紧凑。

(3)数据易于参考比较。

(4)同一表内可同时表示几个变量间的变化而不混乱。

(5)表中所列的 $x$、$y$ 数据在未知 $x$、$y$ 之间数学关系式时就可对 $y$ 求微分或积分。

但是要进行深入的分析,表格就不能胜任了。首先,尽管测量次数相当多,但它不能给出所有的函数关系;其次,从表格中不易看出自变量变化时函数的变化规律,而只能大致估计出函数是递增的、递减的或是周期性变化的等。因此一般列成表格是为了表示出测量结果,或是为了以后的计算方便,同时也是图示法和经验公式法的基础。

(二)表格的类型

表格的类型有两种:一种是试验检测数据记录表,另一种是试验检测结果表。

试验检测数据记录表是该项试验检测的原始记录表,它包括的内容应有试验检测目的、内容摘要、试验日期、环境条件、检测仪器设备、原始数据、测量数据、结果分析以及参加人员和负责人等。

试验检测结果表只反映试验检测结果的最后结论,一般只有几个变量之间的对应关系。试验检测结果表应力求简明扼要,能说明问题即可。

(三)列表要求

(1)完整的列表应包括表的序号、名称、项目、说明和数据来源等项。

(2)表的名称应简明扼要,一目了然。项目应包括名称和单位,一般用公认的符号代表,主项习惯代表自变量 $x$,副项代表 $y$。自变量一般选择为试验能直接测量的物理量,如温度、压力、时间等。

(3)数值写法应整齐统一。例如同一竖行的数值其小数点和各位数应上下对齐。数值过大或过小时用 $10^n$ 或 $10^{-n}$ 表示($n$ 为整数)。

(4)自变量 $x$ 间距 $\Delta x$ 的选择:一般 $\Delta x$ 为 1、2 或 5 乘以 $10^n$。$\Delta x$ 不能过大或过小,过小则表格太繁且篇幅太大,过大时则内插过多数据且不准确。

(四)数据的分度

通常由试验测得的数据,自变量或因变量的变化一般不够规则,应用也不方便,而且原始试验数据未经处理可能包含一些错误(如异常的可疑数据等),使表格数值不准确。数据的分度就是将表中所列数据更有规则地排列起来,当自变量作等间距顺序变化时,因变量亦随之渐变,这样的表格应用方便而较准确。

数据分度的方法有图解法、最小二乘法、差分图解法等。常用的图解法即下述图形表示法,先将原始数据做成光滑曲线,然后按规则的 $x$ 间隔自曲线上逐个读出 $y$ 的数值列成表格。

## 二、图 示 法

在自然科学和工程技术中用图形来表示测量数据是最普遍的一种方法,在数据整理上此法最为重要。图示法的最大优点是一目了然,即从图形中可非常直观地看出函数的变化规律,如递增性或递减性,最大值或最小值,是否具有周期性变化规律等。但是,从图形上只能得到函数变化情况而不能进行数学分析。图示法的基本要点如下:

(1)选择合适的作图坐标。

作图坐标通常有直角坐标、三角坐标、对数坐标等几种,根据需要选择合适的坐标。坐

标轴 $x$ 轴永远代表自变量，$y$ 轴永远代表因变量。坐标的分度应使每一点在坐标纸上能迅速方便地找到，一般直角坐标纸的各坐标线的间距分格以 1、2、5 最为方便，应避免 3、6、7、9 分格。

(2) 坐标纸的大小与分度的选择应与测量数据的精度相适应。分度过粗时，影响原始数据的有效数字，绘图精度将低于试验中参数测量的精度；分度过细时，会高于原始数据的精度。坐标分度值不一定自零起，可用低于试验数据的某一数值作起点和高于试验数据的某一数值作终点，曲线以基本占满全幅坐标纸为宜。

(3) 坐标轴应注明分度值的有效数字和名称、单位，必要时还应标明试验条件。坐标的文字书写方向应与该坐标轴平行，在同一图上表示不同数据时应该用不同的符号加以区别。

(4) 曲线平滑方法。测量数据往往是分散的，如果用短线连接各点得到的就不是光滑的曲线，而是折线。由于每一个测点总存在误差，按带有误差的各数据所描的点不一定是真实值的正确位置。根据足够多的测量数据，完全有可能作出一光滑曲线，决定曲线的走向应考虑曲线应尽可能通过或接近所有的点，但曲线不必强求通过所有的点，尤其是两端的点。当不可能时，则应移动曲线尺，顾及所绘制的曲线与实测值之间的误差的平方和最小。此时曲线两边的点数接近于相等。

(5) 直线是曲线中最容易作的线，使用也最方便。根据变量间的关系画图时，最好能将变量加以变换，使所得图形尽可能为直线。除了以直角坐标画图外，还有下列常用方法：

① 以 $\lg x$ 与 $y$ 画图 (半对数坐标)。
② 以 $\lg x$ 与 $\lg y$ 画图 (对数坐标)。
③ 以 $x^n$ 与 $y$ 画图，$n$ 等于 1、2、3 等。
④ 以 $x$ 与 $1/y$ 或以 $1/x$ 与 $1/y$ 画图。

## 三、方程表示法

一组试验数据用上述两种方法表示后，有时还需用方程式或经验公式将数据表示出来。其优点是形式紧凑，而且便于进行微积分运算。

根据一系列测量数据，如何建立公式，建立什么形式的公式，这是首先需要解决的问题。

所建立的公式能正确表达测量数据的函数关系，往往不是一件容易的事情，在很大程度上取决于试验人员的经验和判断能力；而且建立公式的过程比较烦琐，有时还要多次反复才能得到与测量数据更接近的公式。

建立公式的步骤大致可归纳如下。

(1) 描绘曲线。以自变量为横坐标，函数量为纵坐标，将测量数据描绘在坐标纸上，并把数据点描绘成测量曲线 (详见图示法)。

(2) 对所描绘的曲线进行分析，确定公式的基本形式。

如果数据点描绘的基本上是直线，则可用一元线性回归方法确定直线方程。如果数据点描绘的是曲线，则要根据曲线的特点判断曲线属于何种类型。判断时可参考现成的数学曲线形状加以选择，对选择的曲线则按一元非线性回归方法处理。如果测量曲线很难判断属何种类型，则可按多项式回归处理。

(3) 曲线化直。如果测量数据描绘的曲线被确定为某种类型的曲线，则可先将该曲线方程变换为直线方程，然后按一元线性回归方法处理。

(4) 确定公式中的常量。代表测量数据的直线方程或经曲线化直后的直线方程表达式为 $y = a + bx$，可根据一系列测量数据确定方程中的常量 $a$ 和 $b$ 其方法一般有图解法、端值法、平均法和最小二乘法等。

（5）检验所确定的公式的准确性。即用测量数据中自变量值代入公式计算出函数值,看它与实际测量值是否一致。如果差别很大,说明所确定的公式基本形式可能有错误,则应建立另外形式的公式。

### 四、检测数据的回归分析

回归分析是一种处理自变量与因变量之间关系的数据分析方法。从分析大量的实测数据中我们可以发现,它们之间既有不确定性,又有某种规律性,这种规律的联系称为相关关系。回归分析的任务就是寻求非确定性联系的统计相关关系,找出能描述变量之间关系的定量表达式,去预测它们,确定因变量的取值,并估计其精确程度。

（一）一元线性回归分析

一元线性回归是指一个因变量只与一个自变量有依从关系,它们之间关系的形态表现为具有线性趋势。

设两变量之间的关系为 $y=f(x)$,通过试验可以得到若干组对应数据$(x_1,y_2)$、$(x_2,y_2)$、……、$(x_n,y_n)$。根据这些数据在平面坐标系中绘出相应的数据点,当点大致分布在一条直线附近时,说明两变量 $x$ 和 $y$ 之间存在线性关系,即可以用一条适当的直线来表示这两个变量的关系。此直线方程为：

$$y = a + bx \tag{15-29}$$

式中：$a$、$b$ 是回归系数,依据最小二乘法可求得为：

$$b = \frac{L_{xy}}{L_{xx}} \tag{15-30}$$

$$a = \bar{y} - b\bar{x} \tag{15-31}$$

$$L_{xy} = \sum_{i=1}^{n}(x_i - \bar{x})(y_i - \bar{y}) = \sum_{i=1}^{n}x_i y_i - \frac{1}{n}(\sum_{i=1}^{n}x_i)(\sum_{i=1}^{n}y_i) \tag{15-32}$$

$$L_{xy} = \sum_{i=1}^{n}(x_i - \bar{x})^2 = \sum_{i=1}^{n}x_i^2 - \frac{1}{n}(\sum_{i=1}^{n}x_i)^2 \tag{15-33}$$

（二）非线性回归分析

在实际问题中,有时自变量和因变量之间并不一定是线性的关系,而是某种非线性关系,即曲线关系。例如下列几种类型的曲线方程：

$$y = a + b\lg x \tag{15-34}$$

$$y = ab^x \tag{15-35}$$

$$y = ae^{bx} \tag{15-36}$$

$$y = e^{(a+bx)} \tag{15-37}$$

$$y = ax^b \tag{15-38}$$

$$y = \frac{x}{a + bx} \tag{15-39}$$

这类非线性问题,一般通过变量变换,可以转化为线性回归模型来解。例如式(15-38),对等式两边取对数有

$$\ln y = \ln a + b\ln x \tag{15-40}$$

令
$$y' = \ln y$$
$$x' = \ln x$$
$$b_0 = \ln a$$

则式(15-40)即为：

$$y' = b_0 + bx' \tag{15-41}$$

式(15-41)即为普通的直线方程式。

**【注意事项】**

(1) 在表格法中所有数值的有效位数应取舍合理，自变量假定其无误差，因变量的位数取决于试验精确度，不是数值位数越多越好。

(2) 在图示法中作出的曲线一般应光滑均匀，只有少数转折点；曲线一般不应有不连续点或奇异点；另外还可根据具体问题采用 Microsoft excel 中的各种图形格式。

(3) 在方程表示法中一个理想的经验公式既要求形式简单、所含任意常数不要太多，又要求它能够准确地代表试验结果。这两种要求常互相矛盾，因此一般是先满足必要的准确度，而形式上往往较复杂些。

# 第十六章 仪器设备的检定

## 第一节 水泥试验设备的检定

### 一、水泥电动抗折试验机

水泥电动抗折试验机检定规程
（JJG 101—1999）

本规程适用于新制造、使用中以及修理后的水泥电动抗折试验机的检定。以下简称抗折机。

（一）概述

抗折机是按《水泥物理检验仪器电动抗折试验机》（JC/T 724—1996）（制造），用于按《水泥胶砂强度检验方法》（GB/T 177）规定测定水泥胶砂棱柱体抗折强度的试验机。

（二）技术要求

1. 抗折机应有铭牌（铭牌的内容包括仪器名称、型号、出厂编号、出厂日期、制造厂等）、合格证和说明书。
2. 抗折机上配有水平器，安装时应安在稳固的机座上并呈水平状态。
3. 杠杆调成平衡后，若外力使其失去平衡应能自动恢复平衡。
4. 加荷应平稳、均匀、无冲击颤动；电器控制安全可靠，试件折断时电机立即停止转动，杠杆抬起和下落时，游砣不产生位移。
5. 灵敏度应≥1.0%。
6. 负荷示值相对误差不大于±1%，使用中的抗折机≤±2%，负荷示值相对变动度不大于±1%。
7. 加荷速度为 0.117MPa/s±0.0117MPa/s 或 0.050kN/s±0.005kN/s。
8. 加荷圆柱与支撑圆柱应能转动，不晃动。
9. 加荷圆柱与支撑圆柱直径：新夹具为 10mm±0.1mm，使用中的夹具为 $10^{+0.1}_{-0.2}$mm。加荷圆柱与支撑圆柱有效长度不小于 46mm。
10. 两支撑圆柱的中心距，新机为 100mm±0.1mm，使用中抗折机为 100mm±0.2mm。
11. 支撑圆柱之间的不平行度允差：水平方向 0.05mm，纵向方向 0.05mm。上下夹具之间滑动间隙在工作过程中变化不超过 0.05mm 并始终保持能自由滑动。
12. 上下夹具的中心线偏心率 $e$ 不大于 5%。

（三）检定条件和检定用标准器具

13. 在无腐蚀性气体，温度波动小于 2℃ 的恒温室内进行检定。
14. 质量为砣的四等标准砝码。
15. 钢直尺：分度值为 1mm、量程不小于 700mm 和 150mm 各一把。
16. 标准测力仪及反向测力架：测力仪量程 10kN，精度 0.3 级。
17. 游标卡尺：量程 200mm，分度值 0.02mm。
18. 秒表：量程 15min，分度值为 0.1s。

19. 专用金属块:规格 40mm×40mm×160mm,工作面平行度允差 0.01mm,粗糙度不大于 $\sqrt[1.6]{\ }$。

20. 最小分度值为 0.02mm 的塞尺。

21. 检测上下夹具同轴度测定仪。

(四)检定项目和检定方法

22. 第 1~2 条用目测法检查。

23. 第 3~4 条用手动、开机、停机法检查。

24. 第 5 条灵敏度测试在空载时进行。先卸掉下夹具,拆下连接电机的电线,把游砣放在零位,将杠杆调成平衡后,在距杠杆右端点约 2mm 处放 1g 砝码,用钢直尺测量指针下降的距离 $S_1$,再用长钢直尺测量杠杆支点到放砝码处的距离 $S$,灵敏度按式(1)计算:

$$A = \frac{S_1}{S} \times 100 \tag{1}$$

式中:$A$——灵敏度,%;
$S$——杠杆支点到砝码之间的距离,mm;
$S_1$——端点 2mm 处 1g 载荷时杠杆下降的距离,mm。

取下砝码后,杠杆应能自动恢复平衡。

25. 示值测定方法与步骤

25.1 第 6 条示值误差与变动度的检测应先卸下抗折机的上下夹具,装上反向测力架及测力仪,将游砣移至零点,调整杠杆至水平位置,同时测力仪处于零负荷示值。

25.2 用专用扳手拧紧测力架上的加荷螺丝,使杠杆仰至最高角度(杠杆右端无仰角标尺框架的抗折机应注意不要使杠杆仰角过大)。开动机器预压三次,每次压到最大示值处停止,然后松开加荷螺丝,使杠杆恢复到水平位置。

25.3 从 kN 标尺最大负荷的 20% 开始(可取示值整数)到最大负荷测定 5 个均匀分布的示值点。测定时,先将杠杆压下,把游砣移至第一个测点,然后用扳手拧紧测力架上的加荷螺丝,读出测力仪上相应的示值和 MPa 标尺上的相应读数依次递增检定各点至最大负荷,如此重复测定三遍。

25.4 示值相对误差 $q(\%)$ 分别按力值和强度值进行计算:

$$q = \frac{K_i - \overline{K}_i}{\overline{K}_i} \times 100 \tag{2}$$

式中:$K_i$——与某一测点示值相对应的测力仪检定证书中的进程标准值,计算强度标尺相对误差时换算成强度值;
$\overline{K}_i$——某测点上测力仪的三次进程读数的算术平均值,计算强度标尺相对误差时换算成强度值。

25.5 示值相对变动度 $b(\%)$ 按式(3)计算:

$$b = \frac{(K_i)_{max} - (K_i)_{min}}{\overline{K}_i} \times 100 \tag{3}$$

式中:$(K_i)_{max}$、$(K_i)_{min}$——某测点测力仪进程三次读数中的最大值和最小值;
$\overline{K}_i$——某测点上测力仪的三次进程读数的算术平均值。

26. 加荷速度的测定方法与步骤

26.1 第 7 条加荷速度测定时应将游砣移至零点,杠杆调至水平位置,然后将杠杆仰起一定角度,从标尺的 20% 开始,任取三个不同的负荷示值 $R_1$、$R_2$、$R_3$,分别测出游砣由零至这些负荷示值的移动时间 $t_1$、$t_2$、$t_3$。

26.2 加荷速度的计算:

$$\overline{V} = \frac{R_1 + R_2 + R_3}{t_1 + t_2 + t_3} \tag{4}$$

式中：$\overline{V}$——加荷速度平均值，kN/s 或 MPa/s；

　　　$R$——抗折机负荷示值，kN/s 或 MPa/s；

　　　$t$——加荷时间，s。

27. 第 8 条抗折夹具中加荷圆柱与支撑圆柱的检测，直接用手检查，圆柱应能自由转动，但不晃动。

28. 第 9 条加荷圆柱，支撑圆柱的直径分别用游标卡尺测量，每个圆柱测两点，取平均值。有效长度各测两遍，取平均值。

29. 第 10 条支撑圆柱的中心距用游标卡尺测量支撑圆柱两端距端部 5mm 处内外侧之间的距离 $L_N$，$L_W$，分别测两遍，取平均值后按式（5）计算：

$$L = \frac{L_N + L_W}{2} \tag{5}$$

式中：$L$——支撑圆柱的中心距，mm；

　　　$L_N$——支撑圆柱的内距，mm；

　　　$L_W$——支撑圆柱的外距，mm。

30. 第 11 条圆柱不平行度的测定要从两个方面检查。

30.1 用 29 条测量结果计算支撑圆柱两边的中心距差值应 ≤0.05mm。

30.2 将抗折夹具装配调整至正常状态，把 40mm×40mm×160mm 的标准试块放入夹具，转动丝杆使标准试块受到最大负载的 20% 力，卸下上夹具两侧的试块定位片，然后用塞尺检测圆柱与试块之间的间隙，最大值应 ≤0.05mm 为合格。

同时用塞尺检查上下夹具滑动面间的最小间隙 $\delta_1$ 并将游砣调至最大示值位置，再测定滑动面间的最小间隙 $\delta_2$，当 $\delta_1$、$\delta_2 \geq 0.1mm$ 和 $(\delta_1 - \delta_2) < 0.05mm$ 时为合格。

31. 第 12 条上下夹具的偏心率测定。

卸下原夹具换上同轴度测定仪的标准测杆和引伸仪，在保持杠杆指针零位状态下移动游砣，使测杆受力，一般应达到最大荷载的 10%，然后记取测杆的弹性变形量，重复测定二次，偏心率 $e$（%）按式（6）计算。

$$e = \frac{\Delta L_{max} - \overline{\Delta L}}{\overline{\Delta L}} \times 100 \tag{6}$$

式中：$\overline{\Delta L}$——测杆相对方向变形量的二次平均值；

　　　$\Delta L_{max}$——测杆相对方向中最大的变形量。

测试按前后、左右二个垂直方向测定。

（五）检定结果的处理和检定周期

32. 新抗折机必须符合本规程 1～2 条技术要求。

33. 使用中的抗折机应符合本规程 3～12 条技术要求。

34. 抗折机的检定周期为一年。

附录 1

**水泥电动抗折试验机检定记录**

| 送检单位 | | | | 检定号 | | |
|---|---|---|---|---|---|---|
| 序号 | 项目 | 单位 | 技术要求 | 检定号 | | 结果 |
| 1 | 外观 | | 目测检查 | | | |
| 2 | 转动 | | 平稳 | | | |
| 3 | 灵敏度 $A = \frac{S_1}{S} \times 100\%$ | % | ≥1% | $S = $　　mm，$S = $　　mm | | $A = $ |
| | | | | $S_1 = $　　mm，$S_1 = $　　mm | | |

续上表

| 序号 | 项目 | 单位 | 技术要求 | 检定号 | | | 结果 |
|---|---|---|---|---|---|---|---|
| 4 | 加荷速度 $\bar{V} = \dfrac{R_1 + R_2 + R_3}{t_1 + t_2 + t_3}$ | MPa/s | $0.117 \pm 0.0117$ | $R_1 =$ | $R_2 =$ | $R_3 =$ | $V =$ |
| | | kN/s | $0.05 \pm 0.005$ | $t_1 =$ | $t_2 =$ | $t_3 =$ | |
| 5 | 夹具圆柱直径 | mm | $0.8 \sim 10.0$ | 上 | | 平均 | |
| | | | | 左支 | | 平均 | |
| | | | | 右支 | | 平均 | |
| 6 | 夹具圆柱有效长度 | mm | $\geq 46$ | 上 | | 平均 | |
| | | | | 左支 | | 平均 | |
| | | | | 右支 | | 平均 | |
| 7 | 支撑圆柱中心距 $L = \dfrac{L_N + L_W}{2}$ | mm | $99.8 \sim 100.2$ | (1) $L_W =$ | $L_N =$ | | $L_1 =$ |
| | | | | (2) $L_W =$ | $L_N =$ | | $L_2 =$ |
| 8 | 不平行度 | mm | 水平方向 $\leq 0.05$ | $L_1 - L_2 =$ | | | |
| | | | 纵向 $\leq 0.05$ | 最大间隙 = | | | |
| 9 | 上下夹具间滑动配合 | mm | $> 0.1$ | $\delta_1 =$ | $\delta_2 =$ | | |
| | | | $< 0.05$ | $\delta_1 - \delta_2 =$ | | | |
| 10 | 偏心率 | % | | 左右 | | 前后 | |

示值误差与变动度负荷示值相对误差:使用中的抗折机 $q \leq \pm 2\%$,示值相对变动度: $b \leq 1\%$

$$q = \dfrac{K_i - \bar{K_i}}{\bar{K_i}} \times 100 \qquad b = \dfrac{(K_i)_{max} - (K_i)_{min}}{\bar{K_i}} \times 100$$

检定时温度 $T =$ ℃

| 标尺 | | 测力仪标准值 | | 测定时测力仪示值 | | | 三次测定平均值 | | 力值标尺 | | 强度标尺 | |
|---|---|---|---|---|---|---|---|---|---|---|---|---|
| kN | MPa | 标准值 | 修正值 | 第一次 | 第二次 | 第三次 | 实测读数 | MPa | $q(\%)$ | $b(\%)$ | $q(\%)$ | $b(\%)$ |
| 1 | | | | | | | | | | | | |
| 2 | | | | | | | | | | | | |
| 3 | | | | | | | | | | | | |
| 4 | | | | | | | | | | | | |
| 5 | | | | | | | | | | | | |
| 6 | | | | | | | | | | | | |

续上表

| 备 注 | | | |
|---|---|---|---|
| 型号规格 | | 使用标准计量器具及配套设备情况 | |
| 制造厂 | | | |
| 出厂编号 | | | |
| 出厂日期 | | | |
| 设备编号 | | | |
| 环境温度 | | | |
| 检定日期 | | 检定员 | 核验员 |

附录2

### 检定证书背面格式

主要项目检定结果

| 检 测 项 目 | 技 术 要 求 | 实 测 值 |
|---|---|---|
| 灵敏度 | ≥1% | |
| 加荷速度 | 0.050kN/s ± 0.005kN/s | |
| 负荷示值相对误差 | 使用中≤±2%<br>新机≤±1% | |
| 示值相对变动度 | ≤1% | |
| 夹具特性指标 | 合格 | |
| 备注 | | |

# 二、水泥标准筛

## 水泥标准筛检定规程
## (JJG 106—1999)

本规程适用于新制造和使用中的水泥标准筛检定。

(一)概述

水泥标准筛是用于按《水泥细度检验方法(筛析法)》(GB/T 1345—1999)规定测定水泥的细度。分负压筛、水筛和手工干筛三种,均按《水泥物理检验仪器标准筛》(JC/T 728—1996)规定制造。

(二)技术要求

1. 产品应带有铭牌(铭牌内容包括名称、型号、出厂编号、出厂日期、制造厂等)、合格证和说明书。

2. 筛子结构应符合 GB/T 1345 规定,筛框有效尺寸要求如表1。筛布应绷紧,不允许有皱褶、松弛、断丝、方孔成菱形等缺陷。

表1

| 项　目 | 负压筛 | 水筛 | 手工干筛 |
| --- | --- | --- | --- |
| 筛框有效直径(mm) | 150 ± 1 | 125 ± 1 | 150 ± 1 |
| 筛框高度(mm) | 25 ± 1 | 80 ± 1 | 50 ± 1 |

3. 新筛外观不得有伤痕、脱焊或筛布堵塞等现象。

4. 筛布方孔透光边长平均值偏差 $\overline{W}$:新筛≤0.004mm,大于极限偏差 0.110mm 的孔数为零。在中间偏差范围 0.097～0.110mm 的孔数小于总孔数的 6%。使用中的筛子修正系数 $C$ 在 0.85～1.15 范围内。

注:若新筛也用修正系数法来检定时,其修正系数应在 0.85～1.05 范围内。

(三)检定条件和检定用标准器具

5. 在无腐蚀气体的室内进行检定。

6. 钢直尺:量程 300mm,分度值 0.5mm。

7. 二级标准物质:细度标准样。

8. 投影仪或读数显微镜:分度值 0.001mm,放大倍数 20～100 倍。

(四)检定项目和检定方法

9. 第 1～3 条用目测和钢直尺检测。

10. 第 4 条筛孔检测:

10.1 在投影仪或放大镜下观察整个筛网面,如没有发现超过 0.110mm 孔和呈菱形孔存在时,再进行孔尺寸的检测。

10.2 在筛子的两个垂直方向分别选择 3 个圆形检测区,每个方向检测区的连线不应与经纬线平行,每个检测区的直径约 5mm,用投影仪测量每个检测区中每个孔的一相对边中间点距离,然后分别计算。

10.3 筛孔平均尺寸偏差按式(1)计算:

$$\overline{W} = \frac{\sum W_i}{n} - 0.080 \qquad (1)$$

式中:$\overline{W}$——筛孔平均尺寸偏差,mm;

　　$W_i$——某一个筛孔的相对边中点间距离,mm;

　　$n$——所测筛孔总数。

10.4 中间偏差 0.097～0.110mm 筛孔所占百分比按式(2)计算:

$$E = \frac{n_{0.097 \sim 0.110}}{n} \qquad (2)$$

式中:$n_{0.097～0.110}$——筛孔相对边中点间距在 0.097～0.110mm 的孔数;

　　$n$——测定的总孔数。

10.5 找出所测筛孔中尺寸大于极限偏差 0.110mm 孔数。

11. 使用中的筛子用标准样按 GB/T 1345 重复测定两次筛余来检定。两次测定筛余差值大于 0.2% 时,应测定第三次,取两次筛余差值在 0.2% 以内的平均值和修正系数。

测定结果按式(3)计算:

$$C = \frac{F_n}{F_t} \tag{3}$$

式中：$C$——试验筛修正系数；

$F_n$——标准样给定的筛余百分数，%；

$F_t$——标准样在试验筛上的筛余百分数，%。

(五)检定结果的处理和检定周期

12.新筛必须符合全部技术要求。

13.使用中的筛子符合本规程第2条技术要求及第4条使用中的筛子修正系数即为合格。

14.使用中筛子的检定周期：3个月或检测样品达到150个时自检，法定授权机构每年统一检定一次各单位的标准对比筛。

**附录1**

### 水泥标准筛检定记录

| 送检单位 | | | | 检 定 号 | | |
|---|---|---|---|---|---|---|
| 序号 | 项目 | | 单位 | 技术要求 | 检定数据 | 结果 |
| 1 | 外观 | | | 目测检验 | | |
| 2 | 筛框直径(负压筛、水筛、干筛) | | mm | 150±1、125±1、125±1 | | |
| 3 | 筛框高度(负压筛、水筛、干筛) | | mm | 25±1、80±1、50±1 | | |
| 4 | 与标准筛余值的相对误差 | 新筛 | % | $C = 0.85 \sim 1.05$ | 标准样筛余值：<br>检定筛余值：<br>相对误差： | 筛孔在0.08mm±0.04mm范围内 |
| 5 | 与标准筛余值的相对误差 | 使用筛 | % | $C = 0.85 \sim 1.15$ | 标准样筛余值：<br>检定筛余值：<br>相对误差： | 筛孔在0.08mm±0.01mm范围内 |
| 6 | 筛孔边长 | 0.097~0.110 | mm | <总数的6% | $E =$ | |
| 6 | 筛孔边长 | >0.110 | mm | 0 | | |
| 7 | 筛孔平均尺寸 | | mm | 以实测为准 | $W =$ | |

| 备注 | |
|---|---|

| 型 号 规 格 | | 使用标准计量器具及配套设备情况 | |
|---|---|---|---|
| 制造厂 | | | |
| 出厂编号 | | | |
| 出厂日期 | | | |
| 设备编号 | | | |
| 环境温度 | | | |
| 检定日期 | | 检定员 | 核验员 |

附录2

## 检定证明书背面格式

主要项目检定结果

| 检测项目 | 技术要求 | | 实测值 |
|---|---|---|---|
| 筛框直径(负压筛、水筛、干筛) | 150mm±1mm、125mm±1mm、150mm±1mm | | |
| 筛框高度(负压筛、水筛、干筛) | 25mm±1mm、80mm±1mm、50mm±1mm | | |
| 筛余值与标准样给定值相对误差 | 新筛 | $C=0.85\sim1.05$ | 标样筛余值:    %<br>实测筛余值:    %<br>相对误差:    % |
| | 使用筛 | $C=0.85\sim1.15$ | 标样筛余值:    %<br>实测筛余值:    %<br>相对误差:    % |
| 筛孔边长 | >0.110mm 孔数为零 | | |
| | 0.097~0.110mm 孔数小于总孔数的6% | | |
| 备注 | | | |

# 三、透气法比表面积仪

## 透气法比表面积仪检定规程
## (JJG 107—1999)

本规程适用于新制造、使用中以及检修后的勃氏比表面积测定仪(以下简称勃氏仪)的检定。

(一)概述

勃氏仪是用于按《水泥比表面积测定方法(勃氏法)》(GB/T 8074—1987)测定水泥比表面积的专用仪器。勃氏仪主要由透气圆筒、压力计及抽气装置等三部分组成。它是根据常压下透过一定厚度的水泥层所受的阻力来测定水泥的比表面积。

(二)技术要求

1. 勃氏仪应带有铭牌(铭牌内容包括仪器名称、型号规格、出厂编号、出厂日期、制造厂等)、合格证和说明书。

2. 整机的油漆面应平整、光亮、均匀和色调一致。

3. 透气圆筒内径 $\phi 12.70^{+0.05}_{0}$ mm,高 55mm±10mm。

4. 穿孔板直径 $\phi 12.70^{0}_{-0.05}$ mm,厚度 1.0mm±0.1mm,在其面上均匀分布 35 个直径为 $\phi$1mm 的小孔。

5. 捣器是捣体和支持环连在一起的总体形状像"T"字。捣体直径 $\phi 12.70^{0}_{-0.02}$ mm,侧面有一个扁平槽,宽度 3.0mm±0.3mm。捣器的顶部有一个支持环,当捣器放入圆筒时,支持环与圆筒上口边沿接触,这时捣器底面与穿孔板之间的距离为 15.0mm±0.5mm。

6. 压力计:U形,其中一臂的顶端有锥形磨口(19/38 标准阴锥),在连接透气圆筒的一壁上刻有上下三条环形线。见 GB/T 8074—1987 图 2。

7. 勃氏仪各部件间连接要严密,不得漏气。

(三)检定条件和检定用标准器具

8. 勃氏仪应保持清洁,应在干燥无腐蚀性气体室内进行检定。

9. 深度游标卡尺:量程 200mm,分度值 0.02mm。

10. 天平:量程 100g,分度值 0.1g。

11. 分析天平:量程 100g,分度值 0.1g。

12. 秒表:量程 15min,分度值 0.1s。

13. 水银:分析纯。

14. 水泥细度比表面积标准粉,二级。

15. 烘干箱:室温~200℃。

16. 中速、定量 φ12.7mm 专用滤纸。

(四)检定项目和检定方法

17. 本规程第 1~2 条用目测法检查。

18. 第 3~5 条用游标卡尺检测。

19. 第 6 条将透气圆筒涂上凡士林或黄油后插入 U 形压力计锥形磨口,检查配合是否严密。压力计的刻线是否环形(刻一圈),主要尺寸是否符合 GB/T 8074 标准中的要求,是否清晰。

20. 第 7 条漏气检查:将勃氏仪各连接部位应该涂油处都涂上凡士林油。压力计中加入颜色水至规定高度。用橡皮塞将透气圆筒上口塞紧,接到压力计上,用抽气装置从压力计一臂中抽出部分气体,关闭阀门。观察压力计内的液面,在 3min 内不下降,表明仪器的密封性良好。

21. 用水银排代法测定圆筒的试料体积。将穿孔板平放入圆筒内,再放入两片滤纸。然后用水银注满圆筒,用玻璃片挤压圆筒上口多余的水银,使水银面与圆筒上口平齐,倒出水银称量 $P_1$,然后取出一片滤纸,在圆筒内加入适量的试样,再盖上一片滤纸后用捣器压实至试料层规定高度。取出捣器用水银注满圆筒,同样用玻璃片挤压平后,将水银倒出称量 $P_2$,圆筒试料层体积按式(1)计算:

$$V = \frac{P_1 - P_2}{\rho_{水银}} \tag{1}$$

式中:$V$——透气圆筒的试料层体积,cm³;

$P_1$——未装试样时,充满圆筒的水银质量,g;

$P_2$——装试样后,充满圆筒的水银质量,g;

$\rho_{水银}$——试验温度下水银的密度,g/cm³。

试料层体积要重复测定两遍,取平均值,计算精确至 0.001cm³。

22. 用水泥细度和比表面积标准粉测定标准时间。

22.1 确定试样量:将 110℃±5℃下烘干 1h 并在干燥器中冷却至室温的标准粉,按公式 $W = \rho V(1-\varepsilon)$ 计算并准确称至 0.001g。

22.2 试料层制备:将穿孔板放入透气圆筒内,取一片滤纸放入,并放平。将准确称至 0.001g 的标准粉倒入圆筒,使其表面平坦,再放入一片滤纸,用捣器均匀压实试料至捣器的支持环紧紧接触圆筒顶边,旋转捣器 1~2 圈,慢慢取出捣器。

22.3 透气试验:将装好试料层的圆筒下锥面涂一薄层凡士林,把它连接到 U 形压力计上。打开电磁泵,打开阀门,缓慢地从压力计一臂中抽出空气,直到压力计内液面上升到扩大部下端时关闭阀门,关闭电磁泵。当压力计内液体的凹月面下降到第一条线时开始计时,当液体的凹月面下降到第二条刻线时停止计时。记录液面从第一条刻线到第二条刻线所需的时间,精确至

0.1s。透气试验要重复称取两次标准粉分别进行,当两次透气时间的差超过1.0s时,要测第3遍,取两次不超过1.0s的平均透气时间作为该仪器的标准时间 $T_s$。

23.勃氏仪常数的记录:将按本规程第21条所测的圆筒试料层体积 $V$、按第22条所测的标准时间 $T_s$,以及所用标准粉的比表面积值 $S_s$、密度值 $\rho_s$、测标准时间的温度、检定日期一起记录下来,作为该台勃氏仪的常数。

(五)检定结果的处理和检定周期

24.新勃氏仪必须符合本规程 1~7 条技术要求。出厂时都应有检定常数。

25.使用中的勃氏仪应符合本规程 3~7 条技术要求。

26.勃氏仪的检定周期为一年。如中途更换压力计,必须重新检定后再启用。

附录1

**透气法比表面积仪检定记录**

| 送检单位 | | | | | 检定号 | | |
|---|---|---|---|---|---|---|---|
| 序号 | 项目 | 单位 | 技术要求 | 检定数据 | | | 结果 |
| 1 | 外观及其他 | | 按规程目测 | | | | |
| 2 | 漏气检查 | min | 3min 内液面不下降 | | | | |
| 3 | 圆筒内径 | mm | 12.70~12.75 | | | | |
| 4 | 穿孔板直径 | mm | 12.65~12.70 | | | | |
| 5 | 穿孔板孔径 | mm | 1.0 | | | | |
| 6 | 捣器扁平槽宽度 | mm | 2.7~3.3 | | | | |
| 7 | 试料层体积 $V=\dfrac{P_1-P_2}{\rho_{水银}}$ | cm³ | 以实测为准 | $P_1=$    g | $P_1=$    g | $\overline{P_1}=$    g | $V=$    cm³ |
| | | | | $P_2=$    g | $P_2=$    g | $\overline{P_2}=$    g | |
| 8 | 标准时间 $T_s=\dfrac{\overline{T_1}-\overline{T_2}}{2}$ | s | 以实测为准 | $T_1=$    s | $T_1=$    s | $\overline{T_1}=$    s | $T_s=$    s |
| | | | | $T_2=$    s | $T_2=$    s | $\overline{T_2}=$    s | |

所用标准粉的密度值 $\rho_s=$    g/cm³

比表面积值 $S_s=$    cm²/g

| 型号规格 | | 使用标准计量器具及配套设备情况 | |
|---|---|---|---|
| 制造厂 | | | |
| 出厂编号 | | | |
| 出厂日期 | | | |
| 设备编号 | | | |
| 环境温度 | | | |
| 检定日期 | | 检定员 | 核验员 |

附录 2

### 检定证书背面格式

主要项目检定结果

| 检 测 项 目 | 单 位 | 实 测 值 |
|---|---|---|
| 圆筒试料层体积 | cm³ | |
| 标准粉的密度 | g/cm³ | |
| 标准粉的比表面积 | cm²/g | |
| 标准时间 | s | |
| 测标准时间的温度 | ℃ | |
| 备注 | | |

# 四、胶砂试模

## 胶砂试模检定规程
## (JJG 122—1999)

本规程适用于新制造和使用中的胶砂试模的检定。

(一)概述

胶砂试模是水泥胶砂强度试验方法中成型试体用的模型,其结构尺寸应符合《水泥胶砂试模》(JC/T 726—1997)的要求。

(二)技术要求

1. 试模应有铭牌,其中包括型号规格、生产厂名、出厂编号与日期。

2. 试模模腔尺寸:长 160mm ± 0.8mm、宽 $40^{+0.05}_{-0.10}$、深 40mm ± 0.10mm。

3. 底座外形尺寸范围:长 245mm ± 12mm、宽 165mm ± 1mm、高 65mm ± 2mm。

4. 试模净重 6 ~ 6.5kg。

5. 内壁各接触面应相互垂直,垂直公差 ≤ 0.2mm。

6. 隔板与端板工作面的平面公差 ≤ 0.03mm,工作面的表面粗糙度为 $\sqrt{1.6}$,其他 $\sqrt{3.2}$。

7. 紧固后,端板或隔板与底座的间隙应小于 0.05mm。

8. 试模底座表面应光滑,无气孔、无粗糙不平现象,其上平面的表面粗糙度为 $\sqrt{1.6}$,平面度公差 ≤ 0.03mm,下平面的表面粗糙度为 $\sqrt{12.5}$,底座非加工面无毛刺,经涂漆处理无流痕。

(三)检验用器具

9. 深度游标卡尺:读数精度 0.02mm。

10. 钢直尺:量程 300mm、分度值 1mm。

11. 专用量块:40mm × 40mm × 20mm,由 45 号钢制成,各面垂直公差 ≤ 0.1mm,表面粗糙度 $\sqrt{1.6}$。

12. 塞尺:一组(0.2 ~ 2mm)。

13. 台秤:分度值为 0.01kg。

14. 表面粗糙度标准样块。

(四)检定项目和检定方法

15. 本规程第 2 条试模模腔尺寸的检定

用读数精度为0.02mm的三用游标卡尺检查,其长度应在宽度方向上取两个位置测量两个数值,取平均值;宽度应在长度方向上的两个端部及中部测量3个数值,取平均值;深度也在长度方向上的两个端部及中部测量3个数值,取平均值。

16. 本规程第3条试模外形尺寸的检定

用钢直尺测量其长、宽、高的最大尺寸。

17. 本规程第4条试模质量的检定

用台秤检查。

18. 本规程第5条内壁各接触面垂直公差的检定

用专用量块及塞尺检查。

19. 本规程第6条隔板与端板平面度公差及表面粗糙度的检定

平面度公差用钢直尺及塞尺检查,表面粗糙度用标准样块检查。

20. 本规程第7条端板与底座间隙的检定

在紧固螺丝拧紧后,用塞尺插入缝隙检查。

21. 本规程第8条试模底座的检定

外观应用目测及手感检查,平面度公差用钢直尺及塞尺检查,表面粗糙度用粗糙度标准样块检查。

(五)检定结果处理

22. 新试模应全部符合技术要求方为合格。

23. 使用中的试模应符合2~7条技术要求。

24. 检定周期为一年。

附录1

**胶砂试模检定记录格式**

| 送检单位 | | 检定号 | | |
|---|---|---|---|---|
| 项 目 | 技 术 要 求 | | 检定数据 | 结果 |
| 1. 外观 | 1. 应有铭牌、合格证;<br>2. 底座表面应光滑、无气孔、无粗糙扫不平现象,底座非加工面无毛刺,涂漆处理无流痕 | | | |
| 2. 尺寸质量 | 模腔尺寸:长160mm±0.8mm、宽$40^{+0.05}_{-0.10}$mm、深$40^{+0.10}$mm;<br>底座外形最大尺寸:长245mm±2mm、宽165mm±1mm、高65mm±2mm;<br>试模净重:6~6.5kg | | | |
| 3. 公差 | 内壁各接触面垂直公差≤0.2mm;<br>隔板与端板工作面平面度公差≤0.03mm;<br>紧固后,端板与底座间隙≤0.05mm;<br>底座上平面的平面度公差≤0.03mm | | | |
| 4. 粗糙度 | 隔板与端板工作面粗糙度为1.6,其他为3.2;<br>底座上平面表面粗糙度为1.6,下平面为12.5 | | | |
| 型号规格 | | | 使用标准计量器具及配套设备情况 | |

续上表

| 制造厂 | | | |
|---|---|---|---|
| 出厂编号 | | | |
| 出厂日期 | | | |
| 设备编号 | | | |
| 环境温度 | | | |
| 检定日期 | | 检定员 | 核验员 |

**附录 2**

检定证书背面格式

主要项目检定结果

| 检测项目 | 技 术 要 求 | 实 测 值 |
|---|---|---|
| 模腔尺寸 | 长 160mm ± 0.8mm<br>宽 40mm<br>深 40mm | |
| 质量 | 6~6.5kg | |
| 平面公差及垂直公差 | 内壁各接触面垂直公差≤0.2mm<br>隔板与端板工作面平面度公差≤0.03mm<br>紧固后,端板与底座间隙≤0.05mm<br>底座上平面的平面度公差≤0.03mm | |
| 备 注 | | |

# 五、行星式胶砂搅拌机

## 行星式胶砂搅拌机检定规程
## (JJG 123—1999)

本规程规定了行星式胶砂搅拌机(简称胶砂搅拌机)的检定仪器、条件、项目和方法及检定结果处理和检定周期等。

本规程适用于新制造、使用中以及修理后的按 ISO 679:1989 测定水泥胶砂强度所用胶砂搅拌机的检定。

(一)概述

胶砂搅拌机是用于按 ISO 679:1989 水泥强度试验方法测定水泥胶砂强度的专用设备。它的制造应符合《行星式胶砂搅拌机》(JC/T 681—1997)的要求。行星式胶砂搅拌机是由胶砂搅拌锅和搅拌叶片及相应的机构组成。搅拌叶片呈扇形,搅拌时做顺时针自转外沿锅周边逆时针公转,并具有高低两种速度。

(二)技术要求

1. 搅拌叶片高速与低速时的自转和公转速度必须符合表 1 要求:

自转和公转速度  表1

| 速度挡 \ 搅拌叶 | 自转(r/min) | 公转(r/min) |
|---|---|---|
| 低 | 140 ± 5 | 62 ± 5 |
| 高 | 285 ± 10 | 125 ± 10 |

2. 胶砂搅拌机的工作程序分手动和自动两种。

自动控制程序为：低速30s±1s,再低速,同时自动加砂开始,30s±1s全部加完,高速30s±1s,停90s±1s,高速60s±1s。

手动控制具有高、停、低、三挡速度及加砂功能控制钮,并与自动互锁。

3. 一次试验所用标准砂应在低速状态的后30s内加完,并全部进入锅内,不得外溅,砂子损失小于1g。

4. 搅拌锅的形状和尺寸如图1所示,由耐锈蚀钢材制造。

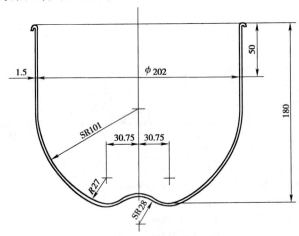

图1 搅拌锅(尺寸单位:mm)

内径 $D$:202mm ± 1mm;

深度 $H$:180mm ± 3mm;

壁厚 $\delta$:1.5mm ± 0.2mm,使用中 $\delta$:$1.5^{+0.2}_{-0.4}$mm;

锅底外凸曲率半径 $R$:27mm,凹陷球半径 $SR$:28mm。

5. 搅拌叶的形状和尺寸如图2所示。

叶片总宽 $B$:$135^{+0.63}_{0}$mm;

叶翅宽 $b$:8mm ± 1mm;

叶翅厚 $t$:5mm ± 1mm;

叶片总长度 $L$:198mm;

叶片底部曲率半径 $R$:24.25mm。

6. 叶片由铸钢制造,轴外径为 $\phi$27mm;与叶片传动轴连接螺纹为 $M18 \times (1.5 \sim 6)H$;定位孔直径为 $\phi 15^{+0.027}_{0}$mm,深度≥18mm。

7. 叶片与锅底、锅壁的工作间隙:3mm ± 1mm。

8. 在机头醒目位置标有搅拌机叶片公转方向的标志。搅拌叶自转方向为顺时针,公转方向为逆时针。

9. 胶砂搅拌机运转时声音正常,锅和叶不得有明显的晃动现象。

10. 胶砂搅拌机的电气控制稳定可靠,整机绝缘电阻≥2MΩ。

11. 胶砂搅拌机外表面不得有粗糙不平及图中未规定的凸起、凹陷。

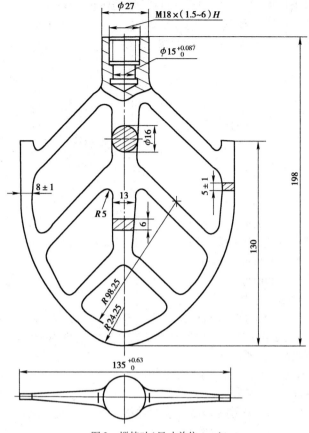

图2 搅拌叶(尺寸单位:mm)

12.胶砂搅拌机非加工表面均应刷漆防锈,外表面均应打底喷漆,油漆面应平整、光滑、均匀和色调一致。

13.胶砂搅拌机的零件加工面不得有碰伤、划痕和锈斑。

14.胶砂搅拌机装有铭牌、型号、生产厂、出厂编号与日期。

(三)检测用仪器设备

15. 转速测量仪　　　　量程 50～3 000r/min,精度 1r/min。

16. 秒表　　　　　　　分辨率不低于 0.1s。

17. 深度尺　　　　　　量程 200mm,分度值 0.02mm。

18. 游标卡尺　　　　　量程 200mm,分度值 0.02mm。

19. 钢丝　　　　　　　直径 $\phi$2.0mm 和 $\phi$4.0mm。

20. R 规　　　　　　　20～30mm。

21. 内径千分尺　　　　量程 50～250mm、分度值 0.01mm。

22. 测厚卡规　　　　　0～50mm×125mm,分度值 0.05mm。

23. 天平　　　　　　　量程 2 000g,分度值 0.1g。

24. M18×1.5 螺纹规、$\phi$14～16mm 塞规、500 兆欧表。

(四)检测条件

25.检测室内应保持清洁、无腐蚀性气体。

26.电源电压的波动不超过±7%。

(五)检定项目和检定方法

27.按本规程 8～14 条要求进行外观和工作状态的检查,其中绝缘电阻用兆欧表检定。

28. 本规程第 1 条转速的测定搅拌叶转速可在负载也可在空载情况下检定,有争议时以负载为准。检定方法可任选以下一种:

28.1 用转速表测量电机转速 $n_0$、$n_0'$ 然后按下式计算:

$$n_1 = i_1 \times n_0 \tag{1}$$

$$n_1' = i_1 \times n_0' \tag{2}$$

$$n_2 = i_2 \times n_1 \tag{3}$$

$$n_2' = i_2 \times n_1' \tag{4}$$

$$i_2 = \frac{z_1 - z_2}{z_2} \tag{5}$$

式中:$n_0$,$n_0'$——搅拌机电机的快、慢转速,r/min;

$n_1$,$n_1'$——搅拌叶公转的快、慢转速,r/min;

$n_2$,$n_2'$——搅拌叶自转的快、慢转速,r/min;

$i_1$——搅拌机减速机构的减速比;

$i_2$——搅拌机行星机构的减速比;

$z_1$——行星机构齿圈齿数;

$z_2$——行星机构齿轮齿数。

28.2 在搅拌叶公转轴上贴一块黑色胶布,再在黑色胶布上贴反光片,用反射式表直接测定搅拌叶公转速度 $n_1$、$n_1'$,然后按式(3)、式(4)计算出搅拌叶的自转快、慢转速。

29. 本规程第 2 条搅拌机的自动搅拌时间。

用秒表检定,检定结果应符合本规程第 2 条要求。

30. 本规程第 3 条加砂量的检定。

准确称量一袋 ISO 砂并将其倒入砂筒,启动搅拌机自动工作程序,搅拌程序结束后检查搅拌锅内的砂子质量,当砂子损失≤1g 时为符合要求。

31. 本规程第 4 条搅拌锅尺寸的检定。

31.1 用内径千分尺在距锅口 50mm 处的圆柱段任意两个相互垂直的位置测出锅内径 $D_1$、$D_2$。

31.2 用深度尺测定锅底圆弧最低点至锅口平面的距离,即锅深度 $H$。首先在锅口放两把厚度 $h$ 相同的直尺,用深度尺测出深度 $H_1$。按式(6)计算:

$$H = H_1 - h \tag{6}$$

31.3 搅拌锅锅壁厚 $\delta$ 用测厚卡规在锅的上部和下部各测对称的两点。

31.4 锅底曲率半径分别用 27mm,28mm 的 $R$ 规检定,使用中的不检定。

32. 本规程第 5 条搅拌叶尺寸的检定。

32.1 首先从搅拌机拆下搅拌叶的固定螺套,然后用游标卡尺测定叶片总宽 $B$,叶片轴外径 $D$,叶翅宽 $b$ 和叶翅厚 $t$。叶翅宽 $b$ 和叶翅厚 $t$ 应在搅拌叶下半部两个对称位置测得 $b_1$、$b_2$ 和 $t_1$、$t_2$。

32.2 叶片底部曲率半径用 24~25mm 的 $R$ 规检定,使用中的不检定。

33. 本规程第 6 条搅拌叶连接尺寸的检定。

用螺纹规检定主机与叶片连接轴上螺纹的螺距和齿型,用游标卡尺测螺纹外径及轴径。定位孔用塞规检定。

34. 本规程第 7 条搅拌叶与锅壁间隙的检定。

先切断电源,打开电机后端盖,用手转动电机风叶带动搅拌叶片,使叶片平面处于与锅壁垂直的状态,在相互对称的 6 个位置用直径 $\phi 2.0$mm 和 $\phi 4.0$mm 钢丝检定叶片与锅底、锅壁的间隙。

35. 新制胶砂搅拌机所有技术要求均应合格。

36. 使用中胶砂搅拌机只要符合 1、2、3、4、5 和 7 的要求即可。

37. 检定周期为一年。

附录1

### 行星式胶砂搅拌机检定原始记录

| 送检单位 | | | | 检定号 | | |
|---|---|---|---|---|---|---|
| 序号 | 项目 | | 单位 | 技术要求 | 检定数据 | 结果 |
| 1 | 外观 | | | 目测检测 | | |
| 2 | 叶片公转方向 | | | 逆时针 | | |
| 3 | 叶片公转慢速 | | r/min | 57~67 | | |
| 4 | 叶片公转快速 | | r/min | 115~135 | | |
| 5 | 齿图齿数 | | 个数 | | | |
| 6 | 齿轮齿数 | | 个数 | | | |
| 7 | 搅拌时间 | 慢速 | s | 59~61 | | |
| | | 开始加砂 | s | 29~31 | | |
| | | 加砂时间 | s | 29~31 | | |
| | | 快速 | s | 29~31 | | |
| | | 中停 | s | 89~91 | | |
| | | 快速 | s | 59~61 | | |
| 8 | 叶片与锅底间隙 | | mm | 2~4 | | |
| 9 | 叶片与锅壁间隙 | | mm | 2~4 | | |
| 10 | 锅内径 | | mm | 201~203 | | |
| 11 | 锅深度 | | mm | 177~183 | | |
| 12 | 锅壁厚 | | mm | 1.1~1.7 | 上 / 下 | |
| 13 | 叶翅厚 | | mm | 4~6 | | |
| 14 | 叶翅宽 | | mm | 7~9 | | |
| 15 | 叶片总宽度 | | mm | 135~135.6 | | |
| 16 | 加砂完全性 | | g | ≤1 | | |
| 型号 | | | | 使用标准计量器具及配套设备情况 | | |
| 制造厂 | | | | | | |
| 出厂编号 | | | | | | |
| 出厂日期 | | | | | | |
| 设备编号 | | | | | | |
| 环境温度 | | | | | | |
| 检定日期 | | | | 检定员 | | 核验员 |

附录2

**检定证书背面格式**

主要项目检定结果

| 检 测 项 目 | | 技 术 要 求 | 实 测 值 |
|---|---|---|---|
| 叶片公转慢速 | | 57~67r/min | |
| 叶片公转快速 | | 115~135r/min | |
| 搅拌时间 | 慢 速 | 593~61s | |
| | 开始加砂 | 29~31s | |
| | 加砂时间 | 29~31s | |
| | 快 速 | 29~31s | |
| | 中 速 | 89~91s | |
| | 快 速 | 59~61s | |
| 叶片与锅底间隙 | | 2~4mm | |
| 叶片与锅壁间隙 | | 2~4mm | |
| 加砂完全性 | | ≤1g | |
| 备注 | | | |

# 六、胶砂试体成型振实台

## 胶砂试体成型振实台检定规程
## （JJG 124—1999）

本规程规定了胶砂试体成型振实台(简称振实台)的检定仪器、条件、项目和方法及检定结果处理和检定周期等。

本规程适用于新制造、使用中以及修理后的按 ISO 679:1989 测定水泥胶砂强度所用胶砂试体成型振实台的检定。

（一）概述

试体成型振实台(简称振实台)是用于按 ISO 679:1989 水泥强度试验方法测定水泥胶砂强度的专用设备。它的制造应符合《水泥胶砂试体成型振实台》(JC/T 682—1997)的要求。胶砂试体成型振实台由可以跳动的台盘和使其跳动的凸轮等组成。台盘上有固定试模用的卡具，并连有两根起稳定作用的臂，凸轮由电机带动，通过控制器控制按一定的要求转动并保证使台盘平稳上升至一定高度后自由下落，其中心恰好与止动器撞击。卡具与模套连成一体，可沿与臂杆垂直方向向上转动≥100°。

（二）技术要求

1. 振实台的振幅：15mm±0.3mm。

2. 振动 60 次的时间：60s±2s。

3. 台盘上装上空试模后包括臂杆、模套和卡具的总质量 20kg±0.5kg。其中除试模外的质量为 13.75kg±0.25kg。卡具与模套连成一体，模套框内部尺寸为长 160mm±0.1mm、宽 132mm±0.4mm、高 20mm±1mm，宽度方向等分三格，隔板厚 6mm±0.1mm，卡紧时模套能压紧试模并与试模内侧对齐。

4. 台盘中心到臂杆轴中心的距离：800mm±1mm。

5. 臂杆轴只能转动不允许有旷动。

6. 止动器的工作面与台盘表面及两根臂杆平行,突头的工作面为球面,其球半径为 75mm±1mm。

7. 两根臂杆及其十字拉肋的总质量:2.25kg±0.25kg。

8. 台盘中心到滚轮和凸轮轴线的水平距离:100mm±1mm。

9. 突头和止动器由钢材制造,整体硬度≥HV500。(由生产厂保证)

10. 凸轮表面硬度≥HV500。(由生产厂保证)

11. 凸轮上应标有转向标志,其工作面应同轴线平行。

12. 控制器和计数器灵敏可靠,能控制振实台振动60次后自动停止;绝缘电阻≥2.5MΩ。

13. 振实台启动后,其台盘无摆动现象,声音正常。

14. 振实台外表面不得有粗糙不平及图中未规定的凸起、凹陷。

15. 振实台非加工表面均应刷漆防锈,外表面均应打底喷漆,油漆面应平整、光滑、均匀和色调一致。

16. 振实台的零件加工面不得有碰伤、划痕和锈斑。

17. 振实台装有铭牌,其中包括仪器名称、型号、生产厂、出厂编号与日期。

(三)检测用仪器设备

18. 秒表:分辨率不低于0.1s。

19. 台秤:分度值0.01kg。

20. 量块:$\phi$60mm 厚 $14.7^{+0.05}_{0}$mm 和 $15.3^{0}_{-0.05}$mm,材料为45号钢,表面洛氏硬度≥HR40,工作表面粗糙度为 $\frac{1.6}{\triangledown}$。

21. 卡尺: 分度值0.02mm。

22. R 规:73~78mm。

23. 卡尺:量程1 000mm;分度值0.1mm。

24. 铝制水平仪、钢制90°角尺、500MΩ表。

(四)检定条件

25. 检定室内应保持清洁,无腐蚀性气体。

26. 电源电压的波动不超过±7%。

(五)检定项目和检定方法

27. 按本规程5条和11~17条要求进行外观和工作状态的检查,其中12条的绝缘电阻用兆欧表检定。

28. 本规程第1条振幅的检定。

用14.7mm和15.3mm量块检测。当在突头和止动器之间放入14.7mm量块时,转动凸轮,凸轮与滚轮相接触;当放入15.3mm量块时,再转动凸轮,则凸轮与滚轮不接触。符合以上情况为合格,否则为不合格。

29. 本规程第2条振动时间的检定。

启动振实台,先空振一周,然后在开动振实台的同时用秒表计时,读取振实台振动60次的时间。

30. 本规程第3条台盘总质量和模套尺寸的检定。

生产时,包括空试模的台盘总质量用台秤测量,其值应在20kg±0.5kg。制造厂在每台仪器台盘的适当位置标有臂杆、台盘、模套和卡具的总质量。使用中和修理后的振实台没有改变这部分质量的仍以此质量为准。使用中的振实台应称量10个以上使用的试模质量,单个试模质量应为6.25kg±0.25kg。

模套尺寸用卡尺测量。

31. 本规程第4条台盘中心到臂杆轴中心的水平距离。

用卡尺量出台盘的长 $L_1$,然后用卡尺测量台盘以外臂杆(包括转轴)长 $L_2$,再用卡尺测量转轴外部直径 $D$,则台盘中心到臂杆轴中心的水平距离为:

$$L_0 = \frac{L_1}{2} + L_2 - \frac{D}{2} \tag{1}$$

32. 本规程第 6 条的检测。

用水平仪调整仪器底座使台盘落在止动器上时呈水平状态,接着测二根臂杆的水平状态,然后将台盘转开再测止动器的水平状态;用 73~78mmR 规检测突头的工作面。

33. 本规程第 7 条的检定。

生产时用台秤检测。

34. 本规程第 8 条的检定。

用卡尺测量突头和滚轮的外侧间距 $L$,再测突头和滚轮的直径 $D_1$ 和 $D_2$,则其水平距离为:

$$L_0' = L - \frac{D_1}{2} - \frac{D_2}{2} \tag{2}$$

35. 本规程第 9 条和 10 条的检定。

生产时用维氏硬度计检测,也可用洛氏硬度计检测,根据二者的相关关系判断是否合格。

36. 本规程第 11 条凸轮的工作面与轴线平行的检测。

在相互垂直的四点上,用 90°角尺检测轴孔与侧面和工作面与侧面的垂直状态,即可检查出凸轮的工作面是否与轴线平行。

37. 新制胶砂试体成型振实台所有技术要求均应合格。
38. 使用中胶砂试体成型振实台只要符合 1~3 条技术要求即可。
39. 检定周期为一年。

附录 1

### 胶砂试体成型振实台检定记录格式

| 送检单位 | | | | 检定号 | | |
|---|---|---|---|---|---|---|
| 序号 | 项目 | | 单位 | 技术要求 | 检定数据 | 结果 |
| 1 | 外观 | | | 目测检测 | | |
| 2 | 振幅 | | mm | 14.7~15.3 | | |
| 3 | 振动 60 次的时间 | | s | 58~62 | | |
| 4 | 台盘上装上空试模后包括臂杆、模套和卡具的总质量 | | kg | 19.5~20.5 | | |
| 5 | 台盘除试模外的质量 | | kg | 13.5~14 | | |
| 6 | 台盘中心到臂杆轴中心的距离 | | mm | 799~801 | | |
| | 型号 | | | 使用标准计量器具及配套设备情况 | | |
| | 制造厂 | | | | | |
| | 出厂编号 | | | | | |
| | 出厂日期 | | | | | |
| | 设备编号 | | | | | |
| | 环境温度 | | | | | |
| | 检定日期 | | | 检定员 | | 核验员 |

附录2

**检定证书背面格式**

主要项目检定结果

| 检 测 项 目 | 技 术 要 求 | 实 测 值 |
|---|---|---|
| 振幅 | 14.7～15.3mm | |
| 振动60次的时间 | 58～62s | |
| 台盘上装上空试模后包括臂杆模套和卡具的总质量 | 19.5～20.5kg | |
| 台盘除试模外的质量 | 13.5～14kg | |
| 备注 | | |

# 七、水泥胶砂耐磨性试验机

## 水泥胶砂耐磨性试验机检定规程
## (JJG 125—1999)

本规程适用于新制造、使用中以及修理后的水泥胶砂耐磨性试验机(简称耐磨机)的检定。

(一)概述

耐磨机是用于按《水泥胶砂耐磨性试验方法》(JC/T 421—1991)检验水泥胶砂耐磨性试验的专用设备。它的制造应符合 JC/T 421—1991 中附录 A 的要求。耐磨机由直立主轴、水平转盘、传动机构及控制系统组成。主轴和转盘不在同一轴线上,同时按相反方向转动。主轴下端配有磨头连接装置,磨头可以装卸。

(二)技术要求

1. 产品应带有铭牌(包括型号、规格、制造厂、出厂编号和生产日期等)、合格证和说明书。

2. 新机的油漆面应干整、光亮、均匀和色调一致。整机绝缘电阻≥2MΩ。

3. 耐磨机主轴升降灵活、磨头安装方便可靠、负荷调整简便。水平转盘有明显的转动方向标志,方向为顺时针,磨头旋转方向与水平转盘旋转方向相反。

4. 主轴与水平转盘垂直度:测量长度80mm时偏离度不大于0.04mm。

5. 水平转盘转速17.5r/min±0.5r/min,主轴与转盘转速比为35:1。

6. 主轴加磨头自重为200N,外加负荷后可分为300N、400N三档,每档误差不大于±1%。

7. 主轴升降行程不小于80mm,磨头最低点距水平转盘工作面不大于25mm。

8. 水平转盘上配有能夹紧试件的卡具,卡头单向距离为 $150^{+4}_{-2}$mm。卡头宽度不小于50mm。卡具夹紧试件后应保证试件上浮的翘起度≤0.50mm。

9. 花轮磨头由三组花轮组成,按星形排列成等分三角形。花轮组与轴心最小距离为16mm,最大距离为25mm。每组花轮由两片花轮片装配而成,其间隔为2.6～2.8mm。花轮片直径为 $25^{+0.02}$mm,厚度为 $3^{+0.02}$mm,边缘上均匀分布12个矩形齿,齿宽为3.3mm,齿高为3mm。

10. 电器控制器,具有0~999数字自动控制显示装置,其所显示数和转盘实际转数的误差小于1/4转。并装有电源电压监视表及自动停车报警装置。

11. 耐磨机上配有吸尘装置,可随时将磨下的粉尘吸走。

(三)检定条件和检定用标准器具

12. 耐磨机应在无腐蚀性气体室内进行检定。电源电压的波动不超过+10%～-5%。

13. 兆欧表。

14. 手持式数字转速表,量程:50~3 000r/min,精度±1r/min。

15. 管形测力计,量程500N,分度值1N。

16. 直角尺。

17. 塞尺,0.02~0.05mm。

18. 游标卡尺,量程200mm,分度值为0.02mm。

19. 秒表,量程15min,分度值0.1s。

20. 钢直尺,量程500mm,分度值1mm。

(四)检定项目和检定方法

21. 本规程1~3条用目测和开机操作进行检测。绝缘情况用万用表测定控制器与机架之间的绝缘电阻。

22. 本规程第4条测定时需将磨头卸下,把主轴调至最低点,将直角尺的一条直角边置于水平转盘上,另一条直角边紧贴主轴,用塞尺测量距水平转盘80mm处主轴与直角边的间隙。

第4条中心距的测量。在水平转盘的两个固定卡具中心各做一条伸向中心的直线,两直线的交叉点为转盘的中心。将主轴调至最低点,用直角尺的一条直角边贴紧主轴,另一条直角边置于水平转盘上,测量主轴内侧到转盘中心的距离$L$,用卡尺测量主轴的直径$D$,$L+D/2$即为主轴与转盘的中心距。中心距测两遍,取平均值。

23. 第5条水平转盘转速的测定。用粉笔在转盘侧面作一记号,然后在开动机器的同时打开秒表,记录1min内转盘的实际转速,测两遍取平均值。

主轴转速的测定。在主轴上贴一块黑胶布,再在黑胶布上贴一块反光片,开动机器后用手持式数字转速表直接测定主轴转速,测两遍取平均值。

24. 第6条负荷的检定。用钢丝绳吊住主轴或负荷砣并上提,用管形测力计测力并记录。

25. 第7条主轴行程测定。拆下磨头,提升负荷砣主轴,用钢直尺测量主轴最下端与转盘工作距离为$S_1$,然后放下负荷砣主轴,再测量其距离为$S_2$,测两遍取平均值,主轴行程$S=S_1-S_2$。装上磨头,放下负荷砣及主轴,再测量转盘工作面与磨头最下端距离$S_3$,测两遍,取平均值。

26. 第8条卡具间距的检定。用专用扳手调节活卡具至距固定卡具最远端,用游标卡尺测量其内壁距离记为$L_1$,然后将其调至最近端,再测量内壁距离记为$L_2$。两个活卡具均采用此方法进行测量,每个卡具均测两遍后取平均值。

翘起度检定:在水平转盘上放上耐磨试块后用卡具卡紧。用塞尺测量试体翘起情况。

27. 第9条花轮磨头的检测。花轮磨头按星形排列成等分三角形,花轮组与轴心的内距和外距均用游标卡尺分别各测两遍,取各自的平均值。

花轮片的检测。花轮片直径用游标卡尺测量,每只花轮均应测量垂直方向取平均值,厚度也同样。

28. 第10条控制器的检定。将控制器转数调整到某一数值,开动机器,记录转盘转数是否与设定转数相等。

29. 第11条检查耐磨机上有无吸尘装置。

(五)检定结果的处理和检定周期

30. 新的耐磨机必须符合本规程1~11条技术要求。

31. 使用中的耐磨机应符合规程中第3~11条技术要求。

32. 耐磨机检定周期为一年。

附录1

**水泥胶砂耐磨性试验机检定记录**

| 送检单位 | | | | 检定号 | |
|---|---|---|---|---|---|
| 序号 | 项目 | 单位 | 技术要求 | 检定数据 | 结果 |
| 1 | 外观 | | | | |
| 2 | 转盘转动方向 | | 顺时针 | | |

续上表

| 序号 | 项 目 | | 单位 | 技术要求 | 检定数据 | 结果 |
|---|---|---|---|---|---|---|
| 3 | 主轴与转盘的中距 | | mm | 39.8~40.2 | | |
| 4 | 水平转盘速 | | r/min | 17.0~18.0 | | |
| 5 | 主轴转速 | | r/min | 595~630 | | |
| 6 | 负荷(包括磨头) | | N | 198~202 | | |
| | | | | 297~303 | | |
| | | | | 396~404 | | |
| 7 | 主轴行程 | | mm | ≥80 | | |
| 8 | 磨头最低点与工作面距离 | | mm | ≤25 | | |
| 9 | 卡具间距 | $L_1$ | mm | 148~154 | | |
| | | $L_2$ | mm | 148~154 | | |
| 10 | 翘起度 | | mm | ≤0.5 | | |
| 11 | 花轮磨头至轴心距离 | 内距 | mm | 16 | | |
| | | 外距 | mm | 25 | | |
| 12 | 花轮片尺寸 | 直径 | mm | 25~25.02 | | |
| | | 厚度 | mm | 3.0~3.02 | | |

| 型号规格 | | 使用标准计量器具及配套设备情况 |
|---|---|---|
| 制造厂 | | |
| 出厂编号 | | |
| 出厂日期 | | |
| 设备编号 | | |
| 环境温度 | | |
| 检定日期 | | 检定员 | | 核验员 | |

**附录2**

## 检定证书背面格式

| 主要项目检定结果 | | |
|---|---|---|
| 检 测 项 目 | 技 术 要 求 | 实 测 值 |
| 主轴与转盘的中心距 | 39.8~40.2mm | |
| 水平转盘转速 | 17.0~18.0r/min | |
| 主轴转速 | 595~630r/min | |
| 负荷(包括磨头) | 198~202N | |
| | 297~303N | |
| | 396~404N | |
| 主轴行程 | ≥80mm | |
| 磨头最低点与工作面距离 | ≤25mm | |
| 翘起度 | ≤0.5mm | |

备注

# 八、水泥胶砂流动度测定仪

## 水泥胶砂流动度测定仪检定规程
## （JJG 126—1999）

本规程适用于新制造、使用中以及修理后的水泥胶砂流动度测定仪（简称跳桌仪）的检定。

（一）概述

跳桌仪是用于按《水泥胶砂流动度测定方法》（GB/T 2419—1994）测定水泥胶砂流动度的专用仪器。它的制造应符合 GB/T 2419 中附录 A 的要求。跳桌仪分为手动式、电动式两种。

（二）技术要求

1. 产品应有铭牌、合格证和说明书。
2. 外观应平整光洁、振动平稳、音响正常。
3. 电动跳桌仪跳动 30 次的时间：30s±1s。
4. 圆桌面直径应为 258mm±1mm。
5. 落距（凸肩平面与机架顶面的距离）应为 10.0mm±0.1mm。
6. 跳动部分质量应为 3 450g±10g。
7. 截锥圆模尺寸为：高度 60mm±0.5mm；上口内径 $\phi$70mm±0.5mm；下口内径 $\phi$100mm±0.5mm。
8. 捣棒工作部分直径为 $\phi$20mm±0.5mm。

（三）检定用的器具

9. 秒表：分度值 0.1s。
10. 天平：为 5 000g，感量为 5g。
11. 游标卡尺：量程 300mm，分度值为 0.01mm。
12. 测量落距专用工具：其材质为 45 号钢，洛氏硬度＞HR10，测量表面粗糙度 $\sqrt{1.6}$，尺寸要求如图 1 所示。

（四）检定条件

13. 跳桌仪应保持在清洁、无腐蚀气体的室内。

（五）检测方法

14. 用感观检查技术要求中的 1～2 条，有时要空车运转检查。
15. 用秒表检测技术要求中的第 3 条电动跳桌仪跳动 30 次的时间，测两次，其结果均需符合要求。
16. 用游标卡尺测量技术要求中的第 4 条圆桌面直径，互相垂直测量，取其算术平均值。
17. 用落距专用工具检查技术要求中的第 5 条。先用图 1 的（2）号 10.00mm 的工具测量落距，将（2）号工具放在凸肩平面与机架顶面之间，将跳桌仪调好，（2）号工具放置不动；再用图 1 的（1）号工具 9.90mm 一头刚能放进去，而 10.10mm 一头不能放进去，跳桌仪落距合格。

注：若跳桌仪使用的时间较长，其机架顶面比凸肩的直径大，有时机架顶面被凸肩打击，其周围比打击面高，测量前将其锉得比机架顶面打击面低，这样才能准确测量。

18. 用天平检查技术要求中的第 6 条跳动部分质量。
19. 用游标卡尺测量技术要求中的第 7～8 条截锥圆模和捣棒的有效尺寸。

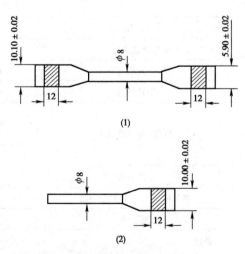

图 1 测量落距专用工具（尺寸单位：mm）

（六）检定结果处理和检定周期

20. 新跳桌仪必须符合 1~6 条技术要求。
21. 使用中和修理后的跳桌仪必须符合 2~6 条技术要求。
22. 截锥圆模和捣棒的尺寸必须符合 7~8 条技术要求。
23. 检定使用周期为一年。

附录 1

### 水泥胶砂流动度测定仪检定记录

| 送检单位 | | | | 检定号 | |
|---|---|---|---|---|---|
| 序号 | 项目 | 单位 | 技术要求 | 检定数据 | 结果 |
| 1 | 铭牌、合格证、说明书 | | 有 | | |
| 2 | 外观及运转情况 | | 外观整洁,运转正常 | | |
| 3 | 电动跳桌仪跳动 30 次时间 | s | 30±1 | | |
| 4 | 圆桌面直径 | mm | 258±1 | | |
| 5 | 落距 | mm | 10.0±0.1 | | |
| 6 | 跳动部分质量 | g | 3450±10 | | |
| 7 | 截锥圆模尺寸 | mm | 高度 60±0.5<br>上口内径 $\phi$70±0.5<br>下口内径 $\phi$100±0.5 | | |
| 8 | 捣棒直径 | mm | $\phi$20±0.5 | | |

| 备注 | | | |
|---|---|---|---|
| 型号 | | 使用标准计量器具及配套设备情况 | |
| 制造厂 | | | |
| 出厂编号 | | | |
| 出厂日期 | | | |
| 设备编号 | | | |
| 环境温度 | | | |
| 检定日期 | | 检定员 | 检验员 |

附录 2

### 检定证书背面格式

| 主要项目检定结果 | | |
|---|---|---|
| 检测项目 | 技术要求 | 实测值 |
| 电动跳桌仪跳动 30 次时间 | 30s±1s | |
| 圆桌面直径 | 258mm±1mm | |
| 落距 | 10.0mm±0.1mm | |
| 跳动部分质量 | 3 450g±10g | |
| 截锥圆模尺寸 | 高度 60mm±0.5mm<br>上口内径 $\phi$70mm±0.5mm<br>下口内径 $\phi$100mm±0.5mm | |
| 捣棒直径 | $\phi$20mm±0.5mm | |
| 备注 | | |

# 第二节 其他试验设备的检定

## 一、摆式摩擦系数测定仪

### 摆式摩擦系数测定仪计量检定规程
### [JJG(交通)053—2009]

**1 范围**

本规程适用于摆式摩擦系数测定仪(以下简称摆式仪)的首次检定、后续检定和使用中的检验。

**2 引用文献**

本规程引用下列文献：

《硫化橡胶或热塑性橡胶 压入硬度试验方法 第1部分：邵氏硬度计法(邵尔硬度)》(GB/T 531.1—2008)

《硫化橡胶伸张时的有效弹性和滞后损失试验方法》(HG 3101)

《摆式摩擦系数测定仪》(JT/T 763—2009)

《公路路基路面现场测试规程》(JTG E60—2008)

使用本规程时，应注意使用上述引用文献的现行有效版本。

**3 术语**

3.1 摆式摩擦系数标准器组 Group Standard for Pendulum Friction Tester

用以对摆式摩擦系数进行整体准确性检验的计量器组，由高精度摆式摩擦系数测定仪和标准摩擦系数试块两部分组成，见附录C。

**4 概述**

摆式仪是检测公路路面抗滑性能的仪器，也可用以检验材料抗滑性能。

摆式仪基本结构分为六个部件：摆、度盘、指针、悬臂、底座和立柱。其具体结构如图1所示。

摆式仪工作原理为：摆式仪的摆锤底面装有一滑溜块，当摆锤从一定高度自由下摆时，滑溜块面同试验表面接触。由于两者间的摩擦而损耗部分能量，这部分能量与摆锤的势能损失相等，基于该力学模型测试，推算摆式仪滑溜块与被测表面之间的摩擦系数，力学模型的公式为：

$$\mu NS = Mg\Delta H \tag{1}$$

式中：$\mu$——摆式仪滑溜块与被测表面之间的摩擦系数；

$N$——摩擦正压力；

$S$——摩擦行程长度；

$M$——摆锤质量；

$g$——当地重力加速度；

$\Delta H$——摆锤从水平释放位置到摩擦表面后偏摆高度的高度差。

**5 计量性能要求**

5.1 摆及摆的连接部分

摆及摆的连接部分总质量为$(1\,500 \pm 30)$g，摆动轴心距摆的重心距离为$(410 \pm 5)$mm，滑溜块下端部与摆动轴心的距离为$(510 \pm 2)$mm。

5.2 正向静压力

摆端滑溜块与测试表面的正向静压力为$(22.2 \pm 0.5)$N，使用压力标定架检验其对应变形量应为$(4.0 \pm 0.1)$mm。

### 5.3 滑溜块

摆端滑溜块总质量为(20±5)g。滑溜块上用于测定路面抗滑值的橡胶片尺寸(长×宽×厚)为76.4mm×25.4mm×6.35mm,用于测量加速磨光机试验后弧形试件抗滑值的橡胶片的尺寸(长×宽×厚)为31.5mm×25.4mm×6.35mm。滑溜块所用橡胶片邵氏硬度为(55±5)HA,20℃弹性为66%~73%。

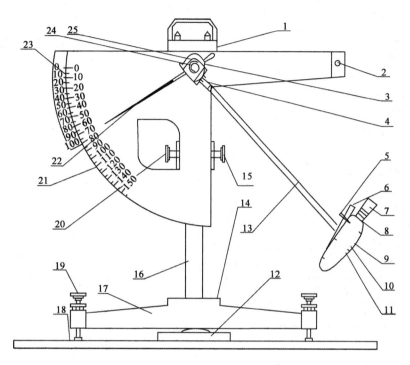

图1 摆式摩擦系数测定仪结构图

1-紧固把手;2-释放开关;3-针簧片或毡垫;4-连接螺母;5-定位螺丝;6-举升柄;7-平衡锤;8-并紧螺母;9-滑溜块;10-橡胶片;11-止滑螺丝;12-试件固定器;13-卡环;14-水准泡;15、20-升降把手;16-立柱;17-底座;18-底座;19-调平螺栓;21-度盘(126mm滑溜长度);22-指针;23-度盘(76mm滑溜长度);24-转向节螺盖;25-调节螺母

### 5.4 立柱垂直度

摆式仪的立柱与底座的夹角为(90±3)°。

### 5.5 摆值重复性

按照JTG E60—2008对同一测试点进行八次重复测试,八次摆值测量结果的标准差不应大于1.2BPN。

### 5.6 整机准确性

按照JTG E60—2008测试摆式摩擦系数标准试件组,测试结果与高精度摆式摩擦系数测定仪的赋值进行比较,单块标准试件上测定值与赋值偏差不大于2BPN。

## 6 通用技术要求

### 6.1 标牌、标志和证书

摆式仪应有清晰的标牌、标志和合格证书。标牌上应有摆式仪的名称、型号、出厂编号、制造厂名、出厂日期等,标志上应有摆式仪的使用编号、最近一次检定日期等。

### 6.2 外观

摆式仪外表应光滑、平整,无明显损坏、锈迹等缺陷;摆式仪的度盘应清晰,无影响读数的缺陷;仪器上的摆轴等应工作灵活可靠。

## 7 计量器具控制

7.1 检定条件
7.1.1 环境条件
测试环境温度(20±2)℃,环境相对湿度不大于85%,检定场地周围清洁,无影响工作的振动和腐蚀性气体存在。
7.1.2 检定设备
检定设备包括:
a) 刻度尺:0~1m,分度值1mm;
b) 游标卡尺:0~150mm,分度值0.02mm;
c) 千分尺:0~10mm,分度值0.01mm;
d) 天平:0~5 000g,分度值1g;
e) A型邵氏硬度计;
f) 橡胶弹性仪;
g) 压力标定架;
h) 质心标定支点;
i) 摆式摩擦系数标准器组。

7.2 检定项目及检定方法
7.2.1 检定项目
摆式仪的检定项目见表1,检定记录格式见附录A。

检定项目一览表  表1

| 检定项目 | | 首次检定 | 后续检定 | 使用中检验 |
|---|---|---|---|---|
| 外观 | | + | + | + |
| 摆及摆的连接部分总质量 | | + | + | + |
| 摆动轴心距摆的重心距离 | | + | + | + |
| 摆上滑溜块下端部距摆动轴心距离 | | + | + | + |
| 正向静压力 | | + | + | + |
| 滑溜块 | 总质量 | + | + | + |
| | 橡胶片尺寸 | + | + | + |
| | 橡胶片邵氏硬度 | + | + | + |
| | 橡胶片弹性 | + | + | + |
| 立柱垂直度 | | + | + | + |
| 摆值重复性 | | + | + | + |
| 整机准确性 | | + | + | + |

注:"+"表示需要检定,"-"表示不需要检定。

7.2.2 检定方法
7.2.2.1 通用技术要求
通过目测、手感进行检查,其结果应符合6.1、6.2的要求。
7.2.2.2 摆及摆的连接部分总质量
将拆开的摆式仪的摆及摆的连接部分置于天平上,测出两者的质量总和,重复试验三次,取其平均值作为两者的质量总和,其结果应符合5.1的要求。
7.2.2.3 摆动轴心距摆的重心距离

将摆从仪器上卸下,水平放置于摆的压力标定架的平衡刀口(或专用质心标定支点的刀口)上,将连接螺母置于摆杆的远端,找出平衡点并做记号,此平衡点即为质心。然后用刻度尺量出摆动轴心至摆的重心的距离。重复试验三次,取其平均值作为检定结果,其结果应符合5.1的要求。

7.2.2.4 摆上滑溜块下端部距摆动轴心的距离

用刻度尺量出摆上滑溜块下端部距摆动轴心的距离,重复试验三次,再取其平均值作为检定结果,其值应符合5.1的要求。

7.2.2.5 滑溜块正向静压力

滑溜块正向静压力的检定示意图见图2,具体操作步骤为:

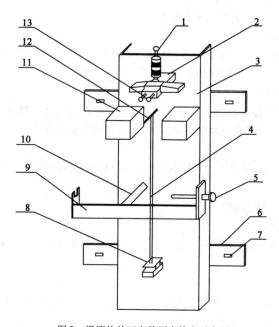

图2 滑溜块的正向静压力检定示意图

1-千分尺;2-千分尺座;3-托架;4-配重块连线;5-调节螺杆;6-安装块;7-安装孔;8-配重块;9-横梁;10-立柱;11-锤座;12-V形槽杆;13-定位螺丝

a) 将装有滑溜块的摆置于压力标定架上,将悬挂标定砝码的横杆置于滑溜块上橡胶片与路面接触的长度边缘上,并使摆稳定。

b) 用千分尺测悬挂标定砝码的横杆位置,并记下读数 $A(mm)$。

c) 挂上标定砝码2 263g,滑溜块被动向下移动。

d) 待摆稳定后,用千分尺再次测悬挂标定砝码的横杆位置,并记下读数 $B(mm)$。记长度变形量为 $\Delta l = A - B$,重复试验三次,再取其平均值作为检定结果,应满足5.2的要求。

7.2.2.6 滑溜块

滑溜块的检定包括总质量、橡胶片尺寸、硬度和弹性,具体步骤如下:

a) 滑溜块总质量:将拆开的摆式仪的滑溜块置于天平上,测出其质量,重复试验三次,取其平均值,其结果应符合5.3的要求。

b) 橡胶片尺寸:分别用游标卡尺或千分尺量出橡胶片的尺寸大小,每个橡胶片重复测量三次,取其平均值作为测量结果,其结果应符合5.3的要求。

c) 橡胶片硬度和弹性:按照GB/T 531.1,用A型邵氏硬度计测量橡胶片的硬度;按照HG 3101用橡胶弹性仪测定橡胶的弹性。每个橡胶片分别重复测量三次,取其平均值作为测量结果,应符合5.3的要求。

7.2.2.7 立柱垂直度

调整摆式仪水准泡居中,用刻度尺量出第 $i$ 个螺栓与立柱底端的距离 $l_{i1}$,再沿着立柱的轴线取一点,量出其与立柱底端的距离 $l_{i2}$,最后量出第 $i$ 个螺栓与该点的距离 $l_{i3}$,则立柱与底座的夹角 $\varphi_i$ ($i=1,2,3$) 值为:

$$\varphi = \arccos \frac{l_{i1}^2 + l_{i2}^2 - l_{i3}^2}{2l_{i1}l_{i2}} \tag{2}$$

式中:$l_{i1}$——第 $i$ 个螺栓与立柱底端的距离,mm;

$l_{i2}$——立柱轴线上一点与立柱底端的距离,mm;

$l_{i3}$——第 $i$ 个螺栓与立柱轴线上一点的距离,mm。

立柱与底座夹角的大小应符合 5.4 的要求。

#### 7.2.2.8 摆值重复性

按照 JTG E60—2008,用调平后的摆式仪对同一测试地点进行八次重复检测,对所得到的结果进行处理,所得标准差应符合 5.5 的要求。

#### 7.2.2.9 整机准确性

先使用高精度摆式摩擦系数测定仪对不同水平的标准试块组进行测试,给每个试块分别赋值;然后使用摆式仪测试摆式摩擦系数标准试块,每个试块重复测试五次,取其平均值作为测试结果。

将摆式仪测试结果与高精度摆式摩擦系数测定仪的赋值进行直接比较,其差值应符合 5.6 的要求。

### 7.3 检定结果处理与检定周期

#### 7.3.1 检定结果处理

经检定合格的摆式仪出具合格证书,检定证书内页格式见附录 B。不合格的出具测试结果通知书,并注明不合格项目。

#### 7.3.2 检定周期

摆式仪检定周期一般为一年,但在使用过程中对检测结果发生怀疑时,可随时进行相应项目的检验,若检验不合格,应提前进行检定。

## 附录 A　　　　检定记录格式

### 摆式摩擦系数测定仪检定记录

| 委托单位 | | 规格型号 | | 生产厂家 | | |
|---|---|---|---|---|---|---|
| 出厂编号 | | 出厂日期 | | 使用编号 | | |
| 环境温度 | | 湿度 | | 上次检定时间 | | |
| 序号 | 检定项目 | | | 检定记录 | | 备注 |
| 1 | 外观 | | | | | |
| 2 | 摆及摆的连接部分总质量,g | | | 1 | | |
| | | | | 2 | | |
| | | | | 3 | | |
| 3 | 摆动轴心距摆的重心距离,mm | | | 1 | | |
| | | | | 2 | | |
| | | | | 3 | | |
| 4 | 摆上滑溜块下端部距摆动轴心距离,mm | | | 1 | | |
| | | | | 2 | | |
| | | | | 3 | | |

续上表

| 委托单位 | | 规格型号 | | 生产厂家 | |
|---|---|---|---|---|---|
| 出厂编号 | | 出厂日期 | | 使用编号 | |
| 环境温度 | | 湿度 | | 上次检定时间 | |

| 序号 | 检定项目 | | 检定记录 | | 备注 |
|---|---|---|---|---|---|
| 5 | 正向静压力对应的变形量,$\Delta l = A - B$,mm | | 1 | | |
| | | | 2 | | |
| | | | 3 | | |
| 6 | 滑溜块 | 总质量,g | 1 | | |
| | | | 2 | | |
| | | | 3 | | |
| | | 橡胶片长度,mm | 1 | | |
| | | | 2 | | |
| | | | 3 | | |
| | | 橡胶片宽度,mm | 1 | | |
| | | | 2 | | |
| | | | 3 | | |
| | | 橡胶片厚度,mm | 1 | | |
| | | | 2 | | |
| | | | 3 | | |
| | | 橡胶片邵氏硬度,HA | 1 | | |
| | | | 2 | | |
| | | | 3 | | |
| | | 橡胶片弹性,% | 1 | | |
| | | | 2 | | |
| | | | 3 | | |
| 7 | 立柱垂直度 | $\varphi_1$,° | $l_{11}$ | | |
| | | | $l_{12}$ | | |
| | | | $l_{13}$ | | |
| | | $\varphi_2$,° | $l_{21}$ | | |
| | | | $l_{22}$ | | |
| | | | $l_{23}$ | | |
| | | $\varphi_3$,° | $l_{31}$ | | |
| | | | $l_{32}$ | | |
| | | | $l_{33}$ | | |

续上表

| 委托单位 | | 规格型号 | | 生产厂家 | |
|---|---|---|---|---|---|
| 出厂编号 | | 出厂日期 | | 使用编号 | |
| 环境温度 | | 湿度 | | 上次检定时间 | |

| 序号 | 检定项目 | 检定记录 | | 备注 |
|---|---|---|---|---|
| 8 | 摆值重复性,BPN | 1 | | |
| | | 2 | | |
| | | 3 | | |
| | | 4 | | |
| | | 5 | | |
| | | 6 | | |
| | | 7 | | |
| | | 8 | | |
| 8 | 整机准确性,BPN | 1 | | |
| | | 2 | | |
| | | 3 | | |
| | | 4 | | |
| | | 5 | | |
| | | 平均值 | | |
| | | 赋值 | | |

检定员:　　　　检验号:　　　　检定时间:　　　　检定地点:

**附录 B**　　　　　　　**检定证书内页格式**

| 编　号 | 检 定 项 目 | 检 定 结 果 |
|---|---|---|
| 1 | 外观 | |
| 2 | 摆及摆的连接部分总质量,g | |
| 3 | 摆动轴心距摆的重心距离,mm | |
| 4 | 摆上滑溜块下端部距摆动轴心距离,mm | |
| 5 | 正向静压力对应的变形量,$\Delta l = A - B$,mm | |
| 6 | 滑溜块 | 总质量,g | |
| | | 橡胶片长度,mm | |
| | | 橡胶片宽度,mm | |
| | | 橡胶片厚度,mm | |
| | | 橡胶片邵氏硬度,HA | |
| | | 橡胶片弹性,% | |
| 7 | 立柱垂直度,° | |
| 8 | 摆值重复性,标准差,BPN | |
| 9 | 整机准确性,差值,BPN | |

技术主管:　　　　检验员:　　　　检验号:

**附录 C**
**摆式摩擦系数标准器组**

摆式摩擦系数标准器组由高精度摆式摩擦系数测定仪和标准摩擦系数试块共同组成。高精度摆式摩擦系数测定仪由摆式摩擦系数测定仪主体、力传感器、角度编码器、计算机数据采集和处理系统、锚固底板等部分组成,保持与现有摆式仪完全一致的测试原理,即"摆在摩擦被测试件前后的动能损失等于安装于摆臂末端橡胶片滑过被测试件时,克服被测试件表面摩擦走过距离所做的功"这一基本原理。

摆式摩擦系数标准试块由不同摩擦系数水平的试块组构成,其摩擦系数稳定性和均匀性经考核合格。试块赋值由高精度摆式摩擦系数测定仪得到,根据摆式仪原理模型和高精度摆式摩擦系数测定仪采集的参数,其摩擦系数计算公式如下:

$$\mu = \frac{MgL(1-\cos\theta)}{NS} \times 100 \tag{3}$$

式中:$\mu$——高精度摆式摩擦系数测定仪测得的滑溜块与被测表面之间的摆值;

$N$——力传感器采集的最大正压力;

$S$——由角度编码器数据导出的实际摩擦接触长度;

$M$——摆锤质量;

$g$——当地重力加速度;

$L$——摆锤重心到摆动轴心的距离;

$\theta$——由角度编码器数据导出的摆锤最大偏摆角度。

# 二、路面车辙自动测定仪

## 路面车辙自动测定仪检定规程
## [JJG(交通) 051—2004]

1 范围

本规程适用于路面车辙自动测定仪的首次检定、后续检定和使用中检验。

2 引用文献

本规程引用下列文献:

《公路路基路面现场测试规程》(JTG 059—1995)

《路面车辙自动测定仪》(JT/T 613—2004)

使用本规程时,应注意使用上述引用文献的现行有效版本。

3 术语

3.1 车辙

车辙是车辆长时间在公路上行驶引起的路面永久变形,表现形式就是在路面上留下的车轮的压痕,其深度是衡量路面状况的一个重要指标。

3.2 检测车

检测车是用来安装路面车辙自动测定仪的,一般可采用面包车、普通小轿车、吉普车或其他工具车作为检测车。

4 概述

路面车辙自动测定仪是利用位移传感器来快速连续测定路面车辙深度的仪器。

路面车辙自动测定仪主要由检测横梁、传感器和计算机系统等组成。检测时,计算机安装在检测车上,配有传感器的检测横梁安装在检测车的前(后)端。路面车辙深度检测示意图见图1。

检测横梁上安置的位移传感器可测得横梁水平面至路面的高度。左、右、中传感器可分别测得检测横梁平面至左、右轮位置及中间位置路面的距离。左、右传感器和中间传感器测得的距离之差就是左、右车轮的车辙深度,这两个车轮车辙深度的平均值即为车辙深度($Z$),在数学上可由式(1)表示:

$$Z = \frac{[(Y_R - Y_C) + (Y_L - Y_C)]}{2} \tag{1}$$

车辙深度的计算是通过计算机系统,利用编制的软件自动算出。

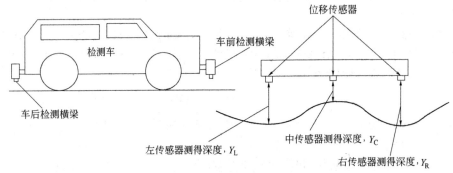

图 1　路面车辙深度检测示意图

## 5　计量性能要求

5.1　初始允许误差:±1mm。

5.2　静态最大示值误差:±2mm。

5.3　静态分辨力:1mm。

5.4　可检测车辙的最大深度:不小于100mm。

5.5　位移传感器静态检测与标准检测的相关性(相关系数$R^2$):$R^2$不小于0.9。

## 6　通用技术要求

6.1　检测横梁的各工作面不应有锈蚀、碰伤和划痕,各非工作面上不应有脱漆及影响外观的其他缺陷。

6.2　路面车辙自动测定仪应有清晰的标牌,标有型号、制造厂名、出厂日期及出厂编号。

## 7　计量器具控制

### 7.1　检定条件

#### 7.1.1　环境条件

7.1.1.1　检定时环境温度:-20~40℃。

7.1.1.2　检定时环境相对湿度:不大于85%。

7.1.1.3　环境清洁、无腐蚀气体,检定时周围振动、噪声对检测结果无影响。

#### 7.1.2　检定器具

7.1.2.1　专用标准垫片:深色,垫片表面粗糙度不大于3.2,外形为30mm×30mm正方形,厚度尺寸为1、5、10、20、50、100和200mm等。

7.1.2.2　钢卷尺:测量范围0~3m,分度值1mm。

### 7.2　检定项目及检定方法

#### 7.2.1　车辙仪的检定项目

车辙仪的检定项目见表1,检定记录格式见附录A。

检定项目一览表　　　　　　　　　　　　　　　表1

| 检定项目 | 首次检定 | 后续检定 | 使用中检定 |
|---|---|---|---|
| 外观 | + | + | - |
| 初始允许误差 | + | + | + |

续上表

| 检定项目 | 首次检定 | 后续检定 | 使用中检定 |
|---|---|---|---|
| 静态最大示值误差 | + | + | + |
| 静态分辨力 | + | + | + |
| 可检测车辙的最大深度 | + | + | - |
| 静态检测与标准检测的相关系数 | + | + | + |

注:"+"表示检定;"-"表示不检定。

#### 7.2.2 检定方法

##### 7.2.2.1 外观检查

通过目测和手触进行外观检查,应符合6.1和6.2规定。

##### 7.2.2.2 初始允许误差和静态最大示值误差的检定方法

在试验室内对路面车辙自动测定仪的传感器系统进行初始检测允许误差和最大示值误差的检定,检定示意图见图2。

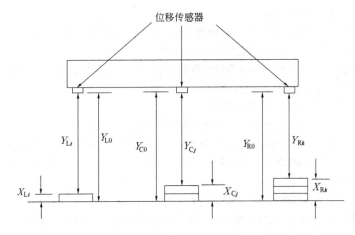

图2 路面车辙自动测定仪传感器系统最大示值误差检定示意图

检定步骤:

a)选取平整的参考平面,将安有传感器的检测横梁置于参考平面之上(图2),横梁至参考平面距离在300～400mm之间,并固定住。

b)用钢卷尺测出三个传感器平面与参考平面的距离($Y_L$、$Y_C$、$Y_R$),用路面车辙自动测定仪读出传感器与参考平面的距离(即 $Y_{L0}$、$Y_{C0}$、$Y_{R0}$)。

c)在各传感器下方加标准垫片,并记录所选用标准垫片的厚度(即 $X_{Li}$、$X_{Cj}$、$X_{Rk}$),同时用路面车辙自动测定仪读出传感器与标准垫片平面的距离(即 $Y_{Li}$、$Y_{Cj}$、$Y_{Rk}$)。

d)根据传感器横梁至参考平面的距离,平均分为五个距离段,在每一段取一组数据。算出第一组误差后再改变标准垫片的厚度,由上述方法获得第二组误差,依此重复,测得的数据填入表2中。

动态检测数据记录表(单位:mm)　　表2

| $X_{Li}$ | $Y_{Li}$ | $Y_{L0}-Y_{Li}$ | $e_{Li}$ | $X_{Cj}$ | $Y_{Cj}$ | $Y_{C0}-Y_{Cj}$ | $e_{Cj}$ | $X_{Rk}$ | $Y_{Rk}$ | $Y_{R0}-Y_{Rk}$ | $e_{Rk}$ |
|---|---|---|---|---|---|---|---|---|---|---|---|
|  |  |  |  |  |  |  |  |  |  |  |  |

检定结果：

a)各传感器的初始检测误差分别由下式算出：

左传感器初始检测误差：
$$e_L = Y_L - Y_{L0} \tag{2}$$

中传感器初始检测误差：
$$e_C = Y_C - Y_{C0} \tag{3}$$

右传感器初始检测误差：
$$e_R = Y_R - Y_{R0} \tag{4}$$

各初始检测误差应满足5.1的条件。

b)左、中、右传感器检测误差可分别由下式计算出：

左传感器检测误差：
$$e_{Li} = (Y_{L0} - Y_{Li}) - X_{Li} \tag{5}$$

中传感器检测误差：
$$e_{Cj} = (Y_{C0} - Y_{Cj}) - X_{Cj} \tag{6}$$

右传感器检测误差：
$$e_{Rk} = (Y_{R0} - Y_{Rk}) - X_{Rk} \tag{7}$$

各组误差绝对值的最大值即为最大示值误差，最大示值误差应满足5.2的条件。

#### 7.2.2.3 静态分辨力的检定

改变标准垫片的厚度时，路面车辙自动测定仪的读数也发生相应变化，则认为路面车辙自动测定仪的静态检测分辨率小于标准垫片厚度的变化量。

检定示意图见图2。当加入1mm厚的标准垫片时，若传感器的读数也发生相应的变化，则认为该传感器的分辨力满足5.3的要求。

#### 7.2.2.4 可检测车辙最大深度的检定

在试验室利用7.2.2.2的方法对可检测车辙最大深度进行检定。

将横梁左、右传感器位置垫片厚度同中传感器位置垫片厚度之差均设为100mm以上，这时若计算机系统显示的车辙深度数值正常，即显示数值同由公式(1)计算所得数值之差在允许误差范围内，则符合5.4的要求。

#### 7.2.2.5 传感器静态检测与标准检测的相关性检定

检定方法同7.2.2.2的方法，并尽可能将标准垫片厚度的变化覆盖整个传感器检测范围。

将标准垫片厚度的变化量（即 $X_{Li}$、$X_{Cj}$、$X_{Rk}$）与传感器读数的变化量（即 $Y_{Li}$、$Y_{Cj}$、$Y_{Rk}$）作相关性分析（线性分析），获得相关系数 $R^2$，应符合5.5要求。

对给定的传感器，若采用的标准垫片厚度为 $x_i (i=1,2,3,\cdots,n)$，则该传感器相应的读数为 $y_i$ $(i=1,2,3,\cdots,n)$，相关系数可由公式(8)得到：

$$R^2 = \frac{l_{xy}}{l_{xx}l_{yy}} \tag{8}$$

式中：$l_{xx} = \sum_{i=1}^{n}(x_i - \bar{x})^2$；

$l_{yy} = \sum_{i=1}^{n}(y_i - \bar{y})^2$；

$l_{xy} = \sum_{i=1}^{n}(x_i - \bar{x})(y_i - \bar{y})$。

### 7.3 检定结果处理和检定周期

#### 7.3.1
经检定合格的路面车辙自动测定仪应出具检定证书；检定不合格的应出具检定结果通知书，并注明不合格项目。检定证书背面格式见附录B。

#### 7.3.2
路面车辙自动测定仪的检定周期一般为一年，但在使用过程中对检测结果产生怀疑时，可以进行相应项目的使用中检验，若检验不合格，应提前进行检定。

附录 A　　　　　检定记录格式

路面车辙自动测定仪检定记录　　　　　　　　　　　　　表 A.1

| 送检单位 | | 型号 | | 生产厂名 | |
|---|---|---|---|---|---|
| 出厂编号 | | 出厂日期 | | 使用编号 | |
| 检定时温度 | | 湿度 | | 上次检定时间 | |
| 序号 | 检定项目 | | 检定记录 | | 结果 |
| 1 | 外观 | | | | |
| 2 | 初始允许误差：±1mm | | | | |
| 3 | 静态最大示值误差：±2mm | | | | |
| 4 | 静态分辨力：1mm | | | | |
| 5 | 可检测车辙的最大深度：100mm | | | | |
| 6 | 静态检测与标准检测的相关系数：$R^2 \geq 0.9$ | | | | |

检定员：　　　　核验员：　　　　检定时间：　　　　检定地点：

附录 B　　　　　检定证书背面格式

主要项目检定结果　　　　　　　　　　　　　表 B.1

| 检定项目 | 技术要求 | 实测值 |
|---|---|---|
| 初始允许误差 | ±1mm | |
| 静态最大示值误差 | ±2mm | |
| 静态分辨力 | 1mm | |
| 静态检测与标准检测的相关系数 | $R^2 \geq 0.9$ | |

技术主管：　　　　　　　核验员：　　　　　　　检定员：

# 三、车载式颠簸累积仪

## 车载式颠簸累积仪检定规程
## [JJG(交通) 052—2004]

1　范围

本规程适用于车载式颠簸累积仪(以下简称累积仪)的首次检定、后续检定和使用中的检验。

2　引用文献

本规程引用下列文献：

《公路路基路面现场测试规程》(JTJ 059—1995)

使用本规程时,应注意使用上述引用文献的现行有效版本。

3　术语

3.1　国际平整度指数

采用四分之一车辆数学模型并以规定速度(80km/h)行驶在路面上,以模拟车辆对路面不平整度的动态响应时,车身悬架的总位移(单位为米)与行驶距离(单位为千米)之比,单位为米每千米(m/km)。

3.2　颠簸累积值

一种采用累积仪检测获得的路面平整度指标。当载有累积仪的测试车在路面上行驶时,由于路面不平整引起的颠簸会使测试车的后轴和车体之间产生上下相对位移,累积仪通过测量这种位移的单向累积值来表征路面的平整度状况,计算公式为:

$$VBI = \frac{CN}{L} \tag{1}$$

式中:VBI——颠簸累积值,m/km;
　　CN——单向位移累积值,m;
　　$L$——测试车行驶的路段长度,km。

## 4 概述

累积仪是一种响应式路面平整度快速检测装置。路面平整度检测装置主要包括两类:一类是断面式平整度检测装置,目前国内使用的这类仪器有梁式断面仪、惯性断面仪和自动化路面纵断面剖面仪❶等;另一类是响应式平整度检测装置,目前国内生产的这类仪器有累积仪和响应式自动化路面平整度分析仪等。

累积仪主要由测试车、数据采集与处理系统和位移检测装置等部分组成。图1是累积仪的结构示意图。

其工作原理是:仪器工作时,测试车以一定速度在被测路面上匀速行驶,由于路面不平整引起的颠簸会使测试车的后轴与车体之间产生上下相对位移。位移传感器将后轴与车体之间的单向位移值输出至数据采集与处理系统。该系统将单向位移值累加并与测试车行驶距离进行处理,得到 VBI 值。

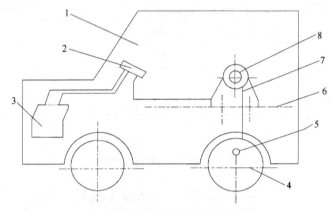

图1　车载式颠簸累积仪安装示意图
1-测试车;2-数据采集与处理系统;3-电瓶;4-后桥;5-挂钩;6-底板;7-钢丝绳;8-位移传感器

## 5 计量性能要求

5.1 累积仪的距离传感器测试值的相对误差应不大于2%,累积仪的位移传感器测试值的绝对误差应不大于1mm。

5.2 IRI 值与 VBI 值相关系数 $R^2$ 应不小于0.9。

5.3 仪器测试值误差应不大于0.5m/km(IRI 值)。

5.4 仪器测试值标准差应不大于0.2m/km(IRI 值)。

## 6 通用技术要求

6.1 累积仪应有清晰的标牌、标志和合格证书。标牌上应有累积仪的名称、型号、出厂编号、制造厂名、出厂日期等;标志上应有累积仪的使用编号、最近一次检定日期等。

6.2 累积仪外表应光滑、平整,无明显缺陷和锈蚀现象;电子系统的开关按钮应灵活、可靠;数显部分不应缺笔少画。

---

❶ 参考 http://www.shanghai-PRES.com

6.3 测试车轮胎应清洁,不得附有杂物;底盘悬挂系统应无松动现象,运行正常,无异常响声;轮胎气压应符合车辆的规定要求。

6.4 仪器最大可测垂直位移累积值应不小于100m,仪器单次最大可测垂直位移值应不小于0.2m。

7 计量器具控制

7.1 检定条件

7.1.1 检定环境条件

温度0~40℃,环境相对湿度不大于85%,检定现场周围清洁,无影响工作的振动和腐蚀性气体存在。

7.1.2 检定用具

7.1.2.1 手推式断面仪:0~10m/km(IRI值)(分度值0.01m/km)。

7.1.2.2 刻度尺:0~100m(分度值1cm)。

7.1.2.3 轮胎气压检测装置:0~1 000kPa(分度值1kPa)。

7.2 检定项目及检定方法

7.2.1 检定项目

累积仪的检定项目见表1,检定记录格式见附录A。

检定项目一览表 表1

| 检定项目 | | 首次检定 | 后续检定 | 使用中检定 |
|---|---|---|---|---|
| 传感器测试误差 | 相对误差 | + | + | + |
| | 绝对误差 | + | + | + |
| 相关系数 $R^2$ | | + | + | + |
| 测试值误差 | | + | + | + |
| 测试值标准差 | | + | + | + |
| 外观 | | + | + | - |
| 垂直位移累计值 | | + | + | - |

注:"+"表示需要检定;"-"表示不需要检定。

7.2.2 检定方法

7.2.2.1 通用技术要求

通过目测、手感检查,其结果应符合6.1、6.2和6.3的规定要求。采用轮胎气压检测装置检测测试车的轮胎气压,其值应符合车辆的规定要求。

选择一受损坏路段(IRI值不小于6m/km)。将累积仪置于工作状态,启动测试车,选定行驶速度(介于60km/h与80km/h之间)并沿行车道匀速前进。观察位移传感器读数,其最大可测垂直位移累积值、单次最大可测垂直位移值应符合6.4的要求。

7.2.2.2 累积仪距离传感器和位移传感器误差的检定

选择平整无坑洼直线路段4段,按表2要求沿行车方向量取规定的长度并沿途做好标记。把装有累积仪的测试车停在起点处,将距离传感器置于工作状态并使之读数为零。启动测试车并沿所作标记行驶至终点停下,读出距离传感器读数,其值应满足表2的要求。

距离传感器误差检定的行驶路段长度及读数要求(单位:m) 表2

| 行驶路段长度 | 50 | 100 | 200 | 400 |
|---|---|---|---|---|
| 距离传感器读数 | 50±1 | 100±2 | 200±4 | 400±8 |

将位移传感器置于工作状态并使之读数为零,按表3要求拉动位移传感器的钢丝绳使之发生

位移,读出位移传感器读数,其值应满足表3的要求。

**位移传感器误差检定的位移发生长度及读数要求**(单位:mm)　　表3

| 行驶路段长度 | 50 | 100 | 150 | 180 |
|---|---|---|---|---|
| 距离传感器读数 | 50 ± 1 | 100 ± 1 | 150 ± 1 | 180 ± 1 |

**7.2.2.3　IRI值与VBI值相关系数$R^2$的检定**

选择$n$段待测路面并沿途做好标记($n \geqslant 7$),每段100~350m。为使累积仪能工作于不同平整度状况的路面,所选择路段的IRI值应尽量均匀分布并包括各种不同类型的路面。各种类型路面VBI值的分布范围如表4所示。

**不同类型路面IRI范围**(单位:m/km)　　表4

| 路面类型 | IRI | 路面类型 | IRI |
|---|---|---|---|
| 机场跑道和高速路 | 0.1~2 | 老路面 | 2~6 |
| 新建路面 | 1.2~3.5 | 受损坏路面 | 4~11 |

按手推式断面仪使用说明书的要求,将手推式断面仪置于工作状态。对选定的路段沿划定的路线测量路段IRI值,顺序记下每个路段的IRI值$y_i(i=1,2,\cdots,n)$。

按累积仪使用说明书的要求,将累积仪置于工作状态,选定行驶速度(介于30km/h与80km/h之间)。对选定的路段沿划定的路线匀速行驶,测量路段的VBI值。每个路段重复测量$m$次($m \geqslant 5$)并做好记录,取其平均值作为该路段的VBI值,检测结果记录见附录B。顺序记下每个路段的VBI平均值$x_i(i=1,2,\cdots,n)$。

采用下式计算$R^2$值,所得$R^2$应满足5.2的要求:

$$R^2 = \left( \frac{\sum_{i=1}^{n}(x_i - \bar{x})(y_i - \bar{y})}{\sqrt{\sum_{i=1}^{n}(x_i - \bar{x})^2} \cdot \sqrt{\sum_{i=1}^{n}(y_i - \bar{y})^2}} \right)^2 \tag{2}$$

$$\bar{x} = \frac{1}{n}\sum_{i=1}^{n} x_i \tag{3}$$

$$\bar{y} = \frac{1}{y}\sum_{i=1}^{n} y_i \tag{4}$$

式中:$x_i$——累积仪测得的第$i$路段的VBI值,m/km;

$y_i$——手推式断面仪测得的第$i$路段的IRI值,m/km;

$\bar{x}$——累积仪测得的$n$路段的VBI值平均值,m/km;

$\bar{y}$——手推式断面仪测得的$n$条路段的IRI值平均值,m/km。

在上述检定过程中也可以选用精密水准仪测量路面纵断面高程,再通过程序计算得到路面IRI值。用精密水准仪测量路面纵断面高程获得路面IRI的方法可参见附录D。

**7.2.2.4　仪器测试值误差的检定**

将7.2.2.3中获得的两组数据,采用一元回归分析方法,建立相应的IRI值$y$与VBI值$x$的回归方程:

$$y = ax + b \tag{5}$$

其中参数$a$、$b$由下式计算得出($i=1,2,\cdots,n$):

$$a = \frac{\begin{vmatrix} \sum_{i=1}^{n} y_i x_i & \sum_{i=1}^{n} x_i \\ \sum_{i=1}^{n} y_i & n \end{vmatrix}}{\begin{vmatrix} \sum_{i=1}^{n} x_i^2 & \sum_{i=1}^{n} x_i \\ \sum_{i=1}^{n} x_i & n \end{vmatrix}} \tag{6}$$

$$b = \frac{\begin{vmatrix} \sum_{i=1}^{n} x_i^2 & \sum_{i=1}^{n} y_i x_i \\ \sum_{i=1}^{n} x_i & \sum_{i=1}^{n} y_i \end{vmatrix}}{\begin{vmatrix} \sum_{i=1}^{n} x_i^2 & \sum_{i=1}^{n} x_i \\ \sum_{i=1}^{n} x_i & n \end{vmatrix}} \tag{7}$$

式中:$x_i$——累积仪测得的第 $i$ 路段的 VBI 值,m/km;

$y_i$——手推式断面仪测得的第 $i$ 路段的 IRI 值,m/km。

建立回归方程之后,另选一段 200m 长路段,按 7.2.2.2 的检测方法分别获得该路段的 VBI 值和 IRI 值。以累积仪检测获得的 VBI 值作为 $x_{检}$,按公式(5)求出与此相对应的 IRI 值 $y_{检}$。

将手推式断面仪检测获得的 IRI 值作为 $y_{标}$,则 $y_{检}$ 与 $y_{标}$ 应满足下列关系:$|y_{检} - y_{标}| \leq 0.5$m/km。

**7.2.2.5 仪器测试值标准差的检定**

选择一长 100~350m 的路段,按累积仪使用说明书要求重复检测该段路面 VBI 值 $m$ 次($m \geq 5$)。将累积仪检测获得的 $m$ 个 VBI 值按式(5)转换成 IRI 值后,计算该组数据的标准差 $S$,则 $S$ 应满足:$S \leq 0.2$m/km,其中 $S$ 按公式(8)计算:

$$S = \sqrt{\frac{1}{m} \sum_{j=1}^{m} \left( y_j - \frac{1}{m} \sum_{j=1}^{m} y_j \right)^2} \tag{8}$$

式中:$y_j$——由某路段第 $j$ 次 VBI 测试值转换的 IRI 值,m/km。

## 7.3 检定结果处理与检定周期

### 7.3.1 检定结果处理

经检定合格的累积仪应出具合格证书,不合格的出具测试结果通知书,检定证书背面格式见附录 C。

### 7.3.2 检定周期

累积仪检定周期一般为一年,但在使用过程中对检测结果发生怀疑时,可随时进行相应项目的检验,检验程序可参照 7.2,若检验不合格,应提前进行检定。

附录 A       检定记录格式

**车载式颠簸累积仪检定记录表**    表 A.1

| 送检单位 | | 型号 | | 生产厂名 | |
|---|---|---|---|---|---|
| 出厂编号 | | 出厂日期 | | 使用编号 | |
| 检定时温度 | | 湿度 | | 上次检定时间 | |

| 序号 | 检定项目 | | 检定记录 | 备注 |
|---|---|---|---|---|
| 1 | 外观 | | | |
| 2 | 轮胎气压(kPa) | | | |
| 3 | 最大可测垂直位移累积值(m) | | | |
| 4 | 单次最大可测垂直位移值(m) | | | |
| 5 | 距离传感器测试误差值(m) | 50 | | |
| | | 100 | | |
| | | 200 | | |
| | | 400 | | |

续上表

| 送检单位 | | 型号 | | 生产厂名 | |
|---|---|---|---|---|---|
| 出厂编号 | | 出厂日期 | | 使用编号 | |
| 检定时温度 | | 湿度 | | 上次检定时间 | |

| 序号 | 检定项目 | | 检定记录 | 备注 |
|---|---|---|---|---|
| 6 | 位移传感器测试误差值(mm) | 50 | | |
| | | 100 | | |
| | | 150 | | |
| | | 180 | | |
| 7 | IRI 与 VBI 相关系数 $R^2$ | | | |
| 8 | 测试值误差(m/km) | | | |
| 9 | 测试值标准差(m/km) | | | |

检定员：　　　　检验号：　　　　检定时间：　　　　检定地点：

**附录 D**　　用精密水准仪测定路面标高计算路面 IRI 的方法

D.1　在长为 100~350m 的路段上，每隔 0.25m 或 0.50m（一般为 0.25m，如图 D.1 所示）用油漆作好明显的标记。

D.2　用经过校准的精密水准仪（分辨率为 0.5mm）测出每个标点的标高（海拔高程或相对标高均可）。

D.3　在计算机上建立一个数据文件名（如 nj.dat），把所测得的标高数据（单位：mm）一次输入，所有数据全部输入后存盘退出。

D.4　运行国际平整度指数计算程序 IRI.EXE，输入数据文件名，计算国际平整度指数 IRI。

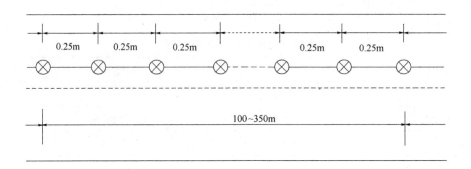

图 D.1　用精密水准仪测量路面纵断面高程示意图

# 四、加速磨光机

## 加速磨光机检定规程
## [JJG(交通) 054—2009]

**1　范围**

本规程适用于加速磨光机（以下简称磨光机）的首次检定、后续检定和使用中的检验。

## 2 引用文献

本规程引用下列文献:

《硫化橡胶或热塑性橡胶 压入硬度试验方法 第1部分:邵氏硬度计法(邵尔硬度)》(GB/T 531.1—2008,ISO 7619—1:2004,IDT)

《加速磨光机》(JT/T 764)

《公路工程集料试验规程》(JTG E42—2005)

使用本规程时应注意使用上述引用文献的现行有效版本。

## 3 术语

### 3.1 有证标准样品 Certificated Reference Material(CRM)

具有足够均匀性的一种或者多种化学的、物理的、生物学的、工程技术的或感观的等性能特征,经过技术鉴定,并附有说明有关性能数据证书的和经过国家标准化管理机构批准的一批样品。

## 4 概述

加速磨光机是在室内通过水和金刚砂对用石料颗粒做成的试件进行磨光,模拟汽车轮胎对路面磨光作用的实验设备。其工作原理是按 JTG E42—2005 规定的方法,将制作的试件安装在磨光机的道路轮上,正向压上橡胶轮,通过加水和粗、细两种金刚砂,以一定的负载和时间旋转磨光试件,模拟在沥青路面中使用的粗集料在车轮运行时的磨光作用。

加速磨光机基本结构如图1所示,共分为九个部分:调荷总成、调整臂(配重)、道路轮、橡胶轮、细砂储砂斗、粗砂储砂斗、供水装置、机体、试件。

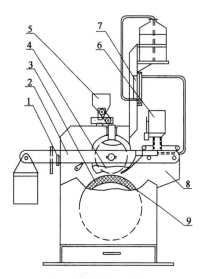

图1 加速磨光机基本结构示意图
1-调荷总成;2-调整臂(配重);3-道路轮;4-橡胶轮;5-细砂储砂斗;6-粗砂储砂斗;7-供水装置;8-机体;9-试件

## 5 计量性能要求

### 5.1 道路轮

#### 5.1.1 直径和宽度

道路轮装满试件后(以石料试件圆弧为基准)的直径应为(406±1)mm,宽度应为(45±1)mm。

#### 5.1.2 转速

道路轮工作时的转速为(320±5)r/min。

### 5.2 橡胶轮

#### 5.2.1 直径和宽度

橡胶轮直径(206±1.5)mm,胎面宽度(44±1)mm。

#### 5.2.2 硬度

橡胶轮橡胶初始硬度(69±3)HA。

### 5.3 喂砂和供水装置

#### 5.3.1 粗砂输砂量

喂砂装置粗砂的输砂量应控制在(27±7)g/min 范围内。

#### 5.3.2 细砂输砂量

喂砂装置细砂的输砂量应控制在(3±1)g/min 范围内。

#### 5.3.3 供水装置注水速率

供水装置应能以(50~75)mL/min 的速率注入自来水。

### 5.4 橡胶轮对道路轮的正向压力

橡胶轮对道路轮的正向压力为(725±10)N。

5.5 整机准确性

按照 JTG E42—2005 试验,使用粗集料磨光值试验用标准样品制成的标准试件磨光值应为 46~52。

## 6 通用技术条件

### 6.1 标牌、标志和证书

磨光机应有清晰的标牌、标志和合格证书。标牌上应有磨光机的名称、型号、出厂编号、制造厂名、出厂日期等,标志上应有磨光机的使用编号、最近一次检定日期等。

### 6.2 外观

磨光机外表应光滑、平整,无明显损坏、锈迹等缺陷。

## 7 计量器具控制

### 7.1 检定条件

#### 7.1.1 环境条件

磨光机应在下列环境条件下检定:
a)测试环境温度20℃±2℃,检定场地周围清洁,无影响工作的振动和腐蚀性气体存在;
b)相对湿度不大于85%;
c)电源电压波动范围不应超过额定电压的±10%,频率(50±1)Hz;
d)磨光机应安装在稳固的硬基础上。

#### 7.1.2 检定设备

检定(或检验)用计量标准及配套设备如下:
a)游标卡尺:量程(0~500)mm,分度值0.05mm;
b)三用游标卡尺:量程(0~150)mm,分度值0.02mm;
c)1级百分表:量程(0~10)mm,分度值0.01mm及磁性表座;
d)秒表:量程(0~15)min,分度值0.01s;
e)转速表:量程(0~9 999) r/min,分度值1r/min;
f)邵氏硬度计:(0~100);
g)量筒:容量200mL,分度值1mL;
h)天平:量程(0~500)g,感量0.1g;
i)手提拉力测试仪:量程(0~500)N、1级精度;
j)摆式摩擦系数测试仪;
k)粗集料磨光值试验用标准样品。

### 7.2 检定项目

磨光机的检定项目见表1,检定记录格式见附录A。

检定项目一览表　　　　　表1

| 检定项目 | | 首次检定 | 后续检定 | 使用中检验 |
|---|---|---|---|---|
| 外观 | | + | + | - |
| 道路轮 | 直径 | + | + | - |
| | 宽度 | + | + | - |
| | 转速 | + | + | + |
| 橡胶轮 | 直径 | + | + | + |
| | 胎面宽度 | + | + | + |
| | 硬度 | + | - | - |

续上表

| 检 定 项 目 | | 首次检定 | 后续检定 | 使用中检验 |
|---|---|---|---|---|
| 喂砂和供水装置 | 喂砂装置粗砂的输砂量 | + | + | + |
| | 喂砂装置细砂的输砂量 | + | + | + |
| | 供水装置注水速率 | + | + | + |
| 橡胶轮对道路轮的正向压力 | | + | + | + |
| 整机准确性 | | + | + | + |

注:"+"表示检定(或检验),"-"表示不需要检定(或检验)。

7.3 检定方法

7.3.1 通用技术要求

外观采用目测和手感进行检查,其结果应符合6.1、6.2的规定。

7.3.2 道路轮

7.3.2.1 直径和宽度

道路轮的外径用钢尺测量,宽度用三用游标卡尺测量,分别目测三等分测量三次,均应符合5.1.1的规定。

7.3.2.2 转速

道路轮转速测量时,将测速表所附反光膜粘贴于道路轮端面外缘处,启动电机,待道路轮正常匀速运转时,用测速表对准反光膜转动轨迹,测试5min求取平均值,读取所示转速数据应符合5.1.2的规定。

7.3.3 橡胶轮

7.3.3.1 直径和宽度

橡胶轮外径用游标卡尺测量,胎面宽度用三用游标卡尺测量,分别目测三等分测三次,均应符合5.2.1的规定。

7.3.3.2 硬度

橡胶轮橡胶硬度用橡胶硬度计垂直于橡胶轮外径切线方向测量,目测三等分测三次,均应符合5.2.2的规定。

7.3.4 喂砂和供水装置

7.3.4.1 喂砂量

喂砂装置的喂砂量检定步骤如下:

a)先将量筒放在天平上称取质量,精确至0.1g,将粗砂(30号棕刚玉)倒入储砂斗中,然后调节储砂斗调节阀板的开度,一手握量筒,一手握秒表,启动秒表的同时将量筒置于阀板出口处,60s后量筒移出放在天平上称取质量,将该质量减去量筒的质量后,应符合5.3.1的规定。

b)将细砂(280号绿碳化硅)倒入储料斗中,调节阀板开度,按照与a)相同的程序检定,应符合5.3.2的规定。

7.3.4.2 注水速率

磨光机的放水嘴前端用塑料管或橡胶管接入自来水,调节放水嘴的开度使自来水均匀流下,一手持量筒,一手持秒表,启动秒表的同时将量筒置于放水嘴下部,使水全部流入量筒内,60s后量筒移出,观察量筒中水的容量,应符合5.3.3的规定。

7.3.5 橡胶轮对道路轮的正向压力

用校准测力仪检验橡胶轮对道路轮的正向压力。步骤如下:

a)抬起调整臂,将校准测力仪固定在道路轮上,使其与橡胶轮中心位置一致。

b)慢慢落下调整臂,橡胶轮完全压在压力传感器上。

c)记下校准测力仪读数,重复测试三次,均应满足5.4的要求。

**7.3.6 整机准确性**

按照JTG E42—2005规定的方法,使用粗集料磨光值试验用标准样品(国家标准样品编号GSB 14-2520—2008)制成的标准试件进行试验,平行试验两次,均应满足5.5的要求。

**7.4 检定结果的处理和检定周期**

**7.4.1 检定结果处理**

经检定合格的磨光机出具检定合格证书,合格证书内页格式见附录B。不合格的出具检定结果通知书,并注明不合格项目。

**7.4.2 检定周期**

磨光机的检定周期一般为一年,但在使用过程中对检测结果产生怀疑时,可以进行相应项目的使用中检验。若检验不合格,应提前进行检定。

**附录A 检定记录格式**

**加速磨光机检定记录**

| 受检单位 | | 设备型号 | | 制造厂名 | | | |
|---|---|---|---|---|---|---|---|
| 出厂编号 | | 出厂日期 | | 使用编号 | | | |
| 检定温度 | | 检定时湿度 | | 上次检定时间 | | | |
| 序号 | 检定项目 | | 检定记录 | | | | 备注 |
| 1 | 外观 | | | | | | |
| 2 | 道路轮 | 外径,mm | $Dd_1$ | | $Dd_2$ | | $Dd_3$ | |
| | | 宽度,mm | $Wd_1$ | | $Wd_2$ | | $Wd_3$ | |
| | | 工作时的转速,r/min | | | | | | |
| 3 | 橡胶轮 | 外径,mm | $Dx_1$ | | $Dx_2$ | | $Dx_3$ | |
| | | 顶部宽度,mm | $Wd_1$ | | $Wd_2$ | | $Wd_3$ | |
| | | 橡胶硬度,HA | | | | | | |
| 4 | 喂砂和供水装置 | 粗砂的喂砂速率,g/min | | | | | | |
| | | 细砂的喂砂速率,g/min | | | | | | |
| | | 注水速率,mL/min | | | | | | |
| 5 | 橡胶轮对道路轮的正向压力,N | | | | | | | |
| 6 | 整机准确性 | | $PSV_1$ | | | | | |
| | | | $PSV_2$ | | | | | |

检定员:　　　　检验号:　　　　检定时间:　　　　检定地点:

**附录B 检定证书内页格式**

| 编 号 | 检 定 项 目 | | 检 定 结 果 |
|---|---|---|---|
| 1 | 外观 | | |
| 2 | 道路轮 | 外径,mm | |
| | | 宽度,mm | |
| | | 工作时的转速,r/min | |

续上表

| 编 号 | 检 定 项 目 | | 检 定 结 果 |
|---|---|---|---|
| 3 | 橡胶轮 | 外径,mm | |
| | | 顶部宽度,mm | |
| | | 橡胶硬度,HA | |
| 4 | 喂砂和供水装置 | 粗砂的喂砂速率,g/min | |
| | | 细砂的喂砂速率,g/min | |
| | | 注水速率,mL/min | |
| 5 | 橡胶轮对道路轮的正向压力,N | | |
| 6 | 整机准确性 | | |

技术主管：　　　　检验员：　　　　检验号：

# 五、沥青标准黏度计

## 沥青标准黏度计检定规程
## [JJG(交通) 055—2004]

1 范围

本标准适用于道路沥青标准黏度计(以下简称黏度计)的首次检定、后续检定和使用中的检验。

2 引用文献

本规程引用下列文献：

《公路工程沥青及沥青混合料试验规程》(JTJ 052—2000)

使用本规程时应注意使用上述引用文献的现行有效版本。

3 术语

3.1 沥青标准黏度

在一个特定的盛样杯中,盛装规定数量的沥青样品,在规定的温度下,样品通过规定流孔,流出规定体积量所需要的时间。

3.2 沥青标准黏度单位

与特定检测温度和检测孔径联系在一起的时间单位,单位为秒(s)。

4 概述

黏度计是测定液体石油沥青、煤沥青和乳化沥青等材料流动状态时黏度的仪器。其基本原理是：在试验温度下,试样从黏度计的盛样管中流出 50mL 所经过的时间,以秒(s)计,即为该试样的黏度。黏度计盛样管流孔的孔径有 3、4、5、10mm 四种。可根据沥青材料的种类和稠度来选择试验温度及盛样管。用此法测定黏度应注明温度及流孔孔径,以 $T \cdot d$ 表示($T$ 为试验温度,℃；$d$ 为孔径,mm)。黏度计由盛样管、球塞、恒温水浴、温度计、搅拌器、接受瓶和秒表等组成(结构见图1、图2、图3)(图略,见第九章)。

5 计量性能要求

5.1 恒温水浴

水浴的控温允许偏差为 ±0.1℃。

5.2 盛样管

5.2.1 盛样管的内径为 (40 ± 0.05)mm。

5.2.2 盛样管的流孔直径有 3、4、5、10mm 四种,其允差均为 0.025mm；流孔的长度也均为 (5 ± 0.025)mm。

### 5.3 球塞

5.3.1 用于堵塞10mm流孔盛样管球塞的直径为(12.7±0.05)mm;标记高度为(92±0.25)mm。

5.3.2 用于堵塞3、4、5mm流孔盛样管球塞的直径为(6.35±0.05)mm;标记高度为(90.3±0.25)mm。

### 5.4 接受瓶

接受瓶的容量为100mL,在25、50、75、100mL处应有刻度,其允差为1mL;也可采用量筒。

## 6 通用技术要求

6.1 黏度计应有标牌和标志,标牌上应有产品名称、型号、制造厂名、出厂编号和制造日期等内容。使用中的黏度计应有检定合格标志,标志上应有最近一次检定日期、有效期限和检定人员姓名等。

6.2 黏度计的外表、面板及零部件的表面处理应光滑、均匀且牢固,不应有明显的裂纹、起泡和脱落等损伤或缺陷。

6.3 黏度计水槽应无任何渗漏现象,且与恒温水槽中的水循环良好。

6.4 试样管的内壁应光滑整洁,无锈蚀。

6.5 黏度计各开关、按钮功能正常,操作灵活可靠。

## 7 计量器具控制

### 7.1 检定条件

7.1.1 黏度计检定应在无腐蚀性气体且无对流空气的室内进行。

7.1.2 检定用设备包括:

a) 游标卡尺:测量范围0~200mm,分度值0.02mm;

b) 深度尺:测量范围0~200mm,分度值0.02mm;

c) 外径千分尺:测量范围0~25mm,分度值0.01mm;

d) 专用通止规:共四支,一端分别为3.025、4.025、5.025、10.025mm;另一端分别为2.975、3.975、4.975、9.975mm;

e) 温度计:测量范围0~100℃,分度值0.1℃;

f) 量筒:测量范围0~200mL,公差为0.5mL;

g) 秒表:测量范围0~15min,分度值0.01s。

### 7.2 检定项目

检定项目如表1所示,检定记录格式见附录A。

检 定 项 目　　　　　表1

| 序 号 | 检 定 项 目 | 首次检定 | 后续检定 | 使用中检验 |
|---|---|---|---|---|
| 1 | 外观 | + | + | + |
| 2 | 水浴控温允差 | + | + | + |
| 3 | 盛样管尺寸 | + | - | - |
| 4 | 盛样管流孔直径 | + | + | + |
| 5 | 球塞尺寸 | + | - | - |
| 6 | 接受瓶容量 | + | - | - |

注:"+"为需要检定项目;"-"为不需要检定项目。

### 7.3 检定方法

7.3.1 外观及常规检查按通用技术要求,用目测及手感方法进行检查。

7.3.2 恒温水浴的检定

将循环恒温水浴的进出口与黏度计水槽的进出口用胶管接妥,使水流进行正常循环。检查时,试验温度一般设定为40℃和60℃两点,调整恒温水槽的试验温度,当温度达到设定的温度后至少恒温30min,然后用温度计进行测试。测试时,每隔2min记录一次温度值,共进行6次测试,并将记录数据按公式(1)计算:

$$\Delta t = \frac{(t_{max} - t_{min})}{2} \tag{1}$$

式中:$\Delta t$——温度波动值,℃;

$t_{max}$——测得的温度最高值,℃;

$t_{min}$——测得的温度最低值,℃。

检查结果应符合5.1的要求。

7.3.3 盛样管的检定

7.3.3.1 盛样管的内径用游标卡尺进行检测,目测三等分测三次,取平均值,结果应符合5.2.1的要求。

7.3.3.2 流孔直径3、4、5、10mm分别用相应的专用通止规进行检测,结果应符合5.3.2的要求。

7.3.3.3 流孔长度用深度尺检测,结果应符合5.2.2的要求。

7.3.4 球塞的检定

7.3.4.1 球塞直径用千分尺检测,目测三等分测三次,取平均值,结果应符合5.3的要求。

7.3.4.2 球塞标记高度用游标卡尺检测,结果应符合5.3的要求。

7.3.5 接受瓶的检定

用量筒测量接受瓶的容量,结果应符合5.4的要求。

7.4 检定结果处理

经检定符合本规程要求的黏度计发给检定证书,检定证书背面格式见附录B;不符合本规程要求的发给检定结果通知书,并指出不合格项目。

7.5 检定周期

检定周期一般为一年。但在使用过程中对检测结果产生怀疑时,可以进行相应项目的使用中检验,若检验不合格应提前进行检定。

## 附录A 检定记录格式

### 沥青标准黏度计检定记录

表 A.1

| 送检单位 | | 制造日期 | | 制造厂名 | | | |
|---|---|---|---|---|---|---|---|
| 型号规格 | | 出厂编号 | | 环境温度 | | | |
| 序号 | 检定项目 | | 检定记录 | | | | 结果 |
| 1 | 外观 | | | | | | |
| 2 | 控制温度,℃ | | 40 | | | | |
| | | | 60 | | | | |
| 3 | 盛样管,mm | 内径 | | 1 | 2 | 3 | 平均 |
| | | | 40 | | | | |
| | | 流孔直径 | 5 | | | | |
| | | | 3 | | | | |
| | | | 4 | | | | |
| | | | 5 | | | | |
| | | | 10 | | | | |

续上表

| 送检单位 | | 制造日期 | | 制造厂名 | |
|---|---|---|---|---|---|
| 型号规格 | | 出厂编号 | | 环境温度 | |

| 序号 | 检定项目 | | | 检定记录 | | | | 结果 |
|---|---|---|---|---|---|---|---|---|
| | | | | 1 | 2 | 3 | 平均 | |
| 4 | 球塞,mm | Ⅰ | 球径 | | | | | |
| | | | 高度 | | | | | |
| | | Ⅱ | 球径 | | | | | |
| | | | 高度 | | | | | |
| 5 | 接受瓶,mL | | 25 | | | | | |
| | | | 50 | | | | | |
| | | | 75 | | | | | |
| | | | 100 | | | | | |
| 检定结论 | | | | | | | | |

检定员：　　　　核验员：　　　　检定时间：　　　　检定地点：

**附录 B**　　　　检定证书背面格式
主要项目检定结果　　　　　　　　　　　　　　表 B.1

| 检定项目 | 技术要求 | 实测值 |
|---|---|---|
| 控制温度,℃ | (40±0.1) | |
| | (60±0.1) | |
| 盛样管,mm | 内径(40±0.05) | |
| | 流孔直径(3±0.025) | |
| | 流孔直径(4±0.025) | |
| | 流孔直径(5±0.025) | |
| | 流孔直径(10±0.025) | |

技术主管：　　　　检定员：　　　　核验员：

# 六、沥青老化烘箱

## 沥青老化烘箱检定规程
[JJG(交通) 056—2004]

1 范围

本规程适用于沥青老化烘箱的首次检定、后续检定和使用中的检验。

2 引用文献

《沥青老化烘箱》(JT/T 614—2004)

《公路工程沥青及沥青混合料试验规程》(JTJ 052—2000)

使用本规程时,应注意使用上述引用文献的现行有效版本。

## 3 概述

沥青老化烘箱是按照 JT/T 614 制造,用于沥青薄膜加热试验的主要仪器。

沥青老化烘箱分为沥青薄膜烘箱和沥青旋转薄膜烘箱两类。其形状和尺寸分别如图1、图2所示(此处略,见第九章),主要由壁面耐热保温且上下带有进出气口的箱体、加热和自动温度控制装置、放置样品的转盘架和盛样皿(或盛样瓶)(见图3、图4,此处略,见第九章)等组成。沥青旋转薄膜烘箱还设有空气强制对流和供气装置。沥青老化烘箱通过加热、自动温度控制和样品的转动等措施,给沥青试样提供一个符合一定温度要求的、均匀的恒温老化环境,以达到使沥青试样均匀老化的目的。

## 4 计量性能要求

### 4.1 升温时间:小于150min。

### 4.2 工作温度:

沥青薄膜烘箱:(163.0 ± 1)℃;

沥青旋转薄膜烘箱:(163.0 ± 0.5)℃。

### 4.3 温度回升时间:

沥青薄膜烘箱:小于20min;

沥青旋转薄膜烘箱:小于15min。

### 4.4 控温范围:室温至200℃。

### 4.5 转盘转速:

沥青薄膜烘箱:(5.5 ± 1)r/min;

沥青旋转薄膜烘箱:(15 ± 0.2)r/min。

### 4.6 沥青旋转薄膜烘箱热空气喷入流量:(4 000 ± 200)mL/min。

## 5 通用技术要求

### 5.1 外观质量

仪器应有清晰的铭牌,标有型号、制造厂名、出厂日期和出厂编号等。箱体平整,涂镀层完好、清洁。箱门启、闭灵活,锁紧可靠,密封性好。工作时不应有异常的声音,转动装置转动灵活平稳。电器部分操作灵活。

### 5.2 盛样皿和盛样瓶

盛样皿:铝或不锈钢制成,内表面光滑。(尺寸见第九章)

盛样瓶:耐热玻璃制成。(形状和尺寸见第九章)

## 6 计量器具控制

### 6.1 检定条件

#### 6.1.1 环境条件为:

a)环境温度:室温;

b)电源电压:AC(220 ± 20)V,(50 ± 1)Hz。

#### 6.1.2 检定用具包括:

a)标准温度计:测温范围 0 ~ 200℃,分度值 0.1℃;

b)秒表:测量范围 0 ~ 200min,分度值 0.01s;

c)游标卡尺(带深度测量):测量范围 0 ~ 200mm,分度值 0.02mm;

d)气体流量计:测温范围 0 ~ 10 000mL/min,分度值 100mL/min。

### 6.2 检定项目及检定方法

#### 6.2.1 检定项目

检定项目见表1,检定记录格式见附录A。

检定项目　　　　　　　　　　　　　　　　表1

| 序号 | 检定项目 | 首次检定 | 后续检定 | 使用中检验 |
|---|---|---|---|---|
| 1 | 外观 | + | + | - |
| 2 | 盛样皿和盛样瓶 | + | + | + |
| 3 | 升温时间 | + | + | + |
| 4 | 工作温度 | + | + | + |
| 5 | 温度回升时间 | + | + | + |
| 6 | 控温时间 | + | + | + |
| 7 | 转盘转速 | + | + | + |
| 8 | 沥青旋转薄膜烘箱热空气喷入流量 | + | + | + |

注："+"为需要检定项目；"-"为不需要检定项目。

#### 6.2.2 检定方法

##### 6.2.2.1 外观质量的检定

用目测和手感进行外观质量检查，应符合5.1的要求。

##### 6.2.2.2 盛样皿和盛样瓶的检定

用游标卡尺测量，应符合5.2的要求。

##### 6.2.2.3 升温时间的检定

将标准温度计安装在监视温度计的位置上，开启烘箱电源加热，记录烘箱从室温升至163℃的时间。该时间应小于150min。

##### 6.2.2.4 工作温度的检定

将标准温度计安装在监视温度计的位置上，开启烘箱电源加热，待温度升至163℃，温控器稳定工作后开始试验。观察20min，记录温度最大值和最小值，其温度波动值应符合4.2的要求。

##### 6.2.2.5 温度回升时间的检定

将标准温度计安装在监视温度计的位置上，开启烘箱电源加热，待温度稳定到163℃后开始试验。打开箱门，开启角度为90°，30s后关闭箱门，开始计时至箱内温度回升到工作温度所用的时间，应符合4.3的要求。

##### 6.2.2.6 控温范围的检定

将标准温度计安装在监视温度计的位置上，将控制温度设定在200℃，开启烘箱电源加热至200℃后，观察烘箱，应符合4.4的规定，且能稳定地工作在200℃。

##### 6.2.2.7 转盘转速的检定

在转盘上和靠近转盘的箱体上分别做一个标记点，启动烘箱待转盘转速稳定后开始测量，两个标记点重合一次作为一周，用秒表记录转盘转动30周的时间，共重复进行3次，取平均值，计算得到转盘的转速。转盘转速应符合4.5的规定。

##### 6.2.2.8 沥青旋转薄膜烘箱热空气喷入流量的检定

将气体流量计串联在气泵和烘箱之间，使烘箱稳定工作后，读出气体流量计的示值，应符合4.6的要求。

### 7 检定结果和检定周期

7.1 经检定合格的沥青薄膜烘箱和沥青旋转薄膜烘箱出具检定证书；不合格的出具检定结果通知书，并注明不合格项目。检定证书背面格式见附录B。

7.2 沥青薄膜烘箱和沥青旋转薄膜烘箱的检定周期一般为一年。但在使用过程中对测量结果产生怀疑时,可以进行相应项目的使用中检验;若检验不合格,应提前进行检定。

附录 A　　　　　　　　　检定记录格式

沥青老化烘箱检定记录

表 A.1

| 送检单位 | | 型号规格 | | 制造日期 | |
|---|---|---|---|---|---|
| 制造厂名 | | 出厂编号 | | 使用编号 | |
| 环境温度 | | 湿度 | | 上次检定时间 | |

| 序号 | 检定项目 | 单位 | 检定记录 | | | 结果 |
|---|---|---|---|---|---|---|
| 1 | 外观 | | | | | |
| 2 | 盛样皿和盛样瓶 | mm | | | | |
| 3 | 升温时间 | mm | | | | |
| 4 | 工作温度 | ℃ | | | | |
| 5 | 温度回升时间 | min | | | | |
| 6 | 控温时间 | ℃ | | | | |
| 7 | 转盘转速 | r/min | | | | |
| 8 | 沥青旋转薄膜烘箱热空气喷入流量 | L/min | | | | |

检定员:　　　　核验员:　　　　检定时间:　　　　检定地点:

# 七、沥青软化点仪

## 沥青软化点仪检定规程
## [JJG(交通) 057—2004]

1 范围

本规程适用于检测道路用沥青软化点的各种类型沥青软化点仪的首次检定、后续检定和使用中检验。

2 引用文献

本规程引用下列文献:

《公路工程沥青及沥青混合料试验规程　沥青软化点试验(环球法)》(JTJ 052—T 0606)

使用本规程时,应注意使用上述引用文献的现行有效版本。

3 概述

沥青是一种无定形的非晶体材料,没有明显的熔点温度,低温时凝固,受热后从硬固状态经过高弹性黏塑状态,再变为液化状态呈可流动性,用"软化点"表征沥青处于黏塑态时的一种条件温度,以评价沥青材料的热敏感性。通常测定沥青材料热敏感性的试验方法有"环球法"和"水银法"两种,JTJ 052—T 0606 中道路用沥青试验普遍采用的方法为"环球法"。

沥青软化点仪是用于(环球法)测定沥青软化点的试验仪器。沥青软化点试验仪由底座、加热器、温度控制装置、玻璃烧杯、肩环、支撑板、钢球、钢球定位架、环支撑架和支架、温度计(或数显温度装置与温度传感器)等组成。人工读数简易型仪器的基本结构见图1(此处略,见第九章),数显半自动型仪器见图2(此处略,见第九章)。

## 4 计量性能要求

### 4.1 仪器零部件尺寸与质量

4.1.1 支撑架上肩环底部与下支撑板的距离应为25.4mm,下支撑板距槽底应为12.7～19.0mm。

4.1.2 肩环:上径(19.8±0.1)mm,下径(15.9±0.1)mm,高(6.4±0.1)mm。

4.1.3 钢球:直径9.5mm,质量(3.50±0.05)g。

4.1.4 钢球定位架:定位孔直径$9.5_0^{+0.05}$～$9.53^{+0.05}$mm。三针式钢球定位架结构见图3(此处略,见第九章)。

### 4.2 温度计或数显测温装置

4.2.1 仪器的玻璃水银温度计测量温度范围:0～80℃(适用水浴工作段);0～180℃(适用于甘油介质工作段)。分度值应优于0.5℃。

4.2.2 数显测温装置的传感器应便于在支架上定位,传感器.显示部分连接可靠,测量范围:0～200℃,最小显示单位0.1℃。

4.2.3 温度示值误差应小于0.5℃。

### 4.3 仪器的升温速率

仪器对介质液体加热稳定后的升温速率应满足(5±0.5)℃/min。

### 4.4 玻璃浴槽容积

仪器所配浴槽应为透明耐热玻璃容器,其内径不小于85mm,离加热底部的深度不小于120mm,其容量应在800～1 000mL。

## 5 通用技术要求

5.1 仪器应有清晰的标志、标牌和合格证书,标明生产厂名(商标)、出厂编号和生产日期。

5.2 仪器各部件齐全完好,外部无明显损伤和缺陷,加热部分工作安全、正常,应有调控加热功率装置和磁力搅拌装置。温度示值显示正确,无缺少笔画的跳动现象,数显半自动型仪器的控制器应能在试验钢球坠落到与下层底板同一高度时,及时锁定温度示值。

## 6 计量器具控制

### 6.1 检定条件

#### 6.1.1 环境条件

室温:10～30℃。

相对湿度:小于85%。

供电电压:220×(1±10%)V,频率50×(1±20%)Hz。

#### 6.1.2 检定用计量标准及配套设备

标准温度计:量程分段满足0～200℃,分度值为0.1℃。

外径千分尺:量程为0～25mm,分度值0.01mm。

游标卡尺:量程为0～200mm,分度值0.02mm。

专用通止规:两段直径分别为9.55mm、9.58mm。

必要时可配数字式投影仪:量程$X$为0～150mm,(10±25L)μm。

天平:称量范围0～100g,分度值0.01g。

称表:分度值为0.1s。

量筒:1 000mL。

### 6.2 检定项目与检定方法

#### 6.2.1 检定项目

沥青软化点仪检定项目见表1,检定记录表格式见附录A。

检定项目一览表  表1

| 检 定 项 目 | 首 次 检 定 | 后 续 检 定 | 使用中检验 |
|---|---|---|---|
| 通用技术要求检查 | + | + | - |
| 支撑架与下支撑板距离 | + | - | - |
| 肩环几何尺寸 | + | + | - |
| 钢球质量与几何尺寸 | + | + | + |
| 钢球定位架几何尺寸 | + | + | - |
| 温度计示值误差 | + | + | + |
| 升温速率 | + | + | + |
| 浴槽容积 | + | + | - |

注:"+"为需要检定项目;"-"为不需要检定项目。

6.2.2 检定方法

6.2.2.1 通用技术要求

目测与手摸检查,仪器的各部件完整齐全,配套的电加热装载连接安全可靠,工作正常,仪器的通用技术要求应符合5.1和5.2的要求。

6.2.2.2 支撑架与下支撑板距离

用卡尺测量支撑架上肩环底部与下支撑板的距离,应符合4.1.1的要求。

6.2.2.3 肩环几何尺寸要求。

用卡尺测量肩环几何尺寸,测三次,取平均值,应符合4.1.2的要求。

6.2.2.4 钢球质量与几何尺寸

钢球应光洁无锈迹,用天平称量钢球质量,分别称量三次,取平均值;用卡尺或外径千分尺测量钢球直径,同样取三次平均值,应符合4.1.3的要求。

6.2.2.5 钢球定位架几何尺寸

用专用通止规或游标卡尺(数字式投影仪)测量定位孔直径几何尺寸,测量三次,取平均值,应符合4.1.4的要求。专用通止规见图4(略)。

6.2.2.6 温度计示值误差

在恒温水浴槽中用标准温度计与仪器温度计置于同一深度位置,在5~80℃(加热介质为纯水时)或30~157℃(加热介质为甘油时)范围内均匀选取3~6个测量点,分别测量三次,各点读数平均值,应符合4.2.3的要求。

数字式仪器应先开机预热稳定后方可进行检定。

6.2.2.7 介质升温速率

按JTJ 052—T 0606试验规程要求,玻璃杯加水,记录起始水温,启动加热设备同时用秒表记录时间3、8、13min时读取水的温度,重复三次,取三次算术平均值后,分别计算从第三分钟至第八分钟和第十三分钟时的水温加热速度,应符合4.3的要求。否则,应反复调节加热功率直到符合该条要求。

6.2.2.8 玻璃水浴容器容积

用量筒量取800mL与试验要求水质相同的水,测量玻璃水浴容器容积是否满足4.4的要求。

6.3 检定结果的处理与检定周期

6.3.1 6.2.2.3~6.2.2.5的计算均按公式(1)进行:

$$X = \frac{\sum X_i}{3} \quad (i = 1,2,3) \tag{1}$$

式中:$X$——测量结果的算术平均值。

6.3.2 6.2.2.6的计算按公式(2)进行:

$$Y = \frac{\sum Y_i(\text{标})}{3} - \frac{\sum Y_i(\text{检})}{3} \tag{2}$$

式中：$Y$——测量比对结果的算术平均值，℃；
$Y_i$(标)——第 $i$ 次标准温度计示值，℃；
$Y_i$(检)——第 $i$ 次被检温度计示值，℃。

**6.3.3** 6.2.2.7 的计算按公式(3)进行：

$$T_s = \frac{\sum(t_0 - t_i)}{\dfrac{T}{3}} \tag{3}$$

式中：$T_s$——测量结果的算术平均值，℃/min；
$t_0$——加热阶段初始介质温度，℃；
$t_i$——加热过程中阶段性温度示值，℃；
$T$——介质温度从 $t_0$ 上升到 $t_i$ 的时间，s。

检定原始记录表见附录 A。

**6.3.4 检定结果**

经检定各项目均满足本规程技术要求的沥青软化点，发给检定证书；不符合本规程技术要求的仪器，发给检定结果通知书。检定证书背面格式见附录 B。

**6.3.5 检定周期**

沥青软化点仪的检定周期一般不超过一年，使用中检验可根据具体情况随时进行。

## 附录 A 检定记录格式

**沥青软化点仪检定记录**　　　　　　表 A.1

| 送检单位 | | 制造日期 | | 环境 | 温度 | |
|---|---|---|---|---|---|---|
| 型号规格 | | 出厂编号 | | | 湿度 | |
| 生产厂家 | | 出厂日期 | | 检定日期 | | |

| 序号 | 项目 | | 技术要求 | 校准数据 | | |
|---|---|---|---|---|---|---|
| | | | | Ⅰ | Ⅱ | Ⅲ |
| 1 | 外观与通用技术要求 | | 目测检查 | | | |
| 2 | 上下支撑板距离，mm | | 25.4 | | | |
| 3 | 肩环，mm | 上径 | 19.8±0.1 | | | |
| | | 下径 | 15.9±0.1 | | | |
| | | 高 | 6.4±0.1 | | | |
| 4 | 钢球，mm | 直径 | 9.5(9.53) | | | |
| | | 质量 | 3.50(3.53)±0.05 | | | |
| 5 | 定位孔，mm | 直径 | $9.5^{+0.05}_{-0}$ ~ $9.53^{+0.05}$ | | | |
| 6 | 升温速率，℃/min | | 5±0.5 | 初始温度 | 3min | 8min | 13min |
| | | | | | | | |
| 7 | 浴槽溶剂，mL | | ≮800 | | | |
| 8 | 温度示值误差，℃ | | 约定真值 | | | |
| | | | 示值 | | | |

检定员：　　　　核验员：　　　　检定时间：　　　　检定地点：

附录 B      检定证书背面格式

主要项目检定结果

表 B.1

室温:℃      仪器编号:

| 校核项目 | | 技 术 要 求 | 检 定 结 果 | |
|---|---|---|---|---|
| | | | 1号 | 2号 |
| 外观与通用技术要求 | | 目测检查 | | |
| 上下支撑板距离,mm | | 25.4 | | |
| 肩环,mm | 上径 | 19.8±0.1 | | |
| | 下径 | 15.9±0.1 | | |
| | 高 | 6.4±0.1 | | |
| 钢球,mm | 直径 | 9.5(9.53) | | |
| | 质量 | 3.50(3.53)±0.05 | | |
| 定位孔,mm | 直径 | $9.5^{+0.05}_{-0}$ ~ $9.53^{+0.05}$ | | |
| 升温速率,℃/min | | 初始温度 | | |
| | | 5±0.5 | | |
| | | | | |
| 浴槽溶剂,mL | | ≤800 | | |
| 温度示值误差,℃ | | 约定真值 | | |
| | | 示值 | | |

技术主管:      检定员:      核验员:

# 八、土工击实仪

## 土工击实仪检定规程
## [JJG(交通)058—2004]

**1 范围**

本规程适用于公路土工轻型和重型击实试验所用手动、电动、气动各种类型土工击实仪(以下简称"击实仪")的首次检定、后续检定和使用中检验。

**2 引用文献**

本规程引用下列文献:

《JJF 1059 测量不确定度评定与表示》

《JTJ 051 公路土工试验规程 击实试验》

使用本规程时,应注意使用上述引用文献的现行有效版本。

**3 术语**

### 3.1 落高

击实仪的锤体运动到最高点位置时,锤体下表面到试筒中试样土表面的高度。在进行土工击实试验中随着试筒中试样土高度的变化,仪器的落高应能保持不变。即:当锤体质量一定的条件下,保持击实功不变,它是土工击实试验的必要条件。

### 4 概述

击实仪是在试验室规定的标准条件下,通过机械功击实的方法使试件土体密度加大,提高试件强度,模拟现场施工压实工况,为现场填土密度提供依据的土工试验仪器。公路工程常用的击实仪有手动击实仪、电动击实仪和气动击实仪。

手动击实仪由击实筒和导管式击实锤组成。

电动击实仪结构形式有三种:链条、导柱、滑块提锤型;齿轮、齿条提锤型;摩擦轮挤压提锤型。

气动击实仪结构有:活塞杆、滑块提锤型。

电动击实仪和气动击实仪可由单片计算机控制,实现击实次数的预置、实时显示击实次数、自动控制落高、调整击实位置及自动停机等功能。

### 5 计量性能要求

5.1 击实锤体的质量要求:轻型(2 500 ± 5)g,重型(4 500 ± 5)g。

5.2 击实锤体锤底直径要求:(50 ± 0.5)mm。

5.3 击实锤体的击实落高要求:轻型(300 ± 2)mm,重型(450 ± 2)mm。

5.4 击实锤体的侧母线与击实筒内壁的间隙要求:2~2.5mm。

### 6 通用技术要求

6.1 仪器应有清晰的标志、铭牌和合格证书,标明生产厂名(或商标)、出厂编号和生产日期,仪器上应有明显的安全警示标志与旋转运动方向提示标志。

6.2 仪器外观加工平整、整洁,各部件齐全完好,运动部件结构合理,仪器各开关、按键、手柄功能正常,操作灵活可靠。外部无明显损伤和缺陷,无锈蚀,运转灵活,电气安全性能安全可靠。

6.3 仪器控制器计数示值清晰、正确,无缺少笔画和跳动漏计数缺陷。

6.4 击实仪工作时无异常噪声,击实锤运动时应保持垂直自由下落,无异常碰撞、摩擦现象,击实底座旋转时分度应均匀。控制内外层转换的摆动机构应及时、位置准确。

### 7 计量器具控制

#### 7.1 检定条件

环境温度:5~35℃。

相对湿度:不大于85%。

电源:检定用仪器220×(1±10%)V,50×(1±2%)Hz;被检仪器380×(1±10%)V,50×(1±2%)Hz。

检定应在仪器正确安装固定、确认运动方向正确后,并在污染、振动、噪声、电磁干扰等不影响测量结果的环境下进行。

#### 7.2 检定用仪器设备

钢卷尺:量程大于1m,分度值1mm,准确度等级二级;

游标卡尺:量程200mm,分度值0.02mm;

数显高度尺:量程300mm,分度值0.01mm;

天平:称量范围0~6 000g,感量1g;

塞尺:0.02~2mm。

#### 7.3 检定项目及检定方法

##### 7.3.1 检定项目

击实仪检定项目见表1。

检定项目一览表　　　　　　　　　　　　　　　表1

| 检 定 项 目 | 首 次 检 定 | 后 续 检 定 | 使 用 中 检 验 |
|---|---|---|---|
| 外观 | + | + | + |
| 击实锤体的质量 | + | + | + |
| 击实锤底直径 | + | + | + |
| 击实锤体的击实高度 | + | + | + |
| 击实锤体侧母线与击实筒内壁间隙 | + | - | - |
| 计数 | + | + | + |

注:"+"为需要检定项目;"-"为不需要检定项目。

7.3.2　检定方法

7.3.2.1　外观检查

用目测和手动方法检查击实仪外观,应符合6.1和6.2要求;用点动方法启动电动机,观察仪器的传动方式及运转方向是否正确。

7.3.2.2　击实仪运行、性能与计数

安装好仪器的击实筒,击实筒内可放置报废试件或相当高度的棉纱类充填物。移开安全挡板,将击实锤体调整到上部位置。将计数器置数98,启动电动机,检查仪器工作时是否有异常噪音,击实锤体是否垂直自由下落,击实锤体有无与击实筒发生磕碰,击实底座旋转分度是否均匀,底座运动有无受阻,击实锤体或击实筒(视仪器控制方式不同)在击实过程中动作是否正确,内、外层转换控制与击数是否符合技术要求。检查计数器数字显示是否准确无误,有无漏计、跳跃计数的现象,并检查计数与击实次数是否一致。击实计数达到预置数后,仪器应能自动停机,停机后击实锤体应停止在上部位置,其结果应符合6.3和6.4的要求。

7.3.2.3　击实锤体质量与锤底直径

将击实锤体卸下,用汽油擦洗干净,检查击实锤体是否有损伤,锤体有无变形。卸下击实锤,用电子天平称量(有导杆的击实锤质量应含导杆)质量,其质量应符合5.1的要求。

用游标卡尺测量锤底直径,每转动120°角度测量一次,锤底直径应符合5.2的要求。

7.3.2.4　击实锤体的击实落高

根据控制落高不同的形式,在击实锤运动的起始位置选取一个与击实落高相关的部件作一起始标记,当锤体升至最高点后,再作一终点标记,用钢直尺测量起始标记和终点标记之间的垂直距离,即为击实落高。依上述方法重复三次,取其平均值,结果应符合5.3的要求。手动土工击实仪击实落高的测量是用钢直尺测出导管内径的长度及击实锤体450mm处的长度值,两者之差即为击实落高。

7.3.2.5　击实锤体的侧母线与击实筒内壁的间隙

用塞尺测量(此方法适用于电动击实仪和气动击实仪)。将仪器的击实位置调整到击实 $\phi$152mm试件处,安装好 $\phi$152mm击实筒,将击实锤体手动调整到击实过程的下端位置。然后,手动转动击实筒,每转动120°角度,用塞尺测量击实锤体的侧母线与击实筒内壁的间隙,连续测量360°,其结果应符合5.4的要求。

7.3.3　测量结果处理

7.3.2.4~7.3.2.5的计算均按下面公式进行:

$$X = \frac{\sum X_i}{3} \quad (i = 1、2、3)$$

式中：$X$——测量结果的算术平均值；
 $X_i$——第 $i$ 次测量结果的值。

**7.3.4 测量结果的不确定度评定**

JJF 1059 计量技术规范适用于本规程测量结果的不确定度评定。

**7.4 检定结果的处理与检定周期**

**7.4.1** 经检定各项目均满足本规程技术要求的仪器，发给检定证书；不符合本规程技术要求的仪器，发给检定结果通知书，并指出不符合项。

击实仪检定原始记录表见附录 A；检定证书背面格式见附录 B。

**7.4.2 检定周期**

土工击实仪的检定周期一般为一年，若仪器经搬迁安装后应重新检定。使用中检验可根据具体情况随时进行。

### 附录 A　　检定记录格式

土工击实仪检定记录　　　　　　表 A.1

| 送检单位 | | 制造日期 | | 环境 | 温度 | |
|---|---|---|---|---|---|---|
| 型号规格 | | 出厂编号 | | | 湿度 | |
| 生产厂家 | | 出厂日期 | | 检定日期 | | |

| 序号 | 项目 | 单位 | 技术要求 | 检定数据 | | |
|---|---|---|---|---|---|---|
| | | | | Ⅰ | Ⅱ | Ⅲ |
| 1 | 高度 | mm | 450±2 | | | |
| | | | 300±2 | | | |
| 2 | 击实锤质量 | mm | 重型 4 500±5 | | | |
| | | | 轻型 2 500±5 | | | |
| 3 | 锤底直径 | g | 50±0.5 | | | |
| 4 | 锤与筒壁间隙 | mm | 2～2.5 | | | |
| 5 | 外观及通用技术要求 | | 符合规程要求 | | | |

检定员：　　　核验员：　　　检定时间：　　　检定地点：

### 附录 B　　检定证书背面格式

主要项目检定结果　　　　　　表 B.1

| 序号 | 检定项目 | 技术要求 | 检定结果 | | |
|---|---|---|---|---|---|
| 1 | 高度,mm | 450±2 | | | |
| | | 300±2 | | | |
| 2 | 击实锤质量,mm | 重型 4 500±5 | | | |
| | | 轻型 2 500±5 | | | |
| 3 | 锤底直径,g | 50±0.5 | | | |
| 4 | 锤与筒壁间隙,mm | 2～2.5 | | | |
| 5 | 外观及通用技术要求 | 符合规程要求 | | | |

技术主管：　　　检定员：　　　核验员：

# 附录 I 洁净水的密度

洁净水的密度　　　　　　　　　　　　　　　　　　　附表 I

| 温度(℃) | 0.0 | 0.1 | 0.2 | 0.3 | 0.4 | 0.5 | 0.6 | 0.7 | 0.8 | 0.9 |
|---|---|---|---|---|---|---|---|---|---|---|
| 5 | 0.999 991 9 | 0.999 990 2 | 0.999 988 3 | 0.999 986 4 | 0.999 984 2 | 0.999 981 9 | 0.999 979 5 | 0.999 976 9 | 0.999 974 1 | 0.999 971 2 |
| 6 | 9 681 | 9 649 | 9 616 | 9 581 | 9 544 | 9 506 | 9 467 | 9 426 | 9 384 | 9 340 |
| 7 | 9 295 | 9 248 | 9 200 | 9 150 | 9 099 | 9 046 | 8 992 | 8 936 | 8 879 | 8 821 |
| 8 | 8 762 | 8 701 | 8 638 | 8 574 | 8 509 | 8 442 | 8 374 | 8 305 | 8 234 | 8 162 |
| 9 | 8 088 | 8 013 | 7 936 | 7 859 | 7 780 | 7 699 | 7 617 | 7 534 | 7 450 | 7 364 |
| 10 | 7 277 | 7 189 | 7 099 | 7 008 | 6 915 | 6 820 | 6 724 | 6 627 | 6 529 | 6 428 |
| 11 | 6 328 | 6 225 | 6 121 | 6 017 | 5 911 | 5 803 | 5 694 | 5 585 | 5 473 | 5 361 |
| 12 | 5 247 | 5 132 | 5 016 | 4 898 | 4 780 | 4 660 | 4 538 | 4 415 | 4 291 | 4 166 |
| 13 | 4 040 | 3 913 | 3 784 | 3 655 | 3 524 | 3 391 | 6 258 | 3 123 | 2 987 | 2 850 |
| 14 | 2 712 | 2 572 | 2 432 | 2 290 | 2 147 | 2 003 | 1 858 | 1 711 | 1 564 | 1 415 |
| 15 | 1 265 | 1 113 | 0 961 | 0 608 | 0 653 | 0 497 | 0 340 | 0 182 | 0 023 | 0.998 986 2 |
| 16 | 0.998 970 1 | 0.998 953 8 | 0.998 937 4 | 0.998 920 9 | 0.998 904 3 | 0.998 887 6 | 0.998 870 7 | 0.998 853 8 | 0.998 836 7 | 8 195 |
| 17 | 8 022 | 7 849 | 7 673 | 7 497 | 7 319 | 7 141 | 6 961 | 6 781 | 6 599 | 6 416 |
| 18 | 6 232 | 6 046 | 5 861 | 5 673 | 5 485 | 5 295 | 5 105 | 4 913 | 4 720 | 4 326 |
| 19 | 4 331 | 4 136 | 3 938 | 3 740 | 3 541 | 3 341 | 3 140 | 2 937 | 2 733 | 2 529 |
| 20 | 2 323 | 2 117 | 1 909 | 1 701 | 1 490 | 1 280 | 1 068 | 0 695 | 0 641 | 0 426 |
| 21 | 0 210 | 0.997 999 3 | 0.997 977 5 | 0.997 955 6 | 0.997 904 3 | 0.997 911 4 | 0.997 889 2 | 0.997 866 9 | 0.997 844 4 | 0.997 821 9 |
| 22 | 0.997 799 3 | 7 765 | 7 537 | 7 308 | 7 077 | 6 846 | 6 613 | 6 380 | 6 145 | 5 918 |
| 23 | 5 674 | 5 437 | 5 198 | 4 959 | 4 718 | 4 477 | 4 435 | 3 991 | 3 717 | 3 502 |
| 24 | 3 256 | 3 009 | 2 760 | 2 511 | 2 261 | 2 010 | 1 758 | 1 505 | 1 250 | 0 995 |
| 25 | 0 739 | 0 432 | 0 225 | 0.996 996 6 | 0.996 970 6 | 0.996 944 5 | 0.996 918 4 | 0.996 892 1 | 0.996 865 7 | 0.996 839 3 |
| 26 | 0.996 812 8 | 0.996 786 1 | 0.996 759 4 | 7 326 | 7 057 | 6 736 | 6 515 | 6 243 | 5 970 | 5 696 |
| 27 | 5 241 | 5 146 | 4 869 | 4 591 | 4 313 | 4 033 | 3 753 | 3 472 | 3 190 | 2 907 |
| 28 | 2 623 | 2 338 | 2 052 | 1 766 | 1 478 | 1 190 | 0 901 | 0 610 | 0 319 | 0 027 |
| 29 | 0.995 973 5 | 0.995 944 0 | 0.995 914 6 | 0.995 885 0 | 0.995 855 4 | 0.995 825 7 | 0.995 795 8 | 0.995 765 9 | 0.995 735 9 | 0.995 705 9 |
| 30 | 6 756 | 6 454 | 6 151 | 5 846 | 5 541 | 5 235 | 4 928 | 4 620 | 4 312 | 4 002 |
| 31 | 3 692 | 3 380 | 3 068 | 2 755 | 2 442 | 2 127 | 1 812 | 1 495 | 1 178 | 0 861 |
| 32 | 0 542 | 0 222 | 0.994 990 1 | 0.994 958 0 | 0.994 925 8 | 0.998 935 | 0.994 861 2 | 0.994 828 6 | 0.994 796 1 | 0.994 763 5 |
| 33 | 0.994 730 8 | 0.994 698 0 | 6 651 | 6 321 | 5 991 | 5 660 | 5 328 | 4 995 | 4 661 | 4 327 |
| 34 | 3 991 | 3 655 | 3 319 | 2 981 | 2 643 | 2 303 | 1 963 | 1 622 | 1 280 | 0 938 |
| 35 | 0 594 | 0 251 | 9 906 | 9 560 | 9 214 | 8 867 | 8 518 | 8 170 | 7 820 | 7 470 |

# 附录 Ⅱ 一般取样的随机数

一般取样的随机数　　　　　　　　　　　　　　　　附表 Ⅱ

| 栏号1 | | | 栏号2 | | | 栏号3 | | | 栏号4 | | | 栏号5 | | |
|---|---|---|---|---|---|---|---|---|---|---|---|---|---|---|
| A | B | C | A | B | C | A | B | C | A | B | C | A | B | C |
| 15 | 0.033 | 0.578 | 05 | 0.048 | 0.879 | 21 | 0.013 | 0.220 | 18 | 0.089 | 0.716 | 17 | 0.024 | 0.863 |
| 21 | 0.101 | 0.300 | 17 | 0.074 | 0.156 | 30 | 0.036 | 0.853 | 10 | 0.102 | 0.330 | 24 | 0.060 | 0.032 |
| 23 | 0.129 | 0.916 | 18 | 0.102 | 0.191 | 10 | 0.052 | 0.746 | 14 | 0.111 | 0.925 | 26 | 0.074 | 0.639 |
| 30 | 0.158 | 0.434 | 06 | 0.105 | 0.257 | 25 | 0.061 | 0.954 | 28 | 0.127 | 0.840 | 07 | 0.167 | 0.512 |
| 24 | 0.177 | 0.397 | 28 | 0.179 | 0.447 | 29 | 0.062 | 0.507 | 24 | 0.132 | 0.271 | 28 | 0.194 | 0.776 |
| 11 | 0.202 | 0.271 | 26 | 0.187 | 0.844 | 18 | 0.087 | 0.887 | 19 | 0.285 | 0.899 | 03 | 0.219 | 0.166 |
| 16 | 0.204 | 0.012 | 04 | 0.188 | 0.482 | 24 | 0.105 | 0.849 | 01 | 0.326 | 0.037 | 29 | 0.264 | 0.284 |
| 08 | 0.208 | 0.418 | 02 | 0.208 | 0.577 | 07 | 0.139 | 0.159 | 30 | 0.334 | 0.938 | 11 | 0.282 | 0.262 |
| 19 | 0.211 | 0.798 | 03 | 0.214 | 0.402 | 01 | 0.175 | 0.647 | 22 | 0.405 | 0.295 | 14 | 0.379 | 0.994 |
| 29 | 0.233 | 0.070 | 07 | 0.245 | 0.080 | 23 | 0.196 | 0.873 | 05 | 0.421 | 0.282 | 13 | 0.394 | 0.405 |
| 07 | 0.260 | 0.073 | 15 | 0.248 | 0.831 | 26 | 0.240 | 0.981 | 13 | 0.451 | 0.212 | 06 | 0.410 | 0.157 |
| 17 | 0.262 | 0.308 | 29 | 0.261 | 0.037 | 14 | 0.255 | 0.374 | 02 | 0.461 | 0.023 | 15 | 0.438 | 0.700 |
| 25 | 0.271 | 0.180 | 30 | 0.302 | 0.883 | 06 | 0.310 | 0.043 | 06 | 0.487 | 0.539 | 22 | 0.453 | 0.635 |
| 06 | 0.302 | 0.672 | 21 | 0.318 | 0.088 | 11 | 0.316 | 0.653 | 08 | 0.497 | 0.396 | 21 | 0.472 | 0.824 |
| 01 | 0.409 | 0.406 | 11 | 0.376 | 0.936 | 13 | 0.324 | 0.585 | 25 | 0.503 | 0.893 | 05 | 0.488 | 0.118 |
| 13 | 0.507 | 0.693 | 14 | 0.430 | 0.814 | 12 | 0.351 | 0.275 | 15 | 0.594 | 0.603 | 01 | 0.525 | 0.222 |
| 02 | 0.575 | 0.654 | 27 | 0.438 | 0.676 | 20 | 0.371 | 0.535 | 27 | 0.620 | 0.894 | 12 | 0.561 | 0.980 |
| 18 | 0.591 | 0.318 | 08 | 0.467 | 0.205 | 08 | 0.409 | 0.495 | 21 | 0.629 | 0.841 | 08 | 0.652 | 0.508 |
| 20 | 0.610 | 0.821 | 09 | 0.474 | 0.138 | 16 | 0.445 | 0.740 | 17 | 0.691 | 0.583 | 18 | 0.668 | 0.271 |
| 12 | 0.631 | 0.597 | 10 | 0.492 | 0.474 | 03 | 0.494 | 0.929 | 09 | 0.708 | 0.689 | 30 | 0.736 | 0.634 |
| 27 | 0.651 | 0.281 | 13 | 0.498 | 0.892 | 27 | 0.543 | 0.387 | 07 | 0.709 | 0.012 | 02 | 0.736 | 0.253 |
| 04 | 0.661 | 0.953 | 19 | 0.511 | 0.520 | 17 | 0.625 | 0.171 | 11 | 0.714 | 0.049 | 23 | 0.804 | 0.140 |
| 22 | 0.692 | 0.089 | 23 | 0.591 | 0.770 | 02 | 0.699 | 0.073 | 23 | 0.720 | 0.695 | 25 | 0.828 | 0.425 |
| 05 | 0.779 | 0.346 | 20 | 0.604 | 0.730 | 19 | 0.702 | 0.934 | 03 | 0.748 | 0.413 | 10 | 0.843 | 0.627 |
| 09 | 0.787 | 0.173 | 24 | 0.654 | 0.330 | 22 | 0.816 | 0.802 | 20 | 0.781 | 0.603 | 16 | 0.858 | 0.849 |
| 10 | 0.818 | 0.837 | 12 | 0.728 | 0.523 | 04 | 0.838 | 0.166 | 26 | 0.830 | 0.384 | 04 | 0.903 | 0.327 |
| 14 | 0.905 | 0.631 | 16 | 0.753 | 0.344 | 15 | 0.904 | 0.116 | 04 | 0.843 | 0.002 | 09 | 0.912 | 0.382 |
| 26 | 0.912 | 0.376 | 01 | 0.806 | 0.134 | 28 | 0.969 | 0.742 | 12 | 0.884 | 0.582 | 27 | 0.935 | 0.162 |
| 28 | 0.920 | 0.163 | 22 | 0.878 | 0.884 | 09 | 0.974 | 0.046 | 29 | 0.926 | 0.700 | 20 | 0.970 | 0.582 |
| 03 | 0.945 | 0.140 | 25 | 0.939 | 0.162 | 05 | 0.977 | 0.494 | 16 | 0.951 | 0.601 | 19 | 0.975 | 0.327 |

续上表

| 栏号6 | | | 栏号7 | | | 栏号8 | | | 栏号9 | | | 栏号10 | | |
| --- | --- | --- | --- | --- | --- | --- | --- | --- | --- | --- | --- | --- | --- | --- |
| A | B | C | A | B | C | A | B | C | A | B | C | A | B | C |
| 21 | 0.096 | 0.198 | 18 | 0.112 | 0.284 | 17 | 0.141 | 0.411 | 02 | 0.065 | 0.097 | 30 | 0.066 | 0.371 |
| 10 | 0.100 | 0.161 | 20 | 0.114 | 0.848 | 02 | 0.143 | 0.211 | 03 | 0.094 | 0.228 | 27 | 0.073 | 0.876 |
| 29 | 0.133 | 0.388 | 03 | 0.121 | 0.656 | 05 | 0.162 | 0.899 | 16 | 0.122 | 0.945 | 09 | 0.095 | 0.568 |
| 24 | 0.138 | 0.062 | 13 | 0.178 | 0.640 | 03 | 0.285 | 0.016 | 18 | 0.158 | 0.430 | 05 | 0.180 | 0.741 |
| 20 | 0.168 | 0.564 | 22 | 0.209 | 0.421 | 28 | 0.291 | 0.034 | 25 | 0.193 | 0.469 | 12 | 0.200 | 0.851 |
| 22 | 0.232 | 0.953 | 16 | 0.221 | 0.311 | 08 | 0.369 | 0.557 | 24 | 0.224 | 0.672 | 13 | 0.259 | 0.327 |
| 14 | 0.259 | 0.217 | 29 | 0.235 | 0.356 | 01 | 0.436 | 0.386 | 10 | 0.225 | 0.223 | 21 | 0.264 | 0.681 |
| 01 | 0.275 | 0.195 | 28 | 0.264 | 0.941 | 20 | 0.450 | 0.289 | 09 | 0.223 | 0.338 | 17 | 0.283 | 0.645 |
| 06 | 0.277 | 0.475 | 11 | 0.287 | 0.199 | 18 | 0.455 | 0.789 | 20 | 0.290 | 0.120 | 23 | 0.363 | 0.063 |
| 02 | 0.296 | 0.497 | 02 | 0.336 | 0.992 | 23 | 0.488 | 0.715 | 01 | 0.297 | 0.242 | 20 | 0.364 | 0.366 |
| 27 | 0.311 | 0.144 | 15 | 0.393 | 0.488 | 14 | 0.498 | 0.276 | 11 | 0.337 | 0.760 | 16 | 0.395 | 0.363 |
| 05 | 0.351 | 0.141 | 19 | 0.437 | 0.655 | 15 | 0.503 | 0.342 | 19 | 0.389 | 0.064 | 02 | 0.423 | 0.540 |
| 17 | 0.370 | 0.811 | 24 | 0.466 | 0.773 | 04 | 0.515 | 0.693 | 13 | 0.411 | 0.474 | 08 | 0.432 | 0.736 |
| 09 | 0.388 | 0.484 | 14 | 0.531 | 0.014 | 16 | 0.532 | 0.112 | 30 | 0.447 | 0.893 | 10 | 0.475 | 0.468 |
| 04 | 0.410 | 0.073 | 09 | 0.562 | 0.678 | 22 | 0.557 | 0.357 | 22 | 0.478 | 0.321 | 03 | 0.508 | 0.774 |
| 25 | 0.471 | 0.530 | 06 | 0.601 | 0.675 | 11 | 0.559 | 0.620 | 29 | 0.481 | 0.993 | 01 | 0.601 | 0.417 |
| 13 | 0.486 | 0.779 | 10 | 0.612 | 0.859 | 12 | 0.650 | 0.216 | 27 | 0.562 | 0.403 | 22 | 0.687 | 0.917 |
| 15 | 0.515 | 0.867 | 26 | 0.673 | 0.112 | 21 | 0.672 | 0.320 | 04 | 0.566 | 0.179 | 29 | 0.697 | 0.862 |
| 23 | 0.567 | 0.798 | 23 | 0.738 | 0.770 | 13 | 0.709 | 0.273 | 08 | 0.603 | 0.758 | 11 | 0.701 | 0.605 |
| 11 | 0.618 | 0.502 | 21 | 0.753 | 0.614 | 07 | 0.745 | 0.687 | 15 | 0.632 | 0.927 | 07 | 0.728 | 0.498 |
| 28 | 0.636 | 0.148 | 30 | 0.758 | 0.851 | 30 | 0.780 | 0.285 | 06 | 0.707 | 0.107 | 14 | 0.745 | 0.679 |
| 26 | 0.650 | 0.741 | 27 | 0.765 | 0.563 | 19 | 0.845 | 0.097 | 28 | 0.737 | 0.161 | 24 | 0.819 | 0.444 |
| 16 | 0.711 | 0.508 | 07 | 0.780 | 0.534 | 26 | 0.846 | 0.366 | 17 | 0.846 | 0.130 | 15 | 0.840 | 0.823 |
| 19 | 0.778 | 0.812 | 04 | 0.818 | 0.187 | 29 | 0.861 | 0.307 | 07 | 0.874 | 0.491 | 25 | 0.863 | 0.568 |
| 07 | 0.804 | 0.675 | 17 | 0.837 | 0.353 | 25 | 0.906 | 0.874 | 05 | 0.880 | 0.828 | 06 | 0.878 | 0.215 |
| 08 | 0.806 | 0.952 | 05 | 0.854 | 0.818 | 24 | 0.919 | 0.809 | 23 | 0.931 | 0.659 | 18 | 0.930 | 0.601 |
| 18 | 0.841 | 0.414 | 01 | 0.867 | 0.133 | 10 | 0.952 | 0.555 | 26 | 0.960 | 0.365 | 04 | 0.954 | 0.827 |
| 12 | 0.918 | 0.114 | 08 | 0.915 | 0.538 | 06 | 0.961 | 0.504 | 21 | 0.978 | 0.194 | 28 | 0.963 | 0.004 |
| 03 | 0.992 | 0.399 | 25 | 0.975 | 0.584 | 27 | 0.969 | 0.811 | 12 | 0.982 | 0.183 | 19 | 0.988 | 0.020 |

续上表

| 栏号11 | | | 栏号12 | | | 栏号13 | | | 栏号14 | | | 栏号15 | | |
| --- | --- | --- | --- | --- | --- | --- | --- | --- | --- | --- | --- | --- | --- | --- |
| A | B | C | A | B | C | A | B | C | A | B | C | A | B | C |
| 27 | 0.074 | 0.779 | 16 | 0.078 | 0.987 | 03 | 0.033 | 0.091 | 26 | 0.035 | 0.175 | 15 | 0.023 | 0.979 |
| 06 | 0.084 | 0.396 | 23 | 0.087 | 0.056 | 07 | 0.047 | 0.391 | 17 | 0.089 | 0.363 | 11 | 0.118 | 0.465 |
| 24 | 0.098 | 0.524 | 17 | 0.096 | 0.076 | 28 | 0.064 | 0.113 | 10 | 0.149 | 0.681 | 07 | 0.134 | 0.172 |
| 10 | 0.133 | 0.919 | 04 | 0.153 | 0.163 | 12 | 0.066 | 0.036 | 28 | 0.238 | 0.075 | 01 | 0.139 | 0.230 |
| 15 | 0.187 | 0.079 | 10 | 0.254 | 0.834 | 26 | 0.076 | 0.552 | 13 | 0.244 | 0.767 | 16 | 0.145 | 0.122 |
| 17 | 0.227 | 0.767 | 06 | 0.284 | 0.628 | 30 | 0.087 | 0.101 | 24 | 0.262 | 0.366 | 20 | 0.165 | 0.520 |
| 20 | 0.236 | 0.571 | 12 | 0.305 | 0.616 | 02 | 0.127 | 0.187 | 08 | 0.264 | 0.651 | 06 | 0.185 | 0.481 |
| 01 | 0.245 | 0.988 | 25 | 0.319 | 0.901 | 06 | 0.144 | 0.068 | 18 | 0.285 | 0.311 | 09 | 0.211 | 0.316 |
| 04 | 0.317 | 0.291 | 01 | 0.320 | 0.212 | 25 | 0.202 | 0.674 | 02 | 0.340 | 0.131 | 14 | 0.248 | 0.348 |
| 29 | 0.350 | 0.911 | 08 | 0.416 | 0.372 | 01 | 0.247 | 0.025 | 29 | 0.353 | 0.478 | 25 | 0.249 | 0.890 |
| 26 | 0.380 | 0.104 | 13 | 0.432 | 0.556 | 23 | 0.253 | 0.323 | 06 | 0.359 | 0.270 | 13 | 0.252 | 0.577 |
| 28 | 0.425 | 0.864 | 02 | 0.489 | 0.827 | 24 | 0.320 | 0.651 | 30 | 0.387 | 0.248 | 30 | 0.273 | 0.088 |
| 22 | 0.487 | 0.526 | 29 | 0.503 | 0.787 | 10 | 0.328 | 0.365 | 14 | 0.392 | 0.694 | 18 | 0.277 | 0.689 |
| 05 | 0.552 | 0.571 | 15 | 0.518 | 0.717 | 27 | 0.338 | 0.412 | 03 | 0.408 | 0.077 | 22 | 0.372 | 0.958 |
| 14 | 0.564 | 0.357 | 28 | 0.524 | 0.998 | 13 | 0.356 | 0.991 | 27 | 0.440 | 0.280 | 10 | 0.461 | 0.075 |
| 11 | 0.572 | 0.306 | 03 | 0.542 | 0.352 | 16 | 0.401 | 0.792 | 22 | 0.461 | 0.830 | 28 | 0.519 | 0.536 |
| 21 | 0.594 | 0.197 | 19 | 0.585 | 0.462 | 17 | 0.423 | 0.117 | 16 | 0.527 | 0.003 | 17 | 0.520 | 0.090 |
| 09 | 0.607 | 0.524 | 05 | 0.695 | 0.111 | 21 | 0.481 | 0.838 | 20 | 0.531 | 0.486 | 03 | 0.523 | 0.519 |
| 19 | 0.650 | 0.572 | 07 | 0.733 | 0.838 | 08 | 0.560 | 0.401 | 25 | 0.678 | 0.360 | 26 | 0.573 | 0.502 |
| 18 | 0.664 | 0.101 | 11 | 0.744 | 0.948 | 19 | 0.564 | 0.190 | 21 | 0.725 | 0.014 | 19 | 0.634 | 0.206 |
| 25 | 0.674 | 0.428 | 18 | 0.793 | 0.748 | 05 | 0.571 | 0.054 | 05 | 0.787 | 0.595 | 24 | 0.635 | 0.810 |
| 02 | 0.697 | 0.674 | 27 | 0.802 | 0.967 | 18 | 0.587 | 0.584 | 15 | 0.801 | 0.927 | 21 | 0.679 | 0.841 |
| 03 | 0.767 | 0.928 | 21 | 0.826 | 0.487 | 15 | 0.604 | 0.145 | 12 | 0.836 | 0.294 | 27 | 0.712 | 0.368 |
| 16 | 0.809 | 0.529 | 24 | 0.835 | 0.832 | 11 | 0.641 | 0.298 | 04 | 0.854 | 0.982 | 05 | 0.780 | 0.497 |
| 30 | 0.838 | 0.294 | 26 | 0.855 | 0.142 | 22 | 0.672 | 0.156 | 11 | 0.884 | 0.928 | 23 | 0.861 | 0.106 |
| 13 | 0.845 | 0.470 | 14 | 0.861 | 0.462 | 20 | 0.674 | 0.887 | 19 | 0.886 | 0.832 | 12 | 0.865 | 0.377 |
| 08 | 0.855 | 0.524 | 20 | 0.874 | 0.625 | 14 | 0.752 | 0.881 | 07 | 0.929 | 0.932 | 29 | 0.882 | 0.635 |
| 07 | 0.867 | 0.718 | 30 | 0.929 | 0.056 | 09 | 0.774 | 0.560 | 09 | 0.932 | 0.206 | 08 | 0.902 | 0.020 |
| 12 | 0.881 | 0.722 | 09 | 0.935 | 0.582 | 29 | 0.921 | 0.752 | 01 | 0.970 | 0.692 | 04 | 0.951 | 0.482 |
| 23 | 0.937 | 0.872 | 22 | 0.947 | 0.797 | 04 | 0.959 | 0.099 | 23 | 0.973 | 0.082 | 02 | 0.977 | 0.0172 |

续上表

| 栏号16 | | | 栏号17 | | | 栏号18 | | | 栏号19 | | | 栏号20 | | |
| --- | --- | --- | --- | --- | --- | --- | --- | --- | --- | --- | --- | --- | --- | --- |
| A | B | C | A | B | C | A | B | C | A | B | C | A | B | C |
| 19 | 0.062 | 0.588 | 13 | 0.045 | 0.004 | 25 | 0.027 | 0.290 | 12 | 0.052 | 0.075 | 20 | 0.030 | 0.881 |
| 25 | 0.080 | 0.218 | 18 | 0.086 | 0.878 | 06 | 0.057 | 0.571 | 30 | 0.075 | 0.493 | 12 | 0.034 | 0.291 |
| 09 | 0.131 | 0.295 | 26 | 0.126 | 0.990 | 26 | 0.059 | 0.026 | 28 | 0.120 | 0.341 | 22 | 0.043 | 0.893 |
| 18 | 0.136 | 0.381 | 12 | 0.128 | 0.661 | 07 | 0.105 | 0.176 | 27 | 0.145 | 0.689 | 28 | 0.143 | 0.073 |
| 05 | 0.147 | 0.864 | 30 | 0.146 | 0.337 | 18 | 0.107 | 0.358 | 02 | 0.209 | 0.957 | 03 | 0.150 | 0.937 |
| 12 | 0.158 | 0.365 | 05 | 0.169 | 0.470 | 22 | 0.128 | 0.827 | 26 | 0.272 | 0.818 | 04 | 0.154 | 0.867 |
| 28 | 0.214 | 0.184 | 21 | 0.244 | 0.433 | 23 | 0.156 | 0.440 | 22 | 0.299 | 0.317 | 19 | 0.158 | 0.359 |
| 14 | 0.215 | 0.757 | 23 | 0.270 | 0.849 | 15 | 0.171 | 0.157 | 18 | 0.306 | 0.475 | 29 | 0.304 | 0.615 |
| 13 | 0.224 | 0.846 | 25 | 0.274 | 0.407 | 08 | 0.220 | 0.097 | 20 | 0.311 | 0.653 | 06 | 0.369 | 0.633 |
| 15 | 0.227 | 0.809 | 10 | 0.290 | 0.925 | 20 | 0.252 | 0.066 | 15 | 0.348 | 0.156 | 18 | 0.390 | 0.536 |
| 11 | 0.280 | 0.898 | 01 | 0.323 | 0.490 | 04 | 0.268 | 0.576 | 16 | 0.381 | 0.710 | 17 | 0.403 | 0.392 |
| 01 | 0.331 | 0.925 | 24 | 0.352 | 0.291 | 14 | 0.275 | 0.302 | 01 | 0.411 | 0.607 | 23 | 0.404 | 0.182 |
| 10 | 0.399 | 0.992 | 15 | 0.361 | 0.155 | 11 | 0.297 | 0.589 | 13 | 0.417 | 0.715 | 01 | 0.415 | 0.457 |
| 30 | 0.417 | 0.787 | 29 | 0.374 | 0.882 | 01 | 0.358 | 0.305 | 21 | 0.472 | 0.484 | 07 | 0.437 | 0.696 |
| 08 | 0.439 | 0.921 | 08 | 0.432 | 0.139 | 09 | 0.412 | 0.089 | 04 | 0.478 | 0.885 | 24 | 0.446 | 0.546 |
| 20 | 0.472 | 0.484 | 04 | 0.467 | 0.266 | 16 | 0.429 | 0.834 | 25 | 0.479 | 0.080 | 26 | 0.485 | 0.768 |
| 24 | 0.498 | 0.712 | 22 | 0.508 | 0.880 | 10 | 0.491 | 0.203 | 11 | 0.566 | 0.104 | 15 | 0.511 | 0.313 |
| 04 | 0.516 | 0.396 | 27 | 0.632 | 0.191 | 28 | 0.542 | 0.306 | 10 | 0.576 | 0.859 | 10 | 0.517 | 0.290 |
| 03 | 0.548 | 0.688 | 16 | 0.661 | 0.836 | 12 | 0.563 | 0.091 | 29 | 0.665 | 0.397 | 30 | 0.556 | 0.853 |
| 23 | 0.597 | 0.508 | 19 | 0.675 | 0.629 | 02 | 0.593 | 0.321 | 19 | 0.739 | 0.298 | 25 | 0.561 | 0.837 |
| 21 | 0.681 | 0.114 | 14 | 0.680 | 0.890 | 30 | 0.692 | 0.198 | 14 | 0.748 | 0.759 | 09 | 0.574 | 0.699 |
| 02 | 0.739 | 0.298 | 28 | 0.714 | 0.508 | 19 | 0.705 | 0.445 | 08 | 0.758 | 0.919 | 13 | 0.613 | 0.762 |
| 29 | 0.792 | 0.038 | 06 | 0.719 | 0.441 | 24 | 0.709 | 0.717 | 07 | 0.798 | 0.183 | 11 | 0.698 | 0.783 |
| 22 | 0.829 | 0.324 | 09 | 0.735 | 0.040 | 13 | 0.820 | 0.739 | 23 | 0.843 | 0.647 | 14 | 0.715 | 0.179 |
| 17 | 0.834 | 0.647 | 17 | 0.741 | 0.906 | 05 | 0.848 | 0.866 | 06 | 0.837 | 0.978 | 16 | 0.770 | 0.128 |
| 16 | 0.909 | 0.608 | 11 | 0.747 | 0.205 | 27 | 0.867 | 0.633 | 03 | 0.849 | 0.964 | 08 | 0.815 | 0.385 |
| 06 | 0.914 | 0.420 | 20 | 0.850 | 0.074 | 03 | 0.883 | 0.333 | 24 | 0.851 | 0.109 | 05 | 0.872 | 0.490 |
| 27 | 0.958 | 0.356 | 02 | 0.859 | 0.356 | 17 | 0.900 | 0.443 | 05 | 0.859 | 0.835 | 21 | 0.885 | 0.999 |
| 26 | 0.981 | 0.976 | 07 | 0.870 | 0.612 | 21 | 0.914 | 0.483 | 17 | 0.863 | 0.220 | 02 | 0.958 | 0.177 |
| 07 | 0.983 | 0.624 | 03 | 0.916 | 0.463 | 29 | 0.950 | 0.753 | 09 | 0.883 | 0.147 | 27 | 0.961 | 0.980 |

续上表

| 栏号21 | | | 栏号22 | | | 栏号23 | | | 栏号24 | | | 栏号25 | | |
| --- | --- | --- | --- | --- | --- | --- | --- | --- | --- | --- | --- | --- | --- | --- |
| A | B | C | A | B | C | A | B | C | A | B | C | A | B | C |
| 01 | 0.010 | 0.946 | 12 | 0.051 | 0.032 | 26 | 0.051 | 0.187 | 08 | 0.015 | 0.521 | 02 | 0.039 | 0.005 |
| 10 | 0.014 | 0.939 | 11 | 0.068 | 0.980 | 03 | 0.053 | 0.256 | 16 | 0.068 | 0.994 | 16 | 0.061 | 0.599 |
| 09 | 0.032 | 0.346 | 17 | 0.089 | 0.309 | 29 | 0.100 | 0.159 | 11 | 0.118 | 0.400 | 26 | 0.068 | 0.054 |
| 06 | 0.093 | 0.180 | 01 | 0.091 | 0.371 | 13 | 0.102 | 0.465 | 21 | 0.124 | 0.565 | 11 | 0.073 | 0.812 |
| 15 | 0.151 | 0.012 | 10 | 0.100 | 0.709 | 24 | 0.110 | 0.316 | 18 | 0.153 | 0.158 | 07 | 0.123 | 0.649 |
| 06 | 0.185 | 0.455 | 30 | 0.121 | 0.744 | 18 | 0.114 | 0.300 | 17 | 0.190 | 0.159 | 05 | 0.126 | 0.658 |
| 07 | 0.227 | 0.277 | 02 | 0.166 | 0.056 | 11 | 0.123 | 0.208 | 26 | 0.192 | 0.676 | 14 | 0.161 | 0.189 |
| 02 | 0.304 | 0.400 | 23 | 0.179 | 0.529 | 09 | 0.138 | 0.182 | 01 | 0.237 | 0.030 | 18 | 0.166 | 0.040 |
| 30 | 0.316 | 0.074 | 21 | 0.187 | 0.051 | 06 | 0.194 | 0.115 | 12 | 0.283 | 0.077 | 28 | 0.248 | 0.171 |
| 18 | 0.328 | 0.799 | 22 | 0.205 | 0.543 | 22 | 0.234 | 0.480 | 03 | 0.286 | 0.318 | 06 | 0.255 | 0.117 |
| 20 | 0.352 | 0.288 | 28 | 0.230 | 0.688 | 20 | 0.274 | 0.107 | 10 | 0.317 | 0.734 | 15 | 0.261 | 0.928 |
| 26 | 0.371 | 0.216 | 19 | 0.243 | 0.001 | 21 | 0.331 | 0.292 | 05 | 0.337 | 0.844 | 10 | 0.301 | 0.811 |
| 19 | 0.448 | 0.754 | 27 | 0.267 | 0.990 | 08 | 0.346 | 0.085 | 25 | 0.441 | 0.336 | 24 | 0.363 | 0.025 |
| 13 | 0.487 | 0.598 | 15 | 0.283 | 0.440 | 27 | 0.382 | 0.979 | 27 | 0.469 | 0.786 | 22 | 0.378 | 0.792 |
| 12 | 0.546 | 0.640 | 16 | 0.352 | 0.089 | 07 | 0.387 | 0.865 | 24 | 0.473 | 0.237 | 27 | 0.389 | 0.959 |
| 24 | 0.550 | 0.038 | 03 | 0.377 | 0.648 | 28 | 0.411 | 0.776 | 20 | 0.475 | 0.761 | 19 | 0.420 | 0.557 |
| 03 | 0.604 | 0.780 | 06 | 0.397 | 0.769 | 16 | 0.444 | 0.999 | 06 | 0.557 | 0.001 | 21 | 0.467 | 0.943 |
| 22 | 0.621 | 0.930 | 09 | 0.409 | 0.428 | 04 | 0.515 | 0.993 | 07 | 0.610 | 0.238 | 17 | 0.494 | 0.225 |
| 21 | 0.629 | 0.154 | 14 | 0.465 | 0.406 | 17 | 0.518 | 0.827 | 09 | 0.617 | 0.041 | 09 | 0.620 | 0.081 |
| 11 | 0.634 | 0.908 | 13 | 0.499 | 0.651 | 05 | 0.539 | 0.620 | 13 | 0.641 | 0.648 | 30 | 0.623 | 0.106 |
| 05 | 0.696 | 0.459 | 04 | 0.539 | 0.972 | 02 | 0.623 | 0.271 | 22 | 0.664 | 0.291 | 03 | 0.625 | 0.777 |
| 23 | 0.710 | 0.078 | 18 | 0.560 | 0.747 | 30 | 0.637 | 0.374 | 04 | 0.668 | 0.856 | 08 | 0.651 | 0.790 |
| 29 | 0.726 | 0.585 | 26 | 0.575 | 0.892 | 14 | 0.714 | 0.364 | 19 | 0.717 | 0.232 | 12 | 0.751 | 0.599 |
| 17 | 0.749 | 0.919 | 29 | 0.756 | 0.712 | 15 | 0.730 | 0.107 | 02 | 0.776 | 0.504 | 23 | 0.782 | 0.093 |
| 04 | 0.802 | 0.186 | 20 | 0.760 | 0.920 | 19 | 0.771 | 0.552 | 29 | 0.797 | 0.548 | 20 | 0.810 | 0.371 |
| 14 | 0.835 | 0.319 | 05 | 0.847 | 0.925 | 23 | 0.780 | 0.662 | 14 | 0.823 | 0.223 | 01 | 0.841 | 0.726 |
| 08 | 0.870 | 0.546 | 25 | 0.872 | 0.891 | 10 | 0.924 | 0.888 | 23 | 0.848 | 0.264 | 29 | 0.862 | 0.009 |
| 28 | 0.871 | 0.539 | 24 | 0.874 | 0.135 | 12 | 0.929 | 0.204 | 30 | 0.892 | 0.817 | 25 | 0.891 | 0.873 |
| 25 | 0.971 | 0.369 | 08 | 0.911 | 0.215 | 01 | 0.937 | 0.714 | 28 | 0.943 | 0.190 | 04 | 0.917 | 0.264 |
| 27 | 0.984 | 0.252 | 07 | 0.946 | 0.065 | 25 | 0.974 | 0.398 | 15 | 0.975 | 0.962 | 13 | 0.958 | 0.990 |

续上表

| 栏号26 | | | 栏号27 | | | 栏号28 | | |
| --- | --- | --- | --- | --- | --- | --- | --- | --- |
| A | B | C | A | B | C | A | B | C |
| 16 | 0.026 | 0.102 | 21 | 0.050 | 0.952 | 29 | 0.042 | 0.039 |
| 01 | 0.033 | 0.886 | 17 | 0.085 | 0.403 | 07 | 0.042 | 0.039 |
| 04 | 0.088 | 0.686 | 10 | 0.141 | 0.624 | 25 | 0.115 | 0.420 |
| 22 | 0.090 | 0.602 | 05 | 0.154 | 0.157 | 09 | 0.126 | 0.612 |
| 13 | 0.114 | 0.614 | 06 | 0.164 | 0.841 | 10 | 0.205 | 0.144 |
| 20 | 0.136 | 0.576 | 07 | 0.197 | 0.013 | 03 | 0.210 | 0.054 |
| 05 | 0.158 | 0.228 | 16 | 0.215 | 0.363 | 23 | 0.234 | 0.533 |
| 10 | 0.216 | 0.565 | 08 | 0.222 | 0.520 | 13 | 0.266 | 0.799 |
| 02 | 0.233 | 0.610 | 13 | 0.269 | 0.477 | 20 | 0.305 | 0.603 |
| 07 | 0.278 | 0.357 | 02 | 0.288 | 0.012 | 05 | 0.372 | 0.223 |
| 30 | 0.405 | 0.273 | 25 | 0.333 | 0.633 | 26 | 0.385 | 0.111 |
| 06 | 0.421 | 0.807 | 28 | 0.348 | 0.710 | 30 | 0.422 | 0.315 |
| 12 | 0.426 | 0.583 | 20 | 0.362 | 0.961 | 17 | 0.453 | 0.783 |
| 08 | 0.471 | 0.708 | 14 | 0.511 | 0.989 | 02 | 0.460 | 0.916 |
| 18 | 0.473 | 0.738 | 26 | 0.540 | 0.903 | 27 | 0.467 | 0.841 |
| 19 | 0.510 | 0.207 | 27 | 0.587 | 0.643 | 14 | 0.483 | 0.095 |
| 03 | 0.512 | 0.329 | 12 | 0.603 | 0.745 | 12 | 0.507 | 0.375 |
| 15 | 0.640 | 0.329 | 29 | 0.619 | 0.895 | 28 | 0.509 | 0.748 |
| 09 | 0.665 | 0.354 | 23 | 0.623 | 0.333 | 21 | 0.583 | 0.804 |
| 14 | 0.680 | 0.884 | 22 | 0.629 | 0.076 | 22 | 0.587 | 0.993 |
| 26 | 0.703 | 0.622 | 18 | 0.670 | 0.904 | 16 | 0.689 | 0.339 |
| 29 | 0.739 | 0.394 | 11 | 0.711 | 0.253 | 06 | 0.727 | 0.298 |
| 25 | 0.759 | 0.386 | 01 | 0.790 | 0.392 | 04 | 0.731 | 0.814 |
| 24 | 0.803 | 0.602 | 04 | 0.813 | 0.611 | 08 | 0.807 | 0.983 |
| 27 | 0.842 | 0.491 | 19 | 0.843 | 0.732 | 15 | 0.833 | 0.757 |
| 21 | 0.870 | 0.435 | 03 | 0.844 | 0.511 | 19 | 0.896 | 0.464 |
| 28 | 0.906 | 0.367 | 30 | 0.858 | 0.289 | 18 | 0.916 | 0.384 |
| 23 | 0.948 | 0.367 | 09 | 0.929 | 0.199 | 01 | 0.948 | 0.610 |
| 11 | 0.956 | 0.142 | 24 | 0.931 | 0.263 | 11 | 0.976 | 0.799 |
| 17 | 0.993 | 0.989 | 15 | 0.939 | 0.947 | 24 | 0.978 | 0.633 |

# 附录Ⅲ 测区混凝土强度换算

## 附录Ⅲ-1 测区混凝土强度换算表格、方法及报告

（一）测区混凝土强度换算表

测区混凝土强度换算表　　　　　　　　　　　　　　　　附表Ⅲ-1-1

| 平均回弹值 $R_m$ | 测区混凝土强度换算值 $f^c_{cu,i}$ (MPa) 平均碳化深度值 $d_m$ (mm) | | | | | | | | | | | | |
|---|---|---|---|---|---|---|---|---|---|---|---|---|---|
| | 0.0 | 0.5 | 1.0 | 1.5 | 2.0 | 2.5 | 3.0 | 3.5 | 4.0 | 4.5 | 5.0 | 5.5 | ≥6 |
| 20.0 | 10.3 | 10.1 | — | — | — | — | — | — | — | — | — | — | — |
| 20.2 | 10.5 | 10.3 | 10.0 | — | — | — | — | — | — | — | — | — | — |
| 20.4 | 10.7 | 10.5 | 10.2 | — | — | — | — | — | — | — | — | — | — |
| 20.6 | 11.0 | 10.8 | 10.4 | 10.1 | — | — | — | — | — | — | — | — | — |
| 20.8 | 11.2 | 11.0 | 10.6 | 10.3 | — | — | — | — | — | — | — | — | — |
| 21.0 | 11.4 | 11.2 | 10.8 | 10.5 | 10.0 | — | — | — | — | — | — | — | — |
| 21.2 | 11.6 | 11.4 | 11.0 | 10.7 | 10.2 | — | — | — | — | — | — | — | — |
| 21.4 | 11.8 | 11.6 | 11.2 | 10.9 | 10.4 | 10.0 | — | — | — | — | — | — | — |
| 21.6 | 12.0 | 11.8 | 11.4 | 11.0 | 10.6 | 10.2 | — | — | — | — | — | — | — |
| 21.8 | 12.3 | 12.1 | 11.7 | 11.3 | 10.8 | 10.5 | 10.1 | — | — | — | — | — | — |
| 22.0 | 12.5 | 12.2 | 11.9 | 11.5 | 11.0 | 10.6 | 10.2 | — | — | — | — | — | — |
| 22.2 | 12.7 | 12.4 | 12.1 | 11.7 | 11.2 | 10.8 | 10.4 | 10.0 | — | — | — | — | — |
| 22.4 | 13.0 | 12.7 | 12.4 | 12.0 | 11.4 | 11.0 | 10.7 | 10.3 | 10.0 | — | — | — | — |
| 22.6 | 13.2 | 12.9 | 12.5 | 12.1 | 11.6 | 11.2 | 10.8 | 10.4 | 10.2 | — | — | — | — |
| 22.8 | 13.4 | 13.1 | 12.7 | 12.3 | 11.8 | 11.4 | 11.0 | 10.6 | 10.3 | — | — | — | — |
| 23.0 | 13.7 | 13.4 | 13.0 | 12.6 | 12.1 | 11.6 | 11.2 | 10.8 | 10.5 | 10.1 | — | — | — |
| 23.2 | 13.9 | 13.6 | 13.2 | 12.8 | 12.2 | 11.8 | 11.4 | 11.0 | 10.7 | 10.3 | 10.0 | — | — |
| 23.4 | 14.1 | 13.8 | 13.4 | 13.0 | 12.4 | 12.0 | 11.6 | 11.2 | 10.9 | 10.4 | 10.2 | — | — |
| 23.6 | 14.4 | 14.1 | 13.7 | 13.2 | 12.7 | 12.2 | 11.8 | 11.4 | 11.1 | 10.7 | 10.4 | 10.1 | — |
| 23.8 | 14.6 | 14.3 | 13.9 | 13.4 | 12.8 | 12.4 | 12.0 | 11.5 | 11.2 | 10.8 | 10.5 | 10.2 | — |
| 24.0 | 14.9 | 14.6 | 14.2 | 13.7 | 13.1 | 12.7 | 12.2 | 11.8 | 11.5 | 11.0 | 10.7 | 10.4 | 10.1 |
| 24.2 | 15.1 | 14.8 | 14.3 | 13.9 | 13.3 | 12.8 | 12.4 | 11.9 | 11.6 | 11.2 | 10.9 | 10.6 | 10.3 |
| 24.4 | 15.4 | 15.1 | 14.6 | 14.2 | 13.6 | 13.1 | 12.6 | 12.2 | 11.9 | 11.4 | 11.1 | 10.8 | 10.4 |
| 24.6 | 15.6 | 15.3 | 14.8 | 14.4 | 13.7 | 13.3 | 12.8 | 12.3 | 12.0 | 11.5 | 11.2 | 10.9 | 10.6 |
| 24.8 | 15.9 | 15.6 | 15.1 | 14.6 | 14.0 | 13.5 | 13.0 | 12.6 | 12.2 | 11.8 | 11.4 | 11.1 | 10.7 |

续上表

| 平均回弹值 $R_m$ | 测区混凝土强度换算值 $f_{cu,i}^c$ (MPa) | | | | | | | | | | | | |
|---|---|---|---|---|---|---|---|---|---|---|---|---|---|
| | 平均碳化深度值 $d_m$ (mm) | | | | | | | | | | | | |
| | 0.0 | 0.5 | 1.0 | 1.5 | 2.0 | 2.5 | 3.0 | 3.5 | 4.0 | 4.5 | 5.0 | 5.5 | ≥6 |
| 25.0 | 16.2 | 15.9 | 15.4 | 14.9 | 14.3 | 13.8 | 13.3 | 12.8 | 12.5 | 12.0 | 11.7 | 11.3 | 10.9 |
| 25.2 | 16.4 | 16.1 | 15.6 | 15.1 | 14.4 | 13.9 | 13.4 | 13.0 | 12.6 | 12.1 | 11.8 | 11.5 | 11.0 |
| 25.4 | 16.7 | 16.4 | 15.9 | 15.4 | 14.7 | 14.2 | 13.7 | 13.2 | 12.9 | 12.4 | 12.0 | 11.7 | 11.2 |
| 25.6 | 16.9 | 16.6 | 16.1 | 15.7 | 14.9 | 14.4 | 13.9 | 13.4 | 13.0 | 12.5 | 12.2 | 11.8 | 11.3 |
| 25.8 | 17.2 | 16.9 | 16.3 | 15.8 | 15.1 | 14.6 | 14.1 | 13.6 | 13.2 | 12.7 | 12.4 | 12.0 | 11.5 |
| 26.0 | 17.5 | 17.2 | 16.6 | 16.1 | 15.4 | 14.9 | 14.4 | 13.8 | 13.5 | 13.0 | 12.6 | 12.2 | 11.6 |
| 26.2 | 17.8 | 17.4 | 16.9 | 16.4 | 15.7 | 15.1 | 14.6 | 14.0 | 13.7 | 13.2 | 12.8 | 12.4 | 11.8 |
| 26.4 | 18.0 | 17.6 | 17.1 | 16.6 | 15.8 | 15.3 | 14.8 | 14.2 | 13.9 | 13.3 | 13.0 | 12.6 | 12.0 |
| 26.6 | 18.3 | 17.9 | 17.4 | 16.8 | 16.1 | 15.6 | 15.0 | 14.4 | 14.1 | 13.5 | 13.2 | 12.8 | 12.1 |
| 26.8 | 18.6 | 18.2 | 17.7 | 17.1 | 16.4 | 15.8 | 15.3 | 14.6 | 14.3 | 13.8 | 13.4 | 12.9 | 12.3 |
| 27.0 | 18.9 | 18.5 | 18.0 | 17.4 | 16.6 | 16.1 | 15.5 | 14.8 | 14.6 | 14.0 | 13.6 | 13.1 | 12.4 |
| 27.2 | 19.1 | 18.7 | 18.1 | 17.6 | 16.8 | 16.2 | 15.7 | 15.0 | 14.7 | 14.1 | 13.8 | 13.3 | 12.6 |
| 27.4 | 19.4 | 19.0 | 18.4 | 17.8 | 17.0 | 16.4 | 15.9 | 15.2 | 14.9 | 14.3 | 14.0 | 13.4 | 12.7 |
| 27.6 | 19.7 | 19.3 | 18.7 | 18.0 | 17.2 | 16.6 | 16.1 | 15.4 | 15.1 | 14.5 | 14.1 | 13.6 | 12.9 |
| 27.8 | 20.0 | 19.6 | 19.0 | 18.2 | 17.4 | 16.8 | 16.3 | 15.6 | 15.3 | 14.7 | 14.2 | 13.7 | 13.0 |
| 28.0 | 20.3 | 19.7 | 19.2 | 18.4 | 17.6 | 17.0 | 16.5 | 15.8 | 15.4 | 14.8 | 14.4 | 13.9 | 13.2 |
| 28.2 | 20.6 | 20.0 | 19.5 | 18.6 | 17.8 | 17.2 | 16.7 | 16.0 | 15.6 | 15.0 | 14.6 | 14.0 | 13.3 |
| 28.4 | 20.9 | 20.3 | 19.7 | 18.8 | 18.0 | 17.4 | 16.9 | 16.2 | 15.8 | 15.2 | 14.8 | 14.2 | 13.5 |
| 28.6 | 21.2 | 20.6 | 20.0 | 19.1 | 18.2 | 17.6 | 17.1 | 16.4 | 16.0 | 15.4 | 15.0 | 14.3 | 13.6 |
| 28.8 | 21.5 | 20.9 | 20.0 | 19.4 | 18.5 | 17.8 | 17.3 | 16.6 | 16.2 | 15.6 | 15.2 | 14.5 | 13.8 |
| 29.0 | 21.8 | 21.1 | 20.5 | 19.6 | 18.7 | 18.1 | 17.5 | 16.8 | 16.4 | 15.8 | 15.4 | 14.6 | 13.9 |
| 29.2 | 22.1 | 21.4 | 20.8 | 19.9 | 19.0 | 18.3 | 17.7 | 17.0 | 16.6 | 16.0 | 15.6 | 14.8 | 14.1 |
| 29.4 | 22.4 | 21.7 | 21.1 | 20.2 | 19.3 | 18.6 | 17.9 | 17.2 | 16.8 | 16.2 | 15.8 | 15.0 | 14.2 |
| 29.6 | 22.7 | 22.0 | 21.3 | 20.4 | 19.5 | 18.8 | 18.2 | 17.5 | 17.0 | 16.4 | 16.0 | 15.1 | 14.4 |
| 29.8 | 23.0 | 22.3 | 21.6 | 20.7 | 19.8 | 19.1 | 18.4 | 17.7 | 17.2 | 16.6 | 16.2 | 15.0 | 14.5 |
| 30.0 | 23.3 | 22.6 | 21.9 | 21.0 | 20.0 | 19.3 | 18.6 | 17.9 | 17.4 | 16.8 | 16.4 | 15.4 | 14.7 |
| 30.2 | 23.6 | 22.9 | 22.2 | 21.2 | 20.3 | 19.6 | 18.9 | 18.2 | 17.0 | 16.6 | 15.6 | 14.9 |
| 30.4 | 23.9 | 23.2 | 22.5 | 21.5 | 20.6 | 19.8 | 19.1 | 18.4 | 17.8 | 17.2 | 16.8 | 15.8 | 15.1 |
| 30.6 | 24.3 | 23.6 | 22.8 | 21.9 | 20.9 | 20.2 | 19.4 | 18.7 | 18.0 | 17.5 | 17.0 | 16.0 | 15.2 |
| 30.8 | 24.6 | 23.9 | 23.1 | 22.1 | 21.2 | 20.4 | 19.7 | 18.9 | 18.2 | 17.7 | 17.2 | 16.2 | 15.4 |
| 31.0 | 24.9 | 24.2 | 23.4 | 22.4 | 21.4 | 20.7 | 19.9 | 19.2 | 18.4 | 17.9 | 17.4 | 16.4 | 15.5 |
| 31.2 | 25.2 | 24.4 | 23.7 | 22.7 | 21.7 | 20.9 | 20.2 | 19.4 | 18.6 | 16.1 | 17.6 | 16.6 | 15.7 |
| 31.4 | 25.6 | 24.8 | 24.1 | 23.0 | 22.0 | 21.2 | 20.5 | 19.7 | 18.9 | 18.4 | 17.8 | 16.9 | 15.8 |
| 31.6 | 25.9 | 25.1 | 24.3 | 23.3 | 22.3 | 21.5 | 20.7 | 19.9 | 19.2 | 18.6 | 18.0 | 17.1 | 16.0 |
| 31.8 | 26.2 | 25.4 | 24.6 | 23.6 | 22.5 | 21.7 | 21.0 | 20.2 | 19.4 | 18.9 | 18.2 | 17.3 | 16.2 |

续上表

| 平均回弹值 $R_m$ | 测区混凝土强度换算值 $f^c_{cu,i}$ (MPa) 平均碳化深度值 $d_m$ (mm) | | | | | | | | | | | |
|---|---|---|---|---|---|---|---|---|---|---|---|---|
| | 0.0 | 0.5 | 1.0 | 1.5 | 2.0 | 2.5 | 3.0 | 3.5 | 4.0 | 4.5 | 5.0 | 5.5 | ≥6 |
| 32.0 | 26.5 | 25.7 | 24.9 | 23.9 | 22.8 | 22.0 | 21.2 | 20.4 | 19.6 | 19.1 | 18.4 | 17.5 | 16.4 |
| 32.2 | 26.9 | 26.1 | 25.3 | 24.2 | 23.1 | 22.3 | 21.5 | 20.7 | 19.9 | 19.4 | 18.6 | 17.7 | 16.6 |
| 32.4 | 27.2 | 26.4 | 25.6 | 24.5 | 23.4 | 22.6 | 21.8 | 20.9 | 20.1 | 19.6 | 18.8 | 17.9 | 16.8 |
| 32.6 | 27.6 | 26.8 | 25.9 | 24.8 | 23.7 | 22.9 | 22.1 | 21.3 | 20.4 | 19.9 | 19.0 | 18.1 | 17.0 |
| 32.8 | 27.9 | 27.1 | 26.2 | 25.1 | 24.0 | 23.2 | 22.3 | 21.5 | 20.6 | 20.1 | 19.2 | 18.3 | 17.2 |
| 33.0 | 28.2 | 27.4 | 26.5 | 25.4 | 24.3 | 23.4 | 22.6 | 21.7 | 20.9 | 20.3 | 19.4 | 18.5 | 17.4 |
| 33.2 | 28.6 | 27.7 | 26.8 | 25.7 | 24.6 | 23.7 | 22.9 | 22.0 | 21.2 | 20.5 | 19.6 | 18.7 | 17.6 |
| 33.4 | 28.9 | 28.0 | 27.1 | 26.0 | 24.9 | 24.0 | 23.1 | 22.3 | 21.4 | 20.7 | 19.8 | 18.9 | 17.8 |
| 33.6 | 29.3 | 28.4 | 27.4 | 26.4 | 25.2 | 24.2 | 23.3 | 22.6 | 21.7 | 20.9 | 20.0 | 19.1 | 18.0 |
| 33.8 | 29.6 | 28.7 | 27.7 | 26.6 | 25.5 | 24.4 | 23.5 | 22.8 | 21.9 | 21.1 | 20.2 | 19.3 | 18.2 |
| 34.0 | 30.0 | 29.1 | 28.0 | 26.8 | 25.6 | 24.6 | 23.7 | 23.0 | 22.1 | 21.3 | 20.4 | 19.5 | 18.3 |
| 34.2 | 30.3 | 29.4 | 28.3 | 27.0 | 25.8 | 24.8 | 23.9 | 23.2 | 22.3 | 21.5 | 20.6 | 19.7 | 18.4 |
| 34.4 | 30.7 | 29.8 | 28.6 | 27.2 | 26.0 | 25.0 | 24.1 | 23.4 | 22.5 | 21.7 | 20.8 | 19.8 | 18.6 |
| 34.6 | 31.1 | 30.2 | 28.9 | 27.4 | 26.2 | 25.2 | 24.3 | 23.6 | 22.7 | 21.9 | 21.0 | 20.0 | 18.8 |
| 34.8 | 31.4 | 30.5 | 29.2 | 27.6 | 26.4 | 25.4 | 24.5 | 23.8 | 22.9 | 22.1 | 21.2 | 20.2 | 19.0 |
| 35.0 | 31.8 | 30.8 | 29.6 | 28.0 | 26.7 | 25.8 | 24.8 | 24.0 | 23.2 | 22.3 | 21.4 | 20.4 | 19.2 |
| 35.2 | 32.1 | 31.1 | 29.9 | 28.2 | 27.0 | 26.0 | 25.0 | 24.2 | 23.4 | 22.5 | 21.6 | 20.6 | 19.4 |
| 35.4 | 32.5 | 31.5 | 30.2 | 28.6 | 27.3 | 26.3 | 25.4 | 24.4 | 23.7 | 22.8 | 21.8 | 20.8 | 19.6 |
| 35.6 | 32.9 | 31.9 | 30.6 | 29.0 | 27.6 | 25.7 | 24.7 | 24.0 | 23.0 | 22.0 | 21.0 | 19.8 |
| 35.8 | 33.3 | 32.3 | 31.0 | 29.3 | 28.0 | 27.0 | 26.0 | 25.0 | 24.3 | 23.3 | 22.2 | 21.2 | 20.0 |
| 36.0 | 33.6 | 32.6 | 31.2 | 29.6 | 28.2 | 27.2 | 26.2 | 25.2 | 24.5 | 23.5 | 22.4 | 21.4 | 20.2 |
| 36.2 | 34.0 | 33.0 | 31.6 | 29.9 | 28.6 | 27.5 | 26.5 | 25.5 | 24.8 | 23.8 | 22.6 | 21.6 | 20.4 |
| 36.4 | 34.4 | 33.4 | 32.0 | 30.3 | 28.9 | 27.9 | 26.8 | 25.8 | 25.1 | 24.1 | 22.8 | 21.8 | 20.6 |
| 36.6 | 34.8 | 33.8 | 32.4 | 30.6 | 29.2 | 28.2 | 27.1 | 26.1 | 25.4 | 24.4 | 23.0 | 22.0 | 20.9 |
| 36.8 | 35.2 | 34.1 | 32.7 | 31.0 | 29.6 | 28.5 | 27.5 | 26.4 | 25.7 | 24.6 | 23.2 | 22.2 | 21.1 |
| 37.0 | 35.5 | 34.4 | 33.0 | 31.2 | 29.8 | 28.8 | 27.7 | 26.6 | 25.9 | 24.8 | 23.4 | 22.4 | 21.3 |
| 37.2 | 35.9 | 34.8 | 33.4 | 31.6 | 30.2 | 29.1 | 28.0 | 26.9 | 26.2 | 25.1 | 23.7 | 22.6 | 21.5 |
| 37.4 | 36.3 | 35.2 | 33.8 | 31.9 | 30.5 | 29.4 | 28.3 | 27.2 | 26.6 | 25.4 | 24.0 | 22.9 | 21.8 |
| 37.6 | 36.7 | 35.6 | 34.1 | 32.3 | 30.8 | 29.7 | 28.6 | 27.5 | 26.8 | 25.7 | 24.2 | 23.1 | 22.0 |
| 37.8 | 37.1 | 36.0 | 34.5 | 32.6 | 31.2 | 30.0 | 28.9 | 27.8 | 27.1 | 26.0 | 24.5 | 23.4 | 22.3 |
| 38.0 | 37.5 | 36.4 | 34.9 | 33.0 | 31.5 | 30.3 | 29.2 | 28.1 | 27.4 | 26.2 | 24.8 | 23.6 | 22.5 |
| 38.2 | 37.9 | 36.8 | 35.2 | 33.4 | 31.8 | 30.6 | 29.5 | 28.4 | 27.7 | 26.5 | 25.0 | 23.9 | 22.7 |
| 38.4 | 38.3 | 37.2 | 35.6 | 33.7 | 32.1 | 30.9 | 29.8 | 28.7 | 28.0 | 29.8 | 25.3 | 24.1 | 23.0 |
| 38.6 | 38.7 | 37.5 | 36.0 | 34.1 | 32.4 | 31.2 | 30.1 | 29.0 | 28.3 | 27.0 | 25.5 | 24.4 | 23.2 |
| 38.8 | 39.1 | 37.9 | 36.4 | 34.4 | 32.7 | 31.5 | 30.4 | 29.3 | 28.5 | 27.2 | 25.8 | 24.6 | 23.5 |

续上表

| 平均回弹值 $R_m$ | 测区混凝土强度换算值 $f^c_{cu,i}$ (MPa) | | | | | | | | | | | | |
|---|---|---|---|---|---|---|---|---|---|---|---|---|---|
| | 平均碳化深度值 $d_m$ (mm) | | | | | | | | | | | | |
| | 0.0 | 0.5 | 1.0 | 1.5 | 2.0 | 2.5 | 3.0 | 3.5 | 4.0 | 4.5 | 5.0 | 5.5 | ≥6 |
| 39.0 | 39.5 | 38.2 | 36.7 | 34.7 | 33.0 | 31.8 | 30.6 | 29.6 | 28.8 | 27.4 | 26.0 | 24.8 | 23.7 |
| 39.2 | 39.9 | 38.5 | 37.0 | 35.0 | 33.3 | 32.1 | 30.8 | 29.8 | 29.0 | 27.6 | 26.2 | 25.0 | 25.0 |
| 39.4 | 40.3 | 38.8 | 37.3 | 35.3 | 33.6 | 32.4 | 31.0 | 30.0 | 29.2 | 27.8 | 26.4 | 25.2 | 24.2 |
| 39.6 | 40.7 | 39.1 | 37.6 | 35.6 | 33.9 | 32.7 | 31.2 | 30.2 | 29.4 | 28.0 | 26.6 | 25.4 | 24.4 |
| 39.8 | 41.2 | 39.6 | 38.0 | 35.9 | 34.2 | 33.0 | 31.4 | 30.5 | 29.7 | 28.2 | 26.8 | 25.6 | 24.7 |
| 40.0 | 41.6 | 39.9 | 38.3 | 36.2 | 34.5 | 33.3 | 31.7 | 30.8 | 30.0 | 28.4 | 27.0 | 25.8 | 25.0 |
| 40.2 | 42.0 | 40.3 | 38.6 | 36.5 | 34.8 | 33.6 | 32.0 | 31.1 | 30.2 | 28.6 | 27.3 | 26.0 | 25.2 |
| 40.4 | 42.4 | 40.7 | 39.0 | 36.9 | 35.1 | 33.9 | 32.3 | 31.4 | 30.5 | 28.8 | 27.6 | 26.2 | 25.4 |
| 40.6 | 42.8 | 41.1 | 39.4 | 37.2 | 35.4 | 34.2 | 32.6 | 31.7 | 30.8 | 29.1 | 27.8 | 26.5 | 25.7 |
| 40.8 | 43.3 | 41.6 | 39.8 | 37.7 | 35.7 | 34.5 | 32.9 | 32.0 | 31.2 | 29.4 | 28.1 | 26.8 | 26.0 |
| 41.0 | 43.7 | 42.0 | 40.2 | 38.0 | 36.0 | 34.8 | 33.2 | 32.3 | 31.5 | 29.7 | 28.4 | 27.1 | 26.2 |
| 41.2 | 44.1 | 42.3 | 40.6 | 38.4 | 36.3 | 35.1 | 33.5 | 32.6 | 31.8 | 30.0 | 28.7 | 27.3 | 26.5 |
| 41.4 | 44.5 | 42.7 | 40.9 | 38.7 | 36.6 | 35.4 | 33.8 | 32.9 | 32.0 | 30.3 | 28.9 | 27.6 | 26.7 |
| 41.6 | 45.0 | 43.2 | 41.4 | 39.2 | 36.9 | 35.7 | 34.2 | 33.3 | 32.4 | 30.6 | 29.2 | 27.9 | 27.0 |
| 41.8 | 45.4 | 43.6 | 41.8 | 39.5 | 37.2 | 36.0 | 34.5 | 33.6 | 32.7 | 30.9 | 29.5 | 28.1 | 27.2 |
| 42.0 | 45.9 | 44.1 | 42.2 | 39.9 | 37.6 | 36.3 | 34.9 | 34.0 | 33.0 | 31.2 | 29.8 | 28.5 | 27.5 |
| 42.2 | 46.3 | 44.4 | 42.6 | 40.3 | 38.0 | 36.6 | 35.2 | 34.3 | 33.3 | 31.5 | 30.1 | 28.7 | 27.8 |
| 42.4 | 46.7 | 44.8 | 43.0 | 40.6 | 38.3 | 36.9 | 35.5 | 34.6 | 33.6 | 31.8 | 30.4 | 29.0 | 28.0 |
| 42.6 | 47.2 | 45.3 | 43.4 | 41.1 | 38.7 | 37.3 | 35.9 | 34.9 | 34.0 | 32.1 | 30.7 | 29.3 | 28.3 |
| 42.8 | 47.6 | 45.7 | 43.8 | 41.4 | 39.0 | 37.6 | 36.2 | 35.2 | 34.3 | 32.4 | 30.9 | 29.5 | 28.6 |
| 43.0 | 48.1 | 46.2 | 44.2 | 41.8 | 39.4 | 38.0 | 36.6 | 35.6 | 34.6 | 32.7 | 31.3 | 29.8 | 28.9 |
| 43.2 | 48.5 | 46.6 | 44.6 | 42.2 | 39.8 | 38.3 | 36.9 | 35.0 | 34.9 | 33.0 | 31.5 | 30.1 | 29.4 |
| 43.4 | 49.0 | 47.0 | 45.1 | 42.6 | 40.2 | 38.7 | 37.2 | 36.3 | 35.3 | 33.3 | 31.8 | 30.4 | 29.4 |
| 43.6 | 49.4 | 47.4 | 45.4 | 43.0 | 40.5 | 39.0 | 37.5 | 36.6 | 35.6 | 33.6 | 32.1 | 30.6 | 29.6 |
| 43.8 | 40.9 | 47.9 | 45.9 | 43.4 | 40.9 | 39.4 | 37.9 | 36.9 | 35.9 | 33.9 | 32.4 | 30.9 | 29.9 |
| 44.0 | 50.4 | 48.4 | 46.4 | 43.8 | 41.3 | 39.8 | 38.3 | 37.3 | 36.3 | 34.3 | 32.8 | 31.2 | 30.2 |
| 44.2 | 50.8 | 48.8 | 46.7 | 44.2 | 41.7 | 40.1 | 38.6 | 37.6 | 36.6 | 34.5 | 33.0 | 31.5 | 30.5 |
| 44.4 | 51.3 | 49.2 | 47.2 | 44.6 | 42.1 | 40.5 | 39.0 | 38.0 | 36.9 | 34.9 | 33.3 | 31.8 | 30.8 |
| 44.6 | 51.7 | 40.6 | 47.6 | 45.0 | 42.4 | 40.8 | 39.3 | 38.3 | 37.2 | 35.2 | 33.6 | 32.1 | 31.0 |
| 44.8 | 52.2 | 50.1 | 48.0 | 45.4 | 42.8 | 41.2 | 39.7 | 38.6 | 37.6 | 35.5 | 33.9 | 32.4 | 31.3 |
| 45.0 | 52.7 | 50.6 | 48.5 | 45.8 | 43.2 | 41.6 | 40.1 | 39.0 | 37.0 | 35.8 | 34.3 | 32.7 | 31.6 |
| 45.2 | 53.2 | 51.1 | 48.9 | 46.3 | 43.6 | 42.0 | 40.4 | 39.4 | 38.3 | 36.2 | 34.6 | 33.0 | 31.9 |
| 45.4 | 53.6 | 51.5 | 49.4 | 46.6 | 44.0 | 42.3 | 40.7 | 39.7 | 38.6 | 36.4 | 34.8 | 33.2 | 32.2 |
| 45.6 | 54.1 | 51.9 | 49.8 | 47.1 | 44.4 | 42.7 | 41.1 | 40.0 | 39.0 | 36.8 | 35.2 | 33.5 | 32.5 |
| 45.8 | 54.6 | 52.4 | 50.2 | 47.5 | 44.8 | 43.1 | 41.5 | 40.4 | 39.3 | 37.1 | 35.5 | 33.9 | 32.8 |

续上表

| 平均回弹值 $R_m$ | 测区混凝土强度换算值 $f_{cu,i}^c$ (MPa) | | | | | | | | | | | | |
|---|---|---|---|---|---|---|---|---|---|---|---|---|---|
| | 平均碳化深度值 $d_m$ (mm) | | | | | | | | | | | | |
| | 0.0 | 0.5 | 1.0 | 1.5 | 2.0 | 2.5 | 3.0 | 3.5 | 4.0 | 4.5 | 5.0 | 5.5 | ≥6 |
| 46.0 | 55.0 | 52.8 | 50.6 | 47.9 | 45.2 | 43.5 | 41.9 | 40.8 | 39.7 | 37.5 | 35.8 | 34.2 | 33.1 |
| 46.2 | 55.5 | 53.3 | 51.1 | 48.3 | 45.5 | 43.8 | 42.2 | 41.1 | 40.0 | 37.7 | 36.1 | 34.4 | 33.3 |
| 46.4 | 56.0 | 53.8 | 51.5 | 48.7 | 45.9 | 41.2 | 42.6 | 41.4 | 40.3 | 38.1 | 36.4 | 34.7 | 33.6 |
| 46.6 | 56.5 | 54.2 | 52.0 | 49.2 | 46.3 | 44.6 | 42.9 | 41.8 | 40.7 | 38.4 | 36.7 | 35.0 | 33.9 |
| 46.8 | 57.0 | 54.7 | 52.4 | 49.6 | 46.7 | 45.0 | 43.3 | 42.2 | 41.0 | 38.8 | 37.0 | 35.3 | 34.2 |
| 47.0 | 57.5 | 55.2 | 52.9 | 50.0 | 47.2 | 45.2 | 43.7 | 42.6 | 41.4 | 39.1 | 37.4 | 35.6 | 34.5 |
| 47.2 | 58.0 | 55.7 | 53.4 | 50.5 | 47.6 | 45.8 | 44.1 | 42.9 | 41.8 | 39.4 | 37.7 | 36.0 | 34.8 |
| 47.4 | 58.5 | 56.2 | 53.8 | 50.9 | 48.0 | 46.2 | 44.5 | 43.3 | 42.1 | 39.8 | 38.0 | 36.3 | 35.1 |
| 47.6 | 59.0 | 56.6 | 54.3 | 51.3 | 48.4 | 46.6 | 44.8 | 43.7 | 42.5 | 40.1 | 40.0 | 36.6 | 35.4 |
| 47.8 | 59.5 | 57.1 | 54.7 | 51.8 | 48.8 | 47.0 | 45.2 | 44.0 | 42.8 | 40.5 | 38.7 | 36.9 | 35.7 |
| 48.0 | 60 | 57.6 | 55.2 | 52.2 | 49.2 | 47.4 | 45.6 | 44.4 | 43.2 | 40.8 | 39.0 | 37.2 | 36.0 |
| 48.2 | — | 58.0 | 55.7 | 52.6 | 49.6 | 47.8 | 46.0 | 44.8 | 43.6 | 41.1 | 39.3 | 37.5 | 36.3 |
| 48.4 | — | 58.6 | 56.1 | 53.1 | 50.0 | 48.2 | 46.4 | 45.1 | 43.9 | 41.5 | 39.6 | 37.8 | 36.6 |
| 48.6 | — | 59.0 | 56.6 | 53.5 | 50.4 | 48.6 | 46.7 | 45.5 | 44.3 | 41.8 | 40.0 | 38.1 | 36.9 |
| 48.8 | — | 59.5 | 57.1 | 54.0 | 50.9 | 49.0 | 47.1 | 45.9 | 44.6 | 42.2 | 40.3 | 38.4 | 37.2 |
| 49.0 | — | 60.0 | 57.5 | 54.4 | 51.3 | 49.4 | 47.5 | 46.2 | 45.0 | 42.5 | 40.6 | 38.8 | 37.5 |
| 49.2 | — | — | 58.0 | 54.8 | 51.7 | 49.8 | 47.9 | 46.6 | 45.4 | 42.8 | 41.0 | 39.1 | 37.8 |
| 49.4 | — | — | 58.5 | 55.3 | 52.1 | 50.2 | 48.3 | 47.1 | 45.8 | 43.2 | 41.3 | 39.4 | 38.2 |
| 49.6 | — | — | 58.9 | 55.7 | 52.5 | 50.6 | 48.7 | 47.4 | 46.2 | 43.6 | 41.7 | 39.7 | 38.5 |
| 49.8 | — | — | 59.4 | 56.2 | 53.0 | 51.0 | 49.1 | 47.8 | 46.5 | 43.9 | 42.0 | 40.1 | 38.8 |
| 50.0 | — | — | 59.9 | 56.7 | 53.4 | 51.4 | 49.5 | 48.2 | 46.9 | 44.3 | 42.3 | 40.4 | 39.1 |
| 50.2 | — | — | 60.0 | 57.1 | 53.8 | 51.9 | 49.9 | 48.5 | 47.2 | 44.6 | 42.6 | 40.7 | 39.4 |
| 50.4 | — | — | — | 57.6 | 54.3 | 52.3 | 50.3 | 49.0 | 47.7 | 45.0 | 43.0 | 41.0 | 39.7 |
| 50.6 | — | — | — | 58.0 | 54.7 | 52.7 | 50.7 | 49.4 | 48.0 | 45.4 | 43.4 | 41.1 | 40.0 |
| 50.8 | — | — | — | 58.5 | 55.1 | 53.1 | 51.1 | 49.8 | 48.4 | 45.7 | 43.7 | 41.7 | 40.3 |
| 51.0 | — | — | — | 50.0 | 55.6 | 53.5 | 51.5 | 50.1 | 48.8 | 46.1 | 44.1 | 42.0 | 40.7 |
| 51.2 | — | — | — | 59.4 | 56.0 | 54.0 | 51.9 | 50.5 | 49.2 | 46.4 | 44.4 | 42.3 | 41.0 |
| 51.4 | — | — | — | 59.9 | 56.4 | 54.4 | 52.3 | 50.9 | 49.6 | 46.8 | 44.7 | 42.7 | 41.3 |
| 51.6 | — | — | — | 60.0 | 56.9 | 54.8 | 52.7 | 51.3 | 50.0 | 47.2 | 45.1 | 43.0 | 41.6 |
| 51.8 | — | — | — | — | 57.3 | 55.2 | 53.1 | 51.7 | 50.3 | 47.5 | 45.4 | 43.3 | 41.8 |
| 52.0 | — | — | — | — | 57.8 | 55.7 | 53.6 | 52.1 | 50.7 | 47.9 | 45.8 | 43.7 | 42.3 |
| 52.2 | — | — | — | — | 58.2 | 56.1 | 54.0 | 52.5 | 51.1 | 48.3 | 46.2 | 44.0 | 42.6 |
| 52.4 | — | — | — | — | 58.7 | 56.5 | 54.4 | 53.0 | 51.5 | 48.7 | 46.5 | 44.4 | 43.0 |
| 52.6 | — | — | — | — | 59.1 | 57.0 | 54.8 | 53.4 | 51.9 | 49.0 | 46.9 | 44.7 | 43.3 |
| 52.8 | — | — | — | — | 59.6 | 57.4 | 55.2 | 53.8 | 52.3 | 49.4 | 47.3 | 45.1 | 43.6 |
| 53.0 | — | — | — | — | 60.0 | 57.8 | 55.6 | 54.2 | 52.7 | 49.8 | 47.6 | 45.4 | 43.9 |

续上表

| 平均回弹值 $R_m$ | 测区混凝土强度换算值 $f^c_{cu,i}$ (MPa) ||||||||||||| 
| | 平均碳化深度值 $d_m$ (mm) |||||||||||||
| | 0.0 | 0.5 | 1.0 | 1.5 | 2.0 | 2.5 | 3.0 | 3.5 | 4.0 | 4.5 | 5.0 | 5.5 | ≥6 |
|---|---|---|---|---|---|---|---|---|---|---|---|---|---|
| 53.2 | — | — | — | — | — | 58.3 | 56.1 | 54.6 | 53.1 | 50.2 | 48.0 | 45.8 | 44.3 |
| 53.4 | — | — | — | — | — | 58.7 | 56.5 | 55.0 | 53.5 | 50.5 | 48.3 | 46.1 | 44.6 |
| 53.6 | — | — | — | — | — | 59.2 | 56.9 | 55.4 | 53.9 | 50.9 | 48.7 | 46.4 | 44.9 |
| 53.8 | — | — | — | — | — | 59.6 | 57.3 | 55.8 | 54.3 | 51.3 | 49.0 | 46.8 | 45.3 |
| 54.0 | — | — | — | — | — | 60.0 | 57.8 | 56.3 | 54.7 | 51.7 | 49.4 | 47.1 | 45.6 |
| 54.2 | — | — | — | — | — | — | 58.2 | 56.7 | 55.1 | 52.1 | 49.8 | 47.5 | 46.0 |
| 54.4 | — | — | — | — | — | — | 58.6 | 57.1 | 55.6 | 52.5 | 50.2 | 47.9 | 46.3 |
| 54.6 | — | — | — | — | — | — | 59.1 | 57.5 | 56.0 | 52.9 | 50.5 | 48.2 | 46.6 |
| 54.8 | — | — | — | — | — | — | 59.5 | 57.9 | 56.4 | 53.2 | 50.9 | 48.5 | 47.0 |
| 55.0 | — | — | — | — | — | — | 59.9 | 58.4 | 56.8 | 53.6 | 51.3 | 48.9 | 47.3 |
| 55.2 | — | — | — | — | — | — | 60.0 | 58.8 | 57.2 | 54.0 | 51.6 | 49.3 | 47.7 |
| 55.4 | — | — | — | — | — | — | — | 59.2 | 57.6 | 54.4 | 52.0 | 49.6 | 48.0 |
| 55.6 | — | — | — | — | — | — | — | 59.7 | 58.0 | 54.8 | 52.4 | 50.0 | 48.4 |
| 55.8 | — | — | — | — | — | — | — | 60.0 | 58.5 | 55.2 | 52.8 | 50.3 | 48.7 |
| 56.0 | — | — | — | — | — | — | — | — | 58.9 | 55.6 | 53.2 | 50.7 | 49.1 |
| 56.2 | — | — | — | — | — | — | — | — | 59.3 | 56.0 | 53.5 | 51.1 | 49.4 |
| 56.4 | — | — | — | — | — | — | — | — | 59.7 | 56.4 | 53.9 | 51.4 | 49.8 |
| 56.6 | — | — | — | — | — | — | — | — | 60.0 | 56.8 | 54.3 | 51.8 | 50.1 |
| 56.8 | — | — | — | — | — | — | — | — | — | 57.2 | 54.7 | 52.2 | 50.5 |
| 57.0 | — | — | — | — | — | — | — | — | — | 57.6 | 55.1 | 52.5 | 50.8 |
| 57.2 | — | — | — | — | — | — | — | — | — | 58.0 | 55.5 | 52.9 | 51.2 |
| 57.4 | — | — | — | — | — | — | — | — | — | 58.4 | 55.9 | 53.3 | 51.6 |
| 57.6 | — | — | — | — | — | — | — | — | — | 58.9 | 56.3 | 53.7 | 51.9 |
| 57.8 | — | — | — | — | — | — | — | — | — | 59.3 | 56.7 | 54.0 | 52.3 |
| 58.0 | — | — | — | — | — | — | — | — | — | 59.7 | 57.0 | 54.4 | 52.7 |
| 58.2 | — | — | — | — | — | — | — | — | — | 60.0 | 57.4 | 54.8 | 53.0 |
| 58.4 | — | — | — | — | — | — | — | — | — | — | 57.8 | 55.2 | 53.4 |
| 58.6 | — | — | — | — | — | — | — | — | — | — | 58.2 | 55.6 | 53.8 |
| 58.8 | — | — | — | — | — | — | — | — | — | — | 58.6 | 55.9 | 54.4 |
| 59.0 | — | — | — | — | — | — | — | — | — | — | 59.0 | 56.3 | 54.5 |
| 59.2 | — | — | — | — | — | — | — | — | — | — | 59.4 | 56.7 | 54.9 |
| 59.4 | — | — | — | — | — | — | — | — | — | — | 59.8 | 57.1 | 55.2 |
| 59.6 | — | — | — | — | — | — | — | — | — | — | 60.0 | 57.5 | 55.6 |
| 59.8 | — | — | — | — | — | — | — | — | — | — | — | 57.9 | 56.0 |
| 60.0 | — | — | — | — | — | — | — | — | — | — | — | 58.3 | 56.4 |

注：表中未注明的测区混凝土强度换算值为小于10MPa或大于60MPa。

## (二) 泵送混凝土测区强度换算表

**泵送混凝土测区强度换算表**  附表Ⅲ-1-2

| 平均回弹值 $R_m$ | 测区混凝土强度换算值 $f_{cu,i}^c$ (MPa) ||||||||||||||
| --- | --- | --- | --- | --- | --- | --- | --- | --- | --- | --- | --- | --- | --- |
| | 平均碳化深度值 $d_m$ (mm) ||||||||||||||
| | 0.0 | 0.5 | 1.0 | 1.5 | 2.0 | 2.5 | 3.0 | 3.5 | 4.0 | 4.5 | 5.0 | 5.5 | ≥6 |
| 18.6 | 10.0 | — | — | — | — | — | — | — | — | — | — | — | — |
| 18.8 | 10.2 | 10.0 | — | — | — | — | — | — | — | — | — | — | — |
| 19.0 | 10.4 | 10.2 | 10.0 | — | — | — | — | — | — | — | — | — | — |
| 19.2 | 10.6 | 10.4 | 10.2 | 10.0 | — | — | — | — | — | — | — | — | — |
| 19.4 | 10.9 | 10.7 | 10.4 | 10.2 | 10.0 | — | — | — | — | — | — | — | — |
| 19.6 | 11.1 | 10.9 | 10.6 | 10.4 | 10.2 | 10.0 | — | — | — | — | — | — | — |
| 19.8 | 11.3 | 11.1 | 10.9 | 10.6 | 10.4 | 10.2 | 10.0 | — | — | — | — | — | — |
| 20.0 | 11.5 | 11.3 | 11.1 | 10.9 | 10.6 | 10.4 | 10.2 | 10.0 | — | — | — | — | — |
| 20.2 | 11.8 | 11.5 | 11.3 | 11.1 | 10.9 | 10.6 | 10.4 | 10.2 | 10.0 | — | — | — | — |
| 20.4 | 12.0 | 11.7 | 11.5 | 11.3 | 11.1 | 10.8 | 10.6 | 10.4 | 10.2 | 10.0 | — | — | — |
| 20.6 | 12.2 | 12.0 | 11.7 | 11.5 | 11.3 | 11.0 | 10.8 | 10.6 | 10.4 | 10.2 | 10.0 | — | — |
| 20.8 | 12.4 | 12.2 | 12.0 | 11.7 | 11.5 | 11.3 | 11.0 | 10.8 | 10.6 | 10.4 | 10.2 | 10.0 | — |
| 21.0 | 12.7 | 12.4 | 12.2 | 11.9 | 11.7 | 11.5 | 11.2 | 11.0 | 10.8 | 10.6 | 10.4 | 10.2 | 10.0 |
| 21.2 | 12.9 | 12.7 | 12.4 | 12.2 | 11.9 | 11.7 | 11.5 | 11.2 | 11.0 | 10.8 | 10.6 | 10.4 | 10.2 |
| 21.4 | 13.1 | 12.9 | 12.6 | 12.4 | 12.1 | 11.9 | 11.7 | 11.4 | 11.2 | 11.0 | 10.8 | 10.6 | 10.3 |
| 21.6 | 13.4 | 13.1 | 12.9 | 12.6 | 12.4 | 12.1 | 11.9 | 11.6 | 11.4 | 11.2 | 11.0 | 10.7 | 10.5 |
| 21.8 | 13.6 | 13.4 | 13.1 | 12.8 | 12.6 | 12.3 | 12.1 | 11.9 | 11.6 | 11.4 | 11.2 | 10.9 | 10.7 |
| 22.0 | 13.9 | 13.6 | 13.3 | 13.1 | 12.8 | 12.6 | 12.3 | 12.1 | 11.8 | 11.6 | 11.4 | 11.1 | 10.9 |
| 22.2 | 14.1 | 13.8 | 13.6 | 13.3 | 13.0 | 12.8 | 12.5 | 12.3 | 12.0 | 11.8 | 11.6 | 11.3 | 11.1 |
| 22.4 | 14.4 | 14.1 | 13.8 | 13.5 | 13.3 | 13.0 | 12.7 | 12.5 | 12.2 | 12.0 | 11.8 | 11.5 | 11.3 |
| 22.6 | 14.6 | 14.3 | 14.0 | 13.8 | 13.5 | 13.2 | 13.0 | 12.7 | 12.5 | 12.2 | 12.0 | 11.7 | 11.5 |
| 22.8 | 14.9 | 14.6 | 14.3 | 14.0 | 13.7 | 13.5 | 13.2 | 12.9 | 12.7 | 12.4 | 12.2 | 11.9 | 11.7 |
| 23.0 | 15.1 | 14.8 | 14.5 | 14.2 | 14.0 | 13.7 | 13.4 | 13.1 | 12.9 | 12.6 | 12.4 | 12.1 | 11.9 |
| 23.2 | 15.4 | 15.1 | 14.8 | 14.5 | 14.2 | 13.9 | 13.6 | 13.4 | 13.1 | 12.8 | 12.6 | 12.3 | 12.1 |
| 23.4 | 15.6 | 15.3 | 15.0 | 14.7 | 14.4 | 14.1 | 13.9 | 13.6 | 13.3 | 13.1 | 12.8 | 12.6 | 12.3 |
| 23.6 | 15.9 | 15.6 | 15.3 | 15.0 | 14.7 | 14.4 | 14.1 | 13.8 | 13.5 | 13.3 | 13.0 | 12.8 | 12.5 |
| 23.8 | 16.2 | 15.8 | 15.5 | 15.2 | 14.9 | 14.6 | 14.3 | 14.1 | 13.8 | 13.5 | 13.2 | 13.0 | 12.7 |
| 24.0 | 16.4 | 16.1 | 15.8 | 15.5 | 15.2 | 14.9 | 14.6 | 14.3 | 14.0 | 13.7 | 13.5 | 13.2 | 12.9 |
| 24.2 | 16.7 | 16.4 | 16.0 | 15.7 | 15.4 | 15.1 | 14.8 | 14.5 | 14.2 | 13.9 | 13.7 | 13.4 | 13.1 |
| 24.4 | 17.0 | 16.6 | 16.3 | 16.0 | 15.7 | 15.3 | 15.0 | 14.7 | 14.5 | 14.2 | 13.9 | 13.6 | 13.3 |
| 24.6 | 17.2 | 16.9 | 16.5 | 16.2 | 15.9 | 15.6 | 15.3 | 15.0 | 14.7 | 14.4 | 14.1 | 13.8 | 13.6 |
| 24.8 | 17.5 | 17.1 | 16.8 | 16.5 | 16.2 | 15.8 | 15.5 | 15.2 | 14.9 | 14.6 | 14.3 | 14.1 | 13.8 |
| 25.0 | 17.8 | 17.4 | 17.1 | 16.7 | 16.4 | 16.1 | 15.8 | 15.5 | 15.2 | 14.9 | 14.6 | 14.3 | 14.0 |
| 25.2 | 18.0 | 17.7 | 17.3 | 17.0 | 16.7 | 16.3 | 16.0 | 15.7 | 15.4 | 15.1 | 14.8 | 14.5 | 14.2 |

续上表

| 平均回弹值 $R_m$ | 测区混凝土强度换算值 $f^c_{cu,i}$ (MPa) | | | | | | | | | | | |
|---|---|---|---|---|---|---|---|---|---|---|---|---|
| | 平均碳化深度值 $d_m$ (mm) | | | | | | | | | | | |
| | 0.0 | 0.5 | 1.0 | 1.5 | 2.0 | 2.5 | 3.0 | 3.5 | 4.0 | 4.5 | 5.0 | 5.5 | ≥6 |
| 25.4 | 18.3 | 18.0 | 17.6 | 17.3 | 16.9 | 16.6 | 16.3 | 15.9 | 15.6 | 15.3 | 15.0 | 14.7 | 14.4 |
| 25.6 | 18.6 | 18.2 | 17.9 | 17.5 | 17.2 | 16.8 | 16.5 | 16.2 | 15.9 | 15.6 | 15.2 | 14.9 | 14.7 |
| 25.8 | 18.9 | 18.5 | 18.2 | 17.8 | 17.4 | 17.1 | 16.8 | 16.4 | 16.1 | 15.8 | 15.5 | 15.2 | 14.9 |
| 26.0 | 19.2 | 18.8 | 18.4 | 18.1 | 17.7 | 17.4 | 17.0 | 16.7 | 16.3 | 16.0 | 15.7 | 15.4 | 15.1 |
| 26.2 | 19.5 | 19.1 | 18.7 | 18.3 | 18.0 | 17.6 | 17.3 | 16.9 | 16.6 | 16.3 | 15.9 | 15.6 | 15.3 |
| 26.4 | 19.8 | 19.4 | 19.0 | 18.6 | 18.2 | 17.9 | 17.5 | 17.2 | 16.8 | 16.5 | 16.2 | 15.9 | 15.6 |
| 26.6 | 20.0 | 19.6 | 19.3 | 18.9 | 18.5 | 18.1 | 17.8 | 17.4 | 17.1 | 16.8 | 16.4 | 16.1 | 15.8 |
| 26.8 | 20.3 | 19.9 | 19.5 | 19.2 | 18.8 | 18.4 | 18.0 | 17.7 | 17.3 | 17.0 | 16.7 | 16.3 | 16.0 |
| 27.0 | 20.6 | 20.2 | 19.8 | 19.4 | 19.1 | 18.7 | 18.3 | 17.9 | 17.6 | 17.2 | 16.9 | 16.6 | 16.2 |
| 27.2 | 20.9 | 20.5 | 20.1 | 19.7 | 19.3 | 18.9 | 18.6 | 18.2 | 17.8 | 17.5 | 17.1 | 16.8 | 16.5 |
| 27.4 | 21.2 | 20.8 | 20.4 | 20.0 | 19.6 | 19.2 | 18.8 | 18.5 | 18.1 | 17.7 | 17.4 | 17.1 | 16.7 |
| 27.6 | 21.5 | 21.1 | 20.7 | 20.3 | 19.9 | 19.5 | 19.1 | 18.7 | 18.4 | 18.0 | 17.6 | 17.3 | 17.0 |
| 27.8 | 21.8 | 21.4 | 21.0 | 20.6 | 20.2 | 19.8 | 19.4 | 19.0 | 18.6 | 18.3 | 17.9 | 17.5 | 17.2 |
| 28.0 | 22.1 | 21.7 | 21.3 | 20.9 | 20.4 | 20.0 | 19.6 | 19.2 | 18.9 | 18.5 | 18.1 | 17.8 | 17.4 |
| 28.2 | 22.4 | 22.0 | 21.6 | 21.1 | 20.7 | 20.3 | 19.9 | 19.5 | 19.1 | 18.8 | 18.4 | 18.0 | 17.7 |
| 28.4 | 22.8 | 22.3 | 21.9 | 21.4 | 21.0 | 20.6 | 20.2 | 19.8 | 19.4 | 19.0 | 18.6 | 18.3 | 17.9 |
| 28.6 | 23.1 | 22.6 | 22.2 | 21.7 | 21.3 | 20.9 | 20.5 | 20.1 | 19.7 | 19.3 | 18.9 | 18.5 | 18.2 |
| 28.8 | 23.4 | 22.9 | 22.5 | 22.0 | 21.6 | 21.2 | 20.7 | 20.3 | 19.9 | 19.5 | 19.2 | 18.8 | 18.4 |
| 29.0 | 23.7 | 23.2 | 22.8 | 22.3 | 21.9 | 21.5 | 21.0 | 20.6 | 20.2 | 19.8 | 19.4 | 19.0 | 18.7 |
| 29.2 | 24.0 | 23.5 | 23.1 | 22.6 | 22.2 | 21.7 | 21.3 | 20.9 | 20.5 | 20.1 | 19.7 | 19.3 | 18.9 |
| 29.4 | 24.3 | 23.9 | 23.4 | 22.9 | 22.5 | 22.0 | 21.6 | 21.2 | 20.8 | 20.3 | 19.9 | 19.5 | 19.2 |
| 29.6 | 24.7 | 24.2 | 23.7 | 23.2 | 22.8 | 22.3 | 21.9 | 21.4 | 21.0 | 20.6 | 20.2 | 19.8 | 19.4 |
| 29.8 | 25.0 | 24.5 | 24.0 | 23.5 | 23.1 | 22.6 | 22.2 | 21.7 | 21.3 | 20.9 | 20.5 | 20.1 | 19.7 |
| 30.0 | 25.3 | 24.8 | 24.3 | 23.8 | 23.4 | 22.9 | 22.5 | 22.0 | 21.6 | 21.2 | 20.7 | 20.3 | 19.9 |
| 30.2 | 25.6 | 25.1 | 24.6 | 24.2 | 23.7 | 23.2 | 22.8 | 22.3 | 21.9 | 21.4 | 21.0 | 20.6 | 20.2 |
| 30.4 | 26.0 | 25.5 | 25.0 | 24.5 | 24.0 | 23.5 | 23.0 | 22.6 | 22.1 | 21.7 | 21.3 | 20.9 | 20.4 |
| 30.6 | 26.3 | 25.8 | 25.3 | 24.8 | 24.3 | 23.8 | 23.3 | 22.9 | 22.4 | 22.0 | 21.6 | 21.1 | 20.7 |
| 30.8 | 26.6 | 26.1 | 25.6 | 25.1 | 24.6 | 24.1 | 23.6 | 23.2 | 22.7 | 22.3 | 21.8 | 21.4 | 21.0 |
| 31.0 | 27.0 | 26.4 | 25.9 | 25.4 | 24.9 | 24.4 | 23.9 | 23.5 | 23.0 | 22.5 | 22.1 | 21.7 | 21.2 |
| 31.2 | 27.3 | 26.8 | 26.2 | 25.7 | 25.2 | 24.7 | 24.2 | 23.8 | 23.3 | 22.8 | 22.4 | 21.9 | 21.5 |
| 31.4 | 27.7 | 27.1 | 26.6 | 26.0 | 25.5 | 25.0 | 24.5 | 24.1 | 23.6 | 23.1 | 22.7 | 22.2 | 21.8 |
| 31.6 | 28.0 | 27.4 | 26.9 | 26.4 | 25.9 | 25.3 | 24.8 | 24.4 | 23.9 | 23.4 | 22.9 | 22.5 | 22.0 |
| 31.8 | 28.3 | 27.8 | 27.2 | 26.7 | 26.2 | 25.7 | 25.1 | 24.7 | 24.2 | 23.7 | 23.2 | 22.8 | 22.3 |
| 32.0 | 28.7 | 28.1 | 27.6 | 27.0 | 26.5 | 26.0 | 25.5 | 25.0 | 24.5 | 24.0 | 23.5 | 23.0 | 22.6 |
| 32.2 | 29.0 | 28.5 | 27.9 | 27.4 | 26.8 | 26.3 | 25.8 | 25.3 | 24.8 | 24.3 | 23.8 | 23.3 | 22.9 |

续上表

| 平均回弹值 $R_m$ | 测区混凝土强度换算值 $f^c_{cu,i}$ (MPa) |||||||||||||
|---|---|---|---|---|---|---|---|---|---|---|---|---|
| | 平均碳化深度值 $d_m$ (mm) |||||||||||||
| | 0.0 | 0.5 | 1.0 | 1.5 | 2.0 | 2.5 | 3.0 | 3.5 | 4.0 | 4.5 | 5.0 | 5.5 | ≥6 |
| 32.4 | 29.4 | 28.8 | 28.2 | 27.7 | 27.1 | 26.6 | 26.1 | 25.6 | 25.1 | 24.6 | 24.1 | 23.6 | 23.1 |
| 32.6 | 29.7 | 29.2 | 28.6 | 28.0 | 27.5 | 26.9 | 26.4 | 25.9 | 25.4 | 24.9 | 24.4 | 23.9 | 23.4 |
| 32.8 | 30.1 | 29.5 | 28.9 | 28.3 | 27.8 | 27.2 | 26.7 | 26.2 | 25.7 | 25.2 | 24.7 | 24.2 | 23.7 |
| 33.0 | 30.4 | 29.8 | 29.3 | 28.7 | 28.1 | 27.6 | 27.0 | 26.5 | 26.0 | 25.5 | 25.0 | 24.5 | 24.0 |
| 33.2 | 30.8 | 30.2 | 29.6 | 29.0 | 28.4 | 27.9 | 27.3 | 26.8 | 26.3 | 25.8 | 25.2 | 24.7 | 24.3 |
| 33.4 | 31.2 | 30.6 | 30.0 | 29.4 | 28.8 | 28.2 | 27.7 | 27.1 | 26.6 | 26.1 | 25.5 | 25.0 | 24.5 |
| 33.6 | 31.5 | 30.9 | 30.3 | 29.7 | 29.1 | 28.5 | 28.0 | 27.4 | 26.9 | 26.4 | 25.8 | 25.3 | 24.8 |
| 33.8 | 31.9 | 31.3 | 30.7 | 30.0 | 29.5 | 28.9 | 28.3 | 27.7 | 27.2 | 26.7 | 26.1 | 25.6 | 25.1 |
| 34.0 | 32.3 | 31.6 | 31.0 | 30.4 | 29.8 | 29.2 | 28.6 | 28.1 | 27.5 | 27.0 | 26.4 | 25.9 | 25.4 |
| 34.2 | 32.6 | 32.0 | 31.4 | 30.7 | 30.1 | 29.5 | 29.0 | 28.4 | 27.8 | 27.3 | 26.7 | 26.2 | 25.7 |
| 34.4 | 33.0 | 32.4 | 31.7 | 31.1 | 30.5 | 29.9 | 29.3 | 28.7 | 28.1 | 27.6 | 27.0 | 26.5 | 26.0 |
| 34.6 | 33.4 | 32.7 | 32.1 | 31.4 | 30.8 | 30.2 | 29.6 | 29.0 | 28.5 | 27.9 | 27.4 | 16.8 | 26.3 |
| 34.8 | 33.8 | 33.1 | 32.4 | 31.8 | 31.2 | 30.6 | 30.0 | 29.4 | 28.8 | 28.2 | 27.7 | 27.1 | 26.6 |
| 35.0 | 34.1 | 33.5 | 32.8 | 32.2 | 31.5 | 30.9 | 30.3 | 29.7 | 29.1 | 28.5 | 28.0 | 27.4 | 26.9 |
| 35.2 | 34.5 | 33.8 | 33.2 | 32.5 | 31.9 | 31.2 | 30.6 | 30.0 | 29.4 | 28.8 | 28.3 | 27.7 | 27.2 |
| 35.4 | 34.9 | 34.2 | 33.5 | 32.9 | 32.2 | 31.6 | 31.0 | 30.4 | 29.8 | 29.2 | 28.6 | 28.0 | 27.5 |
| 35.6 | 35.3 | 34.6 | 33.9 | 33.2 | 32.6 | 31.9 | 31.3 | 30.7 | 30.1 | 29.5 | 28.9 | 28.3 | 27.8 |
| 35.8 | 35.7 | 35.0 | 34.3 | 33.6 | 32.9 | 32.3 | 31.6 | 31.0 | 30.4 | 29.8 | 29.2 | 28.6 | 28.1 |
| 36.0 | 36.0 | 35.3 | 34.6 | 34.0 | 33.3 | 32.6 | 32.0 | 31.4 | 30.7 | 30.1 | 29.5 | 29.0 | 28.4 |
| 36.2 | 36.4 | 35.7 | 35.0 | 34.3 | 33.6 | 33.0 | 32.3 | 31.7 | 31.1 | 30.5 | 29.9 | 29.3 | 28.7 |
| 36.4 | 36.8 | 36.1 | 35.4 | 34.7 | 34.0 | 33.3 | 32.7 | 32.0 | 31.4 | 30.8 | 30.2 | 29.6 | 29.0 |
| 36.6 | 37.2 | 36.5 | 35.8 | 35.1 | 34.4 | 33.7 | 33.0 | 32.4 | 31.7 | 31.1 | 30.5 | 29.9 | 29.3 |
| 36.8 | 37.6 | 36.9 | 36.2 | 35.4 | 34.7 | 34.1 | 33.4 | 32.7 | 32.1 | 31.4 | 30.8 | 30.2 | 29.6 |
| 37.0 | 38.0 | 37.3 | 36.5 | 35.8 | 35.1 | 34.4 | 33.7 | 33.1 | 32.4 | 31.8 | 31.2 | 30.5 | 29.9 |
| 37.2 | 38.4 | 37.7 | 36.9 | 36.2 | 35.5 | 34.8 | 34.1 | 33.4 | 32.8 | 32.1 | 31.5 | 30.9 | 30.2 |
| 37.4 | 38.8 | 38.1 | 37.3 | 36.6 | 35.8 | 35.1 | 34.4 | 33.8 | 33.1 | 32.4 | 31.8 | 31.2 | 30.6 |
| 37.6 | 39.2 | 38.4 | 37.7 | 36.9 | 36.2 | 35.5 | 34.8 | 34.1 | 33.4 | 32.8 | 32.1 | 31.5 | 30.9 |
| 37.8 | 39.6 | 38.8 | 38.1 | 37.3 | 36.6 | 35.9 | 35.2 | 34.5 | 33.8 | 33.1 | 32.5 | 31.8 | 31.2 |
| 38.0 | 40.0 | 39.2 | 38.5 | 37.7 | 37.0 | 36.2 | 35.5 | 34.8 | 34.1 | 33.5 | 32.8 | 32.2 | 31.5 |
| 38.2 | 40.4 | 39.6 | 38.9 | 38.1 | 37.3 | 36.6 | 35.9 | 35.2 | 34.5 | 33.8 | 33.1 | 32.5 | 31.8 |
| 38.4 | 40.9 | 40.1 | 39.3 | 38.5 | 37.7 | 37.0 | 36.3 | 35.5 | 34.8 | 34.2 | 33.5 | 32.8 | 32.2 |
| 38.6 | 41.3 | 40.5 | 39.7 | 38.9 | 38.1 | 37.4 | 36.6 | 35.9 | 35.2 | 34.5 | 33.8 | 33.2 | 32.5 |
| 38.8 | 41.7 | 40.9 | 40.1 | 39.3 | 38.5 | 37.7 | 37.0 | 36.3 | 35.5 | 34.8 | 34.2 | 33.5 | 32.8 |
| 39.0 | 42.1 | 41.3 | 40.5 | 39.7 | 38.9 | 38.1 | 37.4 | 36.6 | 35.9 | 35.2 | 34.5 | 33.8 | 33.2 |
| 39.2 | 42.5 | 41.7 | 40.9 | 40.1 | 39.3 | 38.5 | 37.7 | 37.0 | 36.3 | 35.5 | 34.8 | 34.2 | 33.5 |

续上表

| 平均回弹值 $R_m$ | 测区混凝土强度换算值 $f_{cu,i}^c$ (MPa) | | | | | | | | | | | | |
|---|---|---|---|---|---|---|---|---|---|---|---|---|---|
| | 平均碳化深度值 $d_m$ (mm) | | | | | | | | | | | | |
| | 0.0 | 0.5 | 1.0 | 1.5 | 2.0 | 2.5 | 3.0 | 3.5 | 4.0 | 4.5 | 5.0 | 5.5 | ≥6 |
| 39.4 | 42.9 | 42.1 | 41.3 | 40.5 | 39.7 | 38.9 | 38.1 | 37.4 | 36.6 | 35.9 | 35.2 | 34.5 | 33.8 |
| 39.6 | 43.4 | 42.5 | 41.7 | 40.9 | 40.0 | 39.3 | 38.5 | 37.7 | 37.0 | 36.3 | 35.5 | 34.8 | 34.2 |
| 39.8 | 43.8 | 42.9 | 42.1 | 41.3 | 40.4 | 39.6 | 38.9 | 38.1 | 37.3 | 36.6 | 35.9 | 35.2 | 34.5 |
| 40.0 | 44.2 | 43.4 | 42.5 | 41.7 | 40.8 | 40.0 | 39.2 | 38.5 | 37.7 | 37.0 | 36.2 | 35.5 | 34.8 |
| 40.2 | 44.7 | 43.8 | 42.9 | 41.2 | 42.1 | 40.4 | 39.6 | 38.8 | 38.1 | 37.3 | 36.6 | 35.9 | 35.2 |
| 40.4 | 45.1 | 44.2 | 43.3 | 42.5 | 41.6 | 40.8 | 40.0 | 39.2 | 38.4 | 37.7 | 36.9 | 36.2 | 35.5 |
| 40.6 | 45.5 | 44.6 | 43.7 | 42.9 | 42.0 | 41.2 | 40.4 | 39.6 | 38.8 | 38.1 | 37.3 | 36.6 | 35.8 |
| 40.8 | 46.0 | 45.1 | 44.2 | 43.3 | 42.4 | 41.6 | 40.8 | 400 | 39.2 | 38.4 | 37.7 | 36.9 | 36.2 |
| 41.0 | 46.4 | 45.5 | 44.6 | 43.7 | 42.8 | 42.0 | 41.2 | 40.4 | 39.6 | 38.8 | 38.0 | 37.3 | 36.5 |
| 41.2 | 46.8 | 45.9 | 45.0 | 44.1 | 43.2 | 42.4 | 41.6 | 40.7 | 39.9 | 39.1 | 38.4 | 37.6 | 36.9 |
| 41.4 | 47.3 | 46.3 | 45.4 | 44.5 | 43.7 | 42.8 | 41.0 | 41.1 | 40.3 | 39.5 | 38.7 | 38.0 | 37.2 |
| 41.6 | 47.7 | 46.8 | 45.9 | 45.0 | 44.1 | 43.2 | 42.3 | 41.5 | 40.7 | 39.9 | 39.1 | 38.3 | 37.6 |
| 41.8 | 48.2 | 47 | 46.3 | 45.4 | 44.5 | 43.6 | 42.7 | 41.9 | 41.1 | 40.3 | 39.5 | 38.7 | 37.9 |
| 42.0 | 48.6 | 47.7 | 46.7 | 45.8 | 44.9 | 44.0 | 43.1 | 42.3 | 41.5 | 40.6 | 39.8 | 39.1 | 38.3 |
| 42.2 | 49.1 | 48.1 | 47.1 | 46.2 | 45.3 | 44.4 | 43.5 | 42.7 | 41.8 | 41.0 | 40.2 | 39.4 | 38.6 |
| 42.4 | 49.5 | 48.5 | 47.6 | 46.6 | 45.7 | 44.8 | 43.9 | 43.1 | 42.2 | 41.4 | 40.6 | 39.8 | 39.0 |
| 42.6 | 50.0 | 49.0 | 48.0 | 47.1 | 46.1 | 45.2 | 44.3 | 43.5 | 42.6 | 41.8 | 40.9 | 40.1 | 39.3 |
| 42.8 | 50.4 | 49.4 | 48.5 | 47.5 | 46.6 | 45.6 | 44.7 | 43.9 | 43.0 | 42.2 | 41.3 | 40.5 | 39.7 |
| 43.0 | 50.9 | 49.9 | 48.9 | 47.9 | 47.0 | 46.1 | 45.2 | 44.3 | 44.4 | 42.5 | 41.7 | 40.9 | 40.1 |
| 43.2 | 51.3 | 50.3 | 49.3 | 48.4 | 47.4 | 46.5 | 45.6 | 44.7 | 43.8 | 42.9 | 42.1 | 41.2 | 40.4 |
| 43.4 | 51.8 | 50.8 | 49.8 | 48.8 | 47.8 | 46.9 | 46.0 | 45.1 | 44.2 | 43.3 | 42.5 | 41.6 | 40.8 |
| 43.6 | 52.3 | 51.2 | 50.2 | 49.2 | 48.3 | 47.3 | 46.4 | 45.5 | 44.6 | 43.7 | 42.8 | 42.0 | 41.2 |
| 43.8 | 52.7 | 51.7 | 50.7 | 49.7 | 48.7 | 47.7 | 46.8 | 45.9 | 45.0 | 44.1 | 43.2 | 42.4 | 41.5 |
| 44.0 | 53.2 | 52.2 | 51.1 | 50.1 | 49.1 | 48.2 | 47.2 | 46.3 | 45.4 | 44.5 | 43.6 | 42.7 | 41.9 |
| 44.2 | 53.7 | 52.6 | 51.6 | 50.6 | 49.6 | 48.6 | 47.6 | 46.7 | 45.8 | 44.9 | 44.0 | 43.1 | 42.3 |
| 44.4 | 54.1 | 53.1 | 52.0 | 51.0 | 50.0 | 49.0 | 48.0 | 47.1 | 46.2 | 45.3 | 44.4 | 43.5 | 42.6 |
| 44.6 | 54.6 | 53.5 | 52.5 | 51.5 | 50.4 | 49.4 | 48.5 | 47.5 | 46.6 | 45.7 | 44.8 | 43.9 | 43.0 |
| 44.8 | 55.1 | 54.0 | 52.9 | 51.9 | 50.9 | 49.9 | 48.9 | 47.9 | 47.0 | 46.1 | 45.1 | 44.3 | 43.4 |
| 45.0 | 55.6 | 54.5 | 53.4 | 52.4 | 51.3 | 50.3 | 49.3 | 48.3 | 47.4 | 46.5 | 45.5 | 44.6 | 43.8 |
| 45.2 | 56.1 | 55.0 | 53.9 | 52.8 | 51.8 | 50.7 | 49.7 | 48.8 | 47.8 | 46.9 | 45.9 | 45.0 | 44.1 |
| 45.4 | 56.5 | 55.4 | 54.3 | 53.3 | 52.2 | 51.2 | 50.2 | 49.2 | 48.2 | 47.3 | 46.3 | 45.4 | 44.5 |
| 45.6 | 57.0 | 55.9 | 54.8 | 53.7 | 52.7 | 51.6 | 50.6 | 49.6 | 48.6 | 47.7 | 46.7 | 45.8 | 44.9 |
| 45.8 | 57.5 | 56.4 | 55.3 | 54.2 | 53.1 | 52.1 | 51.0 | 50.0 | 49.0 | 48.1 | 47.1 | 46.2 | 45.3 |
| 46.0 | 58.0 | 56.9 | 55.7 | 54.6 | 53.6 | 52.5 | 51.5 | 50.5 | 49.5 | 48.5 | 47.5 | 46.6 | 45.7 |
| 46.2 | 58.5 | 57.3 | 56.2 | 55.1 | 54.0 | 52.9 | 51.9 | 50.9 | 49.9 | 48.9 | 47.9 | 47.0 | 46.1 |

续上表

| 平均回弹值 $R_m$ | 测区混凝土强度换算值 $f_{cu,i}^c$ (MPa) ||||||||||||
|---|---|---|---|---|---|---|---|---|---|---|---|---|
| | 平均碳化深度值 $d_m$ (mm) ||||||||||||
| | 0.0 | 0.5 | 1.0 | 1.5 | 2.0 | 2.5 | 3.0 | 3.5 | 4.0 | 4.5 | 5.0 | 5.5 | ≥6 |
| 46.4 | 59.0 | 57.8 | 56.7 | 55.6 | 54.5 | 53.4 | 52.3 | 51.3 | 50.3 | 49.3 | 48.3 | 47.4 | 46.4 |
| 46.6 | 59.5 | 58.3 | 57.2 | 56.0 | 54.9 | 53.8 | 52.8 | 51.7 | 50.7 | 49.7 | 48.7 | 47.8 | 46.8 |
| 46.8 | 60.0 | 58.8 | 57.6 | 56.5 | 55.4 | 54.3 | 53.2 | 52.2 | 51.1 | 50.1 | 49.1 | 48.2 | 47.2 |
| 47.0 | — | 59.3 | 58.1 | 57.0 | 55.8 | 54.7 | 53.7 | 52.6 | 51.6 | 50.5 | 49.5 | 48.6 | 47.6 |
| 47.2 | — | 59.8 | 58.6 | 57.4 | 56.3 | 55.2 | 54.1 | 53.0 | 52.0 | 51.0 | 50.0 | 49.0 | 48.0 |
| 47.4 | — | 60.0 | 59.1 | 57.9 | 56.8 | 55.6 | 54.5 | 53.5 | 52.4 | 51.4 | 50.4 | 49.4 | 48.4 |
| 47.6 | — | — | 59.6 | 58.4 | 57.2 | 56.1 | 55.0 | 53.9 | 52.8 | 51.8 | 50.8 | 49.8 | 48.8 |
| 47.8 | — | — | 60.0 | 58.9 | 57.7 | 56.6 | 55.4 | 54.4 | 53.3 | 52.2 | 51.2 | 50.2 | 49.2 |
| 48.0 | — | — | — | 59.3 | 58.2 | 57.0 | 55.9 | 54.8 | 53.7 | 52.7 | 51.6 | 50.6 | 49.6 |
| 48.2 | — | — | — | 59.8 | 58.6 | 57.5 | 56.3 | 55.2 | 54.1 | 53.1 | 52.0 | 51.0 | 50.0 |
| 48.4 | — | — | — | 60.0 | 59.1 | 57.9 | 56.8 | 55.7 | 54.6 | 53.5 | 52.5 | 51.4 | 50.4 |
| 48.6 | — | — | — | — | 59.6 | 58.4 | 57.3 | 56.1 | 55.0 | 53.9 | 52.9 | 51.8 | 50.8 |
| 48.8 | — | — | — | — | 60.0 | 58.9 | 57.7 | 56.6 | 55.5 | 54.4 | 53.3 | 52.2 | 51.2 |
| 49.0 | — | — | — | — | — | 59.3 | 58.2 | 57.0 | 55.9 | 54.8 | 53.7 | 52.7 | 51.6 |
| 49.2 | — | — | — | — | — | 59.8 | 58.6 | 57.5 | 56.3 | 55.2 | 54.1 | 53.1 | 52.0 |
| 49.4 | — | — | — | — | — | 60.0 | 59.1 | 57.9 | 56.8 | 55.7 | 54.6 | 53.5 | 52.4 |
| 49.6 | — | — | — | — | — | — | 59.6 | 58.4 | 57.2 | 56.1 | 55.0 | 53.9 | 52.9 |
| 49.8 | — | — | — | — | — | — | 60.0 | 58.8 | 57.7 | 56.6 | 55.4 | 54.3 | 53.3 |
| 50.0 | — | — | — | — | — | — | — | 59.3 | 58.1 | 57.0 | 55.9 | 54.8 | 53.7 |
| 50.2 | — | — | — | — | — | — | — | 59.8 | 58.6 | 57.4 | 56.3 | 55.2 | 54.1 |
| 50.4 | — | — | — | — | — | — | — | 60.2 | 59.0 | 57.9 | 56.7 | 55.6 | 54.5 |
| 50.6 | — | — | — | — | — | — | — | — | 59.5 | 58.3 | 57.2 | 56.0 | 54.9 |
| 50.8 | — | — | — | — | — | — | — | — | 60.0 | 58.8 | 57.6 | 56.5 | 55.4 |
| 51.0 | — | — | — | — | — | — | — | — | — | 59.2 | 58.1 | 56.9 | 55.8 |
| 51.2 | — | — | — | — | — | — | — | — | — | 59.7 | 58.5 | 57.3 | 56.2 |
| 51.4 | — | — | — | — | — | — | — | — | — | 60.0 | 58.9 | 57.8 | 56.6 |
| 51.6 | — | — | — | — | — | — | — | — | — | — | 59.4 | 58.2 | 57.1 |
| 51.8 | — | — | — | — | — | — | — | — | — | — | 59.8 | 58.7 | 57.5 |
| 52.0 | — | — | — | — | — | — | — | — | — | — | 60.0 | 59.1 | 57.9 |
| 52.2 | — | — | — | — | — | — | — | — | — | — | — | 59.5 | 58.4 |
| 52.4 | — | — | — | — | — | — | — | — | — | — | — | 60.0 | 58.8 |
| 52.6 | — | — | — | — | — | — | — | — | — | — | — | — | 59.2 |
| 52.8 | — | — | — | — | — | — | — | — | — | — | — | — | 59.7 |

注：表中未注明的测区混凝土强度换算值为小于 10MPa 或大于 60MPa。表中数值是根据曲线方程 $f = 0.034488 R^{1.9400} 10^{(-0.0173 d_m)}$ 计算。

### (三)非水平方向检测时的回弹值修正值

非水平方向检测时的回弹值修正值　　　　　附表Ⅲ-1-3

| $R_{ma}$ | 检测角度 | | | | | | | |
|---|---|---|---|---|---|---|---|---|
| | 向 上 | | | | 向 下 | | | |
| | 90° | 60° | 45° | 30° | -30° | -45° | -60° | -90° |
| 20 | -6.0 | -5.0 | -4.0 | -3.0 | +2.5 | +3.0 | +3.5 | +4.0 |
| 21 | -5.9 | -4.9 | -4.0 | -3.0 | +2.5 | +3.0 | +3.5 | +4.0 |
| 22 | -5.8 | -4.8 | -3.9 | -2.9 | +2.4 | +2.9 | +3.4 | +3.9 |
| 23 | -5.7 | -4.7 | -3.9 | -2.9 | +2.4 | +2.9 | +3.4 | +3.9 |
| 24 | -5.6 | -4.6 | -3.8 | -2.8 | +2.3 | +2.8 | +3.3 | +3.8 |
| 25 | -5.5 | -4.5 | -3.8 | -2.8 | +2.3 | +2.8 | +3.3 | +3.8 |
| 26 | -5.4 | -4.4 | -3.7 | -2.7 | +2.2 | +2.7 | +3.2 | +3.7 |
| 27 | -5.3 | -4.3 | -3.7 | -2.7 | +2.2 | +2.7 | +3.2 | +3.7 |
| 28 | -5.2 | -4.2 | -3.6 | -2.6 | +2.1 | +2.6 | +3.1 | +3.6 |
| 29 | -5.1 | -4.1 | -3.6 | -2.6 | +2.1 | +2.6 | +3.1 | +3.6 |
| 30 | -5.0 | -4.0 | -3.5 | -2.5 | +2.0 | +2.5 | +3.0 | +3.5 |
| 31 | -4.9 | -4.0 | -3.5 | -2.5 | +2.0 | +2.5 | +3.0 | +3.5 |
| 32 | -4.8 | -3.9 | -3.4 | -2.4 | +1.9 | +2.4 | +2.9 | +3.4 |
| 33 | -4.7 | -3.9 | -3.4 | -2.4 | +1.9 | +2.4 | +2.9 | +3.4 |
| 34 | -4.6 | -3.8 | -3.3 | -2.3 | +1.8 | +2.3 | +2.8 | +3.3 |
| 35 | -4.5 | -3.8 | -3.3 | -2.3 | +1.8 | +2.3 | +2.8 | +3.3 |
| 36 | -4.4 | -3.7 | -3.2 | -2.2 | +1.7 | +2.2 | +2.7 | +3.2 |
| 37 | -4.3 | -3.7 | -3.2 | -2.2 | +1.7 | +2.2 | +2.7 | +3.2 |
| 38 | -4.2 | -3.6 | -3.1 | -2.1 | +1.6 | +2.1 | +2.6 | +3.1 |
| 39 | -4.1 | -3.6 | -3.1 | -2.1 | +1.6 | +2.1 | +2.6 | +3.1 |
| 40 | -4.0 | -3.5 | -3.0 | -2.0 | +1.5 | +2.0 | +2.5 | +3.0 |
| 41 | -4.0 | -3.5 | -3.0 | -2.0 | +1.5 | +2.0 | +2.5 | +3.0 |
| 42 | -3.9 | -3.4 | -2.9 | -1.9 | +1.4 | +1.9 | +2.4 | +2.9 |
| 43 | -3.9 | -3.4 | -2.9 | -1.9 | +1.4 | +1.9 | +2.4 | +2.9 |
| 44 | -3.8 | -3.3 | -2.8 | -1.8 | +1.3 | +1.8 | +2.3 | +2.8 |
| 45 | -3.8 | -3.3 | -2.8 | -1.8 | +1.3 | +1.8 | +2.3 | +2.8 |
| 46 | -3.7 | -3.2 | -2.7 | -1.7 | +1.2 | +1.7 | +2.2 | +2.7 |
| 47 | -3.7 | -3.2 | -2.7 | -1.7 | +1.2 | +1.7 | +2.2 | +2.7 |
| 48 | -3.6 | -3.1 | -2.6 | -1.6 | +1.1 | +1.6 | +2.1 | +2.6 |
| 49 | -3.6 | -3.1 | -2.6 | -1.6 | +1.1 | +1.6 | +2.1 | +2.6 |
| 50 | -3.5 | -3.0 | -2.5 | -1.5 | +1.0 | +1.5 | +2.0 | +2.5 |

注：1. $R_{ma}$小于20或大于50时，分别按20或50查表。
　　2. 表中未列入的相应于$R_{ma}$的修正值$R_{ma}$，可用内插法求得，精确至0.1。

### (四)不同浇筑面的回弹值修正值

不同浇筑面的回弹值修正值　　　　　附表Ⅲ-1-4

| $R_m^t$或$R_m^b$ | 表面修正值($R_a^t$) | 底面修正值($R_a^b$) | $R_m^t$或$R_m^b$ | 表面修正值($R_a^t$) | 底面修正值($R_a^b$) |
|---|---|---|---|---|---|
| 20 | +2.5 | -3.0 | 22 | +2.3 | -2.8 |
| 21 | +2.4 | -2.9 | 23 | +2.2 | -2.7 |

续上表

| $R_m^t$ 或 $R_m^b$ | 表面修正值($R_a^t$) | 底面修正值($R_a^b$) | $R_m^t$ 或 $R_m^b$ | 表面修正值($R_a^t$) | 底面修正值($R_a^b$) |
| --- | --- | --- | --- | --- | --- |
| 24 | +2.4 | -2.6 | 38 | +0.7 | -1.2 |
| 25 | +2.0 | -2.5 | 39 | +0.6 | -1.1 |
| 26 | +1.9 | -2.4 | 40 | +0.5 | -1.0 |
| 27 | +1.8 | -2.3 | 41 | +0.4 | -0.9 |
| 28 | +1.7 | -2.2 | 42 | +0.3 | -0.8 |
| 29 | +1.6 | -2.1 | 43 | +0.2 | -0.7 |
| 30 | +1.5 | -2.0 | 44 | +0.1 | -0.6 |
| 31 | +1.4 | -1.9 | 45 | 0 | -0.5 |
| 32 | +1.3 | -1.8 | 46 | 0 | -0.4 |
| 33 | +1.2 | -1.7 | 47 | 0 | -0.3 |
| 34 | +1.1 | -1.6 | 48 | 0 | -0.2 |
| 35 | +1.0 | -1.5 | 49 | 0 | -0.1 |
| 36 | +0.9 | -1.4 | 50 | 0 | 0 |
| 37 | +0.8 | -1.3 | | | |

注：1. $R_m^t$ 或 $R_m^b$ 小于20或大于50时，分别按20或50查表。
2. 表中有关混凝土浇筑表面的修正系数，是指一般原浆抹面的修正值。
3. 表中有关混凝土浇筑底面的修正系数，是指构件底面与侧面采用同一类模板在正常浇筑情况下的修正值。
4. 表中未列入相应于 $R_m^t$ 或 $R_m^b$ 的 $R_a^t$ 和 $R_a^b$，可用内插法求得，精确至0.1。

（五）地区和专用测强曲线的制定方法

E.0.1 制定地区和专用测强曲线的试块应与欲测构件在原材料（含品种、规格）、成型工艺、养护方法等方面条件相同。

E.0.2 试块的制作，养护应符合下列规定：

1 应按最佳配合比设计5个强度等级，且每一强度等级不同龄期应分别制作不少于6个150mm立方体试块；

2 在成型24h后，应将试块移至与被测构件相同条件下养护，试块拆模日期宜与构件的拆模日期相同。

E.0.3 试块的测试应按下列步骤进行：

1 擦净试块表面，以浇筑侧面的两个相对面置于压力机的上下承压板之间，加压60~100kN（低强度试件取低值）；

2 在试块保持压力下，采用符合本规程第3.1.3条规定的标准状态的回弹仪和本规程第4.2.1条规定的操作方法，在试块的两个侧面上分别弹击8个点；

3 从每一试块的16个回弹值中分别剔除3个最大值和3个最小值，以余下的10个回弹值的平均值（计算精确至0.1）作为该试块的平均回弹值 $R_m$；

4 将试块加荷直至破坏，计算试块的抗压强度值 $f_{cu}$（MPa），精确至0.1MPa；

5 按本规程第4.3节的规定在破坏后的试块边缘测量该试块的平均碳化深度值。

E.0.4 地区和专用测强曲线的计算应符合下列规定：

1 地区和专用测强曲线的回归方程式，应按每一试件测得的 $R_m$、$d_m$ 和 $f_{cu}$，采用最小二乘法原理计算；

2 回归方程宜采用以下函数关系式：

$$f_{cu}^c = aR_m^b \cdot 10^{Cd_m} \quad (E.0.4-1)$$

3 用下式计算回归方程式的强度平均相对误差 $\delta$ 和强度相对标准差 $e_r$，且当 $\delta$ 和 $e_r$ 均符合本规程第6.3.1条规定时，可报请上级主管部门审批：

$$\delta = \pm \frac{1}{n} \sum_{i=1}^{n} \left| \frac{f_{cu,i}^c}{f_{cu,i}} - 1 \right| \times 100 \quad (E.0.4-2)$$

$$e_r = \sqrt{\frac{1}{n-1} \sum_{i=1}^{n} \left( \frac{f_{cu,i}^c}{f_{cu,i}} - 1 \right)^2} \times 100 \quad (E.0.4-3)$$

式中：$\delta$——回归方程式的强度平均相对误差，%，精确至0.1；

　　　$e_r$——回归方程式的强度相对标准差，%，精确至0.1；

　　　$f_{cu,i}$——由第 $i$ 个试块抗压试验得出的混凝土抗压强度值，MPa，精确至0.1MPa；

　　　$f_{cu,i}^c$——由同一试块的平均回弹值 $R_m$ 及平均碳化深度值 $d_m$ 按回归方程式算出的混凝土的强度换算值，MPa，精确至0.1MPa；

　　　$n$——制定回归方程式的试件数。

(六)回弹法检测混凝土抗压强度报告

**回弹法检测混凝土抗压强度报告**

编号（　　）第＿＿＿＿号　第＿＿＿＿页共＿＿＿＿页

委托单位＿＿＿＿＿＿＿施工单位＿＿＿＿＿＿＿

工程名称＿＿＿＿＿＿＿混凝土类型＿＿＿＿＿＿＿

强度等级＿＿＿＿＿＿＿浇筑日期＿＿＿＿＿＿＿

检测原因＿＿＿＿＿＿＿检测依据＿＿＿＿＿＿＿

环境温度＿＿＿＿＿＿＿检测日期＿＿＿＿＿＿＿

回弹仪型号＿＿＿＿＿＿＿回弹仪检定证号＿＿＿＿＿＿＿

检 测 结 果

| 构件名称 | 编号 | 测区混凝土抗压强度换算值（MPa） | | | 构件现龄期混凝土强度推定值（MPa） | 备注 |
|---|---|---|---|---|---|---|
| | | 平均值 | 标准差 | 最小值 | | |
| | | | | | | |
| | | | | | | |
| | | | | | | |
| | | | | | | |
| | | | | | | |

（有需要说明的问题或者表格不够请续页）

批准：＿＿＿＿＿＿　审核：＿＿＿＿＿＿

主检＿＿＿＿＿＿上岗证书号＿＿＿＿＿＿　主检＿＿＿＿＿＿上岗证号书＿＿＿＿＿＿

报告日期＿＿＿＿＿＿年＿＿＿＿月＿＿＿＿日

## 附录Ⅲ-2 测区混凝土抗压强度换算表(卵石)

测区混凝土抗压强度换算表(卵石)  附表Ⅲ-2

| $f_{cu}^c$ \ $v_a$ \ $R_a$ | 3.80 | 3.82 | 3.84 | 3.86 | 3.88 | 3.90 | 3.92 | 3.94 | 3.96 | 3.98 | 4.00 | 4.02 | 4.04 |
|---|---|---|---|---|---|---|---|---|---|---|---|---|---|
| 23.0 | — | — | 10.0 | 10.0 | 10.1 | 10.2 | 10.3 | 10.3 | 10.4 | 10.5 | 10.6 | 10.6 | 10.7 |
| 24.0 | 10.6 | 10.6 | 10.7 | 10.8 | 10.9 | 11.0 | 11.1 | 11.1 | 11.2 | 11.3 | 11.4 | 11.5 | 11.5 |
| 25.0 | 11.4 | 11.4 | 11.5 | 11.6 | 11.7 | 11.8 | 11.9 | 12.0 | 12.1 | 12.1 | 12.2 | 12.3 | 12.4 |
| 26.0 | 12.2 | 12.3 | 12.4 | 12.5 | 12.5 | 12.6 | 12.7 | 12.8 | 12.9 | 13.0 | 13.1 | 13.2 | 13.3 |
| 27.0 | 13.0 | 13.1 | 13.2 | 13.3 | 13.4 | 13.5 | 13.6 | 13.7 | 13.8 | 13.9 | 14.0 | 14.1 | 14.2 |
| 28.0 | 13.9 | 14.0 | 14.1 | 14.2 | 14.3 | 14.4 | 14.5 | 14.6 | 14.7 | 14.8 | 14.9 | 15.1 | 15.2 |
| 29.0 | 14.8 | 14.9 | 15.0 | 15.1 | 15.2 | 15.3 | 15.4 | 15.6 | 15.7 | 15.8 | 15.9 | 16.0 | 16.1 |
| 30.0 | 15.7 | 15.8 | 15.9 | 16.0 | 16.2 | 16.3 | 16.4 | 16.5 | 16.6 | 16.8 | 16.9 | 17.0 | 17.1 |
| 31.0 | 16.6 | 16.7 | 16.9 | 17.0 | 17.1 | 17.3 | 17.4 | 17.5 | 17.6 | 17.8 | 17.9 | 18.0 | 18.2 |
| 32.0 | 17.6 | 17.7 | 17.8 | 18.0 | 18.1 | 18.2 | 18.4 | 18.5 | 18.7 | 18.8 | 18.9 | 19.1 | 19.2 |
| 33.0 | 18.6 | 18.7 | 18.8 | 19.0 | 19.1 | 19.3 | 19.4 | 19.6 | 19.7 | 19.8 | 20.0 | 20.1 | 20.3 |
| 34.0 | 19.6 | 19.7 | 19.9 | 20.0 | 20.2 | 20.3 | 20.5 | 20.6 | 20.8 | 20.9 | 21.1 | 21.2 | 21.4 |
| 35.0 | 20.6 | 20.8 | 20.9 | 21.1 | 21.2 | 21.4 | 21.5 | 21.7 | 21.9 | 22.0 | 22.2 | 22.3 | 22.5 |
| 36.0 | 21.7 | 21.8 | 22.0 | 22.1 | 22.3 | 22.5 | 22.6 | 22.8 | 23.0 | 23.1 | 23.3 | 23.5 | 23.6 |
| 37.0 | 22.7 | 22.9 | 23.1 | 23.2 | 23.4 | 23.6 | 23.8 | 23.9 | 24.1 | 24.3 | 24.5 | 24.6 | 24.8 |
| 38.0 | 23.8 | 24.0 | 24.2 | 24.4 | 24.6 | 24.7 | 24.9 | 25.1 | 25.3 | 23.5 | 25.7 | 25.8 | 26.0 |
| 39.0 | 24.9 | 25.1 | 25.3 | 25.5 | 25.7 | 25.9 | 26.1 | 26.3 | 26.5 | 26.7 | 26.9 | 27.1 | 27.2 |
| 40.0 | 26.1 | 26.3 | 26.5 | 26.7 | 26.9 | 27.1 | 27.3 | 27.5 | 27.7 | 27.9 | 28.1 | 28.3 | 28.5 |
| 41.0 | 27.3 | 27.5 | 27.7 | 27.9 | 28.1 | 28.3 | 28.5 | 28.7 | 28.9 | 29.1 | 29.3 | 29.6 | 29.8 |
| 42.0 | 28.4 | 28.7 | 28.9 | 29.1 | 29.3 | 29.5 | 29.7 | 30.0 | 30.2 | 30.4 | 30.6 | 30.8 | 31.1 |
| 43.0 | 29.7 | 29.9 | 30.1 | 30.3 | 30.6 | 30.8 | 31.0 | 31.2 | 31.5 | 31.7 | 31.9 | 32.2 | 32.4 |
| 44.0 | 30.9 | 31.1 | 31.3 | 31.6 | 31.8 | 32.1 | 32.3 | 32.5 | 32.8 | 33.0 | 33.2 | 33.5 | 33.7 |
| 45.0 | 32.1 | 32.4 | 32.6 | 32.9 | 33.1 | 33.4 | 33.6 | 33.9 | 34.1 | 34.3 | 34.6 | 34.8 | 35.1 |
| 46.0 | 33.4 | 33.7 | 33.9 | 34.2 | 34.4 | 34.7 | 34.9 | 35.2 | 35.4 | 35.7 | 36.0 | 36.2 | 36.5 |
| 47.0 | 34.7 | 35.0 | 35.2 | 35.5 | 35.8 | 36.0 | 36.3 | 36.6 | 36.8 | 37.1 | 37.4 | 37.6 | 37.9 |
| 48.0 | 36.0 | 36.3 | 36.6 | 36.8 | 37.1 | 37.4 | 37.7 | 37.9 | 38.2 | 38.5 | 38.8 | 39.1 | 39.3 |
| 49.0 | 37.4 | 37.6 | 37.9 | 38.2 | 38.5 | 38.8 | 39.1 | 39.4 | 39.6 | 39.9 | 40.2 | 40.5 | 40.8 |
| 50.0 | 38.7 | 39.0 | 39.3 | 39.6 | 39.9 | 40.2 | 40.5 | 40.8 | 41.1 | 41.4 | 41.7 | 42.0 | 42.3 |
| 51.0 | 40.1 | 40.4 | 40.7 | 41.0 | 41.3 | 41.6 | 41.9 | 42.2 | 42.5 | 42.9 | 43.2 | 43.5 | 43.8 |
| 52.0 | 41.5 | 41.8 | 42.1 | 42.4 | 42.8 | 43.1 | 43.4 | 43.7 | 44.0 | 44.4 | 44.7 | 45.0 | 45.3 |
| 53.0 | 42.9 | 43.2 | 43.6 | 43.9 | 44.2 | 44.6 | 44.9 | 45.2 | 45.5 | 45.9 | 46.2 | 46.5 | 46.9 |
| 54.0 | 44.4 | 44.7 | 45.0 | 45.4 | 45.7 | 46.1 | 46.4 | 46.7 | 47.1 | 47.4 | 47.8 | 48.1 | 48.5 |
| 55.0 | 45.8 | 46.2 | 46.5 | 46.9 | 47.2 | 47.6 | 47.9 | 48.3 | 48.6 | 49.0 | 49.3 | 49.7 | 50.0 |

续上表

| $f_{cu}^c$ \ $v_a$ \ $R_a$ | 4.06 | 4.08 | 4.10 | 4.12 | 4.14 | 4.16 | 4.18 | 4.20 | 4.22 | 4.24 | 4.26 | 4.28 | 4.30 |
|---|---|---|---|---|---|---|---|---|---|---|---|---|---|
| 21.0 | — | — | — | — | — | — | — | — | — | — | — | — | 10.0 |
| 22.0 | 10.0 | 10.0 | 10.1 | 10.2 | 10.2 | 10.3 | 10.4 | 10.5 | 10.5 | 10.6 | 10.7 | 10.8 | 10.8 |
| 23.0 | 10.8 | 10.9 | 10.9 | 11.0 | 11.1 | 11.2 | 11.2 | 11.3 | 11.4 | 11.5 | 11.6 | 11.6 | 11.7 |
| 24.0 | 11.6 | 11.7 | 11.8 | 11.9 | 12.0 | 12.0 | 12.1 | 12.2 | 12.3 | 12.4 | 12.5 | 12.5 | 12.6 |
| 25.0 | 12.5 | 12.6 | 12.7 | 12.8 | 12.9 | 12.9 | 13.0 | 13.1 | 13.2 | 13.3 | 13.4 | 13.5 | 13.6 |
| 26.0 | 13.4 | 13.5 | 13.6 | 13.7 | 13.8 | 13.9 | 14.0 | 14.1 | 14.2 | 14.3 | 14.4 | 14.4 | 14.5 |
| 27.0 | 14.3 | 14.4 | 14.5 | 14.6 | 14.7 | 14.8 | 14.9 | 15.0 | 15.1 | 15.2 | 15.3 | 15.4 | 15.6 |
| 28.0 | 15.3 | 15.4 | 15.5 | 15.6 | 15.7 | 15.8 | 15.9 | 16.0 | 16.1 | 16.3 | 16.4 | 16.5 | 16.6 |
| 29.0 | 16.2 | 16.4 | 16.5 | 16.6 | 16.7 | 16.8 | 16.9 | 17.1 | 17.2 | 17.3 | 17.4 | 17.5 | 17.6 |
| 30.0 | 17.3 | 17.4 | 17.5 | 17.6 | 17.7 | 17.9 | 18.0 | 18.1 | 18.2 | 18.4 | 18.5 | 18.6 | 18.7 |
| 31.0 | 18.3 | 18.4 | 18.5 | 18.7 | 18.8 | 18.9 | 19.1 | 19.2 | 19.3 | 19.5 | 19.6 | 19.7 | 19.9 |
| 32.0 | 19.3 | 19.5 | 19.6 | 19.7 | 19.9 | 20.0 | 20.2 | 20.3 | 20.4 | 20.6 | 20.7 | 20.9 | 21.0 |
| 33.0 | 20.4 | 20.6 | 20.7 | 20.9 | 21.0 | 21.1 | 21.3 | 21.4 | 21.6 | 21.7 | 21.9 | 22.0 | 22.2 |
| 34.0 | 21.5 | 21.7 | 21.8 | 22.0 | 22.1 | 22.3 | 22.4 | 22.6 | 22.8 | 22.9 | 23.1 | 23.2 | 23.4 |
| 35.0 | 22.7 | 22.8 | 23.0 | 23.1 | 23.3 | 23.5 | 23.6 | 23.8 | 24.0 | 24.1 | 24.3 | 24.4 | 24.6 |
| 36.0 | 23.8 | 24.0 | 24.2 | 24.3 | 24.5 | 24.7 | 24.8 | 25.0 | 25.2 | 25.4 | 25.5 | 25.7 | 25.9 |
| 37.0 | 25.0 | 25.2 | 25.4 | 25.5 | 25.7 | 25.9 | 26.1 | 26.2 | 26.4 | 26.6 | 26.8 | 27.0 | 27.2 |
| 38.0 | 26.2 | 26.4 | 26.6 | 26.8 | 27.0 | 27.1 | 27.3 | 27.5 | 27.7 | 27.9 | 28.1 | 28.3 | 28.5 |
| 39.0 | 27.4 | 27.6 | 27.8 | 28.0 | 28.2 | 28.4 | 28.6 | 28.8 | 29.0 | 29.2 | 29.4 | 29.6 | 29.8 |
| 40.0 | 28.7 | 28.9 | 29.1 | 29.3 | 29.5 | 29.7 | 29.9 | 30.1 | 30.3 | 30.5 | 30.8 | 31.0 | 31.2 |
| 41.0 | 30.0 | 30.2 | 30.4 | 30.5 | 30.8 | 31.0 | 31.3 | 31.5 | 31.7 | 31.9 | 32.1 | 32.3 | 32.6 |
| 42.0 | 31.3 | 31.5 | 31.7 | 32.0 | 32.2 | 32.4 | 32.6 | 32.8 | 33.1 | 33.3 | 33.5 | 33.8 | 34.0 |
| 43.0 | 32.6 | 32.8 | 33.1 | 33.3 | 33.5 | 33.8 | 34.0 | 34.2 | 34.5 | 34.7 | 34.9 | 35.2 | 35.4 |
| 44.0 | 34.0 | 34.2 | 34.4 | 34.7 | 34.9 | 35.2 | 35.4 | 35.7 | 35.9 | 36.2 | 36.4 | 36.6 | 36.9 |
| 45.0 | 35.3 | 35.6 | 35.8 | 36.1 | 36.4 | 36.6 | 36.9 | 37.1 | 37.4 | 37.6 | 37.9 | 38.1 | 38.4 |
| 46.0 | 36.7 | 37.0 | 37.3 | 37.5 | 37.8 | 38.1 | 38.3 | 38.6 | 38.8 | 39.1 | 39.4 | 39.6 | 39.9 |
| 47.0 | 38.2 | 38.4 | 38.7 | 39.0 | 39.3 | 39.5 | 39.8 | 40.1 | 40.4 | 40.6 | 40.9 | 41.2 | 41.5 |
| 48.0 | 39.6 | 39.9 | 40.2 | 40.5 | 40.7 | 41.0 | 41.3 | 41.6 | 41.9 | 42.2 | 42.5 | 42.7 | 43.0 |
| 49.0 | 41.1 | 41.4 | 41.7 | 42.0 | 42.3 | 42.6 | 42.8 | 43.1 | 43.4 | 41.7 | 44.0 | 44.3 | 44.6 |
| 50.0 | 42.6 | 42.9 | 43.2 | 43.5 | 43.8 | 44.1 | 44.4 | 44.7 | 45.0 | 45.3 | 45.6 | 45.9 | 46.3 |
| 51.0 | 44.1 | 44.4 | 44.7 | 45.0 | 45.4 | 45.7 | 46.0 | 46.3 | 46.6 | 46.9 | 47.3 | 47.6 | 47.9 |
| 52.0 | 45.6 | 46.0 | 46.3 | 46.6 | 46.9 | 47.3 | 47.6 | 47.9 | 48.3 | 48.6 | 48.9 | 49.2 | 49.6 |
| 53.0 | 47.2 | 47.5 | 47.9 | 48.2 | 48.6 | 48.9 | 49.2 | 49.6 | 49.9 | 50.2 | 50.6 | 50.9 | 51.3 |
| 54.0 | 48.8 | 49.1 | 49.5 | 49.8 | 50.2 | 50.5 | 50.9 | 51.2 | 51.6 | 51.9 | 52.3 | 52.6 | 53.0 |
| 55.0 | 50.4 | 50.8 | 51.1 | 51.5 | 51.8 | 52.2 | 52.6 | 52.9 | 53.3 | 53.7 | 54.0 | 54.4 | 54.7 |

续上表

| $f_{cu}^c$ \ $v_a$ \ $R_a$ | 4.32 | 4.34 | 4.36 | 4.38 | 4.40 | 4.42 | 4.44 | 4.46 | 4.48 | 4.50 | 4.52 | 4.54 | 4.56 |
|---|---|---|---|---|---|---|---|---|---|---|---|---|---|
| 20.0 | — | — | — | — | — | — | — | — | — | — | — | — | 10.0 |
| 21.0 | 10.0 | 10.1 | 10.2 | 10.2 | 10.3 | 10.4 | 10.4 | 10.5 | 10.6 | 10.6 | 10.7 | 10.8 | 10.8 |
| 22.0 | 10.9 | 11.0 | 11.0 | 11.1 | 11.2 | 11.3 | 11.3 | 11.4 | 11.5 | 11.6 | 11.6 | 11.7 | 11.8 |
| 23.0 | 11.8 | 11.9 | 11.9 | 12.0 | 12.1 | 12.2 | 12.3 | 12.3 | 12.4 | 12.5 | 12.6 | 12.7 | 12.7 |
| 24.0 | 12.7 | 12.8 | 12.9 | 13.0 | 13.1 | 13.1 | 13.2 | 13.3 | 13.4 | 13.5 | 13.6 | 13.7 | 13.7 |
| 25.0 | 13.7 | 13.8 | 13.8 | 13.9 | 14.0 | 14.1 | 14.2 | 14.3 | 14.4 | 14.5 | 14.6 | 14.7 | 14.8 |
| 26.0 | 14.6 | 14.7 | 14.8 | 14.9 | 15.0 | 15.1 | 15.2 | 15.3 | 15.4 | 15.5 | 15.6 | 15.7 | 15.8 |
| 27.0 | 15.7 | 15.8 | 15.9 | 16.0 | 16.1 | 16.2 | 16.3 | 16.4 | 16.5 | 16.6 | 16.7 | 16.8 | 16.9 |
| 28.0 | 16.7 | 16.8 | 16.9 | 17.0 | 17.1 | 17.3 | 17.4 | 17.5 | 17.6 | 17.7 | 17.8 | 17.9 | 18.0 |
| 29.0 | 17.8 | 17.9 | 18.0 | 18.1 | 18.2 | 18.4 | 18.5 | 18.6 | 18.7 | 18.8 | 19.0 | 19.1 | 19.2 |
| 30.0 | 18.9 | 19.0 | 19.1 | 19.2 | 19.4 | 19.5 | 19.6 | 19.7 | 19.9 | 20.0 | 20.1 | 20.3 | 20.4 |
| 31.0 | 20.0 | 20.1 | 20.3 | 20.4 | 20.5 | 20.7 | 20.8 | 20.9 | 21.1 | 21.2 | 21.3 | 21.5 | 21.6 |
| 32.0 | 21.1 | 21.3 | 21.4 | 21.6 | 21.7 | 21.9 | 22.0 | 22.1 | 22.3 | 22.4 | 22.6 | 22.7 | 22.9 |
| 33.0 | 22.3 | 22.5 | 22.6 | 22.8 | 22.9 | 23.1 | 23.2 | 23.4 | 23.5 | 23.7 | 23.8 | 24.0 | 24.1 |
| 34.0 | 23.5 | 23.7 | 23.9 | 24.0 | 24.2 | 24.3 | 24.5 | 24.6 | 24.8 | 25.0 | 25.1 | 25.3 | 25.4 |
| 35.0 | 24.8 | 24.9 | 25.1 | 25.3 | 25.4 | 25.6 | 25.8 | 25.9 | 26.1 | 26.3 | 26.4 | 26.6 | 26.8 |
| 36.0 | 26.0 | 26.2 | 26.4 | 26.6 | 26.7 | 26.9 | 27.1 | 27.3 | 27.4 | 27.6 | 27.8 | 28.0 | 28.1 |
| 37.0 | 27.3 | 27.5 | 27.7 | 27.9 | 28.1 | 28.3 | 28.4 | 28.6 | 28.8 | 29.0 | 29.2 | 29.4 | 29.5 |
| 38.0 | 28.7 | 28.8 | 29.0 | 29.2 | 29.4 | 29.6 | 29.8 | 30.0 | 30.2 | 30.4 | 30.6 | 30.8 | 31.0 |
| 39.0 | 30.0 | 30.2 | 30.4 | 30.6 | 30.8 | 31.0 | 31.2 | 31.4 | 31.6 | 31.8 | 32.0 | 32.2 | 32.4 |
| 40.0 | 31.4 | 31.6 | 31.8 | 32.0 | 32.2 | 32.4 | 32.6 | 32.9 | 33.1 | 33.3 | 33.5 | 33.7 | 33.9 |
| 41.0 | 32.8 | 33.0 | 33.2 | 33.4 | 33.7 | 33.9 | 34.1 | 34.3 | 34.5 | 34.8 | 35.0 | 35.2 | 35.4 |
| 42.0 | 34.2 | 34.4 | 34.7 | 34.9 | 35.1 | 35.4 | 35.6 | 35.8 | 36.0 | 36.3 | 36.5 | 36.7 | 37.0 |
| 43.0 | 35.7 | 35.9 | 36.1 | 36.4 | 36.6 | 36.9 | 37.1 | 37.3 | 37.6 | 37.8 | 38.1 | 38.3 | 38.5 |
| 44.0 | 37.1 | 37.4 | 37.6 | 37.9 | 38.1 | 38.4 | 38.6 | 38.9 | 39.1 | 39.4 | 39.6 | 39.9 | 40.1 |
| 45.0 | 38.6 | 38.9 | 39.2 | 39.4 | 39.7 | 39.9 | 40.2 | 40.5 | 40.7 | 41.0 | 41.2 | 41.5 | 41.8 |
| 46.0 | 40.2 | 40.4 | 40.7 | 41.0 | 41.3 | 41.5 | 41.8 | 42.1 | 42.3 | 42.6 | 42.9 | 43.2 | 43.4 |
| 47.0 | 41.7 | 42.0 | 42.3 | 42.6 | 42.9 | 43.1 | 43.4 | 43.7 | 44.0 | 44.3 | 44.5 | 44.8 | 45.1 |
| 48.0 | 43.3 | 43.6 | 43.9 | 44.2 | 44.5 | 44.8 | 45.1 | 45.4 | 45.6 | 45.9 | 46.2 | 46.5 | 46.8 |
| 49.0 | 44.9 | 45.2 | 45.5 | 45.8 | 46.1 | 46.4 | 46.7 | 47.0 | 47.3 | 47.6 | 48.0 | 48.3 | 48.6 |
| 50.0 | 46.6 | 46.9 | 47.2 | 47.5 | 47.8 | 48.1 | 48.4 | 48.8 | 49.1 | 49.4 | 49.7 | 50.0 | 50.3 |
| 51.0 | 48.2 | 48.5 | 48.9 | 49.2 | 49.5 | 49.8 | 50.2 | 50.5 | 50.8 | 51.1 | 51.5 | 51.8 | 52.1 |
| 52.0 | 49.9 | 50.2 | 50.6 | 50.9 | 51.2 | 51.6 | 51.9 | 52.3 | 52.6 | 52.9 | 53.3 | 53.6 | 53.9 |
| 53.0 | 51.6 | 52.0 | 52.3 | 52.7 | 53.0 | 53.3 | 53.7 | 54.0 | 54.4 | 54.7 | 55.1 | 55.4 | 55.8 |
| 54.0 | 53.4 | 53.7 | 54.1 | 54.4 | 54.8 | 55.1 | 55.5 | 55.9 | 56.2 | 56.6 | 56.9 | 57.3 | 57.7 |
| 55.0 | 55.1 | 55.5 | 55.9 | 56.2 | 56.6 | 57.0 | 57.3 | 57.7 | 58.1 | 58.5 | 58.8 | 59.2 | 59.6 |

续上表

| $f_{cu}^c$ \ $v_a$ \ $R_a$ | 4.58 | 4.60 | 4.62 | 4.64 | 4.66 | 4.68 | 4.70 | 4.72 | 4.74 | 4.76 | 4.78 | 4.80 | 4.82 |
|---|---|---|---|---|---|---|---|---|---|---|---|---|---|
| 20.0 | 10.0 | 10.1 | 10.1 | 10.2 | 10.3 | 10.3 | 10.4 | 10.5 | 10.5 | 10.6 | 10.6 | 10.7 | 10.8 |
| 21.0 | 10.9 | 11.0 | 11.1 | 11.1 | 11.2 | 11.3 | 11.3 | 11.4 | 11.5 | 11.5 | 11.6 | 11.7 | 11.7 |
| 22.0 | 11.9 | 11.9 | 12.0 | 12.1 | 12.2 | 12.2 | 12.3 | 12.4 | 12.5 | 12.5 | 12.6 | 12.7 | 12.8 |
| 23.0 | 12.8 | 12.9 | 13.0 | 13.1 | 13.1 | 13.2 | 13.3 | 13.4 | 13.5 | 13.6 | 13.6 | 13.7 | 13.8 |
| 24.0 | 13.8 | 13.9 | 14.0 | 14.1 | 14.2 | 14.3 | 14.4 | 14.4 | 14.5 | 14.6 | 14.7 | 14.8 | 14.9 |
| 25.0 | 14.9 | 15.0 | 15.0 | 15.1 | 15.2 | 15.3 | 15.4 | 15.5 | 15.6 | 15.7 | 15.8 | 15.9 | 16.0 |
| 26.0 | 15.9 | 16.0 | 16.1 | 16.2 | 16.3 | 16.4 | 16.5 | 16.6 | 16.7 | 16.8 | 16.9 | 17.0 | 17.1 |
| 27.0 | 17.0 | 17.1 | 17.2 | 17.4 | 17.5 | 17.6 | 17.7 | 17.8 | 17.9 | 18.0 | 18.1 | 18.2 | 18.3 |
| 28.0 | 18.2 | 18.3 | 18.4 | 18.5 | 18.6 | 18.7 | 18.8 | 19.0 | 19.1 | 19.2 | 19.3 | 19.4 | 19.5 |
| 29.0 | 19.3 | 19.4 | 19.6 | 19.7 | 19.8 | 19.9 | 20.1 | 20.2 | 20.3 | 20.4 | 20.5 | 20.7 | 20.8 |
| 30.0 | 20.5 | 20.6 | 20.8 | 20.9 | 21.0 | 21.2 | 21.3 | 21.4 | 21.6 | 21.7 | 21.8 | 22.0 | 22.1 |
| 31.0 | 21.7 | 21.9 | 22.0 | 22.2 | 22.3 | 22.4 | 22.6 | 22.7 | 22.8 | 23.0 | 23.1 | 23.3 | 23.4 |
| 32.0 | 23.0 | 23.1 | 23.3 | 23.4 | 23.6 | 23.7 | 23.9 | 24.0 | 24.2 | 24.3 | 24.5 | 24.6 | 24.8 |
| 33.0 | 24.3 | 24.4 | 24.6 | 24.7 | 24.9 | 25.1 | 25.2 | 25.4 | 25.5 | 25.7 | 25.8 | 26.0 | 26.1 |
| 34.0 | 25.6 | 25.8 | 25.9 | 26.1 | 26.2 | 26.4 | 26.6 | 26.7 | 26.9 | 27.1 | 27.2 | 27.4 | 27.6 |
| 35.0 | 26.9 | 27.1 | 27.3 | 27.5 | 27.6 | 27.8 | 28.0 | 28.1 | 28.3 | 28.5 | 28.7 | 28.8 | 29.0 |
| 36.0 | 28.3 | 28.5 | 28.7 | 28.9 | 29.0 | 29.2 | 29.4 | 29.6 | 29.8 | 29.9 | 30.1 | 30.3 | 30.5 |
| 37.0 | 29.7 | 29.9 | 30.1 | 30.3 | 30.5 | 30.7 | 30.9 | 31.1 | 31.2 | 31.4 | 31.6 | 31.8 | 32.0 |
| 38.0 | 31.2 | 31.4 | 31.6 | 31.8 | 32.0 | 32.2 | 32.4 | 32.5 | 32.7 | 32.9 | 33.1 | 33.3 | 33.5 |
| 39.0 | 32.6 | 32.8 | 33.0 | 33.3 | 33.5 | 33.7 | 33.9 | 34.1 | 34.3 | 34.5 | 34.7 | 34.9 | 35.1 |
| 40.0 | 34.1 | 34.3 | 34.6 | 34.8 | 35.0 | 35.2 | 35.4 | 35.6 | 35.9 | 36.1 | 36.3 | 36.5 | 36.7 |
| 41.0 | 35.7 | 35.9 | 36.1 | 36.3 | 36.6 | 36.8 | 37.0 | 37.2 | 37.5 | 37.7 | 37.9 | 38.1 | 38.4 |
| 42.0 | 37.2 | 37.4 | 37.7 | 37.9 | 38.1 | 38.4 | 38.6 | 38.9 | 39.1 | 39.3 | 39.6 | 39.8 | 40.0 |
| 43.0 | 38.8 | 39.0 | 39.3 | 39.5 | 39.8 | 40.0 | 40.3 | 40.5 | 40.8 | 41.0 | 41.2 | 41.5 | 41.7 |
| 44.0 | 40.4 | 40.7 | 40.9 | 41.2 | 41.4 | 41.7 | 41.9 | 42.2 | 42.4 | 42.7 | 43.0 | 43.2 | 43.5 |
| 45.0 | 42.0 | 42.3 | 42.6 | 42.8 | 43.1 | 43.4 | 43.6 | 43.9 | 44.2 | 44.4 | 44.7 | 45.0 | 45.2 |
| 46.0 | 43.7 | 44.0 | 44.3 | 44.5 | 44.8 | 45.1 | 45.4 | 45.6 | 45.9 | 46.2 | 46.5 | 46.8 | 47.0 |
| 47.0 | 45.4 | 45.7 | 46.0 | 46.3 | 46.5 | 46.8 | 47.1 | 47.4 | 47.7 | 48.0 | 48.3 | 48.6 | 48.9 |
| 48.0 | 47.1 | 47.4 | 47.7 | 48.0 | 48.3 | 48.6 | 48.9 | 49.2 | 49.5 | 49.8 | 50.1 | 50.4 | 50.7 |
| 49.0 | 48.9 | 49.2 | 49.5 | 49.8 | 50.1 | 50.4 | 50.7 | 51.0 | 51.3 | 51.7 | 52.0 | 52.3 | 52.6 |
| 50.0 | 50.6 | 51.0 | 51.3 | 51.6 | 51.9 | 52.2 | 52.6 | 52.9 | 53.2 | 53.5 | 53.9 | 54.2 | 54.5 |
| 51.0 | 52.5 | 52.8 | 53.1 | 53.4 | 53.8 | 54.1 | 54.4 | 54.8 | 55.1 | 55.4 | 55.8 | 56.1 | 56.5 |
| 52.0 | 54.3 | 54.6 | 55.0 | 55.3 | 55.7 | 56.0 | 56.3 | 56.7 | 57.0 | 57.4 | 57.7 | 58.1 | 58.4 |
| 53.0 | 56.1 | 56.5 | 56.9 | 57.2 | 57.6 | 57.9 | 58.3 | 58.6 | 59.0 | 59.4 | 59.7 | 60.1 | 60.4 |
| 54.0 | 58.0 | 58.4 | 58.8 | 59.1 | 59.5 | 59.9 | 60.2 | 60.6 | 61.0 | 61.3 | 61.7 | 62.1 | 62.5 |
| 55.0 | 60.0 | 60.3 | 60.7 | 61.1 | 61.5 | 61.8 | 62.2 | 62.6 | 63.0 | 63.4 | 63.8 | 64.1 | 64.5 |

续上表

| $f_{cu}^c$ \ $v_a$ \ $R_a$ | 4.84 | 4.86 | 4.88 | 4.90 | 4.92 | 4.94 | 4.96 | 4.98 | 5.00 | 5.02 | 5.04 | 5.06 | 5.08 |
|---|---|---|---|---|---|---|---|---|---|---|---|---|---|
| 20.0 | 10.8 | 10.9 | 11.0 | 11.0 | 11.1 | 11.2 | 11.2 | 11.3 | 11.4 | 11.4 | 11.5 | 11.6 | 11.6 |
| 21.0 | 11.8 | 11.9 | 12.0 | 12.0 | 12.1 | 12.2 | 12.2 | 12.3 | 12.4 | 12.5 | 12.5 | 12.6 | 12.7 |
| 22.0 | 12.8 | 12.9 | 13.0 | 13.1 | 13.1 | 13.2 | 13.3 | 13.4 | 13.4 | 13.5 | 13.6 | 13.7 | 13.8 |
| 23.0 | 13.9 | 14.0 | 14.0 | 14.1 | 14.2 | 14.3 | 14.4 | 14.5 | 14.5 | 14.6 | 14.7 | 14.8 | 14.9 |
| 24.0 | 15.0 | 15.1 | 15.1 | 15.2 | 15.3 | 15.4 | 15.5 | 15.6 | 15.7 | 15.8 | 15.9 | 16.0 | 16.0 |
| 25.0 | 16.1 | 16.2 | 16.3 | 16.4 | 16.5 | 16.6 | 16.7 | 16.8 | 16.9 | 17.0 | 17.1 | 17.2 | 17.3 |
| 26.0 | 17.2 | 17.3 | 17.5 | 17.6 | 17.7 | 17.8 | 17.9 | 18.0 | 18.1 | 18.2 | 18.3 | 18.4 | 18.5 |
| 27.0 | 18.4 | 18.5 | 18.7 | 18.8 | 18.9 | 19.0 | 19.1 | 19.2 | 19.3 | 19.4 | 19.5 | 19.7 | 19.8 |
| 28.0 | 19.7 | 19.8 | 19.9 | 20.0 | 20.1 | 20.2 | 20.4 | 20.5 | 20.6 | 20.7 | 20.8 | 21.0 | 21.1 |
| 29.0 | 20.9 | 21.0 | 21.2 | 21.3 | 21.4 | 21.5 | 21.7 | 21.8 | 21.9 | 22.0 | 22.2 | 22.3 | 22.4 |
| 30.0 | 22.2 | 22.3 | 22.5 | 22.6 | 22.7 | 22.9 | 23.0 | 23.1 | 23.3 | 23.4 | 23.5 | 23.7 | 23.8 |
| 31.0 | 23.5 | 23.7 | 23.8 | 24.0 | 24.1 | 24.2 | 24.4 | 24.5 | 24.7 | 24.8 | 25.0 | 25.1 | 25.2 |
| 32.0 | 24.9 | 25.0 | 25.2 | 25.3 | 25.5 | 25.6 | 25.8 | 25.9 | 26.1 | 26.2 | 26.4 | 26.5 | 26.7 |
| 33.0 | 26.3 | 26.5 | 26.6 | 26.8 | 26.9 | 27.1 | 27.2 | 27.4 | 27.6 | 27.7 | 27.9 | 28.0 | 28.2 |
| 34.0 | 27.7 | 27.9 | 28.0 | 28.2 | 28.4 | 28.5 | 28.7 | 28.9 | 29.0 | 29.2 | 29.4 | 29.6 | 29.7 |
| 35.0 | 29.2 | 29.4 | 29.5 | 29.7 | 29.9 | 30.0 | 30.2 | 30.4 | 30.6 | 30.8 | 30.9 | 31.1 | 31.3 |
| 36.0 | 30.7 | 30.9 | 31.0 | 31.2 | 31.4 | 31.6 | 31.8 | 32.0 | 32.1 | 32.3 | 32.5 | 32.7 | 32.9 |
| 37.0 | 32.2 | 32.4 | 32.6 | 32.8 | 33.0 | 33.2 | 33.3 | 33.5 | 33.7 | 33.9 | 34.1 | 34.3 | 34.5 |
| 38.0 | 33.7 | 33.9 | 34.1 | 34.4 | 34.6 | 34.8 | 35.0 | 35.2 | 35.4 | 35.6 | 35.8 | 36.0 | 36.2 |
| 39.0 | 35.3 | 35.5 | 35.8 | 36.0 | 36.2 | 36.4 | 36.6 | 36.8 | 37.0 | 37.2 | 37.5 | 37.7 | 37.9 |
| 40.0 | 37.0 | 37.2 | 37.4 | 37.6 | 37.8 | 38.1 | 38.3 | 38.5 | 38.7 | 38.9 | 39.2 | 39.4 | 39.6 |
| 41.0 | 38.6 | 38.8 | 39.1 | 39.3 | 39.5 | 39.8 | 40.0 | 40.2 | 40.5 | 40.7 | 40.9 | 41.2 | 41.4 |
| 42.0 | 40.3 | 40.5 | 40.8 | 41.0 | 41.2 | 41.5 | 41.7 | 42.0 | 42.2 | 42.5 | 42.7 | 42.9 | 43.2 |
| 43.0 | 42.0 | 42.2 | 42.5 | 42.7 | 43.0 | 43.3 | 43.5 | 43.8 | 44.0 | 44.3 | 44.5 | 44.8 | 45.0 |
| 44.0 | 43.7 | 44.0 | 44.3 | 44.5 | 44.8 | 45.0 | 45.3 | 45.6 | 45.8 | 46.1 | 46.4 | 46.6 | 46.9 |
| 45.0 | 45.5 | 45.8 | 46.1 | 46.3 | 46.6 | 46.9 | 47.1 | 47.4 | 47.7 | 48.0 | 48.2 | 48.5 | 48.8 |
| 46.0 | 47.3 | 47.6 | 47.9 | 48.2 | 48.4 | 48.7 | 49.0 | 49.3 | 49.6 | 49.9 | 50.2 | 50.4 | 50.7 |
| 47.0 | 49.2 | 49.4 | 49.7 | 50.0 | 50.3 | 50.6 | 50.9 | 51.2 | 51.5 | 51.8 | 52.1 | 52.4 | 52.7 |
| 48.0 | 51.0 | 51.3 | 51.6 | 51.9 | 52.2 | 52.5 | 52.8 | 53.2 | 53.5 | 53.8 | 54.1 | 54.4 | 54.7 |
| 49.0 | 52.9 | 53.2 | 53.5 | 53.9 | 54.2 | 54.5 | 54.8 | 55.1 | 55.4 | 55.8 | 56.1 | 56.4 | 56.7 |
| 50.0 | 54.8 | 55.2 | 55.5 | 55.8 | 56.1 | 56.5 | 56.8 | 57.1 | 57.5 | 57.8 | 58.1 | 58.5 | 58.8 |
| 51.0 | 56.8 | 57.1 | 57.5 | 57.8 | 58.1 | 58.5 | 58.8 | 59.2 | 59.5 | 59.9 | 60.2 | 60.5 | 60.9 |
| 52.0 | 58.8 | 59.1 | 59.5 | 59.8 | 60.2 | 60.5 | 60.9 | 61.2 | 61.6 | 61.9 | 62.3 | 62.7 | 63.0 |
| 53.0 | 60.8 | 61.2 | 61.5 | 61.9 | 62.2 | 62.6 | 63.0 | 63.3 | 63.7 | 64.1 | 64.4 | 64.8 | 65.2 |
| 54.0 | 62.8 | 63.2 | 63.6 | 64.0 | 64.3 | 64.7 | 65.1 | 65.5 | 65.8 | 66.2 | 66.6 | 67.0 | 67.4 |
| 55.0 | 64.9 | 65.3 | 65.7 | 66.1 | 66.5 | 66.8 | 67.2 | 67.6 | 68.0 | 68.4 | 68.8 | 96.2 | 69.6 |

续上表

| $f_{cu}^c$ \ $v_a$ \ $R_a$ | 5.10 | 5.12 | 5.14 | 5.16 | 5.18 | 5.20 | 5.22 | 5.24 | 5.26 | 5.28 | 5.30 | 5.32 | 5.34 |
|---|---|---|---|---|---|---|---|---|---|---|---|---|---|
| 20.0 | 11.7 | 11.8 | 11.8 | 11.9 | 12.0 | 12.0 | 12.1 | 12.2 | 12.2 | 12.3 | 12.4 | 12.4 | 12.5 |
| 21.0 | 12.7 | 12.8 | 12.9 | 13.0 | 13.0 | 13.1 | 13.2 | 13.3 | 13.3 | 13.4 | 13.5 | 13.5 | 13.6 |
| 22.0 | 13.8 | 13.9 | 14.0 | 14.1 | 14.2 | 14.2 | 14.3 | 14.4 | 14.5 | 14.5 | 14.6 | 14.7 | 14.8 |
| 23.0 | 15.0 | 15.1 | 15.1 | 15.2 | 15.3 | 15.4 | 15.5 | 15.6 | 15.6 | 15.7 | 15.8 | 15.9 | 16.0 |
| 24.0 | 16.1 | 16.2 | 16.3 | 16.4 | 16.5 | 16.6 | 16.7 | 16.8 | 16.9 | 17.0 | 17.1 | 17.2 | 17.2 |
| 25.0 | 17.3 | 17.4 | 17.5 | 17.6 | 17.7 | 17.8 | 17.9 | 18.0 | 18.1 | 18.2 | 18.3 | 18.4 | 18.5 |
| 26.0 | 18.6 | 18.7 | 18.8 | 18.9 | 19.0 | 19.1 | 19.2 | 19.3 | 19.4 | 19.5 | 19.7 | 19.8 | 19.9 |
| 27.0 | 19.9 | 20.0 | 20.1 | 20.2 | 20.3 | 20.4 | 20.6 | 20.7 | 20.8 | 20.9 | 21.0 | 21.1 | 21.2 |
| 28.0 | 21.2 | 21.3 | 21.4 | 21.6 | 21.7 | 21.8 | 21.9 | 22.0 | 22.2 | 22.3 | 22.4 | 22.5 | 22.6 |
| 29.0 | 22.6 | 22.7 | 22.8 | 22.9 | 23.1 | 23.2 | 23.3 | 23.5 | 23.6 | 23.7 | 23.8 | 24.0 | 24.1 |
| 30.0 | 24.0 | 24.1 | 24.2 | 24.4 | 24.5 | 24.5 | 24.8 | 24.9 | 25.0 | 25.2 | 25.3 | 25.5 | 25.6 |
| 31.0 | 25.4 | 25.5 | 25.7 | 25.8 | 26.0 | 26.1 | 26.2 | 26.4 | 26.5 | 26.7 | 26.8 | 27.0 | 27.1 |
| 32.0 | 26.8 | 27.0 | 27.2 | 27.3 | 27.5 | 27.6 | 27.8 | 27.9 | 28.1 | 28.2 | 28.4 | 28.5 | 28.7 |
| 33.0 | 28.4 | 28.5 | 28.7 | 28.8 | 29.0 | 29.2 | 29.3 | 29.5 | 29.6 | 29.8 | 30.0 | 30.1 | 30.3 |
| 34.0 | 29.9 | 30.1 | 30.2 | 30.4 | 30.6 | 30.7 | 30.9 | 31.1 | 31.2 | 31.4 | 31.6 | 31.8 | 31.9 |
| 35.0 | 31.5 | 31.6 | 31.8 | 32.0 | 32.2 | 32.4 | 32.5 | 32.7 | 32.9 | 33.1 | 33.3 | 33.4 | 33.6 |
| 36.0 | 33.1 | 33.3 | 33.4 | 33.6 | 33.8 | 34.0 | 34.2 | 34.4 | 34.6 | 34.8 | 34.9 | 35.1 | 35.3 |
| 37.0 | 34.7 | 34.9 | 35.1 | 35.3 | 35.5 | 35.7 | 35.9 | 36.1 | 36.3 | 36.5 | 36.7 | 36.9 | 37.1 |
| 38.0 | 36.4 | 36.6 | 36.8 | 37.0 | 37.2 | 37.4 | 37.6 | 37.8 | 38.0 | 38.2 | 38.5 | 38.7 | 38.9 |
| 39.0 | 38.1 | 38.3 | 38.5 | 38.7 | 39.0 | 39.2 | 39.4 | 39.6 | 39.8 | 40.0 | 40.3 | 40.5 | 40.7 |
| 40.0 | 39.8 | 40.1 | 40.3 | 40.5 | 40.7 | 41.0 | 41.2 | 41.4 | 41.7 | 41.9 | 42.1 | 42.3 | 42.6 |
| 41.0 | 41.6 | 41.9 | 42.1 | 42.3 | 42.6 | 42.8 | 43.0 | 43.3 | 43.5 | 43.8 | 44.0 | 44.2 | 44.5 |
| 42.0 | 43.4 | 43.7 | 43.9 | 44.2 | 44.4 | 44.7 | 44.9 | 45.2 | 45.4 | 45.7 | 45.9 | 46.2 | 46.4 |
| 43.0 | 45.3 | 45.5 | 45.8 | 46.0 | 46.3 | 46.6 | 46.8 | 47.1 | 47.3 | 47.6 | 47.9 | 48.1 | 48.4 |
| 44.0 | 47.2 | 47.4 | 47.7 | 48.0 | 48.2 | 48.5 | 48.8 | 49.0 | 49.3 | 49.6 | 49.8 | 50.1 | 50.4 |
| 45.0 | 49.1 | 49.3 | 49.6 | 49.9 | 50.2 | 50.5 | 50.7 | 51.0 | 51.3 | 51.6 | 51.9 | 52.1 | 52.4 |
| 46.0 | 51.0 | 51.3 | 51.6 | 51.9 | 52.2 | 52.5 | 52.8 | 53.0 | 53.3 | 53.6 | 53.9 | 54.2 | 54.5 |
| 47.0 | 53.0 | 53.3 | 53.6 | 53.9 | 54.2 | 54.5 | 54.8 | 55.1 | 55.4 | 55.7 | 56.0 | 56.3 | 56.6 |
| 48.0 | 55.0 | 55.3 | 55.6 | 55.9 | 56.3 | 56.6 | 56.9 | 57.2 | 57.5 | 57.8 | 58.1 | 58.5 | 58.8 |
| 49.0 | 57.1 | 57.4 | 57.7 | 58.0 | 58.3 | 58.7 | 59.0 | 59.3 | 59.6 | 60.0 | 60.3 | 60.6 | 61.0 |
| 50.0 | 59.1 | 59.5 | 59.8 | 60.1 | 60.5 | 60.8 | 61.1 | 61.5 | 61.8 | 62.2 | 62.5 | 62.8 | 63.2 |
| 51.0 | 61.2 | 61.6 | 61.9 | 62.3 | 62.6 | 63.0 | 63.3 | 63.7 | 64.0 | 64.4 | 64.7 | 65.1 | 65.4 |
| 52.0 | 63.4 | 63.7 | 64.1 | 64.5 | 64.8 | 65.2 | 65.5 | 65.9 | 66.3 | 66.6 | 67.0 | 67.3 | 67.7 |
| 53.0 | 65.5 | 65.9 | 66.3 | 66.7 | 67.0 | 67.4 | 67.8 | 68.2 | 58.5 | 68.9 | 69.3 | 69.7 | 70.0 |
| 54.0 | 67.7 | 68.1 | 68.5 | 68.9 | 69.3 | 69.7 | — | — | — | — | — | — | — |
| 55.0 | 70.0 | — | — | — | — | — | — | — | — | — | — | — | — |

注:1. 表中末列数值可采用内插法求得,精确至0.1MPa。

2. 表中 $v_a$(km/s)为修正后的测区声滤代表值,$R_a$ 为修正后的测区同弹代表值。

3. 采用对测和角测时,表中 $v_a$ 用 $v$ 低替;当在侧面水平同弹时,表中 $R_a$ 用 $R$ 代替。

4. $f_{cu}^c$(MPa)为测区混凝土抗压强度换算值,也可按公式 $f_{cu,i}^c = 0.0056 v_{ai}^{1.439} R_{ai}^{1.769}$ 计算。

## 附录Ⅲ-3 测区混凝土抗压强度换算表(碎石)

测区混凝土抗压强度换算表(碎石)　　　　　附表Ⅲ-3

| $R_a$ \ $v_a$ \ $f_{cu}^c$ | 3.80 | 3.82 | 3.84 | 3.86 | 3.88 | 3.90 | 3.92 | 3.94 | 3.96 | 3.98 | 4.00 | 4.02 | 4.04 |
|---|---|---|---|---|---|---|---|---|---|---|---|---|---|
| 20.0 | 10.1 | 10.2 | 10.3 | 10.3 | 10.4 | 10.5 | 10.6 | 10.7 | 10.8 | 10.9 | 11.0 | 11.1 | 11.2 |
| 21.0 | 10.8 | 10.9 | 11.0 | 11.1 | 11.2 | 11.3 | 11.4 | 11.5 | 11.6 | 11.7 | 11.8 | 11.9 | 12.0 |
| 22.0 | 11.5 | 11.6 | 11.7 | 11.8 | 11.9 | 12.0 | 12.1 | 12.2 | 12.3 | 12.5 | 12.6 | 12.7 | 12.8 |
| 23.0 | 12.3 | 12.4 | 12.5 | 12.6 | 12.7 | 12.8 | 12.9 | 13.0 | 13.1 | 13.3 | 13.4 | 13.5 | 13.6 |
| 24.0 | 13.0 | 13.2 | 13.3 | 13.4 | 13.5 | 13.6 | 13.7 | 13.8 | 14.0 | 14.1 | 14.2 | 14.3 | 14.4 |
| 25.0 | 13.8 | 13.9 | 14.1 | 14.2 | 14.3 | 14.4 | 14.5 | 14.7 | 14.8 | 14.9 | 15.0 | 15.2 | 15.3 |
| 26.0 | 14.6 | 14.7 | 14.9 | 15.0 | 15.1 | 15.2 | 15.4 | 15.5 | 15.6 | 15.8 | 15.9 | 16.0 | 16.2 |
| 27.0 | 15.4 | 15.5 | 15.7 | 15.8 | 15.9 | 16.1 | 16.2 | 16.3 | 16.5 | 15.6 | 16.8 | 16.9 | 17.0 |
| 28.0 | 16.2 | 16.3 | 16.5 | 16.6 | 16.8 | 16.9 | 17.1 | 17.2 | 17.4 | 17.5 | 17.6 | 17.8 | 17.9 |
| 29.0 | 17.0 | 17.2 | 17.3 | 17.5 | 17.6 | 17.8 | 17.9 | 18.1 | 18.2 | 18.4 | 18.5 | 18.7 | 18.8 |
| 30.0 | 17.9 | 18.0 | 18.2 | 18.3 | 18.5 | 18.6 | 18.8 | 19.0 | 19.1 | 19.3 | 19.4 | 19.6 | 19.8 |
| 31.0 | 18.7 | 18.9 | 19.0 | 19.2 | 19.4 | 19.5 | 19.7 | 19.9 | 20.0 | 20.2 | 20.4 | 20.5 | 20.7 |
| 32.0 | 19.6 | 19.7 | 19.9 | 20.1 | 20.3 | 20.4 | 20.6 | 20.8 | 20.9 | 21.1 | 21.3 | 21.5 | 21.7 |
| 33.0 | 20.4 | 20.6 | 20.8 | 21.0 | 21.1 | 21.3 | 21.5 | 21.7 | 21.9 | 22.1 | 22.2 | 22.4 | 22.6 |
| 34.0 | 21.3 | 21.5 | 21.7 | 21.9 | 22.1 | 22.2 | 22.4 | 22.6 | 22.8 | 23.0 | 23.2 | 23.4 | 23.6 |
| 35.0 | 22.2 | 22.4 | 22.6 | 22.8 | 23.0 | 23.2 | 23.4 | 23.6 | 23.8 | 24.0 | 24.2 | 24.4 | 24.6 |
| 36.0 | 23.1 | 23.3 | 23.5 | 23.7 | 23.9 | 24.1 | 24.3 | 24.5 | 24.7 | 24.9 | 25.1 | 25.4 | 25.6 |
| 37.0 | 24.0 | 24.2 | 24.4 | 24.6 | 24.9 | 25.1 | 25.3 | 25.5 | 25.7 | 25.9 | 26.1 | 26.4 | 26.6 |
| 38.0 | 24.9 | 25.1 | 25.4 | 25.6 | 25.8 | 26.0 | 26.2 | 26.5 | 26.7 | 26.9 | 27.1 | 27.4 | 27.6 |
| 39.0 | 25.9 | 26.1 | 26.3 | 26.5 | 26.8 | 27.0 | 27.2 | 27.5 | 27.7 | 27.9 | 28.1 | 28.4 | 28.6 |
| 40.0 | 26.8 | 27.0 | 27.3 | 27.5 | 27.7 | 28.0 | 28.2 | 28.5 | 28.7 | 28.9 | 29.2 | 29.4 | 29.7 |
| 41.0 | 27.7 | 28.0 | 28.2 | 28.5 | 28.7 | 29.0 | 29.2 | 29.5 | 29.7 | 30.0 | 30.2 | 30.5 | 30.7 |
| 42.0 | 28.7 | 29.0 | 29.2 | 29.5 | 29.7 | 30.0 | 30.2 | 30.5 | 30.7 | 31.0 | 31.3 | 31.5 | 31.8 |
| 43.0 | 29.7 | 29.9 | 30.2 | 30.5 | 30.7 | 31.0 | 31.2 | 31.5 | 31.8 | 32.0 | 32.3 | 32.6 | 32.8 |
| 44.0 | 30.7 | 30.9 | 31.2 | 31.5 | 31.7 | 32.0 | 32.3 | 32.5 | 32.8 | 33.1 | 33.4 | 33.6 | 33.9 |
| 45.0 | 31.6 | 31.9 | 32.2 | 32.5 | 32.7 | 33.0 | 33.3 | 33.6 | 33.9 | 34.2 | 34.4 | 34.7 | 35.0 |
| 46.0 | 32.6 | 32.9 | 33.2 | 33.5 | 33.8 | 34.1 | 34.4 | 34.6 | 34.9 | 35.2 | 35.5 | 35.8 | 35.1 |
| 47.0 | 33.6 | 33.9 | 34.2 | 34.5 | 34.8 | 35.1 | 35.4 | 35.7 | 36.0 | 36.3 | 36.6 | 36.9 | 37.2 |
| 48.0 | 34.7 | 35.0 | 35.3 | 35.6 | 35.9 | 36.2 | 36.5 | 36.8 | 37.1 | 37.4 | 37.7 | 38.0 | 38.4 |
| 49.0 | 35.7 | 36.0 | 36.3 | 36.6 | 36.9 | 37.2 | 37.6 | 37.9 | 38.2 | 38.5 | 38.8 | 39.2 | 39.5 |
| 50.0 | 36.7 | 37.0 | 37.3 | 37.7 | 38.0 | 38.3 | 38.6 | 39.0 | 39.3 | 39.6 | 40.0 | 40.3 | 40.6 |
| 51.0 | 37.7 | 38.1 | 38.4 | 38.7 | 39.1 | 39.4 | 39.7 | 40.1 | 40.4 | 40.8 | 41.1 | 41.4 | 41.8 |
| 52.0 | 38.8 | 39.1 | 39.5 | 39.8 | 40.2 | 40.5 | 40.8 | 41.2 | 41.5 | 41.9 | 42.2 | 42.6 | 42.9 |
| 53.0 | 39.8 | 40.2 | 40.5 | 40.9 | 41.2 | 41.6 | 42.0 | 42.3 | 42.7 | 43.0 | 43.4 | 43.7 | 44.1 |
| 54.0 | 40.9 | 41.3 | 41.6 | 42.0 | 42.3 | 42.7 | 43.1 | 43.4 | 43.8 | 44.2 | 44.5 | 44.9 | 45.3 |
| 55.0 | 42.0 | 42.4 | 42.7 | 43.1 | 43.5 | 43.8 | 44.2 | 44.6 | 45.0 | 45.3 | 45.7 | 46.1 | 46.5 |

续上表

| $f_{cu}^c$ \ $v_a$ \ $R_a$ | 4.06 | 4.08 | 4.10 | 4.12 | 4.14 | 4.16 | 4.18 | 4.20 | 4.22 | 4.24 | 4.26 | 4.28 | 4.30 |
|---|---|---|---|---|---|---|---|---|---|---|---|---|---|
| 20.0 | 11.3 | 11.3 | 11.4 | 11.3 | 11.6 | 11.7 | 11.8 | 11.9 | 12.0 | 12.1 | 12.2 | 12.3 | 12.4 |
| 21.0 | 12.1 | 12.2 | 12.3 | 12.3 | 12.4 | 12.5 | 12.6 | 12.7 | 12.9 | 13.0 | 13.1 | 13.2 | 13.3 |
| 22.0 | 12.9 | 13.0 | 13.1 | 13.2 | 13.3 | 13.4 | 13.5 | 13.6 | 13.7 | 13.8 | 13.9 | 14.0 | 14.2 |
| 23.0 | 13.7 | 13.8 | 13.9 | 14.0 | 14.2 | 14.3 | 14.4 | 14.5 | 14.6 | 14.7 | 14.8 | 15.0 | 15.1 |
| 24.0 | 14.6 | 14.7 | 14.8 | 14.9 | 15.0 | 15.1 | 15.3 | 15.4 | 15.5 | 15.6 | 15.8 | 15.9 | 16.0 |
| 25.0 | 15.4 | 15.5 | 15.7 | 15.8 | 15.9 | 16.0 | 16.2 | 16.3 | 16.4 | 16.6 | 16.7 | 16.8 | 17.0 |
| 26.0 | 16.3 | 16.4 | 16.6 | 16.7 | 16.8 | 17.0 | 17.1 | 17.2 | 17.4 | 17.5 | 17.6 | 17.8 | 17.9 |
| 27.0 | 17.2 | 17.3 | 17.5 | 17.6 | 17.7 | 17.9 | 18.0 | 18.2 | 18.3 | 18.5 | 18.6 | 18.7 | 18.9 |
| 28.0 | 18.1 | 18.2 | 18.4 | 18.5 | 18.7 | 18.8 | 19.0 | 19.1 | 19.3 | 19.4 | 19.6 | 19.7 | 19.9 |
| 29.0 | 19.0 | 19.2 | 19.3 | 19.5 | 19.6 | 19.8 | 19.9 | 20.1 | 20.3 | 20.4 | 20.6 | 20.7 | 20.9 |
| 30.0 | 19.9 | 20.1 | 20.3 | 20.4 | 20.6 | 20.8 | 20.9 | 21.1 | 21.2 | 21.4 | 21.6 | 21.8 | 21.9 |
| 31.0 | 20.9 | 21.0 | 21.2 | 21.4 | 21.6 | 21.7 | 21.9 | 22.1 | 22.3 | 22.4 | 22.6 | 22.8 | 23.0 |
| 32.0 | 21.8 | 22.0 | 22.2 | 22.4 | 22.5 | 22.7 | 22.9 | 23.1 | 23.3 | 23.5 | 23.6 | 23.8 | 24.0 |
| 33.0 | 22.8 | 23.0 | 23.2 | 23.4 | 23.5 | 23.7 | 23.9 | 24.1 | 24.3 | 24.5 | 24.7 | 24.9 | 25.1 |
| 34.0 | 23.8 | 24.0 | 24.2 | 24.4 | 24.6 | 24.8 | 25.0 | 25.2 | 25.3 | 25.5 | 25.7 | 25.9 | 26.1 |
| 35.0 | 24.8 | 25.0 | 25.2 | 25.4 | 25.6 | 25.8 | 26.0 | 26.2 | 26.4 | 26.6 | 26.8 | 27.0 | 27.2 |
| 36.0 | 25.8 | 26.0 | 26.2 | 26.4 | 26.6 | 26.8 | 27.0 | 27.3 | 27.5 | 27.7 | 27.9 | 28.1 | 28.3 |
| 37.0 | 26.8 | 27.0 | 27.2 | 27.4 | 27.7 | 27.9 | 28.1 | 28.3 | 28.6 | 28.8 | 29.0 | 29.2 | 29.5 |
| 38.0 | 27.8 | 28.0 | 28.3 | 28.5 | 28.7 | 29.0 | 29.2 | 29.4 | 29.7 | 29.9 | 30.1 | 30.4 | 30.6 |
| 39.0 | 28.9 | 29.1 | 29.3 | 29.6 | 29.8 | 30.0 | 30.3 | 30.5 | 30.8 | 31.0 | 31.2 | 31.5 | 31.7 |
| 40.0 | 29.9 | 30.1 | 30.4 | 30.6 | 30.9 | 31.1 | 31.4 | 31.6 | 31.9 | 32.1 | 32.4 | 32.6 | 32.9 |
| 41.0 | 31.0 | 31.2 | 31.5 | 31.7 | 32.0 | 32.2 | 32.5 | 32.7 | 33.0 | 33.3 | 33.5 | 33.8 | 34.0 |
| 42.0 | 32.0 | 32.3 | 32.6 | 32.8 | 33.1 | 33.3 | 33.6 | 33.9 | 34.1 | 34.4 | 34.7 | 35.0 | 35.2 |
| 43.0 | 33.1 | 33.4 | 33.7 | 33.9 | 34.2 | 34.5 | 34.7 | 35.0 | 35.3 | 35.6 | 35.9 | 36.1 | 36.4 |
| 44.0 | 34.2 | 34.5 | 34.8 | 35.0 | 35.3 | 35.6 | 35.9 | 36.2 | 36.5 | 36.7 | 37.0 | 37.3 | 37.6 |
| 45.0 | 35.3 | 35.6 | 35.9 | 36.2 | 36.5 | 36.8 | 37.0 | 37.3 | 37.6 | 37.9 | 38.2 | 38.5 | 38.8 |
| 46.0 | 36.4 | 36.7 | 37.0 | 37.3 | 37.6 | 37.9 | 38.2 | 38.5 | 38.8 | 39.1 | 39.4 | 39.7 | 40.0 |
| 47.0 | 37.5 | 37.8 | 38.1 | 38.5 | 38.8 | 39.1 | 39.4 | 39.7 | 40.0 | 40.3 | 40.6 | 41.0 | 41.3 |
| 48.0 | 38.7 | 39.0 | 39.3 | 39.6 | 39.9 | 40.3 | 40.6 | 40.9 | 41.2 | 41.5 | 41.9 | 42.2 | 42.5 |
| 49.0 | 39.8 | 40.1 | 40.5 | 40.8 | 41.1 | 41.4 | 41.8 | 42.1 | 42.4 | 42.8 | 43.1 | 43.4 | 43.8 |
| 50.0 | 41.0 | 41.3 | 41.6 | 42.0 | 42.3 | 42.6 | 43.0 | 43.3 | 43.7 | 44.0 | 44.4 | 44.7 | 45.0 |
| 51.0 | 42.1 | 42.5 | 42.8 | 43.2 | 43.5 | 43.8 | 44.2 | 44.5 | 44.9 | 45.3 | 45.6 | 46.0 | 46.3 |
| 52.0 | 43.3 | 43.6 | 44.0 | 44.3 | 44.7 | 45.1 | 45.4 | 45.8 | 46.1 | 46.5 | 46.9 | 47.2 | 47.6 |
| 53.0 | 44.5 | 44.8 | 45.2 | 45.6 | 45.9 | 46.3 | 46.7 | 47.0 | 47.4 | 47.8 | 48.1 | 48.5 | 48.9 |
| 54.0 | 45.7 | 46.0 | 46.4 | 46.8 | 47.2 | 47.5 | 47.9 | 48.3 | 48.7 | 49.1 | 49.4 | 49.8 | 50.2 |
| 55.0 | 46.8 | 47.2 | 47.6 | 48.0 | 48.4 | 48.8 | 49.2 | 49.6 | 49.9 | 50.3 | 50.7 | 51.1 | 51.5 |

续上表

| $R_a$ \ $v_a$ \ $f_{cu}^c$ | 4.32 | 4.34 | 4.36 | 4.38 | 4.40 | 4.42 | 4.44 | 4.46 | 4.48 | 4.50 | 4.52 | 4.54 | 4.56 |
|---|---|---|---|---|---|---|---|---|---|---|---|---|---|
| 20.0 | 12.5 | 12.6 | 12.7 | 12.8 | 12.9 | 13.0 | 13.0 | 13.1 | 13.2 | 13.3 | 13.4 | 13.5 | 13.6 |
| 21.0 | 13.4 | 13.5 | 13.6 | 13.7 | 13.8 | 13.9 | 14.0 | 14.1 | 14.2 | 14.3 | 14.4 | 14.5 | 14.6 |
| 22.0 | 14.3 | 14.4 | 14.5 | 14.6 | 14.7 | 14.8 | 14.9 | 15.0 | 15.1 | 15.3 | 15.4 | 15.5 | 15.6 |
| 23.0 | 15.2 | 15.3 | 15.4 | 15.5 | 15.7 | 15.8 | 15.9 | 16.0 | 16.1 | 16.2 | 16.4 | 16.5 | 16.6 |
| 24.0 | 16.1 | 16.2 | 16.4 | 16.5 | 16.6 | 16.7 | 16.9 | 17.0 | 17.1 | 17.3 | 17.4 | 17.5 | 17.6 |
| 25.0 | 17.1 | 17.2 | 17.3 | 17.5 | 17.6 | 17.7 | 17.9 | 18.0 | 18.1 | 18.3 | 18.4 | 18.5 | 18.7 |
| 26.0 | 18.1 | 18.2 | 18.3 | 18.5 | 18.6 | 18.7 | 18.9 | 19.0 | 19.2 | 19.3 | 19.5 | 19.6 | 19.7 |
| 27.0 | 19.0 | 19.2 | 19.3 | 19.5 | 19.6 | 19.8 | 19.9 | 20.1 | 20.2 | 20.4 | 20.5 | 20.7 | 20.8 |
| 28.0 | 20.0 | 20.2 | 20.3 | 20.5 | 20.7 | 20.8 | 21.0 | 21.1 | 21.3 | 21.4 | 21.6 | 21.8 | 21.9 |
| 29.0 | 21.1 | 21.2 | 21.4 | 21.5 | 21.7 | 21.9 | 22.0 | 22.2 | 22.4 | 22.5 | 22.7 | 22.9 | 23.0 |
| 30.0 | 22.1 | 22.3 | 22.4 | 22.6 | 22.8 | 22.9 | 23.1 | 23.3 | 23.5 | 23.6 | 23.8 | 24.0 | 24.2 |
| 31.0 | 23.1 | 23.3 | 23.5 | 23.7 | 23.8 | 24.0 | 24.2 | 24.4 | 24.6 | 24.8 | 24.9 | 25.1 | 25.3 |
| 32.0 | 24.2 | 24.4 | 24.6 | 24.8 | 24.9 | 25.1 | 25.3 | 25.5 | 25.7 | 25.9 | 26.1 | 26.3 | 26.5 |
| 33.0 | 25.3 | 25.5 | 25.7 | 25.8 | 26.0 | 26.2 | 26.4 | 26.6 | 26.8 | 27.0 | 27.2 | 27.4 | 27.6 |
| 34.0 | 26.4 | 26.6 | 26.8 | 27.0 | 27.2 | 27.4 | 27.6 | 27.8 | 28.0 | 28.2 | 28.4 | 28.6 | 28.8 |
| 35.0 | 27.5 | 27.7 | 27.9 | 28.1 | 28.3 | 28.5 | 28.7 | 28.9 | 29.2 | 29.4 | 29.6 | 29.8 | 30.0 |
| 36.0 | 28.6 | 28.8 | 29.0 | 29.2 | 29.4 | 29.7 | 29.9 | 30.1 | 30.3 | 30.6 | 30.8 | 31.0 | 31.2 |
| 37.0 | 29.7 | 29.9 | 30.1 | 30.4 | 30.6 | 30.8 | 31.1 | 31.3 | 31.5 | 31.8 | 32.0 | 32.2 | 32.5 |
| 38.0 | 30.8 | 31.1 | 31.3 | 31.5 | 31.8 | 32.0 | 32.3 | 32.5 | 32.7 | 33.0 | 33.2 | 33.5 | 33.7 |
| 39.0 | 32.0 | 32.2 | 32.5 | 32.7 | 33.0 | 33.2 | 33.5 | 33.7 | 34.0 | 34.2 | 34.5 | 34.7 | 35.0 |
| 40.0 | 33.1 | 33.4 | 33.6 | 33.9 | 34.2 | 34.4 | 34.7 | 34.9 | 35.2 | 35.5 | 35.7 | 36.0 | 36.2 |
| 41.0 | 34.3 | 34.6 | 34.8 | 35.1 | 35.4 | 35.6 | 35.9 | 36.2 | 36.4 | 36.7 | 37.0 | 37.3 | 37.5 |
| 42.0 | 35.5 | 35.8 | 36.0 | 36.3 | 36.6 | 36.9 | 37.1 | 37.4 | 37.7 | 38.0 | 38.3 | 38.5 | 38.8 |
| 43.0 | 36.7 | 37.0 | 37.3 | 37.5 | 37.8 | 38.1 | 38.4 | 38.7 | 39.0 | 39.3 | 39.6 | 39.8 | 40.1 |
| 44.0 | 37.9 | 38.2 | 38.5 | 38.8 | 39.1 | 39.4 | 39.7 | 40.0 | 40.3 | 40.6 | 40.9 | 41.2 | 41.5 |
| 45.0 | 39.1 | 39.4 | 39.7 | 40.0 | 40.3 | 40.6 | 40.5 | 41.2 | 41.6 | 41.9 | 42.2 | 42.5 | 42.8 |
| 46.0 | 40.4 | 40.7 | 41.0 | 41.3 | 41.6 | 41.9 | 42.2 | 42.5 | 42.9 | 43.2 | 43.5 | 43.8 | 44.1 |
| 47.0 | 41.6 | 41.9 | 42.2 | 42.6 | 42.9 | 43.2 | 43.5 | 43.9 | 44.2 | 44.5 | 44.8 | 45.2 | 45.5 |
| 48.0 | 42.9 | 43.2 | 43.5 | 43.8 | 44.2 | 44.5 | 44.8 | 45.2 | 45.5 | 45.8 | 46.2 | 46.5 | 46.9 |
| 49.0 | 44.1 | 44.5 | 44.8 | 45.1 | 45.5 | 45.8 | 46.2 | 46.5 | 46.9 | 47.2 | 47.5 | 47.9 | 48.2 |
| 50.0 | 45.4 | 45.7 | 46.1 | 46.4 | 46.8 | 47.1 | 47.5 | 47.9 | 48.2 | 48.6 | 48.9 | 49.3 | 49.6 |
| 51.0 | 46.7 | 47.0 | 47.4 | 47.8 | 48.1 | 48.5 | 48.8 | 49.2 | 49.6 | 49.9 | 50.3 | 50.7 | 51.0 |
| 52.0 | 48.0 | 48.3 | 48.7 | 49.1 | 49.5 | 49.8 | 50.2 | 50.6 | 50.9 | 51.3 | 51.7 | 52.1 | 52.5 |
| 53.0 | 49.3 | 49.7 | 50.0 | 50.4 | 50.8 | 51.2 | 51.6 | 52.0 | 52.3 | 52.7 | 53.1 | 53.5 | 53.9 |
| 54.0 | 50.6 | 51.0 | 51.4 | 51.8 | 52.2 | 52.5 | 52.9 | 53.3 | 53.7 | 54.1 | 54.5 | 54.9 | 55.3 |
| 55.0 | 51.9 | 52.3 | 52.7 | 53.1 | 53.5 | 53.9 | 54.3 | 54.7 | 55.1 | 55.6 | 56.0 | 56.4 | 56.8 |

续上表

| $f_{cu}^c$ $v_a$ $R_a$ | 4.58 | 4.60 | 4.62 | 4.64 | 4.66 | 4.68 | 4.70 | 4.72 | 4.74 | 4.76 | 4.78 | 4.80 | 4.82 |
|---|---|---|---|---|---|---|---|---|---|---|---|---|---|
| 20.0 | 13.7 | 13.8 | 13.9 | 14.0 | 14.1 | 14.2 | 14.3 | 14.4 | 14.5 | 14.6 | 14.7 | 14.8 | 14.9 |
| 21.0 | 14.7 | 14.8 | 14.9 | 15.0 | 15.1 | 15.3 | 15.4 | 15.5 | 15.6 | 15.7 | 15.8 | 15.9 | 16.0 |
| 22.0 | 15.7 | 15.8 | 15.9 | 16.1 | 16.2 | 16.3 | 16.4 | 16.5 | 16.6 | 16.7 | 16.9 | 17.0 | 17.1 |
| 23.0 | 16.7 | 16.9 | 17.0 | 17.1 | 17.2 | 17.3 | 17.5 | 17.6 | 17.7 | 17.8 | 18.0 | 18.1 | 18.2 |
| 24.0 | 17.8 | 17.9 | 18.0 | 18.2 | 18.3 | 18.4 | 18.5 | 18.7 | 18.8 | 18.9 | 19.1 | 19.2 | 19.3 |
| 25.0 | 18.8 | 19.0 | 19.1 | 19.2 | 19.4 | 19.5 | 19.6 | 19.8 | 19.9 | 20.1 | 20.2 | 20.3 | 20.5 |
| 26.0 | 19.9 | 20.0 | 20.2 | 20.3 | 20.5 | 20.6 | 20.8 | 20.9 | 21.1 | 21.2 | 21.3 | 21.5 | 21.6 |
| 27.0 | 21.0 | 21.1 | 21.3 | 21.4 | 21.6 | 21.7 | 21.9 | 22.0 | 22.2 | 22.4 | 22.5 | 22.7 | 22.8 |
| 28.0 | 22.1 | 22.2 | 22.4 | 22.6 | 22.7 | 22.9 | 23.0 | 23.2 | 23.4 | 23.5 | 23.7 | 23.9 | 24.0 |
| 29.0 | 23.2 | 23.4 | 23.5 | 23.7 | 23.9 | 24.0 | 24.2 | 24.4 | 24.6 | 24.7 | 24.9 | 25.1 | 25.2 |
| 30.0 | 24.3 | 24.5 | 24.7 | 24.9 | 25.0 | 25.2 | 25.4 | 25.6 | 25.8 | 25.9 | 26.1 | 26.3 | 26.5 |
| 31.0 | 25.5 | 25.7 | 25.9 | 26.0 | 26.2 | 26.4 | 26.6 | 26.8 | 27.0 | 27.2 | 27.4 | 27.5 | 27.7 |
| 32.0 | 26.7 | 26.8 | 27.0 | 27.2 | 27.4 | 27.6 | 27.8 | 28.0 | 28.2 | 28.4 | 28.6 | 28.8 | 29.0 |
| 33.0 | 27.8 | 28.0 | 28.2 | 28.4 | 28.6 | 28.8 | 29.1 | 29.3 | 29.5 | 29.7 | 29.9 | 30.1 | 30.3 |
| 34.0 | 29.0 | 29.2 | 29.5 | 29.7 | 29.9 | 30.1 | 30.3 | 30.5 | 30.7 | 30.9 | 31.2 | 31.4 | 31.6 |
| 35.0 | 30.2 | 30.5 | 30.7 | 30.9 | 31.1 | 31.3 | 31.6 | 31.8 | 32.0 | 32.2 | 32.5 | 32.7 | 32.9 |
| 36.0 | 31.5 | 31.7 | 31.9 | 32.2 | 32.4 | 32.6 | 32.8 | 33.1 | 33.3 | 33.5 | 33.8 | 34.0 | 34.2 |
| 37.0 | 32.7 | 32.9 | 33.2 | 33.4 | 33.7 | 33.9 | 34.1 | 34.4 | 34.6 | 34.9 | 35.1 | 35.3 | 35.6 |
| 38.0 | 34.0 | 34.2 | 34.5 | 34.7 | 34.9 | 35.2 | 35.4 | 35.7 | 35.9 | 36.2 | 36.4 | 36.7 | 37.0 |
| 39.0 | 35.2 | 35.5 | 35.7 | 36.0 | 36.2 | 36.5 | 36.8 | 37.0 | 37.3 | 37.5 | 37.8 | 38.1 | 38.3 |
| 40.0 | 36.5 | 36.8 | 37.0 | 37.3 | 37.6 | 37.8 | 38.1 | 38.4 | 38.6 | 38.9 | 39.2 | 39.5 | 39.7 |
| 41.0 | 37.8 | 38.1 | 38.3 | 38.6 | 38.9 | 39.2 | 39.5 | 39.7 | 40.0 | 40.3 | 40.6 | 40.9 | 41.1 |
| 42.0 | 39.1 | 39.4 | 39.7 | 40.0 | 40.2 | 40.5 | 40.8 | 41.1 | 41.4 | 41.7 | 42.0 | 42.3 | 42.6 |
| 43.0 | 40.4 | 40.7 | 41.0 | 41.3 | 41.6 | 41.9 | 42.2 | 42.5 | 42.8 | 43.1 | 43.4 | 43.7 | 44.0 |
| 44.0 | 41.8 | 42.1 | 42.6 | 42.7 | 43.0 | 43.3 | 43.6 | 43.9 | 44.2 | 44.5 | 44.8 | 45.1 | 45.4 |
| 45.0 | 43.1 | 43.4 | 43.7 | 44.0 | 44.4 | 44.7 | 45.0 | 45.3 | 45.6 | 45.9 | 46.3 | 46.6 | 46.9 |
| 46.0 | 44.5 | 44.8 | 45.1 | 45.4 | 45.8 | 46.1 | 46.4 | 46.7 | 47.1 | 47.4 | 47.7 | 48.0 | 48.4 |
| 47.0 | 45.8 | 46.2 | 46.5 | 46.8 | 47.2 | 47.5 | 47.8 | 48.2 | 48.5 | 48.8 | 49.2 | 49.5 | 49.9 |
| 48.0 | 47.2 | 47.5 | 47.9 | 48.2 | 48.6 | 48.9 | 49.3 | 49.6 | 50.0 | 50.3 | 50.7 | 51.0 | 51.4 |
| 49.0 | 48.6 | 49.0 | 49.3 | 49.7 | 50.0 | 50.4 | 50.7 | 51.1 | 51.4 | 51.8 | 52.2 | 52.5 | 52.9 |
| 50.0 | 50.0 | 50.4 | 50.7 | 51.1 | 51.5 | 51.8 | 52.2 | 52.6 | 52.9 | 53.3 | 53.7 | 54.0 | 54.4 |
| 51.0 | 51.4 | 51.8 | 52.2 | 52.5 | 52.9 | 53.3 | 53.7 | 54.0 | 54.4 | 54.8 | 55.2 | 55.6 | 56.0 |
| 52.0 | 52.8 | 53.2 | 53.6 | 54.0 | 54.4 | 54.8 | 55.2 | 55.5 | 55.9 | 56.3 | 56.7 | 57.1 | 57.5 |
| 53.0 | 54.3 | 54.7 | 55.1 | 55.5 | 55.9 | 56.3 | 56.7 | 57.1 | 57.5 | 57.9 | 58.3 | 58.7 | 59.1 |
| 54.0 | 55.7 | 56.1 | 56.5 | 56.9 | 57.4 | 57.8 | 58.2 | 58.6 | 59.0 | 59.4 | 59.8 | 60.2 | 60.7 |
| 55.0 | 57.2 | 57.6 | 58.0 | 58.4 | 58.9 | 59.3 | 59.7 | 60.1 | 60.5 | 61.0 | 61.4 | 61.8 | 62.2 |

续上表

| $R_a$ \ $f_{cu}^c$ \ $v_a$ | 4.84 | 4.86 | 4.88 | 4.90 | 4.92 | 4.94 | 4.96 | 4.98 | 5.00 | 5.02 | 5.04 | 5.06 | 5.08 |
|---|---|---|---|---|---|---|---|---|---|---|---|---|---|
| 20.0 | 15.1 | 15.2 | 15.3 | 15.4 | 15.5 | 15.6 | 15.7 | 15.8 | 15.9 | 16.0 | 16.1 | 16.2 | 16.3 |
| 21.0 | 16.1 | 16.2 | 16.3 | 16.5 | 16.6 | 16.7 | 16.8 | 16.9 | 17.0 | 17.1 | 17.2 | 17.4 | 17.5 |
| 22.0 | 17.2 | 17.3 | 17.5 | 17.6 | 17.7 | 17.8 | 17.9 | 18.1 | 18.2 | 18.3 | 18.4 | 18.5 | 18.7 |
| 23.0 | 18.3 | 18.5 | 18.6 | 18.7 | 18.8 | 19.0 | 19.1 | 19.2 | 19.3 | 19.5 | 19.6 | 19.7 | 19.9 |
| 24.0 | 19.5 | 19.6 | 19.7 | 19.9 | 20.0 | 20.1 | 20.3 | 20.4 | 20.5 | 20.7 | 20.8 | 21.0 | 21.1 |
| 25.0 | 20.6 | 20.8 | 20.9 | 21.0 | 21.2 | 21.3 | 21.5 | 21.6 | 21.8 | 21.9 | 22.0 | 22.2 | 22.3 |
| 26.0 | 21.8 | 21.9 | 22.1 | 22.2 | 22.4 | 22.5 | 22.7 | 22.8 | 23.0 | 23.1 | 23.3 | 23.5 | 23.6 |
| 27.0 | 23.0 | 23.1 | 23.3 | 23.5 | 23.6 | 23.8 | 23.9 | 24.1 | 24.3 | 24.4 | 24.6 | 24.7 | 24.9 |
| 28.0 | 24.2 | 24.4 | 24.5 | 24.7 | 24.9 | 25.0 | 25.2 | 25.4 | 25.5 | 25.7 | 25.9 | 26.0 | 26.2 |
| 29.0 | 25.4 | 25.6 | 25.8 | 25.9 | 26.1 | 26.3 | 26.5 | 26.6 | 26.8 | 27.0 | 27.2 | 27.4 | 27.5 |
| 30.0 | 26.7 | 26.8 | 27.0 | 27.2 | 27.4 | 27.6 | 27.8 | 28.0 | 28.1 | 28.3 | 28.5 | 28.7 | 28.9 |
| 31.0 | 27.9 | 28.1 | 28.3 | 28.5 | 28.7 | 28.9 | 29.1 | 29.3 | 29.5 | 29.7 | 29.9 | 30.1 | 30.3 |
| 32.0 | 29.2 | 29.4 | 29.6 | 29.8 | 30.0 | 30.2 | 30.4 | 30.6 | 30.8 | 31.0 | 31.2 | 31.4 | 31.6 |
| 33.0 | 30.5 | 30.7 | 30.9 | 31.1 | 31.3 | 31.5 | 31.8 | 32.0 | 32.2 | 32.4 | 32.6 | 32.8 | 33.0 |
| 34.0 | 31.8 | 32.0 | 32.2 | 32.5 | 32.7 | 32.9 | 33.1 | 33.3 | 33.6 | 33.8 | 34.0 | 34.2 | 34.5 |
| 35.0 | 33.1 | 33.4 | 33.6 | 33.8 | 34.0 | 34.3 | 34.5 | 34.7 | 35.0 | 35.2 | 35.4 | 35.7 | 35.9 |
| 36.0 | 34.5 | 34.7 | 35.0 | 35.2 | 35.4 | 35.7 | 35.9 | 36.1 | 36.4 | 36.6 | 36.9 | 37.1 | 37.4 |
| 37.0 | 35.8 | 36.1 | 36.3 | 36.6 | 36.8 | 37.1 | 37.3 | 37.6 | 37.8 | 38.1 | 38.3 | 38.6 | 38.8 |
| 38.0 | 37.2 | 37.5 | 37.7 | 38.0 | 38.2 | 38.5 | 38.7 | 39.0 | 39.3 | 39.5 | 39.8 | 40.1 | 40.3 |
| 39.0 | 38.6 | 38.9 | 39.1 | 39.4 | 39.7 | 39.9 | 40.2 | 40.5 | 40.7 | 41.0 | 41.3 | 41.5 | 41.8 |
| 40.0 | 40.0 | 40.3 | 40.5 | 40.8 | 41.1 | 41.4 | 41.7 | 41.9 | 42.2 | 42.5 | 42.8 | 43.1 | 43.3 |
| 41.0 | 41.4 | 41.7 | 42.0 | 42.3 | 42.6 | 42.8 | 43.1 | 43.4 | 43.7 | 44.0 | 44.3 | 44.6 | 44.9 |
| 42.0 | 42.8 | 43.1 | 43.4 | 43.7 | 44.0 | 44.3 | 44.6 | 44.9 | 45.2 | 45.5 | 45.8 | 46.1 | 46.4 |
| 43.0 | 44.3 | 44.6 | 44.9 | 45.2 | 45.5 | 45.8 | 46.1 | 46.4 | 46.7 | 47.1 | 47.4 | 47.7 | 48.0 |
| 44.0 | 45.8 | 46.1 | 46.4 | 46.7 | 47.0 | 47.3 | 47.6 | 48.0 | 48.3 | 48.6 | 48.9 | 49.2 | 49.6 |
| 45.0 | 47.2 | 47.6 | 47.9 | 48.2 | 48.5 | 48.9 | 49.2 | 49.5 | 49.8 | 50.2 | 50.5 | 50.8 | 51.2 |
| 46.0 | 48.7 | 49.0 | 49.4 | 49.7 | 50.1 | 50.4 | 50.7 | 51.1 | 51.4 | 51.8 | 52.1 | 52.4 | 52.8 |
| 47.0 | 50.2 | 50.6 | 50.9 | 51.2 | 51.6 | 51.9 | 52.3 | 52.6 | 53.0 | 53.3 | 53.7 | 54.0 | 54.4 |
| 48.0 | 51.7 | 52.1 | 52.4 | 52.8 | 53.2 | 53.5 | 53.9 | 54.2 | 54.6 | 55.0 | 55.3 | 55.7 | 56.0 |
| 49.0 | 53.3 | 53.6 | 54.0 | 54.4 | 54.7 | 55.1 | 55.5 | 55.8 | 56.2 | 56.6 | 56.9 | 57.3 | 57.7 |
| 50.0 | 54.8 | 55.2 | 55.5 | 55.9 | 56.3 | 56.7 | 57.1 | 57.4 | 57.8 | 58.2 | 58.6 | 59.0 | 59.4 |
| 51.0 | 56.3 | 56.7 | 57.1 | 57.5 | 57.9 | 58.3 | 58.7 | 59.1 | 59.5 | 59.9 | 60.3 | 60.6 | 61.0 |
| 52.0 | 57.9 | 58.3 | 58.7 | 59.1 | 59.5 | 59.9 | 60.3 | 60.7 | 61.1 | 61.5 | 61.9 | 62.3 | 62.7 |
| 53.0 | 59.5 | 59.9 | 60.3 | 60.7 | 61.1 | 61.5 | 61.9 | 62.4 | 62.8 | 63.2 | 63.6 | 64.0 | 64.4 |
| 54.0 | 61.1 | 61.5 | 61.9 | 62.3 | 62.8 | 63.2 | 63.6 | 64.0 | 64.5 | 64.9 | 65.3 | 65.7 | 66.2 |
| 55.0 | 62.7 | 63.1 | 63.5 | 64.0 | 64.4 | 64.8 | 65.3 | 65.7 | 66.1 | 66.6 | 67.0 | 67.5 | 67.9 |

续上表

| $f_{cu}^c$ \ $v_a$ \ $R_a$ | 5.10 | 5.12 | 5.14 | 5.16 | 5.18 | 5.20 | 5.22 | 5.24 | 5.26 | 5.28 | 5.30 | 5.32 | 5.34 |
|---|---|---|---|---|---|---|---|---|---|---|---|---|---|
| 20.0 | 16.4 | 16.5 | 16.6 | 16.7 | 16.8 | 17.0 | 17.1 | 17.2 | 17.3 | 17.4 | 17.5 | 17.6 | 17.7 |
| 21.0 | 17.6 | 17.7 | 17.8 | 17.9 | 18.0 | 18.2 | 18.3 | 18.4 | 18.5 | 18.6 | 18.7 | 18.9 | 19.0 |
| 22.0 | 18.8 | 18.9 | 19.0 | 19.1 | 19.3 | 19.4 | 19.5 | 19.6 | 19.8 | 19.9 | 20.0 | 20.1 | 20.3 |
| 23.0 | 20.0 | 20.1 | 20.3 | 20.4 | 20.5 | 20.6 | 20.8 | 20.9 | 21.0 | 21.2 | 21.3 | 21.4 | 21.6 |
| 24.0 | 21.2 | 21.4 | 21.5 | 21.6 | 21.8 | 21.9 | 22.1 | 22.2 | 22.3 | 22.5 | 22.6 | 22.8 | 22.9 |
| 25.0 | 22.5 | 22.6 | 22.8 | 22.9 | 23.1 | 23.2 | 23.4 | 23.5 | 23.7 | 23.8 | 24.0 | 24.1 | 24.3 |
| 26.0 | 23.8 | 23.9 | 24.1 | 24.2 | 24.4 | 24.5 | 24.7 | 24.9 | 25.0 | 25.2 | 25.3 | 25.5 | 25.6 |
| 27.0 | 25.1 | 25.2 | 25.4 | 25.6 | 25.7 | 25.9 | 26.0 | 26.2 | 26.4 | 26.5 | 26.7 | 26.9 | 27.0 |
| 28.0 | 26.4 | 26.6 | 26.7 | 26.9 | 27.1 | 27.2 | 27.4 | 27.6 | 27.8 | 27.9 | 28.1 | 28.3 | 28.5 |
| 29.0 | 27.7 | 27.9 | 28.1 | 28.3 | 28.4 | 28.6 | 28.8 | 29.0 | 29.2 | 29.4 | 29.5 | 29.7 | 29.9 |
| 30.0 | 29.1 | 29.3 | 29.5 | 29.6 | 29.8 | 30.0 | 30.2 | 30.4 | 30.6 | 30.8 | 31.0 | 31.2 | 31.4 |
| 31.0 | 30.5 | 30.6 | 30.8 | 31.0 | 31.2 | 31.4 | 31.6 | 31.8 | 32.1 | 32.3 | 32.5 | 32.7 | 32.9 |
| 32.0 | 31.8 | 32.1 | 32.3 | 32.5 | 32.7 | 32.9 | 33.1 | 33.3 | 33.5 | 33.7 | 33.9 | 34.2 | 34.4 |
| 33.0 | 33.3 | 33.5 | 33.7 | 33.9 | 34.1 | 34.3 | 34.6 | 34.8 | 35.0 | 35.2 | 35.4 | 35.7 | 35.9 |
| 34.0 | 34.7 | 34.9 | 35.1 | 35.4 | 35.6 | 35.8 | 36.1 | 36.3 | 36.5 | 36.7 | 37.0 | 37.2 | 37.4 |
| 35.0 | 36.1 | 36.4 | 36.6 | 36.8 | 37.1 | 37.3 | 37.6 | 37.8 | 38.0 | 38.3 | 38.5 | 38.8 | 39.0 |
| 36.0 | 37.6 | 37.8 | 38.1 | 38.3 | 38.6 | 38.8 | 39.1 | 39.3 | 39.6 | 39.8 | 40.1 | 40.3 | 40.6 |
| 37.0 | 39.1 | 39.3 | 39.6 | 39.8 | 40.1 | 40.4 | 40.6 | 40.9 | 41.1 | 41.4 | 41.7 | 41.9 | 42.2 |
| 38.0 | 40.6 | 40.8 | 41.1 | 41.4 | 41.6 | 41.9 | 42.2 | 42.4 | 42.7 | 43.0 | 43.2 | 43.5 | 43.8 |
| 39.0 | 42.1 | 42.4 | 42.6 | 42.9 | 43.2 | 43.5 | 43.7 | 44.0 | 44.3 | 44.6 | 44.9 | 45.1 | 45.4 |
| 40.0 | 43.6 | 43.9 | 44.2 | 44.5 | 44.8 | 45.0 | 45.3 | 45.6 | 45.9 | 46.2 | 46.5 | 46.8 | 47.1 |
| 41.0 | 45.2 | 45.5 | 45.8 | 46.1 | 46.3 | 46.6 | 46.9 | 47.2 | 47.5 | 47.8 | 48.1 | 48.4 | 48.7 |
| 42.0 | 46.7 | 47.0 | 47.3 | 47.6 | 47.9 | 48.3 | 48.6 | 48.9 | 49.2 | 49.5 | 49.8 | 50.1 | 50.4 |
| 43.0 | 48.3 | 48.6 | 48.9 | 49.2 | 49.6 | 49.9 | 50.2 | 50.5 | 50.8 | 51.2 | 51.5 | 51.8 | 52.1 |
| 44.0 | 49.9 | 50.2 | 50.5 | 50.9 | 51.2 | 51.5 | 51.9 | 52.2 | 52.5 | 52.8 | 53.2 | 53.5 | 53.8 |
| 45.0 | 51.5 | 51.8 | 52.2 | 52.5 | 52.8 | 53.2 | 53.5 | 53.9 | 54.2 | 54.5 | 54.9 | 55.2 | 55.6 |
| 46.0 | 53.1 | 53.5 | 53.8 | 54.2 | 54.5 | 54.9 | 55.2 | 55.6 | 55.9 | 56.3 | 56.6 | 57.0 | 57.3 |
| 47.0 | 54.8 | 55.1 | 55.5 | 55.8 | 56.2 | 56.5 | 56.9 | 57.3 | 57.6 | 58.0 | 58.4 | 58.7 | 59.1 |
| 48.0 | 56.4 | 56.8 | 57.1 | 57.5 | 57.9 | 58.3 | 58.6 | 59.0 | 59.4 | 59.7 | 60.1 | 60.5 | 60.9 |
| 49.0 | 58.1 | 58.5 | 58.8 | 59.2 | 59.6 | 60.0 | 60.4 | 60.7 | 61.1 | 61.5 | 61.9 | 62.3 | 62.7 |
| 50.0 | 59.8 | 60.1 | 60.5 | 60.9 | 61.3 | 61.7 | 62.1 | 62.5 | 62.9 | 63.3 | 63.7 | 64.1 | 64.5 |
| 51.0 | 61.4 | 61.8 | 62.2 | 62.6 | 63.0 | 63.5 | 63.9 | 64.3 | 64.7 | 65.1 | 65.5 | 65.9 | 66.3 |
| 52.0 | 63.1 | 63.6 | 64.0 | 64.4 | 64.8 | 65.2 | 65.6 | 66.0 | 66.5 | 66.9 | 67.3 | 67.7 | 68.1 |
| 53.0 | 64.9 | 65.3 | 65.7 | 66.1 | 66.6 | 67.0 | 67.4 | 57.8 | 68.3 | 68.7 | 69.1 | 69.6 | 70.0 |
| 54.0 | 66.6 | 67.0 | 67.5 | 67.9 | 68.3 | 68.8 | 69.2 | — | — | — | — | — | — |
| 55.0 | 68.3 | 68.8 | 69.2 | 69.7 | — | — | — | — | — | — | — | — | — |

注：1. 表内未列数值可采用内插法求得，精确至0.1MPa。
2. 表中 $v_a$(km/s) 为修正后的测区声速代表值，$R_a$ 为修正后的测区回弹代表值。
3. 采用对测和角测时，表中 $v_a$ 用 $v$ 代替；当在侧向水平回弹时，表中 $R_a$ 用 $R$ 代替。
4. $f_{cu}^c$(MPa)为测区混凝土抗压强度换算值，也可按公式 $f_{cu,i}^c = 0.0162 v_{ai}^{1.656} R_{ai}^{1.410}$ 计算。

# 附录Ⅳ 公路工程基桩动测报告格式

**A.0.1** 报告封面格式

<br>

## 公路工程基桩动测报告

编号：　　　　　共　页

<br><br><br>

工程名称：

委托单位：

检测方法：

检测地点：

检测日期：　　　　　　　　年　月　日至　年　月　日

<br><br>

检测单位：　　　　　　　（盖章）

　　　　　　　　　　　年　月　日

## A.0.2 报告封二格式

项目负责人：

主要检测人：

报告编写人：

报告审核人：

报告签发人：

检测单位地址：

邮 政 编 码：

电 话 传 真：

电 子 信 箱：

## A.0.3 低应变反射波法检测结果汇总表格式

### 低应变反射波法检测结果汇总表

工程名称：

| 序号 | 桩号 | 施工日期 | 测试日期 | 桩径(mm) | 桩长(m) | 波速(m/s) | 桩身完整性 | 类别 |
|------|------|----------|----------|----------|---------|-----------|------------|------|
|      |      |          |          |          |         |           |            |      |
|      |      |          |          |          |         |           |            |      |
|      |      |          |          |          |         |           |            |      |
|      |      |          |          |          |         |           |            |      |
|      |      |          |          |          |         |           |            |      |
|      |      |          |          |          |         |           |            |      |
|      |      |          |          |          |         |           |            |      |
|      |      |          |          |          |         |           |            |      |
|      |      |          |          |          |         |           |            |      |
|      |      |          |          |          |         |           |            |      |

检测人：　　　　审核人：

### A.0.4 高应变法检测结果汇总表格式

**高应变法检测结果汇总表**

工程名称：

| 序号 | 桩号 | 施工日期 | 测试日期 | 桩径(mm) | 桩长(m) | 入土深度(mm) | 波速(m/s) | 桩身完整性 | 类别 | 单桩极限承载力(kN) |
|---|---|---|---|---|---|---|---|---|---|---|
| | | | | | | | | | | |
| | | | | | | | | | | |
| | | | | | | | | | | |
| | | | | | | | | | | |
| | | | | | | | | | | |
| | | | | | | | | | | |
| | | | | | | | | | | |
| | | | | | | | | | | |

检测人：　　　　　审核人：

### A.0.5 超声波法检测结果汇总表格式

**超声波法检测结果汇总表**

工程名称：

| 序号 | 桩号 | 施工日期 | 测试日期 | 桩径(mm) | 桩长(m) | 平均声速(km/s) | 平均波幅(dB) | 桩身完整性 | 类别 |
|---|---|---|---|---|---|---|---|---|---|
| | | | | | | | | | |
| | | | | | | | | | |
| | | | | | | | | | |
| | | | | | | | | | |
| | | | | | | | | | |
| | | | | | | | | | |
| | | | | | | | | | |
| | | | | | | | | | |

检测人：　　　　　审核人：

## A.0.6 低应变反射波法单桩检测报告格式

**低应变反射波法单桩检测报告单**

编号：

| 工程名称 | | 桩　号 | |
|---|---|---|---|
| 检测单位 | | 测试人 | |
| 测试日期 | | | |
| 检测依据 | | 审核人 | |

| 施工日期 | | 测试仪器 | | |
|---|---|---|---|---|
| 桩型 | | 设计强度等级 | | 设计桩径（mm） |
| 设计桩顶标高（m） | | 设计桩端标高（m） | | 实测桩顶标高（m） |

原始测试曲线：

检测结果：

提交报告时间：　　　年　　月　　日

## A.0.7 高应变动测法单桩检测报告格式

**高应变动测法单桩检测报告单**

编号：

| 工程名称 | | 桩　号 | |
|---|---|---|---|
| 检测单位 | | 测试人 | |
| 测试日期 | | | |
| 检测依据 | | 审核人 | |

| 施工日期 | | 测试仪器 | |
|---|---|---|---|
| 桩型 | | 设计强度等级 | | 设计桩径（mm） | |
| 设计桩顶标高（m） | | 设计桩端标高（m） | | 实测桩顶标高（m） | |

测试曲线：

计算曲线：

检测结果：

提交报告时间：　　年　月　日

## A.0.8 声波透射法单桩检测报告格式

### 超声波法单桩检测报告单

编号：

| 工程名称 | | 桩 号 | |
|---|---|---|---|
| 检测单位 | | 测试人 | |
| 测试日期 | | | |
| 检测规程 | | 审核人 | |

| 施工日期 | | 测试仪器 | |
|---|---|---|---|
| 桩型 | | 设计强度等级 | | 设计桩径（mm） | |
| 设计桩顶标高（m） | | 设计桩端标高（m） | | 实测桩顶标高（m） | |

测管平面布置示意图：

| 测试结果<br>组号 | $v_m$（km/s） | $A_m$（dB） | $v_D$（km/s） | $A_D$（dB） |
|---|---|---|---|---|
| | | | | |
| | | | | |
| | | | | |
| | | | | |
| | | | | |
| | | | | |

检测结果：

提交报告时间：　　年　月　日

# 参 考 文 献

[1] 中华人民共和国行业标准. JTG F10—2006 公路路基施工技术规范[S]. 北京:人民交通出版社,2006.
[2] 中华人民共和国行业标准. JTG/T F20—2015 公路路面基层施工技术细则[S]. 北京:人民交通出版社,2015.
[3] 中华人民共和国行业标准. JTG E40—2004 公路沥青路面施工技术规范[S]. 北京:人民交通出版社,2005.
[4] 中华人民共和国行业标准. JTG/T F30—2014 公路水泥混凝土路面施工技术细则[S]. 北京:人民交通出版社,2014.
[5] 中华人民共和国行业标准. JTG/T F50—2011 公路桥涵施工技术规范[S]. 北京:人民交通出版社,2011.
[6] 中华人民共和国行业标准. JTG E40—2007 公路土工试验规程[S]. 北京:人民交通出版社,2007.
[7] 中华人民共和国行业标准. JTG E20—2011 公路工程沥青及沥青混合料试验规程[S]. 北京:人民交通出版社,2011.
[8] 中华人民共和国行业标准. JTG E30—2005 公路工程水泥及水泥混凝土试验规程[S]. 北京:人民交通出版社,2005.
[9] 中华人民共和国行业标准. JTG E41—2005 公路工程岩石试验规程[S]. 北京:人民交通出版社,2005.
[10] 中华人民共和国行业标准. JTJ 056—1984 公路工程水质分析操作规程[S]. 北京:人民交通出版社,1985.
[11] 中华人民共和国行业标准. JTG E51—2009 公路工程无机结合料稳定材料试验规程[S]. 北京:人民交通出版社,2009.
[12] 中华人民共和国行业标准. JTG E42—2005 公路工程集料试验规程[S]. 北京:人民交通出版社,2005.
[13] 中华人民共和国行业标准. JTG E60—2008 公路路基路面现场测试规程[S]. 北京:人民交通出版社,2008.
[14] 中华人民共和国行业标准. JTG E50—2006 公路工程土工合成材料试验规程[S]. 北京:人民交通出版社,2009.
[15] 中华人民共和国行业标准. JGJ 55—2011 普通混凝土配合比设计规程[S]. 北京:中国建筑工业出版社,2011.
[16] 中华人民共和国行业标准. JGJ/T 98—2010 J65—2000 砌筑砂浆配合比设计规程[S]. 北京:中国建筑工业出版社,2011.
[17] 中华人民共和国行业标准. JTG F80/1—2004 公路工程质量检验评定标准 第一册 土建工程[S]. 北京:人民交通出版社,2005.
[18] 中华人民共和国行业标准. JTG D50—2006 公路沥青路面设计规范[S]. 北京:人民交通出版社,2007.
[19] 中华人民共和国行业标准. JTG D63—2007 公路桥涵地基与基础设计规范[S]. 北京:人民交通出版社,2007.
[20] 严家伋. 道路建筑材料[M]. 北京:人民交通出版社,1995.
[21] 邓学钧. 路基路面工程[M]. 北京:人民交通出版社,1999.
[22] 冯乃谦. 天然沸石混凝土应用技术[M]. 北京:中国铁道出版社,1996.
[23] 洪毓康. 土质学与土力学[M]. 北京:人民交通出版社,1997.
[24] 沈旦申,吴正严. 现代混凝土设计[M]. 上海:上海科学技术文献出版社,1987.

[25] 刘秉京.混凝土技术[M].北京:人民交通出版社,2001.
[26] 赵志缙.新型混凝土及其施工工艺[M].北京:中国建筑工业出版社,1996.
[27] 沈金安.沥青及沥青混合料路用性能[M].北京:人民交通出版社,2001.
[28] 沈金安.改性沥青与SMA路面[M].北京:人民交通出版社,1999.
[29] 中华人民共和国国家标准.GB/T 2975—1998 钢及钢产品力学性能试验取样位置及试样制备[S].北京:中国标准出版社,1999.
[30] 中华人民共和国国家标准.GB/T 228.1—2010 金属材料 拉伸试验 第1部分:室温试验方法[S].北京:中国标准出版社,2011.
[31] 中华人民共和国国家标准.GB/T 232—2010 金属材料弯曲试验方法[S].北京:中国标准出版社,2011.
[32] 中华人民共和国国家标准.GB/T 238—2013 金属材料 线材 反复弯曲试验方法[S].北京:中国标准出版社,2014.
[33] 中华人民共和国国家标准.GB/T 10120—2013 金属应力 拉伸应力松弛试验方法[S].北京:中国标准出版社,2014.
[34] 中华人民共和国国家标准.GB/T 230.1—2009 金属材料 洛氏硬度试验方法[S].北京:中国标准出版社,2010.
[35] 中华人民共和国国家标准.GB/T 5223—2014 预应力混凝土用钢丝[S].北京:中国标准出版社,2014.
[36] 中华人民共和国国家标准.GB/T 5224—2014 预应力混凝土用钢绞线[S].北京:中国标准出版社,2015.
[37] 中华人民共和国国家标准.GB 13788—2008 冷轧带肋钢筋[S].北京:中国标准出版社,2009.
[38] 中华人民共和国国家标准.GB 1449.1—2008/XG1—2012 钢筋混凝土用钢 第1部分:热轧光圆钢筋[S].北京:中国标准出版社,2013.
[39] 中华人民共和国国家标准.GB 1449.2—2007 钢筋混凝土用钢 第2部分:热轧带肋钢筋[S].北京:中国标准出版社,2008.
[40] 中华人民共和国国家标准.GB/T 701—2008 低碳钢热轧圆盘条[S].北京:中国标准出版社,2009.
[41] 中华人民共和国国家标准.GB/T 700—2006 碳素结构钢[S].北京:中国标准出版社,2006.
[42] 中华人民共和国国家标准.GB/T 1591—2008 低合金高强度结构钢[S].北京:中国标准出版社,2009.
[43] 中华人民共和国国家标准.GB/T 200—2006 预应力混凝土用螺纹钢筋[S].北京:中国标准出版社,2006.
[44] 中华人民共和国行业标准.JTG/T F50—2011 公路桥涵施工技术规范[S].北京:人民交通出版社,2011.
[45] 中华人民共和国行业标准.JTG D63—2007 公路桥涵地基与基础设计规范[S].北京:人民交通出版社,2007.
[46] 中华人民共和国行业标准.JTG/T J21—2011 公路桥梁承载能力检测评定规程[S].北京:人民交通出版社,2011.
[47] 中华人民共和国行业标准.JT/T 4—2004 公路桥梁板式橡胶支座[S].北京:人民交通出版社,2004.
[48] 中华人民共和国行业标准.JT/T 327—2004 公路桥梁伸缩装置[S].北京:人民交通出版社,2004.
[49] 中华人民共和国行业标准.JTT 391—2009 公路桥梁盆式支座[S].北京:人民交通出版社,2009.
[50] 中华人民共和国国家标准.GB/T 17955—2009 桥梁球形支座[S].北京:中国标准出版社,2009.
[51] 中华人民共和国国家标准.GB/T 14370—2007 预应力筋用锚具、夹具和连接器[S].北京:中国标准出版社,2008.
[52] 中华人民共和国行业标准.JTG/T F81—01—2004 公路工程基桩动测技术规程[S].北京:人民交通出版社,2004.
[53] 中华人民共和国行业标准.JT/T 738—2009 基桩静载试验 自平衡法[S].北京:人民交通出版

社,2009.
- [54] 中华人民共和国行业标准.JGJ 106—2014 建筑基桩检测技术规范[S].北京:中国建筑工业出版社,2014.
- [55] 中华人民共和国行业标准.JGJ/T 23—2011 回弹法检测混凝土抗压强度技术规程[S].北京:中国建筑工业出版社,2011.
- [56] 中国工程建设标准化协会标准.CECS 02—2005 超声回弹综合法检测混凝土强度技术规程[S].北京:中国计划出版社,2005.
- [57] 中国工程建设标准化协会标准.CECS 03—2007 钻芯法检测混凝土强度技术规程[S].北京:中国计划出版社,2008.
- [58] 中国工程建设标准化协会标准.CECS 21—2000 超声法检测混凝土缺陷技术规程.
- [59] 中华人民共和国行业标准.JJF 1059.1—2012 测量不确定度评定与表示[S].北京:中国标准出版社,2013.
- [60] 中华人民共和国国家标准.GB/T 8170—2008 数据修约规则与极限数值的表示和判定[S].北京:中国标准出版社,2009.
- [61] 王建华.桥涵工程试验检测技术[M].北京:人民交通出版社,2006.
- [62] 刘自明.桥梁工程手册[M].北京:人民交通出版社,2002.
- [63] 国家建筑工程质量监督检验中心.混凝土无损检测技术[M].北京:中国建筑工业出版社,1996.
- [64] 吴新璇.混凝土无损检测技术手册[M].北京:人民交通出版社,2003.
- [65] 宋明顺.测量不确定度评定与数据处理[M].北京:中国计量出版社,2000.
- [66] 费业泰.误差理论与数据处理[M].北京:机械工业出版社,2000.